THIEME · VERWALTUNGSLEHRE

ACADEMIA IURIS

LEHRBÜCHER DER RECHTSWISSENSCHAFT

Carl Heymanns Verlag KG · Köln · Berlin · Bonn · München

VERWALTUNGSLEHRE

o. Prof. Dr. Werner Thieme
Geschäftsführender Direktor
des Seminars für Verwaltungslehre der Universität Hamburg

3., völlig neubearbeitete Auflage

Carl Heymanns Verlag KG · Köln · Berlin · Bonn · München

Zitierweise: Thieme, Verwaltungslehre, 3. Auflage

1977 ISBN 3 452 18236 3
© Carl Heymanns Verlag KG · Köln · Berlin · Bonn · München
Gesetzt bei Klaus H. Loeffel, Köln
Gedruckt von der Klaus H. Loeffel GmbH, Köln
Printed in Germany

Vorwort

Die 1. Auflage dieses Buches war 1967, d.h. in einem Augenblick fertiggestellt, in dem sich wesentliche Fortschritte der Verwaltungslehre, insb. unter dem Einfluß der Systemtheorie und des Interesses der Politischen Wissenschaft an Verwaltungsfragen abzeichneten. Damals hatte der Verfasser Zweifel, ob es noch möglich sei, eine Verwaltungslehre zu veröffentlichen, die dem Stand der Erkenntnisse um die Mitte der sechziger Jahre widerspiegelte; der Erfolg des Buches hat dem Verfasser trotz mancher berechtigter Kritik recht gegeben. Sehr schnell war die 1. Auflage vergriffen. Freilich war es nicht sogleich möglich, eine Neubearbeitung zu konzipieren. Daher wurde die 2. Auflage als unveränderter Nachdruck mit dem Erscheinungsjahr 1967 veröffentlicht.

Die nunmehr vorgelegte Neubearbeitung stand vor dem Problem, einerseits die Identität des Werkes zu wahren, andererseits aber den in den vergangenen Jahren eingetretenen außerordentlichen Fortschritt des Faches zu berücksichtigen. Diese beiden, schwer miteinander zu vereinigenden Forderungen führten zu manchen Kompromißentscheidungen, die der theoretische Rigorist tadeln mag, die jedoch einem didaktischen Realismus entspringen – und ein didaktisches Anliegen bestimmt das Buch.

Das Werk ist nach wie vor in erster Linie für Studenten und Referendare bestimmt, die Primärinformation benötigen, die in der Regel noch keinen Einblick in die Verwaltung, ihren Aufbau und ihre Arbeitsweise haben. Die Studenten sollen allerdings – und das ist in der Neuauflage stärker berücksichtigt – auch Kontakt mit modernen theoretischen Problemstellungen bekommen und in die Lage versetzt werden, sich mit ihnen auseinanderzusetzen. Auch deshalb war es nicht möglich, in dem Buch überall den gleichen Abstraktionsgrad durchzuhalten. Das Buch soll die künftigen Verwaltungsbeamten, an die es sich wendet, dahin führen, technische Details für genauso wichtig zu halten wie die abstrakten Theorien und politische Probleme.

Der Text ist gegenüber den Vorauflagen wesentlich erweitert. Hinzugekommen sind die Abschnitte II und VIII (Die Verwaltung als Organisation; Automatische Datenverarbeitung) sowie eine Reihe von einzelnen Paragraphen. Durch Umgestaltungen und Ergänzungen im übrigen ist kaum die Hälfte des alten Textes erhalten geblieben.

Den einzelnen Paragraphen sind auch in der Neubearbeitung Schrifttumslisten vorangestellt. Es handelt sich dabei regelmäßig nur um eine Auswahl aus dem heute kaum noch zu übersehenden Angebot an Veröffentlichungen. Dabei ist so verfahren worden, daß – mit Ausnahmen – Titel, die schon in der ersten Bearbeitung genannt waren, nicht noch einmal aufgeführt werden. Im übrigen ist der Versuch gemacht worden, zu jeder behandelten Frage mindestens eine Arbeit anzugeben. Ferner wurde so ausgewählt, daß die Möglichkeit besteht, von den zitierten Werken her die nicht genannten Arbeiten zu erschließen.

Der Text ist im November 1976 abgeschlossen. Einzelne Schrifttumshinweise sind – soweit der Stand der Drucklegung das zuließ – noch bis Dezember 1976 nachgetragen.

Für Hilfe und kritischen Rat habe ich auch dieses Mal meinen Assistenten zu danken, in erster Linie Hans-Hermann Zahn, der das Schrifttum sammelte, mich bei der Auswahl beriet und der auch das Sachverzeichnis bearbeitete. Er war mir ferner bei der Revision des Textes behilflich. Anteil an der Neubearbeitung hatten ferner *Dr.* Wulf Damkowski (insb. beim Kapitel über die Kommunale Selbstverwaltung) sowie Hermann Jessen und *Dr.* Otfried Seewald (insb. beim Abschnitt Personalwesen), wobei letzterer vor allem den Paragraph 83 (Dienstpostenbewertung) selbständig bearbeitete.

Hamburg, den 15.11.1976   Werner Thieme

Inhalt

Vorwort V

Abkürzungsverzeichnis XIII

I. Abschnitt Die Verwaltungslehre als Wissenschaft

1. Kapitel Der Gegenstand der Verwaltungslehre 1

§ 1 Der Begriff der Verwaltung 1
§ 2 Verwaltungslehre als Sozialwissenschaft 4
§ 3 Die Gegenstände der Verwaltungslehre 7
§ 4 Theorie der Verwaltungslehre 10
§ 5 Verwaltungslehre als Ausbildungsgegenstand 12

2. Kapitel Methoden der Verwaltungswissenschaft 16

§ 6 Allgemeines 16
§ 7 Datenerhebung 19
§ 8 Datenverarbeitung 24
§ 9 Optimierung 27

3. Kapitel Die Geschichte der Verwaltungslehre 31

§ 10 Das Zeitalter der Kameral- und Polizeiwissenschaft 31
§ 11 Der Verfall der älteren Verwaltungslehre 34
§ 12 Der Neubeginn der Verwaltungslehre 37

4. Kapitel Die Lage der Verwaltungslehre 39

§ 13 Bundesrepublik Deutschland 39
§ 14 Vereinigte Staaten von Nordamerika 46
§ 15 Übrige Länder 49

II. Abschnitt Die Verwaltung als Organisation

5. Kapitel Grundfragen 59

§ 16 Organisationsbegriff und Organisationstheorie 59
§ 17 Verwaltung als System 62
§ 18 Die nicht förmliche Organisation 65
§ 19 Information und Kommunikation 67

Inhalt

6. Kapitel Strukturen 70

§ 20 Konflikt und Konsens 70
§ 21 Hierarchie und Kooperation 73
§ 22 Einheit und Vielfalt 79

III. Abschnitt Die Verwaltung in Staat und Gesellschaft

7. Kapitel Die Verwaltung als Teil des Staatsapparats 82

§ 23 Verwaltung und politische Führung 82
§ 24 Das Beamtentum 86
§ 25 Gesetz und Verwaltung 89
§ 26 Bundes- und Länderverwaltung 92

8. Kapitel Verwaltung und Wirtschaft 95

§ 27 Die Inanspruchnahme des Sozialprodukts durch die Verwaltung 95
§ 28 Die Verwaltung als Leistungsträger 98
§ 29 Die Umverteilungsfunktion 100
§ 30 Die Lenkung der Wirtschaft 102
§ 31 Die wirtschaftliche Tätigkeit der Verwaltung 106

9. Kapitel Verwaltung und Bürger 110

§ 32 »Demokratische« Verwaltung 110
§ 33 Die Verwaltung als Bürokratie 115
§ 34 Partizipation 118
§ 35 Verwaltung und Gruppenmächte 122

10. Kapitel Die Aufgaben der Verwaltung 125

§ 36 Die klassischen Verwaltungsaufgaben 125
§ 37 Anfänge der heutigen Wirtschafts- und Sozialverwaltung 128
§ 38 Verwaltungsaufgaben im modernen Leistungs- und Planungsstaat 130
§ 39 Aufgabenplanung 134

IV. Abschnitt Aufbau der Verwaltung

11. Kapitel Staatliche Verwaltung 138

§ 40 Überblick 138
§ 41 Oberste Behörden 139
§ 42 Obere Behörden 145
§ 43 Die Mittelinstanz 147
§ 44 Unterbehörden 150

12. Kapitel Kommunale Organisation ... 156

§ 45 Die Lage der Kommunalverwaltung ... 156
§ 46 Die Gemeinde als Grundeinheit ... 160
§ 47 Der innere Aufbau der Gemeinde ... 164
§ 48 Die Stärkung der Verwaltungskraft von Kleingemeinden ... 168
§ 49 Die Landkreise ... 171
§ 50 Höhere Kommunalverbände ... 174
§ 51 Die Ordnung von Ballungsräumen ... 175
§ 52 Raumordnung und Kommunalverfassung ... 178
§ 53 Stadtstaaten ... 180

13. Kapitel Verwaltungsgeographie ... 181

§ 54 Allgemeines ... 181
§ 55 Die Größe von Verwaltungsbezirken ... 184
§ 56 Die Gestaltung von Verwaltungsbezirken ... 187
§ 57 Behördensitze ... 189

14. Kapitel Sonstige Selbstverwaltung ... 191

§ 58 Soziale Selbstverwaltung ... 191
§ 59 Hochschulselbstverwaltung ... 193
§ 60 Schulselbstverwaltung ... 197
§ 61 Berufsständische Selbstverwaltung ... 199
§ 62 Wirtschaftliche Selbstverwaltung ... 201

15. Kapitel Behördenaufbau ... 203

§ 63 Bildung und Zuordnung von Organisationseinheiten ... 203
§ 64 Die Behördenleitung ... 206
§ 65 Die Verwaltung der Verwaltung ... 210
§ 66 Ausschüsse ... 213

V. Abschnitt Personalwesen

16. Kapitel Grundfragen ... 217

§ 67 Die Größe des Personalkörpers ... 217
§ 68 Formen des öffentlichen Dienstes ... 221
§ 69 Laufbahnen ... 226
§ 70 Das Berufsbild des Verwaltungsbeamten ... 230
§ 71 Beamter und Politik ... 234

17. Kapitel Auswahl ... 237

§ 72 Der Leistungsgrundsatz ... 237
§ 73 Frühauslese ... 240
§ 74 Ausschreibung ... 242
§ 75 Methoden der Personalauswahl ... 243
§ 76 Wahl ... 246

Inhalt

18. Kapitel	**Vorbildung, Ausbildung, Fortbildung**	247
§ 77	Vorbereitungsdienst	147
§ 78	Universitätsausbildung	251
§ 79	Ausbildung von Führungskräften	254
§ 80	Fortbildung	256
19. Kapitel	**Besoldung und Versorgung**	259
§ 81	Das Besoldungssystem	259
§ 82	Regelungsverfahren	264
§ 83	Dienstpostenbewertung	266
§ 84	Versorgung	272
20. Kapitel	**Personalverwaltung**	274
§ 85	Organisation	274
§ 86	Personalplanung	277
§ 87	Personalführung	279

VI. Abschnitt   Mittel der Verwaltung

21. Kapitel	**Sachen**	284
§ 88	Verwaltungsgebäude	284
§ 89	Technische Arbeitsmittel	289
§ 90	Vordrucke	293
§ 91	Schriftgut	296
§ 92	Beschaffung und Verwaltung der Sachmittel	301
22. Kapitel	**Finanzen**	306
§ 93	Finanzplanung	306
§ 94	Haushaltsplanung	310
§ 95	Organisation	314
§ 96	Aufstellung und Ausführung des Haushalts	316
23. Kapitel	**Vorschriften**	318
§ 97	Erlaß von Vorschriften	318
§ 98	Inhalt und Form von Vorschriften	322
§ 99	Vorschriftenbereinigung	327

VII. Abschnitt   Die Arbeitsweise der Verwaltung

24. Kapitel	**Entscheidungen**	332
§ 100	Der Entscheidungsprozeß	332
§ 101	Das Entscheidungsmodell	334

§ 102 Information und Entscheidung 339
§ 103 Probleme der Entscheidungssituation 343
§ 104 Bürger und Entscheidung 347

25. Kapitel Planung 352

§ 105 Begriff und Arten der Planung 352
§ 106 Planung und politisches System 355
§ 107 Planungsverfahren 359
§ 108 Planungsorganisation 364

26. Kapitel Entscheidungstechniken 368

§ 109 Management-Techniken 368
§ 110 Bürotechniken 373
§ 111 Kommunikationstechniken 377

VIII. Abschnitt Automatische Datenverarbeitung

27. Kapitel Allgemeine Fragen 381

§ 112 Datenverarbeitung in der Verwaltung 381
§ 113 Datenverarbeitungsanlagen 382
§ 114 Anwendungsbereiche 385

28. Kapitel Organisation 388

§ 115 Zentralisierung 388
§ 116 Integrierte Datenverarbeitung 390
§ 117 Die Organisation in der deutschen Verwaltung 392
§ 118 Funktionale Organisation 395

29. Kapitel Einzelprobleme 396

§ 119 Personalprobleme 396
§ 120 Wirtschaftlichkeit 399
§ 121 Automationsgerechte Gestaltung von Vorschriften 401
§ 122 Datenschutz 403
§ 123 ADV und Bürger 404

IX. Abschnitt Die Kontrollen der Verwaltung

30. Kapitel Verwaltungsinterne Kontrollen 407

§ 124 Grundfragen 407
§ 125 Kontrollorganisation 410
§ 126 Organisationskontrolle 415
§ 127 Wirtschaftlichkeitskontrolle 420
§ 128 Programm-Evaluation 427

31. Kapitel Verwaltungsexterne Kontrollen 430
§ 129 Gerichte 430
§ 130 Rechnungshöfe 436
§ 131 Parlamente 441
§ 132 Kontrolle durch die Öffentlichkeit 444

Sachverzeichnis 449

Abkürzungen

Abschn.	Abschnitt
Adm.Sc.Qu.	Administrative Science Quarterly
a.E.	am Ende
Anl.Bd.	Anlageband zum Bericht der Kommission, hrsg. von der Studienkommission für die Reform des öffentlichen Dienstrechts, 1973; insgesamt 11 Anlagebände
AÖR	Archiv des öffentlichen Rechts
Arb.u.Sozpol.	Arbeit und Sozialpolitik
ArchKomWiss	Archiv für Kommunalwissenschaften
ArchRSozPhil.	Archiv für Rechts, und Sozialphilosophie
ArchSozW.	Archiv für Sozialwissenschaften und Sozialpolitik
ArchVwSoziol.	Archiv für Verwaltungssoziologie
Art.	Artikel
Aufl.	Auflage
AVAVG	Gesetz über Arbeitsvermittlung und Arbeitslosenversicherung
AWV (im RKW)	Ausschuß für wirtschaftliche Verwaltung (im RKW)
BAnz	Bundesanzeiger
BAT*	Bundesangestelltentarifvertrag
BayBgm	Der Bayerische Bürgermeister
BayBZ	Bayerische Beamtenzeitung
BayVbl.	Bayerische Verwaltungsblätter
BB	Der Betriebsberater
BBauG	Bundesbaugesetz
BBG	Bundesbeamtengesetz
Bd., Bde.	Band, Bände
Ber.Kom.Ref.ö.D.	Bericht der Kommission, hrsg. von der Studienkommission für die Reform des öffentlichen Dienstrechts, 1973
BF	Betriebsführung und Fortbildung, Schriftenreihe des RKW
BGB	Bürgerliches Gesetzbuch
BGBl. (I III)	Bundesgesetzblatt (Teile I bis III)
BMdI	Bundesministerium des Innern
BPV	Baupreisverordnung
BRD	Bundesrepublik Deutschland
BT	Bundestag
DBB	Deutscher Beamtenbund
DDB	Der Deutsche Beamte
DEMO	Die demokratische Gemeinde
DJT	Deutscher Juristentag
DÖD	Der öffentliche Dienst
DÖH	Der öffentliche Haushalt
DÖV	Die öffentliche Verwaltung

Abkürzungen

DRiZ	Deutsche Richterzeitung
DSWR	Datenverarbeitung in Steuer, Wirtschaft und Recht
DVBl.	Deutsches Verwaltungsblatt
DVO	Durchführungsverordnung
DVR	Datenverarbeitung im Recht
ebd.	ebenda
EDV	Elektronische Datenverarbeitung
ENA	Ecole Nationale d'Administration
f.ff.	folgend, folgende
Festschr.	Festschrift
FinArchN.F.	Finanzarchiv, Neue Folge
G.	Gesetz
GastG	Gaststättengesetz
GBl	Gesetzblatt
GewO	Gewerbeordnung
Gedenkschr.	Gedenkschrift
GG	Grundgesetz
GGO BMin	Gemeinsame Geschäftsordnung der Bundesministerien
GmbH	Gesellschaft mit beschränkter Haftung
GVBl.	Gesetz- und Verordnungsblatt
H.	Heft
Hdb.d.Betriebswirtschaft	Handbuch der Betriebswirtschaft
Hdb.FinWiss.	Handbuch der Finanzwissenschaft
Hdb.Verw.	Handbuch der Verwaltung, (3 Bde., 1974 ff.) U. Becker/W. Thieme (Hrsg.)
Hrsg.	Herausgeber
herausg.v.	herausgegeben von
HKWP	Handbuch der kommunalen Wissenschaft und Praxis (3 Bde., 1956–1959) Anschütz-Thoma (Herausg.)
HDStR	Handbuch des deutschen Staatsrechts (2 Bde., 1930–1932)
HDSW	Handwörterbuch der Sozialwissenschaften
HSch Speyer	Hochschule für Verwaltungswissenschaften in Speyer
IIAS	International Institute for Administrative Sciences
Inf.a.d.Inst.f. Raumforschung	Informationen aus dem Institut für Raumforschung
ISAP	Instituto per la Scienza dell'Amministrazione Pubblica
ITAP	Institut Technique des Administrations Publiques
IULA	International Union of Local Authorities
JA	Juristische Arbeitsblätter
Jh.	Jahrhundert
Jhg.	Jahrgang
JÖR N.F.	Jahrbuch des öffentlichen Rechts, neue Folge
JR	Juristische Rundschau
JWG	Jugendwohlfahrtsgesetz
JuS	Juristische Schulung
JZ	Juristenzeitung

Abkürzungen

KGSt	Kommunale Gemeinschaftsstelle für Verwaltungsvereinfachung
KJ	Kritische Justiz
Kölner Z.f.Soz.	Kölner Zeitschrift für Soziologie und Sozialpsychologie
KommPolBl.	Kommunalpolitische Blätter
KomWirtsch.	Kommunalwirtschaft
Lkr.	Der Landkreis
LT	Landtag
LSÖ	Leitsätze für die Preisermittlung aufgrund der Selbstkosten bei Leistungen für öffentliche Auftraggeber
LSP	Leitsätze für die Preisermittlung aufgrund von Selbstkosten
MDR	Monatsschrift für deutsches Recht
MinBl	Ministerialblatt
MinBl Fin	Ministerialblatt des Bundesministers der Finanzen
Mitt.a.d.Inst.f. Raumforschung	Mitteilungen aus dem Institut für Raumforschung
Mitt. f. d. Vw.	Mitteilungen für die Verwaltung
Mitt.KGSt	Mitteilungen der KGSt
NArch f.Nieders.	Neues Archiv für Niedersachsen
NDBZ	Neue deutsche Beamtenzeitung
nds.	niedersächsich
NRW	Nordrhein-Westfalen
nrw	nordrhein-westfälisch
ÖVD	Öffentliche Verwaltung und Datenverarbeitung
o.J.	ohne Jahr
OLG	Oberlandesgericht
o.V.	ohne Verlag
O & M	Organisation and Mangement
PACH	Public Administration Clearing House
PAR	Public Adminstrative Revue
PVS	Politische Vierteljahresschrift
RAO	Reichsabgabenordnung
RatBüro	Das rationelle Büro
Rdnr.	Randnummer
RegBez	Regierungsbezirk
RevAdm	Revue Administrative
Rev.Int.Sc.Adm.	Revue Internationale des Sciences Administratives
Rh.-Pf.	Rheinland-Pfalz
RHO	Reichshaushaltsordnung
RiA	Das Recht im Amt
RKW	Rationalisierungskuratorium der deutschen Wirtschaft
RWS	Recht und Wirtschaft der Schule
Schriften HSch Speyer	Schriftenreihe der Hochschule für Verwaltungswissenschaften in Speyer
Sgbk	Die Sozialgerichtsbarkeit
Staat	Der Staat
StKomVerw	Staats- und Kommunalverwaltung
StT	Der Städtetag

Abkürzungen

TAB	Technical Assistence Board
u.a.m.	und andere(s) mehr
u.ä.	und ähnliches
VerwArch	Verwaltungsarchiv
Verwaltung	Die Verwaltung, Zeitschrift für Verwaltungswissenschaft
Verw. u. Fortb.	Verwaltung und Fortbildung
VOB	Verdingungsordnung für Bauleistungen
VOL	Verdingungsordnung für Leistungen, ausgenommen Bauleistungen
vol.	Volume, Band
VPÖA	Verordnung PR 30/53 über die Preise bei öffentlichen Aufträgen
VVDStRL	Veröffentlichungen der Vereinigung der Deutschen Staatsrechtslehrer
VwVfG	Verwaltungsverfahrensgesetz
VwGO	Verwaltungsgerichtsordnung
Wb.Dtsch.St.u.VwR.	K.v.Stengel-M.Fleischmann (Hrsg.), Wörterbuch des Deutschen Staats- und Verwaltungsrechts, 2. Aufl., 3 Bde., 1911–1914
WuR	Wirtschaft und Recht
ZBl	Zentralblatt
ZBR	Zeitschrift für Beamtenrecht
ZfB	Zeitschrift für Betriebswirtschaft
ZfbetrwF	Zeitschrift für betriebswirtschaftliche Forschung
ZfO	Zeitschrift für Organisation
ZgesStW	Zeitschrift für die gesamte Staatswissenschaft
ZhdlwF	Zeitschrift für handelswissenschaftliche Forschung
ZRP	Zeitschrift für Rechtspolitik
ZSR	Zeitschrift für Sozialreform

I. Abschnitt   Die Verwaltungslehre als Wissenschaft
1. Kapitel   Der Gegenstand der Verwaltungslehre

§ 1   Der Begriff der Verwaltung

Schrifttum: *M. J. Buse*, Einführung in die politische Verwaltung, 1975; *W. Damkowski*, Die Entstehung des Verwaltungsbegriffs, 1969; *Th. Ellwein*, Einführung in die Regierungs- und Verwaltungslehre, 1966, insb. S. 108 ff.; *G. Joerger – M. Geppert*, Grundzüge der Verwaltungslehre, 2. Aufl. 1976; *H. Lecheler*, Verwaltung als »außerparlamentarische Gewalt« in: DÖV 1974, S. 441 ff.; *F. Morstein Marx* (Hrsg.), Verwaltung, eine einführende Darstellung, 1965; *W. Thieme*, Verwaltung und Gesellschaft, in: Hdb.Verw., H. 1.1 S. 1 ff.; *N. Wimmer*, Der juristische und der verwaltungswissenschaftliche Verwaltungsbegriff; Ein Beitrag zur Wissenschaft von der Verwaltung, in: Verwaltung 1975, S. 141 ff.; *H.J. Wolff – O. Bachof*, Verwaltungsrecht I, 9. Auflage, 1974, § 2.

A. Öffentliche und private Verwaltung

I. Die Verwaltungslehre beschäftigt sich mit der *öffentlichen Verwaltung*, d.h. mit der Verwaltung des Staates (Bund und Länder), der Gemeinden, Gemeindeverbände und sonstigen Körperschaften, Anstalten und Stiftungen des öffentlichen Rechts.

Im Gegensatz hierzu steht die Verwaltung privater Unternehmen, d.h. von wirtschaftlichen und gemeinnützigen (insb. mildtätigen) Unternehmen.

II. Die *Abgrenzung zwischen öffentlicher und privater Verwaltung* ist fließend.

1. Unmaßgeblich ist für die Verwaltungslehre die Frage, ob die Verwaltung in öffentlich-rechtlichen oder privatrechtlichen Formen vorgenommen wird. Auch die sog. rein fiskalischen Beschaffungsvorgänge (z.B. Ankauf einer Büromaschine) gehören im Sinne der Verwaltungslehre zur öffentlichen Verwaltung.

2. Die Abgrenzung zwischen öffentlicher und privater Verwaltung kann sich weitgehend, allerdings nicht vollständig, an die *Rechtsnatur der Verwaltungsträger* (öffentlich-rechtlich oder privat-rechtlich) anlehnen. Es gibt einerseits zahlreiche Anstalten oder Unternehmen der Verwaltung, die zwar öffentlich-rechtlich organisiert sind, aber doch in ihrer Arbeitsweise mehr dem privatwirtschaftlichen Bereich zugerechnet werden müssen. Sie interessieren die Verwaltungslehre grundsätzlich nicht. Andererseits ist es möglich, daß die öffentliche Hand sich zur Erfüllung ihrer öffentlichen Aufgaben handels- oder vereinsrechtlicher Formen bedient. Derartige Verwaltungsträger sind in die Betrachtung einzube-

1. Kapitel Der Gegenstand der Verwaltungslehre

ziehen, soweit Erkenntnisziel die Verwaltung als Ganzes ist, grundsätzlich dagegen nicht, soweit es sich um die spezifischen Verfahrensweisen handelt.

3 3. Die Abgrenzung zwischen öffentlicher und privater Verwaltung ist deshalb so schwer zu treffen, weil überhaupt eine *Scheidung zwischen Staat und Gesellschaft* nicht mehr möglich ist. Die öffentliche Hand hat in jüngerer Zeit zunehmend mehr Aufgaben übernommen, die früher der Gesellschaft überlassen waren, während andererseits gesellschaftliche Kräfte in erheblichem Umfang öffentliche Aufgaben erfüllen. Die Abgrenzung hängt im übrigen auch davon ab, ob man von einem materiellen oder funktionalen Verwaltungsbegriff ausgeht (darüber unten bei Rdnr. 5 ff). Entscheidendes Kriterium ist jedoch stets die öffentliche Aufgabe und ihre Erfüllung durch einen öffentlichen Verwaltungsträger.

4 4. Die Probleme der öffentlichen und der privaten Verwaltung sind weitgehend verwandt. Auch in der privaten Verwaltung sind Fragen der Organisation, des Personalwesens, des Einsatzes von Verwaltungsmitteln u.ä. zu lösen. Allerdings kann die Verwaltungslehre die Erkenntnisse der privaten Verwaltung nur insoweit verwerten, als nicht die *besondere Aufgabenstellung* und die besonderen Bedingungen, unter denen die öffentliche Verwaltung arbeitet, eigene Erwägungen verlangen. Insb. muß sich die Beschäftigung mit der öffentlichen Verwaltung immer vor Augen halten, daß das Ziel der öffentlichen Verwaltung nicht die Maximierung des Gewinnes ist, sondern die Erfüllung der Gemeinschaftsaufgaben.

5 B. I. Der Begriff der öffentlichen Verwaltung kann verschieden gebildet werden. Möglich ist zunächst ein Begriff der *Verwaltung im materiellen Sinne.* Hierunter soll der Bereich der Tätigkeit des Staates und der anderen Gemeinwesen verstanden werden, der weder Gesetzgebung, noch Rechtsprechung, noch Regierung ist. Diese Begriffsbestimmung schließt sich an das System der Gewaltenteilung an, berücksichtigt dabei aber, daß nicht alles, was außerhalb der ersten und dritten Gewalt steht, Verwaltung ist. Nicht zur Verwaltung gehören die Funktionen der Staatsleitung, zu denen nicht nur die Tätigkeit des Parlaments, sondern auch die der Regierung gehört, mag auch die Regierung (als Staatsorgan) zuweilen Verwaltungsakte (im Rechtssinne) setzen.

II. Die Verwaltung in diesem Sinne ist kein Bereich, der nur negativ (im Wege der Subtraktion) erfaßbar ist. Es handelt sich vielmehr um einen Bereich, der durch eine *soziologische Verbundenheit* der in ihm tätigen Personen gekennzeichnet wird. Die Tatsache, daß unter dem GG den Richtern eine besondere Rechtsstellung verliehen worden ist, daß auch die Minister nicht Beamte sind, macht das deutlich. Gekennzeichnet wird der Bereich der Verwaltung durch die Tatsache, daß die Ziele des staatlichen Handelns den Verwaltungsbeamten im Großen vorgegeben sind (durch Gesetze, den Haushaltsplan und Richtlinien der Politik), daß es sich um die Umsetzung der großen Ziele in Einzelmaßnahmen handelt. Das verlangt eine Haltung, die von der Abhängigkeit gegenüber den Vorgesetzten, d.h. vom Gehorsam bestimmt ist, weiter von der Tatsache, daß die

§ 1 *Der Begriff der Verwaltung*

Verwaltung jeder verfassungsmäßigen politischen Regierung und ihren Zielen zur Verfügung stehen muß, daß das politische Räsonnement bei der Erfüllung ihrer Aufgaben nur bedingt legitim ist (vgl. Rdnr. 214 ff.).

Wichtig für die Kennzeichnung des Bereiches der Verwaltung ist außerdem der *zweckhafte und planmäßige Vollzug*, der die vorgegebenen größeren Ziele im Auge hat, nicht dagegen – wie beim Richter – die Verwirklichung der Gerechtigkeit im Einzelfall. Diese besondere Lage erzeugt eine eigene berufliche Haltung der mit dem Verwaltungsvollzug betrauten Personen, der Verwaltungsbeamten. Das Bewußtsein dieser gemeinsamen beruflichen Haltung, das Berufsethos, das durch ein besonderes Rekrutierungssystem ergänzt wird (Rdnr. 644), macht die Angehörigen der Verwaltung zu einer abgrenzbaren soziologischen Gruppe. 7

III. Die Verwaltung im materiellen Sinne läßt sich definieren als jener Bereich der Tätigkeit des Staates und anderer Gemeinwesen, der mit dem planmäßigen, zweckgerichteten *Vollzug* bereits getroffener *politischer Entscheidungen*, d.h. mit der Umsetzung der großen Entscheidungen in Einzelmaßnahmen, betraut ist. 8

IV. Mit der Vermehrung des Bedarfs an staatlicher Planung fällt der Verwaltung die Aufgabe zu, an den *Planungsprozessen mitzuarbeiten.* Die Verwaltung ist daher insgesamt nicht mehr allein als Vollzug politischer Entscheidungen zu beschreiben. Allerdings bleibt – ungeachtet der Wichtigkeit der Planungsaufgaben – rein quantitativ die vollziehende Funktion für die Verwaltung typisch.

C. Neben diesem materiellen Verwaltungsbegriff kann auch ein Begriff der *Verwaltung im funktionalen Sinne* gebildet werden. 9

I. Dieser Begriff geht von einer bestimmten Tätigkeitsform aus. Verwaltung als Funktion ist Entscheiden (»*decision-making*«). Für die Verwaltung im materiellen Sinne ist das Entscheiden typische Handlungsweise. Zwar erschöpft sich die Tätigkeit der Verwaltung im organisatorischen Sinne nicht darin. In der Verwaltung gibt es zahlreiche sog. »Realhandlungen« (z.B. Erteilen von Unterricht, Befördern von Sachen und Personen, Erzeugung von Trinkwasser). Der funktionale Verwaltungsbegriff ist insofern enger als der materielle Verwaltungsbegriff.

II. Andererseits ist dieser Verwaltungsbegriff weiter. Entscheidungen gibt es nicht nur im Bereich der Verwaltung (im materiellen Sinne), sondern auch im Bereich der Regierung und der Gerichte. Ihre Tätigkeit ist auch Verwaltung im funktionalen Sinne. Die Regeln der Verwaltungslehre können daher in gewissem Umfang auch für die Regierungs- und Rechtsprechungstätigkeit gelten.

III. Die Verwaltungslehre als eine Lehre von den Entscheidungen interessiert sich nicht so sehr für den psychologischen Vorgang, der der Entschließung des einzelnen Beamten vorangeht, als vielmehr für die äußeren Umstände der Ent-

1. Kapitel Der Gegenstand der Verwaltungslehre

scheidung. Sie untersucht vor allem die Organisation und den Ablauf der Entscheidungsvorgänge, die in der öffentlichen Verwaltung vorkommen.

10 D. In diesem Buch soll zunächst vom materiellen Verwaltungsbegriff ausgegangen werden. Dabei sollen aber nur jene Vorgänge in die Betrachtung einbezogen werden, die zugleich Verwaltung im funktionalen Sinne sind. Der Schwerpunkt der Erörterung wird z. T. auf der Verwaltung als soziologischem Bereich liegen, z. T. aber auf den Entscheidungsvorgängen. Es soll damit sowohl eine *materielle Verwaltungslehre* als auch eine *funktionale Verwaltungslehre* gegeben werden. Dabei stellen bestimmte Teile die materielle Verwaltungslehre in den Vordergrund, während bei anderen die funktionale Verwaltungslehre dominiert. Vollständig trennen läßt sich beides jedoch nicht.

§ 2 Verwaltungslehre als Sozialwissenschaft

Schrifttum: *U. Battis*, Juristische Verwaltungslehre, in: Verwaltung 1975, S. 413 ff; *B. Bekker*, Standort und Perspektiven der Verwaltungslehre, in: Recht und Politik, 1976, 99 ff; *F. Knöpfle*, Verwaltung und Verwaltungswissenschaft, in: BayVBl. 1976, 417 ff.; *K. König*, Erkenntnisinteressen der Verwaltungswissenschaft, 1970; *N. Luhmann*, Theorie der Verwaltungswissenschaft, 1966; *N. Luhmann – W. Thieme*, Verwaltungswissenschaft, in: Staatslexikon, 6. Aufl., Ergänzungsband, 1971, Sp. 606 ff.; *K. Oettle*, Öffentliche Verwaltung und Betriebswirtschaftslehre, Mitt.KGSt Sonderdruck Dezember 1971; *F. W. Scharpf*, Verwaltungswissenschaft als Teil der Politikwissenschaft, in: *ders.*, Planung als politischer Prozeß 1973, S. 9 ff.; *W. Schmidt*, Die Programmierung von Verwaltungsentscheidungen, in: AöR 96, 1971, S. 321 ff.; *K. Stern*, Verwaltungslehre, Notwendigkeit und Aufgabe im heutigen Sozialstaat, in: Gedächtnisschrift H. Peters, 1967; *E. Forsthoff*, Anrecht und Aufgabe einer Verwaltungslehre, in: *ders.*, Rechtsfragen der Leistenden Verwaltung, 1959, S. 47 ff.; *H.J. Wolff – O. Bachof* (s. vor § 1).

11 A. I. 1. Früher teilte man die Gesamtheit der Wissenschaften von der öffentlichen Verwaltung in *drei Teilgebiete* ein, nämlich die *Verwaltungslehre,* die *Verwaltungspolitik* und das *Verwaltungsrecht.* Nach dieser Lehre sollte die Verwaltungslehre die Verwaltung in ihrem tatsächlichen Dasein beschreiben, während die Verwaltungspolitik von der zweckmäßigen Gestaltung der Verwaltung handelt. Das Verwaltungsrecht schließlich erörtert die besonderen auf die Verwaltung bezüglichen Rechtsnormen und die durch sie gegebenen Rechtsverhältnisse.

Diese Einteilung unterliegt Bedenken, soweit sie die Verwaltungslehre von der Verwaltungspolitik nach dem Kriterium von *Sein und Sollen* unterscheidet. Die Verwaltungslehre als Zweig der Sozialwissenschaften hat es mit sozialen Verbänden zu tun. Soziale Verbände sind stets sinnbehaftet. Zum Sein der sozialen Verbände gehören auch ihre Zwecke. Eine Seineslehre, die diese Zwecke nicht einbezieht, ist wissenschaftlich wertlos. (Eine Beschreibung der Verwaltung z.B., die nur mitteilt, daß in einer bestimmten Behörde gesprochen, geschrieben und Papier transportiert wird, ist sinnlos. Zur Beschreibung der Behörde gehört auch die Frage, warum gesprochen, geschrieben und transportiert wird.) Jede Seinslehre im Bereich menschlicher Verbände ist zugleich eine Sollenslehre, d.h. politisch.

Ein weiteres Bedenken gegen die Dreiteilung besteht darin, daß es unsere herkömmlichen Vorstellungen völlig verkehren würde, wenn man alle Fragen, die sich mit der zweckmäßigen Gestaltung der Verwaltung befassen, als Stück der Verwaltungspolitik bezeichnete. (So gehört sicherlich die Frage nicht zur Verwaltungspolitik, wie ein bestimmtes Formular zu gestalten ist oder ob ein bestimmter Typ von Buchungsmaschinen eingeführt werden soll.)

2. Als *Verwaltungslehre* sollen daher hier *alle Zweige der Verwaltungswissenschaften* verstanden werden, ausgenommen das Verwaltungsrecht. Das zugehörige Adjektiv »verwaltungswissenschaftlich« wird daher in diesem Buch in der Bedeutung von »zur Verwaltungslehre gehörig« benutzt.

Dieser weitere Begriff der Verwaltungslehre bezieht die Verwaltungspolitik mit ein. Die *Verwaltungspolitik* stellt sich *als* ein *Teil der Verwaltungslehre* dar, und zwar als jener Teil, der die Beziehungen der Verwaltung zum »politischen Bereich« (im Sinne der Leitung des Staates) betrifft. Verwaltungspolitik in diesem Sinne ist ein Wissenschaftszweig, der auf der Grenze zwischen Verwaltungslehre und Politikwissenschaft liegt.

II. 1. Da die öffentliche Verwaltung ein Teil der Gesellschaft, der sozialen Einrichtungen ist, gehört die Verwaltungslehre zu den *Sozialwissenschaften i.w.S.* Diese kann man in normative und empirische Sozialwissenschaften einteilen; zu den ersteren gehören das Recht und die Sozialethik, zu den letzteren die Politikwissenschaft, die Soziologie und auch die Verwaltungslehre. Doch ist – wie ausgeführt – eine solche Unterscheidung sehr fraglich, da auch die empirischen Wissenschaften ohne normative Elemente nicht auskommen.

2. Zweckmäßig unterscheidet man zwischen *allgemeinen und besonderen Sozialwissenschaften.* Die besonderen Sozialwissenschaften befassen sich mit einzelnen Bereichen der Gesellschaft (z.B. Wirtschaftswissenschaft, spezielle Soziologien wie Familien-, Betriebs-, Freizeitsoziologie) und des Staates (Politikwissenschaft, Finanzwissenschaft, Verwaltungslehre). Die allgemeinen Sozialwissenschaften betreffen Fragenkreise, die sich auf alle oder viele der besonderen Zweige beziehen. Ein volles System der allgemeinen Sozialwissenschaften ist noch nicht entwickelt. Außer der Methodenlehre, die allgemein für alle Sozialwissenschaften gilt, gehören hierher Problembereiche wie Organisation, Entscheidung, System, Kommunikation, Information, Planung, Rückkopplung usw. Auch Fragenkreise wie die der Sozialpsychologie können als Teil einer allgemeinen Sozialwissenschaft angesehen werden.

III. Die Verwaltungslehre ist Handlungswissenschaft. Sie hat es mit dem Handeln der Verwaltung, d.h. mit Entscheiden zu tun. Dagegen betrachtet sie nicht

1. Kapitel Der Gegenstand der Verwaltungslehre

Produktionsprozesse. Da die Produktion durch Entscheidungen gesteuert wird, ergeben sich zwischen beiden Zusammenhänge. Die *Verwaltungslehre* ist somit *Entscheidungslehre* und stellt demgemäß die Entscheidungen in den Mittelpunkt ihrer Betrachtung.

16 B. I. *Verwaltungslehre und Verwaltungsrecht* beschäftigen sich mit denselben Gegenständen, nämlich mit der öffentlichen Verwaltung, ihren Einrichtungen, ihren Beziehungen zu anderen Bereichen und mit den Vorgängen in der öffentlichen Verwaltung. Sie unterscheiden sich jedoch hinsichtlich der Fragestellung, mit der sie an ihren Stoff herantreten. Das Verwaltungsrecht prüft, ob ein Vorgang innerhalb der Verwaltung rechtlich in Ordnung ist. Die Verwaltungslehre dagegen fragt bei demselben Vorgang, wie er tatsächlich aussieht und ob er zweckmäßig gestaltet ist. (Bei einer Verwaltungsentscheidung kann einerseits gefragt werden, ob bei ihr alle einschlägigen Rechtsvorschriften beachtet sind – Fragestellung des Verwaltungsrechts –, andererseits aber auch, was sie in ihren Auswirkungen tatsächlich bedeutet, ob sie unter bestimmten politischen Wertungen vertretbar ist, ob sie ohne zu großen Kostenaufwand oder ob sie für den Betroffenen rechtzeitig zustande gekommen ist – Fragestellung der Verwaltungslehre.) U. U. kann die Fragestellung von Verwaltungsrecht und Verwaltungslehre im Einzelfall fast oder sogar gänzlich zusammenfallen. Das ist immer dann der Fall, wenn die Rechtsnormen zweckmäßig gestaltet sind. Hier wird die Frage nach der rechtlichen Richtigkeit einer Tätigkeit zugleich auch die Frage nach der zweckmäßigen Tätigkeit meist einschließen. Allerdings ist zu bedenken, daß die Rechtsnormen – mag auch der Gesetzgeber sie möglichst zweckmäßig gestalten wollen – doch leicht von der denkbar besten Lösung des Problems abweichen. Dann fällt die Frage nach der verwaltungsrechtlichen und verwaltungswissenschaftlichen Fragestellung notwendigerweise auseinander.

II. Verwaltungsrecht und Verwaltungslehre stehen insoweit in einer engen Verbindung, als die Frage nach der richtigen Arbeitsweise der Verwaltung im Sinne einer zweckmäßigen Verwaltung die Tatsache nicht außer acht lassen kann, daß wir im Rechtsstaat leben, daß die Beachtung des Rechts einen Wert an sich darstellt, der etwas über die Qualität der Verwaltung aussagt.

17 III. Das Verwaltungsrecht hat insofern für die Verwaltungslehre eine erhebliche Bedeutung, als Verwaltungsvorschriften Tatsachen darstellen. Die Verwaltung wird weitgehend durch Rechtsnormen konstituiert. Das gilt vor allem im Bereich der Organisation, allerdings auch in anderen Bereichen der Verwaltung. Wenn man die Rechtsnormen kennt, so weiß man (da die Rechtsnormen in der Regel beachtet werden) zugleich, wie die Verwaltung aussieht. Die Rechtsnormen stellen daher ein wichtiges Stück des Materials dar, mit dem die Verwaltungslehre arbeitet. Allerdings haben die Rechtsnormen für die Verwaltungslehre grundsätzlich keinen Eigenwert, sondern immer nur die Bedeutung eines Mittels.

Insofern unterscheidet sich auch hier die Fragestellung von Verwaltungsrecht und Verwaltungslehre.

IV. Umgekehrt ist auch die Verwaltungslehre insofern auf das Verwaltungsrecht bezogen, als die Rechtswissenschaft sich – obwohl primär Normwissenschaft – selbst zuweilen als Sozialwissenschaft versteht und eigene wissenschaftliche Ergebnisse nicht sachgerecht produzieren kann, ohne ständig auf ihren empirisch ermittelten tatsächlichen Hintergrund zurückzugreifen.

§ 3   Die Gegenstände der Verwaltungslehre

Schrifttum: *R.K.J. Badenhoop,* Rationalisierungsprobleme im übernationalen Erfahrungsaustausch, DÖV 1959, 425 ff.; *F. Heady,* Public Administration: A Comparative Perspective, 1966; *ders.,* Recent Literature on Comparative Public Administration, Adm. Sc. Qu Vol. 5 1960/61, 134 ff.; *N. Luhmann,* Einblicke in vergleichende Verwaltungswissenschaft, in: Staat 1963, 494 ff.; *F. Morstein Marx* (Hrsg.), Verwaltung, Eine einführende Darstellung, 1965; *J. Rauball,* Grundriß der Verwaltungslehre, 3. A. 1971; *R. Schnur,* Über vergleichende Verwaltungswissenschaft, in: VerwArch 1961, 1 ff.; *J. Staat,* Inhalt und Gliederung einer allgemeinen deutschen Verwaltungslehre, in: Jahrbuch des Postwesens 1966, S. 152 ff.; Verwaltungswissenschaft in europäischen Ländern – Stand und Tendenzen, Schriften HSch Speyer, Bd. 42, 1969; *H.J. Wolff – O. Bachof,* (vgl. vor § 1).

A. I. Im Rahmen der Verwaltungslehre tauchen sehr viele *allgemeine Fragen* auf, die für alle Verwaltungszweige gleich oder doch ähnlich liegen (z.B. Fragen des Personal-, Haushalts- und Rechnungswesens, der Organisation und Kontrolle). Daneben gibt es Fragen, die nur bei bestimmten Verwaltungszweigen auftreten (z.B. innerhalb der Polizei, der Gemeindeverwaltung, der Bibliotheksverwaltung, der Krankenhausverwaltung, der Schulverwaltung, der Wehrverwaltung usw.). Daher kann man eine allgemeine Verwaltungslehre von den Zweigen der besonderen Verwaltungslehre unterscheiden. In diesem Buch soll nur die *allgemeine Verwaltungslehre* behandelt werden. Besondere Verwaltungslehre gibt es z.T. als Polizeiwissenschaft, als Kommunalwissenschaft, als Bibliothekswissenschaft, als Schulverwaltungslehre u.ä.   **18**

II. Eine *Unterscheidung zwischen Allgemeiner und Besonderer Verwaltungslehre* kann auch noch gemacht werden, indem man die Betrachtung entweder auf die konkrete Verwaltung eines bestimmten Staates und einer bestimmten Zeit beschränkt, oder indem man vergleichend mehrere oder gar alle Staaten und mehrere oder alle Zeitperioden heranzieht. In diesem Buch handelt es sich insofern nur um eine besondere Verwaltungslehre, als Gegenstand der Betrachtung ausschließlich die heutige Verwaltung innerhalb der Bundesrepublik Deutschland   **19**

1. Kapitel Der Gegenstand der Verwaltungslehre

ist. Nur gelegentlich werden Ausblicke auf frühere Zeiten oder auf andere Länder erfolgen.

20 III. Dabei wird nicht verkannt, daß die *vergleichende Verwaltungslehre,* die die heutigen Zustände in mehreren Staaten vergleicht, ein wichtiges Anliegen der Verwaltungslehre ist und auch erhebliche Erkenntnismöglichkeiten in sich trägt. Allerdings liegen für das Verhältnis zwischen der Bundesrepublik und anderen Staaten zur Zeit noch zu wenige Einzeluntersuchungen vergleichender Art über Teilfragen vor, als daß es schon gewagt werden könnte, aus deutscher Sicht eine umfassende vergleichende Verwaltungslehre zu schreiben.

21 B. Eine allgemeine Verwaltungslehre der gegenwärtigen Verwaltung in der Bundesrepublik Deutschland muß sich mit folgenden *Teilfragen* beschäftigen:

I. Zunächst muß die *Verwaltungslehre als Wissenschaft* sich selbst zum Gegenstand ihrer Betrachtung machen, insb. ihr Erkenntnisziel, ihre Methode, ihre geschichtlichen Bezüge und ihre tatsächliche Lage.

II. Es gehört sodann zur Verwaltungslehre die Schilderung der *Verwaltung in ihrer Umwelt,* und zwar
1. die Stellung der Verwaltung innerhalb der Gesamtheit der staatlichen Organisation,
2. das Verhältnis von Staat und Wirtschaft,
3. das Verhältnis von Staat und Gesellschaft, und zwar sowohl im Hinblick auf den einzelnen Bürger als auch im Hinblick auf die Gruppenmächte,
4. die Aufgaben der Verwaltung.

III. Zentrale Bedeutung haben sodann die Fragen der *Organisation der Verwaltung.* Dabei sind sowohl allgemeine Grundfragen als auch konkrete Aufbaufragen zu erörtern.
1. Zunächst müssen allgemeine organisationswissenschaftliche Erkenntnisse Gegenstand der Betrachtung sein. Hierbei erweist sich die Verwaltungslehre insoweit als Teil der allgemeinen Organisationslehre, die neben der staatlichen Organisation auch die Organisation wirtschaftlicher Unternehmen, die militärische Organisation und die Organisation der Kirchen betrachtet. Es ergibt sich allerdings, daß es neben Erkenntnissen, die die allgemeine Organisationslehre vermittelt, eine Fülle von Besonderheiten gibt, die nur für die öffentliche Verwaltung gelten.
2. Weiter hat sich die Verwaltungslehre mit dem Verhältnis der Verwaltungsorganisation zum Raum, in dem sie lebt, zu befassen; Gegenstand der Betrachtung ist daher auch die Verwaltungsgeographie.
3. Sodann muß nach der Anlage dieses Werkes der *Verwaltungsaufbau in der Bundesrepublik* Gegenstand der Betrachtung sein. Hierbei sind der Aufbau der

§ 3 *Die Gegenstände der Verwaltungslehre*

staatlichen Verwaltung, die kommunale Verwaltung sowie die sonstige Selbstverwaltung und ihre Probleme zu erörtern.

4. Schließlich gehört zum Bereich der Organisation auch die Frage des *Aufbaues von einzelnen Behörden*, d.h. Fragen, die unabhängig von der konkreten Verwaltungseinheit immer wieder auftauchen, wie z.B. die Frage der Zuordnung von Organisationseinheiten, der Kontrollspanne, der Organisation der Leitung, der Ausschüsse in der Verwaltung und ähnliches.

IV. Wichtig für die Verwaltungslehre ist die Beschäftigung mit den *Mitteln (Ressourcen) der Verwaltung*.

1. Zunächst ist das *Personalwesen* zu nennen, d.h. die Problematik der Menschen, die die Verwaltung tragen, die in den Augen ihrer Mitbürger sogar die Verwaltung »sind«. Dabei sind neben grundsätzlichen Strukturfragen wie Berufsbild, Begriff und Sinn des Berufsbeamtentums und Laufbahnprinzips auch Fragen der Auswahl, Ausbildung, Fortbildung, Stellung der Beamten und Fragen der Personalverwaltung zu rechnen, zu denen in einem weiteren Sinne die Probleme der Personalführung gehören.

2. Gegenstand der Verwaltungslehre sind sodann die sächlichen *Verwaltungsmittel* (Gebäude, Büroeinrichtungen, Maschinen, Akten).

3. Die Verwaltung im Rechtsstaat begegnet immer wieder den Rechtsnormen, die für sie Mittel des Handelns sind. Auch sie sind daher – und zwar aus einem instrumentellen Verständnis – zu behandeln.

4. Wichtig sind die finanziellen Mittel. Die Finanz- und Haushaltsplanung sowie der Budgetprozeß gehören daher auch zur Verwaltungslehre, wobei sich diese insofern mit der Finanzwissenschaft überschneidet.

V. Unter systemtheoretischer Betrachtung kann man die Verwaltungsmittel als »input« des *Systems Verwaltung* bezeichnen. »Output« wären dann die Entscheidungen. Diese sowie das Verfahren, das zur Entscheidungsbildung führt, sind daher weiterer wichtiger Gegenstand. Zu diesem Gegenstand kann man auch die Kriterien optimalen Entscheidens sowie das Instrumentarium rechnen, mit dem der Grad der erreichten Optimierung gemessen werden kann.

VI. Letztes Teilthema ist die *Kontrolle der Verwaltung*, die unter dem Gesichtspunkt der rechtlichen, der wirtschaftlichen und der politischen Richtigkeit erfolgen kann. Dabei sind sowohl verwaltungsinterne Kontrolleinrichtungen als auch besondere Kontrollinstitutionen außerhalb der Verwaltung wie Gerichte, Rechnungshöfe, Parlamente und die Presse zu betrachten.

§ 4 Theorie der Verwaltungslehre

Schrifttum: *J. Habermas,* Zur Logik der Sozialwissenschaften, 1971; *K. König,* Erkenntnisinteressen der Verwaltungswissenschaft, 1970; *G. Langrod,* Der Nutzen der allgemeinen Systemtheorie in der Verwaltungswissenschaft, in: Verwaltung 1972, S. 127 ff.; *N. Luhmann,* Funktionale Methode und Systemtheorie, in: *ders.* (Hrsg.), Soziologische Aufklärung, 1970, S. 31 ff.; *ders.,* Theorie der Verwaltungswissenschaft, 1966; *K. Popper,* Logik der Forschung, 1971; *H. Ryffel,* Bemerkungen zum Status der Verwaltungswissenschaft, Speyerer Arbeitshefte 9, 1976; *E. Topitsch* (Hrsg.), Logik der Sozialwissenschaften, 1965; *G.-C. von Unruh,* Verwaltung und Verwaltungswissenschaft, in: DVBl. 1971, S. 30 ff.; *Max Weber,* Gesammelte Aufsätze zur Wissenschaftslehre (Hrsg. M. Winkelmann), 4. Aufl., 1973; *W. Wittkämper,* Analyse und Planung, in: Verwaltung und Wirtschaft, 1972.

22 A. I. Die Entwicklung einer *Wissenschaft* wird oft daran gemessen, wieweit sie in der Lage ist, eine Theorie zu bilden. Geht man hiervon aus, so ist die Verwaltungswissenschaft noch sehr jung. Ansätze zur Theoriebildung zeigen sich gerade erst in jüngerer Zeit. Sie werden stark vom amerikanischen Schrifttum beeinflußt.

II. Theorie ist nicht Selbstzweck, nicht Gedankenspielerei von Gelehrten, sondern ein Hilfsmittel zur Bewältigung praktischer Probleme. Ihre Notwendigkeit und ihr Wert kann allein danach beurteilt werden, was sie für die Praxis leistet.

Die Eigenschaft der *Theorie* besteht darin, daß sie aus der Fülle tatsächlicher Erscheinungen und Zusammenhänge diejenigen isoliert, kategorisiert und kombiniert, die für bestimmte Problemdarstellungen relevant sind. Sie bildet ein Begriffssystem als Handwerkszeug und macht mit Hilfe dieses Begriffssystems Aussagen von möglichst hoher Abstraktion, d.h. mit möglichst umfassender Geltung. Die Theorie leistet »Reduktion von Komplexität«. Im Idealfall ist die Theorie ein zusammenhängendes, widerspruchsfreies System von Sätzen, das in der Lage ist, alle Erscheinungen der Wirklichkeit des Bereichs zu erklären, für den die Theorie gilt. Theorie ist, obwohl (oder gerade weil) sie nur Abbild der Realität (Modell) und nicht die Realität selbst ist, geeignet, die Komplexität der Welt begreiflich zu machen.

23 III. Andererseits ist auch auf die *Gefahren der Theorie* hinzuweisen. Der Charakter der Theorie als Abbild der Realität führt leicht zur Verkürzung der Wahrheit. Außerdem ist nicht sicher, daß alle einschlägigen Sätze der Theorie (Theoreme) bekannt sind und durch Weglassung bestimmter Sätze die Theorie die Wirklichkeit nicht mehr voll repräsentiert.

IV. Ein Gegenstand (z.B. die Verwaltung) kann oft nicht vollständig mit ein und derselben Theorie erklärt werden, da u.U. unterschiedliche Fragen an den Gegenstand gestellt werden, die unterschiedlicher Erklärungsmuster bedürfen.

B. I. Für die *verwaltungswissenschaftliche Theorie* sind die zentralen Begriffe die der *Entscheidung,* des *Systems* und der *Information.* Wenn man Verwaltung als Entscheiden (»decision making«) definiert, geht es für die Theorie darum, die Probleme des Entscheidens möglichst allgemein zu erfassen und abstrakte Aussagen darüber zu machen. Insofern sind der Entscheider oder die Entscheider in Betracht zu ziehen. In der Regel ist ein Entscheidungsvorgang zusammengesetzt aus einer Reihe von Schritten. Diese werden im Zusammenwirken von mehreren Individuen vollzogen, die in einem Zusammenhang stehen, der als »System« bezeichnet wird, das durch seine Zwecke, Ziele, Restriktionen, Mittel, Beziehungen, Regeln u.a.m. definiert ist. Ein wesentliches Element der Theorie sind die Zwecke und Ziele, auf die hin das System angelegt ist, zu deren Erreichung Entscheidungen optimiert werden. Das System wird ferner durch die Begriffe »input« (= Information) und »output« (= Entscheidungen) bezeichnet; der Vorgang der Produktion von Entscheidungen innerhalb des Systems ist Informationsverarbeitung. Die zunächst außerhalb der Sozialwissenschaft entwickelte Informationstheorie ist daher teilweise auch in der Verwaltungswissenschaft anwendbar. Dasselbe gilt für die Kybernetik, die in der Lage ist, bestimmte Vorgänge in der Verwaltung zu erklären, bzw. dem Verwaltungspraktiker bei der Steuerung des Systems zu helfen. Die Entscheidung ist auch insofern zusammengesetzt, als die Einzelentscheidung regelmäßig Stück der Durchführung eines Entscheidungsprogrammes ist. Die Programmierung ist daher ein wichtiges Element der Verwaltungswissenschaft.

II. Die vorstehend angedeuteten Begriffe und Zusammenhänge sind nun allerdings nicht spezifisch verwaltungswissenschaftlich, sondern tauchen auch im Bereich anderer Sozialwissenschaften auf. Als Anwendungsfall der allgemeinen sozialwissenschaftlichen Theorie hat die Verwaltungswissenschaft ein heute durchaus repräsentables Theoriengebäude zur Verfügung. Was fehlt, sind spezifisch verwaltungswissenschaftliche Theoreme. Ob dieses Fehlen ein Mangel ist oder vielmehr gegenstandsimmanent, d.h. Folge der engen Verknüpfung der Verwaltung mit den anderen gesellschaftlichen Bereichen, ist heute noch nicht geklärt.

III. Nur in einem Punkt könnte diese Frage anders beurteilt werden. Die moderne Verwaltung hat eine bürokratische Natur, in der nicht nur das amtsmäßighierarchiche Prinzip, sondern auch die Norm als Regulativ allen Geschehens kennzeichnend ist. Damit ist die *Verwaltungslehre* wie kein anderer Zweig der Sozialwissenschaft *mit dem Recht und der Rechtswissenschaft verkettet.* Daher ist es auch nicht überraschend, daß es vor allem Juristen sind, die sich mit der Verwaltungslehre befassen, während die Soziologen und diejenigen, die juristisch nicht vorgebildete Politikwissenschaftler sind, sich vornehmlich anderen Gegenständen ihrer Fächer zuwenden. In dem Zwang sowohl juristisch als auch sozialwissenschaftlich arbeiten zu müssen, ist das Dilemma der Verwaltungslehre begründet, weil die Anforderungen beider Fächer so groß sind, daß sie kaum von einer Person bewältigt werden können.

Die Zukunftschance der Verwaltungslehre liegt darin, daß sie das moderne Instrumentarium der empirischen Sozialwissenschaften und ihrer Theorie mit der dogmatisch-normativ arbeitenden Rechtswissenschaft durch interdisziplinäre Arbeiten verbindet und damit innerhalb der Sozialwissenschaften das für sie typische Specificum zum Tragen kommen läßt.

§ 5 Verwaltungslehre als Ausbildungsgegenstand

Schrifttum: Vgl. vor § 4; *R. Bartlsperger,* Zum Stand der Verwaltungslehre an den juristischen Fakultäten, Fachbereichen und Abteilungen, in: DÖV 1973, S. 743 ff.; *H.-M. Glogger,* Verwaltungslehre, in: JA 1973, S. 211 ff.; *J. Hirsch – S. Leibfried,* Trends der Verwaltungsausbildung, in: KJ 1970, S. 415 ff.; *K. König,* Das Studium an der Hochschule für Verwaltungswissenschaften Speyer, in: JuS 1976, S. 201 ff.; *H.-F. Lorenz,* Anforderungen an eine verwaltungswissenschaftliche Ausbildung als Vorbereitung auf eine öffentliche Verwaltungstätigkeit, in: ZBR 1970, S. 37 ff.; *F. Mayer,* Die Verwaltungslehre als Studien- und Prüfungsfach für die Juristenausbildung an den deutschen Universitäten, in: *R. Schnur* (Hrsg.), Festschr. für E. Forsthoff, 1972, S. 241 ff.; *E. Pappermann,* Wahlfachgruppe Verwaltungslehre, in: JuS 1976, 406 ff.; *R. Pitschas,* Verwaltungslehre für Juristen, Grundprobleme ihrer Curriculumsplanung im Rahmen der juristischen Ausbildungsreform, in: DÖV 1975, S. 473 ff.; *R. Schnur,* Vorschläge für die Gestaltung eines Verwaltungswissenschaftlichen Studienganges in den geplanten Hochschulen der Bundeswehr, in: *ders.* (Hrsg.), Festschr. für Ernst Forsthoff, 1972, S. 357 ff.; *H. Schröder,* Die Stellung des Fachs »Verwaltungslehre« in den neuen Ausbildungs- und Prüfungsordnungen, in: DÖV 1973, S. 193 ff.; *W. Thieme, D. Huss, St. Herms,* Die Fallmethode als didaktisches Mittel, Verwaltungswissenschaftliche Fälle Bd. 1, (Hrsg.: W. Thieme), 1975; Die Verwaltungsausbildung der Juristen, Schriften HSch Speyer, Bd. 25, 1965.

26 A. Die *Praxis* braucht in vielen Sachgebieten ein wissenschaftliches Rüstzeug, um ihre Probleme zu bewältigen, d.h. um Grundlagen für ihr Handeln zu erhalten. Das gilt vor allem für jene Fächer, in denen verwickelte tatsächliche Zusammenhänge vorliegen, die sich nicht mehr ohne weiteres überschauen und verstehen lassen. Hier kann niemals eine Kunstlehre genügen, die nur praktische Regeln oder gar Kniffe darbietet, um eine Anweisung für das Handeln im konkreten Einzelfall zu geben. (Der Mediziner kann nicht heilen, wenn ihm nicht auch eine Anatomie, eine Physiologie und eine Physiologische Chemie zur Verfügung stehen. Diese Grundwissenschaften der Medizin stehen allerdings auch im Dienste der ärztlichen Praxis als einer »Kunstlehre«). Bei verwickelten tatsächlichen Verhältnissen ist es notwendig, Grundsätze und Gesetze zu entwickeln, die die Tatsachenwelt beherrschen, und die Faktoren erfassen, die aufeinander einwirken,

§ 5 *Verwaltungslehre als Ausbildungsgegenstand*

sowie ihre Wirkungen kennenzulernen, d.h. eine theoretische Ausbildung zu besitzen.

B. Damit stellt sich die Frage nach der *Ausbildung in der Verwaltungslehre*. 27
1. Notwendig ist zweifellos eine Ausbildung insofern, als sie dem künftigen Verwaltungsbeamten die Kenntnis der Tatsachen der Verwaltung vermittelt. Komplizierte Zusammenhänge tatsächlicher Art, die der Verwaltungsbeamte sonst entweder gar nicht oder nur zufällig, jedenfalls aber oft zu spät und umständlicher erführe, werden ihm zur Kenntnis gebracht. Wer sich heute in der Verwaltung zurechtfinden will – und das ist Voraussetzung für eine richtige Ausübung des Berufes des Verwaltungsbeamten – muß die Tatsachen der Verwaltung kennen.

II. Zu fragen ist aber, ob man Verwalten überhaupt theoretisch erlernen kann. Diese Frage ist zu bejahen. Zwar kann der theoretische Unterricht niemals allein zum guten Verwaltungsbeamten machen; dazu gehört auch praktische Erfahrung. Aber ebenso wenig, wie die Theorie allein genügt, genügt auch die praktische Erfahrung nicht allein. Sie gibt nicht die Gewißheit, daß dem künftigen Verwaltungsbeamten alle Fragen, die für ihn wichtig sind, vorgeführt werden. Insb. besteht in der Praxis die Gefahr, daß die zufälligen Besonderheiten des persönlichen Erfahrungsbereiches mit allgemeingültigen Tatsachen und Regeln gleichgesetzt werden.

Zuweilen wird eingewandt, zum Verwalten müsse man geboren sein, gute 28 Verwaltung sei eine Frage der *Persönlichkeit*. Das ist richtig und doch auch falsch. Zweifellos gibt es Menschen, die ohne viel theoretische Belehrung gute Verwaltungsbeamte werden. Andererseits gibt es Menschen, die trotz sorgfältigster Ausbildung immer durchschnittliche oder gar schlechte Verwaltungsbeamte bleiben. Aber darum geht es nicht. Es geht um jenen durchschnittlich begabten Menschen, der die Regel ist. Seine Fähigkeiten und Leistungen als Verwaltungsbeamter können durch eine gute theoretische Ausbildung zumeist gehoben werden. Darin liegt der Sinn der Befassung mit der Verwaltungslehre in der Ausbildung.

III. Daraus ergibt sich, daß die *Verwaltungslehre* als Gegenstand der Ausbil- 29 dung für den künftigen Verwaltungsbeamten bereits *in den theoretischen Teil der Ausbildung* gehört, d.h. bei dem Beamten des höheren Dienstes in das akademische Studium, für den Beamten des gehobenen Dienstes in die Fachhochschule. Solange die Ausbildung für den Beamten des höheren Verwaltungsdienstes gemeinsam mit der Ausbildung für das Richteramt erfolgt, gehört die Verwaltungslehre ebenso zum Rechtsstudium wie die Staatslehre, die Wirtschaftswissenschaften und die Kriminologie. Sie muß das Rechtsstudium ergänzen. Angesichts der hohen Zahl der künftigen Studenten, die später Verwaltungsbeamte werden (über die Häfte derjenigen, die später in den öffentlichen Dienst eintreten), kommt ihr

13

1. Kapitel Der Gegenstand der Verwaltungslehre

eine besondere Bedeutung zu. Das gilt in noch höherem Maße für die Beamten des gehobenen Dienstes, bei deren Ausbildung sich die Alternative Justiz – Verwaltung überhaupt nicht stellt, da die Rechtspflegerausbildung von der Verwaltungsinspektorenausbildung von vornherein getrennt ist.

30   C. *Gegenstand der Ausbildung* des Verwaltungsbeamten in der Verwaltungslehre ist es,

I. ihm ein Verhältnis zu der Umwelt zu geben, in die die Verwaltung hineingestellt ist, d.h. die politischen, wirtschaftlichen und gesellschaftlichen Kräfte und ihr Wirken zu zeigen. Der Verwaltungsbeamte muß seine Aufgabe verstehen als ein Wirken in der Ordnung des demokratischen Rechtsstaates und der industriellen Wohlfahrtsgesellschaft. Er muß lernen, sein Handeln als Verwaltungsbeamter darauf einzurichten.

31   II. Die Verwaltungslehre als Lehrgegenstand dient den Verwaltungsbeamten ferner dazu, die Kräfte und Mittel verstehen zu lernen, die innerhalb der Verwaltung zur gemeinsamen Erreichung der gesteckten Aufgaben zusammenwirken. Daher kommt den Fragen der Verwaltungsorganisation, dem Personalwesen, dem Umgang mit den Verwaltungsmitteln, der Verwaltungsbetriebslehre und dem Rechnungswesen besondere Bedeutung zu.

32   III. Schließlich muß der Verwaltungsbeamte erkennen lernen, daß sein Ethos nicht nur in der rechtlich und sachlich richtigen sowie schonenden Behandlung des Bürgers liegt, sondern ebenso auch in einer wirtschaftlichen Verwaltungsführung, weiter in einer effektiven Verwaltungsarbeit, welche die der Verwaltung gesteckten Ziele erreicht. Die heutige Verwaltungsausbildung, insb. an den Universitäten, ist viel zu stark auf eine rein rechtliche Betrachtung zugeschnitten, die die Rechtmäßigkeit von Verwaltungsakten und die Ersatzpflicht für fehlsames Verwaltungshandeln in den Mittelpunkt der Betrachtung stellt. So wichtig diese Fragen sind, sie vermitteln dem Studenten oft doch eine unrichtige Vorstellung von der Verwaltung als einem Feind des Bürgers, der die Rechte des Bürgers verletzt. Diese Fragen lassen nicht deutlich werden, daß die »Pathologie« des Verwaltungshandelns nur ein kleiner Teil der Verwaltungswissenschaft ist. Vor allem kommt dabei zu wenig ins Bewußtsein, daß die Verwaltung große soziale Aufgaben erfüllt, ohne deren Erledigung Wirtschaft und Gesellschaft in ein Chaos verfallen würden, vor allem aber der heutige Lebensstandard unmöglich wäre. Es ist eine wichtige Aufgabe der Verwaltungslehre, auch diese Zusammenhänge bewußt zu machen.

33   D. Damit stellt sich die Frage, ob die *Verwaltungslehre in den Mittelpunkt der Verwaltungsausbildung* gestellt werden sollte. Zweifellos wäre es unrichtig, die Verwaltungsausbildung allein auf die Verwaltungslehre zu stützen. Auch unter

§ 5 *Verwaltungslehre als Ausbildungsgegenstand*

der hier in den Vordergrund gestellten Betrachtungsweise kommt der Rechtsausbildung sehr erhebliche Bedeutung zu. Das Verwaltungshandeln im Rechtsstaat wird durch Rechtsnormen regiert. Ihre Beherrschung ist ebenso wie die Beherrschung der Methode der Rechtsanwendung ganz wesentlich für die Verwaltungsausbildung. Außerdem ist auch die Erziehung zum Recht – unabhängig von den konkreten Normen – ein Wert, der auf keinen Fall unterschätzt werden sollte.

Gleichwohl kann natürlich gefragt werden, ob nicht in der Ausbildung des künftigen Verwaltungsbeamten die Verwaltungslehre eine derart große Bedeutung erhalten sollte, wie das z.B. in den USA z.T. der Fall ist. Gegen ein rein verwaltungswissenschaftliches Studium, in dem das Verwaltungsrecht nur eine untergeordnete Bedeutung besitzt, spricht vor allem die Tatsache, daß die Verwaltungslehre als Wissenschaft in Deutschland noch zu jung und zu wenig ausgebaut ist, um eine hinreichende wissenschaftliche Breite und Vertiefung zu vermitteln. Es kommt – insb. bei akademisch vorgebildeten Beamten – für die Frage, welches Fach studiert werden soll, nicht nur und nicht einmal in erster Linie darauf an, welche Nützlichkeit dieses Fach für die spätere berufliche Tätigkeit hat, sondern auch und vor allem darauf an, welche Möglichkeiten allgemeiner geistiger Durchbildung das Fach dem Studenten bietet. Dabei ergibt sich, daß ein Zweig der Wissenschaft ohne hinreichende theoretische Grundlage niemals ein geeignetes Studienfach sein kann. Für Deutschland ist zweifelhaft, ob die Verwaltungslehre schon jenen Stand erreicht hat, der es rechtfertigt, ein rein verwaltungswissenschaftliches Studium einzurichten. In den USA ist das sicherlich anders, weil die Verwaltungslehre hier älter und fundierter ist. Wann die Entwicklung in Deutschland soweit ist, hängt auch davon ab, ob es gelingt, ein berufsbezogenes Curriculum und geeignete Lehrmethoden zu entwickeln. Obwohl noch nicht alle Versuche, die in der verwaltungswissenschaftlichen Ausbildung in jüngerer Zeit gemacht worden sind, vollen Erfolg haben, könnte die Zeit für ein brauchbares grundständiges Verwaltungsstudium nicht mehr fern sein.

2. Kapitel   Methoden der Verwaltungswissenschaft

§ 6   Allgemeines

Schrifttum: *P. Atteslander,* Methoden der empirischen Sozialforschung, 4. Aufl., 1975; *K. Bauer,* Anwendung quantitativer Methoden in der Verwaltung, in: Bundeswehrverwaltung 1970, S. 265 ff.; *J. Friedrichs,* Methoden empirischer Sozialforschung, 1973; *G. R. Gerhard,* Über quantitative Methoden in der Verwaltung, in: VerwArch 62 (1971) S. 209 ff.; *O. Grunow, F. Hegner, F. X. Kaufmann,* Empirische Sozialforschung in der Verwaltung: Zum Verhältnis von Steuerzahlung und Finanzamt, in: VerwArch 66 (1975) S. 1 ff.; *R. König* (Hrsg.), Handbuch der empirischen Sozialforschung, 2 Bde., 2. Aufl. 1967, 1969; *R. Mayntz – K. Holm – P. Hübner,* Einführung in die Methoden der empirischen Soziologie, 3. Aufl., 1972; *K. D. Opp,* Methodologie der Sozialwissenschaft – Einführung in Probleme ihrer Theoriebildung, 1970; *A. Schrader,* Einführung in die empirische Sozialforschung. Ein Leitfaden für die Planung, Durchführung und Bewertung von nicht experimentellen Forschungsprojekten, 1971; *O. Seewald,* Juristische und verwaltungswissenschaftliche Maßstäbe in der kommunalen Gebietsreform, in: Verwaltung, 1973, S. 389 ff.; *C. Selltiz,* Untersuchungsmethoden der Sozialforschung, 2 Bde., 1971.

A. Verwaltungswissenschaft als Entscheidungshilfe

I. Ein Wissenschaftsverständnis, das der Wissenschaft eine soziale Funktion zuerkennt, nämlich der Gesellschaft bei der Lösung ihrer Probleme zu helfen, muß die *Verwaltungswissenschaft als Entscheidungshilfe für die Verwaltung* auffassen, wenn sie Verwaltung als Entscheidung definiert. Die Methoden der Verwaltungswissenschaft sind dann Methoden wissenschaftlich fundierten Entscheidens.

II. Die Verwaltungswissenschaft als Zweig der Sozialwissenschaft bedient sich der *Methoden der Sozialwissenschaft.* Sie hat keine eigenen Methoden entwickelt und kann das von ihrer Fragestellung her praktisch auch nicht. Sie wendet die Methoden an, die auch die Ökonomie und Politologie für ihre Entscheidungen gebrauchen, mögen sich auch die Gewichte der Teilfragen gegenüber den anderen Zweigen der Sozialwissenschaft teilweise erheblich verschieben.

Entscheidung ist Informationsverarbeitung. Für die Verwaltungswissenschaft als Entscheidungshilfe geht es daher um Gewinnung von Informationen (Daten), und um deren Aufbereitung und Bewertung, da Ziel der Entscheidung ist, ein Optimum im Hinblick auf bestimmte Ziele zu erreichen. Daher gehören die Methoden der Optimierung zu den Methoden der Sozialwissenschaft.

B. Verwaltungswissenschaftliche Forschung

I. Wissenschaftliche Forschung braucht nicht unmittelbar auf einen sozialen Zweck bezogen zu sein. Obwohl gerade die Sozialwissenschaften dahin tendieren werden, sich selbst als zweckbestimmter Teil der Gesellschaft zu sehen, so erscheint es doch nicht erforderlich, sie stets in diesen Zusammenhang zu stellen. Die Verwaltungswissenschaft benötigt wie alle anderen Wissenschaften Grundlagenforschung.

II. Jede Forschung – mag sie zweckfrei sein oder praxisbezogen – muß von einem *Problem* ausgehen, das es zu lösen gilt. Das Problem wird dabei in einer oder mehreren (meist voneinander abgeleiteten) Hypothesen formuliert. Ziel der Forschungsarbeit ist es, die Hypothesen zu verifizieren oder zu falsifizieren oder ihre Unlösbarkeit darzutun, sie evtl. als Scheinproblem zu entlarven, oder sie in Unterhypothesen aufzulösen, weil eine einheitliche Aussage für den gesamten, von der Hypothese erfaßten Bereich nicht möglich ist.

Beispiel einer verwaltungswissenschaftlichen Hypothese: »Gemeinden mit weniger als 10 000 Einwohnern sind nicht in der Lage, ihre Aufgaben in einer Weise zu erfüllen, die den berechtigten Erwartungen ihrer Bürger oder der gesamten Gesellschaft entspricht.«

III. Jedes Problem, insb. die aus dem Problem herausdestillierten Hypothesen verlangen im Interesse einer möglichst eindeutigen Lösung eine exakte Begriffsbildung. Dabei steht die Begriffsbildung unter dem Zwang der *Operationalisierung*, d.h. die Begriffe müssen so gebildet werden, daß die einzelnen Fakten aus der Gesamtmenge aller Fakten ohne allzu große Schwierigkeiten den benutzten Begriffen zugeordnet werden können. Achtet man auf diese Notwendigkeit nicht, so führt das einerseits zu einem sehr hohen Arbeitsaufwand, andererseits zu erheblichen Unsicherheiten in der Aussage.

In dem oben angeführten Beispiel bedeutet das: »Berechtigte Erwartungen ihrer Bürger oder der gesamten Gesellschaft« sind Begriffe, die in dieser Form nicht operational sind.

Je mehr konkret und operational eine Aussage gefaßt wird, desto größer ist die Gefahr, daß die *Problemstellung sich verschiebt*.

Wenn man in dem genannten Beispiel an die Stelle des nicht-operationalen Begriffes den folgenden setzt: »Kommunale Leistungen, die die Mehrzahl der Bürger von ihren Gemeinden erhält«, so läßt sich das durch empirische Untersuchungen feststellen. Es wird aber an die Stelle des subjektiven Moments der »berechtigten Erwartungen« das objektive Moment des derzeitigen Zustandes gesetzt, d.h. behauptet, die Grenze zwischen den berechtigten und unberechtigten Erwartungen verliefe bei dem, was die Mehrzahl der Menschen heute zur Verfügung hat.

2. Kapitel Methoden der Verwaltungswissenschaft

39 IV. Dieses Beispiel macht auch deutlich, daß *Sozialwissenschaften zugleich empirische und normative Wissenschaften sind.* Sie deduzieren (wie z.b. die Rechtswissenschaft) einen Sachverhalt unter normative Vorstellungen,
im Beispiel »berechtigte Erwartungen«,
sind aber zugleich empirische Wissenschaften, weil sowohl die zu subsumierenden Sachverhalte empirisch ermittelt werden müssen,
im Beispiel: Haben die Gemeinden unter 10 000 Einwohnern tatsächlich eine unterdurchschnittliche Leistungsfähigkeit oder gilt das nur für besondere Typen von Gemeinden (z.b. reine Landgemeinden) oder gilt das nur für Gemeinden unter 5 000 Einwohnern?
als auch die Normbegriffe durch empirische Untersuchungen geklärt werden müssen.
Im Beispiel: Welche Erwartungen empfinden die Bürger als »berechtigt«? Oder: Welche Leistungen erhält die Mehrzahl der Bürger von ihren Gemeinden?

40 V. Ein wichtiges Problem sozialwissenschaftlicher Forschung stellt die Frage nach der *Validität von Forschungsergebnissen.*
Im Beispielsfall mag das Ergebnis lauten, daß 100 % der Gemeinden unter 10 000 Einwohnern nicht in der Lage waren, die berechtigten Leistungserwartungen ihrer Bürger zu erfüllen.
Jedes empirische Forschungsergebnis gilt nur bedingt, weil es nur erhoben worden ist bei einer begrenzten Menge von möglichen Untersuchungsfällen. Das gilt insb. wenn wegen der Größe des Untersuchungsfeldes nur eine Stichprobe gezogen worden ist. Es gilt ferner allgemein, d.h. auch bei einer Vollerhebung, weil die Randbedingungen sich ändern können.
In dem Beispiel: Die Aussage über die mangelnde Leistungsfähigkeit der Gemeinden unter 10 000 Einwohnern kann in dem Augenblick falsch werden, in dem das Finanzausgleichssystem geändert wird.
Vor allem aber hängt die Validität sozialwissenschaftlicher Forschungsergebnisse von der *Zuverlässigkeit des verwandten Meßinstruments* ab. Das gilt sowohl für die Zuverlässigkeit der Datenerhebung
z.B. haben die Befragten wirklich die Wahrheit gesagt oder haben sie irgendetwas gesagt, um den Interviewer möglichst schnell loszuwerden, oder sind sie seinen suggestiven Fragen erlegen?
als auch für die Möglichkeit, die Ergebnisse sicher in das benutzte Begriffsgerüst einzuordnen.
Im Beispielsfall ist es nicht leicht möglich, mit der hinreichenden Eindeutigkeit zu sagen, ob eine befriedigende Aufgabenerfüllung durch eine Gemeinde vorliegt oder nicht.

42 C. Jeder *Forschungsprozeß,* insb. die Herstellung einer *Doktordissertation,* im Bereich der empirischen Sozialwissenschaft (und damit auch der Verwaltungs-

wissenschaft) hat mehrere logisch hintereinanderliegende, stets notwendige *Stufen* zu durchlaufen:
1. Vorbereitungsphase: Klärung der zu bearbeitenden Probleme, insb. anhand der vorhandenen Literatur, Aufstellung von Hypothesen,
2. Planungsphase: Festlegung des Untersuchungsplanes und des hierfür anzuwendenden Instrumentariums (insb. Untersuchungstechniken), Abgrenzung des Untersuchungsfeldes, Klärung der Operationalisierbarkeit der Begriffe u.ä.,
3. Sammlung des Materials (insb. empirische Erhebungen),
4. Auswertung der erhobenen Daten, Schlußfolgerungen aus den Daten, Beantwortung der Fragen (Hypothesen),
5. Versuch einer Verallgemeinerung der Ergebnisse, insb. im Hinblick auf den theoretischen Rahmen, evtl. Aufstellung neuer Theoreme.

D. Für den Einsatz moderner Methoden ist auch der Kostenfaktor von erheblicher Bedeutung. Allein die Kosten der Datenerhebung gehen für ein mittleres Projekt leicht in fünfstellige DM-Beträge. Auch die Verarbeitung mit einer EDV-Anlage verursacht hohe Kosten. Daher bedarf es in jedem Falle einer möglichst genauen Abschätzung der *Kosten* und des erwarteten *Nutzens* der Untersuchung.

Dieser Nutzen wird auch bestimmt durch die Exaktheit der Daten und die begriffliche Übereinstimmung der erhobenen Daten mit den für die Fragestellung benötigten Daten; eine genaue Übereinstimmung wird sich in aller Regel nicht erreichen lassen, weil eine Untersuchung in dem Augenblick, in dem sie operational gestaltet werden soll, gewisse Vereinfachungen und Vergröberungen vornehmen muß.

E. Auch als empirische Wissenschaft kommt die Sozialwissenschaft nicht ohne normative Elemente aus. Es ist eine Illusion zu meinen, es gäbe eine Wissenschaft, die völlig »objektiv« sei. Insb. haben schon die zu untersuchenden Hypothesen normative Voraussetzungen oder normative Elemente. Und die Subsumtion der empirischen Ergebnisse unter die gebildeten Maßstabskategorien sowie vor allem die Interpretation der Ergebnisse, die regelmäßig auf der Anwendung von Indikatoren beruhen, sind eine normativ wertende Tätigkeit.

§ 7 Datenerhebung

Schrifttum: Siehe auch vor § 6; Anleitung zur qualitativen Auswertung von dokumentarischem Material, Bureau of Applied Social Research Columbia University, in: *R. König* (Hrsg.), Das Interview, 7.A., 1972, S. 332 ff.; *B. Becker,* Erhebungstechniken, in: Hdb. Verw. H. 4.1; *E. Erbschön,* Interview, 1972; *R. König,* Die Beobachtung, in: *R. König* (Hrsg.), Handbuch der empirischen Sozialforschung, Band I, 1967 S. 107 ff.; *R. König* (Hrsg.), Beobachtung und Experiment – Praktische Sozialforschung II, 3. Aufl. 1966;

2. Kapitel Methoden der Verwaltungswissenschaft

R. König (Hrsg.), Das Interview, Formen, Technik, Auswertung, Praktische Sozialforschung I, 7. Aufl. 1972; *E. E. Maccoby-N. Maccoby*, Das Interview. Ein Werkzeug der Sozialforschung, in: *R. König* (Hrsg.), Das Interview, 7. Aufl. 1972, S. 37 ff.; *W. Münch*, Datensammlung in den Sozialwissenschaften, 1971; *P. B. Sheatsley*, Die Kunst des Interviews, in: *R. König* (Hrsg.), Das Interview, 7. Aufl. 1972, S. 125 ff.; *W. Siebel*, Die Logik des Experiments in den Sozialwissenschaften, 1965.

Die Informationen, die bei der verwaltungswissenschaftlichen Arbeit benötigt werden, liegen z.T. offen wie z.b. bestimmte Ereignisse oder aufgearbeitete Statistiken. In vielen Fällen bedarf es jedoch einer besonderen Feststellung, sowohl was an äußeren und inneren (psychischen) Fakten vorhanden ist, als auch in welcher Zahl die Fakten auftreten. Um die Feststellungen zu treffen, gibt es die Möglichkeiten der direkten Beobachtung, der Befragung (Fragebogen, Interview) und der Dokumentenanalyse. Hilfsweise kommt in bestimmten Fällen das Experiment hinzu.

45 **A. Beobachtung**

I. Das zentrale Problem der Beobachtung in den Sozialwissenschaften liegt in dem Umstand, daß sozialwissenschaftliche Phänomene, d.h. also die Beobachtungsgegenstände sinnbezogen sind, daß sich diese Sinnbezogenheit dem Beobachter nur öffnet, wenn er sie im voraus kennt oder die beobachteten Fakten interpretiert. Die Beobachtung ist daher nie objektiv, sondern bezieht stets das beobachtende Subjekt mit ein. Wissenschaftliche Beobachtung verlangt daher eine theoretische Vorklärung, systematische Planung, exakte Aufzeichnung der Ergebnisse und – in der Regel – Wiederholung zur Kontrolle der Erstergebnisse. Sie verlangt aber auch eine Kontrolle des eigenen Verhaltens durch Selbstanalyse sowie eine Ausbildung und ein Training als Beobachter – Voraussetzungen, die selten vorliegen. Gelingt es aber, diesen Forderungen gerecht zu werden, so kann die Beobachtung als Forschungsinstrument gegenüber der Befragung, bei der auch auf Seiten des Forschungsobjekts subjektive Faktoren das Ergebnis verfälschen können, von hohem Wert sein.

46 II. Diese Erkenntnis macht deutlich, daß der Partizipationsgrad des Beobachters (z.B. die Stellung des Beobachters in der beobachteten Gruppe) wesentliche Bedeutung hat (oft als »*teilnehmende*« oder »*nicht teilnehmende*« *Beobachtung* bezeichnet). Ein hoher Partizipationsgrad hat den Vorteil, daß der Beobachter das Wert- und Begriffssystem des Beobachtungsfeldes besser versteht und die Verhaltensmuster einschließlich der sprachlichen Eigenheiten (semantisches Problem!) in der Gruppe zutreffender deuten kann. Allerdings besteht zugleich die Gefahr, daß ihm die kritische Distanz fehlt, wenn er auf Grund seiner Beobachtungen Aussagen machen will, die nicht nur für die beobachtete Gruppe, sondern auch für Dritte (die u.U. ein anderes Wert- und Interaktionssystem haben) gelten

sollen. Daher gehört zur Beobachtung die kritische Selbstkontrolle, die anhand einer Selbstanalyse, u.U. auf Grund von Protokollen über frühere Beobachtungen erfolgt.

III. Das Problem der *Subjektivität* taucht auch bei den beobachteten Personen auf. Bei der offenen Beobachtung kennen die beobachteten Personen den Zweck der Anwesenheit des Beobachters. Das kann zu einer Verfälschung der Ergebnisse führen, weil die Beobachteten dann dazu neigen könnten, sich nicht wie gewohnt zu verhalten, weil sie vermuten, daß die Forschungsergebnisse dazu benutzt werden sollen, aus ihrem Verhalten praktische Folgerungen zu ziehen, die für sie negativ zu bewerten sind. Freilich wird es dem Forscher in der Regel nicht möglich sein, seine Rolle zu verheimlichen. Daher sind die meisten Beobachtungen offen, wobei den Beobachteten in der Regel die Einzelheiten des Beobachtungszweckes, insb. die genaue Fragestellung nicht mitgeteilt werden, ferner versucht wird, das Vertrauen der Beobachteten zu gewinnen, damit sie ihr gewohntes Verhalten an den Tag legen.

IV. Wichtig für den Wert einer Beobachtung ist auch ihre *Strukturierung*, d.h. die Einteilung aller denkbaren Situationen in verschiedene Standardsituationen (u.U. mehrdimensional), damit vergleichende Aussagen zwischen verschiedenen Verhaltensweisen gemacht werden können. Dabei ist es allerdings wichtig, u.U. durch Vorstudien, die für das Beobachtungsfeld relevanten Standards zu ermitteln, ehe die eigentliche Beobachtung durchgeführt wird.

B. Befragung

I. Im Gegensatz zur Beobachtung führt die Befragung notwendig zu subjektiven Ergebnissen, weil sie sich auf Aussagen von Menschen über Tatsachen oder Zustände stützt, nicht dagegen auf unmittelbare Beobachtungen. Allerdings will die Befragung zuweilen auch Meinungen eruieren; dann liegt das Problem darin, den Befragten zu veranlassen, seine wirkliche Meinung zu sagen.

Die Befragung ist praktisch die wichtigste Methode der Datenerhebung, weil sie relativ schnell und mit beschränktem Aufwand eine große Zahl von Informationen ergibt. Durch Wahl einer geeigneten *Stichprobe* kann sie repräsentativ Auskunft über Fakten oder Meinungen einer sehr großen Zahl von Menschen geben. Sie kann auch Auskünfte über Bereiche verschaffen, die einer Beobachtung nicht oder nur schwer zugänglich sind (Intimbereich, psychische Fakten).

II. Die Befragung kann entweder auf Grund einer standardisierten Fragenliste *(Fragebogen)* oder ohne einen derartigen Rahmen erfolgen. Im ersten Falle besteht wenig Möglichkeit zur Spontanität, dafür ist aber eine Vollständigkeit der Beantwortung der Fragen garantiert. Der Fragebogen kann auch schriftlich beantwortet werden und erspart damit u.U. erhebliche Kosten. Oft angewandt wird die Form der halboffenen Befragung, bei der zwar ein fester Fragebogen vorliegt, es dem Befragten aber erlaubt ist, zusätzliche Informationen zu geben. Eine wichtige Form ist die *Panelbefragung*, d.h. die wiederholte Befragung einer bestimmten Bevölkerungsgruppe, um die Entwicklung innerhalb einer bestimmten Zeitspanne zu verfolgen.

51   III. Der wissenschaftliche Wert einer Befragung hängt erheblich von der Fragestellung ab. Die Lehre von der *Frage* ist daher ein zentraler Gegenstand des Themas Befragung. Die Fragen müssen so gestellt sein, daß sie dem sprachlichen Standard des Befragten angemessen sind. Die Problematik, die der Forscher lösen will, muß u.U. erst durch eine besondere Formulierung der Fragen operational gemacht werden. Wichtig ist die Vermeidung suggestiver Fragen. Die Fragen können entweder *offen* sein (Was halten sie von der Anstellung von Beamten auf Lebenszeit?) oder *geschlossen* (Hat die Anstellung der Beamten auf Lebenszeit: Vorteile – teils Vorteile, teils Nachteile – Nachteile?).

Wichtig ist es, durch geschickte Fragestellung Hemmungen des Befragten (etwa weil ihm die Beantwortung peinlich ist oder zu seinem Intimbereich gehört) abzubauen. Im Schrifttum werden hierzu eine Fülle von Hinweisen gegeben. Hier liegt eine der schwerwiegendsten Fehlerquellen.

52   IV. Die Befragung mittels *Interview* schafft eine spezielle soziale Situation zwischen Frager und Befragtem. Aus dieser Situation können sich leicht Störfaktoren ergeben. Insb. die den Befragten bekannte Gruppenzugehörigkeit des Interviewers verfälscht nicht selten die Antwort. Interviewsituation und soziokulturelles Milieu des Befragten sind daher bei·der Interpretation der Antworten mit zu bedenken. Der Befragte geht nicht selten mit »Einstellungsstrukturerwartungen« in das Interview und wird sich dementsprechend äußern.

53   V. In der Regel muß der eigentlichen Erhebung eine *Probebefragung* vorausgehen, die sich nur an wenige Personen wendet. Durch sie wird festgestellt, ob die Fragen verstanden werden, ob die Begriffe und Kategorien des Fragebogens sinnvoll sind und ob zusätzliche Fragen nötig oder bestimmte Fragen unzweckmäßig sind.

54   C. Dokumentenanalyse

I. Für die Verwaltungswissenschaft spielen Dokumente, insb. schriftliche Äußerungen, eine erhebliche Rolle: Akten, Denkschriften, Gutachten, Berichte, Statistiken u.a.m. machen über die Verwaltung, ihre Funktionen, ihre Arbeit eine Vielfalt von Aussagen. Eine wissenschaftliche Verwendung der Dokumente verlangt eine kritische Auseinandersetzung mit ihnen. Die Verwendbarkeit für bestimmte Fragestellungen hängt zunächst davon ab, inwieweit sie sachlich ein-

§ 7 *Datenerhebung*

schlägig (z.B. noch aktuell) sind. Diese Frage ist vor allem für Statistiken zu stellen; die statistischen Begriffe und Relationen müssen auf die Fragestellung des Forschers bezogen sein, was nicht immer sogleich erkennbar ist. Die Zuverlässigkeit leidet nicht selten an (oft unbewußten) Verfälschungen durch den Verfasser oder den Informator des Verfassers. Das Interesse an einem bestimmten Inhalt (sowie andere Gesichtspunkte) können Indikator für die Wahrscheinlichkeit einer Verfälschung sein.

II. Die Analyse von Dokumenten hat sich zu einer besonderen *Technik* entwickelt. Dabei geht es primär darum, eine subjektive Sicht zu eliminieren, der der Forscher unterliegen kann. Hierbei wird die Kommunikationsforschung wichtig. Das Dokument kann zur Objektivierung u.U. in gleichartige Grundelemente (Wörter, Sätze, Abschnitte usw.) zerlegt werden; die einzelnen Arten von Grundelementen werden dann jeweils unter derselben Fragestellung analysiert, d.h. sie werden nach Kategorien geordnet und unter der Fragestellung des Forschers bewertet.   55

D. Experiment

I. Das Experiment, das z.T. nicht unter die Methoden der Datenermittlung i.e. Sinne gerechnet wird, ist für bestimmte Fragestellungen allen anderen Methoden überlegen, ja u.U. die einzige Möglichkeit, Aufschluß über bestimmte Zusammenhänge zu erhalten. Andererseits besteht die Gefahr, daß die Situation des Experimentes eine Verfälschung der Wirklichkeit bedeutet, weil die am Experiment beteiligten Versuchspersonen sich in Kenntnis des Experimentes anders als im Regelfall verhalten und weil jedes Experiment auf ein Teilsystem bezogen ist und unklar bleibt, inwieweit die Umwelt dieses Teilsystems, insb. die anderen nicht unter Experimentalbedingungen ostentierten Teilsysteme die Bedingungen verfälschen. Gleichwohl ermöglicht das Experiment durch die Bedingungen, die vorher definiert und deren Einhaltung gesichert werden kann, ein hohes Maß an Kontrolle der Ergebnisse.

In der Verwaltung wird vom Experiment oft durch versuchsweise Einführung neuer Methoden oder Organisationsformen *(Feldexperiment)*, ferner durch *Simulation* und in Form von *Planspielen* Gebrauch gemacht. Allerdings fehlt es dabei nicht selten an einer streng wissenschaftlichen Kontrolle derartiger Experimente, so daß die Ergebnisse dann nur einen bedingten Wert haben. Das Laboratoriumsexperiment spielt in den Verwaltungswissenschaften praktisch keine Rolle, könnte für bestimmte Fragestellungen aber auch eingesetzt werden. Je öfter das Experiment mit den gleichen Bedingungen wiederholt werden kann, desto zuverlässiger sind im Zweifel die Aussagen, die sich gewinnen lassen. Freilich kann beim Feldexperiment die Wiederholung zu einem späteren Zeitpunkt fraglich sein, weil sich die Randbedingungen inzwischen u.U. verschoben haben.   57

58 II. Verhältnis der Methoden zueinander

Welche Methode der Forscher anwendet, hängt von seinem Problem ab. In aller Regel wird er sich gerade in der Verwaltungswissenschaft der Dokumentenanalyse bedienen. Sie sollte in einer möglichst frühen Phase der Forschungsarbeit eingesetzt werden, da sie meist geeignet ist, mit verhältnismäßig geringem Aufwand die Hypothesen zu überprüfen und evtl. von vornherein zu falsifizieren oder eine Änderung bzw. Erweiterung der Hypothesen nahezulegen. Ein Experiment kann praktisch nur derjenige durchführen, dem die Verwaltung selbst für diese Methode offensteht. Infrage kommt für den von außen kommenden Forscher daher allenfalls nur dann ein Experiment, wenn er auf eine Experimentierbereitschaft der Verwaltung stößt. dagegen trifft man bei der Verwaltung sehr oft auf große Kooperationsbereitschaft für Befragungen und Beobachtungen, wobei der Charakter der Verwaltungsarbeit als Schreibtischarbeit die Befragung in erster Linie nahelegt. Doch sind z.B. Sitzungen ein dankbares Feld von Beobachtungen.

§ 8 Datenverarbeitung

Schrifttum: Siehe auch vor § 6; *O. Anderson,* Probleme der statistischen Methodenlehre in den Sozialwissenschaften, 5. Aufl., 1965; *H. Kellerer,* Statistik im modernen Wirtschafts- und Sozialleben, 1968; *W. Mathi,* Grundzüge und Darstellungstechniken der beschreibenden Statistik, in: Hdb.Verw., H. 4.2; *J.L. Moreno,* Die Grundlagen der Soziometrie, Wege zur Neuordnung der Gesellschaft, 2. Aufl., 1967; *M. Parten,* Grundformen und Probleme des Samples in der Sozialforschung, in: *R. König* (Hrsg.), Das Interview, 9. Aufl. 1974, S. 181 ff.; *J. Pflanzagl,* Allgemeine Methodenlehre der Statistik, Bd. 1: Elementare Methoden unter besonderer Berücksichtigung der Anwendung in den Wirtschafts- und Sozialwissenschaften, 5. Aufl., 1972; *E. K. Scheuch,* Skalierungsverfahren in der Sozialforschung, in: *R. König* (Hrsg.), Handbuch der empirischen Sozialforschung, 1. Bd., 2. Aufl., 1967 S. 348 ff.; *R. Wagenführ – Tiede – Voß,* Statistik leichtgemacht, 1971, Bd. 1: Einführung in die deskriptive Statistik, 6. Aufl., 1971, Bd. 2: Einführung in die induktive Statistik, 2 Bde., 6. Aufl., 1971.

59 A. Allgemeines

Die *Verarbeitung der erhobenen Daten,* d.h. ihre Aufbereitung zur Verwertung in sozialwissenschaftlichen Aussagen kennt zahlreiche Methoden und Techniken. Von diesen werden im folgenden nur die wichtigsten und ihre Hauptprobleme genannt. Dabei ist es notwendig festzuhalten, daß alle hier genannten Instrumente technischen Charakter haben. Die Aussagen, zu denen sie führen, sind nur so viel wert, wie die Instrumente exakt sind. Kraft ihrer Technizität schematisieren, vereinfachen, formalisieren sie komplizierte Sachverhalte. Ihr Wahrheitsgehalt ist daher nicht absolut, sondern bedarf jeweils der Interpretation. Insb.

darf man nicht auf den vom Anfänger sehr oft gemachten Fehler verfallen, statistische Korrelationen für Kausalerklärungen zu halten. Die Aussagen derartiger Verarbeitungsprozesse sind allerdings als Indikatoren wichtig und für den modernen Sozialwissenschaftler oft eine entscheidende Hilfe bei seiner Interpretation und Theoriebildung. Freilich besteht bei Forschungsarbeiten auch die Gefahr, daß ein zu feines (und aufwendiges) Instrumentarium eingesetzt wird, das für einen zu grob strukturierten Sachverhalt nicht dienlich ist.

B. Mathematisch-statistische Verfahren 60

I. Die Mathematik kann zunächst kraft ihrer spezifischen Sprache und dem hohen Grad der Exaktheit ihrer Aussagen (vorausgesetzt, die verwendeten Begriffe sind exakt definiert) eine Hilfe als Verständigungsmittel sein (heuristischer Wert). Interessant für den Sozialwissenschaftler sind allerdings vor allem Rechenverfahren, mit denen er Sachaussagen gewinnen kann, die verbal nicht oder nur mit einem unvergleichlich größeren Aufwand gewonnen werden können. Ein in mathematischer Sprache dargestelltes Gliederungssystem vermag oft viel schneller und unmißverständlicher Auskunft zu geben als eine verbale Darstellung. Die mathematischen Methoden leisten vor allem auch Hilfe, wenn die Notwendigkeit besteht, qualitative Daten zu quantifizieren. Eine große Bedeutung hat auch die Wahrscheinlichkeitsrechnung, weil sie den Grad der Sicherheit und Unsicherheit einer Aussage erklärt. Allerdings sind die mathematisch-statistischen Methoden heute derart verfeinert, daß in sehr vielen Fällen nur der Spezialist damit zu arbeiten vermag. Doch verlangt die Zusammenarbeit zwischen ihm und dem Verwaltungswissenschaftler, daß letzterer sich mit den Grundlagen vertraut gemacht hat. Darüber hinaus gibt es manches Problem für das auch vom Nichtfachmann mit vertretbarem Arbeitsaufwand das nötige Können erworben werden kann.

II. Die *beschreibende Statistik* macht Aussagen über sozialwissenschaftliche 61
Daten oder Merkmale, die in großer Zahl vorkommen. Sie teilt die statistische Masse nach (qualitativen oder quantitativen, diskreten oder stetigen, extensiven oder intensiven) Merkmalen in Kategorien. Ein praktisch wichtiges Verfahren ist die Häufigkeitsverteilung, wobei z.T. der Mittelwert, z.T. die Streuung von Interesse ist. Ein anderes wichtiges Verfahren ist die Korrelation, d.h. die statistische Überprüfung des Zusammenhangs zweier oder mehrerer Merkmale. Die Korrelation wird verwandt zur Überprüfung der Zusammenhänge zwischen bestimmten Merkmalen, u.U. auch der Stärke eines solchen Zusammenhanges; sie ist oft Indikator für Kausalabläufe. Ein wichtiges Rechenverfahren für die Beurteilung korrelierter Merkmale ist die Regressionsanalyse.

III. Von den Verfahren der *schließenden Statistik* ist in erster Linie die Stich- 62
probenauswahl zu nennen. Da eine Untersuchung (z.B. Befragung) wegen des damit verbundenen Arbeitsaufwandes regelmäßig nicht auf alle Individuen der

2. Kapitel   Methoden der Verwaltungswissenschaft

statistischen Masse ausgedehnt werden kann, kommt es darauf an, eine repräsentative Auswahl zu treffen. Die *Auswahl der Stichprobe (Sample)* wird je nach dem zu bearbeitenden Problem dem *Zufall* überlassen *(Randomverfahren)* oder *bewußt* getroffen. Besondere Probleme wirft die *Fehlerquote* auf, die sich durch Untersuchung der Stichprobe (anstelle der gesamten Masse) ergibt; sie läßt sich in besonderem Verfahren berechnen. Damit ist auch eine Antwort auf die Frage möglich, ob das Ergebnis eine für den Forscher hinreichende Sicherheit hat. Im Zusammenhang damit steht auch die Frage, wie groß die Stichprobe sein muß, um eine hinreichende Genauigkeit zu bekommen.

63   C. Skalierungsverfahren

Oft hat es der Sozialwissenschaftler nicht mit einem Merkmal zu tun, dessen Vorhandensein mit »ja« oder »nein« zu beantworten ist, sondern nur mit »mehr« oder »weniger« (z.B. Einstellung des Beamten zu seiner Arbeit, Leistungsfähigkeit einer Organisation). Hier ist es nötig, eine Skala aufzustellen. Von den zahlreichen Verfahren, Skalen zu konstruieren, ist das des Paarvergleiches am gebräuchlichsten. Entscheidend für den Wert einer Skala ist die Wahl der Indikatoren, von denen verlangt werden muß, daß sie problembezogen, eindeutig, operational (d.h. für den Befragten verständlich) sind. Durch Zuordnung von Zahlen zu den Skalenwerten wird die Skala rechenbar, vor allem aber auch graphisch darstellbar. Darum liegt der Vorteil trotz der damit verbundenen notwendigen Veränderung der Aussage bei Übergang von qualitativen zu quantitativen Elementen. Eine besondere, in jüngerer Zeit entwickelte Technik, die regelmäßig im Zusammenhang mit Skalierungsverfahren beschrieben wird, ist die Herstellung eines Polaritätsprofils, das über eine größere Zahl von Eigenschaften, die ein Individuum besitzt, Auskunft gibt und schnell einen Vergleich mit anderen Individuen ermöglicht.

64   D. Soziometrie

Die sozialen Wechselbeziehungen in einer Gruppe werden in soziometrischen Verfahren gemessen und dargestellt. Sie bedienen sich zur Beschreibung vor allem der *Soziogramme* und Soziomatrizen. In der Verwaltungswissenschaft ist von dieser Methode bisher kaum Gebrauch gemacht worden. Sie eignet sich hier jedoch auch für Aussagen im Personalwesen und könnte zur Untersuchung von Führungsspitzen, Bestehen informeller Gruppen, Verhalten in nicht hierarchisch organisierten Arbeitseinheiten eingesetzt werden.

In der Soziometrie haben sich mit der Beobachtung der Interaktionen und der Befragung im sog. soziometrischen Test besondere Techniken herausgebildet. Ebenso sind besondere Darstellungsformen und Symbole entwickelt worden. Allerdings ist eine Verallgemeinerung der soziometrisch erhobenen Daten nur sehr beschränkt möglich.

E. Auswertung von Daten 65

I. Das erhobene Datenmaterial, das in Fragebogen, Beobachtungsprotokollen u.ä. vorliegt, bedarf zur Verwendung zunächst der *Aufbereitung*. Zu prüfen ist der Rücklauf. Sofern versandte Fragebogen nicht vollständig zurückgekommen sind, ist zu prüfen, ob die Antworten repräsentativ sind oder ob die Ausfälle durch andere Maßnahmen ausgeglichen werden können.

Die Antworten müssen sodann nach den Kategorien, unter denen geprüft wird, sortiert werden; das erfordert nicht selten eine Interpretation von Antworten. Sie werden dann für die Auszählung codiert, sofern man sie maschinell verarbeitet (was bei größeren Mengen nötig ist), auf Lochkarten, evtl. sogar auf ADV-Anlagen übernommen.

II. Die aufbereiteten Daten werden sodann analysiert, d.h. ausgezählt und 66 kombiniert. Die Ergebnisse werden in Tabellen oder Graphiken dargestellt. Zur Aufbereitung gehört auch die Umrechnung (z.B. von absoluten Zahlen in Prozentzahlen), sowie bestimmte kompliziertere statistische Rechenverfahren (z.B. Faktorenanalyse). Die *Analyse* ist überhaupt das eigentliche Arbeitsfeld der modernen statistischen Verfahren mit der Chance, in geeigneten Fällen zu einer exakten Aussage über die statistische Beziehungen zu kommen.

III. Die Aussagen, die die Analyse liefert, sind noch keine wissenschaftlichen 67 Forschungsergebnisse. Alle Instrumente der Datenverarbeitung haben Modellcharakter, stellen aber nicht die Sache selbst dar. Sie sprechen in einer Sprache, die formalisiert ist und erarbeiten ihre Ergebnisse mit einer formalen Syntax. Es bedarf nun einer Rückübersetzung der Daten, die in diese formale Sprache übersetzt worden sind. Während die formalen Operationen wertfrei verlaufen, bedeutet die Rückübersetzung in den Bereich sozialer Zusammenhänge Rückkehr in einen wertbestimmten Raum. Mit der Einordnung der formalen Ergebnisse in diesen Raum der Interpretation ist notwendig eine Bezugnahme auf die Wertordnung verbunden, d.h. eine Wertentscheidung. Die *Interpretation* muß sich stets vor Augen halten, in welchen Bezügen die Aussagen stehen, welche Bedeutung sie für das System haben. Allgemeine Aussagen zu der Frage, inwieweit eine Interpretation zulässig ist und wann die Interpretation in Spekulation übergeht, sind kaum möglich.

§ 9 Optimierung

Schrifttum: *R. L. Ackoff – M. W. Sazieni,* Operations Research – Grundzüge der Operationenforschung, 1970; *V. R. v. Bieberstein/W. Bormann,* Die Scenariomethode als Verfahren zur zukunftsorientierten Untersuchung komplexer Methoden, in: analysen und prognosen, 1975, H. 37, S. 21 ff.; *C. Böhret/P. Wordelmann,* Zur Bedeutung von Simulationen und Planspielen für die öffentliche Verwaltung, in: Verwaltung 1973, S. 317 ff.; *H.E.A. Börger,* Operations Research in der kommunalen Verwaltung, in: KomWirtsch. 1968, 185 ff.; *E. Bürger,* Einführung in die Theorie der Spiele, 2. Auf. 1966; Bundesminister für Bildung und Wissenschaft (Hrsg.), Methoden der Prioritätsbestimmung I, II und III, 1971, *H.M. Dathe,* Operations Research in der öffentlichen Verwaltung, in: Hdb.Verw. H. 4.4; *H. v. Falkenhausen,* Prinzipien und Rechnungsverfahren der Netzplantechnik, 1965; *R. Henn – H.P. Künzi,* Einführung in die Unternehmensforschung I und II, 1968; *J. Meise – M. Wegener,* Digitale Simulation der räumlichen Stadtentwicklung, 1972; *H. Müller-Merbach,* Operations Research, 1969; *F. Naschold,* Optimierung: Möglichkeiten, Grenzen und Gefahren, in: Stadtbauwelt 1969, S. 282 ff.; *J. v. Neumann – O. Morgenstern,* Spieltheorie und wirtschaftliches Verhalten, 1961; *K. Niemeyer,* Planspiel, computergestützt, in: Management-Enzyklopädie, 1973; *M. Rehm,* Das Planspiel als Bildungsmittel, 1964; *G. R. Reinhold – E. Unsin,* Projekt und Netzplan in der Verwaltung, 1972; *G. Rinsche,* Planspiele in der Kommunalpolitik, in: KommPolBl. 1966, S. 473 ff.; *H. Schulz,* Netzplantechnik, in: Hdb.Verw. H. 4.5; *S. Sihwede,* Planung und Überwachung von Organisationsprojekten mit Hilfe der Netzplantechnik, in: ZfO 1971, S. 299 ff.; *L.K. Strobel,* Zur Anwendung der Netzplantechnik in der öffentlichen Verwaltung, in: ÖVD 1973, S. 225 ff.

68 In der Sozialwissenschaft spielt die Frage der *Optimierung* eine große Rolle. Sie ist in den Wirtschaftswissenschaften entstanden unter dem Gesichtspunkt maximalen Nutzens der eingesetzten Mittel. Diese Fragestellung taucht aber auch in anderen Sozialwissenschaften auf. Auch wenn der Nutzen sich nicht (nur) in Geld ausdrücken läßt, sondern in anderen Werten (z.B. Verwirklichung der Demokratie oder Qualität der Verwaltungsergebnisse), so bleibt die Optimierung doch das Ziel jeder Verwaltungsentscheidung.

69 A. Ziele und Zielsystem

I. Die Optimierung erfolgt stets unter dem Gesichtspunkt bestimmter Ziele. Nur bei genauer Zieldefinition ist es möglich, ein theoretisches Optimum zu bestimmen und daran zu messen, ob ein bestimmter Sachverhalt (Daten-Konstellation) das Optimum erreicht bzw. wie weit es vom Optimum entfernt ist.

II. Die Verwaltung hat nicht nur ein Ziel, sondern bei jeder einzelnen Aufgabe eine Reihe von Zielen zu verwirklichen. Sie muß z.B. eine Aufgabe rechtlich zutreffend, zweckmäßig, schnell und billig verwirklichen. Dabei soll sie unter dem Gesichtspunkt der Zweckmäßigkeit noch die Teilziele verschiedener sozialer Systeme, etwa des Staates, des Einzelnen und bestimmter Gruppen berücksichtigen. Schließlich soll sie auch auf die Bediensteten Rücksicht nehmen, die als Arbeitnehmer Anspruch auf eine soziale Haltung ihres Arbeitgebers Staat haben. Derartige Zielsetzungen lassen sich u.U. durchaus vereinbaren. Gute Gesetze sind auch zweckmäßig. Ein kurzes und schnelles Verfahren, das alle Umständlichkeit vermeidet, ist auch billig. Aber die genaue Beachtung der Rechtsnorm kann im Gegensatz zur Schnelligkeit und kostensparenden Arbeitsweise stehen.

§ 9 *Optimierung*

III. Diese *Zielkonflikte*, die für das Verwaltungshandeln zur Selbstverständlichkeit gehören, sind nun allerdings auch im Bereich der Betriebswirtschaftslehre vorhanden. Ziel einer Unternehmenspolitik kann Kapitalzuwachs, Reingewinn, Geldrückfluß, Verkaufsgewinn, Marktanteil, Rentabilität des investierten Kapitals, Ertrag pro Maschinenstunde u.a.m. sein. Daher bestehen keine prinzipiellen Unterschiede zwischen den Wirtschaftswissenschaften und der Verwaltungswissenschaft hinsichtlich der Problematik des Zielsystems. Daher können auch die Instrumente, die die Betriebswirtschaftslehre entwickelt hat, um zu einer Optimierung von Entscheidungen zu kommen, innerhalb der Verwaltungswissenschaft angewandt werden.

B. Als *Beispiele* für Optimierungsprobleme der Verwaltung seien genannt:
Festlegung des Personalbedarfs bei unterschiedlich qualifizierten Gruppen von Dienstnehmern und unterschiedlichen Aufgaben (Produkten) der Verwaltung;
Ablauf eines Verfahrens mit alternativen Möglichkeiten (insb. nach Einführung neuer Gesetze);
Arbeitseinteilung eines Finanzamtes im Laufe eines Jahres;
Einteilung eines Gebietes in Verwaltungsbezirke;
Einsatz von Polizeistreifen zur Überwachung eines Gebietes;
Arbeitseinteilung (einschließlich Urlaubsplan) der Polizei im Hinblick auf die zeitliche Verteilung polizeilich relevanter Ereignisse; dasselbe bei anderen Behörden im Hinblick auf erwarteten Publikumsandrang.
Lagerhaltungsprobleme;
Verteilung von Einrichtungen (Kindergärten, Schwesterstationen, Schulen) auf ein Gebiet;
Stadtentwicklungsplanung.

C. Operations Research

I. Für die Ermittlung von Optima sind in den letzten Jahrzehnten eine Reihe von mathematischen Techniken entwickelt worden, die unter der Bezeichnung Operations Research (O.R., Unternehmensforschung) zusammengefaßt werden. Sie sind systemorientiert angelegt und beruhen auf der Konstruktion von mathematischen Modellen, die in ihrer Grundform folgende Struktur haben:
$$U = f(X_i, Y_j),$$
wobei U der Nutzen, X_i die kontrollierbaren Variablen, Y_j die nicht kontrollierbaren Variablen und f die Funktionsbeziehung zwischen diesen Größen angibt. Die Bewältigung von O.R.-Aufgaben verläuft in fünf Etappen:
1. Formulierung der Aufgabe
2. Aufbau eines Modells
3. Ableitung einer Lösung
4. Prüfung des Modells und Auswertung der Lösung .
5. Einführung in die Praxis.

2. Kapitel   Methoden der Verwaltungswissenschaft

Allerdings verlaufen diese Phasen in der Praxis nicht getrennt, sondern überlappen sich zeitlich, sind auch oft gegenseitig von einander abhängig.

73   II. Da der *Mensch* für das Verhalten von Systemen oft eine große Rolle spielt, ist es nötig, sein wahrscheinliches Verhalten in das System einzubringen. Wenn es sich um eine große Zahl von Menschen handelt, können statistische Methoden hier helfen. Im anderen Fall erfolgt die Simulation der Realität nicht durch Modellbildung, sondern durch *Planspiele*. Bei der Prüfung der Frage, wie ein neues Programm, insbes. ein neues Gesetz funktionieren wird, bedient sich die Verwaltung dieser Methode.

74   III. Wichtige *Methoden* der Operations Research sind
die mathematische Programmierung
die Spieltheorie
die Theorie der Warteschlangen
die Netzplantechnik.
Diese Methoden können praktisch nur eingesetzt werden, wenn die Verwaltung eine geeignete Informationsbasis besitzt, d.h. eine problemgerechte Konzeption der Informationsgewinnung. Es muß ein Informationssystem vorhanden sein, das die entscheidungsrelevanten Informationen sammelt, klassifiziert, komprimiert und speichert. Derartige Informationssysteme (Datenbanken) fehlen meistens noch in der öffentlichen Verwaltung. Sie sind auch ungleich schwieriger aufzubauen als in der Privatwirtschaft, weil die Zahl der Faktoren größer ist, sie schwieriger zu gewinnen sind, ihre Fortschreibung besondere Probleme aufwirft und der sinnvollen Quantifizierbarkeit der Daten oft Hemmnisse entgegenstehen. Auf jeden Fall aber bedarf es zur Anwendung der O.R.-Methoden in der öffentlichen Verwaltung des Einsetzens einer ADV-Anlage, die angesichts der großen Zahl von Daten eine sehr erhebliche Kapazität besitzen muß – eine Bedingung, die oft nicht erfüllt werden kann. Angesichts der Unsicherheit, in welchem Maße das Modell die Realität der Verwaltung und Gesellschaft getreu abbilden kann einerseits und angesichts der hohen Kosten des ADV-Einsatzes andererseits in die Wirtschaftlichkeit der O.R.-Methoden in der öffentlichen Verwaltung nur selten zu bejahen.

3. Kapitel   Die Geschichte der Verwaltungslehre

§ 10   Das Zeitalter der Kameral- und Polizeiwissenschaft

Schrifttum: *C. Bornhak*, Deutsche Verfassungsgeschichte vom Westfälischen Frieden an, 1934; *B. Dennewitz*, Die Systeme des Verwaltungsrechts, 1948; *E. Dittrich*, Die deutschen und österreichischen Kameralisten, 1974; *F. Hartung*, Deutsche Verfassungsgeschichte, 8. Aufl. 1964; *O. Hintze*, Behördenorganisation und allgemeine Verwaltung in Preußen um 1740, in: Acta Borussica, 6. Bd., 1. Hälfte, 1901; *F. L. Knemeyer*, Regierungs- und Verwaltungsreformen in Deutschland zu Beginn des 19. Jhd., 1970; *A. Lotz*, Geschichte des deutschen Beamtentums, 2. Aufl. 1914; *H. Maier*, Die ältere deutsche Staats- und Verwaltungslehre, 1966; *G. Marchet*, Studien über die Entwicklung der Verwaltungslehre in Deutschland von der 2. Hälfte des 17. bis zum Ende des 18. Jh., 1885; *K.H. Osteroth*, Josef v. Sonnenfels und die Österreichische Reformbewegung im Zeitalter des aufgeklärten Absolutismus, 1970; *A. Nielsen*, Die Entstehung der deutschen Kameralwissenschaft im 17. Jh., 1911; *G. Schmoller*, Über Behördenorganisation, Amtswesen und Beamtentum im Allgemeinen und speziell in Preußen bis zum Jahre 1713, in: Acta Borussica, Bd. 1, 1894, S. 12 ff.; *ders.*, Preußische Verfassungs-, Verwaltungs- und Finanzgeschichte, 1921; *A. Tautscher*, Staatswirtschaftslehre des Kameralismus, 1947; *ders.* Geschichte der deutschen Finanzwissenschaft bis zum Ausgang des 18. Jh., in Hdb.FinWiss., 2. Aufl. Bd. 1, 1952, S. 282 ff.

A. Die Verwaltungslehre hat im 17., vor allem aber im 18. Jahrhundert eine Blütezeit erlebt. Sie wurde damals unter der Bezeichnung »Kameral- und Polizeiwissenschaft« betrieben. Ihre Entwicklung hängt auf das engste mit der *Entstehung des modernen Staates* und *der staatlichen Verwaltung* zusammen.

I. Die moderne Verwaltung mußte sich am *Anfang der Neuzeit* zwangsläufig entwickeln:
1. Die Auflösung der ständischen Gesellschafts- und Staatsordnung gab dem Landesherrn eine größere Machtfülle. Die staatliche Herrschaftsordnung bedurfte zu ihrer Durchsetzung und Bewahrung auch einer Verwaltung.
2. Die naturwissenschaftlichen Entdeckungen und ihre technische Verwertung führten zu erheblichen Fortschritten in Landwirtschaft, Gewerbe, Bergbau und Verkehrswesen. Die Möglichkeiten der Hebung des Lebensstandards in Stadt und Land, die damit verbunden waren, konnten nicht durch die bisher herrschenden Kräfte, die städtischen Zünfte und den Landadel, genutzt werden, sondern bedurften der fördernden Hand des Landesherrn. Der vom Landesherrn repräsentierte Staat wurde Hebel des Fortschritts. Die Idee des *aufgeklärten Absolutismus*, d.h. die Förderung der Wohlfahrt der Untertanen, verlangte eine Realisierung durch Verwaltungsmaßnahmen.

3. Kapitel Die Geschichte der Verwaltungslehre

3. Diese Entwicklung wurde durch die nationale Katastrophe des *Dreißigjährigen Krieges* verschärft. Der Wiederaufbau konnte nur mit Hilfe der landesfürstlichen Verwaltung energisch vorangetrieben werden.

4. Die aufkommenden *stehenden Heere* verlangten eine umfangreiche Verwaltung, sowohl für den Sach- und Finanzbedarf als auch für die Rekrutierung. Die Versorgung der stehenden Heere setzte eine hochentwickelte Verwaltungskunst voraus.

77 II. Die Entwicklung der Verwaltung läßt sich wie folgt zeichnen:

1. Zunächst war nur die *landesherrliche Domänenverwaltung*, die Verwaltung der Regalien und der älteren Abgaben, z.B. Bede, Ungeld, vorhanden. Diese Verwaltung baute im wesentlichen auf den Ämtern auf. Daneben spielte das Hofgericht des Landesherrn eine wichtige Rolle. Seine Aufgaben bestanden nicht nur in der Rechtsprechung, sondern in erheblichem Umfang auch in der Entscheidung von Fragen, die wir heute als Verwaltungssachen bezeichnen würden. In den Gerichten spielten die gelehrten Juristen zunehmend eine größere Rolle.

2. Die neu heraufkommenden Aufgaben einer *allgemeinen Wohlfahrtsförderung* (Polizei) und die *Heeresverwaltung* verlangten neue, andersartige Behörden. Die Steuer als Einnahmequelle des Staates bekam eine größere Bedeutung. Sie diente in erster Linie der Finanzierung der neuen Aufgaben. Ihre Erhebung und Verwaltung wurde daher organisatorisch weitgehend mit der Verausgabung für die neuen Zwecke zusammengelegt.

78 3. Auf die Dauer ließ sich die doppelte Verwaltung (Domänen- und Regalienverwaltung einerseits, Steuer-, Polizei- und Kriegsverwaltung andererseits) nicht aufrechterhalten. Die *Einheit der staatlichen Verwaltung* wurde erreicht (z. B. in Brandenburg–Preußen durch die Zusammenlegung der Generaldomänenkasse mit dem Generalkriegskommissariat zum General-Oberfinanz-, Kriegs- und Domänen-Direktorium 1722). Die Tendenz zur Vergrößerung der Territorien, die in dieser Zeit deutlich wurde, führte auch zu einem komplizierteren Verwaltungsaufbau, der Instanzenweg von der Zentralverwaltung bis zur untersten Instanz wurde länger. Allerdings kam es nicht überall zur vollständigen Durchorganisation der staatlichen Verwaltung bis in die örtliche Verwaltung. Die ihrer ständischen Rechte beraubten Adeligen erhielten auf dem platten Lande gegenüber den Bauern die Stellung der allerdings vom Landesherrn abhängigen Ortsobrigkeit. Dagegen drang die staatliche Verwaltung weitgehend in die Städte ein und unterwarf sich die städtischen Behörden, überzog auch die Stadtbewohner mit einer staatlichen Steuerpflicht und nahm polizeiliche Befugnisse wahr. Die vergrößerte Verwaltung bedurfte eines Beamtentums. Dieses rekrutierte sich weitgehend aus ehemaligen Soldaten. Daneben allerdings entstand auch ein fachlich vorgebildetes Berufsbeamtentum.

79 B. Die landesherrliche Verwaltung bedurfte *wissenschaftlich ausgebildeter Beamter*. Dem Zuge der Zeit entsprach die Forderung Friedrich Wilhelms I. von Preu-

§ *10 Das Zeitalter der Kameral- und Polizeiwissenschaft*

ßen, daß die Juristen, »welche bisher nur unnütz Zeug und Advokatenkniffe gelernt« hätten, »sich auf Politica, Oeconomica und Kameralia legen« sollten. Dieses Interesse wurde befriedigt:

I. Durch die Schaffung besonderer Lehrstühle für Kameralistik an den *Universitäten.* Der erste Lehrstuhl entstand 1727 in Frankfurt a.d.Oder. Weitere Lehrstühle folgten. Z. T. wurden die Beamten auch an besonderen Ausbildungsanstalten ausgebildet, z.B. der Kameral-Hohen-Schule zu Lautern und der Hohen Karlsschule in Stuttgart.

II. Der Wissensstoff wurde als *Kameral- und Polizeiwissenschaft* erarbeitet und gelehrt:

1. Die Kameralistik hat es mit der fürstlichen »camera« (d.h. der Schatzkammer) zu tun, die sich vom Aufbewahrungsort zur Verwaltungsstelle des fürstlichen Vermögens entwickelte. Die Kameralistik ist daher nicht nur die Vorläuferin der modernen Verwaltungslehre, sondern auch der heutigen Finanzwissenschaft. Allerdings handelt es sich nicht um eine isolierte Staatswirtschaftslehre. Sie beruhte auf den theoretischen Vorstellungen des Merkantilismus. Die Kameralistik entdeckte die Zusammenhänge zwischen der Staatswirtschaft und der Volkswirtschaft und suchte durch Beförderung der Wirtschaft, d.h. durch Hebung des allgemeinen Wohlstandes, auch die Staatsfinanzen zu bessern. Allgemeine politische und Verwaltungsprobleme stehen bei ihr mit Finanzproblemen in engem Zusammenhang.

2. Die politischen Vorstellungen jener Zeit beruhten auf dem »jus politiae«, dem Recht zur Ordnung aller Fragen des Gemeinwesens. Dieses wurde aus der Souveränität des Landesherrn nach innen abgeleitet. Dieses Recht gab die Möglichkeit, die noch fortbestehende mittelalterliche Wirtschafts- und Sozialordnung langsam abzulösen und sie durch modernere, rational bestimmte Regelungen zu ersetzen. »Polizey« war daher die gesamte innere Verwaltungstätigkeit, die sich mit der Herbeiführung und Erhaltung fortschrittlicher Verhältnisse in Wirtschaft und Gesellschaft befaßte. Dabei stand weniger – wie es dem heutigen Polizeibegriff entspricht – die Abwehr von Gefahren als die Schaffung eines sinnvollen Zustandes im Mittelpunkt der Erwägungen. Die Polizeiwissenschaft befaßte sich demgemäß mit einer Fülle von Einzelgegenständen wie der Bevölkerungslehre, der Landwirtschaft, dem Manufakturwesen, dem Verkehr, dem Bergbau, dem Unterricht, dem Gesundheitswesen, der Armenfürsorge und geistlichen Angelegenheiten. Sie breitete ein umfangreiches positives Material aus, drang allerdings nur sehr beschränkt zu allgemeinen Gesichtspunkten vor.

3. In diesem Zusammenhang ist auch die *Statistik* zu nennen, die entsprechend ihrem Namen zunächst Lehre vom Staat (status, stato, état, state) war. Sie schilderte die tatsächlichen Verhältnisse durch »statistische« Angaben, d.h. durch die wesentlichen Fakten über die räumliche Beschaffenheit, die Größe, die Bevölkerung und die Wirtschaft des Staates.

3. Kapitel   Die Geschichte der Verwaltungslehre

81   III. Hauptvertreter der Kameral- und Polizeiwissenschaften waren: *V. L. v. Seckendorff* (1626–1692; Hauptwerk: Teutscher Fürsten-Staat, 1. Aufl. 1656, 8. Aufl. 1754); *J. Ch. Dithmar* (1677–1737; Hauptwerk: Einleitung in die Oeconomischen Polizey- und Cameralwissenschaften, 1. Aufl. 1731, 6. Aufl. 1769); *J. H. G. v. Justi* (1705 oder 1720–1771; Hauptwerke: Staatswirtschaft oder systematische Abhandlung aller ökonomischen und Cameralwissenschaften, 1755; Grundsätze der Polizeywissenschaft, 1756; Grundfeste zu der Macht und Glückseligkeit der Staaten, 1760/61); *J. v. Sonnenfels* (1732–1817; Hauptwerk: Grundsätze der Polizey, Handlung und Finanz, 1763–1767, 8. Aufl. 1819–1822); *G. h. v. Berg* (1765–1843; Handbuch des teutschen Polizei-Rechtes, 1799–1806).

§ 11   Der Verfall der älteren Verwaltungslehre

Schrifttum: *W. Bleek*, Von der Kameralausbildung zum Juristenprivileg, 972 *H. Croon-W. Hofmann – G.C.v. Unruh*, Kommunale Selbstverwaltung im Zeitalter der Industrialisierung, 1971; *B. Dennewitz*, (vgl. vor § 10); *O. Haussleiter*, Der junge Friedrich List und die deutsche Verwaltungslehre, DÖV 1966, 42 ff.; *R. v. Mohl*, Die Geschichte und Literatur der Staatswissenschaften, Bd. 1–3, 1835, 1836, 1838, Neudruck 1960; *W. Schmidt*, Lorenz v. Stein, 1956; *G. C. v. Unruh*, Verwaltung und Verwaltungswissenschaft, DVBl. 1971, 30 ff.; vgl. auch die Angaben im Text.

A. Im Laufe des 19. Jahrhunderts versiegte die auf Kameralistik und Polizeiwissenschaft beruhende Verwaltungslehre.

82   *Die Gründe für den Verfall* liegen in folgendem:

I. Die *Staatsidee des Liberalismus* beschränkte die Aufgaben des Staates auf den Schutz von Sicherheit und Ordnung. Die Gesellschaft galt als mündig. Sie konnte durch eigene wirtschaftliche Tätigkeit das Gemeinwohl fördern, ohne von staatlicher Bevormundung abhängig zu sein. Die Gegenstände der Polizeiwissenschaft des aufgeklärten Absolutismus gehörten nicht mehr zu jenen Materien, die für die Ausbildung der Verwaltungsbeamten notwendig waren.

83   II. Der *Idealismus* des beginnenden 19. Jahrhunderts als die herrschende philosophische Richtung dachte abstrakt und theoretisch. Er stand damit im Gegensatz zur pragmatischen Denkweise der früheren Verwaltungswissenschaft. Diese Bewegung beherrschte vor allem die Universitäten. Die Universitätsidee, die von der neu gegründeten Berliner Universität (1810) ausging und die mit den Namen Fichte, Schleiermacher und W. v. Humboldt verbunden ist, sah die Aufgabe der Universität nicht in der praktischen Unterweisung, sondern in der Prägung des Menschen durch Beschäftigung mit der Wissenschaft. Sie schied daher mehr aufs Praktische gerichtete Fächer aus und überließ sie Spezialschulen.

§ 11 *Der Verfall der älteren Verwaltungslehre*

III. Die Ausweitung der Naturwissenschaft und Technik führte im 19. Jahrhundert zu einer *starken Spezialisierung.* Die einzelnen Materien wurden weder als einheitliche Wissenschaft aufgefaßt, noch konnten sie überhaupt von einem Menschen gelernt werden. Dasselbe galt, wenn auch nicht in so starkem Umfang, von den Wirtschaftswissenschaften (damals als »Politische Ökonomie« bezeichnet). Die Tatsachenwissenschaften, die früher zur Polizei- und Kameralwissenschaft gehört hatten, wurden selbständige Disziplinen.

84

IV. Im Bereich der Verwaltungswissenschaften bekam die *juristische Betrachtungsweise* eine immer größere Bedeutung. Die Idee des Rechtsstaats, durch Kant entwickelt, beherrschte die wissenschaftliche Betrachtungsweise. Die Bemühungen der Wissenschaft gingen daher vor allem dahin, die Grenzen der staatlichen Tätigkeit abzustecken, weniger dagegen, ihren Inhalt auszuloten. Die Lehre von der Staatstätigkeit und den Staatsaufgaben versiegte weitgehend.

85

B. Diese Entwicklung fand ihren Niederschlag in den *literarischen Werken* jener Zeit.

86

I. Die Verwaltung wurde weitgehend in den staatsrechtlichen Werken jener Zeit mitabgehandelt, z.B. *W. J. Behr,* Staatslehre, 2. Teil: Staatsverwaltungslehre, 1810; *J. Schmelzing,* Staatsrecht des Königreichs Bayern, 2. Teil: Staatsverwaltungsrecht, 1821; *K. S. Zachariae,* Vierzig Bücher vom Staate, 1820–1832: Die Staatswissenschaft zerfällt nach ihren Gegenständen in zwei Hauptteile, in die Verfassungs- und Regierungslehre; *R. Maurenbrecher,* Grundsätze des heutigen deutschen Staatsrechts, 1837, teilt seinen Gegenstand in ein Staatsrecht und ein Regierungs- oder Administrativrecht ein; *H. Zoepfl,* Grundsätze des deutschen Staatsrechts, 1839, unterschied Verfassungs- und Verwaltungsrecht.

Vom Staatsrecht her wurde überhaupt der Ausdruck »Verwaltung« für die Gesamtheit der nichtrichterlichen Staatstätigkeit gebildet. Die Bezeichnung, die wahrscheinlich bei *Behr* zum erstenmal in diesem Sinne gebraucht wird, faßt die finanzwirtschaftliche Tätigkeit und die polizeiliche Tätigkeit zusammen. Die Begriffsbildung dürfte vor allem durch die Vorstellungen von der Gewaltenteilung geprägt worden sein.

II. Daneben sind allerdings auch noch zwei große Autoren zu nennen, die sich mit der Verwaltung als einem selbständigen Wissenschaftsgebiet befaßt haben, *R. v. Mohl* und *L. v. Stein.*

87

1. *R. v. Mohl* (1799–1875) war nicht nur Verwaltungswissenschaftler, er hat auch ein Staatsrecht geschrieben (Staatsrecht des Königreiches Württemberg, 1. Teil: Staatsrecht, 1829, 2. Teil: Verwaltungsrecht, 1831). Das für die Verwaltungslehre wichtigste Werk ist seine »Polizeiwissenschaft nach den Grundsätzen des Rechtsstaates«, 3 Bände 1832 ff., das sich entgegen seinem Titel nicht in erster

3. Kapitel Die Geschichte der Verwaltungslehre

Linie als Rechtslehrbuch versteht, sondern als eine Darstellung der Möglichkeiten der Verwaltung des liberalen Staates, als Staatsaufgabenlehre.

88 2. Den größten Einfluß, der bis heute nachwirkt, hat allerdings das Werk von *L. v. Stein* (1815–1890) hinterlassen (»Verwaltungslehre«, 1. Aufl. 7 Teile, 1865–1868). Wissenschaftsgeschichtlich war *Stein* ein gutes Stück weiter als *Mohl.* Er suchte nicht mehr die Anknüpfung an die alte Polizeiwissenschaft, sondern war von den sozialen Bewegungen beeinflußt, die er nach der Vertreibung aus seinem Heimatland Schleswig-Holstein in Frankreich kennengelernt hatte (hier entstand 1850 sein Werk »Geschichte der sozialen Bewegung in Frankreich von 1789 bis auf unsere Tage«). Er sah in der Entwicklung der Verwaltung den Einfluß der sozialen Bewegung. Er wandte sich schon deutlich gegen das Verwaltungsrecht als allein wesentlicher Betrachtungsweise, ohne jedoch den Wert rechtlicher Betrachtung zu verkennen.

3. *Stein,* der zuletzt Professor in Wien war, hat in Österreich zwei Nachfolger gefunden, *K. Th. v. Inama-Sternegg* (1843–1908, Verwaltungslehre in Umrissen, 1870) und *L. Gumplowicz* (1838–1909), Verwaltungslehre mit besonderer Berücksichtigung des österreichischen Verwaltungsrechts, 1882), die beide jedoch das Werk *Steins* nicht wirklich weiter entwickeln konnten.

89 III. Die Entwicklung der Verwaltungswissenschaften wurde in der zweiten Hälfte des 19. Jahrhunderts eindeutig vom *Verwaltungsrecht* beherrscht.

1. Einige Anklänge an die alte Polizeiwissenschaft zeigten noch jene Werke, die nach der sog. »staatswissenschaftlichen Methode« vorgehen, d.h. vor allem das Material des Verwaltungsrechts ausbreiten, das sich in den zahlreichen Einzelgesetzen niedergeschlagen hat, die also den Schwerpunkt auf das legen, was wir heute den »besonderen Teil« des Verwaltungsrechts nennen. Ihre wichtigsten Vertreter waren *G. Meyer* (1841–1900; Lehrbuch des deutschen Verwaltungsrechts, 1. Aufl. 1883, 4. Aufl. bearb. v. *F. Dochow* 1913/15), *E. Loening* (1843–1919; Lehrbuch des deutschen Verwaltungsrechts, 1884) und *H. Roesler* (1834–1894; Lehrbuch des deutschen Verwaltungsrechts, 1872), dessen Idee eines »sozialen Verwaltungsrechts« trotz der Sammlung des positiv-rechtlichen Materials in seiner Konzeption doch der Verwaltungslehre nahesteht. Vgl. auch die Darstellung »Verwaltungslehre« von *G. Meyer, E. Loening* u. a. in: *G. v. Schönberg* (Hrsg.), Handbuch der Politischen Oekonomie, Bd. 3, 2. Aufl. 1885, S. 687 ff.

2. Am fruchtbarsten hat sich allerdings die sog. »juristische Methode« des Verwaltungsrechts entwickelt, die ihre Bemühungen vor allem auf den allgemeinen Teil des Verwaltungsrechts konzentrierte. Nach den frühen Werken von *F. F. Mayer* (Grundzüge des Verwaltungsrechts und -rechtsverfahrens, 1857) und von *J. Pözl* (1814–1881; Bayerisches Verwaltungsrecht, 1856) ist es vor allem *O. v. Sarwey* (1826–1900, Allgemeines Verwaltungsrecht, 1. Bd. 2. Halbbd. des »Handbuchs des Öffentlichen Rechts der Gegenwart« 1884), der vor *O. Mayers* (1846–1924) bis heute noch fortwirkenden klassischem Werk (Deutsches Ver-

waltungsrecht 1. Aufl. 1895/96, 3. Aufl. 1924) das allgemeine Verwaltungsrecht ausgebildet hat. In diesem Sinne ist das Verwaltungsrecht auch in diesem Jahrhundert gepflegt worden, insb. in den großen Werken von *K. Kormann, F. Fleiner, P. Schoen, R. H. Hernritt, J. Hatschek, A. Merkl, W. Jellinek, R. Nebinger* und *H. J. Wolff*, während die Werke von *H. Peters* und *E. Forsthoff* der Verwaltungslehre näherstehen.

§ 12 Der Neubeginn der Verwaltungslehre

Schrifttum: Vgl. die Angaben im Text.

A. Der Einfluß *L. v. Steins* ist auch in der Zeit des vollständigen Sieges der juristischen Methode stets irgendwie wach gewesen und hat immer wieder zu *neuen Ansätzen* geführt. Zu nennen sind vor allem *J. Jastrow* (Sozialpolitik und Verwaltungswissenschaft, 1902), *G. v. Mayr* (Begriff und Gliederung der Staatswissenschaften, 4. Aufl. 1921) und *F. Schmidt* (Über die Bedeutung der Verwaltungslehre als selbständige Wissenschaft, ZgesStW 65, 1909, 193 ff.; *ders.,* Eine deutsche Zentralstelle zur Pflege der Verwaltungswissenschaft und Verwaltungspraxis, 1916; *ders.,* Zur Förderung der Verwaltungswissenschaft, VerwArch 26, 1918, 288 ff.), die sich um die Wiederbegründung der Verwaltungslehre als eigenständiger Wissenschaft bemüht haben, während andere (*E. Kaufmann*, Art. Verwaltung, Verwaltungsrecht, in: Wörterbuch d. deutschen Staats- und Verwaltungsrechts, 3. Bd., S. 688 ff., 718, und *F. Stier-Somlo*, Die Zukunft der Verwaltungswissenschaft, VerwArch 25, 1917, 89 ff., 100 ff.) der Verwaltungslehre nur die Funktion einer Hilfswissenschaft zuerkannten. Mehrmals ist nach dem Ersten Weltkrieg versucht worden, eine Verwaltungslehre zu schreiben, wobei aber angesichts der Situation des Faches programmatische Erwägungen gegenüber dem Material des Faches im Vordergrund standen (z.B. *E. v. Scheurl*, Staatsverwaltungslehre, in: Die Beamtenhochschule, 1930, 2. Teil, 4. Band, S. 856 ff.; *W. Norden*, Was bedeutet und wozu studiert man Verwaltungswissenschaft? 1933; *G. Kühnel*, Elemente der Verwaltungslehre, 1934; *G. Wacke*, Der Gegenstand der Verwaltungslehre, VerwArch 47, 1942, 169 ff.). Eine wirkliche, wenn auch knappe funktionale Verwaltungslehre, die allerdings wenig beachtet worden ist, hat *O. Goebel* geschrieben (Taylorismus in der Verwaltung, 2. Aufl. 1927).

B. Wichtige Anregungen hat die Verwaltungslehre von den *kommunalen Problemen* bekommen. Im Gegensatz zur staatlichen Verwaltung, bei der die Aufgaben weitgehend konstant geblieben waren, bei der auch eine gute Ausbildungstradition durch das Regierungsreferndariat bestand, hatten die Kommunen – bedingt durch die Entstehung der modernen Großstädte im 19. Jahrhundert – mit

3. Kapitel Die Geschichte der Verwaltungslehre

zahllosen neuen Problemen zu kämpfen, insb. mit Fragen der Stadtplanung, des Wohnungsbaues, der Stadthygiene, der Gesundheits- und Jugendpflege, der Versorgungseinrichtungen, des Nahverkehrs u.a.m. Das Verwaltungsvolumen der Städte wuchs so schnell, daß im kommunalen Bereich neue Wege beschritten werden mußten, die die Verwaltungsbeamten herkömmlicher Ausbildung nicht ohne weiteres leisten konnten. So entstand neben der allgemeinen Verwaltungslehre auch eine besondere Kommunalverwaltungslehre (z.B. *E. Walz*, Kommunalverwaltungslehre, in: Die Beamtenhochschule, 1930, 2. Teil 4. Bd., S. 665 ff.), die sich vor allem in einer Fülle von Einzelabhandlungen niederschlug, aber auch zu zusammenfassenden Werken geführt hat (z.B. Handwörterbuch der Kommunalwissenschaften, herausg. v. *Brix, Lindemann, Most* u. a., 7 Bände, 1918–1927; Jahrbuch für Kommunalwissenschaft, 1934–1941; weitere Literatur bei *H. Peters*, HKWP Bd. I, S. 1 Anm. 1 und S. 3 Anm.1.)

92 C. Aber nicht nur die kommunale Praxis, sondern auch die *staatliche Verwaltungspraxis* hat die Probleme der Verwaltungslehre erheblich gefördert.

I. Hierbei war es nicht das wissenschaftliche Interesse, sondern die Einsicht, daß die durch die Bismarck-Gneistsche Verwaltungsreform eingerichtete preußische Verwaltung den Bedürfnissen des 20. Jahrhunderts nicht mehr genügte. Schon im Jahre 1909 war daher durch königlichen Erlaß eine Immediatkommission mit dem Auftrage eingesetzt worden, zu prüfen, welche Änderungen der gesetzlichen und Verwaltungsvorschriften notwendig seien zur Vereinfachung und Dezentralisation der Verwaltung, um die Geschäftsformen, den Behördenaufbau, die Verteilung der Verwaltungsgeschäfte auf den Behörden, das Rechtsmittelverfahren und die Instanzenzüge den Anforderungen der Entwicklung des öffentlichen Lebens anzupassen. Die im Ersten Weltkrieg aufgelöste Kommission konnte keine Ergebnisse mehr vorlegen. An ihrer Stelle hat dann *B.* Drews (1870–1938) als Staatskommissar für die Vorbereitung der Verwaltungsreform 1917 eine Denkschrift verfaßt, die nach der Revolution vervollständigt und veröffentlicht wurde (Grundzüge einer Verwaltungsreform, 1919). Diese Arbeit beschränkt sich in ihren Erwägungen nicht nur auf die praktischen Bedürfnisse, sondern dringt an vielen Stellen zu grundsätzlichen verwaltungswissenschaftlichen Erkenntnissen vor. Trotz ihrer Zeitbedingtheit im einzelnen ist sie auch heute noch lesenswert.

93 II. Nach dem Ersten Weltkrieg brach sich z.T. schon die Auffassung Bahn, daß die Verwaltungsreform nicht eine einmalige Aufgabe, sondern ein ständiges Anliegen ist. Dieses Problem wurde dringlicher durch die Weltwirtschaftskrise zu Anfang der dreißiger Jahre. So wurden die Gutachten des zum *Reichssparkommissar* bestellten Präsidenten des Rechnungshofes des Deutschen Reiches, *F. Sämisch*, wichtig für die Probleme einer rationellen Verwaltungsgestaltung, zumal sie sich nicht nur mit der Rechtsverwaltung, sondern auch mit der Verwaltung der

Länder und Gemeinden beschäftigten. Aus der Praxis sind in jener Zeit noch weitere Männer zu nennen, die mit grundlegenden, weit in das Theoretische hineingreifenden Arbeiten hervorgetreten sind. A. *Brecht,* der sich vor allem um die Neugestaltung des Behördengeschäftsganges verdient gemacht hat (Die Geschäftsordnung der Reichsministerien, ihre staatsrechtliche und geschäftstechnische Bedeutung, zugleich ein Lehrbuch der Büroreform, 1927), und *J. Popitz,* der anhand des Finanzausgleichsproblems Fragen des Verwaltungsaufbaues und seiner rationellen Gestaltung nachgegangen ist (Der künftige Finanzausgleich zwischen Reich, Ländern und Gemeinden, 1932).

D. Schließlich ist auch auf die *Einflüsse der Soziologie* auf die Verwaltungswissenschaften hinzuweisen. Wenn sich die Mehrzahl der Arbeiten auch mit Fragen außerhalb des staatlichen Bereiches befaßte und die Verbindung zwischen Gesellschaftslehre und Verwaltungslehre noch nicht schlug, so gibt es davon jedoch rühmliche Ausnahmen. Zu nennen ist insoweit in erster Linie *M. Weber,* der in seiner Lehre von den »drei reinen Typen der legitimen Herrschaft« die »bürokratische Herrschaft« mittels eines Instrumentes, wie es die Verwaltung im modernen Staat darstellt, als die wirksamste Form der Herrschaftsausübung erkannte. Seine Ausführungen über die Bürokratie haben bis heute ihre Bedeutung behalten (Preußische Jahrbücher 187, 1922, 1 ff., auch Wirtschaft und Gesellschaft, 4. Aufl. 1956, S. 125 ff., 545 ff., 833 ff.)

4. Kapitel Die Lage der Verwaltungslehre

§ 13 Bundesrepublik Deutschland

A. Literatur

Die Verwaltungslehre, die noch bis in die 2. Hälfte der sechziger Jahre nur eine bescheidene Bedeutung innerhalb der empirischen Sozialwissenschaften besaß, hat in den *jüngeren Jahren* stark aufgeholt. Eine geradezu stürmische Entwicklung hat eingesetzt, nachdem im politischen Bereich die Bedeutung der Verwaltung verstanden worden ist, d.h. sowohl die Gefahren einer Herrschaft der bürokratischen Administration über das politische System der freiheitlichen Demokratie, als auch die Leistungsfähigkeit einer guten Verwaltung, als auch die Steuerungsfunktion für Gesellschaft und Wirtschaft. Die dringenden Probleme der Verwaltungsreform haben nunmehr eine Fülle von Schriften hervorgerufen, die nicht nur aktuelle Teilfragen behandeln, sondern oft sehr ins Grundsätzliche gehen. Vor allem ist es weitgehend gelungen, die Erkenntnisse der Verwaltungswissenschaft, die in den USA entwickelt worden sind, in die deutsche Diskussion zu integrieren. Die Verwaltungslehre verfügt daher Mitte der siebziger Jahre in der Bundesrepublik erstmals über brauchbare Ansätze einer theoretischen Konzeption (vgl. Rdnr. 99).

96   Zusammenfassende *Darstellungen der Verwaltungslehre* gibt es aus jüngerer Zeit allerdings kaum. Die Bücher von *Th. Ellwein* »Einführung in die Regierungs- und Verwaltungslehre« (1966) und *F. Morstein Marx, E. Becker* und *C.H. Ule* (Hrsg.) »Verwaltung eine einführende Darstellung« (1965) sind weitgehend veraltet, wenn auch in vielen Teilen heute noch nützlich. Von *Th. Ellwein* ist jetzt statt dessen »Regieren und Verwalten« 1976, erschienen. Eine große Zahl verschiedenster Themen aus der Verwaltungslehre aus der Feder zahlreicher Autoren faßt das »Handbuch der Verwaltung« (Hrsg. *U. Becker* und *W. Thieme*, Loseblatt, 1974 ff., noch im Erscheinen) zusammen. An kurzen Grundzügen, die z.T. in erster Linie für die Fachhochschulen der Verwaltung und für die Verwaltungsschulen bestimmt sind, niemals aber alle Probleme der Verwaltungslehre einigermaßen vollständig darstellen, sind zu nennen: *J. Joerger – M. Geppert*, Grundzüge der Verwaltungslehre, 2. Aufl. 1976; *K. Kübler – H. Kübler*, Moderne öffentliche Verwaltung, 1971; *H. F. Lorenz*, Verwaltung in der Demokratie, eine Einführung in die moderne Verwaltungswissenschaft, 1972.

97   Dagegen gibt es zahlreiche *Aufsätze über die Verwaltungslehre*, die sich mehr mit dem Gegenstand, seiner Abgrenzung, seiner systematischen Einordnung, seiner Methode und seinen Möglichkeiten, weniger dagegen mit inhaltlichen Problemen befassen. Von ihnen seien beispielhaft genannt: *H. J. Blank*, Verwaltung und Verwaltungswissenschaft (in: *G. Kress-D.Senghaas*, Hrsg., Politikwissenschaft. Eine Einführung in ihre Probleme, 1969, S. 393 ff.), *R. R. Grauhan*, Politikwissenschaftliche Forschung zur Verwaltung (DÖV 1970, 587 ff.) *F. Morstein Marx*, Die Bundesrepublik Deutschland (in: Verwaltungswissenschaft in europäischen Ländern, Schriften HSch Speyer, Bd. 42, 1969, S. 222); *G. C. v. Unruh*, Verwaltung und Verwaltungswissenschaft, DVBl. 1971, 30 ff.; *R. Schnur*, Zur Entwicklung der Verwaltungslehre in der BRD, in: Juristische Blätter 1972, 305 ff.; *K. Dammann*, Verwaltungswissenschaft und Rechtswissenschaft, in: *D. Grimm* (Hrsg.) Rechtswissenschaft und Nachbarwissenschaften, 1973, S. 107 ff.; *U. Battis*, Juristische Verwaltungslehre, in: Verwaltung, 1974, 413 ff; *K. Obermayer*, Bemerkungen zu Begriff, Aufgaben und Methode der Verwaltungslehre, in: BayVBl. 1976, 535 ff.

98   *Übersichten* über den Gegenstand vermitteln auch Schriften, die aus Anlaß der Einführung des Wahlfachs »Verwaltungslehre« in die Prüfungsordnungen für das 1. Juristische Staatsexamen entstanden sind: *F. Mayer*, Wahlfachgruppe Verwal-

tungslehre, DÖV 1971, 764 ff.; *H. M. Glogger,* Verwaltungslehre, in: Juristische Arbeitsblätter, Sonderheft 11, 1972, S. 62 ff.; *F. Knöpfle – W. Thieme* (Hrsg.), Wahlfachexaminatorium WEX 10, Verwaltungslehre 1975; *G. Püttner – H. Schröder,* Das Wahlfach Verwaltungslehre in Studium und Prüfung, 1975. Wichtige Aufsätze faßt die Sammlung von *H. Siedentopf* (Hrsg.), Verwaltungswissenschaft, 1976, zusammen.

Den Versuch, eine umfassendere *theoretische Grundlegung* für die Verwaltungswissenschaft zu schaffen, enthalten die beiden Werke von *N. Luhmann,* Theorie der Verwaltungswissenschaft, 1966, und *K. König,* Erkenntnisinteressen der Verwaltungswissenschaft, 1970.

Das stärkere Interesse an der Verwaltungslehre zeigt sich auch in der vermehrten Aufnahme von einschlägigen *Stichworten in Handwörterbücher* verwandter Gebiete: *E. v. Beckerath* u.a. (Hrsg.), Handwörterbuch der Sozialwissenschaften, 1956; *W. Bierfelder* (Hrsg.), Handwörterbuch des öffentlichen Dienstes, 1976; *Görres-Gesellschaft* (Hrsg.), Staatslexikon, 6. Aufl. 1957; *E. Grochla* (Hrsg.), Handwörterbuch der Organisation, 1969; *Akademie für Raumforschung und Landesplanung* (Hrsg.), Handwörterbuch der Raumforschung und Raumordnung, 2. Aufl. 1970; *W. Fuchs* u.a. (Hrsg.), Lexikon zur Soziologie, 1973; *H. Kunst – R. Herzog – W. Schneemelcher* (Hrsg.), Evangelisches Staatslexikon, 2. Aufl. 1975.

Die vermehrte Produktion verwaltungswissenschaftlicher Literatur zeigt sich auch in der Zahl der für das Fach einschlägigen *Schriftenreihen und Zeitschriften.* Von ersteren seien genannt: Schriften der Hochschule Speyer, Verwaltungswissenschaftliche Abhandlungen, Schriften zur Verwaltungslehre, Schriften zur öffentlichen Verwaltung und öffentlichen Wirtschaft, Schriften zur öffentlichen Verwaltung.

An allgemeinen verwaltungswissenschaftlichen Zeitschriften (die allerdings teilweise oder sogar überwiegend auch Fragen des öffentlichen Rechts behandeln) sind zu nennen:
Deutsches Verwaltungsblatt
Die Öffentliche Verwaltung
Die Verwaltung
Der Staat
Verwaltungsarchiv
Politische Vierteljahresschrift
Leviathan
Zeitschrift für Organisation
Öffentliche Verwaltung und Datenverarbeitung

Daneben bestehen zahlreiche Spezialzeitschriften, insb. für die kommunale Verwaltungsproblematik sowie für Probleme des öffentlichen Dienstes.

Eine umfassende *Bibliographie* zu den Verwaltungswissenschaften gibt es nicht. Die verwaltungswissenschaftlichen Neuerscheinungen werden in den genannten Zeitschriften und im Archiv für Kommunalwissenschaften (dort vor allem die mit kommunalen Bezügen, aber z.T. auch andere) nachgewiesen, ferner in der monatlich erscheinenden »Karlsruher Juristischen Bibliographie« und den jährlich herauskommenden »NJW-Fundheften Öffentliches Recht«, die in erster Linie die juristischen Neuerscheinungen erfassen. Einen guten Überblick über das wichtigste Schrifttum geben G. *Püttner* und H. *Schröder* in dem Werk »Das Wahlfach Verwaltungslehre in Studium und Prüfung« (1975). Einen repräsentativen Überblick vermitteln auch die »Bemerkungen zur Verwaltungswissenschaft« (I 1970, II 1974) von E. *Laux*. Eine ausführliche Literaturübersicht bietet ferner K. *Dammann* (Vom »arbeitenden Staat« zur »politischen Verwaltung«, in: Neue politische Literatur, 1971, S. 188 ff., 457 ff.).

103   B. Auch in der Ausbildung hat die Verwaltungslehre eine größere Bedeutung gewonnen (einen vollständigen Überblick geben H. *Siedentopf* und *K.-D. Grünwald,* Hochschulausbildung für den öffentlichen Dienst, Landesbericht für die Bundesrepublik Deutschland, 1975).

104   I. An den *Universitäten* ist die Verwaltungslehre in der Lehre fest verankert.
   1. An den *juristischen Fakultäten* (Fachbereichen) ist Verwaltungslehre heute fast überall Unterrichtsfach, weil sie in allen Ländern als Wahlfach für die erste juristische Staatsprüfung eingeführt ist *(F. Mayer,* Die Verwaltungslehre als Studien- und Prüfungsfach für die Juristenausbildung an den Deutschen Universitäten, Festschr. f. E. Forsthoff, 1972, S. 241 ff.; *H. Schröder,* Die Stellung des Fachs »Verwaltungslehre« in den neuen Ausbildungs- und Prüfungsordnungen, DÖV 1973, 193 ff.; *R. Bartlsberger,* Zum Stand der Verwaltungslehre an den juristischen Fakultäten, Fachbereichen und Abteilungen, DÖV 1973, 743 ff.; *R. Pitschas,* Verwaltungslehre für Juristen, DÖV 1975, 473 ff.). Allerdings wird das Fach mit unterschiedlicher Intensität gepflegt. Ein eigenes Seminar ist nur an der Universität Hamburg vorhanden. Gewisse Schwerpunkte haben sich in Bielefeld, Bremen, Frankfurt, Freiburg und Regensburg gebildet.

105   2. Im *Bereich der Sozialwissenschaften* hat das Interesse an Verwaltungsproblemen ebenfalls zugenommen. Die von den Politologen gepflegte »Regierungslehre« schließt wichtige verwaltungswissenschaftliche Aspekte mit ein. Auch die Problematik der Legitimierung politischer Macht in der Demokratie muß sich mit der Frage der von der Verwaltung ausgeübten Macht auseinandersetzen. Die Ökonomen befassen sich mit betriebswirtschaftlichen Problemen der Verwaltung, haben aber vor allem durch ihre Beschäftigung mit Organisations- und Entscheidungsproblemen eine Nähe zur Verwaltungswissenschaft (in Hamburg besteht z.B. im Fachbereich Wirtschaftswissenschaft ein »Seminar für Planung und Organisation in der öffentlichen Verwaltung«). Auch im Bereich der Finanzwissenschaft bestehen zahlreiche Überschneidungspunkte zur Verwaltungswissenschaft, die vor allem bei der Finanzplanung sichtbar werden. Die Soziologie schließlich sucht sich vermehrt auch die Verwaltung bzw. Teile der Verwaltung

als Objekt ihrer Bemühungen (vgl. *Feike, Krüger* u.a., Curriculum für ein sozialwissenschaftliches Studium der Verwaltung, 1975).

3. An der Universität Konstanz ist ein besonderer verwaltungswissenschaftlicher Studiengang eingerichtet (*F. W. Scharpf,* DÖV 1969, 182 ff.; 1971, 771 ff.).

4. Das von der Deutschen Forschungsgemeinschaft eingerichtete und finanzierte Sondersammelgebiet »Verwaltungswissenschaft« wird von der Staats- und Universitätsbibliothek Hamburg betreut.

II. Auch *außerhalb der Universitäten* wird verwaltungswissenschaftliche Ausbildung gepflegt. 106

1. Eine führende Stellung nimmt die von Bund und Ländern getragene *Hochschule für Verwaltungswissenschaften in Speyer* ein, die zum Dr. der Verwaltungswissenschaften promovieren kann. Sie betreibt jedoch – anders als die Universität Konstanz – keine grundständige Ausbildung, sondern gibt Referendaren die Möglichkeit eines kurzen Nachstudiums innerhalb des Vorbereitungsdienstes. Ferner hat sie Forschungs- und Fortbildungsaufgaben.

2. In ihr Programm aufgenommen haben die Verwaltungslehre auch die *Hochschulen der Bundeswehr* (Hamburg und München). Hier ist ähnlich wie in Konstanz ein volles organisationswissenschaftliches Studium mit Schwerpunkt Verwaltungswissenschaft möglich *(R. Schnur,* Vorschläge für die Gestaltung eines verwaltungswissenschaftlichen Studienganges in den geplanten Hochschulen der Bundeswehr, Festschr. f. E. Forsthoff 1972, S. 357 ff.; *H. Dillkofer, Th. Ellwein* u.a., Wirtschafts- und Verwaltungswissenschaften. Curriculum für die Hochschulen der Bundeswehr, 1975). 107

3. Die Schaffung von *Fachhochschulen für die Verwaltung* in einigen Ländern hat auch hier der Beschäftigung mit der Verwaltungswissenschaft einen Aufschwung gegeben (vgl. *Schwandt,* Reform der Ausbildung des gehobenen nichttechnischen Verwaltungsdienstes, ZBR 1975, 208 ff.). 108

4. Für *Gesamthochschulen,* die die Ausbildung zum gehobenen und zum höheren Dienst in integrierten Studiengängen zusammenfassen sollen, ergeben sich besondere Aspekte *(W. Thieme,* Verwaltungsausbildung in der Gesamthochschule, DÖV 1972, 632 ff.). 109

5. Z. T. beginnt schließlich auch die *Referendarausbildung* als Vorbereitung auf die Große Juristische Staatsprüfung die Verwaltungswissenschaft mit in die Programme einzubeziehen (*E. Breuckmann,* Die Vorbereitung auf den höheren Verwaltungsdienst, 1965). 110

III. Besondere Pflege erhält die Verwaltungslehre in der Fortbildung der Beamten, die vor allem in der Hochschule für Verwaltungswissenschaften in Speyer (vgl. den Sammelband »Fortbildung des höheren Verwaltungsdienstes«, Schriften HSch Speyer Bd. 54, 1974) und in der zum Bundesinnenministerium gehörigen *Bundesakademie für öffentliche Verwaltung* getrieben wird (vgl. dazu 111 die von der Bundesakademie herausgegebene Schriftenreihe »Verwaltung und Fortbildung«).

C. Neben den Hochschulen, die heute in der Förderung der Verwaltungswissenschaft die Führung innehaben, stehen Einrichtungen der Praxis, deren Bedeutung nicht unterschätzt werden darf.

112　I. Führend auf dem Gebiet praktischer verwaltungswissenschaftlicher Arbeit sind kommunale Einrichtungen.
　　1. Zu nennen ist in erster Linie die *Kommunale Gemeinschaftsstelle für Verwaltungsvereinfachung (KGSt)* in Köln, der Gemeinden und Gemeindeverbände kraft freiwilligen Beitritts angehören. Die KGSt hat eine große Zahl von Gutachten zu allgemeinen und speziellen Fragen der Verwaltungslehre herausgebracht, die zum großen Teil auch gedruckt vorliegen. Sie betreffen in erheblichem Umfang Fragen, die nicht nur für die Kommunalverwaltung Bedeutung haben, sondern die staatliche Verwaltung sowie andere Verwaltungsträger ebenso stark angehen. Sie ersetzt damit in gewisser Weise den fehlenden umfassenden Rationalisierungsverband für die öffentliche Verwaltung und ein von diesem zu tragendes allgemeines Forschungsinstitut für Fragen der Verwaltungsrationalisierung (vgl. *K. Müller-Heidelberg*, DVBl. 1964, 161).
　　2. Im kommunalen Bereich arbeitet auch das aus dem »Verein für Kommunalwissenschaften« hervorgegangene *»Deutsche Institut für Urbanistik« (difu)* in Berlin, das eine vielfältige Tätigkeit in Information, Anregung, Ausbildung, Publikation und auch eigener Forschung entfaltet.
　　3. Zahlreiche wichtige, wissenschaftlich förderliche Gutachten und Abhandlungen bringt auch die ebenfalls dem kommunalen Bereich zugehörige *»Wirtschaftsberatungs AG« (WIBERA)* heraus, die sich zumeist an den Namen von *E. Laux* anknüpfen.

113　II. Die *»Deutsche Sektion« des »Internationalen Instituts für Verwaltungswissenschaften«* (Brüssel), deren Geschäftsführung und Kostentragung dem Bundesministerium des Innern obliegen, repräsentiert die deutsche Verwaltungswissenschaft auf internationalen Tagungen durch Landesberichte, Diskussionsbeiträge und Mitarbeit in den Gremien des Instituts. Darüber hinaus veranstaltet sie eigene Tagungen (Regionaltagungen), Publikationen (insb. die »Verwaltungswissenschaftlichen Informationen«) und neuerdings auch Forschungsarbeiten.

114　III. Die laufende Rationalisierungsarbeit an der öffentlichen Verwaltung ist ebenfalls Motor verwaltungswissenschaftlicher Arbeiten, die allerdings nur zum geringeren Teil die Öffentlichkeit erreichen.
　　1. Der *Bundesbeauftragte für die Wirtschaftlichkeit der Verwaltung* (in Personalunion mit dem Präsidenten des Bundesrechnungshofes) erstattet über wichtige

Fragen der Verwaltung – der Öffentlichkeit allerdings grundsätzlich nicht zugängliche – Gutachten, z.T. auch von grundsätzlicher Bedeutung.

2. Eine ähnliche Funktion haben auf Landesebene die Rechnungshöfe bzw. ihre Präsidenten. Ihre Bemerkungen und Gutachten sind z.T. eine interessante Quelle verwaltungswissenschaftlicher Erkenntnisse.

3. Die Verwaltung selbst allerdings ist durch ihre für die Organisation und 115
Wirtschaftlichkeit zuständigen Stabseinheiten nur sehr bedingt mit verwaltungswissenschaftlich relevanten Äußerungen hervorgetreten *(B. Becker – U. Becker,* Zentrale Organe und ihre Kompetenzen auf dem Gebiet der Organisation und der Wirtschaftlichkeit der Verwaltung des Bundes und der Länder, 1969). Eine rühmliche Ausnahme macht insofern das *Organisationsamt der Freien und Hansestadt Hamburg,* das die Ergebnisse seiner Arbeit in zahlreichen Fällen auch der interessierten Öffentlichkeit zugänglich macht. Freilich gibt es zu vielen Einzelfragen, z.B. zur ADV-Entwicklung oder für einzelne Rationalisierungs- und Planungsprojekte zahllose überhaupt nicht oder nur einem kleinen Kreis von Personen bekanntgewordener Arbeiten im Bund, fast allen Ländern und vielen Kommunen, die z.T. als echte Forschungen anzusprechen sind.

4. Zahlreiche praktische Arbeiten, zumeist kleineren Umfangs, stammen von 116
dem *Ausschuß für wirtschaftliche Verwaltung (AWV)* im Rationalisierungskuratorium der deutschen Wirtschaft (RKW).

5. Ausschließlich für verwaltungstechnische Fragen zuständig ist die *Bundesstelle für Büroorganisation und Bürotechnik (BBB),* die regelmäßig »Informationen« zur Rationalisierung des Bürobetriebs herausgibt.

D. Die Fragen der Verwaltungsreform haben den Fortschritt in der Verwaltungswissenschaft stark beflügelt, insb. durch Einsetzung von *Kommissionen* und 117
Projektgruppen, in denen Wissenschaftler und Praktiker zusammenarbeiten.

1. Im Vordergrund stehen Fragen der Gebietsreform, die nicht nur Grundfragen der Territorialorganisation und der Kommunalverwaltung betreffen, sondern daneben auch die allgemeine Problematik der Optimierung der Verwaltungsorganisation. Sehr viel Material enthalten die Berichte der von den Ländern eingesetzten Sachverständigenkommissionen, unter denen beispielhaft genannt seien die Gutachten der NW-Sachverständigenkommission »Die kommunale und staatliche Neugliederung des Landes NW«. Abschnitt A: Die Neugliederung der Gemeinden in den ländlichen Zonen des Landes NW, 1966; Abschnitt B: Die Neugliederung der Städte und Gemeinden in den Ballungsräumen und die Reform der Kreise des Landes NW, 1968, Abschnitt C: Die staatliche und regionale Neugliederung des Landes NW, 1968.

Aus der unübersehbaren Literatur zur Gebietsreform sind zu erwähnen: *F. Wagener,* Neubau der Verwaltung 1969, 2. Aufl. 1974; *A.-F. Mattenklodt,* Gebiets- und Verwaltungsreform in der Bundesrepublik Deutschland, 1972; *A. H. v. Wallthor – F. Petri,* Grundfragen der Gebiets- und Verwaltungsreform in Deutschland, 1973.

4. Kapitel Die Lage der Verwaltungslehre

118   2. Daneben wird die Frage der Regierungsorganisation, d.h. der obersten Behörden in Bund und Ländern besonders intensiv behandelt. Diese Frage verbindet sich mit der Frage der staatlichen Aufgabenplanung und deren Verhältnis zur Ressourcenplanung. Besonders zu nennen ist in diesem Zusammenhang die *Projektgruppe für Regierungs- und Verwaltungsreform beim Bundesminister des Innern* und deren Berichte (1969–1972), die jedoch Ende 1975 ihre Arbeit beendete.

§ 14   Vereinigte Staaten von Nordamerika

119 A. Führend auf dem Gebiet der Verwaltungslehre sind heute die USA. Die Verwaltungslehre hat hier eine längere ununterbrochene *Tradition*.

I. Das Berufsbeamtentum begann sich erst um die Jahrhundertwende zu entwickeln. Langsam ersetzte es die Verwaltungsfunktionäre, die ohne besondere Ausbildung von der jeweils herrschenden Partei ausgewählt worden waren (Beutesystem). Es mußte – zumal wegen des Argwohns der Amerikaner gegen staatliche Bürokratie – seine Notwendigkeit beweisen; dieser Beweis konnte nur durch überlegene Kenntnisse und Leistungen erbracht werden. Eine Tradition, die die amerikanischen Verwaltungsfunktionäre an eine juristische Ausbildung fesselte, gab es nicht.

120   Daher konnte sich aus den Ausbildungsbedürfnissen, den Interessen der Hochschullehrer und den Initiativen der Verwaltungsreformbewegung um die Jahrhundertwende eine nichtjuristische Verwaltungswissenschaft entwickeln, die vor allem aus zwei Richtungen gespeist wurde, aus der »political science« und aus einer – nach deutschen Begriffen – »betriebswirtschaftlich« interessierten Bewegung. Diese knüpfte u.a. an Gedankengut von *F.W. Taylor* (The Principles of Scientific Management, 1911, Shop Management, 1919) und *H. Fayol* (Administration industrielle et generale, 1916) an; dazu kamen Gedanken aus dem deutschen Militärwesen. Diese wohl als klassische Organisationstheorie zu bezeichnende Richtung betonte stark das formalstrukturelle, insbesondere hierarchische Element in Organisationen.

121   II. Eine später an Einfluß gewinnende Richtung – die neoklassische Organisationstheorie – versuchte diese einseitige Ausrichtung zu berichten, indem sie in Reaktion auf die ausschließliche Behandlung von Arbeitsvorgängen und formaler Organisation durch die Taylor-Fayol-Betrachtungsweise nun den Menschen in den Mittelpunkt stellte. Ihr fragwürdiger Ansatz war allerdings die Bemühung, zwischen den individuellen Zielen der Organisationsmitglieder und den Organisationszielen eine Harmonie herzustellen.

III. Die Auffassung von einer Verwaltungswissenschaft, die in 2 Teile zerfällt (»business administration« und »public administration«, wobei das Besondere des Faches »public administration« vorwiegend im politikwissenschaftlichen Einschlag liegt), ist für den Amerikaner schon früh selbstverständlich gewesen, wenn auch die fachliche Einordnung bzw. Zuordnung der »public administration« nie ganz unstreitig war. Das bekannteste Produkt dieser allgemeinen Verwaltungswissenschaft in ihrer klassischen Form ist das Sammelwerk »Papers on the Science of Administration« (hrsg. v. *L. H. Gulick* und *L. Urwick*, 1937); genannt werden mag ferner *L. Urwick,* The Elements of Administration (2. Aufl. 1947).

122

IV. Etwa ab 1940 wurde versucht, Einseitigkeiten der älteren verwaltungswissenschaftlichen Ansätze zu berichtigen und mehr wirklich praktisch brauchbare Erkenntnisse zu erzielen. Strengere wissenschaftliche Maßstäbe breiteten sich – vor allem unter dem Einfluß der Philosophie des logischen Positivismus – wie in anderen Sozialwissenschaften so auch in der Verwaltungslehre aus, und in stärkerem Maße beschäftigten sich Soziologen und Sozialpsychologen mit der Verwaltung. Vgl. z.B. *R. K. Merton – A.P. Gray – B. Hockey – H.C. Selvin* (eds.), Reader in Bureaucracy (1952), die auch das Interesse an *Max Weber* zeigen. Das wohl einflußreichste Werk der amerikanischen allgemeinen Verwaltungslehre wurde *H. A. Simons* Administrative Behavior (1947, 2. Aufl. 1957; deutsch: Das Verwaltungshandeln, 1955); Simon knüpft an *C. E. Barnards,* The Functions of the Executive, 1938, an. Neuerdings tritt die allgemeine Verwaltungswissenschaft als interdisziplinäres Arbeitsgebiet häufig auch unter dem Namen oder im Rahmen der »Organisationstheorie« auf. Diese Organisationstheorie beschäftigt sich nicht nur mit dem engen Aspekt des Organisierens, sondern will umfassend Erkenntnisse über die verschiedensten sozialen Systeme gewinnen. Für sie stellt die öffentliche Verwaltung nur eines von vielen Systemen dar. Ausgangspunkt dieses »systems approach« ist die Annahme, daß bestimmte Elemente und Prozesse allen Systemen gemeinsam sind. Dabei wird möglicherweise die Frage nach der Übertragbarkeit bestimmter, für einzelne Systeme gewonnener Erkenntnisse zu wenig problematisiert. Es seien genannt *R. Dubin* (ed.), Human Relations in Administration (2. Aufl. 1961); *J. G. March, H. A. Simon,* Organizations (1958); *M. Haire* (ed.), Modern Organization Theory (1959); *A.H. Rubenstein – C. J. Haberstroh* (eds.), Some Theories of Organization (2. Aufl. 1966); *J. G. March* (ed.), Handbook of Organizations (1965); *P. M. Blau – W. R. Scott,* Formal Organizations (1962); *A. Etzioni,* Complex Organizations (3. Aufl. 1965; *ders.* Modern Organizations (1964); *W. G. Scott,* Organization Theory (1967); *E. S. Redford,* Democracy in the Administrative State (1969); *C. W. Churchman,* The systems approach (1968); Zeitschriften: »Public Administration Review«; »Administrative Science Quarterly« (seit 1956).

123

Innerhalb dieser allgemeinen Verwaltungswissenschaft und Organisationstheorie erlangt die Beschäftigung mit dem Entscheidungsvorgang *(»decision-ma-*

125

4. Kapitel   Die Lage der Verwaltungslehre

king«*)* immer stärkere Bedeutung auch für die Praxis (vgl. z.B. *H. A. Simon,* The New Science of Management Decision, 1960). So wurde im Jahre 1965 von Präsident Johnson die Einführung des sog. »*planing – programming – budgeting system (PPBS)*« für alle Zivilbehörden angeordnet, nachdem es schon zuvor im Verteidigungsministerium praktiziert worden war (Rdnr. 372 ff.). Wenn auch dieses Verfahren sicherlich viel zur Rationalisierung des Entscheidungsverhaltens der öffentlichen Hand – insb. im Hinblick auf ihre Ziele, deren Bewertung und die Kosten-Nutzen-Analyse der Verwirklichung alternativer Ziele beizutragen vermag, – so hatte es offenbar aber auch mit erheblichen Schwierigkeiten, insb. der Quantifizierung bei der Programmbewertung zu kämpfen (vgl. *B. Botner,* Four years of PPBS: an appraisal, PAR 1970, 423 ff.; *H.H. Hinrichs – G.M. Taylor,* Program-Budgeting and Benefit-Cost Analysis, 1969). Soweit zur Lösung der Entscheidungsprobleme mathematische Methoden verwandt werden (»management science, »operations research«), ist der Einfluß dieser Forschungsrichtung jetzt auch in der europäischen Betriebswirtschaftslehre, kaum allerdings noch in der Verwaltungswissenschaft spürbar geworden.

126   Zunehmende Bedeutung in der amerikanischen Literatur gewinnt der sog. »*policy-making-approach*«. Er kritisiert, daß die bisherige Entscheidungstheorie auf einer Reihe von Annahmen beruht, die beim Entscheidungsprozeß der öffentlichen Hand regelmäßig nicht zutreffen (vgl. u.a. *R. A. Bauer – K. J. Gergen,* ed., The Study of Policy Formation, 1968). Für unzutreffend werden z.B. die Annahmen gehalten, daß am Entscheidungsvorgang nur eine einzelne Entscheidungseinheit beteiligt ist oder daß hinreichende Kenntnis über die Handlungsalternativen und ihre Konsequenzen besteht. Im Gegensatz zur klassischen Entscheidungstheorie lehnt es diese Richtung ab, Verhaltensprinzipien zu entwerfen, verwirft die Optimierungsmodelle und beschränkt sich bewußt darauf, den tatsächlichen Entscheidungsablauf und seine Implikationen zu erkennen. Wesentlich ist für sie die Erkenntnis, daß Entscheidungen auf Grund von Verhandlungen unter den Beteiligten (bargaining) zustandekommen.

127   In jüngster Zeit finden *Verwaltungsvergleichung* und Forschungen über *Entwicklungsländerverwaltung* stärkstes Interesse. Vgl. z.B. *F. Heady – S. L. Stokes* (eds.), Papers in Comparative Public Administration, 1962; *F.W. Riggs,* Trends in Comparative Study of Public Administration, in: Int.Rev.of. Publ.Adm. 1962, 9 ff.; *F. W. Riggs – E. W. Weidner,* Modells and Priorities in the Comparative Study of Public Administration, in: Papers in Comparative Public Administration, 1963; *F. Heady,* Public Administration: Comparative Perspective, 1966 und die bei Rdnr. angegebenen Schriften. Einen Überblick über die Probleme geben *D. Waldo* (ed.), Public Administration in a time of Turbulence, 1971; *V. Ostrom – E. Ostrom,* Public Choice: A Different Approach to the Study of Public Administration, PAR 1971, 203 ff.

128   B. Die Verwaltungslehre (public administration) ist in den USA seit langem als selbständiges Fach institutionalisiert.

I. An den *Universitäten* ist es mit einem eigenen Studienweg vertreten, dessen Anliegen darin besteht, den künftigen Verwaltungsbeamten zu befähigen, allen Verwaltungsproblemen gerecht zu werden. Daher besetzen die Absolventen dieses Studienganges in erheblicher Zahl leitende Stellen der öffentlichen Verwaltung. Organisatorisch gehören die Institute für Public Administration regelmäßig zur Political Science Branch (vgl. *K. König,* Entwicklungen des Verwaltungsstudiums in den Vereinigten Staaten von Amerika, in: DÖV 1975, 456 ff.).

II. Das *amerikanische Schrifttum* über die öffentliche Verwaltung ist unübersehbar. Das beruht auch darauf, daß zur Unterrichtung über den vorhandenen Stand des Wissens nicht nur die »public administration«-Literatur heranzuziehen ist, sondern daß Material auch in verschiedenen anderen Disziplinen, vor allem in der allgemeinen Verwaltungswissenschaft und Organisationstheorie zu suchen ist. Die führende Zeitschrift ist die »Public Administration Review«, herausgegeben von der »American Society für Public Administration«, in der Praktiker und Wissenschaftler zusammenarbeiten. An allgemeinen Darstellungen sind zu nennen:

L. D. White, Introduction to the Study of Public Administration (1926, 4. Aufl. 1955); *F. Morstein Marx* (ed.), Elements of Public Administration (1946, 2. Aufl. 1959); *H. A. Simon – D. W. Smithburg – V. A. Thompson,* Public Administration, 7. Aufl. 1962; *T. R. Golembiewski* u.a., Public Administration, 1966; *J. M. Pfittner – R. Presthus,* Public Administration, 5. Aufl. 1967; *M. D. Reagan,* The Administration of Public Policy, 1969; *F. A. Nigro,* Modern Public Administration, 2. Aufl. 1970; *J. Niskanen – A. William,* Bureaucracy and Representative Government, 1971; *L. G. Gawtrop,* Administrative Politics and Social Change, 1971; *D. L. Yarwood* (ed.), The National Administrative System, 1971; *J. Sharkansky,* Public Administration, 2. Aufl. 1972; *F. Marini* (ed.), Toward a New Public Administration, 3. Aufl. 1972; *J. W. Davis,* An Introduction to Public Administration 1974.

§ 15 Übrige Länder

A. Es ist unmöglich, einen auch nur einigermaßen vollständigen Überblick über die *Lage der Verwaltungslehre im Ausland* zu geben. Die Zahl der zu berücksichtigenden Entwicklungen, Probleme, Institutionen und Autoren verbietet das. Daher kann im folgenden nur eine bescheidene Auswahl geboten werden.

I. Allgemein läßt sich sagen, daß die Probleme der modernen Verwaltung in den westlichen Kulturstaaten eine gewisse Verwandtschaft zeigen. Die zivilisatorischen Errungenschaften, die die moderne Technik geschaffen hat, und die politischen Prinzipien, die eine möglichst gleiche Verteilung dieser Errungenschaften an jedermann verlangen, setzen einen gut ausgebauten Verwaltungsapparat voraus. Das Wachsen der öffentlichen Verwaltung führt überall zur Reflexion über diese soziale Macht, die das Leben des Bürgers so stark beeinflußt, und zur Prüfung, wie die Verwaltung zweckmäßig gestaltet werden kann. Man wird daher feststellen dürfen, daß die Verwaltungslehre überall im Aufbruch ist.

II. Weiter zeigt sich, daß in allen Ländern, in denen die führendenden Verwaltungsbeamten regelmäßig Juristen sind, Schwierigkeiten betehen, den juristischen durch einen verwaltungswissenschaftlichen Denkstil zu ergänzen; das gilt vor allem für die kontinentaleuropäischen Länder. Günstiger ist die Lage in Großbritannien, wo die Bemühungen um die Verwaltungslehre deutlich greifbare Erfolge zeigen. Ganz andere Fragen stellen sich in der planwirtschaftlichen Verwaltung der Ostblockstaaten. Wieder einen ganz eigenen Bereich bilden die Entwicklungsländer, in denen der Übergang von einer wenig ausgebildeten Zivilisation zu einer modernen Staatlichkeit innerhalb kurzer Zeit die Hauptprobleme stellt.

131 **B. Kontinentaleuropa**

I. Sehr viel Ähnlichkeit mit Deutschland weist die Entwicklung in *Frankreich* auf.
1. Auch hier – und sogar noch in stärkerem Maße – hat sich das Verwaltungsrecht als die maßgebliche Disziplin der Verwaltungswissenschaften Anerkennung verschafft. Das Studium ist daher völlig auf das Verwaltungsrecht ausgerichtet. Allerdings hat es auch in Frankreich niemals an Stimmen gefehlt, die – in jüngerer Zeit mit zunehmendem Erfolg – die Einbeziehung der Verwaltungslehre in das Studium fordern. Vor allem aber besteht die Möglichkeit des Studiums verwaltungswissenschaftlicher Fragen im Rahmen der Institute für Politische Wissenschaften, die vor allem der Vorbereitung für die »Ecole Nationale d'Administration« (ENA) dienen. Im Rahmen dieser Einrichtung, die als Ausbildungsanstalt für die Elite der Verwaltungsbeamten bezeichnet werden darf, nimmt auch die Verwaltungslehre einen wichtigen Platz ein, vgl. dazu *H. Quaritsch,* Eine Schule der Verwaltung, VerwArch 52, 1961, 217 ff.; weiter auch den Rapport de la Commission d'études des problèmes de l'Ecole Nationale d'Administration (Rapport Bloch-Kainé), 1969; *Riveo* u.a., ENA et Université, in: no 16 des »Bulletin de l'Institut International d'Administration public, oct.-déc. 1970; *J. L. Bianco – U. H. Schneider,* Reformvorschläge für die Ecole Nationale d'Administration, DÖV 1970, 635 ff. Neben der ENA bestehen »Instituts regionaux de l'administration« in Lille, Lyon, Metz und Nantes, die der Ausbildung der Beamten dienen, die nicht die ENA durchlaufen. – Zum Problem der Ausbildung der Verwaltungsbeamten in Frankreich vgl. auch *P. Escoule,* Les Grands Corps de l'Etat, 1971.

§ 15 *Übrige Länder*

2. Die verwaltungswissenschaftliche *Forschung* wird – wenig koordiniert – an zahlreichen staatlichen Einrichtungen und Instituten, daneben an dem privatrechtlich organisierten Institut Technique des Administrations Publiques (ITAP) betrieben. Von den staatlichen Einrichtungen sind insb. zu nennen das Centre d'étude et recherche sur l'administration économique et l'aménagement du territoire in Grenoble, die Fondation Nationale des Science Politiques, die Ecole Pratique des Hautes Etudes sowie das Institut International d'Administration Publique. Erhebliche finanzielle Förderung erfährt die verwaltungswissenschaftliche Forschung durch das Centre National de la Recherche Scientifique. Auch in der Literatur scheint sich die Überzeugung durchzusetzen, daß die Verwaltungslehre ein notwendiger Gegenstand wissenschaftlicher Betätigung ist. Durch einen regen Ideenaustausch zwischen Praktikern und Wissenschaftlern sind wertvolle Einzelergebnisse erzielt worden. Ein Schwerpunkt der Forschung an den Universitäten außerhalb von Paris bilden die Fragen der Planung sowie der Lokal- und Regionalverwaltung (vgl. Institut Français des Sciences Administratives, Les Problèmes actuels de la recherche administrative, 1971).   **132**

3. Schon aus der älteren verwaltungswissenschaftlichen *Literatur* ragt das Werk von *E. Lenoel*, Des Sciences Politiques et administratives et de leur enseignement, 1865, heraus. Einen grundsätzlichen Wandel von mehr juristischen zum technischen Aspekt brachte das Werk von *H. Fayol*, Administration industrielle et générale, 1916 (Neuauflage 1962), das der Erforschung der Verwaltungsfunktion im allgemeinen stärkere Aufmerksamkeit widmet. Seine Erkenntnisse fanden allerdings in Frankreich, anders z.B. als in den USA, fast nur im Rahmen der Betriebswirtschaftslehre Anwendung. Aus dem neueren Schrifttum seien genannt: *G. Langrod*, VerwArch 48, 1957, 191 ff.; *B. Gournay*, Public Administration, French Bibliographical Digest, 1963; *R. Cathérine*, Le fonctionnaire français, 1960; *H. L. Baratin*, Organisation et méthodes dans l'administration publique, 2. Aufl. 1963; *M. Crozier*, Le phénomène bureaucratique, 1963; *F. Ridley – J. Blondel*, Public Administration in France, 1964; *B. Gournay*, Introduction à la science administrative, 1966; *J. M. Auby* u.a., Traité de science administrative, 1966; *B. Gournay – J. F. Kesler – J. Siwek – Pouydesseau*, Administration Publique, 1967; *C. Debbasch*, Science Administrative. Administration Publique, 2. Aufl. 1972. Die wichtigste verwaltungswissenschaftliche Zeitschrift ist »La Revue Administrative« – vgl. auch *G. Langrod*, in: Schriften HSch Speyer Bd. 42, 26 ff.   **133**

II. 1. Auch in den *Niederlanden* liegt der Schwerpunkt der Ausbildung bei den Rechtswissenschaften. Die Verwaltungslehre kam jedoch an einem schon 1922 gegründeten kommunalwissenschaftlichen Institut zu Wort, das später in Institut für Verwaltungswissenschaften (Institut voor Bestuurswetenschappen) umbenannt wurde. Auch Wirtschaftshochschulen, die betriebswirtschaftlichen Fakultäten einiger Universitäten sowie das 1952 gegründete internationale Institut für Sozialwissenschaften nahmen sich der Verwaltungslehre an. Mittelpunkte der   **134**

4. Kapitel   Die Lage der Verwaltungslehre

Verwaltungswissenschaftlichen Ausbildung sind heute das Universitätszentrum für Verwaltungswissenschaften in Groningen und die Freie Universität zu Amsterdam. Aus der Praxis sind bemerkenswerte Untersuchungen über Organisations- und Wirtschaftlichkeitsfragen der Staats- und Kommunalverwaltung hervorgegangen. 1967 wurde durch eine besondere Stiftung mit der Gründung von Verwaltungsschulen für die Beamtenausbildung begonnen.

135   2. Das erste niederländische *Werk* über die Verwaltungswissenschaft stammt von *G. A. van Poelje,* »Algemene inleiding tot bestuurskunde«, 1942, 3. Aufl. 1964. Neben anderen Veröffentlichungen ist insb. das Buch von *H. A. Brasz – A. Kleijn – J. In't Veld,* »Inleiding tot de bestuurswetenschap, 2. Aufl. 1969/1970, hervorzuheben. Als neuere Veröffentlichungen sind zwei Schriften von *J. In't Veld* zu erwähnen: Essays in Administration (1968) und Vooruitziende bestuurswetenschap (1970). S. ferner *A. Mey,* VerwArch 49, 1958, 33 ff.

136   III. In *Belgien* wurde 1962 aus dem Bedürfnis nach einer qualifizierten Ausbildung für Spitzenbeamte das Institut Administration – Université (I.A.-U.) gegründet, das sich im weiteren Verlauf auch einer interdisziplinären verwaltungswissenschaftlichen Forschung widmete. Auf diese Weise ist eine gute Synthese zwischen der Forschung an den Universitäten und der Verwaltungspraxis gelungen. Das Institut ist organisatorisch von der Verwaltung unabhängig, wird von ihr aber finanziell unterstützt. Vgl. auch *J. In't Veld,* in: Schriften HSch Speyer, Bd. 42, 1969, S. 151 ff.

137   IV. 1. Unter dem Einfluß von *L. v. Stein* wurde in *Italien,* ähnlich wie in *Österreich,* vor der Jahrhundertwende eine Reihe umfangreicher verwaltungswissenschaftlicher Werke geschrieben. Die Verwaltungslehre stand so hoch im Kurs, daß sie ab 1885 an allen Universitäten Pflichtfach wurde. Diese Blütezeit endete jedoch bald nach dem Ersten Weltkrieg. In der Folgezeit wurden die Rufe nach einer modernen Verwaltungslehre angesichts des stark bürokratisierten Verwaltungsapparates immer dringlicher. Sie führten zur Errichtung einer Reihe von Verwaltungshochschulen, deren Besuch eine Universitätsausbildung voraussetzt. Zu nennen sind die Nationale Verwaltungsschule in Rom und die Verwaltungswissenschaftliche Hochschule in Bologna (Scuola di Perfezionamento), vor allem aber das Instituto per la Scienza dell'Amministrazione Pubblica (ISAP), eine öffentlich-rechtliche Körperschaft mit dem Sitz in Mailand, deren Aufgaben in der Erforschung der Probleme der öffentlichen Verwaltung, der Fortbildung der höheren Beamten und der Entwicklung einer vergleichenden Verwaltungswissenschaft bestehen. In der Erkenntnis gegenseitiger Abhängigkeit bahnt sich auch in Italien ein lebhaftes Zwiegespräch zwischen Wissenschaft und Praxis an.

138   2. Aus dem reichhaltigen *Schrifttum:* S. *Cassese* (Hrsg.), L'amministrazione pubblica in Italia, 1974; *F. Mosher – S. Cimmino,* Elementi die scienza dell'amministrazione, 1959; *P. Gasparri,* La scienza dell'amministrazione, 1959; *G. Treves,* L'organizzazione amministrativa, 1964; s. ferner *F. Benvenuti,* VerwArch

§ 15 Übrige Länder

48, 1967, 233 ff.; *C. H. Ule,* ebd., 52, 1961, 407 ff.; *W. Thiele,* Einrichtungen und Probleme der italienischen Verwaltung, DVBl. 1966, 93 ff.; einen Überblick gibt das Heft 1/2 Vol. 37 (1971) der Revue Internationale des Sciences Administratives; ferner *Benvenuti,* in: Schriften HSch Speyer, Bd. 42, 1969, S. 113 ff.

V. 1. Auch in *Spanien* enthalten die Studienpläne der Universitäten verwaltungsrechtliche Vorlesungen. Wie in anderen europäischen Staaten findet aber eine intensive »Rezeption« des im angelsächsischen Bereich erarbeiteten Gedankenguts statt, ohne daß schon eine eigene Verwaltungslehre entwickelt worden wäre. Hauptträger der wissenschaftlichen Forschung und Lehre sind die Escuela National de Administración Publica (ENAP, Staatliche Hochschule für öffentliche Verwaltung) und das Institut für politische Studien in Madrid. 139

2. Neben älteren Verwaltungsrechtslehrbüchern, die auch Abschnitte über Aufbau und Funktion der öffentlichen Verwaltung enthalten *(M. Colameiro,* Derecho administrativo espanol, 1850; *F. de Velasco,* Resumen de derecho Administrativo y de ciencia de la administración, 2. Aufl. 1930) sind folgende neuere Werke zu nennen: *Instituto de Estudios Politicos,* La administración publica y el estado contemporáneo, 1961; *E. Garcia de Enterria,* La administración Espanola: Estudios de ciencia administrativa, 1961. S. ferner *F. Garrido Falla,* VerwArch 48, 1957, 248 ff.; *M. Heredero Higueras,* Las estructuras de organización de la Administración urbanistica, 1968. Vgl. auch *J. L. Meilán Gil – J. L. Villar Palasi,* in: Schriften HSch Speyer, Bd. 42, 1969, S. 136 ff. 140

VI. Auch in der *Schweiz* liegt der Schwerpunkt der Ausbildung des Berufsbeamtentums, das vor allem in der Bundesverwaltung, weniger in der kantonalen und in der kommunalen Verwaltung anzutreffen ist, auf juristischem Gebiet. Seit 1936 besteht im Rahmen der Schweizerischen Verwaltungskurse an der Hochschule für Wirtschafts- und Sozialwissenschaften (früher Handels-Hochschule) in St. Gallen die Möglichkeit eines verwaltungswissenschaftlichen Studiums, das in seiner heutigen Form aber mehr der verwaltungsrechtlichen Fortbildung dient (Näheres hierzu bei *E. Becker,* Verwaltungswissenschaftliche Promotionen, DÖV 1950, 740, und *P. Bischofberger,* Durchsetzung und Fortbildung betriebswirtschaftlicher Erkenntnisse in der öffentlichen Verwaltung, 1964, S. 190 ff.). Für die Erforschung und Anwendung moderner verwaltungswissenschaftlicher Erkenntnisse ist in erster Linie die Zentralstelle für Organisationsfragen der Bundesverwaltung verantwortlich, der auch die Nachwuchsförderung obliegt (vgl. *O. Hongler,* Aufgaben und Arbeitsweise der Zentralstelle für Organisationsfragen der Bundesverwaltung, in: *R. Badenhoop,* Wirtschaft und öffentliche Verwaltung, 1961; *P. Bischofberger,* a.a.O. S. 179). Aus dem Schrifttum ist neben der zitierten Dissertation von *P. Bischofberger* noch der Aufsatz von *C. Higy,* Der Ausbau der Verwaltungswissenschaften und seine Bedeutung für die öffentliche Verwaltung, Zentralblatt für Staats- und Gemeindeverwaltung 1952, 277 ff., zu erwähnen; s. ferner *M. Imboden,* VerwArch 48, 1957, 340 ff.; *W. Thieme,* DÖV 141

4. Kapitel Die Lage der Verwaltungslehre

1966, 381 ff.; *F. Ermacora,* in: Schriften HSch Speyer, Bd. 42, 1969, S. 205 ff. (auch für Österreich).

142 VII. In den *skandinavischen Ländern* ist eine selbständige Verwaltungslehre entsprechend der Lage in vielen anderen Ländern noch in der Entwicklung; allerdings haben Reformnotwendigkeiten auch dort – in unterschiedlichem Umfang – erfreuliche Fortschritte erbracht. Die Ausbildung der höheren Beamten ist überwiegend juristisch. Da die skandinavische Rechtswissenschaft allerdings starken soziologischen Einflüssen unterliegt, wurde die Verwaltung in letzter Zeit zunehmend sozialwissenschaftlich erschlossen. Insb. in *Dänemark* wurde an der Universität Aarhus ein Studium der Staatskunde eingeführt, in dessen Rahmen auch Vorlesungen über Verwaltungslehre stattfinden (vgl. *P. Meyer,* in: VerwArch 55, 1964, 193 ff.); und vor einiger Zeit ist an der Universität Kopenhagen ein Institut für Verwaltungslehre gegründet worden. Seit 1966 besteht an der Kopenhagener Handelshochschule die Möglichkeit eines Spezialstudiums in öffentlicher Verwaltung. Ebenso bietet die hinsichtlich ihres Lehrbetriebes dezentralisierte Verwaltungshochschule Dänemarks in allen größeren Städten des Landes Vorlesungen an. Die Verwaltung holt sich ihren Nachwuchs neuerdings auch aus dem Kreis von Absolventen solcher staatswissenschaftlicher oder ökonomischer Studiengänge.

In *Norwegen* hat die Universität Bergen 1968 einen selbständigen Lehrstuhl für öffentliche Verwaltung eingerichtet. Darüber hinaus besteht in Norwegen am Institut für politische Wissenschaft der Universität Oslo ein spezieller Studiengang über öffentliche Verwaltung.

Ebenso kann in *Schweden* Verwaltungswissenschaft an den Universitätsinstituten für politische Wissenschaft studiert werden. Schrifttum: *G. Heckscher,* Swedish Public Administration at Work, 1955; *P. Meyer,* Administrative Organization, 1957 (deutsch: Die Verwaltungsorganisation 1962); *ders.,* Dansk Forvaltningslaehre, I–II, 1968/1969; *K. Jacobsen,* Teknisk hjelp og politisk struktur, 1964; *T. Eckhoff – K. Jacobsen,* Rationality and Responsibility in Administrative and Judical Decision-Making, 1960; vgl. ferner *K. D. Jacobsen* und *K. Sipponen,* in: Schriften HSch Speyer, Bd. 42, 1969, S. 91 ff., 104 ff.; *N. Herlitz,* VerwArch 48, 1957, 309 ff.

143 C. Eher mit der amerikanischen Entwicklung zu vergleichen, aber auch eigenartig ist die Situation in *Großbritannien.* Sie wird durch die Trennung der Verwaltungsausbildung von der Richterausbildung und durch die pragmatische Haltung der Engländer gekennzeichnet, die zu einer weitgehenden Isolierung der an sich recht erfolgreichen und rührigen Verwaltungswissenschaft von der Praxis führt.

I. Der höhere Verwaltungsbeamte studiert in England grundsätzlich nicht Rechtswissenschaft, sondern irgendein Fachgebiet und erwirbt sich die nötigen Kenntnisse für seinen Beruf in der Praxis. Diese Orientierung ist besonders in der

§ 15 Übrige Länder

Kommunalverwaltung ausgeprägt. Daher ist die Bedeutung des verwaltungswissenschaftlichen Studiums im Vergleich zu den Forschungsleistungen relativ unbedeutend. Jedoch werden bereits regelmäßig Vorlesungen oder Vorträge über public administration – meist im Rahmen der politischen Wissenschaft – an einigen Universitäten (u.a. London, Glasgow und Oxford) und Instituten (Royal Institute of Public Administration, Administrative Staff College in Henley, London School of Economics and Political Science, Treasury Center for Administrative Studies) gehalten.

Institute, die sich mit bestimmten Verwaltungsproblemen befassen, sind das Institut für Local Government Studies an der Universität Birmingham und das Institut für Development Studies an der Universität Sussex.

II. Auch in der wissenschaftlichen *Forschung* bewährt sich der pragmatische Sinn des Engländers. Empirische Untersuchungen spielen eine bedeutende Rolle. Sie beziehen sich praktisch auf alle Fragen der Verwaltungslehre. 144
Schrifttum: *S. E. Finer*, A Primer of Public Administration, 1950; *W. J. M. Mac Kenzie – J. W. Grove*, Central Administration in Britain, 1957; *B. Chapman*, The Profession of Government, 1959; *E. N. Gladden*, An Introduction to Public Administration, 4. Aufl. 1966; ders., The Essentials of Public Administration, 2. Aufl. 1958; *F.M.G. Willson*, Administrators in Action. British Case Studies, Vol. I, 1961; *G. Rhodes*, Administrators in Action. British Case Studies, Vol. II, 1965; *B.M. Gross*, The Managing of Organisation, 2 Bde. 1964; *M.L. Weidenbaum*, The modern Public Sector. New ways of doing the Governments Business, 1969; *P. Myers*, An Introduction to Public Administration, 1970; *R.G.S. Brown*, The Administrative Process in Britain, 1970; *R.J.S. Baker*, Administrative Theory and Public Administration, 1972; *M.J. Hill*, The Sociology of Public Administration, 1972; *P. Self*, Administrative Theories and Politics, 1972. – Wichtige Beiträge zur Verwaltungswissenschaft bringt die Zeitschrift »Public Administration«. – Vgl. auch *T.E. Chester*, VerwArch 48, 1957, 291 ff., und *N. Johnson*, in: Schriften HSch Speyer, Bd. 42, 1969, S. 51 ff.

D. Sozialistische Staaten in Osteuropa 145

I. Die Verwaltung sozialistischer Staaten wirft z.T. dieselben Probleme auf wie die der westlichen Staaten. Das gilt vor allem für den organisatorischen, personellen und technischen Bereich. Aber die Stellung der Verwaltung im gesamten Staatsaufbau (ohne Gewaltenteilung), im Verhältnis zur Partei und zur (volkseigenen) Wirtschaft wirft politische Implikationen und damit zugleich politische Probleme auf, die im Westen nicht auftreten. Sie verhindern vor allem die Entwicklung einer Verwaltungswissenschaft im westlichen Sinne. Ein vergleichbarer Gegenstand tritt unter der Bezeichnung »Leitungswissenschaft« auf (vgl. *Steinmüller*, in: Verwaltung 1973, 45 ff.; ferner: *B. Balla*, Kaderverwaltung, Versuch zur Idealtypisierung der »Bürokratie« sowjetisch-volksdemokratischen Typs, 1972).

146   II. Wenig entwickelt ist die wissenschaftliche Beschäftigung mit Verwaltungsproblemen in der *DDR*. Hier besteht nicht nur gegenüber dem Westen, sondern auch gegenüber den anderen sozialistischen Ländern eine großer Rückstand (*D. Machalz – Urban* u. *M. Schlör*, Verwaltungsrechtliche Aspekte des staatlichen Entscheidungsprozesses, Recht und Staat 1975, 1352 ff.; Material auch bei *Mampel*, Die sozialistische Verfassung der DDR, Text und Kommentar, 1972, insb. bei Art. 43 und 81 ff.

147   III. Die *sowjetische Wissenschaft* hat stärker versucht westliche Forschungsleistungen zu integrieren. Dabei spielt vor allem die Kybernetik und ihre Anwendung in der Sozialwissenschaft sowie die Systemtheorie eine große Rolle. Wichtig werden sie bei der Einführung von ADV und bei der Kontrolle, aber auch bei der Planung und bei Verfahrensproblemen. Doch kommt die moderne Verwaltungswissenschaft leicht in Konflikt mit der Lehre des Marxismus – Leninismus, mit deren Theorien sie weitgehend nicht kompatibel ist, insb. was die Zentralisierung anbelangt (vgl. *D. v. Schwartz*, Recent Soviet Adaptions of Systems Theory to Administrative Theory, in: Journal of Comparative Administration, 1973, 233 ff. mit weiteren, insb. sowjetischen Schriftumsnachweisen).

148   IV. Stärkeren Kontakt mit dem Westen versuchen Wissenschaftler aus *Jugoslawien* und der *Tschechoslowakei* zu halten, z.T. auch aus *Ungarn* und *Polen*. Doch herrschen hier z.T. Probleme vor, die – insb. durch den mangelhaften Rechtsschutz bedingt – auf der Grenze zum Verwaltungsrecht liegen, wobei zuweilen deutlich erkennbar wird, daß die Wissenschaftler versuchen, den Schutz des Bürgers gegenüber der Staatsgewalt zu verbessern. Eine wichtige Rolle spielen auch Planungsprobleme, die z.T. die Realisierung der grundsätzlich ökonomischen Entscheidungen betreffen, z.T. aber mit den Fragen, die im Westen behandelt werden (wie Raumordnung und Stadtplanung oder dem Verhältnis von Ressourcen- und Aufgabenplanung), eng verwandt sind (vgl. *L. Vavpetić* und *J. Tomsová*, in: Verwaltungswissenschaft in europäischen Ländern, Schriften HSch Speyer, Bd. 42, 1969, S. 172 ff., 199 ff.). Über Jugoslawien ist viel Material in den Aufsätzen von Kordelj u.a. (Heft 2/1976 der Rev.Int.Sc.Adm.) enthalten.

Schrifttum findet sich auch in einer in der DDR herausgegebenen Bibliographie: Die Wissenschaft von der Leitung und Führung des Staates, 1966. Als programmatische Äußerung von östlicher Seite erwähnenswert ist *G.S. Jakowlew*, Über Methoden, Inhalt und Struktur der wissenschaftlichen Erkenntnisse auf dem Gebiet der Leitung, Staat und Recht 1965, 2106 ff. Rein deskriptiver Art sind zumeist die Berichte von westlicher Seite, vgl. z.B. *P. Steinow*, VerwArch 53, 1962, 145 ff., und *W. Meder*, DVBl. 1956, 549 ff.; VerwArch 51, 1960, 116 ff., 244 ff.; 52, 1961, 40 ff. und 53, 1962, 255 ff. Ferner *F. Longchamps*, La

§ 15 Übrige Länder

scienza dell'amministrazione publica in Polonia, in: La Scienza dell'organizzazione nella Pubblica Amministrazione 7, 1960, 409 ff. Interessante Einblicke in das sowjetische Staatswirtschaftssystem verschafft das Buch von *D. Granick*, The Red Executive, 1960 (deutsch: Der rote Manager, 1960). Vgl. ferner *G. Langrod*, La renaissance de la science administrative en URSS et dans les démocraties populaires, Rev.Int.Sc. Adm. 1963, 23 ff., und *J. Starosciak*, Le dévelopement de la science administrative dans les pays socialistes d'Europe, RevAdm 1966, 67 ff.

E. In den *Entwicklungsländern* hat sich noch kaum eine eigenständige Verwaltungslehre herausgebildet. Allerdings tauchen hier besondere Probleme für die Verwaltungswissenschaft auf, die sich grundsätzlich von denen der bisher geschilderten Staaten unterscheiden.

149

I. Die meisten Entwicklungsländer kennen eine voll durchorganisierte öffentliche Verwaltung noch nicht. Die früheren Kolonialmächte hatten regelmäßig die Tendenz, die Verwaltung, soweit sie von einheimischen Kräften geführt wurde, stark zu dezentralisieren und an die Stammesorganisation anzulehnen. Um den bestehenden Zivilisationsrückstand möglichst schnell aufzuholen, neigen die Regierungen der Entwicklungsländer oft dazu, die Verwaltung stärker zu zentralisieren, ein Verfahren, das angesichts des noch weithin herrschenden Analphabetentums und der schlechten Nachrichten- und Verkehrsverbindungen in seinem Wert zweifelhaft erscheint. Im einzelnen liegen die Probleme der Entwicklungsländer höchst unterschiedlich. Sie sind einerseits durch die ethnischen, geographischen, sozialen und wirtschaftlichen Gegebenheiten bestimmt, andererseits müssen sie auf die durch die bisherigen Kolonialmächte angebahnten Entwicklungen Rücksicht nehmen und diese oft weiterzuführen versuchen.

II. Die *Entwicklungshilfeprogramme* der ehemaligen Kolonialmächte, der sonstigen großen Industrienationen und internationaler Organisationen enthalten regelmäßig auch Leistungen für die »Verwaltungshilfe« (vgl. hierzu: Education for Development Administration, Hrsg.: International Institute for Administrative Science). An Institutionen, die sich besonders dem Aufbau einer funktionsfähigen, der Situation des jeweiligen Entwicklungslandes gerecht werdenden öffentlichen Verwaltung widmen, sind zu nennen: Die »Deutsche Stiftung für Entwicklungsländer« in Bonn und deren »Zentralstelle für öffentliche Verwaltung« in Berlin; das International Institute for Administrative Sciences (IIAS) in Brüssel; die International Union of Local Authorities (IULA) in Den Haag und der Rat für Technische Hilfe (TAB – Technical Assistance Board) der United Nations in New York.

150

III. Die in den letzten Jahren immer umfangreicher werdende – allerdings kaum deutschsprachige – Literatur behandelte anfangs besonders Probleme der *Kommunalverwaltung;* in den letzten Jahren sind auch zusammenfassende Dar-

151

4. Kapitel Die Lage der Verwaltungslehre

stellungen erschienen. Als wichtigere seien genannt: *U. K. Hicks,* Development from below. Local Government and Finance in Developing Countries of the Commonwealth, 1961; The Tasks of Local Autorities in Development Areas, Hrsg.: IULA, 1961; Problèmes administratifs urgents des gouvernements africains. Rapport du cycle d'étude du Conseil Economique et Social des Nations Unis, 1963; *J. Swerdlow,* Development Administration, Concepts and Problems, 1963; *J. La Palombara* (ed.), Bureaucracy and Political Development, 1963; *A. Maneck,* Entwicklungshilfe auf dem Gebiet der öffentlichen Verwaltung, DVBl. 1963, 581 ff.; *F. W. Riggs,* Administration in Developing Countries, 1964; *H. F. Alderfer,* Local Government in Developing Countries, 1964; *A. Diamant – H. Jecht,* Verwaltung und Entwicklung, DÖV 1966, 388 ff.; *A. Diamant,* Modell einer Verwaltung für Entwicklungsländer, 1966; *R. Schnur,* Deutsche Verwaltungshilfe in den Entwicklungsländern, DÖV 1969, 446 f.; *D. Waldo* (ed.), Temporal Dimensions of Development Administration 1970; *D. Diehl,* Rationale Administration als Voraussetzung einer erfolgreichen Entwicklungspolitik, 1971; *M. v. Keussler,* Deutsche Verwaltungshilfe für Entwicklungsländer, LKr 1971, 74 ff. Bibliographie: *A. A. Spitz – E. W. Weidner,* Development Administration 1963.

Sehr nützlich sind die indischen »Public Administrative Abstracts«, eine regelmäßig erscheinende Zusammenfassung der neuen verwaltungswissenschaftlichen Literatur. Verwaltungswissenschaftliche Fragen der Entwicklungsländer behandelt insbesondere auch die Zeitschrift »Journal of Administration Overseas«.

2. Abschnitt   Die Verwaltung als Organisation
5. Kapitel   Grundfragen

§ 16   Organisationsbegriff und Organisationstheorie

Schrifttum: *B. Becker,* Aufgabentyp und Organisationsstruktur von Verwaltungsbehörden, in: Verwaltung 1976, 273 ff.; *U. Becker,* Zweck und Maß der Organisation, Hdb. Verw. H. 3.1; *P.M. Blau– W.R. Scott,* Formal Organisations, 1962; *K. Deutsch,* Politische Kybernetik, 2. Aufl. 1970; *A. Etzioni,* Soziologie der Organisation, 1967; *E. Grochla,* Systemtheorie als Organisationstheorie, in: ZfB, 1970, S. 1 ff.; *O. Grusky – G.A. Miller* (Hrsg.), The Sociology of Organisations, 1970; *L. Gulick,* Notes on the Theory of Organisation, in: Papers on the science of Administration, 1937, S. 1 ff.; *W. Hill – R. Fehlbaum – P. Ulrich,* Konzeption einer modernen Organisationslehre, in: ZfO 1974, S. 4 ff.; *W. Hill – R. Fehlbaum – P. Ulrich,* Organisationslehre, 2 Bde., 1974; *E. Kosiol,* Grundlagen und Methoden der Organisationsforschung, 2. Aufl., 1968; *N. Luhmann,* Funktionen und Folgen formaler Organisation, 1964; *J.G. March* (Hrsg.), Handbook of Organisations, 1965; *J.G. March – H. Simon,* Organisation, 1958; *R. Mayntz,* Soziologie der Organisation, 2. Aufl. 1967; *M. Mirow,* Kybernetik, Grundlage einer allgemeinen Theorie der Organisation, 1969; *J.D. Mooney,* The Principles of Organisation, 1939; *J. Nether,* Die Bedeutung der Organisationstheorie für die öffentliche Verwaltung, in: ZfO 1970, S. 129 ff.; *T. Parsons,* Structure and Process in modern societies, 1963; *D. Silverman,* Theorie der Organisationen, 1970; *H. Simon,* Das Verwaltungshandeln, 1955; *D. Waldo,* Zur Theorie der Organisation, Ihr Stand und ihre Probleme, in: Staat, 1966, S. 285 ff.

A. Die Verwaltung ist ein riesiger Organismus, der aus unzähligen Teilen besteht, die gemeinsam und im Zusammenhang miteinander ihre Aufgaben erledigen. Bevor ein Blick auf den konkreten Aufbau der Verwaltung in der Bundesrepublik Deutschland geworfen wird, sollen Grundfragen und Grundsätze erörtert werden, die für den Aufbau dieser Verwaltung gelten. Dabei ist es erforderlich, sich auch mit dem Begriff, Wesen und Ziel der Organisation zu befassen.

152

Eine *Begriffserklärung* hat davon auszugehen, daß die Organisation eine Erscheinung im Bereich menschlicher Verbände ist, die ein bestimmtes Ziel (oder mehrere Ziele) verfolgen. Das *Ziel* wird derart erreicht, daß die einzelnen Teile des Verbandes bestimmte Teilfunktionen erfüllen. Teile sind dabei nicht nur Menschen, sondern auch Sachen und andere Mittel (z.B. Geld), die der Organisation zur Verfügung stehen. Die Teile sind einander in bestimmter Weise und zwar derart zugeordnet, daß sie alle zusammen ein sinnvolles und kein zufälliges Ganzes bilden.

Allerdings besteht eine Organisation nicht notwendig aus einer *Zuordnung* der einzelnen Teile zueinander, die im voraus von der zuständigen Instanz festgelegt worden ist *(formelle Organisation)*. Organisation kann sich auch ohne förmliche Festlegung durch ständiges gleichartiges Handeln bilden *(informelle Organisation*, Rdnr. 165 ff.). Insoweit kann man einen weiteren Begriff der Organisation bilden; von ihm soll hier ausgegangen werden.

Danach könnte der Begriff der Organisation definiert werden als Zuordnung der einem Verband angehörenden Menschen und der ihm zur Verfügung stehenden Mittel im Hinblick auf die vom Verbande zu erfüllenden Ziele.

153 **B. Organisationswissenschaft**

I. Die Wissenschaft von der Organisation ist alt (vgl. die Organisationstheorie in der Staatslehre des 19. Jhd.); die moderne Organisationswissenschaft beginnt etwa mit dem 1. Weltkrieg *(Taylor, Plenge)*. Sie steht in engem Zusammenhang mit der Rationalisierung wirtschaftlicher Betriebe. Die klassische Organisationstheorie der dreißiger Jahre, wie sie in den USA entwickelt wurde (z.B. von *Gulick* und *Mooney)*, ist mit dem Merkwort POSDCORB (Planning, Organizing, Staffing, Directing, Coordinating, Reporting, Budgeting) beschrieben. Sie wollte die Organisation durchschaubarer und leistungsfähiger machen. Sie fand auch in der öffentlichen Verwaltung Eingang.

Die neoklassische Periode (sofern man überhaupt von Perioden sprechen kann) hat dann zusätzlich die menschliche und vor allem die emotionale Seite mit in die Organisationswissenschaft hineingebracht. Damit wurde die Organisationswissenschaft auch ein Zweig der Soziologie und empfing von ihr wichtige Anregungen. Die Organisation brauchte seitdem nicht notwendig in formellen Regeln beschrieben zu werden. Neben ihr steht vielmehr eine informelle Organisation.

154 II. 1. Die heutige Organisationswissenschaft verdankt *Simon* und *Parsons* entscheidende Anstöße. Sie stellt die Entscheidung in den Mittelpunkt des Organisationsdenkens. Sie arbeitet mit dem Begriff des sozialen Systems und mit Modellen, von denen das input-output-Modell besonders wichtig ist.

2. Die heutige Organisationswissenschaft legt damit einen weiten Organisationsbegriff zugrunde. Sie kann Organisationen in der Wirtschaft, im Staat (Politik, Verwaltung, Militär), Kirche, Gesellschaft (z.B. Gewerkschaften, Vereine) erfassen. Sie sieht den Menschen als Mitglied der Organisation nicht nur instrumental, sondern bezieht seine Wünsche, Motive und tatsächlichen Verhaltensweisen ein in ihre Betrachtung. Damit bricht sie mit einer Organisationslehre, die die Hoffnung hatte, schließlich die Gesamtheit der Organisationswissenschaft in Organisationsgrundsätze (»wenn – dann«) aufzulösen und damit beherrschbar zu machen. Die neuere Organisationswissenschaft hat erkannt, daß derartige Regeln immer nur eine relative Bedeutung haben *(Simon:* »proverbs of administration«) und daß ihre Geltung jeweils von so vielen Faktoren abhängt, die nicht voll beschreibbar, geschweige denn in der Praxis beherrschbar sind.

155 3. Die Erkenntnis, daß vielfältige Interdependenzen vorliegen, hat dazu ge-

führt, den *Systembegriff* einschließlich der *Systemtheorie* anzuwenden. Praktisch beherrschbar sind Probleme nur dann, wenn sie aus der Ebene der Realität entnommen und in einem Modell abgebildet wurden, wo sie unter Vereinfachungen gegenüber der Realität exakt definiert werden können. Hier können sie entweder verbal beschrieben und analysiert oder auch in mathematischer Form dargestellt werden. Das erlaubt schließlich, die Modelle auf Datenverarbeitungsanlagen rechenbar zu machen, d.h. aber Entscheidungsalternativen und ihre Bedeutung für das System zu durchschauen.

4. Die Unterscheidung zwischen *Aufbau- und Ablauforganisation* verliert in der heutigen Konzeption ihre Bedeutung. Es sind lediglich zwei vereinfachende Betrachtungsweisen desselben Gegenstandes, von denen keine allein die Realität widerspiegelt.

C. Ziel der Organisation 156

I. Ein wesentliches Anliegen der Organisationswissenschaft ist die Frage der Steuerung einer Organisation. Die Organisationen sind so komplex, daß ihre Steuerung mit erheblichen Unsicherheiten verbunden ist, d.h. daß dysfunktionale Wirkungen auftreten. Diese Wirkungen beruhen auch darauf, daß die Organisationen weitgehend offen gegenüber ihrer Umwelt und nicht steuerbaren Einflüssen von hier ausgesetzt sind. Für die Steuerung ist daher die Kontrolle der Entwicklung der Organisation wichtig, weil sie die Möglichkeit weiterer Steuerungsmaßnahmen gibt. Diese Rückmeldung (feed-back) ist die Grundlage der *Steuerungswissenschaft (Kybernetik)*, die als »Sozialkybernetik« zunehmende Bedeutung erlangt. Mittel der Steuerung sind in erster Linie Informationen. Wichtiger sind aber Programme, die grundsätzlich Probleme bewältigen. Es geht daher weitgehend darum, ob es gelingt, Programme zu verwirklichen, mit denen die Steuerung geleistet wird. Derartige Programme müssen so beschaffen sein, daß sie in der Lage sind, daß System selbst zu verändern und den veränderten Anforderungen der Umwelt des Systems anzupassen (innovative Funktion der Steuerung), um selbst funktionsfähig zu bleiben. Das bedeutet auch, daß die Organisation des Systems einschließlich seiner Steuerungsorgane dem Wandel unterliegen muß. Das System muß durch seinen Steuerungsmechanismus zum lernenden System ausgebildet werden. Von einer hinreichenden Flexibilität hängt das Überleben der Organisation ab.

II. Für die Verwaltung heißt das, daß die Verwaltung den möglichen Wandel 157 laufend antizipieren muß, daß sie den Wandel planen muß und Maßnahmen ersinnen muß, um den notwendigen Wandel politisch durchzusetzen, ohne das beschränkte Konfliktbewältigungspotential der Gesellschaft zu stark zu strapazieren. Es wäre allerdings eine Illusion zu hoffen, daß die Verwaltung in der Lage wäre, von sich aus die *Innovationen* zu planen, ohne hinreichend Anstöße aus der Gesellschaft zu erhalten. Trotz der Wichtigkeit der Innovation ist zu betonen, daß die Innovation niemals Selbstzweck, sondern stets nur auf die Funktionen der

Organisation bezogen ist. Die Funktionsfähigkeit geht aber verloren, wenn die Organisation nicht auch ein gewisses Maß an Stabilität besitzt.

§ 17 Verwaltung als System

Schrifttum: Vgl. vor § 16; *P. Badura,* Die Verwaltung als soziales System, in: DÖV 1970, 18 ff.; *G. Black,* The Application of Systems Analysis to Government Operation, 1968; *C. Böhret – A. Nagel,* Politische Entscheidungshilfsmittel Systemanalyse, in: PVS 1969, 582 ff.; *C. W. Churchman,* Einführung in die Systemanalyse, 2. Aufl. 1971; *A. Etzioni,* The active society, 1968; *J. Forrester,* Principles of systems, 1969; ders., Systemanalyse als Instrument der Stadtplanung, in: Umschau der Wirtschaft und Technik, 1970, S. 533 ff.; ders., Urban Dynamics, 1969; *H.H. Koelle,* Zur Problematik der Zielfindung und Zielanalyse, in: analyse und prognosen 1971, H. 16, S. 13 ff.; *E. Kosiol* u.a., Zum Standort der Systemforschung im Rahmen der Wissenschaften, in: ZfbetwF 1965, 337 ff.; *H. Krauch* (Hrsg.), Systemanalyse in Regierung und Verwaltung, 1972; *G. Langrod,* Der Nutzen der allgemeinen Systemtheorie in der Verwaltungswissenschaft, in: Verwaltung 1972, S. 127 ff.; *N. Luhmann,* Funktionale Methode und Systemtheorie, in: ders. (Hrsg.), Soziologische Aufklärung, 2. Aufl., 1971, S. 31 ff.; *N. Luhmann,* Zweckbegriff und Systemrationalität, 1968; *A. Nagel,* Leistungsfähige Entscheidungen in Politik und Verwaltung durch Systemanalyse, 1971; *W.D. Narr,* Theoriebegriff und Systemtheorie, 2. Aufl. 1971; *F. Naschold,* Die systemtheoretische Analyse demokratischer politischer Systeme, in: PVS Sonderheft 2, 1970, S. 3 ff.; *H. Reinermann,* Zur Bedeutung der Systemanalyse bei Einführung der Systemanalyse in Regierungs- und Verwaltungsbereich, in: VerwArch, Bd. 62 (1971), S. 251 ff.; *W. Zangemeister,* Systemtechnik – eine Methodik zur zweckmäßigen Gestaltung komplexer Systeme, in: *K. Bleicher* (Hrsg.), Organisation als System, 1972, S. 199 ff

158 A. Der Versuch, der Verwaltungslehre einen theoretischen Rahmen zu geben, muß von der Erkenntnis ausgehen, daß es sich um einen speziellen Zweig der Sozialwissenschaften handelt. Daher ist es angebracht, die Begriffsbildungen der allgemeinen Sozialwissenschaft zu übernehmen. Hier hat sich die *systemtheoretische Betrachtungsweise* weitgehend als nützlich erwiesen. Sie soll auch im folgenden zugrundegelegt werden. Dabei wird nach der in diesem Buch vertretenen Auffassung davon ausgegangen, daß Theorien stets nur gedankliche Hilfskonstruktionen zur Erklärung realer Phänomene sind, daß sie daher nie wahr oder unwahr, sondern nur zweckmäßig oder unzweckmäßig sein können. Unter diesem beschränkten Gesichtspunkt wird hier von der Systemtheorie und ihrer Anwendung in der Verwaltungswissenschaft gesagt, daß sie sich oft als zweckmäßig erwiesen hat.

159 B. Der systemtheoretische Ansatz der Sozialwissenschaft steht anderen theoretischen Ansätzen gegenüber, die nicht notwendig zueinander im Widerspruch ste-

hen, sondern sich gegenseitig ergänzen, berühren oder gar überlappen: Jeder theoretische Ansatz hat einen bestimmten Problembereich, den er erklären kann.

I. Zu nennen sind
1. die *Informationstheorie,* die aus der Technik stammt und heute auch in der Verwaltungswissenschaft eine erhebliche Bedeutung erlangt hat, seitdem die ADV Eingang in der Verwaltung gefunden hat (vgl. Rdnr. 175 ff.).
2. die *Entscheidungstheorie,* die sich mit der Optimierung von Entscheidungen befaßt. Sie steht sowohl mit der Systemtheorie als auch mit der Informationstheorie in enger Verbindung,
3. die *Kybernetik,* die ebenfalls zunächst in der Technik entwickelt worden ist und die Vorgänge in sozialen Systemen unter dem Gesichtspunkt der Rückkoppelung (feed-back) betrachtet.

Sie alle stehen im Verhältnis der Ergänzung zur Systemtheorie. Auch in ihnen wird mit dem Systembegriff gearbeitet, systemtheoretische Erkenntnisse werden in ihnen nutzbar gemacht.

II. Im Gegensatz zur Systemtheorie steht die funktionale Betrachtungsweise, die von der Zweck-Mittel-Relation ausgeht, deren Erklärungswert für soziale Phänomene heute jedoch nicht mehr als groß genug angesehen wird, insb. deshalb, weil dem Zweckbegriff mit Recht eigene Rationalität abgesprochen wird.

C. I. Der *Begriff »System«* wird in der Wissenschaft unterschiedlich definiert. In diesem Buch wird unter System eine geordnete Gesamtheit von Elementen verstanden, zwischen denen Beziehungen bestehen. Wesentlich für diesen Begriff ist die Mehrzahl der Elemente und ihre sinnbezogene gegenseitige Zuordnung. **160**

II. 1. Das *System,* um das es in der Verwaltungswissenschaft geht, ist die *Verwaltung* selbst. Sie wird regelmäßig als offenes System bezeichnet, weil sie in ständigem Informationsaustausch mit ihrer Umwelt lebt, hat aber gleichwohl eine relative Geschlossenheit, d.h. sie hat ein Umsystem, eine Umwelt (z.B. Parlament, Verbände, Bürger). **161**
2. Das System der Verwaltung hat als Obersystem (z.B. die gesamte Verwaltung in der BRD) Untersysteme (z.B. einzelne Landesverwaltungen, einzelne Ministerialressorts, einzelne Behörden, einzelne Dezernate), d.h. eine Hierarchie von Teilsystemen.

Teilsysteme lassen sich noch in anderen Dimensionen bilden. So hat die Verwaltung (und ihre Teile) ein Zielsystem, ein Ressourcensystem, ein System innerer Beziehungen, ein System von Entscheidungsregeln u.a.m. So könnte z.B. etwa auch der Budgetkreislauf der Verwaltung als Teilsystem aufgefaßt werden.

D. I. Wichtigste Eigenschaft der Verwaltung als System ist die *Entscheidungsorientiertheit,* d.h. die Verwaltung soll (und will) Entscheidungen produzieren. **162**

Das Erkenntnisinteresse des Verwaltungswissenschaftlers richtet sich auf die Entscheidungen der Verwaltung als Ergebnis des Verwaltungshandelns. Insoweit ist das System der Verwaltung i.S. der verwaltungswissenschaftlichen Theorie abgegrenzt gegenüber den sog. Realakten der Verwaltung (Produktion), die auch Ergebnis des Verwaltungshandelns sein können, aber nicht von der Verwaltungswissenschaft untersucht werden.

II. Die Verwaltung als System fällt ihre Entscheidungen durch Verarbeitung von Informationen. Entscheidung wird z.T. als Informationsverarbeitung bezeichnet. Man kann daher für die Verwaltung auch ein Modell bilden, das als input Informationen und als output Entscheidungen hat.

163 III. Ein Teilsystem, das besondere Fragen aufwirft, ist das Zielsystem der Verwaltung. Die Verwaltung hat eine Mehrzahl von Zielen, die oft inkommensurabel sind, wie die Produktion von Wohlstand, Gerechtigkeit, sozialer Befriedung, Sicherheit, Bildung, Gesundheit u.a.m. Insoweit steht sie z.B. im Gegensatz zum wirtschaftlichen Unternehmen, dessen Ziele (insb. Gewinnmaximierung) relativ leicht beschreibbar sind. Auch der Grad der Zielerreichung ist dort zumeist durch den Maßstab Geld ausdrückbar, während Geld bei den Zielen der Verwaltung nur eine untergeordnete Rolle spielt. Die Ziele in der Verwaltung zerfallen – insofern in Übereinstimmung mit anderen Organisationen – in zwei Gruppen, nämlich die eigentlichen Organisationsziele und davon unterschiedene Ziele einzelner Teile der Organisation und ihrer Mitglieder, die u.U. mit den eigentlichen Organisationszielen konfligieren. Die Organisationsziele werden entweder von außen oder von der Organisation selbst gesetzt. Die Zielproblematik der Verwaltung ergibt sich z.T. auch daraus, daß die Ziele im System »Verwaltung« in der Regel nicht hinreichend definiert sind, so daß jeder Entscheider das Zielsystem entwickeln, d.h. insb. eine Bewertung konfligierender Ziele vornehmen muß unter der Fragestellung, inwieweit bestimmte Ziele unter bestimmten Konstellationen unbedingt erreicht werden müssen, oder auf ihre Erreichung ganz oder teilweise verzichtet werden kann. Die ideale Vorstellung, ein umfassendes hierarchisches Zielsystem mit logisch ableitbaren Unterzielen aufzubauen, die systematisch bewertet werden, ist nur sehr bedingt erreichbar, jede Bewertung trägt notwendig subjektiven, allenfalls begrenzt intersubjektiven Charakter.

164 D. Die Systemtheorie findet ihre praktische Anwendung in der *Systemanalyse* als einem Verfahren (Technik) zur Produktion rationaler Entscheidungen. Sie hat allerdings nicht nur den Zweck, Entscheidungshilfe zu sein, sondern dient darüber hinaus auch der theoretischen Erforschung bestimmter Systeme. Sie analysiert
    1. die Ziele (Zielsystem) und Zwecke,
    2. die Beschränkungen (Restriktionen),
    3. die Elemente (Personen, Sachmittel, Finanzen und sonstige Ressourcen),
    4. die Beziehungen (Zuordnungen, Kompetenzen),

5. das Systemverhalten (insb. die Zweck- und Zielkonformheit, Stabilität, Lernfähigkeit).
Auf Grund dieser Analyse ist es möglich, die Entscheidungsalternativen zu bewerten und rationalbegründbare Entscheidungsvorschläge zu machen.

§ 18 Die nicht förmliche Organisation

Schrifttum: Vgl. vor § 17; *F. Hoffmann*, Entwicklung der Organisationsforschung, 1973, S. 87 ff.; *M. Irle*, Macht und Entscheidungen in Organisationen, 1971; *N. Luhmann*, Der neue Chef, in: VerwArch Bd. 53 (1962), S. 11 ff.; *ders.*, Spontane Organisationsbildung, in: Verwaltung 1965, 163 ff.; *H. C. Mansfield – F. Morstein Marx*, Informal Organisation, in: *F. Morstein Marx* (Hrsg.), Elements of Public Administration, 2. Aufl. 1959, S. 294 ff.; *T. Parsons*, The social system, 1957; *C. Schmitt*, Gespräch über die Macht und den Zugang zum Machthaber, 1954.

A. In der Regel ist die Organisation der Verwaltung durch ausdrücklich gegebene Anordnungen, zumeist sogar schriftlich, festgelegt. Allerdings gibt es überall daneben auch Teile der Organisation, die sich ohne Anordnung der zuständigen Instanzen bilden. In einem Verband entwickeln sich Muster von Verhaltensweisen, die tatsächlich immer wieder auftreten, und zwar mit Bezug auf diesen Verband und die Erfüllung seiner Zwecke (»patterns of group behaviour«). Sie sind – im Sinne des hier vertretenen weiten Organisationsbegriffes (Rdnr. 152) – auch Teil der Organisation. Im Anschluß an den angelsächsischen Sprachgebrauch (»informal organisation«) werden sie als »*nicht förmliche Organisation*« bezeichnet. Es handelt sich um verschiedenartige Organisationsverhältnisse, insb. aber um Abhängigkeitsverhältnisse oder Kompetenzabgrenzungen, die zumeist aufgrund rein persönlicher Gegebenheiten entstehen und nur so lange bestehen, als diese Gegebenheiten vorliegen. Daneben aber bestehen allgemeine soziologische Strukturen, die aus dem außerdienstlichen Bereich stammen, aber im dienstlichen Bereich nicht auszuschalten sind.

165

B. Die *Entstehung von informeller Organisation* ist notwendig. Eine Großorganisation kann nicht voll organisiert sein; es gibt immer Bereiche, in denen Organisationsvorschriften fehlen. Normen veralten, Umwelteinflüsse sind nur teilweise vorhersehbar, private Motive erzeugen ein nicht formelles Zielsystem. Die Kommunikationsstruktur weicht von den förmlichen Kommunikationswegen ab. Das jeweilige Herrschaftssystem kann die Beachtung formeller Regeln nur bedingt erzwingen. Die Tatsache, daß die Organisation eines Systems angesichts dieser Gründe notwendig in hohem Maße nicht durch formelle Normen festgelegt ist, hat in der Literatur teilweise dazu geführt, die Unterscheidung zwischen

166

5. Kapitel Grundfragen

formeller und informeller Organisation aufzugeben. Für den Soziologen mag die Aufgabe der Unterscheidung sinnvoll sein. Der Verwaltungswissenschaftler, der mit einem formell organisierten Herrschaftssystem konfrontiert ist, tut gut daran, beide Arten von Organisationen im Auge zu behalten. Insb. muß er sehen, daß sie miteinander in Konflikt geraten können, daß das Gleichgewicht zwischen beiden wichtig ist und daß die Zielfunktion der Verwaltung primär durch die förmliche Organisation verwirklicht wird, bzw. die förmliche Organisation mit der tatsächlichen Entwicklung mitwachsen muß.

C. Nicht förmliche Organisationen können praktisch überall in der Verwaltung auftreten. Im folgenden sollen einige typische Beispiele gegeben werden:

167   I. Die persönliche *Organisation des Chefs*. Im Organisationsplan der Behörden ist oft nicht hinreichend Vorsorge getroffen, daß für die Leitungsaufgaben genügend Kräfte zur Verfügung stehen. Insbesondere die Planung von Aufgaben ist im Organisationsplan oft vernachlässigt. Daher zieht der Chef für die Bearbeitung grundsätzlicher Fragen immer wieder bestimmte Angehörige der Behörde heran.

168   II. Eine ähnliche Stellung hat der hervorragende *Sachkenner*. Er besitzt eine größere Macht, als es seiner formalen Stellung zukommt. Er wird immer wieder gefragt, zuweilen mischt er sich auch kraft seiner Sachkunde in Dinge ein, für die er nicht zuständig ist, oder zieht sie sogar an sich.

169   III. Das *Vorzimmer* pflegt in aller Regel einen größeren Einfluß auf den Lauf der Dinge zu haben, als dem formellen Geschäftsverteilungsplan entspricht. Im Vorzimmer läuft eine Fülle von Informationen zusammen, so daß es gern von anderen Angehörigen der Verwaltung als Auskunftsinstanz verwandt wird. In dieser Funktion kann das Vorzimmer selbst in gewissem Umfang auf die Dinge Einfluß nehmen. Vor allem aber liegt die Bedeutung des Vorzimmers darin, daß es den Zugang zum Machthaber vermittelt, d.h., bei der Verweigerung des Zugangs einen Ermessensspielraum zu haben pflegt.

170   IV. Informelle Organisationen pflegen ferner zu entstehen, wenn der *Chef versagt*. Dann gerät die ihm zustehende Macht teilweise in die Hand von anderen Angehörigen der Behörde. Das gilt in gewissem Maße schon dann, wenn der Chef einem Bereich vorsteht, den er nicht überblicken kann, sei es daß der »span of control« zu groß ist, sei es, daß der Chef nicht über Sachkenntnisse verfügt (Rechnungs- und Kassenwesen!). Hier kann er die ihm nach der formellen Organisation zustehende Macht tatsächlich nicht ausüben.

171   V. Zuweilen bilden sich in der Behörde *informelle Gruppen*, deren Mitglieder durch die Zugehörigkeit zu einem außerhalb der Verwaltung stehenden Verband gekennzeichnet sind (z.B. Konfession, Partei, Gewerkschaft). Sie pflegen stärker

zusammenzuhalten, als es sonst üblich ist. Von ihnen geht daher ein Einfluß aus, der informelle Macht bedeutet.

VI. Nicht selten gibt es auch *Einflüsse von außen* in die Verwaltung, die in der formellen Organisation nicht vorgesehen sind. Diese Einflüsse gehen insbesondere von den Gruppenmächten aus und beeinflussen den Gang der Verwaltung oft erheblich (Rdnr. 338 ff.). **172**

D. I. Es wäre sicherlich falsch, die nicht formelle Organisation grundsätzlich negativ zu bewerten. Das dürfte man nur, wenn man die Überzeugung haben könnte, daß es den Organisatoren der Verwaltung stets gelingen wird, eine ideale Organisation zu schaffen. In Wirklichkeit jedoch entfernt sich die formelle Organisation fast immer vom Idealzustand. Sie ist zudem abstrakt und kann auf die Besonderheiten der Menschen in der Verwaltung nur bedingt Rücksicht nehmen. Daher bedeutet die informelle Organisation in der Regel eine positiv zu bewertende Ergänzung oder gar Korrektur der formellen Organisation. Man kann darauf umso mehr vertrauen, als man grundsätzlich davon ausgehen kann, daß die Angehörigen der Verwaltung loyal sind, selbst dann, wenn sie die Organisationsnormen nicht genau realisieren. **173**

II. *Problematisch* wird die informelle Organisation allerdings, wenn über sie Einflüsse von Kräften eindringen, die außerhalb der Verwaltung stehen. Auch hier braucht ein solcher Einfluß noch nicht stets negativ bewertet zu werden, insbesondere wenn der Verwaltung dadurch wertvolle Informationen oder gar Impulse zufließen. Aber hier ist der Verdacht eines unsachlichen Einflusses wesentlich größer, als wenn es sich lediglich um eine Machtverschiebung innerhalb der Verwaltung selbst handelt. Im einzelnen sind als Nachteile anzusehen: **174**
1. Die Organisation ist nicht bekannt, d.h. nicht transparent,
2. sie ist daher auch weniger kontrollierbar.
3. Verantwortung und Einfluß fallen auseinander.

§ 19   Information und Kommunikation

Schrifttum: *E. Bössmann,* Die ökonomische Analyse von Kommunikationsbeziehungen in Organisationen, 1967; *E.G. Bormann* (u.a.), Kommunikation in Unternehmen und Verwaltung, 1971; *A.G. Coenenberg,* Die Kommunikation in der Unternehmung, 1966; *W. Damkowski,* Information und Kommunikation in sozialen Systemen, in: RiA 1971, 181 ff.; *C.K. Kanellopoulus,* Kommunikation und Kollegialorgane, 1970; *W. Kirsch,* Entscheidungsprozesse, 2. Band: Informationsverarbeitungstheorie des Entscheidungsverhaltens, 1971; *G. Klaus,* Kybernetik und Gesellschaft, 2. Aufl. 1964; *H. v. Kortzfleisch,* Information und Kommunikation in der industriellen Unternehmung, in: ZfB 1973, 549 ff.; *E.*

5. Kapitel Grundfragen

Lang, Staat und Kybernetik, 1970; *F. Lauxmann*, Behördengröße und Kommunikationsaufwand, in: ZfO 1973, 272 ff.; *P. Lindemann/K. Nagel* (Hrsg.), Management – Informationssysteme, 1972; *N. Luhmann*, Reform und Information, Theoretische Überlegungen zur Reform der Verwaltung, in: Verwaltung 1970, 15 ff.; *H. R. Walter – R.A. Fischer* (Hrsg.), Informationssysteme in Wirtschaft und Verwaltung, 1971.

A. In der modernen entscheidungsorientierten Organisationswissenschaft kommt der Informationsproblematik eine zentrale Funktion zu. Entscheidungen sind selbst Informationen, die durch Verarbeitung anderer Informationen innerhalb des Entscheidungssystems zustande kommen.

Der *Begriff der Information* kann definiert werden als zweckgerichtetes Wissen, das von einem Informationsträger erfaßt wird. Der Begriff ist weit, er umfaßt Entscheidungen, Richtlinien, Berichte, Meinungsäußerungen u.a.m. Für die Informationstheorie interessiert in erster Linie der Vorgang der Informationsübermittlung von einem zu einem anderen Träger; er wird Kommunikation genannt. Die Organisation realisiert sich in ihren Kommunikationsprozessen.

Die Information realisiert sich durch Zeichen, die auf Zeichenträgern aufgezeichnet sind. Das wichtigste Beispiel von Zeichen sind die Schriftzeichen, aber auch die menschliche Sprache, Bilder, Diagramme, elektrische Impulse, Zahlen, ja sogar bestimmte Anordnungen von Löchern (Lochkarte). Zeichenträger sind das Papier, Schallwellen, Magnetbänder, Lichtwellen u.a.m.

Die *Informationstheorie* ist in der Technik, vor allem der Nachrichtenmittel entstanden. Sie hat hier ihre begriffliche Ausbildung erfahren. Sie ist jedoch auch auf soziale Systeme anwendbar, mögen die in ihr verwandten Termini auch stark auf ihre Herkunft aus der Nachrichtentechnik hindeuten.

B. Der *Informationsvorgang* wird gekennzeichnet durch die Begriffe Sender, Kanal und Empfänger. Sender und Empfänger sind Personen oder Organisationen, Kanäle sind Mittel der Kommunikation wie z.B. Fernmeldeverbindungen, Aktenboten oder die Post.

Die Informationen werden vom Sender über den Kanal zu dem Empfänger geleitet, der sie aufnimmt, speichert, verarbeitet und wieder abgibt. Die Speicherung wirft Probleme auf. Entscheidend für die Nutzbarmachung von aufgenommenen Informationen ist die Speicherkapazität und die Organisation des Speichers, d.h. die Möglichkeit auf die gespeicherten Informationen erforderlichenfalls kurzfristig und vollständig zurückzugreifen. Speicher sind in der Verwaltung Akten, Karteien, Vorschriftenwerke, Bänder, Magnetplatten u.a. technische Mittel, aber auch das menschliche Gedächtnis, das insofern eine sehr wesentliche Rolle spielt.

Die aufgenommene Information bedarf in der Regel einer Verarbeitung, ehe sie wieder abgegeben wird. Die Speicherung kann daher einer Verarbeitung unterliegen. So wird z.B. das eingehende Telefongespräch zunächst auf einem Notizzettel festgehalten, sodann zu einem Vermerk verarbeitet, der in die Akten gebracht wird, um schließlich als Grundlage für das Stanzen einer Lochkarte zu dienen, die dann zu einer Entscheidung verarbeitet wird. Die eigentliche Speicherung kann daher von einer Vor- und Nachspeicherung begleitet sein.

C. Wichtiges Anliegen der Informationstheorie ist es, das Problem der *Informationsstörungen* zu beherrschen. Sie können bei der Abgabe der Information, im Kanal und bei der Aufnahme auftreten.

I. Bei der Abgabe können es sein
1. technische Störungen (z.b. das Telefon ist schadhaft),
2. organisatorische Störungen (Aktenablage ist unzweckmäßig gegliedert, die Akten werden nicht gefunden),
3. Störungen durch Überlastung (die Arbeitsmenge wird von einer bestimmten Stelle, z.B. Schreibstube, nicht bewältigt),
4. Redundanz, d.h. Weitschweifigkeit (zu lange Konferenzen oder Telefongespräche). Redundanz kann aber auch vorteilhaft sein, da verstümmelte Informationen oft noch verstanden werden, wenn sie weitschweifig waren. Ferner kann es für Empfänger einer Information, die Schwierigkeiten im Verständnis haben, gut sein, wenn etwas ausführlich erklärt wird,
5. Bevorzugung des informellen Informationssystems (vgl. dazu Rdn. 165 ff.),
6. Sprachbarrieren (z.B. Spezialistenjargon),
7. Informationsmanipulation (z.B. Zurückhaltung von Informationen, nicht dem Ziel entsprechende Informationsauswahl, falsche Information). Es handelt sich um einen Faktor, dem in der Praxis erhebliche Bedeutung zukommt, wenn das persönliche Zielsystem des Informierenden mit den Organisationszielen nicht übereinstimmt.
8. Unbewußte Informationsverfälschung.

II. Im Informationskanal können praktisch dieselben Störungen wie bei der Abgabe auftreten, d.h. technische, organisatorische und auf Mängeln der Menschen beruhende Fehler, da (je nach dem Standpunkt des Betrachters) in den Sozialwissenschaften der Sender auch als Kanal angesehen werden kann.

III. Bei der Informationsaufnahme kommen als Störungen in Betracht:
1. Mangelnde Aufnahmefähigkeit (z.B. Sprachprobleme, Konzentrationsunfähigkeit, quantitative Probleme),
2. Mißverstehen, d.h. der Empfänger erkennt den Sinn der Information nicht (z.B. Sprachprobleme, Vorurteile, falsche Einschätzung des Freiheitsraumes des Empfängers).

D. Informationssteuerung

Angesichts der vielfältigen Störmöglichkeiten in einem Informationssystem bedarf dieses eines Untersystems, das die Störungen entdeckt und Maßnahmen trifft, um die Störungen auszuschalten, d.h. es muß gesteuert werden. Diese Steuerung wird durch die Einsichten erreicht, die die *Kybernetik* entwickelt hat. Auch sie stammt, wie die Informationstheorie aus der Technik. Ihre Einsichten sind jedoch auch in den Sozialwissenschaften hilfreich.

Die Steuerung erfolgt in einem *Regelkreis* durch *Rückkopplung,* d.h.
1. es wird festgestellt, wie die Regelgröße (d.h. das tatsächliche Ergebnis) aussieht.
2. Sie wird mit der Führungsgröße (d.h. dem gewünschten Ergebnis) verglichen.
3. Auf Grund dieser Feststellung wird die Stellgröße (d.h. die Differenz zwischen Ist und Soll) eingestellt.

Zu diesem Vorgang benötigt das System eine Meßstelle (vgl. 1), einen Regler (vgl. 2) und ein Stellglied (vgl. 3).

In der Verwaltung ist z.B. die Haushaltsüberwachung mit Hilfe der Haushaltsüberwachungsliste (Hü-Liste) ein derartiger Regelkreis. Stellt der Hü-Listen-Führer in der Mitte des Haushaltsjahres fest, daß der in einem Titel zur Verfügung stehende Betrag (Führungsgröße) schon fast verbraucht ist (Regelgröße), so wird er eine Ausgabenpolitik einschlagen oder vorschlagen, mittels derer bis zum Ende des Haushaltsjahres Gelder zur Verfügung stehen, z.B. weniger Ausgaben oder zusätzliche Mittel anfordern (Stellgröße). Derartige kybernetische Systeme sind alle Kontrollsysteme, wie Personalkontrolle, Organisationskontrolle, Rechtskontrolle, Wirtschaftlichkeitskontrolle. Eine gute Verwaltung braucht wegen der Vielfalt der Störmöglichkeiten auch eine große Zahl von kleinen und großen Regelsystemen.

6. Kapitel   Strukturen

§ 20   Konflikt und Konsens

Schrifttum: *E. Blankenburg – W. Schnelle,* Aushandeln oder Problemlösen als Formen der Konfliktaustragung, in: Kommunikation 1970, S. 201 ff.; *W. L. Bühl* (Hrsg.), Konflikt und Konfliktstrategie, 1972; *L. A. Coser,* Theorie sozialer Konflikte, 1965; *R. R. Grauhan,* Strukturwandlungen planender Verwaltung. Beispiel der Münchner Stadtentwicklungsplanung, in: *B. Schäfers* (Hrsg.), Gesellschaftliche Planung, 1973, S. 231 ff.;*J. Hirsch – W. Weber,* Politik als Interessenkonflikt, 1969; *F. Hoffmann,* Entwicklung der Organisationsforschung, 1973, S. 93–97 und 180–190; *W. Kirsch*, Entscheidungsprozesse, 3. Bd., Entscheidungen in Organisationen, 1971, S. 52–84; *J. G. March – H. A. Simon*, Konflikt in der Organisation, in: *H. Hartmann* (Hrsg.), Moderne amerikanische Soziologie, 1967, S. 331 ff.; *R. Mayntz – F. W. Scharpf*, Kriterien, Voraussetzungen und Einschränkungen aktiver Politik, in: dies. (Hrsg.), Planungsorganisation, 1973, 115 ff.; *N. Luhmann*, Funktionen und Folgen formaler Organisation, 1964, S. 239 ff.; *L. R. Pondy,* Organisational Conflict: Concepts and Models, in: Adm.Sc.Qu. 1967, S. 296 ff.; *ders.,* Varicties of Organizational Conflict, in: Adm.Sc.Qu. 1969, S. 499 ff.; *F. W. Scharpf*, Fallstudien zu Entscheidungsprozessen in der Bundesregierung, in: *R. Mayntz – F. W. Scharpf* (Hrsg.), Planungsorganisation, 1973, S. 68 ff.; *F. W. Scharpf*, Planung als politischer Prozeß, in: *ders.*, Planung als politischer Prozeß, 1973, S. 33 ff.; *S. M. Schmidt – T. A. Koehan*, Conflict: Toward Conectual Clarity, in: Adm.Sc.Qu. 1972, S. 359 ff.; *S. Schneider*, Konflikte in einer Matrixorganisation, in: ZfO 1975, S. 321 ff.; *K. W. Thomas – R. F. Walton – J. M. Dutton*, Determinents of Interdepartmental Conflict, in: *M. Tuite – R. Chisholm – M. Radner* (Hrsg.), Interorganizational Decision Making, 1972, S. 45 ff.

A. Entscheidungen in der Verwaltung dienen oft der Konfliktlösung; Konflikte machen Entscheidungen nötig. *Konflikte* entstehen u.a. über Geld und sonstige Ressourcen, Informationen und den Zugang zu ihnen, Status und Statussymbole, Zuständigkeiten und persönliche Macht. Die Verwaltung ist voller Konflikte. Das Geschehen in der Verwaltung ist in großem Umfang Konfliktverschleierung und Konfliktlösung. Das Problem einer angemessenen Konfliktlösung ist deshalb für die Verwaltung von so hoher Bedeutung, weil die Verwaltung – wie jedes soziale System – einen hohen Konsensbedarf hat, um überhaupt handlungsfähig zu sein.

Man unterscheidet individuellen Konflikt, d.h. Konflikt zwischen Individuen, Organisationskonflikt, d.h. Konflikte zwischen Einzelnen und Gruppen in der Organisation, Inter-Organisations-Konflikte, d.h. Konflikte zwischen Organisationen. Alle drei Arten interessieren in der Verwaltungslehre, freilich am stärksten der Organisationskonflikt. Denn von seiner Bewältigung hängt das Funktionieren der Verwaltung besonders ab.

B. Konfliktentstehung

I. Konflikte in der Verwaltung entstehen durch Spezialisierung und durch die damit verbundene Teilung der Verantwortung. In der Verwaltung überlappen sich die Zuständigkeiten der einzelnen Organisationseinheiten. Daher sind in der Verwaltung Konfliktmöglichkeiten überall angelegt. Das wird dadurch verstärkt, daß die politische Führung es oft unterläßt, die Ziele genau zu definieren, das Zielsystem auch im politischen Kräftespiel oft einem Wandel unterliegt, dieser Wandel von den einzelnen Organisationseinheiten in unterschiedlichem Maße reflektiert wird. Hinzu kommt schließlich die Tatsache, daß die einzelnen Mitglieder der Verwaltung persönliche Ziele haben, insb. der Verbesserung des eigenen Status innerhalb oder außerhalb der Verwaltung, die mit den persönlichen

Zielen anderer Organisationsmitglieder und mit den Organisationszielen kollidieren. Im einzelnen lassen sich die folgenden Konfliktsituationen im Verhältnis von Individuen und Organisation unterscheiden:

1. Das einzelne Organisationsmitglied wird durch die Ansprüche, die die Organisation an ihre Mitglieder stellt, physisch, psychisch oder geistig überfordert;
2. die Wünsche und Ziele des Organisationsmitgliedes (etwa Sicherheit, Anerkennung, Selbstverwirklichung, Autonomie) stimmen nicht mit den Wünschen und Zielen der Organisation (Loyalität, Voraussagbarkeit, Konformität) überein; die Primärmotivation für die Organisationsmitgliedschaft ist gering oder fehlt;
3. Status- und Prestigekonflikte zwischen dem einzelnen Organisationsmitglied und den übrigen Organisationsmitgliedern;
4. Rollenkonflikte.

Konkrete Konflikte entstehen immer dann, wenn für einzelne Organisationseinheiten oder ihre Mitglieder unvereinbare oder unannehmbare Alternativen vorgelegt werden, oder wenn Unsicherheit über die Folgen von Alternativen bestehen.

182 II. Die in einer Organisation angelegten Konflikte brauchen nicht notwendig zum Ausbruch zu kommen. Sie können *verschleiert* werden, indem bestimmte Kräfte an Entscheidungen nicht beteiligt oder gar unterdrückt werden. Diese Strategie kann kurzfristig erfolgreich sein, führt allerdings nach einiger Zeit mit Sicherheit zur Nachholung des zunächst verschleierten oder verhinderten Konfliktes, in dem die bisher herrschenden Kräfte größeren Risiken ausgesetzt sind, als wenn sie den sich anbahnenden Konflikt von vornherein sachgerecht austragen.

183 C. Konfliktbewältigung

I. Eine vollständige Konfliktbewältigung ist nur möglich, wenn die Realität des Konfliktes von allen Beteiligten anerkannt, wenn der Konflikt nicht unterdrückt wird.

Eine Konfliktbewältigung ist nur dann möglich, wenn die am Konflikt Beteiligten ein gemeinsames Oberziel haben, auf das sie sich einigen können. Das ist oft Frage der Auslegung des Oberzieles. In der Regel haben die Konfligierenden eine Mehrheit von Zielen. Sie pflegen dann dem gemeinsamen Ziel nur soviel Raum zu geben, daß die anderen Ziele nicht gefährdet sind.

Für die Bewältigung des Konfliktes ist es wichtig, die Ziele der anderen Beteiligten zu kennen, insb. auch die nicht offen genannten, hinter den artikulierten Zielen stehenden Ziele.

184 II. Es gibt die folgenden *Konfliktlösungsmöglichkeiten:*
1. Eine Partei wird ausgeschlossen (von der künftigen Willensbildung, d.h.

Entscheidungsfindung in der Organisation). Das geschieht durch Versetzung, Entziehung von Kompetenzen, Vermeidung von Kontakten oder gar Kündigung, d.h. formellen Ausschluß aus der Organisation. Diese Art der Konfliktlösung ist nur dann sinnvoll, wenn die Konfliktgründe in der Person liegen. Sonst ist grundsätzlich eine andere Lösung anzustreben.

2. Eine andere Lösungsmöglichkeit besteht darin, daß eine Seite den Widerstand aufgibt (Unterwerfung). In der Regel geschieht das nach Anordnung des Vorgesetzten. Aber auch die Furcht vor schweren Nachteilen kann zur Aufgabe des Widerstandes führen. Ein oft vorkommender Fall ist die Unmöglichkeit des Widerstandes, z.B. wegen sprachlicher Unterlegenheit, wegen Verunsicherung oder wegen Fehlens von Argumenten. Auch hier wird der Konflikt nicht gelöst, sondern nur vorübergehend verdeckt. Er bricht in der Regel später wieder auf.

Trotzdem kann diese Art der »Konfliktlösung« u.U. nützlich sein, wenn durch ein Machtwort die Ziele des Systems gegen Widerstrebende durchgesetzt werden. Der Aufwand für die Konfliktlösung ist hier gering, d.h. wirtschaftlich.

3. Oft geübt wird der Kompromiß als Modus der Konfliktlösung. Es ist das sog. *»bargaining«*, das Aushandeln zwischen Behörden, Behördenteilen, Behörde und Bürger. Der Kompromiß ermöglicht das weitere Zusammenleben und Zusammenarbeiten trotz unterschiedlicher Wertungen und Interessen. Allerdings können Kompromisse schlecht sein. Insb. wird der eingegangene Kompromiß immer dann in Frage gestellt, wenn sich eine Seite stark genug fühlt, um eine Verbesserung der eigenen Situation zu erzwingen.

4. Die optimale Konfliktlösung liegt in der *Integration*. Hier wird gemeinsam das Ziel zu erreichen versucht. Künftige Konflikte werden möglichst ausgeschaltet. Allerdings ist diese Form der Konfliktlösung nur sehr selten in der Verwaltung möglich.

III. Die *Mittel*, mit denen eine Lösung von Konflikten möglich ist, sind die offene Diskussion, die Einsetzung von Arbeitsteams, die besonders sorgfältige Durchführung des Entscheidungsprozesses (Klärung des Problems, der Zielsetzung, Informationssammlung, Entwicklung von Alternativen, Abwägung der Alternativen, Einbau von Kontroll- und Revisionsmöglichkeiten der getroffenen Entscheidungen).

§ 21 Hierarchie und Kooperation

Schrifttum: *B. A. Baars*, Strukturmodelle für die öffentliche Verwaltung, 1973; *E. Brauchlin*, Der Dienstweg, 1973; *M. Fronz*, Die hierarchische Gliederung in organisatorischer und personeller Sicht, in: ZfO 1973, S. 260 ff.; *K. Herold*, Kooperative Verwaltungsführung durch Zielsetzung, in: ÖVD, 1971, S. 47 ff.; *R. Höhn*, Verwaltung heute. Autoritäre Führung oder modernes Management, 1970; *F. Lauxmann*, Die kranke Hierarchie, 1971; *M. Lepper*, Teams in der öffentlichen Verwaltung, in: Verwaltung 1972, S. 141 ff.; *F. Morstein Marx*, Hierarchie und Entscheidungsweg, in: *ders.*, Verwaltung. Eine einführende Darstellung, 1965, S. 109 ff.; *R. Schnur*, Über Team und Hierarchie, in: Demokratie und Verwaltung, Schriften HSch. Speyer, Bd. 50, 1972, S. 557 ff.; *J. I. Spengler*, Hierarchy versus Equality, Persisting Conflict, in: Kyklos 1968, S. 217 ff.; *W. H. Staehle*, Organisation und Führung sozio-technischer Systeme, 1973; *V. A. Thompson*, Hierarchie, Spezialisierung und organisationsinterner Konflikt, in: *R. Mayntz* (Hrsg.), Bürokratische Organisation, 1968, S. 217 ff.; *H. G. Wilcox*, Hierarchy, Human Nature and the Participative Panacea, in: PAR 1969, 53; *J. Wild*, Organisation und Hierarchie, in: ZfO 1973, 45 ff; *K. Zimmermann*, Die Projektgruppe als Organisationsform zur Lösung komplexer Aufgaben, in: ZfO 1970, S. 45 ff.

188 A. Die Hierarchie

I. Als Hierarchie wird eine Organisationsform bezeichnet, die durch die Begriffe »oben – unten« und »Befehl – Gehorsam« gekennzeichnet wird. Die einzelnen Organisationsmitglieder oder Organisationsteile stehen in einem Über-Unterordnungsverhältnis zueinander.

Regelmäßig wird die Hierarchie als ein formalisiertes System beschrieben. Das ist nicht notwendig. Hierarchische Verhältnisse können auch informell entstehen durch Beziehungen, Sachverstand oder gar irrationale Einflüsse.

Grundsätzlich besteht in einer Organisation nur eine Hierarchie, die in einer einzigen Spitze mündet. Möglich sind aber auch Nebenhierarchien (z.B. Kraft des Personalvertretungsrechts besteht in der Organisation der Personalräte eine Nebenhierarchie; Kreisverwaltung mit Kreistag und Landrat als Spitze in Selbstverwaltungs- bzw. Auftragsangelegenheiten).

189 II. Das Prinzip der Hierarchie ist durch folgende *Elemente* gekennzeichnet:
1. Die einzelnen Organisationsmitglieder bzw. Organisationseinheiten haben auf einer Stufenordnung einen bestimmten Rang.
2. Das Rangverhältnis ist grundsätzlich verbunden mit einem Recht, Anordnungen zu treffen, bzw. mit einer Pflicht, Anordnungen auszuführen.
3. Zu diesem Befehls- und Gehorsamsverhältnis gehört in der Regel auch das Recht auf Kontrolle und Information (Berichtspflicht); ferner das Recht, über Konflikte mehrer Untergebener zu entscheiden.
4. Besondere Gestaltungsformen hierarchischer Verhältnisse sind:
   a) das Recht, Sanktionen, insb. negative Personalentscheidungen, zu verhängen (Disziplinargewalt),
   b) Entscheidungen aufzuheben, zurückzuverweisen oder zu genehmigen,
   c) Informationsansprüche (Meldepflichten) ohne Befehlsrecht,
   d) Rügerecht ohne Möglichkeit des formellen Eingriffs in den Entscheidungsprozeß.

III. Das Bestehen hierarischer Verhältnisse wird regelmäßig durch *Statussymbole* begleitet wie z.B. Amtskleidung (mit Rangabzeichen), Vorzimmer, Dienstwagen, Raumgröße und -ausstattung, Recht auf Unpünktlichkeit.

190

IV. In der öffentlichen Verwaltung herrscht die *Hierarchie als Organisationsform* vor. Das gilt sowohl für das Verhältnis der einzelnen Behörden zueinander als auch der einzelnen Behördenteile und Behördenangehörigen. Die Hierarchie wird in den Verwaltungsgliederungsplänen ausgedrückt.

191

1. Neben dem Normalfall der Hierarchie, die auf Befehl und Gehorsam, Kontrolle und Informationspflicht aufbaut, kennt gerade die öffentliche Verwaltung die oben erwähnten *Sonderformen hierarchischer Gestaltung* wie die Unterscheidung zwischen Vorgesetztem und Dienstvorgesetztem, d.h. die Steigerung der hierarchischen Disziplinierungsmittel in der Hand bestimmter Vorgesetzter, die Widerspruchsausschüsse und Genehmigungsbehörden, die Entscheidungen nur aufheben bzw. durch Nichtgenehmigung unwirksam lassen, aber nicht eigene Entscheidungen in derselben Sache treffen können. Auch der Rechnungshof, der lediglich rügen kann, hat in gewisser Weise eine hierarchisch übergeordnete Stellung.

192

2. *Innerhalb der Behörden* besteht ebenfalls in aller Regel ein hierarchisches Verhältnis der Gliederung in zentrale Organe, Abteilungen, Unterabteilungen und Referate (so in Ministerien) oder Dezernate, Ämter und Abteilungen (so in Gemeinden). Die Hierarchie ist in den Behörden oft insofern kompliziert, als Behördenteile, die im hierarchischen Aufbau relativ unten stehen (z.B. Personalreferat in einer der Abteilungen des Ministeriums) Anordnungsrechte gegenüber einem anderen Referat haben (oft als Matrix-Organisation).

193

3. Innerhalb von Behörden ist das streng hierarchische System durch Leitungskollegien z.T. aufgehoben, neuerdings auch durch Arbeitsgruppen, Projektgruppen, Planungsstäbe u.ä. Einrichtungen (vgl. Rdnr. 595). Informell besteht seit jeher die Hierarchie nur bedingt. Was an hierarchischen Rechten von Vorgesetzten wahrgenommen werden kann, hängt weitgehend von den tatsächlichen Umständen ab. Ein schlecht informierter Vorgesetzter kann praktisch nicht gegenüber dem besser informierten Untergebenen eine Zielvorstellung durchsetzen, wenn er immer neue Informationen von dem Untergebenen erhält, daß z.B. bei der Zielverwirklichung erhebliche negative Nebenwirkungen eintreten, daß das Ziel mit diesen Mitteln nicht erreicht werde u.ä.

194

Ein anderer weiter gehender Fall, informell die Hierarchie aufzuheben, besteht darin, daß eine Gruppe von Untergebenen einen Vorgesetzten zu ihrem Instrument, zum Repräsentanten der Gruppe nach außen macht, ihm aber keine Chance läßt, seinen Willen ggf. gegen die Gruppe durchzusetzen; das ist der Fall, wenn der Vorgesetzte seinen Zielen im Gegensatz zu seinen Untergebenen keine hohe Wichtigkeit beimißt oder gar keine eigenen Ziele entwickelt.

195

B. Vor- und Nachteile der Hierarchie

196

Die Hierarchie, die noch vor relativ kurzer Zeit unangefochten war, wird heute nicht nur relativiert, sondern z.T. sogar als völlig überholt bezeichnet. Es wird gefordert, an die Stelle der Hierarchie grundsätzlich kooperative Organisationsformen zu setzen.

I. Als *Vorteile der Hierarchie* werden angegeben, daß es möglich sei, die Ziele des politisch verantwortlichen Ministers mit erheblichem Maß an Sicherheit bis in die unterste Stufe der Verwaltung durchzusetzen. Die Verwaltungshierarchie sei daher das der parlamentarischen Demokratie zugeordnete Organisationssystem. Ferner erlaube die Hierarchie es, Verantwortlichkeiten zu begründen, zu erkennen und durchzusetzen. Dadurch würden auch Organisationsmitglieder entlastet. Sie können Verantwortung nach oben abschieben. Im hierarchischen System könnten systeminterne Streitigkeiten durch den gemeinsamen Vorgesetzten schnell entschieden werden. Schließlich kenne das hierarchische System klare Zuständigkeiten und gebe damit dem von außen an die Verwaltung herantretenden Bürger größere Sicherheit, wer der kompetente Gesprächspartner ist.

197 II. Diese Vorteile werden allerdings z.T. durch die *Nachteile der Hierarchie* relativiert. Z. T. treffen die tatsächlichen Annahmen, auf denen das hierarchische System beruht, jedenfalls heute nicht mehr voll zu.

1. Voraussetzungen für das Funktionieren des hierarchischen Systems sind:

a) Der Vorgesetzte muß klare Zielvorstellungen haben, die er verwirklichen will.

b) Der Vorgesetzte muß hinreichend Informationen haben, um die Zielvorstellungen entwickeln und im Einzelfall beurteilen zu können, ob er durch seine Entscheidung die Ziele verwirklichen kann.

c) Die Untergebenen müssen eine hinreichend starke Motivation besitzen, um die Ziele des Vorgesetzten zu verwirklichen.

198 2. Diese Voraussetzungen sind regelmäßig nur in beschränktem Umfange gegeben. Insb. erhält der Vorgesetzte seine Zielvorstellungen nur bedingt durch die eigenen Vorgesetzten, er muß sie vielmehr oft mit seinen Untergebenen auf Grund der von ihnen gelieferten Detailinformationen erarbeiten. Dabei kann er die Motivation der Untergebenen in der Regel nur aufrechterhalten, wenn er die Zielvorstellungen nicht diktiert, sondern versucht, einen Kompromiß zu schließen; das ist in einer pluralistischen Gesellschaft von großer Bedeutung.

3. Diese Gesichtspunkte werden in der modernen Großorganisation im Rahmen einer demokratisch-pluralistischen Gesellschaft besonders wichtig:

199 a) Die große Menge an immer neuen Informationen, die sog. *Informationsexplosion*, macht es dem Vorgesetzten selten möglich, die für seine Entscheidung relevanten Informationen selbst zu erarbeiten. Er ist auf den Vortrag oder die schriftliche Vorlage der Untergebenen angewiesen, die er angesichts seiner Gesamtarbeitsmenge nur bedingt nachprüfen kann. Dasselbe gilt hinsichtlich der Zielfindung umso mehr, je komplexer das Interessengeflecht in der Gesellschaft, d.h. je pluralistischer die Gesellschaft wird.

b) In der Demokratie ist es für eine Verwaltung unmöglich, allein nach dem Prinzip von Befehl und Gehorsam zu arbeiten. Das *demokratische Prinzip,* das außerhalb der Verwaltung als maßgeblicher Verhaltensstil in öffentlichen Angelegenheiten praktiziert wird, drängt auch in der Verwaltung nach Verwirklichung, wobei offen bleibt, wieweit die Übertragung rational begründbar ist. Unabhängig davon ist der psychologische Drang zur Selbstverwirklichung, zur Autonomie und Emanzipation heute in der Gesellschaft so allgemein wach, daß der Versuch, das hierarchische System überall und kompromißlos durchzusetzen, zu schweren innerorganisatorischen Konflikten führen würde, die einen nutzlosen Kräfteverzehr mit sich bringen.

c) Der *Bewußtseins- und Bildungsstand* sowie die *Motivation* der meisten Verwaltungsangehörigen lassen es zu, ihm einen erheblichen Spielraum für die Selbständigkeit zu geben; man wird in weiten Teilen der Verwaltung davon ausgehen können, daß der Verzicht auf eine Realisierung des hierarchischen Prinzips die Leistung nicht unerheblich vergrößert.

III. Der Versuch allgemein zu entscheiden, welches System vor- oder nachteilhafter ist, kann nur so gelöst werden, daß die wichtigsten *Variablen* genannt und zueinander in Beziehung gesetzt werden:

1. Je höher die Kompetenz der Organisationsmitglieder ist, desto weniger ist das hierarchische Prinzip berechtigt.
2. Je mehr schnelle Entscheidungen zu treffen sind, desto wichtiger ist es, eine hierarchische Organisation zur Verfügung zu haben.
3. Je stärker die Verantwortung für die Spitze der Behörde ist, desto hierarchischer muß die Verwaltung aufgebaut werden.
4. Je größer die zu verarbeitende Informationsmenge ist, desto weniger ist das hierarchische System geeignet.

C. Alternative Systeme

Der Verzicht auf Anwendung hierarchischer Regeln, der in der Praxis der Verwaltung im Einzelfall weitgehend üblich geworden ist, führt zu der Frage, inwieweit es tunlich ist, nicht nur in der praktischen Handhabung, sondern auch formell auf die Hierarchie zu verzichten, d.h. nicht hierarchische Strukturen auch in formalen Regeln festzulegen. Hierbei ist zwischen zwei grundsätzlich unterschiedlichen Gestaltungsformen zu unterscheiden.

I. *Kollegium.* Hier ist die Spitze der Behörde kollegial organisiert. Sie faßt ihre Beschlüsse – teilweise oder stets – mehrheitlich. Unterhalb der Spitze, die durch den Vorgesetzten oder den Geschäftsführer gegenüber dem »Apparat« repräsentiert wird, herrscht das hierarchische Prinzip. Allerdings gibt es Organisationen – z.B. in Schule und Universität – in denen kaum ein »Apparat« besteht, in denen die einzelnen Organisationsmitglieder sich hierarchiefrei koordinieren. Aber auch sonst, d.h. in den Fällen, in denen das Kollegium nur einen kleinen Teil der Organisationsmitglieder umfaßt, hat das Kollegium an der Spitze in der Regel Auswirkungen auf den Unterbau. Jedes Kollegialmitglied pflegt eine bestimmte »Klientel« zu haben, der gegenüber es jedenfalls nicht völlig unabhängig ist. Das gilt insb., wenn das an der Spitze stehende Kollegium nach dem Repräsentativsystem aus den Organisationsmitgliedern ausgewählt wird und die Organisationsmitglieder die Wahl treffen.

Etwas anderes gilt allerdings, wenn die Mitglieder des leitenden Kollegiums von einer außenstehenden Instanz ernannt werden (z.B. Verwaltungsrat der Bundesanstalt für Arbeit, Bundesbankdirektorium). In diesen Fällen gilt außerhalb der kollegialen Spitze nichts anderes als bei anderen hierarchisch aufgebauten Behörden.

205 II. *Team.* Die entscheidende Frage ist, inwieweit die Hierarchie auf den unteren Stufen des Systems auch formal aufgelöst werden kann.

1. Diese Lösung kommt vor allem dann in Frage, wenn es sich um komplexe Aufgaben handelt, bei denen notwendig mehrere Personen zusammenarbeiten, die eine unterschiedliche Ausbildung oder unterschiedliche Spezialkenntnisse haben. Ferner ist das Team dann geeignet, wenn es sich um umfangreiche Forschungs- und Ermittlungsarbeiten handelt.

2. Das Team kann praktisch nur dann wirksam arbeiten, wenn es weisungsfrei ist und seine Arbeitsergebnisse ohne hierarchischen Einfluß – außer dem Auftrag und der allgemeinen Zielvorgabe – zustande bringen kann. Die Kehrseite pflegt allerdings zu sein, daß das Team nur Vorschläge macht, aber nicht entscheiden darf.

3. Der Einbau des Teams in die Behörde erfolgt unterschiedlich. Auch bei Einsetzung von Teams wird grundsätzlich von einer formal-hierarchischen Struktur ausgegangen. Selbst Vorschläge, die die Team-Arbeit als primäre Arbeitsform propagieren, kennen immer noch ein hierarchisches Organisationsschema; nur tritt an die Stelle der Hierarchie von Einzelpersonen die Hierarchie von Teams. Dabei wird auch der Gedanke aufgeworfen, daß man die Teams »vermaschen« könnte, d.h. daß bestimmte Mitglieder eines Teams zugleich einem anderen Team angehören und damit der Informationsfluß jedenfalls informell gesichert sei.

206 III. Es ist nicht ersichtlich, daß die vollständige Auflösung der Hierarchie in der Verwaltung aktuell ist. Aktuell ist aber der Einbau von Teams in die Verwaltung. Das Problem ist als praktisches Problem alt. Es tauchte ursprünglich unter der Bezeichnung »*Ausschuß(un)wesen*« auf, setzte sich in den Planungsstäben fort und wird heute in größerem Maßstab diskutiert. Allerdings fehlt noch jegliche gesicherte Aussage, daß bei Aufgaben des Programmvollzugs (im Gegensatz zur Programmentwicklung) des Team generell leistungsfähiger ist.

IV. In der praktischen Verwaltung werden die Teams aus hauptamtlichen 207 und/oder nebenamtlichen Mitgliedern (die zumeist hauptamtlich an einer anderen Stelle der Behörde tätig sind) zusammengesetzt. Zweckmäßig ist die Mischung von haupt- und nebenamtlichen Mitgliedern. Während die hauptamtlichen Mitglieder die eigentliche Arbeit leisten und das Projekt vorantreiben, bringen die nebenamtlichen Mitglieder Informationen aus ihrem Hauptarbeitsgebiet ein und steuern u.U. Teilentwürfe u.ä. bei.

§ 22 Einheit und Vielfalt

Schrifttum: *K. Bleicher,* Zentralisation und Dezentralisation von Aufgaben in der Organisation von Unternehmungen, 1966; *K. Dammann,* Stäbe, Intendantur- und Dacheinheiten, 1969; *M. Bullien,* Perspektiven des Matrix-Projekt-Management, in: ZfO 1975, S. 187 ff.; *J. R. Galbraith,* Matrix Organisation Designs, in: Business Horizons 1971, S. 29 ff.; *R. T. Golembiewski,* Organizing Men Power. Pattern of Behaviour and Line-Staff Models, 1967; *F. L. Knemeyer,* Dezentralisation als Mittel vertikaler Gewaltenteilung überholt? in: DVBl. 1976, 380 ff.; *E. Kosmath,* Scheinprobleme in der Organisationstheorie und -praxis: Stab und Linie, in: ZfO 1971, S. 359 ff.; *R. Likert,* New Patterns of Management, 1961; *D. McGregor,* The Human Side of Enterprise, 1960; *H. Peters,* Zentralisation und Dezentralisation, 1928; *O. Uhlitz,* Dekonzentration und Dezentralisation – oder abhängige und unabhängige Dezentralisation? in: Gedenkschr. für *Peters,* 1967, S. 248 ff.; *G.C. v. Unruh,* Dezentralisation der Verwaltung des demokratischen Rechtsstaates nach dem GG, in: DÖV 1974, S. 649 ff.; *F. Wagener* (Hrsg.), Verselbständigung von Verwaltungsträgern, 1976.

A. I. Die Zuständigkeitsordnung zur Erledigung einer bestimmten Verwaltungs- 208 aufgabe kann so geregelt sein, daß sie z.B. für das gesamte Staatsgebiet zentral (insb. durch ein Ministerium oder eine Oberbehörde) wahrgenommen wird. Sie kann auch durch eine Reihe von Behörden, auf die nach bestimmten (z.B. nach örtlichen oder fachlichen) Gesichtspunkten die Gesamtheit der Aufgaben verteilt ist, wahrgenommen werden.

II. Die *dezentrale Organisation* besitzt gegenüber der zentralen Organisation 209 bestimmte Vorzüge, die jedoch nicht allgemein gelten. Vorteile sind
 1. die größere Sachnähe des Entscheidenden; das gilt vor allem bei örtlicher Dezentralisation,
 2. die bessere Steuerungsmöglichkeit des Entscheidungsprozesses durch die Leitung der Behörde auf Grund der weniger komplizierten Organisation,
 3. die größere Transparenz, die zur schnelleren und besseren Erkenntnis von Fehlern und Fehlerquellen führt, d.h. einen besseren Feedback sichert,
 4. die geringere Belastung des vertikalen Kommunikationsstranges,
 5. die Stärkung des Verantwortungsbewußtseins und der Verantwortungsbe-

reitschaft, die in erster Linie auf der besseren Kenntnis der Gesamtzusammenhänge des einzelnen Mitgliedes der Verwaltungsbehörde beruht und es aus der Stellung eines Rädchens im unüberschaubaren Getriebe herausnimmt. Dadurch wird
   6. zugleich auch das Innovationspotential erhöht.
   7. Auf der Seite der Verwalteten entstehen ähnliche Wirkungen. Die kleinere und durchsichtigere Behörde erregt weniger eine Phobie, sie tritt dem Verwalteten menschlich entgegen. Widerstände werden eher abgebaut, d.h. leistungsmindernde Reibungen zwischen Bürger und Behörde entfallen.

210   III. Auf der anderen Seite können mit der Dezentralisation der Verwaltung auch *Nachteile* verbunden sein:
   1. Die Zentralisation fördert die Einheitlichkeit des Verwaltungsvollzuges.
   2. Sie zieht in der Regel die Entscheidung näher an die politischen Instanzen und ermöglicht eine bessere Durchsetzung der politischen Wertungen.
   3. Wenn man davon ausgeht, daß die zentrale Einheit sich leistungsfähigere Planungsstäbe leisten kann, so wird die Durchsetzungsfähigkeit der von den Stäben erdachten Innovationen besser gesichert.
   4. Technische Arbeitsmittel z.B. ADV-Anlagen können rationeller in zentralisierten Verwaltungen eingesetzt werden.

211   B. In der älteren Verwaltungsorganisationslehre wird in der Regel zwischen zwei Begriffspaaren unterschieden:
Konzentration – Dekonzentration
Zentralisation – Dezentralisation
   Diese Unterscheidung ist in erster Linie durch rechtliche Vorstellungen bedingt. Unter Dekonzentration wird die Abgabe von Zuständigkeiten nach unten unter Aufrechterhaltung eines Weisungsrechts der Zentrale verstanden. Unter Dezentralisation darüber hinaus eine Weisungsunabhängigkeit gegenüber der zentralen Instanz. Praktisch heißt das: Dekonzentration liegt vor, wenn eine Zuständigkeit innerhalb der Staatsverwaltung vom Ministerium oder einer Oberbehörde auf eine nachgeordnete Staatsbehörde verlagert ist. Dezentralisation liegt vor, wenn die Zuständigkeit auf einen Selbstverwaltungsträger als eigene Aufgabe übertragen ist. Es kann fraglich sein, ob diese an die rechtliche Ordnung (Weisungsrecht oder nicht) anknüpfende Betrachtung verwaltungswissenschaftlich relevant ist. Eine genauere Betrachtung ergibt, daß damit nicht nur zwei rechtliche Typen, sondern auch zwei soziologische Typen getroffen werden, so daß es angebracht erscheint, sie zu verwenden.
   Der Typus der Dezentralisation führt – gegenüber der Dekonzentration – in der Regel zu
   1. größerer Partizipation der Verwalteten bzw. ihrer Vertreter,
   2. größerer Zufriedenheit (Selbstverwirklichung) der Systemmitglieder durch vermehrte Entscheidungspartizipation.

C. Die moderne Verwaltungspraxis – insb. auch unter dem Einfluß der betriebswirtschaftlichen Organisationslehre – erörtert das hier angeschnittene Problem vor allem unter zwei Gesichtspunkten:

I. *Stabs-Linien-Organisation* 212
Die Führungsspitze bedarf gegenüber früheren Zeiten einer erheblichen Verbreiterung. Die Führungsspitze schafft sich daher Hilfsorgane, Stäbe oder Stabseinheiten, die die Führungsentscheidungen vorbereiten. Sie sind ihrer Idee nach Hilfseinheiten der Leitung und arbeiten ihr zu. Praktisch ist es jedoch oft nicht möglich, daß die von ihnen ausgehenden Informationen und Entscheidungsvorschläge von der Leitung voll verarbeitet werden. Das führt praktisch – wenn auch in der Regel nicht formal – zu einer Delegation der Entscheidungszuständigkeit an die Stabseinheiten, die damit ein größeres Machtpotential erlangen. Damit erhöht sich aber zugleich das Potential der zentralen Stellen gegenüber den dezentralen Stellen.

II. In gewisser Weise eine Weiterführung dessen ist die *Matrix-Organisation*. 213
Sie geht davon aus, daß die einzelnen Organisationseinheiten einem zweifachen Einfluß unterliegen müssen, einmal durch die fachlich übergeordnete Instanz (z.B. das Referat für Fragen der Schulbaufinanzierung unter der Schulabteilung des Kultusministeriums), zum anderen durch Querschnittseinheiten wie z.B. Personal, Organisation, Finanzen, Recht u.ä. Hier ergibt sich ein doppeltes Weisungsrecht, das – wie die Praxis zeigt – keineswegs zu Friktionen führen muß. Es sichert die Beachtung der Gesichtspunkte, die sich aus den Querschnittsfunktionen ergeben, insb. die Einheitlichkeit der Aufgabenerfüllung, ohne andererseits den Einfluß, den die fachlichen Probleme notwendig machen, abzuschneiden. Praktisch werden in der Matrix-Organisation die Vorteile der zentralen und dezentralen Verwaltung untereinander verbunden.

III. Abschnitt Die Verwaltung in Staat und Gesellschaft
7. Kapitel Die Verwaltung als Teil des Staatsapparats

§ 23 Verwaltung und Politische Führung

Schrifttum: *Autorenkollektiv,* Der staatsmonopolistische Kapitalismus, 1973; *E. Blankenburg – H. Treiber,* Bürokraten als Politiker – Parlamentarier als Bürokraten, in: Verwaltung 1972, S. 273 ff.; *W. Damkowski,* Zum Verhältnis von Regierung, Verwaltung und Parlament im demokratischen Staat, in: Verwaltung 1970, S. 317 ff.; *Th. Ellwein,* Regierung und Verwaltung, T. 1: Regierung als politische Führung, 1970; *Th. Ellwein – A. Görlitz,* Parlament und Verwaltung, 1. Teil: Gesetzgebung und politische Kontrolle, 1967; *E. Forsthoff,* Lehrbuch des Verwaltungsrechts, Erster Band, Allgemeiner Teil § 1 und § 4, 10. Aufl. 1973; *G. Gebert – D. Pepy,* La décision dans les Communautés européennes, 1969; *R.-R. Grauhan,* Modelle politischer Verwaltungsführung, in: PVS, 1969, S. 269 ff.; *B. Guggenberger,* Wem nützt der Staat? 1974; *E. Guilleaume,* Politische Entscheidungsfunktion und Sachverstand, in: Verwaltung 1973, S. 25 ff.; *R. Herzog,* Wandlungen in der Struktur der Verhältnisse zwischen der technokratischen Verwaltung und der politischen Führung und die Abgrenzung der beiden Funktionsbereiche Verwaltung und Politik, in: Verwaltung im modernen Staat 1970, S. 344 ff.; *J. Hirsch,* Staatsapparat und Reproduktion des Kapitals, 1974; *A. Katz,* Politische Verwaltungsführung in den Bundesländern, 1975; *A. Köttgen,* Struktur und politische Funktion öffentlicher Verwaltung, in: Festschr. für *G. Leibholz,* 1966, S. 771 ff.; *N. Luhmann,* Politikbegriff und die »Politisierung« der Verwaltung, in: Demokratie und Verwaltung, Schriften HSch Speyer Bd. 50, 1972, S. 211 ff.; *E. Remus,* Kommission und Rat im Wissenschaftsbildungsprozeß der EWG, 1969; *F. W. Scharpf,* Planung als politischer Prozeß, in: Verwaltung, 1971, S. 1 ff.; *G. Schmid/H. Treiber,* Bürokratie und Politik, 1975; *H. Seidmann,* Politics, Position and Power, The Dynamics of Federal Organisation, 2.ed. 1975; *K. Sontheimer,* Die Verwaltung im Spannungsfeld der Politik, in: Verwaltung im modernen Staat, 1970, S. 160 ff.; *R. Waterkamp,* Politische Leitung und Systemveränderung – Zum Problemlösungsprozeß durch Planungs- und Informationssysteme, 1974.

214 A. Das heutige *Verhältnis der Verwaltung zur politischen Führung* des Staates, d.h. zum Parlament, zur Regierung und zu den Parteien, kann nicht mit der klassischen Gewaltenteilungsvorstellung erfaßt werden. Diese Vorstellung entstammt dem System der konstitutionellen Monarchie. Das Grundgesetz macht in seinem systematischen Aufbau und in seinen Aussagen (insb. Art. 20 Abs. 2 Satz 2) diesen Wandel nicht hinreichend deutlich. Wenn man unter Einschluß der Verwaltung von einer Gewaltenteilung sprechen will, so kann man nicht mehr von der »klassischen« horizontalen, sondern allenfalls von einer vertikalen Gewaltenteilung sprechen, d.h. von einer Verwaltung, die unter der politischen Führung steht, einer Führung, bei der die Parteien der mächtigste Faktor sind.

§ 23   Verwaltung und politische Führung

Die politische Führung der Verwaltung kann sich unterschiedlich darstellen. **215**
Mit *Grauhan* lassen sich drei Modelle politischer Verwaltungsführung bilden:
1. Beim *Modell legislatorischer Programmsteuerung* wird auf die Einzelentscheidung abgestellt. Das Parlament als Gesetzgeber ist der Verwaltung hierarchisch vorgeordnet. Die Politiker wählen das Programm aus; das Modell beantwortet nicht die Frage, woher die Programmanstöße kommen.
2. Beim *Modell exekutiver Führerschaft* hat der Regierungschef die eigentliche politische Entscheidung. Das Parlament hat ihm gegenüber nur kontrollierende Funktion. Auch hier ist die Verwaltung hierarchisch untergeordnet; sie hat nicht die Legitimation unter divergierenden Programmen auszuwählen und dadurch Entscheidungsanstöße für die Regierung zu geben.
3. Beim *korrelativen Führungsmodell* bereitet die Verwaltung die Entscheidungsalternativen vor. Der politischen Führung kommen die Funktionen der Konzeption und Initiierung von Programmalternativen, die Auswahl von Programmalternativen und der Kontrolle der Ausführung beschlossener Programme zu.

B. Von diesen drei Modellen entspricht das dritte am ehesten den Vorstellungen, **216**
die die dem heutigen politischen System zugrundeliegen. Es geht von der Vorstellung zweier konkurrierender Eliten (Politiker – Beamte) im politisch-administrativen System aus, die sich durch Rekrutierung, Karriere und soziale Einbindung unterscheiden. Allerdings macht dieses Modell die tatsächlichen Einflüsse der Verwaltung auf die Entscheidungen des politischen Systems noch nicht vollständig deutlich. Insoweit ist zu unterscheiden zwischen einerseits der Entwicklung der Programme und der Auswahl unter den Programmalternativen und andererseits dem Programmvollzug.

I. *Programmentwicklung und -auswahl*   **217**
1. Nur zum Teil kommen die Programmanstöße aus dem politischen Raum zur Verwaltung. Für den Bürger und seine Verbände ist die Verwaltung sehr oft der Gesprächspartner, bei dem sie ihre Anliegen geltend machen. Die Verwaltung verarbeitet diese Anstöße zu Programmentwürfen. Die hierbei erfolgende Auswahl ist für den Politiker nur z.T. kontrollierbar.
2. Die Verwaltung hat gegenüber dem Politiker sehr oft eine *überlegene Sachkenntnis*, vor allem aber den besseren Zugang zu den Daten; darin liegt ein Problem, das sich bei zunehmender Automatisierung der Datenverarbeitung verschärft (Rdnr. 1050 ff.). Der Politiker muß oft der Beratung durch die Verwaltung vertrauen, wenn er auf einem bestimmten Gebiet aktiv werden will.
3. Die Politiker, insb. die Minister können auch im eigenen Interesse nicht allzu **218**
oft gegen den Rat ihrer Beamten entscheiden. Auch beim besten Willen zur *Loyalität* gegenüber der jeweils herrschenden politischen Richtung hat die Fähigkeit der Beamten Entscheidungen hinzunehmen, die sie für falsch halten, jedenfalls insofern eine Grenze, als der Eifer in der Information und Beratung der Politiker

7. Kapitel   Die Verwaltung als Teil des Staatsapparats

abnimmt, wenn es nicht sogar zu Strategien kommt, die das Konzept der Politiker bewußt zu durchkreuzen versuchen.

219   4. Die Beamten sind *auf Lebenszeit* angestellt und praktisch oft nicht versetzbar. Sie operieren daher von einer persönlich stark gesicherten Basis, die ihnen erlaubt, Risiken einzugehen. Gegenüber den Politikern, die kommen und gehen, haben sie in gewissem Maße die Chance, Entwicklungen, die sie für unrichtig halten, durch ihre Informationen und ihren Rat vorläufig zu verhindern, um sich dann später, wenn das politische Klima günstiger ist, durchzusetzen.

220   5. Es kommt nicht selten vor, daß sich die verantwortlichen Politiker *»für die Nichtentscheidung entscheiden«* (non decisions). Der um das Wohlwollen divergierender Wählergruppen bemühte Politiker überläßt dann die Alternativauswahl den Beamten.

221   II. *Der Programmvollzug* ist der Verwaltung überlassen, die vom Politiker allerdings kontrolliert wird. Die Frage, wie einflußreich die Verwaltung ist, hängt daher davon ab, wie wirksam die Kontrolle ist. Hierüber sind allgemeine Aussagen kaum möglich. Sicherlich aber kann gesagt werden, daß die politische Kontrolle nicht das wirksamste Instrument ist (vgl. Rdnr. 1204 ff.).

C. I. Das Verhältnis zwischen Politik und Verwaltung wird auch durch die Institutionen bestimmt, in denen der Kontakt sich vollzieht. Dabei ist das Verhältnis zwischen der politischen Führungsspitze (Minister, parlamentarischer Staatssekretär) und den Beamten nur eine Teilerscheinung.

222   1. Die *Selbstverwaltung* gibt die Möglichkeit, daß die politischen Kräfte – insb. die Exponenten der Parteien – stärker am Vollzug der Programme beteiligt werden, ja sogar weitgehend Einzelentscheidungen treffen.

223   2. Die *Partizipationsbewegung* war seit langem im Ausschußwesen wirksam. Hierbei waren es zum großen Teil gerade die politischen Kräfte, die die Ausschüsse besetzten und besetzen. Sie treffen oft wesentliche Entscheidungen des Programmvollzuges.

224   3. Bestimmte Beamte können als sog. *»politische Beamte«* jederzeit ohne Angabe von Gründen in den einstweiligen Ruhestand versetzt werden. Sie stehen in der Mitte zwischen Verwaltung und »politischem Bereich«. Da dieser Grenzsaum, insb. durch den stark gestiegenen Planungsbedarf und die ständige Vergrösserung und die damit verbundene Unübersichtlichkeit der Verwaltung immer breiter wird, nimmt die Zahl der politischen Spitzenfunktionäre in der Verwaltung notwendig ständig zu (Rdnr. 643).

225   4. Starke praktische Bedeutung hat heute die *politische Patronage* bei der Besetzung von Stellen. Allerdings ist das Ausmaß von Verwaltung zu Verwaltung unterschiedlich. Während es Ministerien gibt, die als Hausmacht bestimmter Parteien oder Verbände angesprochen werden können, gibt es andere, bei denen Patronage so gut wie gar nicht vorkommt. Der Einfluß der Politik durch die Patronage bestimmt in manchen Verwaltungen sogar den Inhalt und Stil der Verwal-

§ 23 *Verwaltung und politische Führung*

tungstätigkeit; eine Verschiebung der Ressortgrenzen ist daher hier regelmäßig eine Sachentscheidung.

5. Die Fiktion vom »*unpolitischen Beamtentum*« ist heute weniger als früher wach. Die Beamten haben zunehmend mehr ihre politische Funktion erkannt. Dementsprechend ist die Offenheit für Einflüsse aus dem Bereich der politischen Führung allgemein gewachsen.

II. Der Wandel des Verhältnisses zwischen politischer Führung und Verwaltung, der insgesamt zu einem verstärkten *Einfluß der Politiker* auf die Verwaltung geführt hat, ist keineswegs grundsätzlich abzulehnen. **226**

1. Angesichts der Tatsache, daß die heutige Verwaltung in geringerem Maße als früher nur Gesetze vollzieht, reicht das herkömmliche Instrumentarium der Kontrolle der Verwaltung, die primär als Gesetzeskontrolle eingerichtet ist, nicht mehr aus.
2. Die Aufgaben – und damit die Machtfülle der Verwaltung gegenüber dem Bürger ist gewachsen; der einzelne ist existenziell wesentlich stärker von der Verwaltung abhängig. Sie bedarf daher einer intensiveren politischen Kontrolle.
3. Das politische System des Parlamentarismus legitimiert die intensivere *politische Kontrolle* der Verwaltung, nämlich nicht nur durch die Regierung, sondern auch durch das Parlament. Allerdings rechtfertigt es nicht eine ihrerseits unkontrollierte Einflußnahme, wie sie über die Patronage erfolgt (Rdnr. 651 ff.).

D. Ein *marxistisch inspiriertes Modell* sieht das politisch-administrative System als »Agentur« der Privatwirtschaft. Das »Monopolkapital« beeinflusse die Gesetzgebung, Regierung und Verwaltung derart, daß die Entscheidungen des politisch-administrativen Systems ausschließlich den Interessen des Kapitals dienten (»Kapitalverwertungsinteressen«). Insb. die Verwaltung sei gegenüber diesem Einfluß machtlos, auch wenn sie sich bemühe, andere Interessen zu verwirklichen. **227**

Dieses unter der Bezeichnung »*staatsmonopolistischer Kapitalismus*« (Stamokap) bekannte Modell ist ernsthaft empirisch noch nicht verifiziert worden. Der »Beweis« dafür, daß es das in der Bundesrepublik bestehende Modell ist, wird in der Regel durch einseitig interpretierte Beispiele unter Verschweigung der zu gegenteiligen Ergebnissen führenden Beispiele geführt.

E. Eine besondere Entwicklung bahnt sich von der *Europäischen Verwaltung*, insb. der EG her an. Der nur beschränkte Einfluß, den nationale und internationale parlamentarische Gremien auf diese Verwaltung ausüben, ferner ihre großen Vollmachten führen dazu, daß im Bereich ihrer Zuständigkeiten die parlamentarische Kontrolle, soweit sie überhaupt wirksam werden könnte, überrundet wird. Hier, in einem Bereich, in dem die politischen Ziele inhaltlich durch die Vertragsbestimmungen festliegen und daher praktisch schwer zu ändern sind, wo zudem mit der Harmonisierung der Wirtschaft und des Rechts der Gemein- **228** schaftsstaaten höchst komplizierte Aufgaben zu lösen sind, sind Züge einer Technokratie unverkennbar. Andererseits zeigt diese Verwaltung auch einen ausgesprochenen »politischen« Willen, der auf Stärkung der Integration und Durchsetzung der in den Verträgen festgelegten Politik hindrängt.

§ 24 Das Beamtentum

Schrifttum: *Th. Ellwein – R. Zoll,* Berufsbeamtentum – Anspruch und Wirklichkeit. Zur Entwicklung und Problematik des öffentlichen Dienstes, 1973; *H. Fenske,* Beamtenpolitik in der Weimarer Republik, in: VerwArch 1973, S. 117 ff.; *O. Hintze,* Der Beamtenstand 1911, Neudruck 1963; *A. Köttgen,* Das deutsche Berufsbeamtentum und die parlamentarische Demokratie, 1928; *W. Leisner* (Hrsg.), Das Berufsbeamtentum im demokratischen Staat, 1975; *N. Luhmann,* Das »Statusproblem« und die Reform des öffentlichen Dienstes, in: ZRP 1971, S. 49 ff.; *F. Morstein Marx,* Das Dilemma des Verwaltungsmannes, Schriften HSch Speyer, Bd. 29, 1965; *ders.,* Einführung in die Bürokratie 1959; *Studienkommission für die Reform des öffentlichen Dienstrechts* (Hrsg.), Bericht der Kommission, 1973; *W. Thieme,* Beamtentum im Wandel, in: DÖV 1968, S. 405 ff.; *W. Weber,* Die Gegenwartslage des höheren Beamtentums, in: Staatsbürger und Staatsgewalt Bd. 2, 1963, S. 147 ff.; *W. Wiese,* Der Staatsdienst in der Bundesrepublik Deutschland, 1972; *W. Zapf,* Die Verwalter der Macht, in: *ders.* (Hrsg.), Beiträge zur Analyse der deutschen Oberschicht, 2. Aufl., 1965, S. 77 ff.

229 A. Die Verwaltung tritt dem Publikum durch ihre *Beamten* entgegen. Die Beamten »sind« die Verwaltung. Ihre Fähigkeiten, ihr Versagen, ihre Lage bestimmen weitgehend das Gesicht und die Qualität der Verwaltung. Beamtenpolitik ist eines der wesentlichsten Stücke der Verwaltungspolitik. Kein Staat kann heute seine Aufgaben erfüllen, ohne eine treue, sachverständige, gewissenhafte und uneigennützige Beamtenschaft; die Erhaltung dieser Beamtenschaft ist daher ein wichtiges staatspolitisches Anliegen.

230 B. Die *Lage des Beamtentums* in der Bundesrepublik ist durch die *geschichtliche Entwicklung* nachhaltig beeinflußt. Das Beamtentum hat sich in jüngerer Zeit mehrfach existentieller Bedrohung gegenübergesehen. Sowohl 1919 als auch 1945 gab es ernsthafte Tendenzen und Versuche, das Beamtentum durch einen Typ von öffentlichem Dienstnehmer zu ersetzen, der dem Angestellten in der Wirtschaft entspricht. Das Beamtentum war nicht nur 1919 und 1945, sondern ebenso 1933 einem erheblichen Mißtrauen der politisch maßgebenden Kräfte ausgesetzt. Andererseits waren in der Beamtenschaft starke Kräfte wach, die den Bereich der Politik und die in ihm vorgehenden Entwicklungen mit ebensolchem Mißtrauen betrachteten. Dazu kommt der wiederholte Versuch, aus dem Bereich politischer Gruppen die eigenen Leute in hohe und subalterne Beamtenstellen einzuschleu-

sen, ein Vorgang, der regelmäßig nicht nur die Integration der Beamtenschaft stört, sondern auch ihre Leistungsfähigkeit (Rdnr. 646 f.).

C. Dieses Eindringen der »politischen« Kräfte in das Beamtentum ist erklärlich, wenn man davon ausgeht, daß es sich bei den Politikern und den Beamten um zwei konkurrierende »Eliten« handelt, die soziologisch weitgehend geschlossen, unterschiedlichen Rekrutierungsregeln unterliegen. Die »politische« Elite, die heute über die größere Stoßkraft verfügt, ist in der Lage, über die Patronage in den Bereich der beamteten Elite einzudrängen. Der umgekehrte Vorgang, daß Beamte Politiker werden, kommt sicherlich zahlenmäßig häufiger vor, allerdings mehr in dem Sinne, daß der Beamte beim Übergang in die Politik als einem Bereich mit höherem Ansehen einen Rollenwechsel vollzieht und sich nicht primär als Exponent des Beamtentums im politischen Raum versteht.

231

D. Nach einer längeren innenpolitisch ruhigen Phase seit Inkrafttreten des GG, das die Institution des Berufsbeamtentums und seine hergebrachten Grundsätze sichert, befindet sich die *Institution des Berufsbeamtentums* heute wieder im Strudel der *Diskussion*. Sie wird genährt einerseits durch das Unbehagen der Öffentlichkeit, einschließlich der politischen Kräfte, daß das Beamtentum in seiner heutigen Struktur nicht in der Lage sei, den sich wandelnden Anforderungen der Gesellschaft nachzukommen, andererseits durch das Unbehagen weiter Teile der Beamtenschaft selbst, die sich durch das spezielle Dienstrecht gegenüber privaten Arbeitnehmern benachteiligt sehen und allzu stark politisch bedingte Funktionsverluste ihrer Rolle verspüren. Die Diskussion über die Reform des Beamtentums ist daher auf breiter Front entbrannt. Die Funktion des Beamtentums und die Notwendigkeit der rechtlichen Sicherung dieser Funktion steht dabei nicht in Zweifel. Zweifelhaft ist lediglich, ob das überkommene Beamtenrecht in der Lage ist, die Funktion zu sichern, ob nicht eine moderne Verwaltung ein öffentliches Dienstrecht benötigt, das dem Recht der Angestellten im öffentlichen Dienst wesentlich näher ist. Die Einführung eines in den Grundzügen einheitlichen, wenngleich in Einzelheiten differenzierten Dienstrechts steht daher zur Debatte.

232

E. Die Aufgabenstellung des Beamtentums ist durch den *sozialen Rechtsstaat* gekennzeichnet:

233

I. Der Beamte ist heute wesentlich weniger als früher in die Situation der *Obrigkeit*, die befehlend dem Bürger entgegentritt. Er sieht sich zahlreichen Wünschen der Bürger gegenüber, die ihre Anliegen allein oder mit Hilfe ihrer Verbände durchzusetzen versuchen. Der *Bürger* ist in erster Linie *Kunde der Verwaltung*, die ihn bedient (Rdnr. 304 ff.). Der *Beamte* ist vom Staatsdiener zum *Diener der Gesellschaft* geworden.

II. Charakteristisch für die Situation des Beamten ist auch der *perfektionierte*

Rechtsstaat mit einer Unzahl von Vorschriften, die schnellem Wandel unterworfen sind und deren zuverlässige Auslegung und Anwendung oft kaum realisierbar ist. Dazu kommt die wesentlich intensivere Kontrolle durch die Gerichte in einem z.T. viel zu langen Instanzenzug, die die notwendige Aktivität der Verwaltung zuweilen hemmt (Rdnr. 1171 ff.).

III. Hemmend machen sich auch die Wirkungen der bürokratischen Großorganisation, in die der Beamte selbst verflochten ist, spürbar. Es sinkt nicht nur der eigene Überblick über das Gesamtgeschehen und daher die innere Beteiligung, sondern auch der *Wirkungsgrad* der Verwaltung (Rdnr. 311 ff.).

IV. Der Beamte hat seine Stellung als *Repräsentant des Staates* in erheblichem Maße verloren. Im parlamentarischen Staat kommt diese Repräsentationsfunktion primär dem Politiker zu, während der Beamte, auch der hohe Beamte, weitgehend auf die Funktion des Technikers zurückgedrängt wird.

234 E. Daher ist es erklärlich, daß sich heute in der Beamtenschaft ein spürbares *Unbehagen* über die eigene Lage bemerkbar macht. Dies Unbehagen hat verschiedene Quellen.

I. Angesichts der Tatsache, daß die soziale Sicherung im Arbeitsleben für Menschen innerhalb der freien Wirtschaft heute regelmäßig nicht so günstig ist wie im öffentlichen Dienst, sieht sich der Beamte weithin einem Neidgefühl des Bürgers wegen seiner »Privilegien« gegenüber, das zu einer Verfremdung gegenüber dem Bürger führt.

II. Die *ständische Geschlossenheit* der Beamtenschaft hat merklich nachgelassen. Sicherlich ist sie heute auch noch spürbar. Immerhin trägt das Fehlen einer eigenen spezifischen Beamtenausbildung für den höheren Dienst gerade bei dieser entscheidenden Gruppe der Beamtenschaft zu einem veränderten Selbstverständnis und geringerem Selbstbewußtsein bei. Dazu führt aber vor allem die Tatsache, daß die Beamtenschaft eine Ansehensminderung in der Gesellschaft hat hinnehmen müssen.

III. Entscheidend für das Gefühl des Unbehagens dürfte schließlich auch die Tatsache sein, daß die Berufsauffassung der Beamtenschaft weitgehend von der Vorstellung getragen ist, es komme ausschließlich auf die Verwirklichung sachbedingter Entscheidungen an. In einem Staat, der von einer pluralistischen Gesellschaft getragen wird, ist diese Vorstellung weitgehend irreal.

§ 25 Gesetz und Verwaltung

Schrifttum: *E. Becker,* Wandlungen der öffentlichen Verwaltung im Hinblick auf Gesetzgebung und Rechtsprechung, in: Schriften HSch Speyer Bd. 13, 1962; S. 17 ff.; *H. Krüger,* Allgemeine Staatslehre, 2. Auflage, 1966, § 20; *M. Imboden,* Grundsätze des administrativen Ermessens, in: *ders.,* Staat und Recht 1971; *D. Jesch,* Gesetz und Verwaltung, 2. Auflage, 1968; *N. Luhmann,* Gesetzgebung und Rechtsprechung im Spiegel der Gesellschaft, in: Gruppe, Gesellschaft und Institution im Feld der Psychotherapie 1970, S. 161 ff.; *H. H. Rupp,* Ermessensspielraum und Rechtsstaatlichkeit, in: NJW 1969, S. 1273 ff.; *U. Scheuner,* Die Aufgabe der Gesetzgebung in unserer Zeit, in: DÖV 1960, S. 601 ff.; *W. Thieme,* Zum Gesetzesvorbehalt in der Leistungsverwaltung, in: JZ 1973, S. 692 ff.; *K. Zeidler,* Maßnahmegesetz und klassisches Gesetz, 1961.

A. Das *Gesetz* als ein Instrument, das von der politischen Führung des Staates zur Sicherung eines einwandfreien Vollzuges der politischen Ziele durch die Verwaltung geschaffen ist, besitzt heute besondere Bedeutung. Es ist eine der wichtigsten Formen, in denen die politische Führung die von der Verwaltung zu vollziehenden Programme darstellt.   ·235

I. Der *Rechtsstaat* verlangt sowohl im Interesse der Gleichbehandlung aller als auch im Interesse der Nachprüfbarkeit und Meßbarkeit staatlichen Handelns eine starke Durchnormierung aller Tätigkeitsbereiche der Verwaltung.

II. Im *Wohlfahrtsstaat* mit seiner umfangreichen Staatstätigkeit gewinnt das Gesetz allein vom Quantitativen her eine erhöhte Bedeutung.

III. Die komplizierte Sozialstruktur des modernen Industriestaates mit ihren zahllosen *pluralistischen Kräften* führt außerdem zu einer erheblichen Komplizierung des Gesetzgebungswerkes.

B. Diese Tatsachen schaffen innerhalb der das Gesetz vollziehenden Verwaltung besondere Probleme: 236

I. Es entsteht ein *Gesetzesperfektionismus.* Die Gesetze werden immer länger, die Zahl der Durchführungsvorschriften wächst. Der anzuwendende Rechtsstoff ist praktisch nicht mehr zu übersehen. Selbst der Spezialist findet sich auf seinem Gebiet kaum noch zurecht. Die Beziehung zu grundsätzlichen Fragen schwindet, die Einheit des Rechtssystems wird schwächer. Das Gesetz wird ein »im Gesetzblatt verkündetes Staatsgeheimnis«.

II. Das Parlament ist der gestellten Aufgabe quantitativ und qualitativ nicht mehr gewachsen. Auch ein noch so guter Gesetzgebungshilfsdienst vermag die *Abhängigkeit des Parlaments* von der das Gesetz entwerfenden Verwaltung nicht zu lösen. Die Bürokratie wird einem solchen Hilfsdienst an Zahl und damit an

Möglichkeiten stets überlegen sein. Einen großen Teil der Fragen muß der Gesetzgeber daher in die von der Verwaltung zu erlassenden Durchführungsvorschriften verweisen. Die Interpretation der Normen durch die Verwaltung bekommt eine besondere Bedeutung.

238   III. Die Verwaltungstätigkeit stagniert an vielen Stellen, weil nicht eindeutig gefaßte Gesetze Rechtsstreitigkeiten heraufbeschwören, die oft präjudiziellen Charakter für eine große Anzahl von gleichliegenden Fällen haben. Angesichts des langen *gerichtlichen Instanzenzuges* und der Überlastung der Gerichte dauert die Klärung der Fragen oft Jahre, in denen die Verwaltung vielfach nicht weiterarbeiten kann (Rdnr. 1182 ff.).

239   IV. Die starke Durchnormierung mit zahllosen ins einzelne gehenden Durchführungsbestimmungen führt an anderen Stellen dazu, daß die Gesetzesanwendung weniger eine eigene Wertung verlangt, als nur einen Vollzug des komplizierten Vorschriftengewebes, was höchst *spezialisierte positive Kenntnisse* voraussetzt. Eine Anzahl von praktisch wichtigen Materien sind daher die Domäne des gehobenen Dienstes geworden, bei der der Jurist nicht nur Sachkenntnis und daher auch Kompetenz verloren hat, sondern auch seine Leitungsfunktion (Rdnr. 572 ff.) nur beschränkt wahrnehmen kann.

240   V. Auch im Bereich der Leistungsverwaltung gewinnt das Gesetz – in der Form des Maßnahme- oder Plangesetzes – an Bedeutung. Es hat hier einen gänzlich anderen Charakter als das klassische Normengesetz, es ist Situationsrecht, das nicht für eine längere Anwendung berechnet ist.

VI. Die Gesetze, auch die Normengesetze, unterliegen *ständiger Änderung*. Das liegt zwar weitgehend an der Änderung der tatsächlichen Verhältnisse in einer schnell sich wandelnden Gesellschaft, daneben aber auch an der Qualität der Gesetze und an dem ständigen Kampf der Interessengruppen, dessen jeweilige Ergebnisse ihren Ausdruck in den Novellen finden. Der Gesetzesvollzug wird durch die ständige Änderung verzögert und verteuert. Ohne eine qualitativ hochstehende, d.h. teure Dokumentation des Rechtsstoffes ist ein zuverlässiger Gesetzesvollzug nicht mehr möglich.

241   C. Diese Lage bleibt nicht ohne Einfluß auf den *Ermessensspielraum* der Verwaltung.
1. Die Vielzahl der Verwaltungsvorgänge ermöglicht eine größere Regelhaftigkeit des Handelns, d.h. sie erhöht die Chance einer Normierbarkeit. Gerade die Bereiche der Massenverwaltung (z.B. Sozialversicherungsrecht, Steuerrecht, Straßenverkehrsrecht) sind jene Sachgebiete, in denen die Durchführungsvorschriften ein Höchstmaß an kasuistischer Regulierung schaffen und den Ermessensspielraum verkleinern.

§ 25 *Gesetz und Verwaltung*

II. Zahlreiche Bereiche, die früher praktisch nicht überschaubar waren, sind heute durch die Erkenntnisse der Sozialwissenschaften erforscht und gesetzgeberischer Normierung zugänglich geworden. Auch hier ist der Entscheidungsraum der vollziehenden Verwaltung verkleinert.

III. Teilweise geht die Einengung der Entscheidungsfreiheit auch von den entscheidenden Beamten selbst aus. Der Wunsch nach einer Weisung, die Deckung nach oben, ist eine Erscheinung, die an vielen Stellen der Verwaltung anzutreffen ist.

IV. Diese Tatsachen dürfen aber nicht darüber hinwegtäuschen, daß der Verwaltung noch ein erheblicher Ermessensspielraum bleibt. Da die intensive Durchnormierung der verwalteten Lebensbereiche weitgehend in der Hand der Verwaltung selbst liegt, bedeutet diese Durchnormierung praktisch oft eine Verlagerung der Ermessensentscheidung von dem ausführenden Beamten zur Spitze der Verwaltung.

V. Auch dort, wo eine höchst detaillierte Regelung besteht, ist die eigene Entscheidung keineswegs ausgeschlossen. Sie tritt oft genug angesichts der vom Normgeber nicht voraussehbaren Tatbestände auf. Ferner besteht sie bei der Subsumtion der Tatbestände unter die Normen, da wegen der Notwendigkeit nur summarischer Ermittlungen beim Vollzug zahlreicher Verwaltungsgesetze (Rdnr. 877) die Frage, welcher Tatbestand einer Entscheidung zugrunde zu legen ist, weitgehend im Ermessen der Verwaltung steht.

VI. Schließlich bestehen erhebliche Bereiche, in denen die *Entscheidungsfreiheit* voll erhalten ist. Gerade die Aufgabe der Verwaltung, die soziale Wirklichkeit zu gestalten, erfordert immer wieder eine gesetzesfreie Tätigkeit. Die Überwindung der Not der Nachkriegsjahre und der Wiederaufbau, ferner der Aufbau eines sozialen Wohlfahrtsstaates wären nicht denkbar gewesen, wenn die Verwaltung nicht in hohem Maße einen Raum eigener Entscheidung zur Verfügung und eine starke Initiative entwickelt hätte. Aber auch viele neue Aufgaben der planenden und gestaltenden Verwaltung, insb. die Bildungsverwaltung, die Schaffung von Infrastrukturen, die Wirtschaftsförderung und die »Freizeitverwaltung« geben der Verwaltung einen sehr großen Raum zu schöpferischer, gesetzlich nicht vorprogrammierter Tätigkeit.

242

7. Kapitel Die Verwaltung als Teil des Staatsapparats

§ 26 Bundes- und Länderverwaltung

Schrifttum: O. *Barbarino,* Zur Revision des Grundgesetzes: Planerische und finanzielle Aspekte des Bund-Länder-Verhältnisses unter besonderer Berücksichtigung der Gemeinschaftsaufgaben, in: DÖV 1973, S. 19 ff.; *K. Hesse,* Aspekte des kooperativen Föderalismus in der Bundesrepublik, in: Festschr. f. *G. Müller* 1970, S. 141 ff; *W. Kewenig,* Kooperativer Föderalismus und bundesstaatliche Ordnung, in: AöR 1968, S. 433 ff.; *G. Kisker,* Kooperation im Bundesstaat. Eine Untersuchung zum kooperativen Föderalismus in der Bundesrepublik Deutschland, 1971; *A. Köttgen,* Der Einfluß des Bundes auf die deutsche Verwaltung und die Organisation der Bundesverwaltung, ZöR N.F. 3. 1954, S. 67 ff.; *H. Laufer,* Das föderative System der Bundesrepublik Deutschland, 1973; *R. Loeser,* Theorie und Praxis der Mischverwaltung, 1976; Politikerverflechtung zwischen Bund, Ländern und Gemeinden, Schriften HSch Speyer, Bd. 55, 1975; *F. Rietdorf,* Die Gemeinschaftsaufgaben – ein Schritt zur gemeinsamen Aufgabenplanung von Bund und Ländern, in: DÖV 1972, S. 513 ff.; *F. Schäfer,* Aktuelle Probleme des Föderalismus, in: Verfassung und Verfassungswirklichkeit, 1972, S. 21-42; *F.W. Scharpf / B. Reissert / F. Schnabel,* Politikverflechtung: Theorie und Empirie des kooperativen Föderalismus in der Bundesrepublik, 1976; *U. Scheuner,* Wandlungen im Föderalismus der Bundesrepublik, in: DÖV 1966, S. 513 ff.; *W. Thieme,* Föderalismus im Wandel, 1970; Zur Struktur der deutschen Verwaltung, Föderalismus und Probleme der Zentralisation und Dezentralisation, Schriften HSch Speyer Bd. 33, 1967.

243   A. *Das föderalistische System* beeinflußt die Struktur und das Funktionieren der Verwaltung.

       I. Die Masse der Verwaltungsaufgaben wird von der *Länderverwaltung* ausgeführt. Die Masse der Gesetzgebungsaufgaben liegt beim Bund. Die Auflösung der einheitlichen deutschen Staatlichkeit in einen Zentralstaat und mehrere Gliedstaaten führt daher zu einer Art Gewaltenteilung zwischen der Bundeslegislative und der Länderexekutive.

244   II. Der Verwaltungsvollzug wird erschwert, weil zwischen der Bundeszentrale, die weitgehend auch für den Erlaß der einheitlichen Durchführungsbestimmungen zuständig ist, und der Länderexekutive kein durchgehender Instanzenzug besteht. Allerdings haben jüngere Verfassungsänderungen, die gerade das föderalistische System betrafen, mit dem sog. »*kooperativen Föderalismus*« dieses Problem weitgehend entschärft. Der Bund hat zudem in allen wesentlichen Fragen, die staatlicher Lenkung unterliegen, eine Führungsrolle übernommen, so daß das Selbstverständnis der Länder sich verändert hat und Rivalitäten abgebaut sind.

245   III. Die *Finanzmittel,* die von der einheitlichen Wirtschaft des Bundesgebietes aufgebracht werden, fließen Bund und Ländern nach einem Verteilungsschlüssel zu, der heute weitgehend flexibel ist. Nur so können die sich oft schnell ändern-

§ 26 *Bundes- und Länderverwaltung*

den Notwendigkeiten zur Finanzierung von öffentlichen Aufgaben zweckmäßig befriedigt werden. Insb. kann durch den vertikalen und horizontalen Finanzausgleich, sowie durch die Gemeinschaftsaufgaben eine von den Aufgaben gesteuerte Verteilung der Finanzmasse gesichert werden.

IV. *Der Austausch von Beamten* zwischen den Ministerien, die die Gesetze **246** vorbereiten, und den Behörden, die sie ausführen, findet nur mangelhaft statt. Das schadet der Qualität der Verwaltung.

V. Das *Koordinierungsbedürfnis* zwischen den einzelnen Ländern ist ein Fak- **247** tor, der den Verwaltungsvollzug verteuert, verlangsamt und z.T. in der Qualität verschlechtert.

VI. Allein diese Nachteile für die Verwaltung fordern die *Kritik* an der konkre- **248** ten Ausgestaltung des föderalistischen Systems unter dem GG heraus. Außerdem wird man ganz grundsätzlich kritisch vermerken müssen, daß der hohe Grad der Integration von Wirtschaft und Gesellschaft in der Bundesrepublik sowie die z.T. zu kleinen Länder ein geringeres Maß an Eigenständigkeit der Länder zuläßt, als es heute rechtlich vorgezeichnet ist. Leidtragender dieser offenbaren Divergenz zwischen Notwendigkeiten und Verfassung ist auch die Verwaltung selbst.

B. I. Dem *Bund* obliegen nach dem GG nur wenige Verwaltungsaufgaben, vor al- **249** lem die auswärtige Verwaltung, der größte Teil der Bundeswehrverwaltung, der Grenzpolizeidienst, die Verwaltung der großen Verkehrsanstalten (Bahn, Post, Wasserstraßen), die Bundesfinanzverwaltung (insb. Zölle und Verbrauchssteuern).

II. Seit 1949 ist die *Kompetenz des Bundes* zum Verwaltungsvollzug erheblich *verstärkt* worden:
1. Die Mehrzahl der Änderungen des GG hat eine Erweiterung der Bundeszuständigkeit auf dem Gebiet der Verwaltung gebracht.
2. Der Bund hat von seinem Recht, Bundesoberbehörden zu errichten (Art. 87 Abs. 3 GG), in erheblichem Maße Gebrauch gemacht. Dabei hat er z.T. sogar durch Errichtung von Außenstellen einen Ersatz für einen Mittelbau geschaffen.
3. Außerdem hat der Bund parakonstitutionelle Mittel eingesetzt, um seine Verwaltungskompetenz zu vergrößern:
 a) Er nimmt durch finanzielle Zuwendungen auf private Träger öffentlicher Aufgaben (z.B. Deutsches Rotes Kreuz) Einfluß.
 b) Er schafft neue Einrichtungen, die er gemeinsam mit den Ländern (evtl. auch Dritten) lenkt (z.B. Wissenschaftsrat, Deutsche Forschungsgemeinschaft).

III. Durch das Instrument der *Auftragsverwaltung,* das mehrfach auf zusätzli- **250** che Verwaltungszweige ausgedehnt worden ist, schafft der Bund für gewisse Bereiche praktisch einen durchgehenden Instanzenzug von Bundes- und Landesverwaltung.

251 IV. Bei den *Gemeinschaftsaufgaben* hat der Bund eine weitere Möglichkeit der Einflußnahme auf Aufgaben, die von der Länderverwaltung ausgeführt werden. Gerade die Finanzierung ist ein Mittel, das in weitem Umfang einen Sacheinfluß eröffnet. Die Gemeinschaftsaufgaben haben z.T. sehr zentralen Steuerungscharakter gegenüber Wirtschaft und Gesellschaft.

252 V. Im Bereich der *Finanzverwaltung* ist dem Bund für Steuern, deren Ertrag ihm ganz oder teilweise zusteht, die aber durch Landesbehörden verwaltet werden, ein umfassenderes Einwirkungsrecht eingeräumt.

253 VI. Insgesamt ist durch diese Entwicklung ein erheblicher Einfluß des Bundes auf den Verwaltungsvollzug entstanden, der die ursprünglichen und z.T. noch hdute bestehenden Mängel des GG jedenfalls teilweise zu korrigieren vermag.

VII. Bei aller Kritik am föderalistischen System des GG ist aber zu betonen, daß die in ihm liegende Dezentralisation grundsätzlich positiv zu bewerten ist. Z.T. liegen die Mängel auch nicht in dem System der Machtabgrenzung zwischen Bund und Ländern, sondern in einer unzweckmäßigen Größe einiger Länder.

254 C. Die Staatlichkeit der *Länder* ist dadurch gekennzeichnet, daß bei ihnen die Verwaltungstätigkeit im Vordergrund steht. Die Zahl der *gesetzgeberischen Aufgaben* ist gering.

I. Durch dieses Überwiegen der Verwaltungstätigkeit besteht eine größere Nähe zwischen der politischen Führung (Parlament und Regierung) der Länder und der Verwaltung der Länder mit allen Vor- und Nachteilen, die sich aus derartigen Verwebungen ergeben (Rdnr. 214 ff.).

II. Im *Bundesrat* wirkt der administrative Sachverstand der ausführenden Instanzen bei der Gesetzgebung des Bundes auf die Gesetzgebung ein.

III. Die Kleinräumigkeit der meisten Länder fordert eine intensive und ständige Koordinierung ihrer Verwaltungen (angefangen von der Planung und Gesetzgebung bis zum Einzelvollzug).

IV. Die Durchführung der Bundesgesetzgebung kann nur dann reibungslos funktionieren, wenn der Verwaltungsaufbau der Länder in wesentlichen Fragen einheitlich ist. Wichtig ist vor allem, daß der Bund auf der Ebene der Kreise und Gemeinden im Hauptverwaltungsbeamten eine Instanz vorfindet, die einheitlich und zuverlässig die Bundesaufträge ausführt. Die Selbstkoordination der Ge-

§ 27 *Die Inanspruchnahme des Sozialprodukts durch die Verwaltung*

meinden über die Landesgrenzen hinweg, die vor allem von der KGSt geleistet worden ist, ist insofern sehr heilsam gewesen.

V. Für bestimmte Aufgaben können wegen der Kleinräumigkeit der Länder oder wegen der überregionalen Auswirkungen nur gemeinsame Verwaltungseinrichtungen eine sinnvolle Verwaltungstätigkeit sicherstellen.

Achtes Kapitel   Verwaltung und Wirtschaft

§ 27 Die Inanspruchnahme des Sozialprodukts durch die Verwaltung

Schrifttum: *W. Albers* (Hrsg.), Öffentliche Finanzwirtschaft und Verteilung, 1974; Bundesministerium der Finanzen, Finanzbericht 1976 (erscheint jährlich); *D. Duwendag* (Hrsg.), Der Staatssektor in der sozialen Marktwirtschaft, 1976; *W. Ehrlicher,* Der Anteil der öffentlichen Hand am Sozialprodukt, in: KomWirtsch. 1976, 147 ff., 181 ff.; *Th. Ellwein – R. Zoll,* Zur Entwicklung der öffentlichen Aufgaben in der Bundesrepublik Deutschland, 1973, Anlbd. 8, S. 203 ff.; *M.E. Kamp – B. Seel,* Grundlegung der Finanzwissenschaft, 2. Aufl. 1973; *H. Kolms,* Finanzwissenschaft Bd. I, 1953 S. 67-86, S. 130-145, Band IV, 1964, S. 111–117; *V. Ronge – G. Schmieg,* Restriktionen öffentlicher Planung, 1973, insb.: S. 156 ff.; *E. Schneider,* Einführung in die Wirtschaftstheorie, 8. Auflage, 1964, 3. Teil S. 248-284; Sozialbericht 1976, BT-Drucksache, 7/4953; Wissenschaftlicher Beirat beim BMin. Finanzen, Gutachten zur Aussagefähigkeit staatswirtschaftlicher Quoten, in: Bulletin des Presse- und Informationsamtes der Bundesregierung 1976, S. 849 ff.; *W. Wittmann,* Einführung in die Finanzwissenschaft, I. Teil: Die öffentlichen Ausgaben, 1970, II. Teil: Die öffentlichen Einnahmen, 1971; *H. Zimmermann – K.D. Henke,* Finanzwissenschaft, 1975.

A. Die Beziehungen zwischen *Wirtschaft und Verwaltung* bestehen zunächst darin, daß die Verwaltung über die Steuern (und sonstige Abgaben) einen erheblichen Teil des in der Wirtschaft erarbeiteten Sozialprodukts in Anspruch nimmt. Die Leistungsfähigkeit der öffentlichen Verwaltung hängt davon ab, daß die Wirtschaft hinreichende Erträge abwirft. Die Verwaltung muß daher ein Interesse daran haben, die Kraft der Wirtschaft zu erhalten und zu erhöhen.   255

B. I. In welchem Maße die Verwaltung die Erträge der Wirtschaft in Anspruch nimmt, zeigen die folgenden Zahlen: 256
Im Kalenderjahr 1973 betrugen (nach den Haushaltsplänen) die Einnahmen der öffentlichen Hand:

8. Kapitel Verwaltung und Wirtschaft

Bund (ohne Bahn und Post): 119,0 Mrd. DM
Länder: 114,3 Mrd. DM
Gemeinden u. Gemeindeverbände: 78,5 Mrd. DM
Sonderrechnungen: 7,0 Mrd. DM

zusammen: 318,8 Mrd. DM

257 Diese Zahlen bedürfen insofern der Berichtigung, als ein Teil auf Doppelzählungen beruht. Wegen des verbundenen Finanzsystems der Bundesrepublik erscheinen bei einem Teil der Verwaltungsträger Einnahmen, die sie von anderen Verwaltungsträgern erhalten, aber das Sozialprodukt nicht zusätzlich in Anspruch nehmen. Scheidet man diese Beträge aus, so verbleiben 254,8 Mrd. DM. Ferner ist zu bedenken, daß ein Teil der Einnahmen der öffentlichen Hand (insb. der Gebühren und Beiträge) Entgelte für vermögenswerte Leistungen sind, die die Verwaltung erbringt. Sie bedeuten eine Vermehrung, aber keine Inanspruchnahme des Sozialprodukts. Es sind deswegen von dem errechneten Betrag noch etwa 41,7 Mrd. DM abzuziehen. Schließlich ist noch ein Betrag von ca. 15,0 Mrd. DM für die politische Führung (Parlament, Regierung) und Rechtspflege zu berücksichtigen, der auch nicht von der Verwaltung beansprucht wird. Die Verwaltung nahm damit 1973 netto 198,1 Mrd. DM in Anspruch.

258 II. 1. Das Sozialprodukt der Bundesrepublik betrug demgegenüber im Jahre 1973 926,2 Mrd. DM. Der Anteil der Verwaltung am Sozialprodukt betrug also 21,4 %.

2. Der Anteil der öffentlichen Steuereinnahmen am Sozialprodukt ist in den letzten Jahren zwar absolut, aber kaum relativ gewachsen. Es betrugen (unter Zugrundelegung von Bruttozahlen in Mrd. DM):

	Steuereinnahmen	Sozialprodukt	Prozentsatz
1972	197,0	829,7	23,7
1973	224,8	926,2	24,3
1974	246,8	1013,0	24,4
1975	270,8	1124,5	24,1

(Ergebnis der Haushaltsrechnung, für 1974 und 1975 Schätzungen).

259 C. Die Inanspruchnahme eines so großen Teiles des Sozialproduktes durch die Verwaltung unterliegt erheblicher *Kritik*.

I. Vor allem wird behauptet, die Verwaltung sei unproduktiv, sie arbeite unrationell, der Mensch werde durch eine allzu große Ausdehnung der Verwaltungstätigkeit in seiner Freiheit allzu sehr eingeschränkt. Ganz allgemein gilt die ständige Vergrößerung der Verwaltung als ein Übel, dem man steuern müsse.

II. Diese Kritik hat nur in sehr beschränktem Umfang recht. Zweifellos gibt es Bereiche der Verwaltung, die nicht rationell arbeiten, die vielleicht sogar entbehr-

§ 27 *Die Inanspruchnahme des Sozialprodukts durch die Verwaltung*

lich sind. Zunächst ist allerdings zu bedenken, daß die öffentlichen Haushalte durch die Parlamente beschlossen werden, also einer Kontrolle der Öffentlichkeit unterliegen. In der Regel sind es die zusätzlichen Wünsche der Bürger – und auch der Wirtschaft selbst – die durch die Verbände an die Parlamente herangetragen werden. Sie schlagen sich dann in dem großen Haushaltsvolumen nieder.

III. Eine sachgerechte Kritik ist nur möglich, wenn man weiß, wofür die Einnahmen der öffentlichen Hand verbraucht werden. Auf der Ausgabenseite lassen sich folgende Hauptgruppen bilden:
1. Leistungen der öffentlichen Hand für die Wirtschaft und Gesellschaft (insb. Hochbauten, Straßen, Gesundheitsdienst, soziale Einrichtungen, Bildung, Wasserwirtschaft), 2. Umverteilungen (insb. Subventionen, Renten), 3. Sicherung nach außen (insb. Bundeswehr, Bundesgrenzschutz, auswärtige Verwaltung, ziviler Bevölkerungsschutz), 4. Leistungen an das Ausland (insb. Wiedergutmachung, Entwicklungshilfe, internationale Organisationen), 5. Schuldendienstleistungen, 6. eigentliche Verwaltungskosten. 260

IV. In welchem Maße die einzelnen Gruppen an den Gesamtausgaben beteiligt sind, läßt sich nicht exakt sagen, weil die Statistiken unterschiedlich aufgliedern und weil es zahlreiche Überschneidungen gibt. Insgesamt allerdings darf man davon ausgehen, daß die administrativen Kosten im engeren Sinne, bezogen auf das Sozialprodukt, relativ gering sind. Die Verflechtungen mit der Welt, die außenpolitische Situation der Bundesrepublik, vor allem aber die Notwendigkeiten der Gesellschaft und der Wirtschaft bedingen das große Haushaltsvolumen, mit dem noch nicht einmal alle dringenden öffentlichen Zwecke erfüllt werden können. Z.B. besteht im Bereich des Gesundheitswesens, der Forschung, der Bildung und des Umweltschutzes ein erheblicher Nachholbedarf, auf den bezogen das heutige Haushaltsvolumen viel zu klein ist. Eine so starke Entwicklung der Wirtschaft, wie sie die Bundesrepublik seit 1948 erlebt hat, erfordert nicht nur ein absolutes, sondern auch ein relatives Anwachsen des tertiären Produktionsbereiches, zu dem auch die öffentliche Verwaltung gehört. Ein Stagnieren des Anteils der öffentlichen Haushalte im Verhältnis zum Sozialprodukt ist daher ein Indiz dafür, daß die öffentlichen Ausgaben sich nicht genügend entwickelt haben. 261

V. Es zeigt sich ferner, daß die Befürchtung, die Freiheit werde beschränkt, unrichtig ist. Erst durch die Leistungen der Verwaltung wird die Freiheit des einzelnen, seine persönliche und wirtschaftliche Entwicklungsmöglichkeit gesichert; es handelt sich bei den Kosten der Verwaltung weitgehend um die *Kosten der Freiheit* des Einzelnen. 262

8. Kapitel Verwaltung und Wirtschaft

§ 28 Die Verwaltung als Leistungsträger

Schrifttum: Vgl. vor § 27, ferner: *Difu* (Hrsg.), Aufgaben und Probleme kommunaler Wirtschaftsförderung, 1975; *Eichhorn/Friedrich*, Untersuchungen über den Nutzen kommunaler Wirtschaftsförderung, 1970; *E. Forsthoff*, Die Verwaltung als Leistungsträger 1938 (2. Auflage in: Rechtsfragen der Leistenden Verwaltung, 1959); *R. L. Frey*, Infrastruktur – Grundlagen der Planung öffentlicher Investitionen, 1970; *H. Gröttrup*, Die kommunale Leistungsverwaltung, 1973; *G. Herbig*, Die öffentlichen Einrichtungen im sozialen Rechtsstaat der Gegenwart, Schriften HSch Speyer, H. 44, 1970; *J. Hochbaum*, Bildungsförderung und wirtschaftliche Entwicklung, in: PVJ 1967, 212 ff.; *E. R. Huber*, Wirtschaftsverwaltungsrecht 2 Bde., 2. Auflage, 1953/54; *R. Jochimsen – U. E. Simonis* (Hrsg.), Theorie und Praxis der Infrastrukturpolitik, 1970; *Jochimsen/Treuner/Gustafsson*, Kommunale Industrie- und Gewerbeförderung, 1971; *E. Linden,* Theorie und Praxis der kommunalen Wirtschftsförderung 1972; *W. Raske,* Die kommunalen Investitionen in der Bundesrepublik, 1971; *W. Rüfner,* Formen öffentlicher Verwaltung im Bereich der Wirtschaft, 1967; *J. Sieveking,* Bedeutung der kommunalen Infrastruktur für die kommunale Wirtschaftsförderung, in: Der Landkreis 1973, S. 120 ff.; *D. Weiss,* Infrastrukturplanung, 1971; *H. P. Widmaier,* Bildung und Wirtschaftswachstum 1966.

263 A. Die *Leistungsfunktion der Verwaltung* steht seit dem Buche *Forsthoff's* im allgemeinen Bewußtsein. Insb. nach 1945 ist der Blick dafür geschärft worden, daß die Tätigkeit der Verwaltung durch zwei Teilbereiche, den Eingriff in Freiheit und Eigentum und die Leistung für den Bürger gekennzeichnet ist. Dabei hat es den Anschein, daß – zunehmend mehr – der Leistungsbereich der öffentlichen Verwaltung der praktisch wichtigere wird. Durch die Leistungen der Verwaltung entsteht eine *Abhängigkeit des Bürgers* von der Verwaltung, die umso größer wird, je größer die Bedürfnisse der Bürger werden, die ihrerseits von den wirtschaftlichen und technischen Möglichkeiten hervorgerufen werden. Der Eingriff in die Freiheit trifft den Bürger oft weniger einschneidend als die Nichtgewährung von Leistungen. Diese Abhängigkeit von der Verwaltung rührt auch daher, daß die Privatwirtschaft zahlreiche Leistungen, auf die der Bürger nicht zu verzichten bereit ist, nicht oder doch nicht zu einem hinreichend niedrigen Preis liefern kann. So sind die Begriffe Leistungsstaat und Wohlfahrtsstaat auf das engste verknüpft.

264 B. Besondere Bedeutung besitzen die *Leistungen des Staates für die Wirtschaft.*

I. Schon von jeher war eine intakte Verwaltung für die Wirtschaft wichtig. Die Verwaltung im Polizeistaat des Absolutismus ist ja vor allem im Hinblick auf die Förderung der Wirtschaft entstanden (vgl. Rdnr. 77 ff.). In einer liberalistischen Wirtschaftsordnung wurde die für die Wirtschaft notwendige Friedenssicherung nach innen und außen weitgehend durch die Verwaltung geleistet.

265 II. Eine Leistung für die Wirtschaft im weiteren Sinne bedeuten auch die *Maß-*

nahmen zur Ordnung der Wirtschaft. Sie haben zwar zumeist eingreifenden Charakter. Allerdings richten sich die Eingriffe nur gegen bestimmte Personen, während der Gesamtheit mittelbar ein zusätzlicher Raum der Freiheit verschafft wird.

III. Die Verwaltung stellt für die Wirtschaft eine *Infrastruktur* bereit, die Voraussetzung der Produktion wirtschaftlicher Leistungen überhaupt ist. Der ständige Ausbau der Infrastruktur ist eine der wichtigsten Leistungen, die zwar kostenintensiv, für die Wirtschaft jedoch außerordentlich rentabel ist. 266

IV. Die Verwaltung schafft bei den wirtschaftenden Menschen, vor allem bei der breiten Masse der Arbeitnehmer, die Voraussetzungen für die *Erhaltung der Arbeitsfähigkeit* und ein Klima, in dem ein gedeihliches Zusammenarbeiten möglich wird. Hierher gehören vor allem die Leistungen der Verwaltung auf dem Gebiet der Ausbildung, des Gesundheitswesens, der sozialen Sicherheit und der Wohnungsfürsorge. 267

V. Die Verwaltung tritt auch als *Kreditgeber* durch ihre öffentlichen Banken und Sparkassen sowie als Versicherer, Lagerhalter und in anderen Hilfsfunktionen des Wirtschaftsverkehrs auf. 268

C. Die Leistungen der Verwaltung für die Wirtschaft werden vor allem auf den folgenden Gebieten erbracht: 269

I. *Verkehrseinrichtungen* (Straßenbau und -unterhaltung, Nahverkehrsunternehmen, Eisenbahnwesen, Ausbau und Unterhaltung der Binnenwasserstraßen, Seewasserstraßen und Häfen, Seelotsenwesen und Seezeichen, Flughäfen und Flugsicherung, Luftverkehrsunternehmen, Nachrichtenbeförderung durch Post (Telegraf, Fernsprecher, Fernschreiber, Datenfernleitungen).

II. *Bildungseinrichtungen* (Grund- und Hauptschulen, Realschulen, Gymnasien, Berufsschulen, Fachschulen, Hochschulen, Fortbildungseinrichtungen für Erwachsene), da von dem Ausbildungsstand einer Gesellschaft ihre wirtschaftliche Leistungsfähigkeit entscheidend abhängt.

III. *Wissenschaftliche Forschung* (Universitäten und sonstige Hochschulen, Akademien, Max-Planck-Gesellschaft, Zweckforschung in verwaltungseigenen Forschungsanstalten, Subventionierung von privaten Forschungsvorhaben). Im internationalen Wettbewerb ist die Innovationsfähigkeit, durch die weitgehend Forschung garantiert wird, von erheblicher Bedeutung.

IV. Ein System der inneren Sicherheit, das die Wirtschaft vor Störungen schützt. Dazu gehört in erster Linie die Polizei, ebenso aber auch Einrichtungen des *Katastrophenschutzes* (Feuerwehr, Vorsorge und Bekämpfung von Flutgefahren und Gefahren, die von der modernen Technik aufgehen, wie Explosion, Giftgase, radioaktive Strahlungen, Verkehrskatastrophen, Einsturz von Bauwerken und Versagen von Maschinen).

V. Zu den Leistungen sind auch Maßnahmen zu rechnen, die dem *Schutz* des Verbrauchers und der Ordnung der Wirtschaft *im allgemeinen* (Lebensmittelpolizei, Maß- und Gewichtspolizei, Berufszulassung, Wettbewerbsrecht, Aufsicht über Wirtschaftsbetriebe) dienen.

VI. Zu den Leistungen gehören auch die Subventionen, insb. die Entwicklungs- und Rationalisierungssubventionen.

VII. Mittelbar dienen auch jene Maßnahmen der Verwaltung der Wirtschaft, die die Leistungsfähigkeit der arbeitenden Menschen erhalten und erhöhen, insb.
1. die *soziale Sicherung* (Kranken-, Unfall-, Invaliditäts- und Altersversicherung, Arbeitslosenversicherung, Wohngeld, Kindergeld, soziale Entschädigung, Sozialhilfe bei Einkommenslosigkeit und besonderen Notständen, Altersheime),
2. der *Gesundheitsdienst* (Seuchenschutz, vorbeugende Gesundheitsvorsorge, Maßnahmen der Hygiene, wie Abwässer- und Müllbeseitigung, Krankenhäuser, Schutz gegen Unfälle, Krankenversicherung),
3. das *Wohnungswesen* (Wohnungsbau durch verwaltungseigene Gesellschaften, Förderung des privaten Wohnungsbaues durch Finanzierungshilfen und Bereitstellung von Grundstücken, Wohngeld, Wohnungspflege).

270 D. Eine besondere Leistung für die Wirtschaft liegt in den Maßnahmen der *Gewerbeansiedlung*, d.h. der planerischen Ausweisung von Gewerbegebieten, der Schaffung der Infrastruktur (Verkehrswege, Ver- und Entsorgung), der Beschaffung der Grundstücke und der Hilfe bei der Finanzierung. Diese erfolgt weitgehend unter raumordnungspolitischen Gesichtspunkten, d.h. entweder zur Förderung strukturschwacher Gebiete oder zur Stärkung von Entwicklungsschwerpunkten im Rahmen des Ausbaus eines zentralörtlichen Systems.

§ 29 Die Umverteilungsfunktion

Schrifttum: Vgl. vor §§ 27, 28; ferner: *P. Badura*, Wirtschaftsverfassung und Wirtschaftsverwaltung, 1971, S. 133 ff.; Bundesminister für Finanzen, Vierter Subventionsbericht, 1974; *H. Engel*, Einkommensumverteilung durch kommunale Haushalte, in: AfK 1975, 219; *H.-P. Ipsen – H. Zacher*, Verwaltung durch Subventionen, VVDStRL 25, 1967, S. 257 ff.; *G. Kirchhoff*, Subventionen als Instrumente der Lenkung und Koordinierung, 1973; *A. Leicht*, Öffentliche Subventionen und ihre Bedeutung, in: Verw. u. Fortb. 1975,

S. 4 ff.; *H. Meister,* Subventionen der öffentlichen Verwaltung außerhalb gesetzlicher Regelungen, in: DVBl. 1972, S. 593 ff.; *F. Möller,* Gemeindliche Subventionsverwaltung, 1963; *G. Schettig,* Rechtspraxis der Subventionierung, 1973; *G. Thieback,* Die Umverteilung des Volkseinkommens in der BRD 1965.

A. Eine wesentliche Aufgabe der heutigen Verwaltung besteht in ihrer *Umverteilungsfunktion,* d.h. in einer Reihe von administrativen Maßnahmen, durch die die am Markt erzielten Einkommen auf andere Empfänger umgeleitet werden. 271

I. In einer reinen *Marktwirtschaft* ist nicht sichergestellt, daß es zu einer gerechten und den gesetzten politischen Zielen gemäßen Verteilung des Sozialprodukts kommt. Im Gegenteil ist davon auszugehen, daß die Mehrzahl der am Wirtschaftsleben teilnehmenden Menschen nur sehr beschränkt dem Modell des »homo oeconomicus« entspricht. Außerdem ist das Geschehen am Markt in den meisten Bereichen zu wenig transparent, so daß sich der einzelne selbst dann nicht stets marktgerecht verhalten würde, wenn er die nötige wirtschaftliche Vorbildung besäße. Eine Marktwirtschaft führte daher nur dann zu einer sozial tragbaren Einkommensverteilung, wenn sie durch eine große Zahl administrativer Korrekturen begleitet wird. Diese Korrekturen erfolgen z.T. durch Lenkungsmaßnahmen (vgl. Rdnr. 276 ff.).

II. Aber kein System der Lenkung ist so sicher, daß es für sich allein die gerechte Einkommensverteilung erzielen kann. Es bedarf daher außerdem der Ergänzung durch ein noch unmittelbarer wirkendes System der *Umverteilung eines Teiles des Sozialproduktes.* In gewisser Weise liegt die Umverteilung bereits in der Leistungsfunktion der Verwaltung. Überall dort, wo Leistungen ohne volles Entgelt erbracht werden, liegt schon eine Umverteilung bereits in den Leistungsfunktion der Verwaltung. Überall dort, wo Leistungen ohne volles Entgelt erbracht werden, liegt schon eine Umverteilung vor. Die Subvention durch den nicht marktgerechten Preis für die von der Verwaltung erbrachten wirtschaftlichen Leistungen zahlt ein anderer, zumeist die Gesamtheit der Steuerzahler. 272

B. Das System der Umverteilung hat zwei Seiten, das der *Aufbringung der Umverteilungsmasse* und das der Aufteilung dieser Masse. Aufgebracht wird die Umverteilungsmasse ganz überwiegend durch Steuern und sonstige Abgaben. Die Finanz- und Steuerverwaltung des Staates und der Gemeinden, aber auch die Beitragsabteilungen der sozialen Versicherungsträger sind es daher, die auf der einen Seite des Umverteilungsprozesses stehen. Dabei ist es ein gemischtes System von direkter und indirekter Besteuerung, das dem heutigen Abgabesystem sein Gesicht gibt. Die indirekte Steuer hat dabei den Vorteil, daß sie abwälzbar ist, d.h. daß nicht voll erkennbar ist, wer sie in Wirklichkeit trägt. Sie macht das Funktionieren des Umverteilungssystems weitgehend undurchsichtig und sozial ungerecht. Unter dem Eindruck kanpper werdender Finanzmittel macht sich die 273

Tendenz bemerkbar, öffentliche Aufgaben aus speziellen Fonds zu finanzieren, deren Mittel durch Beiträge der Betroffenen aufgebracht werden.

275 C. Die *Verteilungsmasse* hat zwei große Blöcke:

I. Die Beträge, die die arbeitende Generation an die nicht mehr arbeitende Generation (und andere arbeitsunfähige Menschen) zahlt. Sie erscheinen vor allem als *Renten* verschiedener Art (Arbeiterrenten, Angestelltenrenten, Kriegsopferrenten, Sozialhilferenten, Lastenausgleichsrenten, Beamtenversorgung, Wiedergutmachungsleistungen), aber auch als sonstige Sozialleistungen.

275 II. Daneben steht ein System von *Subventionen,* d.h. von Leistungen, die an Personen gegeben werden, die selbst am Wirtschaftsprozeß beteiligt sind.
1. Die Subventionen erfolgt in den verschiedenen Formen:
a) Verlorene Zuschüsse,
b) Darlehen (zinslos oder zinsgünstig),
c) Zinsverbilligungsmittel (für Darlehen privater Kreditinstitute),
e) Refinanzierungszusagen,
f) Auftragsvergabe,
g) Abgabe von Leistungen zu nicht kostengerechten Entgelten,
h) Vergünstigungen gegenüber dem allgemeinen Steuersatz,
i) Gebührenerlaß.
2. Sie taucht praktisch in allen Wirtschaftszweigen und demgemäß auch in allen Verwaltungen auf (insb. in: Landwirtschaft, Wohnungsbau, Energiewirtschaft, Hochseefischerei, Industrieproduktion, Verkehrswesen, Zonenrandgebieten und Ausbaugebieten).
3. Die *Notwendigkeit von Subventionen* für viele Zwecke rechtfertigt nicht ihren beliebigen Einsatz. Zweckmäßig oder doch vertretbar sind Rationalisierungssubventionen, insb. wenn sie in absehbarer Zeit zu Produktionssteigerungen führen, Anpassungs-, Umschulungs- und Fortbildungssubventionen, wenn dadurch eine Anpassung an den technischen Fortschritt erzielt wird und Entwicklungssubventionen, nicht dagegen Erhaltungssubventionen, die die rechtzeitige Umstellung auf die sich ständig wandelnden Wirtschaftsstrukturen verhindern.

§ 30 Die Lenkung der Wirtschaft

Schrifttum: *D. Bös,* Wirtschaftsgeschehen und Staatsmacht, 1970; *W. Brohm,* Strukturen der Wirtschaftsverwaltung, 1969; *P. Grottian,* Strukturprobleme staatlicher Planung, 1974; *G. Gutmann – H.G. Hochstrate – R. Schlüter,* Die Wirtschaftsverfassung der Bundesrepublik Deutschland, 1964; *H. Haller,* Finanzpolitik, 5. Aufl. 1972; *E.R. Huber* (vgl. vor § 28); *M.E. Kamp,* Finanzpolitik, 1974; *R. Kowalski,* Instrumente, Möglichkeiten und Grenzen der Globalsteuerung, in: *V. Ronge / G. Schmieg* (Hrsg.), Politische Planung in Theorie und Praxis, 1971, S. 124 ff.; *M. Krüper* (Hrsg.), Investitionskontrolle gegen die Konzerne? 1974; *W. Meißner,* Investitionslenkung, 1974; *H.R. Peters,* Regionale Wirtschaftspolitik und System-Ziel-Konformität, 1971; *T. Sarrazin,* Zum Stand der Diskussion über Investitionslenkung, in: Thema: Wirtschaftspolitik 1974, S. 57 ff.; *F. W. Scharpf,* Zur politischen Problematik einer qualitativen Wirtschaftssteuerung: Diskussionsthesen, in: *ders.* (Hrsg.), Planung als politischer Prozeß, 1973, S. 163 ff.; *E. Schneider* (Hrsg.), Rationale Wirtschaftspolitik und Planung in der Wirtschaft von heute, 1967; zu den einzelnen Fragen vgl. auch die Kommentare zu den einschlägigen wirtschaftslenkenden Gesetzen.

A. Das Wirtschaftssystem der Bundesrepublik läßt sich als *Globalsteuerung* bezeichnen. Die Ziele der Steuerung nennt § 1 des *Stabilitätsgesetzes* (v. 8.6.1967, BGBl. III 707-3) mit der Erhaltung des gesamtwirtschaftlichen Gleichgewichts, d.h. daß im Rahmen der marktwirtschaftlichen Ordnung gleichzeitig Stabilität des Preisniveaus, hoher Beschäftigungsstand und außenwirtschaftliches Gleichgewicht bei stetigem und angemessenem Wirtschaftswachstum bestehen soll. 276

B. I. Das Stabilitätsgesetz schafft selbst hierzu eine Reihe von *Mitteln,* vor allem finanzwirtschaftlicher Art, d.h. solche die das Finanzgebaren der Gebietskörperschaften betreffen: 277
1. Höchstbeträge, Bedingungen und Zeitfolge der Aufnahme von Krediten,
2. Unterhaltung von Konjunkturausgleichsrücklagen bei der Bundesbank,
3. Sperrung von Haushaltsmitteln,
4. Mittelfristige Finanzplanung,
5. Mehrjährige Investitionsprogramme.

II. Wesentlich erfolgt die *Lenkung auch durch Informationen,* die die Partner am Wirtschaftsgeschehen zu einem gesamtwirtschaftlich orientierten Wirtschaftsverhalten veranlassen soll. Das Stabilitätsgesetz nennt: 278
1. Jahreswirtschaftsbericht,
2. Orientierungsdaten für die konzentrierte Aktion,
3. Internationale Koordination,
4. Übersicht über die Finanzhilfen (Subventionsbericht),
5. Auskunftspflicht von Bund und Ländern.

B. Eine Lenkung der Wirtschaft liegt auch in der *Umverteilung* (Rdnr. 271 ff.). Denn Umverteilung geschieht nicht nur im Hinblick auf die Einkommensverteilung, sondern auch aus konjunkturpolitischen Gründen. 279

I. Durch ein kompliziertes System von Sondersteuern und Steuervergünstigungen, das wegen bestimmter wirtschaftspolitischer Zwecke eingeführt worden ist, werden Einkommensteile abgeschöpft oder von der Abschöpfung verschont.

8. Kapitel   Verwaltung und Wirtschaft

Mit diesem Instrument ist die Eingliederung der Flüchtlinge, der Wiederaufbau von Industrie, Wohnungen und Handelsflotte nach dem Zweiten Weltkrieg weitgehend finanziert worden. Heute wird die Entwicklungshilfe und die Vermögensbildung der Arbeitnehmer mit Steuervergünstigungen erleichtert, während der Konkurrenzkampf zwischen Kohle und Öl zulasten des Öls durch eine Sondersteuer beeinflußt wird.

280   II. Angesichts der engen *Verflechtung* der deutschen Wirtschaft *mit der Weltwirtschaft* kommt der Gestaltung des Zollrechts und des Rechts der anderen Einfuhrabgaben (Umsatzausgleichssteuer, Abschöpfungsbeträge) eine besondere Bedeutung zu. Der Warenfluß läßt sich mit diesen Mitteln steuern; die Landwirtschaft insgesamt und bestimmte Zweige der Industrie profitieren hiervon.

281   III. Auf der Seite der Verteilungsmasse wird die Wirtschaft in verschiedener Weise beeinflußt:

1. Die Tatsache, daß die *öffentliche Hand als Käufer* und Besteller auftritt, berührt das Geschehen am Markt, z.B. am Baumarkt, angesichts des Auftragsvolumens erheblich (Rdnr. 811 ff.).

2. Die Erhöhung von Aufwendungen der Verwaltung, die ausschließlich der Lebensführung Privater dienen (Renten, Gehälter) *erhöht die Kaufkraft* dieser Privaten und verstärkt die Nachfrage. Jede Renten- und Gehaltserhöhung wirkt daher auf die Konjunktur ein.

3. Die Subventionen werden zumeist gezielt gegeben. Mit der Hingabe von Subventionen werden Auflagen verbunden, die den Subventionsempfänger zwingen, die Subvention in einer Weise zu nutzen, die der wirtschaftspolitischen Zielsetzung entspricht, anderenfalls die Subvention verfällt.

282   C. Das klassische Instrument der Wirtschaftslenkung ist die *Währungspolitik.*

I. Durch Verknappung von Geld und Kredit wird der Wirtschaftsablauf beeinflußt. Diese Politik wird durch die staatliche Notenbank mit den Instrumenten des *Diskont- und Lombardsatzes,* der Mindestreserven der Kreditinstitute und der Offenmarktpolitik ausgeführt. Hinzu kommt heute noch die Möglichkeit einer Kontrolle und u.U. Lenkung des Devisenstromes. Außerdem besitzt die Bundesbank als administratives Recht zum Schutz der Währung noch die Möglichkeit, Wertsicherungsklauseln die Genehmigung zu versagen.

283   II. Allerdings hat die Notenbank mit ihren Mitteln nur einen beschränkten Einfluß. Es sind gerade die öffentlichen Sparkassen (als die größte Gruppe von Kreditinstituten), die dank ihres hohen Einlagenbestandes die *Kreditpolitik der Bundesbank* weitgehend durchkreuzen können. Im übrigen sind die Mittel der Notenbank auch im Verhältnis zu dem sonstigen Instrumentarium der Lenkung recht grob, weil sie grundsätzlich nicht nur die Gesamtwirtschaft beeinflussen.

III. Einen starken Einfluß auf die Währungspolitik übt auch die öffentliche Hand durch ihre Stellung am *Kapitalmarkt* aus. Einerseits tritt sie als Anlagesuchender an den Kapitalmarkt heran. Das gilt z.B. für die Sozialversicherungsträger, die große Kapitalien verwalten. Andererseits nimmt sie den Kapitalmarkt in Anspruch, um ihre Vorhaben zu finanzieren.

D. Eine Lenkung der Wirtschaft kann auch durch *Investitionslenkung* erfolgen. Teilweise wird heute gefordert, daß dieses Mittel intensiver eingesetzt wird. **284**

I. Von jeher hat dort, wo die öffentliche Hand im Rahmen von Förderungsprogrammen Kreditmittel vergab, eine Investitionslenkung bestanden.

II. Allerdings geht es heute darum, ob die öffentliche Hand (durch Genehmigung von Krediten, die private Investoren oder Kreditinstitute geben, oder durch Übernahme des gesamten Kreditapparats) bei der Entscheidung über Investitionen einen Einfluß nimmt, der nicht nur die Wirtschaftlichkeit der Investition unter privatwirtschaftlichen Gesichtspunkten prüft, sondern zugleich die *gesellschaftspolitische Erwünschtheit* mit in die Entscheidung einbezieht, um bestimmte Produktionsprozesse zu auszubauen oder zu beschränken. Allerdings fehlt es noch völlig an rationalen und operationalen Modellen für eine bedarfsorientierte Investitionslenkung. Mit einer derartigen Lenkung übernimmt im übrigen die Verwaltung eine Verantwortung gegenüber der Privatwirtschaft, die bei Mißerfolgen sogleich zu Forderungen auf Ausgleich der durch die Fehlentscheidung eingetretenen Verluste führt. Schließlich dürften hier alle Nachteile bürokratischer Apparate bei Befassung mit wirtschaftlichen Entscheidungen voll durchschlagen.

E. Die *Lenkung* kann *unmittelbar* am Unternehmen ansetzen. Die Verwaltung kann das Entstehen oder Bestehen von Betrieben durch Errichtungsverbote, Wiederaufnahmeverbote, Erweiterungsverbote, Stillegungsgebote hindern. Sie kann für derartige Ziele auch Beihilfen geben. Derartige Einflüsse gehen auch von der Raumordnung, Bauleitplanung und Erschließung aus, weil sie in quantitativ geringerem oder größerem Umfang Voraussetzungen für Betriebserrichtungen schaffen oder verweigern. **285**

F. Die Lenkung kann die *Produktionsfreiheit* einschränken durch Vorschriften über Kontingente, Verfahrensvorschriften, Kennzeichnungsvorschriften, Typisierungsgebote oder sogar durch Herstellungsgebote oder -verbote. Sie kann den *Markt* beeinflussen durch Festlegung von Einzugs- und Absatzgebieten, Marktzwang, Gütebestimmungen, Preisvorschriften, Import- und Exportkontingente. Die Verwaltung kann die Wirtschaft besonders intensiv lenken durch *Konsumbeschränkungen* (Bezugschein); dieser stärkste Eingriff kommt praktisch nur in Notzeiten in Betracht. **286**

8. Kapitel Verwaltung und Wirtschaft

287 G. Eine lenkende Funktion haben auch die Maßnahmen zur *Ordnung der Wirtschaft im allgemeinen*. Hierher gehört vor allem das *Wettbewerbsrecht*, das wettbewerbsverfälschende Absprachen einschränkt, marktbeherrschende Unternehmen kontrolliert und unlauterem Wettbewerb steuert.

288 H. Welche der Mittel ausgewandt werden, ist eine Frage, die von der Lage der Gesamtwirtschaft oder bestimmter Wirtschaftszweige abhängt, zugleich aber auch von der wirtschaftspolitischen Zielsetzung. Die Verwaltung ist es jedoch, die diese Maßnahmen auszuführen hat. Dabei hat die Verwaltung in der Regel ein erhebliches *Ermessen*. Angesichts der auf dem Spiel stehenden materiellen Interessen ist die Verwaltung im Bereich der Wirtschaftslenkung oft einem erheblichen Druck seitens der Interessenten ausgesetzt. Die Verwaltung muß daher gegen diesen Druck gesichert sein. Diese Sicherung läßt sich kaum institutionalisieren, da die Verwaltung sogar der Mitarbeit der Wirtschaft bedarf, um sinnvoll lenken zu können. Es ist weitgehend eine Frage der beruflichen Haltung der entscheidenden Beamten und Festigkeit der Vorgesetzten dieser Beamten, die die Unabhängigkeit zu sichern haben.

289 J. Die Lenkung der Wirtschaft hat ein derartiges Maß erreicht, daß auch ein Bündel von aufeinander abgestimmten Einzelmaßnahmen nicht mehr sinnvoll erscheint, wenn es nicht unter einer umfassenden Zielsetzung steht. Daher verlangt die Wirtschaftslenkung heute zumeist *umfassende Pläne*, die bestimmte Wirtschaftszweige, bestimmte Gebiete oder die gesamte Volkswirtschaft betreffen. Sie sind gekennzeichnet durch die Festlegung von Planzielen, den Einsatz bestimmter Mittel zur Durchführung der Pläne (insb. Haushaltsmittel), Planungsbehörden und Plandurchführungsbehörden, Plandurchführungsverfahren. Die Mitarbeit an der staatlichen Planung, insb. der Wirtschaftsplanung, ist ein für die heutige Verwaltung weitgehend charakterisierender Zug. Zur eingreifenden und leistenden Verwaltung ist die planende Verwaltung getreten (Rdnr. 963 ff.).

§ 31 Die wirtschaftliche Tätigkeit der Verwaltung

Schrifttum: *A. Dittmann*, Bundeseigene Verwaltung durch Private? in: Verwaltung 1975, 431 ff.; *P. Eichhorn*, Kommunale Regiebetriebe und Budget-Kreislauf, 1970; *W. W. Engelhardt*, Die öffentlichen Unternehmen und Verwaltungen als Gegenstand der Einzelwirtschaftsmorphologie und -typologie, in: ZfB 1974, S. 77 ff.; *E. Forsthoff*, Die Daseinsvorsorge und die Kommunen, 1958; *C.D. Foster*, Politics, Finance and the Role of Economics, 1971; *E. R. Huber* (vgl. vor § 28); *H.H. Klein*, Die Teilnahme des Staates am wirtschaftlichen Wettbewerb, 1968; *K. Oettle*, Grundfragen öffentlicher Betriebe, Bd. I u. II, 1976; *G. Püttner*, Die öffentlichen Unternehmen, 1969; *K. Stern – G. Püttner* (vgl. vor § 28); *A.*

Tautscher, Der ökonomische Leviathan oder die wirtschaftliche Übermacht des Staates, 1969; *F. Wagener* (Hrsg.), Verselbständigung von Verwaltungsträgern, 1976; *K. Wenger,* Die öffentliche Unternehmung, 1969; *W. Ueberhorst,* Die wirtschaftliche Betätigung der Gemeinden, 1974.

A. Wirtschaft und Verwaltung sind zwei verschiedene Bereiche. Daher ist es nicht selbstverständlich, daß die Verwaltung (außer als Kunde) auch wirtschaftlich tätig ist. 290

I. Gleichwohl gibt es *eine Reihe von Gründen,* die eine wirtschaftliche Betätigung der Verwaltung zweckmäßig oder gerechtfertigt erscheinen lassen:
1. Es gibt Bereiche, innerhalb derer eine marktwirtschaftliche Ordnung nicht funktioniert (z.B. weil die volkswirtschaftlich notwendigen Leistungen nicht zu Kostenpreisen abzusetzen sind).
2. Bereits bestehende Unternehmen geraten in eine Krise. Um eine Arbeitslosigkeit zu vermeiden, übernimmt die Verwaltung diese Unternehmen.
3. Aus Gründen der Staatssicherheit oder aus sonstigen Gründen des öffentlichen Wohls soll ein Betrieb fest in der Hand der Verwaltung sein.
4. Neue, risikoreiche Entwicklungen sollen schneller gefördert werden.
5. Förderung der Staatsfinanzen aus den Gewinnen.
6. Schließlich hat heute die Forderung nach Sozialisierung wieder eine größere Bedeutung bekommen als in den fünfziger und sechziger Jahren; allerdings bedeuten nur bestimmte Formen der Vergesellschaftung Übernahme in die öffentliche Verwaltung.

II. *Gewinnerzielung gilt für die Verwaltung* heute nur noch ausnahmsweise als legitim (z.B. beim Forstbetrieb). Zweifelhaft ist auch, ob arbeitsmarktpolitische Gründe zur Aufrechterhaltung unrentabler Unternehmen führen dürfen. Dagegen kommt den unter 1., 3. und 4. genannten Gründen auch heute eine erhebliche Bedeutung zu. Die Vorstellung, daß alle Wirtschaftsbereiche marktwirtschaftlich geordnet werden könnten, ist bei einer derart komplizierten Wirtschaft, wie sie die Bundesrepublik besitzt, eine Illusion. Allerdings kommt der Staat in vielen Fällen mit Maßnahmen der Wirtschaftslenkung aus, ohne Betriebe gründen oder übernehmen zu müssen. Immerhin ist die Zahl der Fälle nicht gering, in denen Lenkungsmaßnahmen nicht zum gewünschten Erfolg führen oder die Handlungsfreiheit des privaten Unternehmens derart einschränken, daß es zweckmäßiger ist, ein verwaltungseigenes Unternehmen zu errichten. 291

B. Für die Führung von Unternehmen durch die Verwaltung kommen vor allem die folgenden *Bereiche* in Betracht: 292

I. Verkehrsunternehmen, insb. Eisenbahn, Nahverkehr, Luftverkehr, Häfen, Lufthäfen, Post- und Fernmeldewesen,

II. Unternehmen der Wohnungswirtschaft,
III. Versorgungswirtschaft (Energielieferung durch Leitungen, Wasser),
IV. Forstwirtschaft,
V. Kreditinstitute, Versicherungen und Bausparkassen.

Dagegen eignen sich industrielle Unternehmen und Handelsunternehmen weniger für eine Führung durch die Verwaltung.

293 C. Als *Träger der Unternehmen* kommen sowohl der Staat als auch Gemeinden und Gemeindeverbände in Frage. Dagegen hat sich die Form eines autonomen sozialisierten Unternehmens nicht durchgesetzt. Das liegt daran, daß die von der Verwaltung geführten Unternehmen deshalb in die öffentliche Hand übernommen worden sind, weil mit ihnen ein bestimmter allgemeiner politischer Zweck erreicht werden soll. Das fordert aber, daß der Träger der politischen Aufgabe einen wesentlichen Einfluß behält.

294 D. Die *Organisation der Unternehmen* kann in verschiedener Form erfolgen:

I. Die Verwaltung bedient sich der Formen des Handelsrechts (Aktiengesellschaft, Gesellschaft mit beschränkter Haftung). Diese Rechtsform ermöglicht es, die Unternehmensleitung in ihrer Wirtschaftsführung völlig von den zu starren Vorschriften des Haushaltsrechts zu befreien. Die Verwaltung behält durch den Aufsichtsrat die grundsätzlichen Entscheidungen der Unternehmenspolitik in der Hand.

II. Diese Rechtsformen ermöglichen es auch, privates Kapital zu beteiligen (gemischtwirtschaftliche Unternehmen). Dadurch wird einerseits die Verwaltung zu einem geringeren Aufwand an Kapital genötigt. Die Verwaltung kann auch einen Teil der Gewinne (an denen ihr nicht in erster Linie liegt) unmittelbar Privaten zukommen lassen. Das ist z.B. auch durch eine Vorzugsdividende möglich. Dagegen kann sich die Verwaltung, selbst wenn sie nur eine Kapitalminderheit besitzt, durch Satzungsbestimmung einen größeren Einfluß ausbedingen (Mehrstimmrechtsaktien).

295 III. Das Unternehmen kann auch völlig in die Verwaltung eingegliedert sein. Man spricht in diesem Fall von *Regiebetrieben.*

296 IV. Ferner sind *Zwischenformen* möglich. Zwei Hauptformen kommen vor:
1. Es werden besondere juristische Personen des öffentlichen Rechts (zumeist Anstalten oder Stiftungen) gegründet, die nach öffentlichem Recht leben, unter einer öffentlich-rechtlichen Aufsicht stehen, aber kraft Sonderrechts nicht den starren Regeln der Haushaltswirtschaft unterliegen.
2. Die Unternehmen gehören zum Verband des Verwaltungsträgers, sind aber hinsichtlich ihrer wirtschaftlichen Betätigung ausgegliedert. Die Hauptform ist

der kommunale Eigenbetrieb. Die Verwaltung und das Rechnungswesen arbeiten nach den Regeln der Privatunternehmen, die Aufsichtsorgane sind jedoch mit den kommunalen Leitungsorganen identisch oder gehen aus ihnen hervor und sichern so den Einfluß der politischen Führung auf die Unternehmenspolitik wirksamer als bei einer ausgegliederten AG oder GmbH.

E. Die öffentlichen Unternehmen können in verschiedener Weise *in die Wirtschaft eingreifen:* 297
  I. Als *Monopolunternehmen,* d.h. ohne private Konkurrenz, wobei der Wettbewerb entweder kraft Rechtsvorschrift (Vorbehalt bestimmter Tätigkeiten für die Verwaltung, z.B. Briefbeförderung) völlig ausgeschaltet oder durch Bevorzugung der Verwaltungsunternehmen (z.B. Subventionen) unmöglich gemacht wird. Monopolunternehmen kommen vor als
  1. Polizeimonopole (z.B. für Kernbrennstoffe, Feuersicherheit, Tierkörperbeseitigung, Schlachthöfe),
  2. Lenkungsmonopole (z.B. Zwangssyndikate, Bergregale, Einfuhr- und Vorratsstellen),
  3. Leistungsmonopole (z.B. Bundespost, Bundesbahn),
  4. Finanzmonopole (z.B. Zündwarenmonopol, Branntweinmonopol).

  II. *Wettbewerbsunternehmen.* Hierbei besteht die Gefahr, daß die Verwaltung ihre Stellung ausnutzt, um sich Vorteile gegenüber den Wettbewerbern zu verschaffen. Andererseits besteht die Gefahr, daß die Verwaltung ihre Unternehmen zu bürokratisch leitet. Daher ist das Eingreifen der Verwaltung durch eigene Unternehmen in den Wettbewerb stets problematisch. 298

E. Die Forderung nach *Vergesellschaftung von Produktionsmitteln (Sozialisierung)* berührt auch die Verwaltung. 299

  I. Soweit die Betriebe als Wirtschaftsbetriebe nach kaufmännischen Prinzipien arbeiten, bedarf es zusätzlicher Verwaltungsaktivitäten zur Planung, Steuerung und Kontrolle der Betriebe, um an die Stelle des sich am Bedarf orientierenden Marktes andere, politisch definierte Ziele durchzusetzen.

  II. Soweit die Betriebe in die öffentliche Verwaltung eingegliedert werden, werden die Probleme der Bürokratie (Rdnr. 311 ff.) verschärft, und die übrigen Probleme rationalen Handelns, insb. der Messung und Durchsetzung der Rationalität auch hierher übertragen.

F. Eine in gewissem Sinne gegenläufige Tendenz liegt in der *Privatisierung öffentlicher Aufgaben,* die heute diskutiert wird. Dabei handelt es sich um zwei völlig verschiedene Gegenstände: 300

I. Die Verwaltung bleibt weiter in öffentlicher Hand, wird jedoch in privatrechtlicher Form geführt.

1. Die Verwaltung kann Wirtschaftsunternehmen (Regiebetriebe, Eigenbetriebe) in eine gesellschaftliche Form (GmbH, AG) überführen, wobei sie alleiniger Gesellschafter bleibt. Dann wird sie von den Fesseln des Haushaltsrechts frei, ist nicht an die kameralistische Buchführung gebunden, sondern bucht und bilanziert wie ein Kaufmann. Das ist in vielen Fällen für den Zweck des öffentlichen Unternehmens angemessener, wenn es in erster Linie um Gewinnerzielung geht. Die Verwaltung ist dann auch bei Vermögenspositionen wesentlich reaktionsfähiger und handelt daher wirtschaftlicher.

2. Möglich ist auch die Privatisierung bestimmter Teile des sog. inneren Dienstes, insb. der Gebäudeverwaltung und -reinigung dadurch, daß die Verwaltung die Dienstgebäude einer ihr völlig gehörenden Gesellschaft (AG, GmbH) überträgt und von dieser zum Selbstkostenpreis mietet, oder daß sie ein Reinigungsunternehmen gründet, um von diesem die Gebäude pflegen zu lassen. Im letzteren Falle braucht das Unternehmen nicht einmal der öffentlichen Hand zu gehören, sondern kann aus den am Markt tätigen miteinander konkurrierenden Unternehmen ausgewählt werden.

3. Ob diese Form der Privatisierung zweckmäßig ist, hängt von den Umständen des Einzelfalles ab.

II. Eine ganz andere Problematik wirft die Privatisierung auf, wenn öffentliche Unternehmen an Private verkauft werden. Ob das geschieht, ist eine prinzipielle politische Entscheidung, die von der Überlegenheit der Privatwirtschaft gegenüber einer sozialisierten Wirtschaft ausgeht. Sie wird u.U. aber auch von der öffentlichen Finanznot erzwungen. Dabei ist es möglich, daß die Verwaltung einen Teil der Gesellschaftsanteile behält, um sich nicht völlig ihres Einflusses und ihrer Kontrolle zu begeben.

9. Kapitel   Verwaltung und Bürger

§ 32   »Demokratische« Verwaltung

Schrifttum: *H. Bergner,* Das schwedische Grundrecht auf Einsicht in öffentliche Akten, diss.iur. Heidelberg, 1968; *J. Conradi,* Das Öffentlichkeitsprinzip in der schwedischen Verwaltung, diss. jur. Berlin, 1968; *P. Eichhorn,* Die öffentliche Verwaltung als Dienstlei-

§ 32 »Demokratische« Verwaltung

stungsbetrieb, in: Festschrift für *H. J. Wolff*, 1973, S. 39 ff.; *Th. Ellwein*, Politische Verhaltenslehre, 1964; *E.-W. Fuß*, Personale Kontaktverhältnisse zwischen Verwaltung u. Bürger, in: DÖV 1972, S. 765 ff.; *A. Goeschel*, Die Polizei als Dienstleistungsbetrieb, in: Atomzeitalter 1967, 700 ff., 1968, 46 ff.; *R. Herzog*, Möglichkeiten und Grenzen des Demokratieprinzips in der öffentlichen Verwaltung, in: Demokratie und Verwaltung, Schriften HSch Speyer, 1972, Bd. 50, S. 485 ff.; *E. Klingler*, Rat und Beratung in der deutschen Verwaltung, 1965; *H. Körner*, Der numerierte Mensch, in: Der Städtebund, 1971, S. 119 ff.; *E. Kube*, Den Bürger überzeugen – Stil, Strategie und Taktik der Verwaltung, 1973; *H. W. Laubinger*, Die Verwaltung als Helfer des Bürgers. Gedanken zur behördlichen Betreuungspflicht, in: Demokratie und Verwaltung, Schriften HSch Speyer, Bd. 50, 1972, S. 439 ff.; *H. J. v. Oertzen* (Hrsg.), Demokratisierung und Funktionsfähigkeit der Verwaltung, 1974; *G. Petrén*, Die Aktenöffentlichkeit in Schweden, in: VerwArch 49, 1958, 323 ff.; *E.K. Scheuch*, Neue Anforderungen an die Denkstrukturen und an die Verhaltensweise der Verwaltung in einer modernen Gesellschaft, in: Verwaltung im modernen Staat, 1970, S. 98 ff.; *G. Schmölders*, Der verlorene Untertan, 1971; *M. Schröder*, Staatstheoretische Aspekte einer Aktenöffentlichkeit im Verwaltungsbereich, in: Verwaltung 1971, S. 301 ff.; *H. Wagner*, Die deutsche Verwaltungssprache der Gegenwart, 1970.

A. Das Verhältnis von *Verwaltung und Bürger* unterliegt dem Wandel. Wenige 301
Gegebenheiten der Verwaltung sind derart *abhängig von der Staatsanschauung*
und den jeweiligen sozialen Umständen. Daher ist zunächst der Frage nachzugehen, welchen Einfluß die Demokratie auf das Verhältnis von Verwaltung und Bürger hat.

I. Die Demokratie ist eine von mehreren möglichen Herrschaftsformen. Ihre Besonderheit liegt darin, daß sie eine *Identität zwischen Herrschern und Beherrschten* herstellen will. Diese Ordnung ist nicht nur technisch begründet, sondern will den Inhalt der Herrschaft so gestalten helfen, daß er die Interessen der Beherrschten, der Bürger, verwirklicht. Insofern heißt Demokratie nicht nur »Herrschaft durch das Volk«, sondern ebenso »Herrschaft für das Volk«. Demokratische Verwaltung heißt dann »Verwaltung für das Volk«.

II. Daß die Mittel der *parlamentarischen Demokratie* die Herrschaft für das Volk nur bedingt sichern können, zeigt sich immer wieder. Der Prozeß der Willensbildung vom Wähler in der Wahlentscheidung bis zum letzten administrativen Vollzug ist durch so viele Zwischenakte gebrochen, daß die Wahlentscheidung nur einen sehr beschränkten Einfluß auf den Verwaltungsvollzug haben kann. Diese Tatsache wird dadurch verschärft, daß die Parteien, die das politische Leben beherrschen, dem Wähler nur eine beschränkte Zahl von Alternativen zur Verfügung stellen und sich auch in zahlreichen Fragen, die die Verwaltung betreffen, vor der Wahl nicht festlegen können. Bürokratische Verwaltungen tendieren dazu, unkontrollierte Macht zu entwickeln. Da aber politische Systeme der Kontrolle bedürfen, ist die Öffnung durch sog. Demokratisierung eine aktuelle Forderung (vgl. Rdnr. 326).

9. Kapitel Verwaltung und Bürger

B. Die Stellung des Bürgers gegenüber der Verwaltung ist *ambivalent*.

302   I. Einerseits ist sie durch Abhängigkeit von der Verwaltung gekennzeichnet: Der »beherrschte Lebensraum« wird immer kleiner, während der »effektive Lebensraum« immer größer wird (*Forsthoff*). Dieser effektive Lebensraum wird von der Verwaltung gewährleistet. Die Zusammenhänge, die über das Verhältnis von Wirtschaft und Verwaltung dargelegt worden sind, gelten auch im Verhältnis zum Bürger. Die Maßnahmegesetzgebung beherrscht weitgehend die gesetzgeberische Aktivität. Sie korrigiert immer wieder die gesellschaftlichen Daten und versucht eine gerechte gesellschaftliche Ordnung aufrechtzuerhalten oder herzustellen. Die sich schnell ändernden Gesetze werden von der Verwaltung vollzogen. Die Verwaltung erscheint dem Bürger als der Träger dieses Systems, das den Lebensraum sichert oder auch nicht hinreichend sichert.

303   II. Andererseits ist die Verwaltung nicht nur eine Macht, die Anforderungen an den Bürger stellt nach einem vom Bürger nicht zu durchschauenden System. Der *moderne Wohlfahrts- und Leistungsstaat* gibt vielmehr auch Chancen, Leistungen zu erhalten, wenn man nur weiß, wann, wo und mit welcher Begründung man Anträge zu stellen hat. Dabei gibt die begrenzte Arbeitskapazität der Verwaltung selbst unredlichen Bürgern reelle Chancen, so daß das Bewußtsein des Unerlaubten mancher Handlungen gegenüber der Verwaltung nicht selten verdrängt wird (z.B. im Subventionswesen und im Steuerwesen).

304   III. Das Verhältnis des Bürgers zur Verwaltung ist ferner dadurch gekennzeichnet, daß nach der heutigen Auffassung die Verwaltung nicht primär Obrigkeit sein soll, sondern die Aufgabe hat, *den Bürger zu bedienen.* Freilich kann auch heute Verwaltung nicht ohne Herrschaft ausgeübt werden. Aber auch die Herrschaftsausübung ist Dienst und hat sich in Formen zu vollziehen, die diese Funktion deutlich machen. Danach ist vor allem das Verfahren der Verwaltung einzurichten (Rdnr. 233).

1. Die Entscheidungen der Verwaltung müssen dem Bürger verständlich sein. Die der Bürokratie eigene Neigung zum *Amtsjargon* (Rdnr. 311 ff.) ist einer demokratischen Verwaltung nicht gemäß.

2. Die Verwaltung darf den Bürger nicht übermäßig in Anspruch nehmen. Diese Gefahr ist allerdings naheliegend. Sie besteht nicht so sehr deshalb, weil die Verwaltung als eingreifende Verwaltung die Freiheit des Bürgers beschränkt. Insoweit ist der Charakter der Verwaltung als Eingriffsverwaltung gegenüber dem Charakter als Leistungsverwaltung erheblich zurückgetreten. Jedenfalls die Masse der Bürger kommt mit der Verwaltung vorwiegend in ihrer leistenden Funktion zusammen.

305   3. Aber auch die leistende Verwaltung gibt ihre Leistungen in der Regel nicht sogleich, sondern erst nach einem *Verfahren,* das oft nicht unkompliziert ist. Der Kontakt des Bürgers mit der Verwaltung selbst, wenn am Ende eine Leistung ge-

währt wird, ist Kontakt mit der Bürokratie. Das unbürokratische Verhalten der Verwaltung wird daher nicht zu Unrecht gefordert; es ist allerdings nicht völlig erreichbar (Rdnr. 324). Der Bürger ist daher nur noch beschränkt in der Lage, unmittelbar mit der Verwaltung zu verkehren. Er bedarf eines Mittlers, um seine Anliegen erfolgversprechend vorzubringen. Neben dem Anwalt, der sich in den Bereichen des Verwaltungsrechts nur noch bedingt auskennt, treten Spezialisten wie Steuerberater und Rentenberater; aber auch Angehörige anderer Berufe, z.B. Wirtschaftsprüfer und Architekten, sind oft Vertreter des Bürgers vor der Verwaltungsbehörde. In vielen Fällen haben die Verbände eine legitime Aufgabe in der Vertretung ihrer Mitglieder in Verwaltungssachen.

4. Die *Indienstnahme Privater für die Verwaltung* muß sich in Grenzen halten. 306 Die kostenlose Abwälzung von Verwaltungsarbeit auf die Bürger hat z.T. Ausmaße erreicht, die Kritik herausfordern. Die wichtigsten Beispiele dieser Indienstnahme sind die Einziehung von Lohnsteuern und Sozialversicherungsbeiträgen durch die Arbeitgeber. Sicherlich läßt sich schwer leugnen, daß es sich hierbei um ein praktisches, weil lautloses, kostensparendes und leicht zu überwachendes Verfahren handelt. Daß allerdings Private diese Leistungen völlig ohne Entgelt für die Verwaltung erbringen müssen, ist schwerlich zu rechtfertigen.

5. Problematisch ist die *Überwälzung von Verwaltungsaufgaben* durch die of- 307 fene Forderung von Dienstleistungen. Das zeigt sich an den ehrenamtlichen Tätigkeiten und an den Hand- und Spanndiensten, die beide im Aussterben sind. Daß hier z.T. unüberwindliche Schwierigkeiten bestehen, den Bürger für die Mitarbeit an Verwaltungsaufgaben zu aktivieren, zeigt der zivile Bevölkerungsschutz, der – soweit es die freiwillige Mitwirkung des Bürgers angeht – weitgehend gescheitert sein dürfte.

IV. Zusammenfassend ist festzustellen, daß es eine noch zu lösende Aufgabe 308 ist, die *Entfremdung zwischen Bürger und Verwaltung* zu überwinden. Allerdings ist der Grad der Entfremdung sehr unterschiedlich. Menschen, die im Arbeitsleben einer industriellen Gesellschaft stehen, haben für die bürokratischen Formen der Verwaltung mit ihrem Spezialistentum zumeist Verständnis und finden sich darin zurecht. Andere dagegen geraten gegenüber der Verwaltung geradezu in eine Phobie und nehmen nicht einmal ihnen zustehende Rechte wahr.

C. Sicherlich bestehen kaum Chancen, ein Verhältnis inniger *Verbundenheit zwi-* 309 *schen Bürger und Verwaltung* zu erreichen. Immerhin bleibt doch zu fragen, warum die so starke Entfremdung zwischen Verwaltung und Bürger bisher nicht überwunden ist.

I. Im Vordergrund steht die Tatsache, daß es sich um eine *bürokratische Verwaltung* handelt (Rdnr. 311 ff.).

II. Sodann spielen auch historische Gründe mit. Die Verwaltung des konstitutionellen Staates schwebt noch vielen Menschen als Archetyp der Verwaltung überhaupt vor. Die andersartige Verwaltung von heute, der der Bürger vielfach begegnet, wird nicht als Normalfall angesehen.

III. Der Bürger stellt an die Verwaltung *hohe Anforderungen.* Der Wunsch nach Vergrößerung des effektiven Lebensraumes kann von der Verwaltung nicht immer erfüllt werden. Der Bürger wird insoweit oft von der Verwaltung enttäuscht.

IV. Schließlich hat die Verwaltung selbst auch nicht unerhebliche *Mängel.* Der Umfang der Verwaltung ist so groß, daß es nicht möglich ist, für alle Posten geistig und charakteristisch hinreichend qualifizierte Beamte zu finden. Der Beamte, der seinen Aufgaben sachlich nicht gewachsen ist, versucht aber nur zu leicht, sein Versagen durch schroffen Ton überzukompensieren. Der Schaden für das Verhältnis zwischen Bürger und Verwaltung, der durch das Versagen eines Beamten in einem Falle angerichtet wird, pflegt in der Regel auch durch mehrfache Begegnungen mit korrekt und höflich arbeitenden Beamten im Bewußtsein des Bürgers nicht ausgeglichen zu werden.

V. Die *Empfindlichkeit des Bürgers* in der BRD *gegenüber der Verwaltung* und seine Furcht, als Persönlichkeit nicht hinreichend gewürdigt zu werden, zeigt sich besonders bei der Diskussion um die Einführung eines Personenkennzeichens. Diese rein technische Maßnahme, die im Interesse einer rationellen Verwaltung unvermeidbar ist, hat bei vielen Menschen eine ausgesprochene Sorge hervorgerufen, nur noch als Nummer behandelt zu werden. Entsprechende Befürchtungen gehen vom Computer aus, der in seiner Wirkungsweise und seinen Möglichkeiten vom Durchschnittsbürger nicht durchschaut wird und daher – oft unbegründete – Befürchtungen hervorruft und dadurch sowohl die Macht der Bürokratie erhöht als auch das Verhältnis des Bürgers zur Verwaltung belastet (vgl. Rdnr. 311 ff.).

310 D. Die deutsche Verwaltung kennt nicht das Prinzip der *Aktenöffentlichkeit.* Die Verwaltung vollzieht sich »geheim«. Dieser Zustand ist – insb. im Hinblick auf die schwedische Aktenöffentlichkeit – oft angegriffen worden. Daß es gewisse Vorgänge gibt, die entweder im Interesse des Bürgers – z.B. Steuerakten, Akten des Gesundheitsamtes – oder der Verwaltung – z.B. Strafverfolgung – geheim sein müssen, ist unbestreitbar. Aber es ist doch zweifelhaft, ob es wirklich notwendig ist, darüber hinaus den Grundsatz der Geheimhaltung aufzustellen. Die Transparenz der Verwaltung, die dadurch geförderte Kontrollmöglichkeit sind sicherlich Faktoren, die zu einer Leistungssteigerung der Verwaltung beitragen und das Verhältnis zwischen Bürger und Verwaltung verbessern können. Freilich ist andererseits nicht zu verkennen, daß die »Öffentlichkeit« des Verwaltungshandelns einen nicht geringen Verwaltungsaufwand verursachen kann; doch darf dieser

nicht überschätzt werden, weil nach aller Erfahrung von der Möglichkeit der Akteneinsicht nur in ganz wenigen Fällen Gebrauch gemacht wird. Interessant ist das Problem der Aktenöffentlichkeit im Verhältnis zur Presse, die die Öffentlichkeit des Verwaltungshandelns durch den Multiplikatoreffekt erst realisiert (Rdnr. 1217 ff.).

§ 33 Die Verwaltung als Bürokratie

Schrifttum: *G. Adam*, Über das Wesen der Bürokratie, in: Bundeswehrverwaltung, 1968, S. 265 ff.; *R. Bendix*, Bureaucrazy and the Problem of Power, in: *R. Merton* (Hrsg.), Reader in Bureaucrazy, 1968; *H. Bosetzky*, Das Verdrängen bürokratischer Elemente als Organisationsnotwendigkeit, in: Verwaltung 1974, S. 23 ff.; *M. Crozier*, Le Phénomène Bureaucratique, 1963; *A. Downs*, Inside Bureaucrazy, 1967, S. 262 ff.; *H. Freyer*, Die Situation der Bürokratie in der Mitte des 20. Jahrhunderts, Mitt.KGSt. Sonderdruck Juni 1961; *K. Heinemann*, Technik und Macht bürokratischer Organisationen, in: Zeitschrift für Wirtschafts- und Sozialwissenschaften, 1972, S. 321 ff.; *H. D. Jarras*, Politik und Bürokratie als Elemente der Gewaltenteilung, 1975; *H. Jacoby*, Bürokratisierung der Welt, 1969; *T. Leuenberger*, Bürokratisierung und Modernisierung der Gesellschaft, 1975; *O. Matzke*, Parkinson und die Welternährungshilfe, in: »aus politik und zeitgeschichte« B7/76; *R. Mayntz* (Hrsg.), Bürokratische Organisation, 1968; *F. Morstein Marx*, Freiheit und Bürokratie, in: ArchRuSozPhil 1956, S. 351 ff.; *ders.*, Einführung in die Bürokratie, 1959; *E. Rasch*, Probleme der Bürokratie der öffentlichen Hand, in: VerwArch 1976, 211 ff.; *Max Weber*, Wirtschaft und Gesellschaft, 5. Aufl. 1972, S. 125 ff., 541–579, 815–868.

A. Nach *Max Weber* sind drei Arten von *legitimen Herrschaftsformen* zu unterscheiden: die charismatische, die traditionale und die bürokratische Herrschaftsform. Zweifellos trägt auch ein moderner Staat charismatische Züge, sicherlich ebenso Elemente einer traditionalen Herrschaftsordnung. Beherrschend sind jedoch die bürokratischen Elemente. 311

I. Die *bürokratische Herrschaftsform* hat als Wesenselement eine ausgebaute Verwaltung. Sie wird durch das Vorhandensein von berufsmäßig ausgebildeten Beamten, eine strenge monokratische Hierarchie, bei der die Autorität weniger durch die Persönlichkeit, als vielmehr durch die Amtsstellung getragen wird, das Erreichen höherer Stellungen nach Durchlaufen der Zwischenstufen, die Arbeit mit Akten und eine große Zahl von Normen und Regeln gekennzeichnet. Dabei herrscht die abstrakte Vorschrift; sie diktiert das Gesetz des Handelns, sie stellt sich zwischen den Zweck und seine Verwirklichung und führt hier ein autonomes Dasein. Der moderne Rechtsstaat, in dem jeder Bürger sich ständig auf den Grundsatz der Gleichbehandlung beruft, ist notwendig bürokratischer Staat.

9. Kapitel Verwaltung und Bürger

312   II. Die Bürokratie ist *nicht nur* eine Erscheinung der *öffentlichen Verwaltung*. Sie kommt ebenso in der Wirtschaft, beim Militär und in den Kirchen vor. Eine Großorganisation kann nicht ohne Bürokratie funktionieren. Jede revolutionäre Bewegung, die sich bemüht hat, bisherige Büroratien abzubauen, die versucht hat, das bürokratische System zu überwinden, hat zunächst einen Leistungsabfall erlebt – über den gewisse Teilerfolge nicht hinwegtäuschen können – und hat sodann eine eigene Bürokratie aufgebaut, die zumeist noch ärger war als die frühere Bürokratie. Es ist unleugbar, daß die Bürokratie trotz der vielen unangenehmen Züge, die sie trägt, immer noch das wirksamste System des Vollzugs der staatlichen Herrschaft ist. Das gilt umso mehr, je größer eine Verwaltung ist, je mehr Anforderungen der Bürger an die Verwaltung stellt. Man wird daher sagen dürfen, daß die Bürokratie unser unausweichliches Schicksal ist und daß es nur darum geht, ihre Nachteile möglichst zu verringern.

B. Die Bürokratie wird *(Morstein Marx)* durch folgende *Eigenarten* gekennzeichnet:

313   I. *Unpersönlichkeit*, d.h. innerer Abstand vom Betroffenen, der allerdings im Interesse einer gerechten und unparteiischen Entscheidung wichtig ist, mag er auch zum Mißtrauen des betreuten Bürgers führen, der sich als Aktenfall behandelt fühlt.

314   II. *Selbstisolierung:* Die Großorganisation der Verwaltung bekommt eine Eigengesetzlichkeit, da ihre Spezialisten eine eigene Denkart haben und eine eigene Sprache (Amtsjargon) sprechen. Die Verwaltung wird in ihren Äußerungen für den Außenstehenden unverständlich.

315   III. *Geheimhaltung:* Die Verwaltung kennt grundsätzlich keine Akteneinsicht. Das liegt z.T. im Interesse des Staates (Staatssicherheit) und der Betroffenen (z.B. Steuerverwaltung, Wirtschaftsförderung, Disziplinarfälle), gibt ihr aber ein größeres Wissen, einen besonderen Nimbus, aus dem eine zusätzliche Machtfülle fließt.

316   IV. *Solidarität:* Die Verwaltung fühlt sich als Einheit, entwickelt einen Corpsgeist, deckt sich gegenseitig. Der Bürger sieht sich einer undurchdringlichen Phalanx gegenüber. Von außen, aber auch von innen, d.h. durch die Vorgesetzten ist die bürokratische Organisation nur beschränkt kritisierbar.

317   V. *Beharren auf Überkommenem:* Widerstand gegen Neuerungen, weil Umstellungen Reibungen erzeugen, den Wirkungsgrad vermindern. Die allgemeine menschliche Abneigung gegen Veränderungen zeigt sich gerade im Großbetrieb besonders. Die Tendenz zum Konservatimismus vergrößert sich mit zunehmendem Alter der Organisation.

VI. *Bequemlichkeit:* Die Arbeit nach dem Simile gibt eine größere Sicherheit 318
der Sachrichtigkeit, erspart zugleich die Arbeit des ständigen Neu-Durchdenkens. Das Tempo der Arbeit im Großbetrieb ist langsamer, es richtet sich immer nach dem langsamsten Mitglied; das erfordert die Kollegialität. Der Grad der Verantwortlichkeit sinkt im Großbetrieb, da bei größerer Arbeitsteilung der einzelne sich weniger verantwortlich fühlt und weniger verantwortlich gemacht werden kann.

VII. *Umständlichkeit:* Die Genauigkeit der Bearbeitung ist durch die Sache ge- 319
boten, eine schnelle Bearbeitung führt leichter zu Fehlern. Verfahrensnormen müssen eingehalten, Zuständigkeiten und Beteiligungen müssen beachtet werden, jedes Ressort wacht eifersüchtig über die Mitwirkung (in der Verwaltung herrscht der positive Kompetenzkonflikt vor). Diese Eigenschaften werden, durch ein weitgehend wertblindes Pflichtbewußtsein gedeckt, in ihrer Eigenart und ihren Mängeln von den Mitgliedern der Bürokratie daher zumeist überhaupt nicht erkannt.

C. Andererseits hat die Bürokratie auch *positive Seiten:* 320

I. *Effektivität:* Es gibt kein Organisationsprinzip, das einen so hohen Grad von Nutzen (im Verhältnis zu den Kosten) aufweist, wie die Bürokratie. Die Anforderungen des Bürgers an die Leistungen der Verwaltung und die stets knappen Mittel der Verwaltung fordern daher notwendig eine bürokratische Arbeitsweise.

II. *Objektivität:* Die Unpersönlichkeit, das fehlende Interesse an dem Einzel- 321
fall, die innere Distanz zu dem Antragsteller garantieren, daß die bürokratische Verwaltung gerechte, unbefangene Entscheidungen produziert.

III. *Richtigkeit:* 1. Die Regelhaftigkeit bürokratischer Verwaltung erlaubt in 322
besonders hohem Maße ein Urteil über die Richtigkeit der Verwaltungsentscheidungen; ohne eine Richtschnur ist ein Urteil über die Richtigkeit unmöglich.
2. Die auf normatives Denken angelegte Verwaltung der Bürokratie kann in besonderer Weise die Idee der »richtigen« Entscheidung verwirklichen. Hierbei spielt auch die subjektive Überzeugung des Bürgers eine wesentliche Rolle, daß die Regel eine »richtige« Entscheidung ermöglicht.

IV. *Standardisierung:* Umgekehrt bringt die Bürokratie der Verwaltung selbst 323
erhebliche Erleichterungen. Das einmal eingeübte Verhalten wird ständig reproduziert. Standards werden eingeführt und erhöhen die Leistungen der Verwaltung in qualitativer und quantitativer Hinsicht.

D. Der in sich ruhende, für Außenstehende schwer zu durchschauende, für von 324
außen Herantretende (z.B. aus dem politischen Bereich kommende Chefs) kaum

zu beherrschende Apparat stellt kraft der Solidarität, die seinen Mitgliedern eigen ist, ferner kraft seiner Eigengesetzlichkeit eine *Macht* dar, die nur beschränkt zu lenken ist. Diese Macht wird verstärkt durch das Angewiesensein der politischen Führer auf den bürokratischen Apparat. Daher bedürfen die politischen Führer der Loyalität der Bürokratie, die sie regelmäßig nur mit Kompromissen gegenüber der Bürokratie erkaufen können. Die Macht über die Bürokratie bedeutet effektive Macht.

§ 34 Partizipation

Schrifttum: *U. v. Alemann* (Hrsg.), Partizipation – Demokratisierung – Mitbestimmung, 1975; *P. Dagtoglou*, Partizipation Privater an Verwaltungsentscheidungen, in: DVBl. 1972, 712 ff.; *P. Dienel*, Partizipation an Planungsprozessen als Aufgabe der Verwaltung, in: Verwaltung, 1971, 151 ff.; *B. Höbel – U. Seibert*, Bürgerinitiativen und Gemeinwesenarbeit, 1973; *N. Luhmann*, Legitimation durch Verfahren, 1969, insb. S. 9–53, 201–218; *R. Mayntz*, Funktionen der Beteiligung bei öffentlicher Planung, in: Schriften HSch Speyer, Bd. 50, 1972, S. 341 ff.; *W. D. Narr – F. Naschhold*, Theorie der Demokratie, 1971, insb. S. 149 ff.; *F. Naschold*, Partizipation, Aspekte politischer Kultur, 1970; *C. Offe*, Demokratische Legitimation von Planung, in: *ders.*, Strukturprobleme des kapitalistischen Staates, 1972, 153 ff.; *E. Pankoke u.a.*, Neue Formen gesellschaftlicher Selbststeuerung, 1975; *M. Rein*, Sozialplanung: Auf der Suche nach der Legitimität, in: *F. Naschold – W. Väth*, Politische Planungssysteme, 1973, 203 ff.; *H. H. Rupp*, Freiheit und Partizipation, in: NJW 1972, 1537 ff.; *F. W. Scharpf*, Planung als politischer Prozeß, in Verwaltung 1971, 1 ff.; *W. Thieme*, Partizipation – Demokratie – Bürokratie, in: Recht und Politik 1972, 68 ff.; *G. Zimpel* (Hrsg.), Der beschäftigte Mensch. Beiträge zur sozialen und politischen Partizipation, 1970.

In den letzten Jahren ist die Frage der Partizipation eines der am meisten behandelten Probleme der verwaltungswissenschaftlichen Diskussion geworden.

325 A. Begriff

Die bürokratische Welt der Verwaltung soll und will zwar dem Bürger dienen. Kraft ihrer wesensimmanenten Eigenschaften (Rdnr. 311 ff.) verliert sie jedoch die Nähe zu dem zu betreuenden und zu bedienenden Bürger. Der Informationsstrom – in beiden Richtungen – ist nicht mehr eng genug, um die Probleme des Bürgers voll zu verstehen und zu verarbeiten. Die Partizipationsidee will diese Mängel im Verhältnis von Bürger und Staat dadurch überwinden, daß dem Bürger eine größere Chance geboten wird, auf die Entscheidungen der Verwaltung Einfluß zu nehmen. Das soll in Formen geschehen, die nicht mit denen der repräsentativen Demokratie identisch sind, sondern neben ihnen stehen, sie ergänzen, u.U. sogar weitgehend ersetzen.

B. Ursachen der Partizipationsforderung 326

Die moderne Verwaltung als bürokratische Verwaltung braucht besondere Institutionen und Verfahrensweisen, die es erlauben, dem verwalteten Bürger einen größeren Einfluß auf die Entscheidungen zu geben. Die repräsentative Demokratie kann dieses Bedürfnis nur bedingt befriedigen. Im modernen Großstaat werden die Bürger durch die Parteien mediatisiert. Die Partizipationsforderung ist daher Ausfluß der Kritik an dem Demokratiemodell der westlichen Demokratie. Daher ist es mindestens mißverständlich, wenn Partizipationsforderungen als »Demokratisierung« in einen Sachzusammenhang gebracht werden, in den sie gerade nicht gehören. Demokratie und Partizipation sind zweierlei. Sie sind beide legitim. Aber: Die Partizipation wendet sich gegen die demokratischn Organe und will ihre Macht einschränken, indem sie daneben weitere Einflußmöglichkeiten setzt.

Die Partizipation ist eine alte Forderung. Sie steckt an sich schon in der Selbstverwaltungsidee des *Frhr. v. Stein,* sie steckt in der Idee der »politischen Selbstverwaltung« von *v. Gneist* (insb. die Beschlußausschüsse preußischen Rechts). Das heutige Ausschußwesen (Rdnr. 589 ff.) ist Ausfluß dieser Idee. Die moderne Leistungsverwaltung hat einen erheblichen Ermessensspielraum bei Leistungen, die für den Bürger essentiell sind. Hier ist die Mitwirkung oder Vertretung des Bürgers durch besondere Organe von jeher ein wichtiges Anliegen gewesen. Bei der Planungsverwaltung wird das Problem noch dringlicher (Rdnr. 963 ff.). Hinzu kommt schließlich, daß die Menschen politischer geworden sind und zum guten Teil ein Stück Sinnverwirklichung ihrer eigenen Existenz durch politische Aktivität, d.h. durch Partizipation erstreben. Partizipation kann soweit gehen, daß sie eine Identifikation von Verwaltung und Bürger erstrebt.

C. Formen der Partizipation 327

I. Nicht unter die Partizipation i.e.S. gehört die Mitwirkung des Bürgers im Parlament und in Gremien der kommunalen Selbstverwaltung. Die Partizipationsbewegung wendet sich ja gerade gegen diese Organisation und setzt andere Mitwirkungsformen neben sie.

II. Ebenso wenig gehört zur Partizipation i.e.S. die nicht organisierte Ausübung der Meinungsfreiheit und die Beeinflussung der öffentlichen Verwaltung durch die Medien der öffentlichen Meinung.

III. Partizipation kann sich in folgenden Formen vollziehen:
1. Die wichtigste Form ist die *Bürgerinitiative,* die von Verbänden, Vereinen 328 oder – was typischer ist – von frei gebildeten Vereinigungen aus konkretem Anlaß in Gang gesetzt wird.
2. Möglich ist auch eine Organisation der Partizipation durch die Verwaltung

selbst, indem die Verwaltung ihrerseits veranlaßt, daß die von einer geplanten Maßnahme betroffenen Bürger sich artikulieren, u.U. zusammenkommen und die Probleme diskutieren.

329   3. Zur Partizipation gehört auch die fest institutionalisierte Partizipation, wie *Ausschüsse*, oder die gruppenpluralistisch zusammengesetzten Organe (z.B. Bundesanstalt für Arbeit, Rundfunkräte, Universitätsorgane).

330   4. Es gibt bestimmte Gruppen von Bürgern, die aus sozialpsychologischen, gesundheitlichen oder rechtlichen Gründen nicht in der Lage sind, die Anliegen gegenüber der Verwaltung hinreichend geltend zu machen. Für sie kommt eine *»Anwalts-Partizipation«* *(advocacy)* in Frage (Beispiel: Gefängnis-Beiräte, die die Interessen der Strafgefangenen wahrnehmen).

5. Partizipation kann als äußere Partizipation auftreten, d.h. durch Einflußnahme von Bürgern auf die Entscheidung und als interne Partizipation, d.h. durch Einflußnahme von Organisationsmitgliedern unterer Stufe auf die Entscheidungen.

331   6. Mit den genannten Formen sind die Möglichkeiten noch nicht erschöpft. Die Demonstration, die organisierte Petition sind auch wichtige Mittel der Partizipation. Insb. ist auch der Widerstand gegen bestimmte Verwaltungsentscheidungen, der bis zur beleidigenden Schmähung oder Anwendung von Gewalt gehen kann – ungeachtet der Frage der Recht- und Zweckmäßigkeit – eine Form der Partizipation in dem hier behandelten Sinnzusammenhang, wenn durch den Widerstand Einfluß auf Entscheidungen der Verwaltung genommen werden soll.

7. Besondere Probleme wirft die Partizipation an Planungsvorgängen auf (vgl. Rdnr. 1011).

8. Unter anderen Gesichtspunkten lassen sich auch die agierende, die konsumierende und die symbolische Partizipation unterscheiden, wobei letztere Nichtpartizipation ist und die fehlende Partizipation verschleiert.

332   **D. Möglichkeiten und Grenzen**

I. Es kann keinem Zweifel unterliegen, daß die Partizipation an sich legitim, ja eine notwendige Ergänzung des Systems der repräsentativen Demokratie auf der Ebene des Gesamtstaates und der örtlichen Verwaltungseinheit ist. Andererseits ist nicht zu verkennen, daß die Möglichkeit der Partizipation Grenzen unterliegt. Es ist eine unrealistische Hoffnung, man könne durch Partizipation (im politischen Tageskampf oft fälschlich als *»Demokratisierung«* bezeichnet) alle oder auch nur die wesentlichen Probleme einer befriedigenden Beteiligung der Bürger an Verwaltungsentscheidungen lösen. Die Partizipationsfähigkeit von Verwaltungsentscheidungen ist begrenzt, ebenso gibt es immanente Grenzen auf Seiten der Partizipanten und ihrer Fähigkeit, sich zum Zwecke der Partizipation zu organisieren.

333   II. Die Partizipationsforderung stehen auf Seiten der Verwaltung große und ge-

schlossene Machtapparate gegenüber, die ihre Zielvorstellungen durchzusetzen versuchen. Partizipanten sind für sie u.U. auch potentielle »*Störer*«, die sie mit den ihnen zu Gebote stehenden Mitteln zurückzudrängen versuchen. Die überlegenen Ressourcen der Verwaltung pflegen dabei in der Mehrzahl der Fälle erfolgreich zu sein. Erst dann, wenn die Verwaltung die Hoffnung hat, durch die Unterstützung der Partizipanten voranzukommen, pflegt sie diese willig in ihre Entscheidungsprozesse einzubeziehen. Eine faire Partizipationschance pflegt von der Verwaltung dann geboten zu werden, wenn die Verwaltung bei einem Problem nicht auf ein bestimmtes Ziel fixiert, sondern ernsthaft für mehrere Alternativen offen ist.

III. Auf Seiten der potentiellen Partizipanten fehlt es oft an der *Motivation zur Partizipation.* Sie kennen oder erkennen weder die Probleme noch die Partizipationschancen. Die Mobilisierung des Partizipationspotentials stößt freilich oft auf erhebliche psychologische Schwierigkeiten. 334

IV. Die Beteiligungskapazität ist beschränkt. Da Partizipation Teilnahme an Willensbildungsprozessen ist, unterliegt auch die Partizipation den Restriktionen, die für Entscheidungsprozesse in der Großorganisation gelten. Auch Partizipationsprozesse müssen sich organisieren, d.h. unter verschiedenen Alternativen auswählen. Daher kommen viele Partizipanten mit den von ihnen vertretenen Alternativen nicht zum Zuge. Das führt zur Frustration, die sich in mangelnder Bereitschaft niederschlägt, sich an künftigen Partizipationsprozessen zu beteiligen. Partizipation über längere Zeit wird daher nur von einer kleinen Schicht sozialaktiver Menschen geleistet.

V. Partizipation ist auch deshalb nur begrenzt erfolgreich, weil die Partizipationswilligen im Wettlauf um die *Zeit* oft unterliegen. Ehe sie die notwendigen Informationen beschafft haben, ehe sie – zumeist in ihrer Freizeit und ohne große materielle Ressourcen – den Prozeß der inneren Willensbildung abgeschlossen haben, ehe sie geeignete Termine für den Kontakt mit der Verwaltung vereinbart haben, ist der Entscheidungsprozeß in der Verwaltung oft schon beendet oder so weit vorangetrieben, daß der Partizipationsakt praktisch zu spät kommt. Wenn die Verwaltung eine Partizipation bejaht, kommt es daher entscheidend darauf an, daß sie frühzeitig geeignete Informationen zur Verfügung stellt. 335

VI. Partizipation verursacht auf Seiten der Verwaltung *Kosten,* mag die Verwaltung die Partizipation ihrerseits organisieren oder mag sie mit sich selbst organisierenden Partizipanten kooperieren. Für die Verwaltung stellt sich jedesmal die Frage, ob sich der Aufwand lohnt, ob sie – Partizipationsbereitschaft auf ihrer Seite vorausgesetzt – hoffen kann, Informationen und Wertungsgesichtspunkte in angemessenem Umfang zu gewinnen, die zu einer wirklichen Verbesserung der Verwaltungsentscheidung führt. Es gibt in jüngerer Zeit Stimmen, die unter der 336 irreführenden Bezeichnung »Demokratisierung« der Partizipation einen absoluten Rang einräumen wollen. Angesichts der stets knappen Ressourcen der Verwaltung ist jedesmal zu erwägen, ob die Aufwendungen der Partizipation den erwarteten Ertrag rechtfertigen.

337 VII. Schließlich muß sich die Partizipation *legitimieren.* Legitim sind zweifellos stets Verbände, die einen großen oder gar den größten Teil der Betroffenen organisieren. Legitim ist auch ein Einfluß von Kräften, die Sachverstand besitzen. Fraglich sind aber oft Einflüsse, die versuchen, Gruppeninteressen gegen die Interessen der Mehrheit der Bevölkerung durchzusetzen, die durch die parlamentarisch verantwortliche Regierung gesteuert werden. Das Anstößige dabei ist nicht die Tatsache, daß Interessen artikuliert werden, sondern die irreführende Gleichsetzung von Gruppeninteressen-Partizipation mit allgemeiner demokratischer Repräsentation.

§ 35 Verwaltung und Gruppenmächte

Schrifttum: *H. Adels,* Wie entscheiden Verbände? 1969; *K. v. Beyme,* Interessengruppen in der Demokratie, 3. Aufl. 1971; *E. Buchholz,* Interessen, Gruppen, Interessengruppen, 1970; *Th. Eschenburg,* Herrschaft der Verbände? 1955; *H. U. Evers,* Verbände, Verwaltung, Verfassung, in: Staat, 1964, 1 ff.; *H. Galperin,* Die Stellung der Gewerkschaften im Staatsgefüge, 1970; *F. Knöpfle,* Organisierte Einwirkungen auf die Verwaltung, in: DVBl., 1974, S. 707 ff.; *F. Naschhold,* Zur Theorie der Verbände, in: *W. D. Narr/F. Naschold,* Theorie der Demokratie, 1971, S. 204 ff.; *M. Petermann,* Die Grenze der Mitwirkung der privaten Verbände bei der Durchführung öffentlicher Aufgaben, 1960; *K. Popp.* Öffentliche Aufgaben der Gewerkschaften und innerverbandliche Willensbildung, 1975; *A. Predöhl/G. Weippert* (Hrsg.), Das Selbstbild der Verbände, Empirische Erhebung über die Verhaltensweisen der Verbände in ihrer Bedeutung für die wirtschaftspolitische Willensbildung in der BRD, 1965, *G. Schmölders,* Das Selbstbild der Verbände, 1965; *H. Schneider,* Die Interessenverbände, 4. Auflage, 1975; *H. J. Varain* (Hrsg.), Interessenverbände in Deutschland, 1973; *J. Wössner,* Die ordnungspolitische Bedeutung des Verbandswesens, 1961.

338 A. Für die *Struktur der heutigen Gesellschaft* ist die verbandsmäßige Organisation kennzeichnend. Die *organisierten Gruppenmächte* tauchen in fast allen Lebensbereichen auf:

I. Im Arbeits- und Wirtschaftsleben begegnen sie vor allem als Arbeitgeberverbände, Wirtschaftsverbände, Gewerkschaften, Bauernverbände. Sie kommen aber auch bei fast allen anderen Berufsgruppen vor.

II. Besondere Bedeutung haben Verbände von Menschen, die ein gleiches, zumeist schweres Schicksal erlitten haben. Überhaupt scheint die Verbandsbildung von »Geschädigten« verschiedenster Provenienz besonders nahe zu liegen.

III. Neben den Verbänden stehen die öffentlich-rechtlichen Körperschaften, denen berufsständische Selbstverwaltungsaufgaben zufallen. Diese Verwaltungsaufgabe ist bei ihnen nur eine Seite der Tätigkeit. Sie nehmen außerdem die Interessen ihrer Mitglieder wahr, wenn vielleicht zumeist auch in anderen Formen als die Verbände, da sie als Körperschaften des öffentlichen Rechts zu einer größeren Zurückhaltung bei der Wahl ihrer Mittel genötigt sind (Rdnr. 556 ff.).

IV. Verbandsmäßig zusammengeschlossen sind auch die Körperschaften und Anstalten des öffentlichen Rechts selbst, z.B. die Gemeinden, Gemeindeverbände, Sozialversicherungsträger und Hochschulen.

V. Eine besonders starke Stellung haben die Kirchen und Religionsgemeinschaften, die ebenfalls ihre partikulären Interessen gegenüber der staatlichen und gemeindlichen Verwaltung geltend zu machen wissen.

VI. Schließlich gibt es Verbände, die gemeinnützige Zwecke, nicht dagegen die individuellen Interessen der Mitglieder vertreten. Auch sie nehmen auf die Verwaltung Einfluß.

B. In einer demokratischen Ordnung haben die Organisationen der Gruppenmächte, insb. die Verbände, einen *legitimen* Platz:

I. Zunächst einmal sind sie von der Verfassung legitimiert. Die Grundrechte der Vereinigungsfreiheit, der Meinungsfreiheit und das Petitionsrecht (das in der Praxis mehr ein Gruppenrecht geworden ist) weisen das aus, mögen sie auch ursprünglich nicht so konzipiert worden sein.

II. Sodann aber verlangt die *Demokratie* auch nach einem derartigen Zusammenschluß.

1. Der Bürger kann seine Anliegen in der amorphen Masse nur beschränkt zur Geltung bringen. Die staatlichen Organe, die den Wünschen der Bürger – soweit erfüllbar und nicht gegen das öffentliche Wohl verstoßend – nachkommen wollen und sollen, können diese Wünsche nur erfahren, wenn die einzelnen *Bürger* sie nicht nur zufällig, sondern *repräsentativ* vorbringen. Die Verwirklichung der Bedürfnisse der Bevölkerung verlangt daher eine interessenmäßige Organisation.

2. Die Sachverhalte, die einer Regelung durch den Staat (als Gesetzgeber oder Verwaltung) bedürfen, sind außerordentlich kompliziert. Die Verwaltung hat in der Regel keinen vollen Einblick in die Sachverhalte, die sie verwaltet. Sie kann daher auf eine Mitwirkung der Verbände nicht verzichten, wenn nicht Schäden entstehen sollen. Die Verbände mobilisieren Sachverstand.

9. Kapitel Verwaltung und Bürger

341 III. Schließlich haben die Verbände durch ihre *Filterfunktion* für die Verwaltung einen unschätzbaren Vorteil. Die Verbände, die ständige Gesprächspartner der Verwaltung sein wollen, müssen radikale Wünsche ihrer eigenen Mitglieder abfangen und dürfen diese gar nicht (oder doch nur sehr beschränkt) vortragen. Die Verbände sind zuweilen mehr damit beschäftigt, die Meinungen ihrer Mitglieder zu koordinieren und in eine Form zu bringen, die für die Verwaltung annehmbar ist, als nach außen hin die Wünsche zur Geltung zu bringen. Taktische Erwägungen stehen oft im Mittelpunkt der Beratungen von Verbandsorganen.

342 IV. Andererseits kann auch nicht verkannt werden, daß der Einfluß der Gruppenmächte sich u. U. nachteilig auf das öffentliche Wohl auswirkt. Das ist allerdings kein Anlaß, die Verbände überhaupt zu verdammen, sondern nur ein Grund, die Methoden der Verbände kritisch zu betrachten und *Mißständen* zu wehren. Dabei ist zu berücksichtigen, daß die Politiker eher geneigt sind, ungerechtfertigten Wünschen der Verbände nachzugeben, weil ihre Stellung durch die kurzen Wahlperioden wesentlich prekärer ist als die Stellung der Verwaltungsbeamten, die nicht von der Gunst der Wähler abhängen. Trotz mancher negativer Erscheinungen wird man daher doch das Verhältnis zwischen Verwaltung und Gruppenmächten grundsätzlich positiv werten dürfen.

343 C. Der *Einfluß der Verbände* auf die Verwaltung vollzieht sich in folgenden Formen:

I. Ein *informeller Einfluß* besteht an sehr vielen Stellen. Die Verwaltung kann sich den Verbänden schon insoweit nicht verschließen, als nach den Grundsätzen einer ordnungsmäßigen Verwaltungsführung Briefe und Denkschriften, die zu einem bestimmten Thema eingehen, nicht ungelesen bleiben dürfen. Sie kann auch kaum einem Verbandsvertreter einen Termin für eine Vorsprache verweigern. Was dann allerdings von den Argumenten der Verbände in die Entscheidungen einfließt, ist eine andere Sache und objektiv nicht nachweisbar. Man wird allerdings davon ausgehen dürfen, daß regelmäßig ein gewisser Einfluß auf diese Weise ausgeübt wird.

344 II. Neben dem informellen Einfluß gibt es zahlreiche Beispiele, in denen der Einfluß der Verbände sogar *rechtlich* gesichert ist. Der schwächste Grad der Einflußnahme ist die *Anhörung:*
  1. Bei Einzelentscheidungen ist sie gesetzlich selten institutionalisiert, kommt aber als informelle Anhörung vor.
  2. Die Mitwirkung der Verbände ist bei weittragenden Entscheidungen im Bereich der nicht gesetzes-akzessorischen Verwaltung oft nicht zu entbehren (z.B. Einrichtung vo Anstalten, Bekämpfung eines Mißstandes). Hier kann die vorherige Zustimmung des Verbandes manchen nachträglichen Widerstand ersparen (vgl. z.B. die Anhörung beteiligter Kreise nach § 51 BImSchG).

3. Beim Erlaß von Vorschriften ist die Mitwirkung von Verbänden nicht selten ausdrücklich geregelt (z.B. § 94 BBG). Allerdings kann der Einfluß auch so weit gehen, daß die ohne Zutun der Verwaltung zustandegekommenen Regelungen des Verbandes die Kraft von Rechtsnormen erhalten (vgl. § 1 der 4. DVO z. Energiewirtschaftsgesetz v. 7.12.1938, BGBl III 752–1–4).

III. Nicht selten ist die Beteiligung der Verbände an der eigentlichen *Führung der Verwaltungsgeschäfte*. Sie kann sich auf Beratung beschränken (z.B. § 24 Abs. 4 a. E. GewO). Sie kann aber auch Teilnahme an der Entscheidung sein (z.B. § 14 Abs. 1 Nr. 2 JWG). Sie kann sogar bis zur vollständigen Beherrschung einer Körperschaft durch Vertreter der Verbände gehen (z.B. § 192 AFG). Derartige Beteiligungen in der Entscheidung brauchen nicht auf Gesetz zu beruhen, sondern können auch auf informellen Abreden beruhen; die Anhörung wird in diesem Falle institutionalisiert. Durch derartige Regelungen tritt nicht nur eine Einflußnahme auf die Verwaltung ein. Die Verbände werden zugleich in die öffentliche Verantwortung hineingezogen. **345**

IV. Eine weitere Möglichkeit der Einflußnahme der Verbände besteht in der *Patronage* bei der Vergebung von Ämtern, die mit Berufsbeamten zu besetzen sind. Hier liegt eine echte Gefahr. Sie ist einerseits beamtenpolitischer Natur (Rdnr. 650 ff.). Sie besteht vor allem aber in einer offenen oder verdeckten Abhängigkeit der Patronierten, die nur bedingt in der Lage sind, ihre Aufgabe mit der erforderlichen Objektivität wahrzunehmen. Zwar wächst der Amtsinhaber – insb. wenn er Beamter auf Lebenszeit ist – im Laufe der Zeit in das Amt hinein und neigt auf die Dauer dazu, sich stärker mit seinen Amtspflichten als mit den Gruppeninteressen zu identifizieren. In vielen Fällen aber ist die Patronierung in der Haltung des Beamten niemals zu verwischen. **346**

10. Kapitel   Die Aufgaben der Verwaltung

§ 36   Die klassischen Verwaltungsaufgaben

Schrifttum: *P. Badura*, Verwaltungsrecht im liberalen und im sozialen Rechtsstaat, 1966; *E. Becker*, Verwaltungsaufgaben, in: *F. Morstein Marx* (Hrsg.), Verwaltung. Eine einführende Darstellung, 1965, S. 187 ff.; *Th. Ellwein*, Einführung in die Regierungs- und Verwaltungslehre, 1966; *H. v. Frisch*, Die Aufgaben des Staates in geschichtlicher Entwicklung, in: *v. Laband u.a.* (Hrsg.) Handbuch der Politik, 1. Band 1912, S. 46 ff.; 2. Aufl. 1920, S. 86 ff.; Funktionsgerechte Verwaltung im Wandel der Industriegesellschaft, Schriften HSch Speyer, Bd. 43, 1969; *F. Hartung,* Deutsche Verfassungsgeschichte vom 15. Jahrhundert bis zur Gegenwart, 9. Aufl., 1969; *K. Hespe,* Zur Entwicklung der Staatszwecklehre in der deutschen Staatsrechtswissenschaft des 19. Jahrhunderts, 1964; KGSt. (Hrsg.), System der öffentlichen Aufgaben, 1974; *H. H. Klein,* Zum Begriff der öffentlichen Aufgabe, in: DÖV 1965, S. 755 ff.; *R. Mohl* (vgl. Rdnr. 87); Die öffentliche Verwaltung in der Bundesrepublik Deutschland, BT Drucksache 7/2423, S. 542 ff.; *H. Peters,* Öffentliche und staatliche Aufgaben, in: Festschrift für *H. C. Nipperdey,* Bd. II, 1965, S. 877 ff.; *H. J. Wolff – O. Bachof,* Verwaltungsrecht I, 9. Aufl. 1974, S. 18 ff.

347 **A.** Die heutige Verwaltung hat eine derartige Fülle von *Aufgaben* zu erledigen, wie sie einer öffentlichen Verwaltung in der Geschichte noch nie gestellt war. Dabei ist für die Zukunft keinesfalls die Chance einer Verringerung der öffentlichen Aufgaben denkbar. Im Gegenteil, es läßt sich mit Sicherheit voraussehen, daß die Zahl und der Umfang der von der öffentlichen Verwaltung zu erledigenden Aufgaben weiter wachsen werden. Die Bedeutung der Verwaltung innerhalb der staatlichen Organisation und innerhalb der Gesellschaft hat daher zur Bezeichnung des heutigen Staates als »Verwaltungsstaat« geführt. Die Verwaltung erfaßt den Menschen von der Geburt an (in der öffentlichen Klinik und durch das Standesamt) über die Jugendzeit mit Schule, Impfzwang und Jugendverwaltung, das Jünglingsalter durch die Berufsberatung, Berufsschule, Wehrverwaltung, fast jedermann im Arbeits- und Berufsleben durch eine intensive Sozial- und Wirtschaftsverwaltung, seine persönliche Sphäre durch eine Gesundheits-, Freizeit- und Wohnungsverwaltung, im Alter durch eine vielgliederige Fürsorge und durch Bereitstellung von Anstalten, in denen der alte Mensch seinen Lebensabend verbringt, bis schließlich nach dem Tode durch die Verwaltung des Bestattungswesens. Es gibt wohl kaum einen Lebensbereich, in dem die öffentliche Verwaltung – in den verschiedensten Formen mit unterschiedlichen Mitteln und zahllosen Behörden – nicht tätig wird. Hier soll kein vollständiger Überblick über die Vielfalt dieser Aufgaben gegeben werden. Das wäre Sache einer »besonderen Verwaltungslehre«, die in diesem Buch nicht gegeben wird. Es geht im folgenden nur darum, eine gewisse Vorstellung von den Schwerpunkten zu geben, innerhalb derer die Verwaltung tätig wird. Dabei soll nicht systematisch vorgegangen werden, weder nach Lebensbereichen, noch nach gesetzlichen Regelungen, noch nach den Funktionen der Verwaltung (planende, eingreifende oder leistende Verwaltung). Es soll vielmehr versucht werden, durch eine geraffte Nachzeichnung der Entwicklung des Aufgabenbestandes und der Verschiebung der Schwerpunkte im Laufe der Geschichte der neuzeitlichen Verwaltung einen Eindruck vom Charakter der Verwaltung und ihrem Einwirken auf die Gesellschaft zu geben.

348 **B.** Die moderne Verwaltung begann in der Neuzeit als *landesherrliche Verwaltung im Ständestaat.*

§ 36 Die klassischen Verwaltungsaufgaben

I. Im Vordergrund stand daher die Verwaltung des landesherrlichen Vermögens (Domänen, Forsten, Regalien) und der landesherrlichen Einnahmen (ältere Steuern).

II. Besondere Bedeutung bekam mit dem Aufkommen der *stehenden Heere* die Verwaltung der Heeresangelegenheiten, die Rekrutierung, die Beschaffung von Pferden, Verpflegung, Ausrüstung jeder Art und deren Lagerung und Finanzierung. In den Zusammenhang mit der Landesverteidigung – mehr als in den Zusammenhang mit der Wirtschaft – gehörte die Verwaltung des Verkehrswesens, der Chausseebau und die Post.

III. Zunehmend größere Bedeutung gewann die *landesherrliche Polizei,* die es im älteren Polizeistaat (Rdnr. 75 ff.) vor allem mit der Förderung der Landeswohlfahrt zu tun hatte. Die landesherrliche Verwaltung beschäftigte sich daher mit der Landwirtschaft (z.B. Landesmeliorationen, Intensivierung des Landbaues, Siedlungspolitik), dem Gewerbewesen (Zunftwesen, Manufakturwesen), dem Bergbau. Der technische Fortschritt wurde den Untertanen mit Hilfe der landesherrlichen Verwaltung dienstbar gemacht. Dabei stand allerdings oft weniger die Sorge für das persönliche Wohl als vielmehr die Stärkung der Einnahmen des Landes und die Schaffung einer »guten Ordnung« im Vordergrund, die sich nicht nur der wirtschaftlichen Fragen annahm, sondern auch in das private, ja sogar in das religiöse Leben eingriff.

C. Die *Teilung der Gewalten,* insb. zwischen Verwaltung und Justiz ist eine Erscheinung, die sich erst unter dem Einfluß der Ideen der französischen Revolution in Deutschland durchsetzte. Die Verwaltung hatte es daher vorher nicht nur mit einer administrativen Tätigkeit im heutigen Sinne, sondern auch mit der Rechtspflege zu tun. Die Teilung der Gewalten nahm dann der Verwaltung fast alle judiziellen Aufgaben, sie übergab den Gerichten die gesamte Verwaltung auf dem Gebiete des Zivilrechts und Strafrechts (freiwillige Gerichtsbarkeit, Strafvollzug). Um 1820 bürgerte sich dann auch die Bezeichnung »Verwaltung« unter dem Einfluß gerade der Gewaltenteilung ein. 349

D. Im 19. Jh. übernahm die weltliche öffentliche Verwaltung eine Reihe von Aufgaben, die zuvor überwiegend im *kirchlichen Bereich* gelegen hatten, nämlich die anstaltliche Gesundheitspflege, das Armenwesen und die Bildungseinrichtungen, vollständig in ihre Obhut. 350

E. Eine erhebliche Bedeutung als Verwaltungszweig hatte im 19. Jh. auch die *politische Polizei,* insb. die Presse- und Versammlungspolizei, sowie die Ausländerpolizei. Es ging dabei darum, gegenüber den Auswirkungen der liberalen, z.T. auch schon der demokratischen Ideen das monarchische Prinzip und die von diesem repräsentierte gesellschaftliche Ordnung zu bewahren. 351

10. Kapitel Die Aufgaben der Verwaltung

352 F. Mit dieser Entwicklung hatte sich der klassische Bestand der Aufgaben vor dem *Beginn der Industrialisierung* ausgebildet. Der Prozeß der Säkularisierung des öffentlichen Lebens und die Teilung der Gewalten waren dabei wesentliche Faktoren. Ferner gehörte zu dieser Entwicklung die Tatsache, daß das gesamte gesellschaftliche Leben im Bereich der Verwaltungstätigkeit lag.

§ 37 Anfänge der heutigen Wirtschafts- und Sozialverwaltung

Schrifttum: *H. Autenrieth,* Die öffentliche Verkehrsverwaltung, 1949; *H. Heffter,* Die deutsche Selbstverwaltung im 19. Jahrhundert, 1950; *E. R. Huber,* Deutsche Verfassungsgeschichte seit 1789, 3. Bde. 1957–1963; *E. Loening* (vgl. Rdnr. 89); *W. v. Lympius,* Die Verfassung und Verwaltung in Preußen und im deutschen Reich, 1925; *G. Meyer,* (vgl. Rdnr. 89); *R. Morsey,* Die oberste Reichsverwaltung unter Bismarck 1867–1890, 1957; *O. Most,* Die deutsche Stadt und ihre Verwaltung, 1926; *Th. Oppermann,* Kulturverwaltungsrecht, 1969; *H. Peters,* Die Geschichte der Sozialversicherung, 1959; *L. v. Stein* (vgl. Rdnr. 88); *E. Sturm,* in: *H. C. Ule* (Hrsg.), Die Entwicklung des öffentlichen Dienstes, 1961, S. 1 ff.; *G. Wannagat,* Lehrbuch des Sozialversicherungsrechts, I. Band, 1965, S. 40 ff.

353 A. Der Industrialisierungsprozeß des 19. Jh., der von einem *Verstädterungsprozeß* begleitet war, stellte die Verwaltung vor völlig neue Aufgaben. Es waren einmal die größeren Menschenmassen, die auf engerem Raum zusammenwohnten und deren geordnetes Zusammenleben in stärkerem Maße das helfende Eingreifen der Obrigkeit forderte. Aber auch der Wirtschaftsprozeß selbst komplizierte sich und lief nicht stets so reibungslos ab, wie es der Liberalismus sich vorstellte; außerdem führte die Begegnung der modernen Wirtschaftsformen mit den Resten der älteren Zunftverfassung nicht selten zu Friktionen, die durch die staatliche Verwaltung behoben oder doch gemindert werden mußten. Weiter brachten die Maschinen in den Fabriken Gefahren, die einen staatlichen Arbeitsschutz forderten. Die größten Probleme allerdings stellte die Herauslösung der städtischen Arbeiter aus dem bisherigen sozialen Verband und ihre Abhängigkeit vom Arbeitgeber dar. Schließlich bemühte sich die Verwaltung teilweise auch darum, breitere Schichten der Bevölkerung an den Fortschritten der Zivilisation teilnehmen zu lassen.

354 B. In dieser Situation lag der Schwerpunkt der neuen Aufgaben bei der *Sozialverwaltung*. Diese hatte es selbst mit zwei Bereichen zu tun, ihre Organisation war demgemäß auch zweigeteilt.

§ 37 *Anfänge der heutigen Wirtschafts- und Sozialverwaltung*

I. Als Teil des Gewerberechts entwickelte sich das Arbeiterschutzrecht, das sich mit Arbeitszeitschutz, Lohnschutz und ähnlichen Problemen befaßt.

II. Daneben stand die *Sozialversicherung,* die in ihren Hauptzweigen Krankenversicherung, Unfallversicherung, Alters- und Invalidenversicherung in Selbstverwaltung der Arbeitgeber und Arbeitnehmer unter staatlicher Aufsicht geführt wurde (Rdnr. 525 ff.). 355

C. Das moderne *Wirtschaftsrecht* hat eine abwechslungsreiche Geschichte durchgemacht. 356

I. Die Reichsgewerbeordnung von 1869, die noch ganz im Zeichen der liberalistischen Theorie stand, wurde durch ständig wechselnde Gesetze mit anderer Konzeption für bestimmte Teilbereiche überlagert.

II. Einen entscheidenden Einbruch brachte der Erste Weltkrieg, der mit seiner Zwangswirtschaft die freie Wirtschaft weitgehend außer Funktion setzte.

III. Nach dem Ersten Weltkrieg setzte eine durch sozialistische Ideen beeinflußte *Lenkungswirtschaft* ein, die das Instrumentarium der heutigen Wirtschaftsverwaltung im wesentlichen entwickelte. Dabei war die Intensität des staatlichen Eingriffs unterschiedlich, bedingt auch durch die Krisen der Inflation und des Zusammenbruchs der Weltwirtschaft in den Jahren nach 1929.

IV. Kennzeichnend ist weiter der Ausbau der großen *Verkehrsanstalten,* einmal der Reichspost, zum anderen die Übernahme des Eisenbahnwesens in die staatliche Verwaltung und seine Verreichlichung nach dem Ersten Weltkrieg. Als dritter Zweig steht daneben die Wasserstraßenverwaltung, die nach dem Ersten Weltkrieg ebenfalls als Reichsverwaltung geführt wurde.

D. Das Bild der Verwaltungsaufgaben dieser Zeit wird auch durch die Zunahme der *kommunalen Aufgaben* im Gefolge des Verstädterungsprozesses bestimmt. Es handelt sich dabei teilweise um die Schaffung einer Infrastruktur für die Wirtschaft, z.T. um Abwehr von Gefahren für die öffentliche Ordnung und Sicherheit (insb. Stadthygiene), z.T. um soziale Aufgaben (Wohnungsbauförderung, Krankenanstalten, Altersheime), z.T. um Förderung der kulturellen Interessen (Schulen, Museen, Bibliotheken, Theater). 357

E. Die *polizeiliche Tätigkeit* dieser Zeit beschränkte sich auf die Abwehr von Gefahren. Der Bereich dieser Tätigkeit war angesichts der vermehrten öffentlichen Aufgaben insgesamt gewachsen. Dabei stand neben den spezialpolizeilichen Aufgaben, wie z.B. Gesundheits-, Wirtschafts-, Baupolizei usw., die allgemeine Polizei, die sich mit dem Schutz des öffentlichen Lebens befaßte. Seine Bedeutung 358

10. Kapitel Die Aufgaben der Verwaltung

bekam dieser Teil der polizeilichen Tätigkeit durch die politische Unruhe, die in der Zeit des gesellschaftlichen Umbruchs im Gefolge eines schlecht gelenkten Industrialisierungsprozesses unausbleiblich war. Das Vereins- und Versammlungswesen, das Pressewesen, also die Bereiche der wichtigsten politischen Grundrechte waren es, die die Aufmerksamkeit dieser Verwaltungstätigkeit vor allem beanspruchte.

§ 38 Verwaltungsaufgaben im modernen Leistungs- und Planungsstaat

Schrifttum: Akademie für Raumforschung und Landesplanung (Hrsg.), Handwörterbuch der Raumforschung und Raumordnung, 2. Aufl. 1970; *U. Becker*, Die öffentlichen Leistungen – ihr Strukturbild, in: Öffentlicher Dienst und Gesellschaft – eine Leistungsbilanz, 1974, S. 43 ff.; Bericht der Bundesregierung über Bestrebungen und Leistungen der Jugendhilfe, – Jugendbericht – BT-Drucksache VI/3170 (1972); Bericht der Bundesregierung über die Maßnahmen zur Verbesserung der Situation der Frau, BT-Drucksache VI/3689; *H.P. Bull*, Die Staatsaufgaben nach dem Grundgesetz, 1973; *H. P. Bull*, Wandel und Wachsen der Verwaltungsaufgaben, in: Hdb. Verw. H. 2.1; *Th. Ellwein/R. Zoll*, Zur Entwicklung der öffentlichen Aufgaben in der Bundesrepublik Deutschland, in: Anl. Bd. 8, 1973, S. 203 ff.; Entwicklung der Aufgaben und Ausgaben von Bund, Ländern und Gemeinden, Schriften HSch Speyer, Bd. 47, 1971; *J. Fiest/R. Lautmann* (Hrsg.), Die Polizei, 1971; *R.-R. Grauhan/W. Linder*, Politik der Verstädterung, 1974; *H.G. Helms – J. Jansen*, Kapitalistischer Städtebau, 3. Aufl. 1971; *L. Hoptner*, Organisation und Aufgaben der staatlichen Landwirtschaftsverwaltung, in: Bay VBl. 1966, S. 109 ff.; *E.R. Huber*, Wirtschaftsverwaltungsrecht, 2. Aufl., 2 Bde., 1953–54; *H. Kock*, Außerhäusliche Erholungsfreizeiten und ihre Entwicklung als Versorgungsproblem für den Staat, insb. die staatliche und kommunale Verwaltung, Diss.iur., Hamburg, 1971; *W. Linder*, Der Fall Massenverkehr, 1973; *E. Mäding*, Aufgaben der öffentlichen Verwaltung, in: Verwaltung, 1973, S. 257 ff.; *F. Morstein Marx* (Hrsg.), Gegenwartsaufgaben der öffentlichen Verwaltung, 1968; *F. Purckhauer – J. Stralau* (Hrsg.), Das öffentliche Gesundheitswesen Bd. 1, 1966; *H. Reinfried*, Die Bundeswehrverwaltung, 3. Aufl. 1975; *R. Reinhart*, Staatsaufgaben heute und morgen, in: ZBR 1976, S. 33 ff.; Sozialbericht 1976, BT-Drucksache, 7/4953; *K. Stahl – G. Curdes*, Umweltplanung in der Industriegesellschaft, 1973; *P.R. Straumann*, Neue Konzepte der Bildungsplanung, 1974; *W. Thieme*, Föderalismus im Wandel, 1970; *E. Tillick*, Wirtschaftliche Gestaltung des Rettungsdienstes (Hrsg. WIBERA), 1974; *M.R. Vogel*, Die kommunale Apparatur der öffentlichen Hilfe, 1966; *V. Volkholz* u.a. (Hrsg.), Analyse des Gesundheitssystems, 1974; *H. Weichmann*, Wandel der Staatsaufgaben im modernen Staat, in: *J.H. Kaiser* (Hrsg.), Planung III, 1968, S. 39 ff.; für die einzelnen Gebiete zieht man oft zweckmäßig die einschlägigen Gesetzeskommentare heran, die hier auch in Auswahl nicht genannt werden können. Sie geben in aller Regel einen Überblick über die jeweilige Aufgabenstellung der Verwaltung.

§ 38 Verwaltungsaufgaben im modernen Leistungs- und Planungsstaat

Der Aufgabenkatalog, der sich vor dem Zweiten Weltkrieg entwickelt hat, wird heute von der Verwaltung fortgeführt, z.T. sogar intensiviert, z.T. allerdings unter Verlust seines bisherigen Gewichtes. Daneben haben sich einige neue Schwerpunkte gebildet. Das Gesamtbild wird nicht nur durch das Ziel gekennzeichnet, das Bruttosozialprodukt zu erhöhen, sondern die Lebensqualität zu verbessern. 359

A. Die Knappheit des Raumes führt dazu, daß sich die Verwaltung der *Ordnung der Bodenverteilung* annehmen muß. Das Bundesbaugesetz hat ein Planungsinstrumentarium entwickelt, das – aus der Städteplanung entstanden – es heute ermöglicht, umfassend Flächen für alle gesellschaftlich wichtigen Zwecke zu sichern. Es wird durch das Städtebauförderungsgesetz ergänzt. Eine überörtliche Planung ermöglicht das *Bundesraumordnungsgesetz*, ein Rahmengesetz (Art. 75 Nr. 4 GG), das durch die Landesplanungsgesetze ausgefüllt wird. Für besondere Problemlagen werden diese Gesetze durch das Städtebauförderungsgesetz ergänzt. Die durch diese Gesetzgebung bezeichnete Gesamtaufgabe hat einen hohen Rang in der Dringlichkeit der heutigen verwaltungspolitischen Agenden.

B. Die *wirtschaftspolitischen Aufgaben* der Verwaltung hängen eng damit zusammen. Raumordnung ist zum guten Teil *Strukturförderung*, d.h. Ausgleich des wirtschaftlichen Gefälles. Mit hohen Subventionsmitteln wird nicht nur eine *Infrastruktur* für die Wirtschaft im allgemeinen aufgebaut, auf dem Stand gehalten und erweitert, es wird auch eine Förderung einzelner Unternehmen durch die Verwaltung getragen, um Arbeitsplätze zu schaffen und zu erhalten. 360

Die marktwirtschaftliche Ordnung erfordert heute mehr denn je den ständig lenkenden Eingriff der Verwaltung. Das geschieht nicht nur durch die *Globalsteuerung* insb. mit dem Instrumentarium des *Stabilitätsgesetzes*, sondern mit speziellen Instrumenten sektoraler Wirtschaftspolitiken wie der landwirtschaftlichen Marktordnung, der Verkehrswirtschaft, die öffentliche und private, aber öffentlich gelenkte Bereiche nebeneinander kennt, der Wohnungswirtschaft, die von hohen staatlichen Investitionen lebt und dementsprechend starken Eingriffen – zumeist über Mietpreisregelungen, Wohngeld und Steuersubventionen – unterliegt, sowie der Energiewirtschaft, die schon lange in weiten Bereichen in kommunaler Hand nur noch auf dem Sektor der Mineralölwirtschaft ausschließlich mit den klassischen Instrumentarien der Verwaltung – Polizei und Steuer – konfrontiert wird.

C. Wesentlich vergrößert hat sich auch die Bedeutung des *Gesundheitswesens*, bei dem die vorsorgende Betreuung ganz besonders ausgebaut worden ist, ferner die Zahl der Betten in Krankenanstalten vergrößert werden mußte, weil Möglichkeiten einer Heilung in vielen Fällen gegeben sind, die früher als unheilbar galten, aber auch, weil eine Hauspflege kranker Menschen nicht mehr geleistet wird. Hier spielen auch die technischen Möglichkeiten, die zu enormen Kosten führen, 361 die Notwendigkeit umfassender Sicherung durch administrative Systeme (Krankenversicherung, Gesundheitsämter) und wohlfahrtsstaatliche Zielvorstellungen eine erhebliche Rolle.

362 D. Ein ganz anderes Gesicht hat die *Sozialverwaltung* bekommen, die angesichts der neuen Konzeption teilweise auch ihren Namen gewechselt hat. Es ist nicht nur die Tatsache, daß das Wort »Fürsorge« wegen der Identität mit der Armenpflege heute eine gewisse Peinlichkeit für die durch diese Verwaltung betreuten Menschen besitzt und daher als Terminus verbraucht ist, sondern es ist auch das gewandelte Anliegen, das zur Bezeichnung Sozialhilfe geführt hat. Es geht um die volle soziale Eingliederung, nicht nur um den Schutz vor dem Verhungern. Der Zustand der Bedürftigkeit braucht dabei nicht nur auf einem Mangel an Mitteln für den Lebensunterhalt beruhen, sondern kann auch aus anderen Gründen, insb. auf einer Krankheit oder körperlichen Behinderung beruhen. Daher sind die Maßnahmen wesentlich breiter gestreut. Sie sind weitgehend vorbeugend, sie nehmen sich auch der Jugend an, um diese in eine »heile Welt« hineinzuführen. Sie nehmen sich vor allem auch der Familie an, deren Funktion sie erhalten wollen, wie es z.B. der Familienlastenausgleich versucht. Der Schutz gegen Arbeitslosigkeit, Invalidität sowie im Alter sind weitere wichtige Teilsysteme. Hinzu kommt die zunehmend wichtiger werdende »neue soziale Frage«, die insb. die körperlich und psychisch Behinderten betrifft. Allerdings lädt ein so fast perfektes soziales Sicherungssystem zugleich auch zum Mißbrauch ein, dessen Bekämpfung Aufgabe der Verwaltung ist.

363 E. Neue Aspekte hat auch die Verwaltung auf dem Bereich des *Bildungswesens* erhalten.

I. Im Bereiche der Länder und Gemeinden ist dieser Verwaltungszweig z.T. der größte nach Personal und Kosten geworden. Dementsprechend sind auch die Investitionen größer geworden. Die Planung auf diesem Gebiet, früher kaum betrieben, hat heute schon einen erheblichen Grad von Perfektion erreicht.

364 II. Im Vordergrund steht selbstverständlich das *Schulwesen.* Dabei hat sowohl der Gesichtspunkt der Auswahl der Besten für die weiterführenden Schulen als auch der des Anspruchs auf Bildung nicht den Rang wie früher. Die Bildung des einzelnen wird politisch weitgehend vom Gesichtspunkt der ökonomischen Notwendigkeit einer hochstehenden Ausbildung für die Gesellschaft überhaupt gesehen. Die Statistik ist eine der wichtigsten Methoden der *Bildungsplanung* geworden. Die dadurch bedingte Herrschaft der Idee der großen Zahl beeinflußt auch den Umfang der Verwaltungsarbeit.

365 III. Umwälzender ist wahrscheinlich noch der Wandel im Bereich der *Wissenschaft.* Die Forschung und die Bedeutung ihrer Ergebnisse für die Wirtschaft,

insb. im internationalen Konkurrenzkampf, haben dazu geführt, daß Mittel für die Wissenschaft ganz anders als früher fließen und damit die in der Wissenschaftsverwaltung auftauchenden Probleme einen höheren Rang erhalten haben.

Vor allem aber hat die Umwälzung der Hochschulverfassungen – oft ohne die erforderlichen systematischen Vorarbeiten realisiert – zu erheblichen Problemen geführt, mit denen die Verwaltung bisher kaum fertig geworden ist. 366

F. Eine technisierte Welt muß stärker als sonst gegen Katastrophen gerüstet sein. Der *Katastrophenschutz* ist daher ein Anliegen der Verwaltung geworden, das früher nicht so sichtbar gewesen ist. Hierbei besteht die besondere Problematik vor allem darin, für den Fall der Katastrophe schnell die notwendigen Menschen und Mittel einsetzen zu können, ohne sie immer, d.h. auch dann besolden zu müssen, wenn keine Katastrophe eingetreten ist. Daher sehen die Organisationsformen hier besonders verschiedenartig aus und sind darauf zugeschnitten, den Bürger kurzfristig seinem beruflichen Leben zu entziehen. Die Tatsache, daß es sich hierbei um Hilfeleistung im extremen Notfall handelt, ist auch geeignet, das Moment der Freiwilligkeit wirksam werden zu lassen. Daher verzichtet die Verwaltung z.T. sogar auf eigenen Einsatz und fördert Organisationen, die von ehrenamtlichen Kräften getragen werden, wobei die Rechtsform allerdings sehr unterschiedlich ist. Beispiele hierfür sind die Freiwillige Feuerwehr und das Deutsche Rote Kreuz. Grenzen dieser Art von Verwaltung zeigen sich allerdings beim *zivilen Bevölkerungsschutz*, der besonderen Prinzipien folgen muß. Unter dem Gesichtspunkt des *Umweltschutzes* hat auch die Katastrophenabwehr eine andere Dimension bekommen. Es geht nicht nur um die einzelne überschaubare Katastrophe, sondern um die Verhinderung der ökologischen Katastrophe, die der Menschheit, vorerst aber den Industrienationen droht. 367

G. Ein Sachgebiet, das mehr und mehr wichtiges Anliegen der Verwaltungstätigkeit wird, ist die *Freizeitverwaltung*. Mit dem Sinken der Arbeitszeit in den Betrieben bedarf der Mensch der Hilfe für eine sinnvolle Bewältigung der größer werdenden Freizeit. Die Verwaltung erfüllt diese Aufgabe durch Landschaftsschutz, Grünflächen in den Städten, Sportstätten, Museen, Bibliotheken u.a.m. Es handelt sich um ein Gebiet, das in die verschiedensten Zweige der Verwaltung eingreift, das organisatorisch nicht als Einheit begriffen werden kann, das aber als eine immer wichtiger werdende Aufgabe der Verwaltung verstanden werden muß. 368

H. *Polizeiverwaltung*, die im modernen Leistungs- und Planungsstaat zunächst in den Hintergrund getreten zu sein schien, hat heute eher eine umfassendere Funktion bekommen. Zahlenmäßig ist sie vor allem als Verkehrspolizei tätig, um den Bedürfnissen des anschwellenden Straßenverkehrs gerecht zu werden. Als Kriminalpolizei muß sie mit steigender Kriminalität fertig werden. Als Ord- 369

10. Kapitel   Die Aufgaben der Verwaltung

nungsverwaltung hat sie im Bereich der Ausländerpolizei einen vor kurzem noch nicht für möglich gehaltenen Umfang erreicht, aber muß auch sonst in der komplexer werdenden Gesellschaft und Wirtschaft zunehmend mehr zur Gefahrenverhütung und -beseitigung eingreifen. Schließlich stellt der politische Radikalismus sie auch auf diesem Gebiet vor umfangreiche neue Aufgaben.

370 J. Die *Auswärtige Verwaltung,* die früher wegen der geringen Zahl der bei ihr beschäftigten Personen verwaltungspolitisch als eine Randerscheinung angesehen wurde, hat durch die Verdichtung der internationalen Beziehungen, die sich auf alle Lebensbereiche erstrecken, an Bedeutung sehr gewonnen. Sie hat durch die *Entwicklungshilfe* völlig neue Aspekte erhalten.

§ 39   Aufgabenplanung

Schrifttum: *Chr. Böckenförde,* Institutionelle Probleme von Aufgaben- und Finanzplanung am Beispiel der USA, in: Staat 1971, S. 289 ff.; *C. Böhret,* Grundriß der Planungspraxis, 1975; *J. Bommer,* Methoden einer Prioritätsbestimmung innerhalb der Staatsaufgaben, vor allem im Forschungs- und Entwicklungsbereich, in: analysen und prognosen, Heft 14, März 1971, S. 19 ff.; *C.W. Churchman – A.H. Schainblatt,* PPB: How it can be implemented, in: PAR 1969, S. 178 ff.; *St. Cohen,* Modern Capitalist Planning: The French Model, 1969; *J.K. Friend – W.N. Jessop,* Local Government and Strategic Choice, 1969; *J. Hirsch,* Wissenschaftlich-technischer Fortschritt und politisches System, 1970; *R. Jochimsen,* Zum Aufbau und Ausbau eines integrierten Aufgabenplanungssystems und Koordinierungssystems der Bundesregierung, in: *J.H. Kaiser* (Hrsg.), Planung VI, 1972, S. 35 ff.; *R. Jochimsen,* Überlegungen zur mittel- und längerfristigen Aufgabenplanung und deren Einfluß auf die Vorbereitung der Haushaltsentscheidungen, in: DÖH, 1972, S. 129 ff.; *K. König,* Programmsteuerung in komplexen politischen Systemen, in: Verwaltung 1974, S. 137 ff.; *F.W. Scharpf,* Probleme der politischen Aufgabenplanung, in: Hdb. Verw., H. 2.3; *V. Schmidt,* Finanz- und Aufgabenplanung als Instrument der Regierungsplanung, in: Verwaltung 1973, S. 1 ff.; *H. Schulze,* Integration von flächenbezogener und finanzieller Planung, in: *J.H. Kaiser* (Hrsg.), Planung VI, 1972, S. 79 ff.; *F. Wagener,* System einer integrierten Entwicklungsplanung in Bund, Ländern und Gemeinden, Schriften HSch Speyer Bd. 55, 1975, S. 129 ff.; *R. Wahl,* Notwendigkeit und Grenzen langfristiger Aufgabenplanung, in: Staat, 1972, S. 459 ff.; *G. Wegener,* Raumplanung aus rechtlicher und rechtssoziologischer Sicht am Beispiel des Zusammenhangs von örtlicher und überörtlicher Planung: in: VerwArch 1974, 31 ff.; *ders.,* Raumplanung – Entwicklungsplanung – Aufgabenplanung, in: Verwaltung 1976, S. 39 ff.; vgl. auch die Literatur zum PPBS vor § 93.

371 A. Die Zahl und der Umfang der Anforderungen, die an die öffentliche Hand gestellt werden, schwellen lawinenförmig an. Die Ressourcen der Verwaltung, insb. das zur Verfügung stehende Geld, bleiben dagegen knapp. Angesichts der

§ 39 Aufgabenplanung

Tatsache, daß nur ein Teil der berechtigten Wünsche, die sich an die öffentliche Hand richten, erfüllbar ist, muß eine Prioritätsliste aufgestellt werden. Die moderne Sozialwissenschaft versucht Hilfe für eine rationale *Aufgabenplanung* zu leisten. Die Entwicklung zahlreicher Programme für neue Verwaltungsaufgaben und Erweiterung bisher schon wahrgenommener Aufgaben hängt mit den heutigen technischen Möglichkeiten, der »Machbarkeit« der gesellschaftlichen Verhältnisse zusammen. Die Programmentwürfe entstehen in Parteien, Fraktionen und Verbänden oder in den Ministerien, wo in der Regel auch bestimmte gesellschaftliche oder politische Interessen die treibenden Kräfte sind. Angesichts der Tatsache, daß gesellschaftliche Interessen hinter der Entscheidung über die Auswahl von Verwaltungsprogrammen stehen, ist es fraglich, ob es möglich ist, wissenschaftlich zu entscheiden. Die Schwierigkeiten, die sich einer wissenschaftlich abgesicherten Entscheidung entgegenstellen, sind nicht nur praktisch-politischer Natur, sondern weitgehend auch durch den Gegenstand bedingt. Auf jeden Fall aber kann die Verwaltungswissenschaft Aussagen darüber treffen, unter welchen Voraussetzungen und inwieweit *Aufgabenprogramme* rational sind.

B. Der tiefgreifendste Versuch der jüngeren Verwaltungsgeschichte, in einem wissenschaftlichen Verfahren über die Priorität konkurrierender Aufgabenprogramme zu entscheiden, ist das *Planning-Programming-Budgeting-System (PPBS)* der U.S.-amerikanischen Bundesverwaltung. Es ist der Versuch, alle Programme systemanalytisch zu bewerten. Dieser Versuch hat nicht nur in der amerikanischen Literatur eine umfangreiche Diskussion ausgelöst. Er gilt heute jedenfalls in seinem breiten Ansatz als gescheitert. Allerdings bedeutet das nicht notwendig, daß derartige Unternehmen grundsätzlich zum Scheitern verurteilt sind. Der Grund dürfte hier wohl in erster Linie darin liegen, daß die Verwaltung, die das anspruchsvolle PPBS anwenden sollte, psychologisch nicht hinreichend darauf vorbereitet war und insb. nicht die notwendige Ausbildung erhalten hatte. In wesentlich bescheidenerem Umfang hat die Bundesrepublik Deutschland den dem PPBS zugrundeliegenden Gedanken in ihre Haushaltsplanung übernommen. Das Haushaltsrecht von Bund und Ländern fordert, daß für geeignete Maßnahmen von erheblicher finanzieller Bedeutung Kosten-Nutzen-Untersuchungen anzustellen sind (HGrG § 6 Abs. 2; BHO § 7 Abs. 2).

372

C. I. Eine vergleichende Bewertung verschiedener Programme kann eine wirtschaftliche Bewertung sein. Dabei geht es regelmäßig darum, für jedes Programm *Nutzen und Kosten* zu ermitteln und den Netto-Nutzen der einzelnen Programme zu vergleichen. Das Ergebnis gibt dem Politiker die Möglichkeit, den Wert der Programme zu erkennen und daraus die Reihenfolge der Verwirklichung der Programme aufzustellen. In vielen Fällen geht es nicht um eine *Nutzen-Kosten-Analyse*, sondern um eine *Nutzen-Nutzen-Analyse* oder um eine *Kosten-Kosten-Analyse*. Hier fällt der Vergleich in der Regel leichter, weil jeweils nur die Kosten- bzw. die Nutzen-Seite von Projekten zu vergleichen ist.

373

10. Kapitel   Die Aufgaben der Verwaltung

374   Mit der *Nutzen-Kosten-Analyse* sind erhebliche Probleme verbunden. Zunächst ist es erforderlich, alle eingesetzten und erzielten Werte in eine Meßeinheit, d.h. in DM, umzurechnen. Das ist in der Regel auf der Kostenseite oft noch recht gut möglich, weil die eingesetzten Mittel von der Verwaltung in Geld bezahlt werden oder einen Geldwert haben. Auf der Nutzen-Seite ist die Bewertung meist wesentlich schwieriger, weil es für die Verwaltungsleistung typisch ist, daß sie keinen Markt und damit auch keinen Geldwert hat. Das gilt z.B. für die Leistungen des Bildungswesens, der Ordnungsverwaltung, der sozialen Sicherheit, der äußeren Sicherheit oder der Strafrechtspflege. Die immanenten Schwierigkeiten schließen es keineswegs aus, hier mit dem Instrument der Nutzen-Kosten-Analyse zu arbeiten. Sie erschweren die Rechnung allerdings, bedingen vor allem oft recht grobe Schätzungen, die zu unsicheren Ergebnissen führen. Wegen dieser Schwierigkeiten wird stattdessen oft mit der Nutzwertanalyse oder der Kostenwirksamkeitsanalyse gearbeitet.

375   II. Schwierigkeiten macht auch das *Zeitproblem.* Es handelt sich in der Regel um Aufgaben, die mit erheblichen Investitionen verbunden sind. Der Kapitaleinsatz erfolgt zu einem früheren Zeitpunkt als die Nutzung. Hier bedarf es der Festlegung eines rechnerischen Zinses für das eingesetzte Kapital. Noch problematischer ist der Umstand, daß das *Geld* einer ständigen Entwertung unterliegt. Eine Investition, die heute gemacht wird, muß u.U. mit dem Nutzen, den sie in den nächsten 30 Jahren erbringt, verrechnet werden. Schließlich tritt auch hier das in der Regel nur sehr schwer lösbare Prognoseproblem auf (Rdnr. 997).

376   III. Oft wird die Frage der Nutzen-Kosten-Analyse nur als Mittel angesehen, das sich bei wirtschaftlichen Problemen einsetzen läßt. Die Entscheidung über die Priorität bestimmter Aufgaben-Programme muß aber auch unter *politischen Gesichtspunkten* gesehen werden. Der politische Nutzen und die politischen Kosten können und sollen nicht in Geld ausgedrückt werden. Diese Überlegung macht die Entscheidung keineswegs völlig irrational und diskretionär, sondern nimmt im Gegenteil den Schwierigkeiten der wirtschaftlichen Betrachtung ihre Schärfe. Sie ermöglicht es, an die Stelle der irrealen Geldwerte abstrakte Wertzahlen zu setzen. Die Praxis zeigt, daß über derartige Skalierungen in der Regel ein Konsens gefunden werden kann. Das Ergebnis beruht dann zwar auf einer Reihe von Teilkonsensen, aber als analytisches Verfahren ist es durchschaubar und nachprüfbar. Es drückt nicht reine Machtverhältnisse, sondern Bewertungen aus, über die die am Entscheidungsprozeß Beteiligten zuvor Einigkeit erzielt haben.

377   **D.** Planungsinstrument für die Aufgabenplanung ist herkömmlich kurzfristig der *Haushaltsplan,* mittelfristig die *MIFRIFI* (Rdnr. 821 ff.); an einer langfristigen Aufgabenplanung pflegt es zu fehlen. Das ist nicht zufällig. Denn in Wirklichkeit handelt es sich bei der *Finanzplanung* nur mittelbar um Aufgabenplanung. Die Finanzplanung gibt nur an, welche finanziellen Ressourcen für die Aufgabener-

füllung zur Verfügung gestellt werden sollen. Vor der Finanzplanung muß daher die Aufgabenplanung stehen. Sie erfolgt unter Beachtung der politischen Ziele und der in der politischen Zielsetzung festgelegten Prioritäten. Allerdings kann die Aufgabenplanung, sofern sie praktisch verwertbare Planung sein soll, niemals von der Ressourcenplanung losgelöst werden. Aufgaben können nur im Rahmen der verfügbaren Ressourcen geplant werden. Kurzfristig gesehen ist daher Ressourcenplanung praktisch doch Aufgabenplanung. Langfristig allerdings ist die Aufgabenplanung relativ autonom gegenüber den Ressourcen, weil sich die Entwicklung der Ressourcen langfristig nur bedingt voraussehen läßt, insb. auch langfristig durch die Wirtschafts-, Finanz- und Raumordnungspolitik in wesentlich größerem Umfang steuern läßt. Vor allem wird kurz- und mittelfristig die Interdependenz zwischen den vorhandenen Ressourcen und den zu erfüllenden Aufgaben wirksam; die Priorität der Aufgabenerfüllung bestimmt sich nicht nur nach der politischen Zielsetzung, sondern unterliegt zugleich Restriktionen, die durch die Ressourcen bedingt sind.

E. Aufgabenplanung kann langfristig nur betrieben werden, wenn zugleich ein adäquates *Informationssystem* zur Verfügung steht. Der Planungsaufwand ist, je länger der Planungszeitraum ist, desto höher. Gleichwohl wird der Grad der Ungewißheit mit der Größe des Planungsraums immer größer. Insb. ist die Erwartungshaltung, mit der die Konsumenten der Verwaltung an die Verwaltung herantreten nur sehr schwer *prognostizierbar*. Das aber ist in einer Demokratie ein sehr wesentlicher Faktor. Nur flexible Planung entspricht den Anforderungen einer demokratischen Planung. Eine weitere Schwierigkeit ergibt sich aus der Unmöglichkeit, alle möglichen Krisen durch Planung zu antizipieren. In dem Maße, in dem Krisen nicht vorausgesehen und verhindert werden können, ist auch eine Aufgabenplanung nicht möglich. **378**

IV. Abschnitt Aufbau der Verwaltung
11. Kapitel Staatliche Verwaltung

§ 40 Überblick

Schrifttum: *O. Bühler,* Übersicht über die Behördenorganisation des Reiches, HDStR 1930, S. 58 ff.; *E. Forsthoff,* Lehrbuch des Verwaltungsrechts I, 10. Aufl., 1973, S. 455 ff.; *A. Koehler/K. Jansen,* Die Bundesrepublik Deutschland, 70./71. Jahrgang, Stand 1975; *A. Köttgen,* Innenpolitik und allgemeine Verwaltung, in: DÖV 1964, 145; *E. Rasch/W. Patzig,* Verwaltungsorganisation und Verwaltungsverfahren, 1962; *E. Rietdorf – B. Sigulla – F. Voss,* Handbuch der Landesverwaltung Nordrhein-Westfalen, 2. Aufl. 1966; *K. H. Rothe,* Der ideale Verwaltungsbehördenaufbau in den Bundesländern, 1968; *G.-C. v. Unruh,* Probleme der Verwaltungsorganisation bei einer Ländergebietsreform, in: DVBl. 1973, 905 ff.; *W. Weber,* Verwaltungsorganisation, HDSW, Bd. 11, 1961, 276 ff.; *ders.,* Die Organisation der Staatsbehörden, ebd. S. 688 ff.; *J. J. Wolff – O. Bachof,* Verwaltungsrecht II, 4. Aufl. 1976, S. 137 ff.; vgl. ferner die Organisationsgesetze der Länder, insb. NRWG. vom 10.7.1962, GVBl. S. 421.

379 A. Das GG unterscheidet zwischen der *Bundes- und der Länderverwaltung.* Für die Verwaltungslehre steht diese Unterscheidung nicht im Vordergrund. Zwar wirkt sich die Trennung der Verwaltung in Bund und Ländern immer wieder auch unter allgemein verwaltungsorganisatorischen Gesichtspunkten aus (Rdnr. 211). Die gemeinsamen Züge gegenüber der Selbstverwaltung überwiegen allerdings. In der staatlichen Verwaltung gilt das hierarchische Prinzip mit einem Behördenaufbau, der auf der Ressorttrennung und einem Instanzenzug vom Ministerium bis zur Unterbehörde beruht. Im Bereich der Selbstverwaltung sind die Verwaltungsträger kleiner, haben zumeist keinen Instanzenzug, die Nähe der politischen Leitungsorgane und der Bürger zur berufsmäßig gehandhabten Administration macht sich stärker bemerkbar.

380 B. In Bund und Ländern zeigt sich zunächst eine Verwandtschaft im hierarchischen Aufbau. Sie beruht auf zwei Pfeilern, den *Ministerien* und den ausführenden *Unterbehörden.* Die Ministerien sind dabei die von dem politischen Minister geführten Leitungsbehörden, die grundsätzlich keine Einzelfälle erledigen, sondern allgemeine oder weittragende Entscheidungen treffen. In den größeren Bundesländern und bei einem Teil der Bundesressorts schieben sich zwischen Ministerium und Unterbehörde noch *Mittelbehörden.* Ihre Notwendigkeit ist nicht unbestritten. Ihre Funktionen bestehen z.T. darin, die Ministerien von bestimmten Leitungsaufgaben zu entlasten, z.T. Einzelaufgaben von größerer Bedeutung zu erledigen, z.T. die Arbeit der nachgeordneten Unterbehörden zu

koordinieren (Rdnr. 412 ff.). Die staatliche Verwaltung endet bei der Unterbehörde, die grundsätzlich nicht bis in die einzelnen Gemeinden geht, sondern räumlich einen oder gar mehrere Kreise umfaßt. Die Verwaltung staatlicher Angelegenheiten, die aus sachlichen Gründen ganz ortsnah erledigt werden muß, wird daher den Gemeinden auftragsweise übergeben. Z. T. haben die Länder für die allgemeine Verwaltung nicht einmal in der Kreisinstanz staatliche Behörden, sondern bedienen sich der kommunalen Kreisverwaltungen zur Erledigung ihrer Aufgaben.

C. In den Ländern ist im staatlichen Aufbau zwischen *allgemeiner und Sonderverwaltung* zu unterscheiden. Während die allgemeine Verwaltung zur Verfügung steht, um beliebige Aufgaben zu übernehmen, erledigt die Sonderbehörde spezielle Aufgaben: Das schließt nicht aus, daß auch den Sonderbehörden Aufgaben durch Gesetz zugeteilt werden, die ihrer ursprünglichen Aufgabenstellung fernliegen (z.B. die Kindergeldverwaltung den Arbeitsämtern). Die Errichtung von Sonderbehörden ist deshalb besonders problematisch, weil durch ihre Existenz die Koordinierung des Verwaltungsvollzuges erschwert wird.

381

§ 41 Oberste Behörden

Schrifttum: Vgl. vor § 40; Aktuelle Probleme der Ministerialorganisation, Schriften HSch Speyer, Bd. 48, 1972; *H. Hegelau – F. W. Scharpf,* Untersuchung zur Reorganisation des Bundesministeriums für Verkehr Bd. 1, Gutachten im Auftrage der Projektgruppe Regierungs- und Verwaltungsreform beim Bundesminister des Innern, 1975; *H. Karehnke,* Einige Überlegungen zur Verbesserung des Leistungsbereichs in Bundesministerien, in: DVBl. 1975, 965 ff.; *ders.,* Zur Gliederung von Bundesministerien in Abteilungen und Unterabteilungen, in: DÖV 1975, 228 ff.; *ders.,* Zur Ministerialorganisation nach Programmen, in: DÖV 1974, S. 46 ff.; *ders.,* Verkleinerung von Bundesministerien?, in: DVBl. 1974, S. 801 ff.; *ders.,* Überlegungen zur Organisation zentraler Regierungsaufgaben, in: DÖV 1976, 541 ff.; *A. Katz,* Politische Verwaltungsführung in den Bundesländern, 1975; *J. Kölble,* Die Organisation der Führungszwischenschicht (Abteilungen usw.) in den Ministerien, in: Aktuelle Probleme in der Ministerialverwaltung, Schriften HSch Speyer, Bd. 48, 1971, S. 171 ff.; *M. Lepper,* Aktuelle Probleme der Ministerialorganisation, in: Verwaltung 1973, S. 227 ff.; *ders.* (u.a.), Struktur der Ministerialorganisation, 1972; *R. Mayntz-Trier* u.a., Programmentwicklung in der Ministerialorganisation, Gutachten im Auftrage der Projektgruppe Regierungs- und Verwaltungsreform beim Bundesminister des Innern, 1973; *R. Mayntz/F.W. Scharpf,* Vorschläge zur Reform der Ministerialorganisation, in: *ders.* (Hrsg.), Planungsorganisation, 1973, S. 201 ff.; *F. Morstein Marx* (Hrsg.), Die Staatskanzlei, Schriften HSch Speyer, Bd. 34, 1967; Organisation der Ministerien des Bundes und der Länder, Schriften HSch Speyer, Bd. 52, 1972; Projektgruppe für Regierungs- und Verwaltungsreform beim BundM des Innern (Hrsg.), Erster Bericht zur Reform der Struktur von Bundesregierung und Bundesverwaltung, 1969; *dies.,* Bericht zur Verlagerung von Aufgaben aus den Bundesministerien, 1972; *dies.,* Dritter Bericht zur Reform der Struktur von Bundesregierung und Bundesverwaltung, 1972; *G. Schmid/H. Treiber,* Bürokratie und Politik, 1975, insb. 101 ff.; *S. Schöne,* Von der Reichskanzlei zum Bundeskanzleramt – Eine Untersuchung zum Problem der Führung und Koordination in der *jungen* deutschen Geschichte, 1968; *H. Siedentopf,* Ressortzuschnitt als Gegenstand der vergleichenden Verwaltungswissenschaft, in: Verwaltung 1976, S. 1 ff.; *R. Wahl,* Probleme der Ministerialorganisation, in: Staat, 1974, S. 383 ff.; vgl. auch die Darstellung der einzelnen Bundesministerien in der Reihe »Ämter und Organisationen der BRD«, 1966 ff.

382 A. I. *Oberste Behörden* des Bundes und der Länder sind diejenigen Behörden, denen Verfassungsrang zukommt (insb. die Bundes- bzw. Landesregierung als Kollegium, die Ministerien, das Bundespräsidialamt, der Rechnungshof, die Präsidenten der Verfassungsgerichte und der Parlamente in ihrer Eigenschaft als Verwaltungsbehörden). Sie haben einerseits Verfassungsaufgaben zu erfüllen, andererseits entstehen auch bei ihnen Verwaltungsaufgaben. Von praktischem Interesse sind Staatskanzleien und Ministerien. Erstere sind als zentrale Schaltstellen der Verwaltung von besonderer Bedeutung, letztere, weil sie regelmäßig ein Aufgabenvolumen haben, das zu besonderen organisatorischen Maßnahmen zwingt.

383 II. Die *Regierung als Kollegium* ist selbst oberste Behörde. Als solche tritt sie allerdings nur selten in Erscheinung. Für die Regierung stehen drei Organisationsprinzipien zur Verfügung, das »Kollegialprinzip«, das »Ressortprinzip« und das »Kanzlerprinzip«. In der Regel pflegen alle drei Prinzipien nebeneinander für bestimmte Fragen verwirklicht zu sein. Bestimmte Entscheidungen werden kollegial getroffen (insb. solche von besonderer politischer Bedeutung). In der Regel freilich, insb. bei Routine-Sachen, pflegt die Regierung durch ihre einzelnen Fachminister zu handeln. Das Kanzlerprinzip (das auch Ministerpräsidentenprinzip heißen könnte) drückt sich vor allem im Recht der Regierungschefs aus, die Richtlinien der Politik zu bestimmen.

384 B. Staatskanzleien

Das Führungsinstrumentarium des Regierungschefs (Bundeskanzleramt, Staatskanzleien, Senatskanzleien) wirft, je größer die Gesamtverwaltung wird, desto mehr Probleme auf. Die Koordination und die Ausübung des Richtlinienrechts erfordern einen hohen Grad von Information, der vor allem die Planungen der einzelnen Ressorts betrifft. aber auch die Daten, auf denen die Planungen aufbauen.

Ferner benötigt der Regierungschef bestimmte Zuständigkeiten, um eine allgemeine koordinierende Planung durchführen zu können. Seine Aufgabe ist weitgehend gerade Koordinationsplanung. Koordinationsinstrumente sind in erster Linie die Finanzplanung und die Landesplanung. Sie können zu einer Entwicklungsplanung zusammengefaßt werden, die zugleich die Entscheidung über zeitliche Prioritäten umfaßt. Ein Regierungschef, der gegenüber den Fachministern durchsetzt, diese beiden Instrumente in die Hand zu bekommen, verfügt über ein erhebliches Machtpotential. Weitere Machtinstrumente, die die Regierungschefs allerdings nicht zu haben pflegen, sind die Personal- und Organisationsangelegenheiten (Ausnahme: Hamburg, wo diese Fragen im »Senatsamt für den Verwaltungsdienst« zusammengefaßt sind und dem Ersten Bürgermeister unterstehen). Als weitere Zuständigkeiten kommen solche Fragen in Betracht, bei denen die Ressortneutralität wichtig ist (z.B. Aufsicht über das Verfassungsgericht).

B. I. Die *Aufgliederung* der Regierungs- und Verwaltungstätigkeit *in mehrere Ministerien* ergibt sich notwendig aus dem Umfang der Staatstätigkeit überhaupt. Der Regierungschef kann die politische Verantwortung für die gesamte Verwaltungstätigkeit nicht allein tragen. Die Aufteilung in Teilbereiche ist notwendig. Die fortschreitende Aufgliederung der Gesamtverwaltung in Ministerien, d.h. die Vermehrung der Zahl von Ministerien, die in der Öffentlichkeit leicht einer Kritik unterliegt, ist angesichts der sich notwendig ausweitenden Staatstätigkeit weitgehend unvermeidlich. Grundsätzlich ist sie im Interesse einer besseren Aufsicht der politischen Leitungsorgane über die Verwaltung sogar zu begrüßen. Allerdings ergeben sich aus der Vermehrung der Zahl von Ministerien Koordinierungsprobleme, die den Arbeitsablauf negativ beeinflussen, ein Einfluß, der sich in einer Verzögerung, Verteuerung und oft auch in einer Nichtentscheidung niederschlägt. Daher wird oft geraten, die Führungsspitze der Ministerien mit mehreren politisch verantwortlichen Persönlichkeiten (Staatsminister, parlamentarische Staatssekretäre neben dem Minister) zu besetzen, das Ministerium als Verwaltungsbehörde dagegen möglichst groß zu lassen. Durch eine solche Organisationsform könnten in der Tat die Forderungen nach großen und zugleich überschaubaren Ministerien einigermaßen miteinander in Einklang gebracht werden. **385**

II. Die Gliederung der Gesamtverwaltung in Ministerialressorts geht überall von der *klassischen Fünfzahl* der Stein-Hardenbergschen Reform aus (Auswärtiges, Verteidigung, Inneres, Finanzen, Justiz), hat aber fast überall eine weitere Aufgliederung erfahren. **386**

1. In der Bundesverwaltung werden die Fragen der auswärtigen Politik von dem *Auswärtigen Amt,* dem Ministerium für wirtschaftliche Zusammenarbeit (Entwicklungshilfe) und dem Ministerium für innerdeutsche Fragen bearbeitet, in den Ländern sind die Staats-(Senats-)Kanzleien zuständig.

2. Für die Fragen des Wehrwesens hat sich die Einheit in der Bundesverwaltung erhalten, die Länder haben – soweit sie zuständig sind (z.B. Wehrerfassung) keine eigenen Ressorts, sondern verwalten sie in anderen Ressorts mit.

3. Keine Aufgliederung hat regelmäßig auch die Justiz erfahren, allerdings wird teilweise die Gerichtsverwaltung (z.B. für die Arbeitsgerichte) von anderen Mini-

sterien geführt. Der Schwerpunkt der eigentlichen Verwaltungstätigkeit dieses Ressorts liegt praktisch beim Strafvollzug.

4. Dem Finanzministerium kommt eine besondere Bedeutung zu, weil es zugleich Haushaltsministerium ist und ihm daher die oberste Leitung der Mittelbewirtschaftung zusteht (Rdnr. 846).

Diese Leitung kann sich kaum auf formelle Gesichtspunkte beschränken, sondern führt auch dazu, daß die Sachentscheidung der Fachministerien beeinflußt wird. Insoweit besteht die Möglichkeit, daß das Finanzministerium zu einem »Super-Ministerium« wird. In Deutschland ist – im Gegensatz zu manchen ausländischen Staaten – das Finanzressort derzeit nicht mit dem Wirtschaftsressort verbunden, obwohl zwischen der allgemeinen Wirtschaftspolitik und der Finanzpolitik engste Zusammenhänge bestehen. Neuerdings hat das Finanzministerium mit der Zuständigkeit für Fragen der Währung und des Kreditwesens auch wesentlichen Einfluß auf die Wirtschaftslenkung erhalten.

387   5. Alle weiteren Ministerien sind durch Abspaltung von wichtigen Teilen aus dem Innenministerium hervorgegangen. Die Rest-Innenministerien haben daher keinen gemeinsamen Gesichtspunkt mehr, der sie innerlich zusammenhält. Kernmaterien sind das Verfassungs- und allgemeine Verwaltungsrecht, das Organisationsrecht, die allgemeine Polizei, der Zivilschutz und das Kommunalwesen. Zumeist gehören auch die allgemeinen personalwirtschaftlichen und -rechtlichen Fragen ins Innenministerium, allerdings besteht insoweit eine starke Mitzuständigkeit der Finanzministerien. Was im übrigen beim Innenministerium verblieben ist, hängt weitgehend von historischen Zufällen ab.

389   6. Historisch am frühesten herausgelöst aus der allgemeinen inneren Verwaltung hat sich der Bereich der *Kultusverwaltung,* d.h. der kirchlichen Angelegenheiten, die allerdings innerhalb der Kultusministerien fast bedeutungslos geworden sind. Hauptgegenstände der Kultusministerien sind das Schul- und Hochschulwesen geworden. Im Zusammenhang mit der Erkenntnis, daß das Bildungswesen eine besonders große gesellschaftspolitische Funktion hat, und dem Ausbau der Institutionen des Bildungswesens ist das Kulturressort z.T. in ein Schul- und ein Hochschulministerium aufgeteilt worden (Berlin, Hamburg, Niedersachsen, Nordrhein-Westfalen). Eine besondere Entwicklung ist seit 1972 beim Bund erkennbar, wo die Fragen der Technologie und Forschung vom Hochschulwesen (als einer Institution des Bildungswesens) abgetrennt worden sind.

7. Ein besonders großer Bereich der ehemals inneren Verwaltung ist die Wirtschaftsverwaltung, die sich fast überall in eine allgemeine *Wirtschafts- und eine Landwirtschaftsverwaltung* aufgliedert, im Bund noch in eine besondere Verkehrsverwaltung.

8. Das *Post- und Fernmeldewesen,* das an sich als klassisches Ressort galt, hat seine Ministerialfunktion verloren. Es ist reine Betriebsverwaltung geworden.

390   9. Auch die Fragen der *Arbeits- und Sozialverwaltung* haben heute regelmäßig

ein eigenes Ministerium gefunden, beim Bund sogar zwei Ministerien (Arbeitsministerium; Familien-, Jugend- und Gesundheitsministerium).

10. Problematisch ist die Organisation des *Bauwesens,* das eine Reihe von Aspekten hat. 391

a) Historisch stammt es vor allem aus dem sozialen Bereich, d.h. von der Förderung des Wohnungsbaues, und aus dem Verkehrsbereich, dem verwaltungseigenen Tiefbau (= sog. öffentliche Arbeiten, z.B. Straßen, Wasserstraßen), z.T. auch aus dem verwaltungseigenen Hochbau (Anstalts- und Behördengebäude), der unter dem Gesichtspunkt der Baukosten und der Vermögenswerte, die die Bauten repräsentieren, den Finanzministerien zugehört.

b) Der Bereich des Bauens hat eine Wandlung in zweifacher Hinsicht durchgemacht. Das private Bauen ist nicht mehr nur für die öffentliche Verwaltung unter dem Gesichtspunkt der Polizei interessant, sondern vor allem unter dem Gesichtspunkt des *Städtebaues.* Das Bauen ist eine Gesamtaufgabe geworden, bei der private und öffentliche Bauherren zusammenwirken. Ferner erstreckt sich das öffentliche Bauen nicht nur auf einige Verwaltungsbereiche, sondern hat in vielen Bereichen der Verwaltung ein erhebliches Volumen erreicht. Die Koordinierung dieser Bautätigkeit ist dringlich geworden. Die Errichtung zusammengefaßter Bauressorts, die Wohnungswesen, Städtebau und Raumordnung umfassen, bietet sich daher an, freilich nicht unter dem mehr technologischen Gesichtspunkt des Bauens, sondern ausschließlich unter dem Gesichtspunkt der Gestaltung des Raumes unter dem Gesichtspunkt der Gestaltung des Raumes und der Nutzung des Raumes durch die Menschen. Der Bund hat diese Zusammenfassung vorgenommen; das zuständige Ministerium ist auf diese Weise weitgehend Kommunalministerium geworden.

III. Spezielle Organisationsprobleme der Ministerien ergeben sich aus der Funktion. Die Ministerien haben regelmäßig eine *Doppelfunktion.* 392

1. Sie sind die *Hilfsorgane des Ministers* bei der Erledigung seiner politischen Aufgaben in der Regierung, gegenüber dem Parlament bzw. dem Bundesrat (Senat) und der Öffentlichkeit. Sie sind der Arbeitsstab zu seiner Information, zur Vorbereitung seiner Entscheidungen (insb. seiner Mitwirkung an den Kabinettsbeschlüssen) und zur Darlegung seiner politischen Absichten in der Öffentlichkeit.

2. Die meisten – nicht alle – Ministerien sind außerdem noch Verwaltungsbehörde, oft auch *Spitze einer* umfangreichen *Verwaltungshierarchie* mit einem Behördenunterbau. Als solche haben sie die oberste Sachleitung, die sich durch Erlaß von Verordnungen, allgemeiner Weisungen, Grundsatzentscheidungen von politischer Bedeutung, organisatorischen und personellen Maßnahmen und durch ihre Aufsicht wahrnehmen. Dagegen gehört zu ihren Aufgaben grundsätzlich nicht die Entscheidung von Einzelfällen, mögen diese auch eine größere Bedeutung haben oder nur sachgerecht getroffen werden können, wenn ein größerer Überblick vorhanden ist. Dieser Grundsatz wird allerdings nicht stets durchge- 393

halten. Die Ministerialbürokratie neigt dazu, Entscheidungen nach oben zu ziehen, die auch von anderen Behörden getroffen werden könnten. Andererseits ist aber nicht zu verkennen, daß sich in der Demokratie die Zahl der Vorgänge mit politischem Einschlag vergrößert hat und daher zu einer Erledigung in der politischen Zentrale drängt.

3. Die beiden Aufgabenbereiche der Ministerien sind in der Praxis zuweilen schwer zu trennen; es gibt zahlreiche Vorgänge, die Elemente beider Bereiche haben. Außerdem kann der Minister seine politische Aufgabe nicht voll wahrnehmen, wenn die ihn unterstützenden Beamten nicht zugleich aus der ständigen administrativen Beschäftigung einen intimen Einblick in den Sachbereich ihres Ministeriums haben. Vor allem in den Ländern ohne staatliche Mittelinstanz (Saarland, Schleswig-Holstein) wird eine erhebliche Verwaltungstätigkeit in den Ministerien nicht zu vermeiden sein. Versuche, die Ministerien in Ministerial- und Verwaltungsabteilungen aufzugliedern, haben sich nicht bewährt. Es bleibt eine ständige Aufgabe, die Tätigkeiten innerhalb der Ministerien zu überprüfen, inwieweit sie nicht an andere Behörden, insb. an Ober- oder Mittelbehörden, abgegeben werden können.

394 4. Die innere Organisation ist durch die funktionalen Probleme bedingt.

a) Mit dem *Minister* hat das Ministerium eine Spitze, die sich aus der politischen Laufbahn rekrutiert. Mit dem beamteten Staatssekretär hat das Ministerium einen obersten Beamten, der nach der idealtypischen Vorstellung die administrative Funktion repräsentieren soll. Die Größe des Apparats hat die Organisation z.T. verändert. In den großen Bundesministerien besteht die »Leitung« des Ministeriums aus dem Minister, dem Parlamentarischen Staatssekretär und zwei beamteten Staatssekretären, die die Führungsaufgaben z.T. gemeinsam erledigen, z.T. unter sich verteilen. Mit dieser Integration verliert die Alternative für die Stellung des Ministers als Amtschef und »Speerspitze der Bürokratie« oder politischer Beauftragter zur Überwachung der Bürokratie und Durchsetzung politischer Ideen seine Bedeutung.

395 b) Ministerien haben heute z.T. *Planungsstäbe,* die die Arbeit des Gesamtministeriums planen, in gewisser Weise die Planung planen, weil die Ministerien in vielen Teilen selbst Planungsinstrument für Staat und Gesellschaft sind.

396 c) Die Ministerien sind oft nach den Prinzipien der *Matrix-Organisation* aufgebaut. Die Fachreferate unterstehen einerseits den zuständigen Fachabteilungen. Andererseits sind viele *Querschnittsfunktionen* in der Zentralabteilung zusammengefaßt, wobei die Fachreferate an die Entscheidungen der zuständigen Referate der Zentralabteilung gebunden zu sein pflegen.

§ 42 Obere Behörden

Schrifttum: Vgl. vor § 40; W. *Brandt*, Anmerkung zur Verwaltungsreform in Niedersachsen, in: DÖV 1959, 678 ff.; E. *Delbrück*, Landesämter, ein Mißerfolg, in: DÖV 1958, 721 ff.; H. *Runge*, Das Niedersächsische Landesverwaltungsamt, in: DDB 1958, 119 ff.; E. *Westerkamp*, Die Einheit der Verwaltung, in: DÖV 1960, 46 ff.

A. Unter *Oberen Behörden* (Oberbehörden) versteht man solche Behörden, die einerseits aus den Ministerien ausgegliedert und damit selbständige Behörden, andererseits räumlich für das gesamte Staatsgebiet zuständig sind. Sie haben in aller Regel eine beschränkte Zahl von Spezialaufgaben zu erledigen.

B. Die Bildung derartiger Oberbehörden bietet sich immer dann an, wenn eine Aufgabe zweckmäßig *nicht dekonzentriert*, sondern für das ganze Staatsgebiet durch eine Behörde wahrgenommen wird.

I. Derartige Aufgaben belasten die Ministerien stark, wenn sie mit der politischen Leitungsaufgabe des Ministeriums nur wenig zusammenhängen. Daher eignen sich solche administrativen Aufgaben zur Ausgliederung in Oberbehörden, die eine mehr technische Funktion haben (z.B. das Kraftfahrt-Bundesamt für das Verkehrszentralregister, das Bundesgesundheitsamt für medizinische Probleme, Statistische Ämter, das Landesvermessungsamt oder das Oberbergamt). Dagegen wird in der Regel ein Ministerium solche Probleme des unmittelbaren Verwaltungsvollzuges nicht ausgliedern, die stärker einer politischen Lenkung bedürfen oder die ihnen wichtige Informationen für die politische Aufgabe verschaffen.

II. Oberbehörden in dem hier gemeinten Sinne tauchen nicht nur als Behörden im technischen Sinne auf. Z. T. sind sie (unselbständige) Anstalten (z.B. Physikalisch-Technische Bundesanstalt, Bundesanstalt für Güterfernverkehr), z.T. einfach »Stelle« (z.B. zentrale Besoldungsstelle des Bundes). Allerdings stellen derartige Oberbehörden einen besonderen Typ dar, weil sie oft nur eine Hilfsfunktion für Ministerien und andere Dienststellen haben, ohne nach außen gegenüber dem Bürger aufzutreten.

III. Die Oberbehörden können – soweit ein Unterbau vorhanden ist – auch einen Teil der Leitungsaufgaben wahrnehmen, z.B. die Aufsicht führen oder als Widerspruchsinstanz dienen.

C. Oberbehörden kommen sowohl beim Bund als auch bei den Ländern vor.

I. Beim *Bund* besitzen die Oberbehörden eine besondere Bedeutung, weil der

11. Kapitel Staatliche Verwaltung

Bund grundsätzlich über keinen Mittel- und Unterbau für seine Verwaltung verfügt.

1. Da der Bund in großem Umfang selbst Verwaltungsaufgaben erledigt, muß er auf Oberbehörden zurückgreifen, deren Bildung durch einfaches Bundesgesetz möglich ist. Derartige Oberbehörden kommen fast in allen Bundesressorts vor. Besonders viele Oberbehörden sind im Bereich der Innen-, Wirtschafts-, Verkehrs- und Landwirtschaftsverwaltung anzutreffen. Es kann auch so geregelt sein, daß ein Ministerium sämtliche Verwaltungsaufgaben einer einzigen Oberbehörde zuweist (z.B. Bundesernährungsministerium – Bundesamt für Ernährung und Landwirtschaft). Das Bundesinnenministerium hat für beliebige Aufgaben aus dem Bereich der inneren Verwaltung das Bundesverwaltungsamt zur Verfügung.

Den fehlenden Mittel- und Unterbau ersetzt der Bund z.T., indem er Außenstellen gründet und ihnen eine beschränkte regionale Zuständigkeit gibt.

400 II. Die Oberbehörden haben bei den *Ländern* nicht dieselbe Bedeutung wie beim Bund, da die Länder in größerem Umfang in der Lage sind, entsprechende Aufgaben auf die Mittelinstanz zu verlegen.

1. Gleichwohl kommen Oberbehörden auch hier in erheblichem Umfang vor (z.B. Landesämter für Verfassungsschutz, Statistische Landesämter, Landesvermessungsämter, Landeseichdirektionen, Landesversorgungsämter). Bestimmte Behörden tauchen in einigen Ländern als Oberbehörden auf, weil sie nur einmal vorkommen, ein andermal als Mittelbehörden, weil in größeren Ländern dieselbe Aufgabe auf mehrere Behörden verteilt ist (z.B. Oberbergämter in Nordrhein-Westfalen).

401 2. Eine besondere Stellung nimmt das *Niedersächsische Landesverwaltungsamt* ein. Bei ihm sind die meisten niedersächsischen Oberbehörden zusammengefaßt. Diese Regelung hat zwei Vorteile:

a) Die meisten Oberbehörden sind klein. Sie erhalten in dem Landesverwaltungsamt eine gemeinsame allgemeine Verwaltung, die Fragen der Personal- und Haushaltsverwaltung sowie des inneren Dienstes zweckmäßiger leiten kann, als es kleine Oberbehörden tun können.

b) In gewisser Weise hat die Zusammenfassung auch die Einheit der Verwaltung verwirklicht (Rdnr. 419).

402 D. Die Eingliederung der Oberbehörden in den Verwaltungsaufbau ist nicht für alle Behörden gleich. Z. T. stehen sie abseits von der allgemeinen Verwaltung und haben die Funktion einer Mittelinstanz (»Zentrale Mittelbehörden«). Z.T. verlängern sie den Instanzenzug um eine Stufe (zwischen Ministerium und Mittelinstanz), z.T. bedienen sich die Oberbehörden der Mittelinstanz als ihrer Außenstellen und verkehren unmittelbar mit den Behörden der Unterinstanz (z.B. Landesvermessungsverwaltung in Baden-Württemberg).

§ 43 Die Mittelinstanz

Schrifttum: *J. Baron*, Welche Zukunft hat die staatliche Mittelinstanz? in: DVBl. 1973, S. 913 ff.; *F. Fonk*, Die Behörde der Regierungspräsidenten, Schriften HSch Speyer, Bd. 36, 1967; *R. Gutknecht*, Auswirkungen des Regionalverbandes auf die Verwaltungsgliederung der Mittelstufe, in: DÖV 1966, 172 ff.; *G. Hillmann*, Der Regierungspräsident und seine Behörde. Die allgemeine staatliche Mittelinstanz in der Verwaltungsreform, Diss.iur., 1969; *A. Kröger*, Die staatliche Mittelinstanz in den Ländern, in: Deutscher Städtetag (Hrsg.), Neuordnung der Verwaltung 1975, S. 27 ff.; *H. Kuß*, Weitere Gedanken zur Zukunft der Mittelinstanz, in: DVBl. 1975, 536 ff.; *F. Mayer*, Fragen der Kommunalisierung auf der Mittelstufe der öffentlichen Verwaltung, in: Im Dienst an Recht und Staat, Festschr. f. *W. Weber*, 1974, S. 935 ff.; Neuordnung der staatlichen Mittelinstanz (Mittelinstanzbericht), 1973; *E. Schleberger*, Neuordnung der staatlichen Mittelinstanz, in: Der Städtetag 1973, S. 418 ff.

A. I. Unter *Mittelinstanz* werden Behörden der staatlichen Verwaltung verstanden, die im Instanzenzug zwischen den Ministerien und den Unterbehörden stehen, die zugleich nur für Teile des Staatsgebietes örtlich zuständig sind. Im weiteren Sinne kann man auch solche Oberbehörden als Mittelinstanz bezeichnen, die im Aufbau der Verwaltung eine echte Stufe zwischen Ministerium und Unterbehörde sind (Rdnr. 380).

II. Die Mittelinstanzen haben die folgenden *Funktionen:*
1. Sie sind zunächst selbst *ausführende* Verwaltungsbehörden. Für eine Zuständigkeit der Mittelinstanz kommen Aufgaben in Frage, die
   a) Spezialsachbearbeiter oder technische Einrichtungen erfordern, die auf der Ebene der Unterinstanz nicht ausgelastet wären,
   b) nur dann richtig entschieden werden können, wenn die entscheidende Stelle einen größeren Überblick hat,
   c) bei der Gleichmäßigkeit des Verwaltungsvollzuges ein Hinaufziehen verlangt (insb. also Ermessensentscheidungen),
   d) ferner (angesichts der *Bündelungsfunktion* der Regierungspräsidien) bei denen eine Abstimmung zwischen verschiedenen Verwaltungszweigen nur sichergestellt ist, wenn diese eine einheitliche Spitze haben,
   e) schließlich (angesichts der Kommunalisierung der allgemeinen Kreisverwaltung) bei denen das staatliche Interesse so stark ist, daß eine Abgabe an Kommunalbehörden nicht in Betracht kommt.
2. Sie *koordinieren* die Verwaltung der nachgeordneten Behörden.
3. Sie sind *Widerspruchsinstanz*.
4. Sie sind *Aufsichtsbehörde* gegenüber den örtlichen Behörden und den Trägern der Selbstverwaltung.
5. Sie *entlasten* die Ministerien und setzen diese in den Stand, ihre politischen Leitungsaufgaben besser zu erfüllen.

11. Kapitel Staatliche Verwaltung

405 B. Mittelbehörden kommen beim Bund und bei den Ländern vor.

I. Mittelinstanzen der Bundesverwaltung sind nur in wenigen Verwaltungszweigen zulässig.
1. In der unmittelbaren Bundesverwaltung sind die Oberpostdirektionen, die Bundesbahndirektionen, die Wasserstraßen- und Schiffahrtsdirektionen und die Wehrbereichsverwaltungen die wichtigsten Mittelbehörden (über die Oberfinanzdirektionen Rdnr. 407).
2. In der mittelbaren Bundesverwaltung sind die Landesarbeitsämter Mittelbehörden.

406 II. In der Landesverwaltung ist zwischen allgemeiner und Sonderverwaltung zu unterscheiden.
1. Allgemeine Mittelbehörden sind die *Regierungspräsidien* (Bezirksregierungen). Sie kommen in allen Bundesländern außer in den Stadtstaaten, im Saarland und in Schleswig-Holstein vor. Baden-Württemberg hatte im Zuge der Gebietsreform beschlossen, die vier Bezirksregierungen aufzuheben und an ihre Stelle Regionen zu setzen, ist allerdings zur Einteilung in Regierungsbezirke zurückgekehrt. In Nordrhein-Westfalen sind die Überlegungen noch nicht abgeschlossen. Die Schwierigkeiten sind hier einerseits durch die Größe des Landes, andererseits aber durch das Ruhrgebiet bedingt, das zentral im Lande gelegen eine einheitliche Planung benötigt. Es sprengt praktisch die gesamte Einteilung in Regierungsbezirke . Die Zahl der Regierungsbezirke schwankt zwischen zwei und acht, ihre durchschnittliche Größe umfaßt mehr als eine Million Einwohner, der größte (Reg.Bez. Düsseldorf) hat fast fünf Millionen Einwohner (ist also größer als die meisten Bundesländer). Die Tendenz geht dahin, die Zahl der Regierungsbezirke zu verringern und ihre räumliche Ausdehnung zu vergrößern. Hessen und Rheinland Pfalz haben bereits entsprechende Maßnahmen getroffen. Niedersachsen, evtl. auch Nordrhein-Westfalen werden folgen.
2. Mittelbehörden der *Sonderverwaltung* gibt es in den Ländern kaum. Soweit die Sonderverwaltungen Behörden zwischen den Ministerien und den Unterbehörden bilden, geschieht das in der Regel durch Oberbehörden. Eine Ausnahme macht die Justizverwaltung, die in den Oberlandesgerichtspräsidenten und Generalstaatsanwälten, ferner in den Landgerichtspräsidenten und Leitenden Oberstaatsanwälten doppelte Mittelinstanzen hat.

407 III. Eine besondere Stellung nehmen die *Oberfinanzdirektionen* ein. Sie sind Mittelinstanz sowohl für die Bundes- als auch für die Landesverwaltung. Ministerialinstanz sind für sie sowohl das Bundes- als auch das Landesfinanzministerium. Sie sind daher zugleich Bundes- als auch Landesbehörde. Ihr Leiter, der Oberfinanzpräsident, ist zugleich Bundes- und Landesbeamter. Die Behörde selbst setzt sich aus Bundes- und Landesabteilungen zusammen. Nachgeordnete

Behörden sind die Finanzämter (Landesbehörden) und die Hauptzollämter (Bundesbehörden).

C. Die *Zweckmäßigkeit* und Notwendigkeit der Mittelinstanz ist z.T. bestritten.   408

I. In der Bundesverwaltung ist die Notwendigkeit der Mittelinstanz nicht zu leugnen. Die Größe des Bundesgebietes fordert, daß zwischen der Zentrale und den ausführenden Behörden eine beaufsichtigende und koordinierende Instanz vorhanden ist. Für die Bundesverwaltung stellt sich daher nur die Frage, ob die Zahl der Mittelbehörden (Oberpostdirektionen, Oberfinanzdirektionen) zu groß ist und ob Aufgaben von der Mittelinstanz auf die Unterinstanz verlagert werden können.

II. Das Hauptproblem liegt bei der Landesverwaltung.   409
1. Nicht nur die kleinen Bundesländer (Saarland, Schleswig-Holstein) geben Beispiele, daß eine Verwaltung ohne Mittelinstanz ebenso gut funktionieren kann; auch ausländische Beispiele zeigen das (z.B. hat Frankreich zwischen der Zentrale in Paris und den Gemeinden nur eine echte Instanz, die Präfekten).
2. Die Frage einer *Entbehrlichkeit* der Regierungspräsidien kann nur beurteilt werden, wenn man die Alternativlösung kennt. Sie sähe so aus, daß ihre Aufgaben z.T. an die Ministerien und Oberbehörden z.T. an die Unterbehörden fallen würden. Dabei müßten die Ministerien und Oberbehörden z.T. Außenstellen (zumeist am Ort der bisherigen Regierung) unterhalten. Im Interesse einer besseren Beaufsichtigung müßten Kreise zusammengelegt werden, so daß die Zahl der Kreise sinkt.
3. Es ist unwahrscheinlich, daß durch eine solche Organisation der Landesverwaltung die Kosten wesentlich gesenkt werden. Die Aufgaben, die die Regierungen z.Z. wahrnehmen, würden nur verlagert werden.
4. Ein Vorteil dieser Regelung wäre zweifellos, daß der Instanzenweg kürzer würde. Es würden außerdem viele Aufgaben ortsnaher erledigt werden.
5. Es zeigt sich jedoch, daß zahlreiche Verwaltungsaufgaben besser von der Mittelinstanz als von der Unterinstanz erledigt werden können. Das gilt insb. in Ländern, in denen die allgemeine untere Verwaltungsbehörde kommunalisiert ist. Hier wäre bei Wegfall der Regierungen (außer in den Sonderbehörden) unterhalb des Ministeriums keine staatliche Behörde mehr vorhanden.
6. Die wichtigste Funktion der Regierungen ist ihre koordinierende Tätigkeit. Bei ihnen laufen Aufgaben aus fast allen Ressorts zusammen. Bei ihnen ist daher der Grundsatz der *Einheit der Verwaltung* weitgehend verwirklicht. Da zahlreiche Verwaltungsaufgaben Fragen mehrerer Ressorts betreffen, kann der Ausgleich der Interessen und die Berücksichtigung aller Gesichtspunkte innerhalb einer Behörde erfolgen. Die Meinungsgegensätze, die zwischen den verschiedenen Ressorts aufzutreten pflegen, können von einem gemeinsamen Vorgesetzten ent-

11. Kapitel Staatliche Verwaltung

schieden werden, was weder auf der Ebene der Unterbehörden noch auf der Ministerialebene möglich ist.

7. Vorteilhaft wirkt sich auch aus, daß durch die Regierungspräsidien viele Verwaltungsvorgänge aus der politischen Sphäre der Ministerien genommen sind und der Verwaltungsvollzug dadurch entpolitisiert wird.

410   8. Erscheint daher eine Erhaltung der staatlichen Mittelinstanz in den größeren Ländern sinnvoll, so ist doch eine Kritik insoweit notwendig, als die Regierungen teilweise Aufgaben wahrnehmen, die ebenso gut von den Unterbehörden wahrgenommen werden könnten. Ferner sind die Bezirke der Regierungen in vielen Fällen nicht sinnvoll geschnitten; die Grenzen stammen zumeist aus einer Zeit, die ganz andere Bedürfnisse hatte. Auch die Besiedelung hat sich z.T. ganz erheblich verändert. Viele Bezirke sind daher zu klein, andere zu groß, dritte durchschneiden Lebens- und Wirtschaftsräume. Für einen Teil der Länder ist es daher eine dringliche Aufgabe, die *Abgrenzung der Regierungsbezirke* neu zu ordnen.

411   9. Die Diskussion um die allgemeine staatliche Mittelinstanz hat in jüngster Zeit durch die *Raumordnung* ein ganz neues Gesicht bekommen. Die Einteilung des Bundesgebietes in Regionen aufgrund des *Bundesraumordnungsgesetzes* zwingt zu der Überlegung, ob es nicht nötig ist, die Planungsregionen zum Zwecke des Planvollzuges mit den Bezirken der staatlichen Verwaltungsbehörden in Übereinstimmung zu bringen. Wenn man das bejaht, so ergibt sich die Notwendigkeit zur Errichtung von Verwaltungsbezirken, deren Größe in den meisten Ländern zwischen denen der Kreise und Regierungsbezirke liegt. Hier eine neue Zwischeninstanz zu schaffen, wäre kaum sinnvoll. Diese Frage hängt jedoch eng mit den Fragen der kommunalen Organisation zusammen (Rdnr. 442 ff.).

§ 44 Unterbehörden

Schrifttum: *E. Geib*, Verwaltungseinheit, Prinzip und Gegentendenzen, in: Verwaltung 1965, S. 148 ff.; *E. Laux*, Entwicklungstendenzen in der Kreisreform, in: Der Landkreis, 1972, S. 86 ff.; *E. Schleberger,* Die Funktion der Kreise nach der kommunalen Gebietsreform, in: Neuordnung der Verwaltung, Deutscher Städtetag (Hrsg.), 1975 S. 97 ff.; *F. E. Schnapp*, Zuständigkeitsverteilung zwischen Kreis und kreisangehörigen Gemeinden, 1973; *G. C. v. Unruh,* Der Kreis, 1964; *ders.* u.a., Der Kreis, 1972; *W. Weber,* Der Staat in der unteren Verwaltungsinstanz, 2. Aufl., 1964; *F. Wagener,* Typen der verselbständigten Erfüllung öffentlicher Aufgaben, in: *ders.* (Hrsg.), Verselbständigung von Verwaltungsträgern, 1976, 31 ff.

412   A. Ein wichtiger Grundsatz der Verwaltungsorganisation ist es, den Verwaltungsvollzug möglichst *ortsnah* durchzuführen; daraus ergibt sich die besondere

§ 44 Unterbehörden

Bedeutung der *Unterbehörden,* die den Kern der staatlichen Verwaltung darstellen. Allerdings reicht die staatliche Verwaltung grundsätzlich nur bis in die Kreisebene, nicht dagegen bis in die Ortsebene herab; hier sind die Gemeinden Träger der Verwaltung, die staatliche Aufgaben auftragsweise erledigen.
  I. Die staatliche Verwaltung endet grundsätzlich in der *Kreisebene,* d.h. bei den Behörden der staatlichen allgemeinen Verwaltung oder der staatlichen Sonderverwaltungen.
  II. In den Ländern, in denen die allgemeine Kreisverwaltung kommunalisiert worden ist (Rdnr. 421), reicht die staatliche Verwaltung nur bei den Sonderbehörden in die Kreisebene, während sie im übrigen bei der Mittelinstanz endet.

  III. Ausnahmsweise geht die staatliche Verwaltung bis in die *Ortsebene* hinab. 313
  1. Die *Betriebsverwaltungen* des Bundes (Bundesbahn, Bundespost) müssen aus betrieblichen Gründen bis in den letzten Ort, den sie zu versorgen haben, eine voll ausgebaute Organisation besitzen. Dabei kommt der Post eine besondere Bedeutung zu, weil sie nicht nur Aufgaben des Post- und Fernmeldewesens wahrnimmt. Sie eignet sich als Betriebsverwaltung auch für andere Aufgaben, die einen Geldverkehr zum Gegenstand haben. Ihr ist daher die Auszahlung von Sozialversicherungs- und Versorgungsrenten übertragen. Allerdings hat, wie die Neuordnung des Gebühreneinzugs für die Rundfunkanstalten zeigt, die Ortsnähe z.T. an Bedeutung verloren.
  2. In der Landesverwaltung reicht die staatliche *Exekutivpolizei* fast bis in das letzte Dorf. Die Notwendigkeit, zur Abwehr von Gefahren schnell zur Stelle zu sein, verlangt diese Organisationsform. Die Exekutivpolizei leistet wegen ihrer Verzweigung bis in die Ortsstufe auch Amtshilfe für andere Behörden, insb. durch Ermittlungen und durch Vollzugshilfe; ferner wird sie als Hilfsorgan der Staatsanwaltschaft tätig.

  B. Die vorhandenen Unterbehörden können nicht vollständig aufgezählt werden. 414
Die folgenden Beispiele mögen jedoch ein ungefähres Bild geben:

  I. Soweit dem Bund in seiner Verwaltung ein Mittelbau zugestanden worden ist, hat er auch einen Unterbau geschaffen. Dieser ist bei den drei großen Verkehrsverwaltungen (Bundesbahn, Bundespost, Wasserstraßen- und Schiffahrtsverwaltung), bei der Finanzverwaltung (Hauptzollämter), der Bundeswehr (mit verschiedenartigen Behörden, insb. den Kreiswehrersatzämtern und Standortverwaltungen), den Grenzschutzbehörden und den Arbeitsämtern vorhanden.

  II. Bei der Landesverwaltung ist in der Unterstufe die allgemeine und die Son- 415
derverwaltung zu unterscheiden.
  1. Die *allgemeine Verwaltung* als rein staatliche Verwaltung besteht nur in Rheinland-Pfalz und im Saarland. In den übrigen Bundesländern ist sie ganz oder teilweise kommunalisiert. Mit der landrätlichen Verwaltung in Schleswig-Hol-

11. Kapitel Staatliche Verwaltung

stein und dem Oberkreisdirektor als untere staatliche Verwaltungsbehörde in Nordrhein-Westfalen ist in diesen beiden Ländern der Kommunalisierungsprozeß teilweise wieder rückgängig gemacht worden. Die Behörden der allgemeinen Verwaltung sind organisatorisch mit der Kreisselbstverwaltung verzahnt. Die allgemeine Kreisverwaltung ist für alle Verwaltungsaufgaben zuständig, soweit nicht Sonderbehörden errichtet sind. Neue Verwaltungsaufgaben fallen grundsätzlich ihr zu.

416 2. Die Zahl der *Sonderbehörden* ist groß, sie stimmt nicht in allen Ländern überein, da die Länder den Grundsatz der »Einheit der Verwaltung« auf der Kreisebene in unterschiedlicher Weise verwirklicht haben. Genannt werden sollen die folgenden:

a) Die *Finanzämter* als Behörden zur Einhebung des Landes- und eines Teiles der Bundessteuern, der Vermögensverwaltung und einiger sonstiger Aufgaben. Ihre Abspaltung von der allgemeinen Verwaltung ist problemlos; sie sichert den unpolitischen, nur an das Gesetz gebundenen Einzug der dem Staat zustehenden Einnahmen.

b) Umstritten ist, ob die Schulämter, die Gesundheitsämter, die Regierungsveterinäre, z.T. auch die Katasterämter (Vermessungsämter) als Sonderbehörden berechtigt sind. Die Mehrzahl der Länder hat ihre Sonderstellung aufrechterhalten.

c) Sonderbehörden sind auch die *Bauämter,* die selbst wieder z.T. in besondere Behörden zerfallen (z.B. Hochbauämter, Straßenbauämter, Finanzbauämter). Es ist z.T. gefordert worden, sie zusammenzulegen; der Grundsatz der »Einheit der Verwaltung« ist insoweit für die Bauverwaltung spezialisiert worden. Er wird mit dem zweckmäßigeren Einsatz der technischen Mittel, mit personalwirtschaftlichen Gründen und mit der Tatsache begründet, daß Bauen eine Gesamtaufgabe ist, die enger Koordinierung bedürfe (Rdnr. 391). Die Begründung ist weitgehend technokratisch und daher wohl – soweit nicht echte Rationalisierungsgründe dafür sprechen – kaum überzeugend.

d) Sonderbehörden sind auch die *Gewerbeaufsichtsämter,* die Aufgaben des Arbeitsschutzes im gewerblichen Bereich haben und ausdrücklich von den Behörden der Gewerbepolizei getrennt sind (§ 139 b GewO).

e) Notwendige Sonderbehörden sind weiter die Behörden, die einen speziellen technischen Aufgabenbereich haben wie z.B. die Bergämter, Forstämter.

f) Sehr unterschiedlich ist die Verwaltung der *landwirtschaftlichen Angelegenheiten* organisiert. Ein großer Teil der Länder hat hierfür Sonderbehörden, z.B. Baden-Württemberg und Rheinland-Pfalz Tierzuchtämter, Niedersachsen und Nordrhein-Westfalen Ämter für Agrarordnung, Bayern allgemeine Landwirtschaftsämter und ebenso Schleswig-Holstein allgemeine Landwirtschaftsbehörden. In der Abspaltung der landwirtschaftlichen Verwaltung von der allgemeinen Verwaltung liegt ein Politikum, da der Einfluß der Interessenten – legalisiert oder faktisch – auf derartige Sonderbehörden stets größer ist als auf die allgemeinen Behörden. Das gilt insb. angesichts der Zuständigkeiten nach dem Grundstücks-

§ 44 Unterbehörden

verkehrsgesetz, der Flurbereinigung und zur Ausführung des »Grünen Plans«. Z.T. hat im Bereich der Landwirtschaft die Verwaltung der Kammern (Rdnr. 557) eine erhebliche Bedeutung und erfüllt wichtige politische Aufgaben.

g) Die *Polizeiverwaltung* (für die uniformierte Exekutivpolizei, im Gegensatz zur früheren Verwaltungspolizei, der heutigen Ordnungsverwaltung) ist fast überall in Sonderbehörden zusammengefaßt. Die militärähnlichen Befehlsverhältnisse verlangen eine Herausnahme aus der allgemeinen Verwaltung. Andererseits ist eine enge Zusammenarbeit mit der allgemeinen Verwaltung nötig, da ihr Aufgabenschwerpunkt bei der Verkehrsregelung liegt. – Auch die Kriminalpolizei bildet zumeist Sonderbehörden, da sie fast ausschließlich als Hilfsorgan der Staatsanwaltschaft tätig wird.

h) Im Interesse einer Konzentration der *Kassen* (Rdnr. 849) sind z.T. auch besondere Regierungskassen als Unterbehörden errichtet, die die Kassengeschäfte für mehrere Sonderbehörden, z.T. auch für die allgemeine Verwaltung abwickeln. Allerdings ist heute die Tendenz wirksam, die staatlichen Kassengeschäfte der Unterinstanz auftragsweise durch die Kreiskassen führen zu lassen.

III. Zu erwähnen ist, daß die *höheren Kommunalverbände* (Rdnr. 476 ff.) z.T. auch Unterbehörden haben, so die Landschaftsverbände in Nordrhein-Westfalen die Straßenbauämter. Allerdings ist in diesem Fall die Rückgliederung in die staatliche Verwaltung geplant.

C. Eines der Hauptprobleme stellt die *Zusammenarbeit* der Unterbehörden dar.   417

I. In der heutigen Verwaltung haben die größeren Vorgänge der Verwaltung, insb. solche, die durch eine Ermessensentscheidung erledigt werden, zumeist so viele Gesichtspunkte zu berücksichtigen, daß nicht nur eine Behörde allein sie erledigen kann. Die Zusammenarbeit zwischen den Behörden ist erforderlich.
 1. Dabei ist es oft so, daß – aufgrund eines Gesetzes, aus finanzwirtschaftlichen oder aus politischen Gründen – ein Vorgang nur mit Zustimmung der anderen Behörde erledigt werden kann. Hier taucht das Problem auf, welche Entscheidung zu treffen ist, wenn auseinandergehende Ansichten nicht ausgeräumt werden können. Zuweilen kann ein Problem nur gelöst werden, wenn ein gemeinsamer Vorgesetzter vorhanden ist, der die Entscheidung trifft.
 2. Unabhängig davon ist die gegenseitige Information der Behörden, die ständig miteinander arbeiten müssen, wichtig, auch wenn im konkreten Fall ein Interessengegensatz nicht besteht. Durch diese Information können oft Gegensätze verhindert werden, ehe sie überhaupt auftreten.

II. Ein oft empfohlenes Mittel, um dieses Problem zu lösen, ist die Verwirkli-   418
chung der Einheit der Verwaltung, d.h. die *Eingliederung der Sonderbehörden* in eine allgemeine Verwaltung. Dieser Volleingliederung stehen jedoch Bedenken entgegen:

11. Kapitel Staatliche Verwaltung

1. Soweit Sonderbehörden gesetzlich angeordnet sind, bedarf es jedenfalls einer Aufhebung des entsprechenden Gesetzes.
2. Die allgemeine Verwaltung hat stets einen politischen Charakter. Bestimmte Behörden sollten dagegen unpolitisch geführt werden, weil es bei ihnen nur um den Gesetzesvollzug geht. Das gilt etwa für die Finanzämter.
3. Andere Behörden haben Funktionen, die im Staatsgebiet unterschiedlich auftauchen. Sie können nicht in die allgemeine Behördenorganisation einbezogen werden (z.B. Forstämter, Bergämter).
4. Gewisse Sonderbehörden haben überwiegend spezialisiertes Personal. Personalwirtschaftlich ist daher oft ihre Einbeziehung in die allgemeine Verwaltung wegen der Versetzung und der Karriereproblematik fraglich (z.B. Katasterämter).

419 5. Die *Kommunalisierung der allgemeinen Verwaltung* in einem Teil der Länder macht es zweifelhaft, inwieweit in diesen Ländern eine *Einheit der Verwaltung* noch wünschenswert ist. Es wird zwar gesagt, daß mit einer solchen Kommunalisierung eine größere »Demokratisierung« möglich sei. Dieses Argument ist im demokratischen Staat nicht nur grundsätzlich fraglich, sondern von der Sache her auch bedenklich, weil ein stärkerer Einfluß der politischen Selbstverwaltung die Qualität der Verwaltung nicht notwendig verbessert. Das gilt insb. im Hinblick auf die Personalauswahl, die in der Selbstverwaltung unter dem Einfluß der politischen Kräfte noch eher als im Staat sachfremde Gesichtspunkte wirksam werden läßt (Patronage, Rdnr. 651).

6. Als letztes Bedenken ist die Frage zu stellen, ob die Einheitsbehörden auf der Kreisebene nicht Mammutbehörden werden, die sich nicht mehr einheitlich führen lassen und damit die Vorteile der Einheit der Verwaltung in Nachteile, nämlich in Schwerfälligkeit, umschlagen lassen.

420 III. Soweit die Einheit der Verwaltung nicht vollziehbar oder zweckmäßig ist, kommen andere Abhilfen in Frage:
1. Die *Einräumigkeit der Verwaltung* (Rdnr. 520) erleichtert die Zusammenarbeit.
2. Besondere Verfahren der Koordination geben den allgemeinen Behörden die Stellung einer hervorgehobenen Behörde, dem Behördenleiter die Stellung eines »primus inter pares«. Als Beispiel sei die aus dem preußischen Recht (§ 12 der Vereinfachungsverordnung vom 3.9.1932) stammende Regelung des saarländischen Landesverwaltungsgesetzes von 1950 (§ 11) zitiert:

»Der Landrat leitet unter Aufsicht des zuständigen Ministers die allgemeine Landesverwaltung innerhalb des Landkreises. Der Landrat hat ferner dafür zu sorgen, daß die Geschäftsführung der übrigen staatlichen Kreisbehörden mit den Interessen der allgemeinen Landesverwaltung in Einklang steht. Zu diesem Zwecke haben sich die Vorsteher der übrigen staatlichen Kreisbehörden mit dem Landrat in ständiger Fühlung zu halten. Sie haben nach Anweisung des zuständigen Ministers Verfügungen und Berichte durch die Hand des Landrats zu leiten oder ihm zur Kenntnis zu bringen. Hält der Landrat die Maßnahme einer Kreisbehörde mit den Interessen der allgemeinen Landesverwaltung nicht für vereinbar, so hat er, falls sich ein Einvernehmen nicht herstellen läßt, über den Minister des Innern die Entscheidung der Landesregierung einzuholen. Ist dies wegen Gefahr im Verzug nicht möglich, so ist der Landrat berechtigt, einstweilig Anordnungen zu treffen.«

D. Ein besonderes Problem stellt die Verbindung zwischen der allgemeinen staatlichen Kreisverwaltung und der *Selbstverwaltung des Kreisverbandes.* 421

I. Überall stimmt der Bezirk des Landkreises (als Kommunalverband) mit dem Bezirk der unteren staatlichen Verwaltungsbehörde überein.

II. Auch organisatorisch sind überall Verbindungen. Sie sind allerdings sehr unterschiedlich ausgestaltet.
1. In Rheinland-Pfalz und im Saarland ist noch nach preußischem Vorbild der Landrat als staatliche Verwaltungsbehörde vorhanden. Er ist staatlicher Beamter. Außerdem ist er Organ der Kreisselbstverwaltung.
2. In Nordrhein-Westfalen besteht neben dem Kreis »der Oberkreisdirektor als untere staatliche Verwaltungsbehörde«. Auch Schleswig-Holstein hat den Landratsämtern die Stellung als untere Landesbehörde wiedergegeben.
3. In den anderen Ländern gibt es keine allgemeine untere staatliche Verwaltungsbehörde. Sämtliche Aufgaben, die nicht Sonderbehörden übertragen sind, werden von der Kreisselbstverwaltung im Auftrage des Staates, d.h. mit einem staatlichen Weisungsrecht durchgeführt.

III. Die *Kommunalisierung* der unteren staatlichen Verwaltungsbehörde ist 422 viel kritisiert worden. Dazu ist zu sagen:
1. Erhebliche Nachteile sind bisher jedenfalls bei dieser Organisationsform noch nicht sichtbar geworden; ob diese im Falle einer politischen Krise eintreten werden, ist noch nicht abzusehen. Jedenfalls haben die Länder den leitenden Verwaltungsbeamten in Fragen der Gefahrenabwehr erhebliche Vollmachten und dem Staat einen entscheidenden Einfluß gegeben, so daß die Gefahren nicht besonders groß erscheinen.
2. Die Regelung, die z. Z. in den meisten Ländern für die Landkreise besteht, entspricht der Regelung in den kreisfreien Städten, wo sie sich bewährt hat. Da die Kreise weitgehend in die Funktion einer »Kreisgemeinde« hineinwachsen, erscheint diese Parallelität konsequent. Allerdings besteht die Parallelität insofern nicht, als die kreisfreien Städte z. T. besondere Polizeidirektionen bzw. Polizeipräsidien als staatliche Behörden hatten (und haben).
3. Bei der Kommunalisierung der allgemeinen unteren staatlichen Verwaltungsinstanz ist zu berücksichtigen, daß sich in den Aufgaben der Verwaltung Wandlungen vollzogen haben.

12. Kapitel Kommunale Organisation

a) Die leistende Verwaltung ist gegenüber der eingreifenden Verwaltung in den Vordergrund getreten. Das staatliche Interesse am Vollzug im Einzelfall hat sich gemindert.

b) Die Beschlußbehörden mit einer Bürger-Beteiligung sind in den meisten Ländern als erstinstanzliche Verwaltungsbehörden weggefallen.

c) Die polizeilichen Behörden, die früher weitgehend die politische Ordnung aufrechterhielten, haben sich verändert. Die untere Behörde als Behörde der Gefahrenabwehr hat regelmäßig eine unpolitische Funktion (Gewerbewesen, Straßenverkehr, Bauordnung), während die Aufgaben der politischen Polizei schon wegen der völlig veränderten Arbeitsweise der Staats- und Verfassungsfeinde zentral von den Verfassungsschutzämtern wahrgenommen werden. Die Notwendigkeit einer Wahrnehmung von Aufgaben der Gefahrenabwehr durch staatliche Beamte auf der Stufe nach der unteren Verwaltungsbehörde besteht daher heute nicht mehr in dem Maße wie früher.

12. Kapitel Die kommunale Selbstverwaltung

§ 45 Die Lage der Kommunalverwaltung

Schrifttum: *H. Croon* u.a., Kommunale Selbstverwaltung im Zeitalter der Industrialisierung, 1971; *F. Geißelmann,* Die kommunalen Spitzenverbände, 1975; *H. Großhans,* Öffentlichkeit und Stadtentwicklungsplanung, 1972; *R. König,* Grundformen der Gesellschaft, Die Gemeinde, 1958; *E. Laux,* Kommunale Selbstverwaltung im Staate der siebziger Jahre, in: ArchKomWiss. 1970, S. 217 ff.; *N. J. Lenort,* Strukturforschung und Gemeindeplanung, 1960; *G. Lintz,* Die politischen Parteien im Bereich der kommunalen Selbstverwaltung, 1973; *K. Littmann,* Die Gestaltung des kommunalen Finanzsystems unter raumordnungspolitischen Gesichtspunkten, 1968; *M. Neuffer,* Entscheidungsfeld Stadt, 1973; *W. Patzig,* Die Entwicklung des kommunalen Finanzausgleichs seit 1967, in: DVBl. 1974, S. 485 ff.; *H. Peters* (Hrsg.), Handbuch der kommunalen Wissenschaft und Praxis (HKWP) 3 Bde. 1956–1959; *W. Rothers,* Kommunale Mitwirkung an höherstufigen Entscheidungsprozessen, 1975; *U. Scheuner,* Zur Neubestimmung der kommunalen Selbstverwaltung, in: ArchKomWiss. 1973, S. 1 ff.; *T. Trachternach,* Parteien in der kommunalen Selbstverwaltung, 1974; *R. Voigt,* Staatliche Finanzgarantie und kommunale Selbstverwaltung, in: Verwaltung 1974, S. 335 ff.; *H. G. Wehling* (Hrsg.), Kommunalpolitik, 1975; *H. Zielinski,* Diskrepanz zwischen Aufgabenentwicklung und Finanzierung in den Gemeinden, 1975.

§ 45 Die Lage der Kommunalverwaltung

A. Erörterungen über die kommunale Problematik leiden auch heute noch oft darunter, daß sie aus der Vorstellungswelt des 19. Jahrhunderts geführt werden, mehr noch, daß romantische Wunschvorstellungen und sogar massive Interessen durch eine *kommunalpolitische Ideologie* verbrämt werden. Wenn heute über *Kommunalpolitik* gesprochen wird, geht es um die *Kommunen* in der zweiten Hälfte des 20. Jahrhunderts, die sich auf die Erfüllung von Aufgaben für das Ende dieses Jahrhunderts zu rüsten haben. Dabei ist es notwendig, nicht rückblickend über eine verschwundene und nie wiederkehrende kommunale Welt zu klagen, sondern die Kommunen in die heutige gesellschaftliche Wirklichkeit einzuordnen und zu fragen, wie die künftigen Verwaltungsaufgaben auf der Ortsebene am besten bewältigt werden können.

423

B. Die gesellschaftliche Situation ist mit der zur Zeit des *Frhr. v. Stein* unvergleichbar. Es dürfte schon für das 19. Jh. zweifelhaft sein, ob die Gemeinde wirklich von breiten Schichten der Bevölkerung getragen wurde. Die damalige gesellschaftliche Struktur dürfte in den meisten Gemeinden kaum mehr als eine Beteiligung der *Honoratioren* an den gemeindlichen Entscheidungen zugelassen haben. Mit dem Wegfall der Honoratiorenschicht ist die Chance entfallen, daß »der Bürger« die Gemeinde trägt. Ebenso wie im Bereich des Staates kann eine Willensbildung in der Gemeinde unter *Beteiligung bürgerschaftlicher Elemente* nur dann zustande kommen, wenn die Gesellschaft im außerkommunalen Raum vorgeformt ist. Derzeit bieten sich hierfür die *Parteien,* die *Verbände* und *Vereine* mit bürgerschaftlicher Aktivität an. Versuche, auf der Grundlage nachbarschaftlicher Verbände eine Vorformung der gemeindlichen Willensbildung zu erreichen *(Mahraun),* sind als soziologisch irreal gescheitert. Auch *freien Wählergemeinschaften* (Rathausparteien) kommt wegen ihrer inneren Unstabilität in der Regel nur ein beschränktes Gewicht zu. Daher ist es abwegig, über den Einfluß der Parteien auf die Gemeindepolitik zu klagen. Ebenso wenig ist der Einfluß der Verbände grundsätzlich zu verwerfen (Rdnr. 338 ff). Allenfalls ist zu erwägen, wie man Mißbräuchen bei der Einflußnahme von Parteien und Verbänden entgegentritt.

424

Kommunale Selbstverwaltung als bürgerschaftliche Selbstverwaltung ist daher primär parteigesteuerte Verwaltung; sie ist das nach der kommunalen Gebietsreform in noch stärkerem Maße als früher, weil die Parteien in großen Gemeinden bessere Organisations- und Aktionsmöglichkeiten haben. Zwar ist gerade die Gemeinde Objekt von Partizipationsversuchen (Rdnr. 325 ff.); allerdings sind diese so instabil, zumeist auch wenig einflußreich, so daß man derartige Versuche nicht als konstituierendes Element der kommunalen Existenz ansehen kann.

C. Im Bereich der gemeindlichen Verwaltung hat der *Berufsbeamte* bei Grundsatzentscheidungen ein stärkeres Gewicht als im Bereich der staatlichen Verwaltung. Er ist Teil der kommunalpolitischen Spitze der Gemeinde. Er teilt diese Stellung allerdings mit den Exponenten der Parteien. Er muß sich stets mit ihnen

425

12. Kapitel Kommunale Organisation

auseinandersetzen. Er besitzt eine Eigenständigkeit, steht allerdings in einem – grundsätzlich fruchtbaren – Spannungsverhältnis zu den parteipolitischen Kräften. Mag heute auch durch den stärker gewordenen Einfluß der Parteien in der Gemeindeverwaltung die Stellung des Beamtentums in den Rathäusern abgeschwächt sein, so reicht sie doch bei Grundsatzentscheidungen weit über den Einfluß im staatlichen Bereich hinaus. Die Klagen über die sog. Politisierung der Gemeinden sind nur verständlich aus einer Rückschau auf eine Zeit, die ein amorphes Bürgertum kannte, das ohne Gliederung in Parteien und Verbände weniger intensiv auf die Gemeindeverwaltung einwirken konnte und damit die Macht der demokratisch unkontrollierten Honoratioren-Oligarchie überließ.

426   D. Nicht mehr zu halten sind die im 19. Jh. entwickelten Vorstellungen über das gegenseitige Verhältnis von *Staat und Gemeinden*.

I. Der Grundsatz der *Allzuständigkeit* gab im Grunde nie mehr als die Möglichkeit, neue Aufgaben in Angriff zu nehmen. Daß dadurch die Gemeinden primäre Verwaltungsträger gewesen wären, kann kaum festgestellt werden. Zusätzliche Aufgaben sind jedenfalls nach 1900 in erster Linie immer vom Staat oder in seinem Auftrag erledigt worden. Heute erscheint es mehr als fraglich, ob es möglich ist, zwischen der Natur noch gemeindlichen und staatlichen Aufgaben zu unterscheiden. Ein Teil der Gemeindeordnungen hat daher auch diesen unfruchtbaren Unterschied aufgegeben und teilt stattdessen in freiwillige und Pflichtaufgaben, Weisungs- und weisungsfreie Aufgaben. Nachdem auch der Staat eine parlamentarische Demokratie geworden ist, besteht kein Anlaß mehr, jene prinzipielle Unterscheidung zwischen Staat und Gemeinden vorzunehmen, als ob beide aus verschiedenen Welten stammten. Die Aufgaben von Staat und Kommunen sind derartig verzahnt, daß dem Bürger nur dann durch die öffentliche Verwaltung ein Optimum an Wohlstand gewährleistet werden kann, wenn beides als Einheit verstanden wird.

427   II. Die heutige Verwaltung ist in hohem Maße *raumbezogen*, nicht mehr ortsbezogen. Raumordnung und Landesplanung, Bauleitplanung, vielfältige Spezialplanungen, großräumige Verwaltungszusammenhänge haben eine größere Bedeutung erlangt. Daher gerät die Kommunalverwaltung in eine Abhängigkeit von vielen übergeordneten Planungen, sie wird auch dann, wenn sie selbst Planungen aufstellt, weithin nur zum Vollzieher von Planungen.

428   III. Das heißt nun allerdings nicht, daß die *kommunale Selbstverwaltung* überlebt ist. Die Tatsache, daß es örtliche und regionale Verwaltungen gibt, die eine eigene Verantwortung tragen, ist vielmehr eine Organisationsform, die als Dezentralisation notwendig ist. Auch wäre es unrichtig anzunehmen, die kommunale Verwaltungstätigkeit habe an Bedeutung verloren. Im Gegenteil wird man schon angesichts der gestiegenen Bedeutung der Kreisverwaltung, verbunden mit

§ 45 Die Lage der Kommunalverwaltung

ihrer Kommunalisierung (Rdnr. 419 f.), von einer gestiegenen Bedeutung des kommunalen Bereiches sprechen können. Auch die Vergrößerung von Gemeinden und Kreisen durch die kommunale Gebietsreform hat die Handlungsfähigkeit der Kommunalverwaltung vergrößert. Es ist aber andererseits unverkennbar, daß doch insgesamt die freie Gestaltungsmöglichkeit begrenzt ist, weil die finanzielle Manövriermasse beschränkt ist und weil die Einfügung in die staatliche Planung und Wirtschaftspolitik zu einer *Folgepflicht* führt.

IV. Um Entscheidungen von Tragweite treffen zu können, braucht die Verwaltung Geld. Daher ist auch für das Funktionieren der Kommunalverwaltung ein adäquates *Finanzsystem* von Bedeutung. Die ältere und heute noch herrschende Auffassung wollte die Idee der Selbstverwaltung auch in die Sphäre der Geldbeschaffung fortsetzen, d.h. durch das Recht der Einführung von Steuern, der Anspannung von Steuersätzen und die Inanspruchnahme von Krediten. Dabei gehört es weiter zum Dogma der kommunalen Finanzpolitik, daß die Steuern die Verursacher kommunaler Aufgaben treffen sollen, d.h. die Gewerbetreibenden und Bürger, und daß die Steuern möglichst konjunkturunempfindlich sind. In der guten Konjunktur allerdings wurde gefordert, daß die Kommunen auch an dem sich ständig erhöhenden Aufkommen der Einkommens- und Umsatzsteuern partizipierten. Dieser Forderung konnte umso leichter nachgegeben werden, als der Abbau der Realsteuern als früherem Rückgrat der kommunalen Einnahmen ohnehin im europäischen Rahmen auf dem allgemeinen finanzpolitischen Programm stand. Die Gemeindefinanzreform hat die Konjunkturempfindlichkeit der Gemeinden erhöht, mit Recht, denn es ist schwer einzusehen, warum bei einem Konjunktureinbruch, der zu einer allgemeinen Steuermindereinnahme führt, allein die von den Kommunen erbrachten Leistungen von einer Einschränkung ausgenommen sein sollten.

429

Davor steht allerdings die Frage, ob es wirklich richtig ist, das Prinzip der Selbstverwaltung auch auf die Mittelbeschaffung auszudehnen, ob es nicht angemessener ist, ein stärker bedarfsbezogenes System einzuführen. Allzu oft hat der Wunsch nach hohen Einnahmen zu einer raumordnungspolitisch unerwünschten Gewerbeansiedlungspolitik geführt und die Konkurrenz um Gewerbebetriebe zu unerwünschten Bedingungen. Das Verlangen nach Gleichheit der kommunalen Leistungen kann daher leicht zu einer Ungleichheit steuerlicher Belastung führen oder – umgekehrt – das Erreichen der steuerlichen Belastbarkeitsgrenze in einer überörtlichen Konkurrenzsituation der Gewerbebetriebe führt zur Nichterfüllung der Forderung nach gleichmäßiger kommunaler Ausstattung.

Die Forderung nach Gleichheit der Lebensbedingungen kann nur dann durch ein in erster Linie bedarfsbezogenes Finanzierungssystem erfüllt werden, d.h. durch ein System, in dem der Finanzausgleich mit Schlüsselzuweisungen im Mittelpunkt steht, das auf der einen Seite durch eine sehr beschränkte Steuerhoheit, auf der anderen Seite durch Zweckzuweisungen ergänzt wird.

159

12. Kapitel   Kommunale Organisation

430   E. Die Erörterung kommunalpolitischer Probleme muß schließlich davon ausgehen, daß sich hinter dem einheitlichen Begriff »Gemeinde« höchst verschiedene *soziologische Gebilde* verbergen. Gemeinden von 5000, 50000 oder gar 500 000 Einwohnern sind auch in verwaltungspolitischer Hinsicht unvergleichbar. Gerade im Bereich der Kommunalwissenschaft kommt dem *Volumenproblem* eine entscheidende Bedeutung zu.

§ 46   Die Gemeinde als Grundeinheit

Schrifttum: *K. Aschenbrenner – D. Kappe,* Großstadt und Dorf als Typen der Gemeinde, 1965; *H. P. Bahrdt,* Die moderne Großstadt, 2. Aufl., 1969; *J. Holzinger,* Die Mittelstädte in der Reform, 1974; *G. Isbary,* Zentrale Orte und Versorgungsnahbereiche, 1965; *O. Jauch,* Auswirkungen der Verwaltungsreform in ländlichen Gemeinden, 1975; *P. Koch,* Die Großgemeinde, 1969; *R. König,* (Hrsg.), Soziologie der Gemeinde, 4. Aufl., 1972; *Kösternig/Bünermann,* Die Gemeinden und Kreise nach der kommunalen Gebietsreform in NRW, 1975; Die kommunale und staatliche Neugliederung des Landes Nordrhein-Westfalen, Abschnitt A: Die Neugliederung der Gemeinden in den ländlichen Zonen des Landes NW, 1966, Abschnitt B: Die Neugliederung der Städte und Gemeinden in den Ballungszonen und die Reform der Kreise des Landes NW, 1968, Abschnitt C: Die staatliche und regionale Neugliederung des Landes NW, 1968 (vgl. auch die entsprechenden Gutachten der anderen Bundesländer); *H.-F. Mattenklodt,* Gebiets- und Verwaltungsreform in der Bundesrepublik Deutschland, 1972; *H. W. Rengeling,* Verwaltungswissenschaftliche Grundlagen der kommunalen Gebietsreform, in: DVBl. 1976, 353 ff.; *R. Schneider,* Die Gemeinde als wirtschaftspolitisches Entscheidungszentrum, 1971; *W. Thieme,* Die magische Zahl 200 000, Zur Mindestgröße kreisfreier Städte, in: DÖV 1973, S. 442 ff.; *F. Wagener,* Neubau der Verwaltung, 2. Aufl., 1974; *A. H. v. Wallthor – F. Petri,* Grundfragen der Gebiets- und Verwaltungsreform in Deutschland, 1973; *S. Wimmer,* Nur ein Drittel der Gemeinden bleibt, in: StT 1975, 463 ff.; *H.J. Wipfelder,* Die Verwaltungskraft der Gemeinden, in: BayVBl. 1975, S. 93 ff.; *V. Wrage,* Auswirkungen der territorialen Neugliederung der Gemeinden in ausgewählten Kreisen Nordrhein-Westfalens, 1974; *G. Wurzbacher,* Das Dorf im Spannungsfeld industrieller Entwicklung, 2. Aufl. 1961; *R. Zoll,* Gemeinde als Alibi, 1972.

431   A. Grundeinheit der kommunalen Selbstverwaltung ist die *Gemeinde.*

I. Das gesamte Staatsgebiet ist in Gemeinden aufgeteilt (kommunalisiert). *Gemeindefreie Bezirke* bestehen nur als Ausnahme in Gebieten, in denen sich kommunales Leben nicht entfalten kann (Truppenübungsplätze, unbewohnte Gebirgs- und Waldgebiete). Gutsbezirke, in denen die hoheitliche Gewalt über Menschen aus dem Eigentum eines Privaten fließt, gibt es nicht mehr.

II. Mehrere Gemeinden sind zu *Kreisen* zusammengefaßt. Nur die größeren *Städte* stehen außerhalb des Kreisverbandes. Bei ihnen vereinigt sich die Orts- und Kreisstufe der Verwaltung (Rdnr. 475 f.).

§ 46 *Die Gemeinde als Grundeinheit*

III. Da die staatliche Verwaltung grundsätzlich nicht bis in die Ortsebene hinabreicht (Rdnr. 413), muß die Gemeinde auch staatliche Aufgaben wahrnehmen, soweit ihre Erledigung auf der Ortsebene erfolgt (z.B. Meldewesen).

B. Am 1.1.1975 bestanden in der Bundesrepublik Deutschland 10913 Gemeinden, davon waren 93 kreisfrei. Der Bestand an Gemeinden hat damit seit dem 30.6.1968 um 13 369 oder 55,1 % abgenommen. Es hatten   432

Einwohner	1968	1975
unter 1 000	16 466	5 354
1 000 – 5 000	6 256	3 587
5 000 – 10 000	869	928
10 000 – 20 000	380	581
20 000 – 100 000	254	494
über 100 000	57	69
	24 282	10 913

Auch heute hat daher der größte Teil der Gemeinden weniger als 5 000 Einwohner. Freilich sind viele von ihnen in Samtgemeinden, Verbandsgemeinden, Verwaltungsgemeinschaften u.ä. zusammengefaßt.

Stellt man es auf die Wohnbevölkerung ab, so wohnten 1975 allerdings nur 16,8 % (1968: 32,6 %) in Gemeinden unter 5 000 Einwohnern, während 35,5 % (1968: 32,1 %) in Städten über 100 000 Einwohnern wohnten. Von der Bevölkerung aus gesehen sind daher eindeutig die Gemeinden zwischen 5 000 und 100 000 Einwohnern die Gewinner der kommunalen Gebietsreform.

C. Die Gemeinden haben entsprechend ihrer Größe und Zusammensetzung soziologisch und verwaltungsmäßig höchst unterschiedliche Strukturen. Jede Gemeinde ist eine Individualität. Gleichwohl lassen sich Typen bilden, die erkennen lassen, daß gerade für die Verwaltungslehre Gemeinde nicht gleich Gemeinde gesetzt werden darf.   433

I. *Ländliche Kleingemeinden* gibt es kaum noch. Bei ihnen, die unter 5 000 Einwohnern liegen kann sich kaum eine kommunale Aktivität entfalten. Die eigenen Einnahmen sind dazu zu gering. Sie haben nur die Chance durch Zweckzuweisungen Projekte zu finanzieren. Daher wandern die kommunalen Aufgaben weitgehend zu Zweckverbänden, in Ämter und in Kreise ab. Kleingemeinden haben oft keine hauptamtlichen Verwaltungskräfte; soweit sie solche haben, fehlt es an einem gegliederten Verwaltungssystem. Die Beratung durch die Aufsichtsbehörde kommt daher wesentliche Bedeutung zu; sie wird leicht zur Beherrschung.

12. Kapitel   Kommunale Organisation

434   II. Als zweiter Typ ist die sog. *Großgemeinde* zu nennen. Sie ist heute auf dem Lande vorherrschend, nachdem die meisten Kleingemeinden zu Großgemeinden zusammengeschlossen sind. Es handelt sich um Gemeinden, deren untere Grenze bei 8 000 bis 10 000 Einwohnern liegt. Sie sind in der Lage, eine kommunale Grundausstattung vorzuhalten (sog. A-Gemeinde des nordrhein-westfälischen Sachverständigen-Gutachtens). Die Verwaltung ist mit hauptamtlichen Kräften ausgestattet und zeigt bereits ein gewisses Maß an Spezialisierung. Örtliche Parteigruppen können sich in der Regel bilden und beherrschen oft den Rat, eine hinreichende Zahl von qualifizierten Menschen steht zumeist für Kandidaturen im Rat zur Verfügung. Die Großgemeinden, die durch Zusammenschluß von Kleingemeinden in der Gebietsreform entstanden sind, haben sich oft soziologisch noch nicht integriert, bei ihnen spielt die Ortschaftsverfassung eine Rolle (Rdnr. 452). Im Ballungsrandgebiet und in der Ballung stehen diese Gemeinden oft im Sog der großen Städte, insb. haben sie viele Pendler, die zur Arbeit, zur Schule und zum Einkaufen auspendeln. Allerdings ist der Industriebesatz dieser Großgemeinden nicht selten durch eine erfolgreiche Aussiedlungspolitik erfreulich gut, so daß sich hier auf dem Lande sogar ein kommunaler Luxus zeigt, den sich große Städte oft nicht leisten können, da sie mit ihren innerstädtischen Problemen zu kämpfen haben.

435   III. Ein anderer Typ ist die *Mittelstadt*. Sie hat eine ausgebaute, nach bürokratischen Merkmalen arbeitende Verwaltung. Sie hat eine hohe Leistungsfähigkeit die es ihr erlaubt, kommunale Einrichtungen größerer Art wie Gymnasien, Krankenhaus, Hallenbad zu unterhalten (sog. B-Gemeinden des nordrheinwestfälischen Sachverständigen-Gutachtens). Oft hat sie eine Zentralität (Unteroder Mittelzentrum), nicht selten ist sie auch nur Selbstversorgerort ohne Bereichsbildung; das gilt vor allem in der Ballungsrandzone.

Im Stadtrat spielen die Parteien eine erhebliche Rolle. Das Hauptproblem dieser verwaltungsstarken Städte liegt oft allerdings in dem Spannungsverhältnis zur Kreisverwaltung. Angesichts ihrer Verwaltungskraft erstrebt die Klein- und Mittelstadt eine Selbständigkeit gegenüber dem Kreis. Oft sind die Ämter der Stadt mit qualifizierteren Beamten besetzt als die entsprechenden Ämter beim Kreis. Der akademisch vorgebildete Stadtbaurat kann es kaum für zweckdienlich halten, daß er von dem Kreisbaumeister beaufsichtigt wird, der nur graduierter Ingenieur ist.

436   IV. Wieder ein anderer Typ sind die kreisfreien Städte, insb. die *Großstädte*. Hier kennt man grundsätzlich seinen Nachbarn nicht oder doch nur sehr flüchtig. Von einer »örtlichen Gemeinschaft« kann keine Rede sein. Man hat seine Interessen und schließt sich zu ihrer Durchsetzung verbandsmäßig zusammen. Die Verbände wirken auf die Parteien, z.T. auf die Verwaltung selbst ein. Über sie nimmt so auch der Bürger am kommunalen Leben teil. Der Stadtrat entwickelt parlamentsähnliche Formen, das Gegeneinander von Legislative und Exekutive, das es

§ 46 Die Gemeinde als Grundeinheit

in der Kleingemeinde nicht gibt, kommt hier zum Tragen. Die Verwaltung ist in zahlreiche Ämter aufgegliedert, die mit qualifizierten Beamten besetzt sind. Die Verwaltung lebt aus der Kartei und den Akten. Sie unterscheidet sich in ihrem Erscheinungsbild kaum von der Staatsverwaltung. Der Staat selbst kann und braucht seine Aufsichtsbefugnisse kaum wahrzunehmen, da die Kontrolle des Stadtrates und die Qualität der Verwaltung Fehler weitgehend ausschließen.

D. Trotz der Verschiedenartigkeit der einzelnen Gemeinden kann davon gesprochen werden, daß die Gemeinden als solche bestimmte Aufgaben zu erledigen pflegen. **437**

I. Zunächst gilt der Grundsatz der *Allzuständigkeit*, der keineswegs bedeutet, daß die Gemeinden für alle Aufgaben zuständig sind. Er besagt zweierlei:
1. Die Gemeinden haben keine speziellen Aufgaben (wie z.B. die Sozialversicherungsträger), sondern können prinzipiell auf jedem Gebiet tätig werden.
2. Die Gemeinden können nicht nur Aufgaben wahrnehmen, die ihnen ausdrücklich zugewiesen sind, sondern von sich aus neue Aufgaben aufgreifen.
3. Im übrigen allerdings sind die Gemeinden nur subsidiär zuständig, d.h. nur insoweit als nicht schon andere Verwaltungsträger die Aufgaben übernommen haben.

II. Die Gemeinden haben in erster Linie Aufgaben der *Leistungsverwaltung* (Daseinsvorsorge), weniger dagegen Aufgaben der eingreifenden Verwaltung. Ihre wesentlichen Aufgaben liegen bei Straßenbau, Schulwesen, Feuerwehr, Einrichtungen der Kulturpflege, der Gesundheitspflege, der Jugendpflege, des Sozialwesens, der Schaffung von Versorgungseinrichtungen, Wohnungsbau, Freizeiteinrichtungen, Sport und in der wirtschaftlichen Förderung ihrer Einwohner. **438**

III. Erhebliche Bedeutung kommt auch der *wirtschaftlichen Betätigung* der Gemeinden zu. Sie wird durch Eigenbetriebe, durch Unternehmen in Formen des Handelsrechts, durch gemischtwirtschaftliche Unternehmen oder durch Anstalten ausgeübt. Die wirtschaftliche Tätigkeit bezieht sich in erster Linie auf die Lieferung von Energie (Strom, Gas und Wasser) auf den Betrieb von Nahverkehrsunternehmen, Schlachthöfen und Sparkassen sowie auf den Forstbetrieb. Insgesamt handelt es sich um einen Zweig gemeindlicher Betätigung, der nicht nur im Rahmen der Gemeinde, sondern auch im Rahmen der Volkswirtschaft ein starkes Gewicht hat (Rdnr. 290 ff.). **439**

IV. Im Bereich gemeindlicher Tätigkeit nimmt auch die *Bauleitplanung* einen erheblichen Raum ein. Sie bedeutet die Verfügung über das Gemeindegebiet und damit die Gestaltung des Gemeindegebietes, ist allerdings von der übergeordneten Raumordnung und Landesplanung abhängig. Die Verwaltungstätigkeit beschränkt sich nicht nur auf die Planung, sondern auch auf die Sicherung und z.T. **440** (soweit kommunale Infrastrukturmaßnahmen in Frage stehen) auf die Durchführung der Pläne. Zur Durchsetzung eines Planes ist es nicht selten wichtig, daß die Gemeinde den betroffenen Eigentümern geeignete Ersatzgrundstücke anbieten kann. Der Tätigkeit des Liegenschaftsamtes, das rechtzeitig Reserveland beschafft und dieses den durch die Planung betroffenen Bürgern zur Verfügung stellt, das ferner für Gewerbeansiedlungen und für andere gemeindlich wichtige Zwecke Grundstücke beschafft und vorrätig hält, kommt daher im Rahmen der kommunalen Verwaltungstätigkeit erhebliche Bedeutung zu.

441 V. Zu den gemeindlichen Aufgaben gehört heute auch die *Entwicklungsplanung*, d.h. die komplexe und integrierte Planung, die die Verwendung des Raumes, der Finanzmittel und der sonstigen Ressourcen für die einzelnen Aufgaben, sowie die Prioritäten bei der Aufgabenerfüllung unter den Gesichtspunkten der Optimierung festlegt.

§ 47 Der innere Aufbau der Gemeinde

Schrifttum: *R. R. Beer*, Zur heutigen Struktur der Gemeinde, in: LKr. 1970, 39 ff.; *U. Derlin/Ch. Gürtler/W. Holler/H. Schreiner*, Kommunalverfassung und kommunales Entscheidungssystem, 1976; *R. Frey/K.-H. Naßmacher*, Parlamentarisierung der Kommunalpolitik? in: ArchKomWiss 1975, 197 ff.; *O. Gönnenwein*, Gemeinderecht, 1963; *W. Holler/K.-H. Naßmacher*, Rat und Verwaltung im Prozeß kommunalpolitischer Willensbildung, in: aus politik und zeitgeschichte B 4/76; KGSt (Hrsg.), Verwaltungsorganisation der Gemeinden, Teil I, Aufgabengliederungsplan, 3. Aufl., 1967; *H. Klüber*, Das Gemeinderecht in Ländern der Bundesrepublik Deutschland, 1972; *E. Mäding*, Verwaltungskraft, in: DÖV 1967, 325 ff.; *P. Oberndorfer*, Gemeinderecht und Gemeindewirklichkeit, 1971; *U. Scheuner*, Gemeindeverfassung und kommunale Aufgabenstellung in der Gegenwart, in: ArchKomWiss 1962, 163; *F. K. Surén/H. Goetz*, Die zweckmäßige Unterteilung der Verwaltung einer Großstadt, 1951; *R. Wiese*, Stadt- und Gemeindebezirke, in: StT, 1974, 298 ff.; *R. Zoll*, Wertheim III, Kommunalpolitik und Machtstruktur, 1974; ferner die einschlägigen Beiträge im HKWP (insb. Bd. I).

442 A. Die Gemeindeverwaltung wird durch das Zusammenspiel zwischen dem *ehrenamtlichen Element*, das vor allem im Gemeinderat wirkt, und dem *Beamtentum* bestimmt.

I. Im einzelnen ist die Verteidigung der Gewichte sehr unterschiedlich. Das liegt nicht nur an der unterschiedlichen Größe der Gemeinden, sondern auch an den unterschiedlichen Gemeindeverfassungen in den einzelnen Ländern. Allerdings sollte der Unterschied der Gemeindeverfassungen nicht überschätzt werden. Tatsächlich haben die Sachgegebenheiten ihr Eigengewicht und geben auch dort Einflußmöglichkeiten, wo sie vom Recht nicht vorgesehen sind.

II. Das oberste Organ ist überall der *Gemeinderat,* dessen Größe je nach der Einwohnerzahl differiert. In kleinen Gemeinden hat der Gemeinderat mehr die Form einer Kollegialbehörde, in größeren Gemeinden mehr die eines Parlaments. Nach der Vergrößerung der Gemeinden hat er kaum noch irgendwo den Charakter einer dörflichen Honoratiorenversammlung. Die Politisierung des öffentlichen Lebens, insb. das Vordringen der politischen Parteien auf Gemeindeebene macht sich auch im Rat bemerkbar. Die Entscheidungen des Rats werden weitgehend in den Sitzungen der Mehrheitsfraktion vorprogrammiert.

443

Der Rat tritt nur in mehr oder weniger großen Abständen zusammen. Er ist daher für die eigentliche Verwaltungsarbeit nur ausnahmsweise geeignet, er fällt nur die grundsätzlichen Beschlüsse. Allerdings greift er nicht selten auch in Einzelfallentscheidungen ein, da es im Gemeindeleben eine Gewaltenteilung wie im Staat nicht gibt.

III. Wesentliche Bedeutung haben auch die *Ratsausschüsse,* denen in einigen Ländern nicht nur Ratsmitglieder angehören müssen; auch die Zuziehung sachverständiger Bürger ist möglich. Die Ausschüsse haben z.T. nicht nur vorbereitende Funktionen, sondern können in einigen Ländern verbindlich entscheiden. In größeren Gemeinden sind ihnen zahlreiche Aufgaben übertragen, die in kleineren Gemeinden vom Rat selbst erledigt werden. Die Ausschüsse wachsen damit teilweise in die Funktion von gemeindlichen Behörden hinein (ohne es im Rechtssinne zu werden), der zuständige Beamte (Dezernent, Amtsleiter) wird praktisch Geschäftsführer und ausführendes Organ des Ausschusses.

444

IV. Bei den Beamten ist zwischen den Wahlbeamten und den Laufbahnbeamten zu unterscheiden.

445

1. Der *Hauptverwaltungsbeamte (Bürgermeister, Gemeindedirektor)* wird auf Zeit gewählt. Er ist jedenfalls in größeren Gemeinden »politischer Beamter«, nicht im technischen Sinne, aber in dem Sinne, daß er nach politischen Gesichtspunkten ausgewählt wird und seine Amtsführung auch weitgehend unter dem Gesichtspunkt der Mitarbeit an der Verwirklichung der jeweiligen parteipolitischen Ziele erfolgt. Allerdings gerät er oft in die Situation eines Repräsentanten des »unpolitischen« Apparats (Rdnr. 224). In der ambivalenten Stellung zwischen Politik und Apparat muß er sein Amt führen, wobei allerdings in der Praxis der Zwang der Tagesarbeit dazu führt, daß er mehr dem Apparat zugehört.

V. Neben dem Hauptverwaltungsbeamten gibt es in mittleren und vor allem in größeren Gemeinden weitere *Wahlbeamte* (meist »Beigeordnete« genannt), die ebenfalls nur auf Zeit gewählt werden und als Dezernenten einige Ämter führen (Rdnr. 450). Ihre Stellung ist in der Regel die eines dem Hauptverwaltungsbe-

446

12. Kapitel Kommunale Organisation

amten nachgeordneten Beamten. Praktisch, z.T. auch rechtlich, ist ihnen jedoch die (kommunal-) politische Verantwortung über ihr Dezernat übertragen, so daß sie in Großstädten z.T. in die Stellung eines »Ministers« der Stadt hineinwachsen.

447 VI. In Niedersachsen und Nordrhein-Westfalen besteht das besondere Problem des Verhältnisses zwischen Ratsvorsitzendem (Bürgermeister und Hauptverwaltungsbeamter, Gemeindedirektor). Da dort der Rat grundsätzlich für alle Angelegenheiten zuständig ist und die Gemeinde nach außen durch den Ratsvorsitzenden repräsentiert wird, tritt eine Konkurrenz zu dem Hauptverwaltungsbeamten auf, der die laufenden Angelegenheiten führt. Problematisch ist, wer die Gemeinde nach außen repräsentiert, da Repräsentationsakte oft Fragen der laufenden Verwaltung sind.

Ob sich das dualistische System bewährt hat, ist bestritten. Sicherlich führt der Dualismus nicht notwendig zu Konflikten, sondern eher zum Einigungszwang. Auch kann es dem Hauptverwaltungsbeamten eine erhebliche Entlastung von lästiger Repräsentation bringen.

448 VII. Zwischen dem Rat und dem Hauptverwaltungsbeamten gibt es nach einigen Gemeindeordnungen (Hessen, Niedersachsen, Schleswig-Holstein) noch ein drittes Organ *(Magistrat, Verwaltungsausschuß)*. In größeren Gemeinden (Städten) erscheint das nötig, weil hier die Zahl der Geschäfte, die nicht mehr vom Rat erledigt werden können, die aber noch nicht dem Hauptverwaltungsbeamten übergeben werden sollten, relativ groß ist.

449 **B.** I. Die *Gliederung der Gemeindeverwaltung* beruht auf einem System von *»Verwaltungen«*, die ihrerseits mehrere Ämter haben. Nach dem Vorschlag der KGSt (der befolgt wird) werden in größeren Gemeinden folgende Verwaltungen gebildet:
1. Allgemeine Verwaltung (mit Hauptamt, Personalamt, Statistischem und Wahlamt, Presseamt, Rechnungsprüfungsamt).
2. Finanzverwaltung.
3. Rechts-, Sicherheits- und Ordnungsverwaltung.
4. Schul- und Kulturverwaltung.
5. Sozial- und Gesundheitsverwaltung.
6. Bauverwaltung.
7. Verwaltung der öffentlichen Einrichtungen.
8. Verwaltung für Wirtschaft und Verkehr.

Inwieweit die Aufgliederung der Verwaltungen in Ämter notwendig ist, hängt von der Größe der Gemeinde ab (maximal 45). So werden sich kleinere Gemeinden mit einem Bauamt begnügen, während Großstädte ihre Bauverwaltung in Bauverwaltungsamt, Stadtplanungsamt, Vermessungsamt, Bauordnungsamt, Amt für Bauförderung, Hochbauamt, Tiefbauamt, Wohnungsamt, Garten- und Friedhofsamt untergliedern.

II. Die Gliederung der Verwaltung kleinerer und mittlerer Gemeinden kennt 450
zwei Ebenen, die Chefebene und die Ämterebene. Größere Gemeinden (zumeist
schon die Mittelstädte) kennen drei Ebenen, die Chefebene, die Dezernenten-
ebene und die Ämterebene. Die Dezernenten sind »Mittelinstanz« zwischen dem
Hauptverwaltungsbeamten (Oberbürgermeister, Oberstadtdirektor) und dem
Amtsleiter, haben aber zugleich eine kommunalpolitische Eigenständigkeit als
Wahlbeamte, oft auch als Mitglieder des Magistrats (Hessen, Schleswig-Holstein)
oder Stadtvorstands (Rheinland-Pfalz). Die Geschäftsverteilung auf die Dezernenten schließt sich regelmäßig weitgehend an die Gliederung der »Verwaltungen« an, folgt dieser Einteilung aber kaum jemals sklavisch, zumal die wenigsten
Gemeinden so viele Dezernenten haben, wie »Verwaltungen« im Organisationsplan vorgesehen sind.

C. Eine örtliche Untergliederung ist nach der Gebietsreform weithin notwendig.

I. Mit der Vergrößerung des Gemeindegebiets ist die zentrale Verwaltung für 451
die in den Außenbezirken lebenden Gemeindeeinwohner schlechter erreichbar
als bisher. Außenstellen der zentralen Verwaltung erscheinen daher erforderlich
(Orts- oder Bezirksverwaltungsstellen), damit der Bürger die Eingemeindung
nicht als Nachteil hinsichtlich der Erreichbarkeit der für ihn zuständigen Kom-
munaldienststelle erfährt. Die *Orts- bzw. Bezirksdienststellen* geben im Gegenteil
oft die Möglichkeit, Zuständigkeiten nach unten zu ziehen, die früher in den selbständigen Gemeinden nicht wahrgenommen werden konnten.

II. Unabhängig davon besteht das Problem der Repräsentation der Ortsteile, 452
insb. der eingemeindeten *Ortsteile*. Sie erfolgt durch Räte (Ortschaftsräte, Be-
zirksvertretungen, die mit ehrenamtlich Tätigen zumeist vom Rat nach dem Verhältnis der auf die Parteien entfallenen Wählerstimmen zusammengesetzt werden.

III. Praktisch werden beide Probleme in zwei Typen bewältigt:
1. Die *Ortsverwaltung* ist die Verwaltungsform, die den Landgemeinden, die
zu einer Großgemeinde zusammengeschlossen sind, die Möglichkeit der Mit-
sprache geben. Die *Bezirksverwaltung* ist dagegen in erster Linie die Organisation der Außenbezirke von Ballungen.

IV. Die *Dezentralisation* innerhalb der Gemeindeverwaltung hat durch die 453
Gebietsreform eine vorher nicht gekannte Aktualität gewonnen. Es geht dabei
vor allem darum, den Einwohnern der eingemeindeten Gemeinden einen Ausgleich für den Verlust an kommunaler Selbständigkeit zu geben. Allerdings hängt
die Frage, ob ein adäquater Ausgleich gegeben wird in erster Linie von der Zuständigkeit und der finanziellen Ausstattung der Ortschafts- bzw. Bezirksver-

12. Kapitel Kommunale Organisation

waltung ab. Es muß sich erst noch erweisen, ob die getroffenen Regelungen mehr als nur eine Alibi-Funktion haben.

Für die Dezentralisation sprechen die Bürgernähe, der persönliche Kontakt, der kurze Weg zur Dienststelle, der bessere Überblick der Verwaltung über die örtlichen Verhältnisse, die Stärkung der Demokratie insb. durch Einfluß des einzelnen Bürgers, die Erhaltung der gewachsenen örtlichen Gemeinschaft. Dagegen sprechen die verminderte Spezialisierung, die erschwerte Vertretungsregelung in der Dienststelle, die geringere Auslastung sachlicher Mittel, unterschiedliche Verwaltungspraxis in der Gemeinde, erschwerte Übersicht über die Verwaltung, u.U. auch Teilung zusammenhängender Vorgänge.

§ 48 Die Stärkung der Verwaltungskraft von Kleingemeinden

Schrifttum: Vgl. auch vor § 50, ferner: *B. Becker,* Gemeinde und Amt, 1967; *H. Boldt,* Kommunale Finanzen im Rahmen der Finanzverfassung der Bundesrepublik, in: *H.-G. Wehling* (Hrsg.), Kommunalpolitik, 1975, 31 ff.; *D. Bröring,* Die Verwaltungsgemeinschaft, 1973; *P. Donhauser,* Formen und Möglichkeiten gemeindlicher Zusammenarbeit zur Stärkung der Verwaltungskraft, Diss.iur. Regensburg, 1970; *J. Göb,* Verfassungsrecht der Ämter und amtsangehörigen Gemeinden, HKWP I, 377 ff.; *H. Klüber,* Die kommunalen Zweckverbände und die sonstigen Gemeinschaftsorganisationen, HKWP I, 541 ff.; *E. Mäding,* Stärkung der Verwaltungskraft kleiner Gemeinden, in: KomWirtsch. 1967, 177 ff.; *ders.,* Zwischengemeindliche Zusammenarbeit (Gutachten der KGSt), 1963; *K. H. Rothe.* Das Recht der interkommunalen Zusammenarbeit in der Bundesrepublik Deutschland, 1965; *H. Siedentopf,* Zu den Grenzen neuer Kommunalverfassungsrechtlicher Organisationsformen, in: Verwaltung 1971, 278 ff.; *H. Spörlein,* Das Samtgemeinden in Niedersachsen, 1965; *W. Thieme,* Vom Nutzen kleiner Gemeinden, in: ArchKommWiss. 1972, 358 ff.

454 A. Daß *Kleingemeinden* nicht imstande sind, diejenigen kommunalen Leistungen zu erbringen, die dem heute üblichen Standard entsprechen, ist unbestritten. Daher hat in der Bundesrepublik von Land zu Land in unterschiedlicher Weise, aber in der Tendenz übereinstimmend, eine Gebietsreform stattgefunden, die vor allem zur Schaffung von Großgemeinden geführt hat. Allerdings ist auch heute noch teilweise bestritten, ob es zur Schaffung einer leistungsfähigen Kommunalverwaltung wirklich einer Bildung von Großgemeinden bedarf, ob nicht mit anderen Maßnahmen zur Hebung der Verwaltungskraft gearbeitet werden kann. Unabhängig davon, ob diese Frage zu bejahen ist, (dazu unten Rdnr. 446), ist jedenfalls die Hoffnung unrealisitsch, daß durch die Bildung von Großgemeinden alle Probleme der interkommunalen Zusammenarbeit beseitigt und zu innerkommunalen Problemen werden könnten.

§ 48 Die Stärkung der Verwaltungskraft von Kleingemeinden

B. Als Alternative zur Bildung von Großgemeinden stehen die folgenden Möglichkeiten zur Verfügung: 455

I. Zwei oder mehrere Gemeinden können *Arbeitsgemeinschaften* bilden. Es handelt sich um Einrichtungen, die keine eigene Rechtspersönlichkeit haben. Beschlüsse kommen nur zustande, wenn alle beteiligten Gemeinden zustimmen. Derartige Arbeitsgemeinschaften sind nur sinnvoll für Fragen, bei denen die beteiligten Gemeinden im wesentlichen übereinstimmende Interessen haben. Ihr Anwendungsbereich ist sehr beschränkt.

II. *Öffentlich-rechtliche Vereinbarungen.* Hier wird ebenfalls keine neue Rechtspersönlichkeit gebildet. Die Beteiligten übernehmen aber bestimmte Pflichten. Derartige Vereinbarungen können sehr nützlich sein. Aber keine Gemeinde kann gezwungen werden, sie abzuschließen. Diese Möglichkeit ist auch nur dann sinnvoll, wenn die Kleingemeinden durch derartige Vereinbarungen über einen erheblichen Teil ihrer Hoheitsrechte verfügen.   456

III. Bewährt haben sich *Zweckverbände*, d.h. die Bildung neuer Körperschaften des öffentlichen Rechts, denen Gemeinden (u.U. auch andere Rechtsträger) angehören und die einen bestimmten Zweck verfolgen (z.B. Betrieb eines Wasserwerkes, einer Schule, eines Krankenhauses).   457

IV. Daneben gibt es *Sonderverbände,* die auf Spezialgesetzen beruhen (z.B. Planungsverbände nach § 4 BBauG). Sie entsprechen in ihrer Funktion den Zweckverbänden.

V. Bürgerlich-rechtliche *Vereine* oder *Handelsgesellschaften* (GmbH, AG) können ebenfalls gemeinsam von mehreren Gemeinden gegründet werden. Sie kommen nicht selten im Bereich der Gemeindewirtschaft vor und erfüllen hier dieselbe Funktion wie Zweckverbände.   458

VI. Das Bayerische Recht kennt *Realsteuerstellen,* die als gemeinsame Einrichtungen die Gemeindesteuern einheben. Die Festsetzung und Einziehung erfolgt bei ihnen mit größerer Sicherheit, als wenn Organe der Kleingemeinden diese Aufgaben wahrnehmen müßten.   459

VII. Bewährt hat sich (insb. in Baden-Württemberg) für Gemeinden ohne hauptberuflich tätige Kräfte auch der *gemeinsame Fachbeamte,* der vom Kreis angestellt ist, aber die Vollzugsaufgaben einer Anzahl von Gemeinden nach den Weisungen des Gemeinderats und Bürgermeisters wahrnimmt sowie die Gemeinde berät.   460

VIII. Möglich ist auch die Bildung *gemeinsamer Organe* (Gemeindevorstand,   461

12. Kapitel Kommunale Organisation

Kassenverwalter) durch mehrere Gemeinden. Hier geht es auch darum, fachlich vorgebildete Kräfte für mehrere Gemeinden dienstbar zu machen, wenn eine einzelne Gemeinde sie nicht auslasten und bezahlen kann. Im Gegensatz zu dem vorgenannten Fall haben die hier genannten Kräfte kommunalpolitisch eine Organstellung.

462 IX. *Ämter* als Zusammenschluß von Gemeinden in Form von Körperschaften des öffentlichen Rechts gibt es nur noch in Schleswig-Holstein, nachdem Nordrhein-Westfalen und das Saarland zur Großgemeinde und Rheinland-Pfalz zur Verbandsgemeinde (Rdnr. 463) übergegangen sind. Eine vergleichbare Stellung und Funktion haben die Verwaltungsgemeinschaften in Bayern. Beide haben im Gegensatz zum Zweckverband nicht nur eine Aufgabe, sondern beliebig viele Aufgaben. In der Regel können sie allerdings (außer den sog. staatlichen Auftragsangelegenheiten, die ihnen kraft Gesetzes zustehen) nur solche Aufgaben übernehmen, die ihnen von den Gemeinden übertragen werden. Sofern ihnen die Kompetenz-Kompetenz übertragen wird, können sie die Nachteile der Kleingemeinden weitgehend ausgleichen.

463 X. Niedersachsen und Rheinland-Pfalz arbeiten stattdessen mit der *zweistufigen Gemeinde (Samtgemeinde, Verbandsgemeinde),* bei der sowohl die untere als auch die obere Stufe Gemeinde, d.h. Gebietskörperschaft ist. Beide haben eine volle gemeindliche Organisation, ihr Ziel wird unmittelbar gewählt. Aber die obere Stufe (Samtgemeinde, Verbandsgemeinde) kann beliebig Kompetenzen an sich ziehen und damit die untere Stufe kompetenzarm machen. In Niedersachsen wird die Form der zweistufigen Gemeinde nur als Übergangsform angesehen, die in kürzerer oder längerer Zeit zur Großgemeinde – evtl. mit Ortschaftsverfassung – führt.

464 XI. Auch der *Finanzausgleich* zwischen Staat und Gemeinden, d.h. die Bezuschussung der Gemeinden, wird als Mittel angesehen, die Verwaltungskraft zu heben. In Wirklichkeit handelt es sich um das unrationellste Mittel, weil die Verwaltungskraft hier künstlich durch Einsatz öffentlicher Mittel erzeugt wird. Mittel, die nicht aufgewandt werden müßten, wenn die Gemeinden groß genug wären.

465 C. I. 1. Wenn man die Frage beantworten will, ob die hier aufgezählten Maßnahmen geeignet sind, die Mängel der Kleingemeinde zu beseitigen, so scheidet der Finanzausgleich aus den genannten Gründen aus.

2. Auch alle Mittel, die auf dem Prinzip der Freiwilligkeit beruhen sind solange unbefriedigend, als bei ihnen nicht garantiert ist, daß von ihnen wirklich Gebrauch gemacht wird.

3. Ferner können die Mittel nicht genügen, die nur Spezialaufgaben betreffen. Die Kommunalverwaltung hat so viele Aufgaben, daß der Weg über einzelne

Aushilfen immer unbefriedigend bleiben muß. Im übrigen würde die Organisation der öffentlichen Verwaltung zu kompliziert und unübersichtlich, wenn man das Mittel des Zweckverbandes umfassend benutzen würde.

4. Am nützlichsten ist noch der Zusammenschluß der Gemeinden zu leistungsfähigen Ämtern oder zu Samtgemeinden *(Verbandsgemeinden)*, wohl letztere wegen der Unmittelbarkeit der Wahl und der damit verbundenen höheren Legitimation sowie der größeren Organisationsklarheit den Vorzug verdienen.

II. Es fragt sich, ob diese Lösung nicht auch der Bildung von *Großgemeinden* vorzuziehen ist, weil diese blühendes Gemeindeleben zerstört und die Mitarbeit vieler Bürger an den öffentlichen Angelegenheiten ausschaltet. Jede Neuorganisation zerstört bisherige, lebendige Strukturen. Allerdings stellt sich die Frage, inwieweit die Kleingemeinden wirklich eine gemeindliche Aktivität entfalten konnten. Entgegen einer herrschenden Meinung scheint es so zu sein, daß es gerade die Zweckzuweisungen des Staates sind, die hier in den finanzschwachen Gemeinden eine sinnvolle planerische Aktivität erwecken, weil sie zur Entwicklung von Projekten führen, deren Finanzierung der Staat über die Zweckzuweisungen übernimmt. **466**

§ 49 Die Landkreise

Schrifttum: *F. A. Baumann*, Die allgemeine untere staatliche Verwaltungsbehörde im Landkreis, 1967; *H.-J. v. d. Heide*, Struktur und Verwaltungsformen deutscher Landkreise, in: ArchKomWiss 1971, 257 ff.; Die Kreisordnungen in der Bundesrepublik Deutschland, Schriften des Deutschen Instituts für Urbanistik, Bd. 44, 1975; *E. Laux*, Kreisverwaltung in den 70er Jahren, LKr. 1970, 7 ff.; *E. Pappermann*, Zum Problem der Sonderstellung größerer Städte im Kreis, in: VerwArch 1974, 163 ff.; *E. Pappermann/W. Rothers/E. Vesper*, Maßstäbe für die Funktionalreform im Kreis, 1976; *H. E. Reinicke*, Der Landkreis und seine Funktion, 5. Aufl., 1972; *E. Schleberger*, Die Funktion der Kreise nach der kommunalen Gebietsreform, in: Neuordnung der Verwaltung, 1975, 97 ff.; *F. E. Schnapp*, Zuständigkeitsverteilung zwischen Kreis und kreisangehöriger Gemeinde, 1973; *G. Seele*, Der Kreis im Organisationsgefüge der künftigen Verwaltung, in: LKr. 1974, 238 ff.; *ders.*, ebd. 1976, 285 ff.; *W. Thieme*, Verwaltungswissenschaftliche Maßstäbe für die Kreisfreiheit von Städten, in: StT 1974, 242 ff.; *G. C. v. Unruh* u.a., Der Kreis, 1972; *ders.*, Der Landrat, 1966; *F. Wagener*, Die kreisangehörigen Städte in der Verwaltungsreform, 1970; *ders.*, Zur zukünftigen Aufgabenstellung und Bedeutung der Kreise, in: DÖV 1976, 253 ff. – Vgl. ferner den von der Ständigen Konferenz der Innenminister der Länder herausgegebenen »Kreisstufenbericht«, 1975.

A. In der Bundesrepublik bestehen neben 95 *kreisfreien Städten* 250 *Landkreise*. **467** Sie haben durchschnittlich eine Größe von 156 000 Einwohnern und 945 qkm.

12. Kapitel   Kommunale Organisation

Freilich schwankt die Größe außerordentlich zwischen 48 000 Einwohnern (Land Hadeln) und 554 000 Einwohnern (Recklinghausen), sowie zwischen 250 qkm (Neunkirchen) und 2185 qkm (Rendsburg-Eckernförde). Besonders klein sind die Kreise in Bayern, besonders groß sind sie in Nordrhein-Westfalen. Es stellt sich die Frage, ob Kreis und Kreis in den verschiedenen Ländern noch identisch ist. Die Gebietsreform hat zwar auch auf der Kreisebene wesentlich leistungsfähigere Einheiten gebraucht, sie hat aber die Dimensionsunterschiede nicht berücksichtigt. Inwieweit es gelungen ist, insb. in Bayern bei relativ kleinen Kreisen, auf dem Lande kommunale Verhältnisse herbeizuführen, wie sie seit langem für die Stadt selbstverständlich sind, bleibt zweifelhaft.

B. Die Kreise sind regelmäßig organisatorisch mit der allgemeinen staatlichen unteren Verwaltungsbehörde verbunden (Rdnr. 412).

468   C. *Die Kreise* als kommunale Körperschaften haben drei Arten von Aufgaben:

I. *Übergemeindliche Aufgaben,* d.h. Aufgaben, die über den Verwaltungsraum einer kreisangehörigen Gemeinde hinausreichen (z.B. Bau von Kreisstraßen und Kreisbahnen, Bereich von Nahverkehrsunternehmen).

469   II. *Ergänzende Aufgaben,* d.h. Aufgaben, die über die Leistungsfähigkeit der Gemeinden hinausgehen, sei es wegen fehlender Finanzkraft, wegen Nichtauslastung des Verwaltungspersonals oder auch wegen Unwirtschaftlichkeit und zu geringer Verwaltungsfrequenz (z.B. Krankenhäuser, Mittelschulen, Altersheime, Energieversorgungsunternehmen).

470   III. *Ausgleichende Aufgaben,* d.h. Aufgaben, durch deren Heraufziehung in die nächsthöhere Stufe der Verwaltungsorganisation ein Ausgleich zwischen den finanzkräftigeren und -schwächeren Gemeinden erfolgt. Der Ausgleich erfolgt in erster Linie durch Gewährung von Beihilfen an die finanzschwachen Gemeinden aus dem Kreishaushalt, der im Wege der Umlage von allen Gemeinden, vor allem aber durch die finanzstärkeren Gemeinden gespeist wird. Es sind aber auch Einrichtungen der Kreise, die zwar von größeren, nicht aber von den schwächeren Gemeinden betrieben werden können, und daher für alle Gemeinden vom Kreis errichtet werden, zu den Ausgleichsaufgaben zu rechnen.

471   IV. Die *Bedeutung der Kreise* hat in den letzten Jahren erheblich zugenommen. Moderne Verwaltungseinrichtungen können von kleinen Gemeinden kaum noch getragen werden. Außerdem ist die Verkehrserschließung der Landkreise heute wesentlich besser geworden, so daß die Kreiseinrichtungen auch von allen Kreiseinwohnern besser erreicht werden können. Die Forderung nach einer überall leistungsfähigen Kommunalverwaltung kann kaum anders befriedigt werden als unter kräftiger Inanspruchnahme der Ausgleichsfunktionen der Kreise. Die Kreise wachsen nach und nach in die Funktion eines Gestaltungsfaktors des Wirtschafts- und Soziallebens hinein. Ihre Rolle ist die einer motivierenden Kraft. Ihr Auftrag ist der einer planenden, fördernden, belebenden, zugleich auch ausgleichenden Gesamtverantwortung gegenüber dem Lebens- und Wirtschaftsraum des Kreisgebietes und seiner Bevölkerung. Zuweilen wird der Kreis daher als »Kreisgemeinde« bezeichnet und in seiner Bedeutung dieser gleichgestellt.

D. Das Verhältnis der Landkreise zu ihren Gemeinden läßt sich nicht einheitlich bestimmen:

I. Der Landkreis wird als *Kommunalverband,* die im Kreisgebiet gelegenen Gemeinden als seine Mitglieder bezeichnet. Allerdings haben die Gemeinden insofern nicht die typische Stellung eines Verbandsmitglieds, als sie an der Willensbildung im Kreise nicht teilnehmen, da die Kreistage unmittelbar von der Bevölkerung gewählt werden. Die Gemeinden sind vielmehr nur Objekt der Tätigkeit des Kreises, da sie über die Kreisumlage den Kreishaushalt speisen, durch die Ausgleichsfunktion in ihren Möglichkeiten vom Kreis bestimmt und z.T. von den Kreisen beaufsichtigt werden. In der Regel ergibt sich aus der finanziellen Verzahnung und der gegenseitigen Bezogenheit und Ergänzung der Aufgaben von Kreis und Gemeinde ein vertrauensvolles Verhältnis, bei dem dem Kreis die Rolle des Helfers und Beraters zukommt.

II. Ganz anders pflegt das *Verhältnis* zwischen *Kreis und kreisangehörigen Städten* zu sein.
1. Es ist regelmäßig nicht frei von Spannungen. Verwaltungskraft und Leistung sowie ein daraus resultierendes Selbstbewußtsein führen oft zu einem Gegensatz zwischen Kreis und Stadt. Die Stadt will die kommunalen Aufgaben auf ihrem Gebiet in möglichst großem Umfang selbst wahrnehmen. Die kreisangehörigen Städte sind diejenigen, die die Hauptlast bei der Kreisumlage tragen, sie sind daher in erster Linie die Gebenden bei der Ausgleichsfunktion. Das führt in den Städten oft zu einer Kreisverdrossenheit. Allerdings ist auch hier noch deutlich zwischen den Städten in der Fläche und den Städten im Bannkreis von Großstädten zu differenzieren. Während erstere aus ihrer Zentralität im Kreis deutlich Vorteile ziehen, sind letztere meistens schlecht in den Kreis integriert.
2. Mittel zur Lösung dieses Problems bestehen darin, den kreisangehörigen Städten (als sog. *»Mittelstädten«,* »großen Kreisstädten« oder »selbständigen Städten«) eine größere Eigenständigkeit zu geben durch
   a) Übertragung der sog. staatlichen Auftragsangelegenheiten oder jedenfalls eines Teiles dieser Aufgaben (z.B. Bauaufsichtsämter),
   b) Unterstellung unter die Kommunalaufsicht der nächsthöheren Instanz (insbesondere Regierungspräsident),
   c) durch Einführung der Titulatur kreisfreier Städte *(»Oberbürgermeister«).*
3. Die Frage, wann eine kreisfreie Stadt einzukreisen ist, läßt sich nicht allein

und nicht einmal in erster Linie anhand der Einwohnerzahlen entscheiden. Faustzahlen (100000, 150000, 200000), die im Zusammenhang mit der kommunalen Gebietsreform diskutiert worden sind, sind nur ein Argument von vielen. Es kommt einerseits darauf an, ob die Stadt für sich leistungsfähig genug ist, andererseits, wie sie in ihr Umland eingebunden ist, ob hier ohne Einkreisung nach Größe und Zuschnitt der Verwaltungsräume sinnvolle Verhältnisse bestehen.

§ 50 Höhere Kommunalverbände

Schrifttum: *L. Baumeister/H. Naunin* (Hrsg.), Selbstverwaltung einer Landschaft, 1967; O. *Gönnenwein*, Gemeinderecht, 1963, S. 420 ff.; *D. Martin*, Formen und Funktionen eines Gemeindeverbandes auf der Mittelstufe der Verwaltung, Diss.iur. Regensburg, 1971; *H. Naunin*, Entstehung und Sinn der Landschaftsverbandsordnung in NRW, 1963; *ders.*, Verfassungsrecht der regionalen Gemeindeverbände, HKWP I, 470 ff.; *R. Schnur*, Grundgesetz, Landesverfassung und »höhere Gemeindeverbände«, in: DÖV 1965, 114 ff.; Siedlungsverband Ruhrkohlenbezirk (Hrsg.), Regionale Selbstverwaltung, 2 Bde., 1972; *Steinhoff*, Heimatprovinz und Kommunalverband, DVBl. 1959, 153 ff.; *W. Weber*, Die Ordnung des landschaftlichen Raumes: 150 Jahre Verwaltungsraum Westfalen-Lippe, 1966; *H.J. Wolff – O. Bachof*, Verwaltungsrecht II, 4. Aufl., 1976, S. 271 ff.; *K. Zuhorn*, Die Kulturpflege der regionalen Gemeindeverbände, HKWP II, S. 246 ff.

476 A. I. Es gibt kommunale Aufgaben, die wegen ihrer Eigenart nicht von den Kreisen wahrgenommen werden können. Dazu gehören vor allem Spezialkliniken (z.B. Nervenkliniken), die regionale Kulturpflege, das über den Kreis hinausreichende Straßennetz. Sicherlich können derartige Aufgaben auch vom Staat getragen werden. Immerhin ist die Verbindung zu den übrigen kommunalen Aufgaben so eng, daß sich die Bildung besonderer Kommunalverbände anbietet. Vor allem gibt es eine Reihe von Aufgaben, die wegen ihrer mehr pflegerischen Natur gut bei Selbstverwaltungskörperschaften aufgehoben sind.

II. *Mitglieder* derartiger weiterer Verbände sind die Kreise und kreisfreien Städte, die nicht nur die Kosten dieser Verbände tragen, sondern auch ihre obersten Organe bilden bzw. wählen. Nicht in allen Ländern gibt es derartige Verbände. Immerhin wird man sagen dürfen, daß sich derartige Verbände dort, wo sie bestehen, bewährt und z.T. ein kräftiges Leben entfaltet haben.

477 B. Das hervorragendste Beispiel der *höheren Kommunalverbände* sind die beiden *Landschaftsverbände* in Nordrhein-Westfalen (Rheinland und Westfalen-Lippe), die auf der Tradition der *preußischen Provinzialverbände* aufbauen. Sie befassen sich mit Aufgaben der Wohlfahrtspflege, Jugendwohlfahrt, Gesundheitspflege, der landschaftlichen Kulturpflege, der Kommunalwirtschaft, der Landes-

planung, des Fachschulwesens und des Straßenwesens. Im Auftrage des Landes verwalten sie die Bundesautobahnen und Bundesfernstraßen, z.T. im Auftrag der Kreise die Kreisstraßen; ihnen unterstehen zu diesem Zweck die Straßenbauämter. Der Aufbau des Landschaftsverbandes schließt sich eng an den Aufbau der Kreise an (Landschaftsversammlung, Landschaftsausschuß, Direktor des Landschaftsverbandes).

C. In *Bayern* bestehen höhere Kommunalverbände für die Regierungsbezirke. Hier wiederholt sich auf der Bezirksebene die Verbindung von Kommunalverband und staatlichem Verwaltungsbezirk (Rdnr. 415). In Rheinland-Pfalz besteht der »Bezirksverband Pfalz«. Auf ganz anderer Grundlage besteht im Regierungsbezirk Aurich die »Ostfriesische Landschaft«. 478

In Hessen besteht als Kommunalverband der *Landeswohlfahrtsverband*, der in seiner Form allerdings mehr einem Zweckverband entspricht. 479

D. In Baden-Württemberg bestehen *Regionalverbände*, die in erster Linie Planungsverbände für die Landesplanung auf regionaler Ebene sind. Da die Landkreise und kreisfreien Städte Mitglieder dieser Verbände sind und da die Mitglieder ihnen Aufgaben zur Erledigung übertragen können, nähern sich die Regionalverbände dem Typ des höheren Kommunalverbandes. 480

§ 51 Die Ordnung von Ballungsräumen

Schrifttum: *J. Balthasar*, Eingemeindungspolitik und Verwaltungsorganisation. Eine Studie über die kommunale Neugliederung des mittleren Ruhrgebietes, 1970; *W. Gehring*, Die Neuorganisation städtischer Verdichtungsräume in der Bundesrepublik Deutschland, in: Neuordnung der Verwaltung, 1975, 49 ff.; *R. Göb*, Möglichkeiten und Grenzen der Stadtentwicklungsplanung, in: DÖV 1974, 86 ff.; *R. R. Grauhan/W. Linder*, Politik der Verstädterung, 1974; *J. v. d. Heide*, Die »Verwaltungsregion« – Realität oder Utopie?, in: DÖV 1966, 774 ff.; Zum Konzept der Stadtregionen, Forschungs- und Sitzungsberichte der Akademie für Raumforschung und Landesplanung, Bd. 59, 1970; *G. Leibholz – D. Lincke*, Die Regionalstadt, 1975; *K. H. Rothe*, Neue kommunale Aufgabenträger für Ballungsräume, in: DVBl. 1975, 529 ff.; *R. Schnur – H. Siedentopf*, Zur Neugliederung in Ballungsräumen, 1971; *K. Stern – G. Püttner*, Grundfragen zur Verwaltungsreform im Stadtumland, 2. Aufl. 1968; *W. Thieme – H. Jessen*, Die Ballungsrandzone in der kommunalen Neuordnung, 1974.

A. Einer der auffälligsten siedlungsgeographischen Vorgänge in der Industriegesellschaft ist die Entstehung von *Ballungs- oder Verdichtungsräumen*. 481

I. Dieser Prozeß hat bereits im 19. Jh. begonnen, hat aber in jüngerer Zeit an Intensität zugenommen. Er beruht auf mehreren Gründen. Verantwortlich ist einmal die sog. Landflucht, d.h. die Tatsache, daß die landwirtschaftlich genutzte Fläche im Zuge der Rationalisierung und Mechanisierung von weniger Menschen als früher bearbeitet werden kann. Sodann aber ziehen bereits bestehende Zentren Wirtschaftsunternehmen an, weil in Orten höherer Zentralität für die Wirtschaft mannigfache Vorteile bestehen, die auch durch geringere Löhne und Realsteuersätze außerhalb der Zentren nicht ausgeglichen werden. Die Konzentration von Wirtschaftsunternehmen führt zur Konzentration der Wohnsiedlungen, die oft die Gemeindegrenzen überschreiten. Die Identität von Siedlungsgemeinschaft und kommunaler Gemeinde wird aufgehoben.

Dadurch können verschiedene Sachverhalte entstehen:

1. Der erste Typ ist die *Großstadt,* um die sich kleinere, evtl. mittlere Wohn- und (seltener) Industriegemeinden scharen (z.B. München, Hannover, Stuttgart).

2. Der zweite Typ ist die *Verstädterungszone* mit mehreren Zentren (Ruhrgebiet, Frankfurt/Wiesbaden/Mainz, Rhein-Neckar-Raum). Dabei besteht zwischen den einzelnen Gemeinden zumeist eine große Zahl von Austauschvorgängen. Die eine Gemeinde erbringt z.B. Leistungen durch ihr Krankenhaus, ihr Theater und ihre Fachschulen, die andere durch Erholungsgebiete, die dritte durch Schulbau- und Wohnungsförderung.

482 II. Fraglich ist, wie verwaltungsorganisatorisch auf diesen Vorgang reagiert werden muß

1. Unbefriedigend ist jede Lösung, die sich auf einen Finanzausgleich beschränkt.

a) Einerseits kann dieser Ausgleich nur einen Teil des Leistungsaustausches berücksichtigen, da er sich nie genau berechnen, ja oft nicht einmal annähernd schätzen läßt.

b) Vor allem aber kann er niemals die notwendige Ordnung der wirtschaftlich verbundenen Räume schaffen oder auch nur erhalten.

c) Als Ergänzung zu anderen Maßnahmen kommt ihm allerdings eine wichtige Funktion zu.

483 2. In der Praxis wird das Instrumentarium der sog. interkommunalen Zusammenarbeit eingesetzt. Es sind weitgehend dieselben Formen, die auch für die Hebung der Verwaltungskraft kleinerer Gemeinden verwandt werden (Rdnr. 455 ff.), nämlich

a) die Arbeitsgemeinschaft,
b) die öffentlich-rechtliche Vereinbarung,
c) der Zweckverband,
d) der spezialgesetzliche Verband,
e) der bürgerlich-rechtliche Verein und
f) die Gesellschaft des Handelsrechts.

§ 51 *Die Ordnung von Ballungsräumen*

Diese Formen können ebenfalls Nützliches leisten, genügen dort aber nicht mehr, wo der Grad der Verdichtung eine hohe Stufe erreicht hat, wo die Zahl der Vorgänge des interkommunalen Leistungsaustausches groß ist und wo eine große Zahl von Gemeinden an diesem Austausch beteiligt ist.

3. Vor allem besteht das Bedürfnis, in Verdichtungszonen den knappen Raum zu planen, um alle Bedürfnisse (Wohnen, Arbeiten, Verkehr, Erholung, Bildung usw.) im rechten Maß am rechten Ort befriedigen zu können.   **484**

a) Daher kommt der gemeinsamen Planung besondere Bedeutung zu. Da die Gemeinden die Planungshoheit besitzen, besteht das Problem darin, eine koordinierte Planung sicherzustellen. Die Bildung von Planungsverbänden in Verdichtungsräumen ist eine besonders gewichtige Forderung.

b) Allerdings genügt die Planung allein nicht. Ihre Sicherung und Durchführung hat ebensolche Bedeutung. Hierfür ist die Schaffung besonderer Kommunalverbände notwendig. Der *Verband »Großraum Hannover«* sowie der *Ruhrsiedlungsverband* bieten Beispiele für eine Lösung dieses Problems.

4. Eine stärkere Verbindung bietet der gebietskörperschaftliche Zusammenschluß, d.h. die Schaffung einer neuen Gebietskörperschaft, Modelle sind   **485**

a) der *Stadt-Landkreis* oder der erweiterte Stadtkreis (Beispiele: das im Vorschlag des nw.MdI enthaltene »Städteverbandsmodell«, ferner der realisierte »Stadtverband Saarbrücken«). Bei diesem Modell sind zwei kommunale Ebenen vorhanden, wobei die zentrale Stadt und die höhere Ebene organisatorisch besonders eng verzahnt sind, u.U. sogar für bestimmte Fragen dieselben Organe haben.

b) Die *Regionalstadt*. Bei ihr sind die Mitgliedsgemeinden noch Gemeinden, tatsächlich jedoch fast auf den Status eines Stadtbezirks herabgedrückt.

5. Hat die Verdichtung einen Grad erreicht, daß die wesentlichen kommunalen Entscheidungen in den Verband abwandern, so ist die *Eingemeindungsreife* erreicht. Allerdings ist es fraglich, ob bei Verdichtungszonen mit mehreren Zentren die Bildung einer Mammutgemeinde opportun ist. Auch bei Doppelstädten wird die Eingemeindungsreife oft erst später erreicht werden. Bei großräumigen Verdichtungszonen kommt die Bildung einer Einheitsgemeinde ohnehin nicht in Frage. Hier bedarf es stets der Bildung von Bezirken mit mehr oder weniger großer Eigenständigkeit. Immer wird man den Besonderheiten der einzelnen Ballung durch eine individuelle Lösung Rechnung tragen müssen.   **486**

§ 52 Raumordnung und Kommunalverfassung

Schrifttum: Vgl. vor §§ 40, 51, 54; ferner: *K. Becker-Marx,* Verwaltungsreform und Region, in: KomWirtsch., 1967, 184 ff.; *W. Bueckmann,* Gebietsreform und Entwicklungsplanung, 1973; *G. Golz,* Landesplanung und Verwaltungsgliederung, in: DÖV 1967, 193 ff.; *H. J. v. d. Heide,* Landkreise und Regionalplanung, in: ArchKomWiss 1967, 47 ff.; *H. Homacker,* Die Region – Planungs- oder Verwaltungskörperschaft der Zukunft? in: Festschr. f. Küchenhoff, 1972, S. 501 ff.; Institut für Raumordnung (Hrsg.), Raumordnung und Verwaltungsreform, 1968; *R. Jochimsen/P. Knoblauch/P. Treuner,* Gebietsreform und regionale Strukturpolitik, 1971; *E. Lauschmann,* Grundlagen einer Theorie der Regionalpolitik, 2. Aufl., 1973; *Scheuner/Halstenberg/Ahrens,* Die Verwaltungsregion – Aufgaben einer neuen Verwaltungseinheit, 1967; *R. Schnur,* Regionalkreise? 1971; *G. Seele,* Die Neuordnung der Regionalebene, in: LKr. 1972, 429 ff.; Verfassungs- und Verwaltungsprobleme der Raumordnung und Landesplanung, Schriften HSch Speyer, 27, 1965; *F. Wagener,* Von der Raumplanung zur Entwicklungsplanung, in: DVBl. 1970, 93 ff.

487 **A.** *Raumordnung* und *Landesplanung* ist angesichts des knappen Raumes in der Bundesrepublik und der ständig steigenden Ansprüche an den Raum, angesichts der schwerwiegenden Probleme des Umweltschutzes immer mehr in den Rang einer zentralen Aufgabe der öffentlichen Verwaltung hineingewachsen. Nur durch eine konsequente, umfassende Planung und Durchsetzung der Pläne können die vielfältigen raumbezogenen Funktionen der Gesellschaft gesichert werden. Raumordnung im Umkreis der Städte, insb. der Ballungen ist besonders wichtig. Aber auch für den ländlichen Raum, für schwach strukturierte Gebiete ist Raumordnung wichtig.

488 **B.** Nach dem *Raumordnungsgesetz* des Bundes und den *Landesplanungsgesetzen* sind im ganzen Bundesgebiet zum Zwecke der Planung *Regionen* zu bilden. Bei diesen Regionen handelt es sich zunächst um Planungsräume, d.h. um Räume, die keinen Bezug auf die Verwaltungsorganisation haben, sondern nur Objekt der Planung sind. Allerdings bestehen zwischen Planung und Verwaltungsorganisation enge Zusammenhänge. Eine Planung setzt voraus, daß der bestehende Zustand zunächst festgestellt wird. Das erfordert bereits eine umfangreiche Tätigkeit der Verwaltung mit einem Zusammenspiel zahlreicher Behörden. Sodann ist über die Pläne Beschluß zu fassen. Soweit die Zuständigkeit nicht beim Staat liegt, sondern in kommunaler Verantwortung gehandhabt werden soll, bedarf es der Bildung besonderer Planungsträger. Aber die Vorbereitung und Beschlußfassung eines Planes allein genügt nicht, es bedarf auch der Durchführung, die in der Regel noch ein erhebliches Ermessen läßt. Die Koordination der vielfältigen Plandurchführungsmaßnahmen ist wesentlich besser gesichert, wenn der Planungsraum mit einem Verwaltungsbezirk identisch ist. Es sprechen daher erhebliche Gründe dafür, die Verwaltungsgliederung des Raumes den Planungsregionen anzupassen.

C. Die Größe der *Planungsregionen* entspricht regelmäßig nicht den bisher bereits vorhandenen Verwaltungsbezirken. Sie ist größer als ein Kreis, zumeist aber kleiner als ein Regierungsbezirk. Sehr oft sind die heutigen Wirtschaftsräume völlig anders gestaltet als die bestehenden Verwaltungsbezirke. 489

I. Will man Regionen als *Verwaltungsbezirke* bilden, so erhält man eine Zwischenstufe zwischen den Regierungsbezirken und den Kreisen. Es ist wenig sinnvoll, in dem ohnehin schon stark gestuften Verwaltungsaufbau der BRD noch eine neue Stufe einzufügen. Daher entscheidet sich an der Bildung der Regionen, ob es an der Zeit ist, den gesamten Verwaltungsaufbau in den Ländern zu verändern.

II. Als *Landesplanungsbehörden* sind vorhanden 490
1. eine zentrale Behörde, entweder ein Fachministerium oder die Staats- (Senats-) Kanzlei.
2. Bezirksplanungsbehörden, i.d.R. der Regierungspräsident. In manchen Ländern (z.B. Bayern) können die Regierungsbezirke zugleich Regionen sein; hier kann die Regionalplanung von den Bezirksplanungsbehörden durchgeführt werden. Allerdings führt die Tendenz zur Vergrößerung der Regierungsbezirke dazu, daß regelmäßig jeder Regierungsbezirk mehrere Planungsregionen umfaßt. Auch sind – jedenfalls heute noch – die Bezirke z.T. so geschnitten, daß sie die Grenzen der Regionen durchschneiden.

III. Die *Kreise* sind *als Planungsregion* regelmäßig zu klein. Auch die Gebietsreform hat ihnen nicht die Größe von Regionen gegeben. Den Regionen mangelt – notwendig – die Ortsnähe, die für die Kreise als Unterstufe der Verwaltung erforderlich ist. Die Kreise fallen damit aus der Systematik der gebietsbezogenen Planung heraus. Die Kreisentwicklungsplanung, die heute oft gefordert, z.T. sogar gesetzlich verankert ist, ist nur sehr beschränkt gebietsbezogen; ihre Hauptfunktion liegt in der Koordination der gemeindlichen Investitionsplanung untereinander und mit der der Kreise. 491

IV. In dieser Situation sind alle Ansätze zur Schaffung von *Regionen* als *Verwaltungsbezirke* gescheitert. 492
1. Auch Baden-Württemberg, das Regionalverbände als Körperschaften des öffentlichen Rechts kennt, hat die Regierungsbezirke, deren Auflösung bereits im Gesetzblatt verkündet war, schließlich doch erhalten und damit die Möglichkeit der Bildung von Verwaltungseinheiten auf der regionalen Ebene nicht realisiert.
2. Es scheint so, daß mangels einer Einheit der Verwaltung (Rdnr. 416) die Ausführung der Planung und die Planung selbst ohne erheblichen Schaden voneinander getrennt werden können. Allerdings setzt das voraus, daß die planenden Instanzen der Länder über hinreichende Mittel verfügen, die Raumordnungspläne durchzusetzen.

12. Kapitel Kommunale Organisation

§ 53 Stadtstaaten

Schrifttum: *K. Arendt*, Bremen, HKWP I, 521 ff.; *U. Becker*, Das strukturelle Instrumentarium von Regierung und Verwaltungsführung, in: management international review 1970, H. 1, S. 27 ff.; *H. Goetz*, Berlin, HKWP I, S. 484 ff.; *H. P. Ipsen*, Hamburg, HKWP I, S. 502 ff.; *ders.*, Hamburgs Verfassung und Verwaltung, 1956; *H. Kreutzer*, Die Neuordnung der Berliner Bezirksverwaltung, in: DÖV 1959, 429 ff.; *E. Machalet*, Die Berliner Bezirksverwaltung, 2. Aufl., 1974; *G. Püttner*, Zur Reform der Berliner Verwaltung, in: JR 1969, S. 829 ff.; *F. K. Surén/H. Goetz*, Die zweckmäßige Unterteilung der Verwaltung einer großen Stadt erläutert am Beispiel Berlin, 1951; *C. Teichmann*, Das Ortsamt in der Hamburger Bezirksverwaltung, 1969; *W. Thieme*, Hamburg als Gemeinde, in: DÖV 1969, 832 ff.; *O. Uhlitz/L. Löffler*, Reform der Berliner Bezirksverfassung, 1968.

493 A. In den *Stadtstaaten* (Berlin, Bremen, Hamburg) fällt die staatliche und kommunale Verwaltung ganz oder weitgehend zusammen. Die Verwaltung der Stadtstaaten fällt daher sowohl aus dem Rahmen der Landesverwaltung als auch der Kommunalverwaltung heraus und trägt ganz besondere Züge. Fragen stellen sich hier vor allem im Hinblick auf die Aufgliederung des Staats- (Stadt-)Gebietes.

494 B. I. In *Berlin* besteht neben der Hauptverwaltung des Senats die Bezirksverwaltung, die in ihrer Stellung echten Kommunen angenähert ist. Das zeigt sich einerseits an der grundsätzlichen Zuständigkeit der Bezirke zur Erledigung von Verwaltungsaufgaben, andererseits an der Eigenständigkeit bei der Ausführung der »bezirkseigenen« Aufgaben, bei denen die Bezirksverwaltung nur an das Recht gebunden ist. Die Bezirke werden von unmittelbar gewählten Bezirksversammlungen und dem Bezirksamt (Bezirksbürgermeister, Bezirksstadträte) verwaltet. Die Bezirke unterstehen der Aufsicht des Senats, die sich ebenfalls an die Vorschriften der Kommunalaufsicht anlehnt.

II. Das Abgeordnetenhaus und der Senat als Zentralinstanzen sind sowohl Gemeinderat und Magistrat als auch Landesparlament und Landesregierung.

495 C. *Bremen* ist kein echter Stadtstaat. Das Land besteht aus zwei Gemeinden (Bremen, Bremerhaven)

I. Bremerhaven hat die Stellung einer kreisfreien Stadt mit eigener Stadtverordnetenversammlung, eigenem Magistrat und Oberbürgermeister.

II. Die Stadtstaatlichkeit zeigt sich in Bremen, wo die Organe des Landes (Bürgerschaft, Senat, Bürgermeister) zugleich Organe der Stadt sind, die die Bürgerschaft freilich mit der Maßgabe, daß in stadtbremischen Angelegenheiten die Bürgerschaft ohne die bremerhavener Abgeordneten tagt. Wegen der Unterscheidung zwischen Land und Stadt Bremen müssen auch Bürgerschaft und Senat jeweils klarstellen, ob eine Entscheidung für das Land oder für die Stadt gilt.

D. Am reinsten verkörpert *Hamburg* den Typ eines Stadtstaates, da das Land nur aus einer Gemeinde besteht und die Untergliederungen (Bezirke) – im Gegensatz zu Berlin – nicht kommunalisiert sind. Der Verwaltungsaufbau ist dreistufig.

I. Oberste Instanz ist die *Bürgerschaft* und der *Senat,* der z.T. als Vollversammlung, selten durch Senatskommissionen, oft durch Senatsämter (Senatskanzlei, Senatsamt für den Verwaltungsdienst) handelt.

II. Unter dem Senat stehen die *Fachbehörden,* die von einem Senatsmitglied als Präses unter Mitwirkung einer *Deputation* geleitet werden. Die Deputation wird entsprechend der Stärke der Parteien in der Bürgerschaft von dieser gewählt und muß bei Angelegenheiten von grundsätzlicher Bedeutung sowie einigen anderen Fragen beteiligt werden. Der Präses der Behörde kann gegen die Beschlüsse der Deputationen Einspruch beim Senat einlegen.

III. Ortsinstanz sind die *Bezirksämter,* die aus einer Bezirksversammlung und dem Bezirksamtsleiter (sowie den ihm beigegebenen Beamten) bestehen. Sie haben eine Zuständigkeit nur in solchen Angelegenheiten, die ihnen ausdrücklich zugewiesen sind, und sind an fachliche Weisungen allgemeinen Inhalts, z.T. sogar an Einzelweisungen der Fachbehörden gebunden. Die Bezirksämter haben für Teile ihres Bezirks Außenstellen *(Ortsämter),* denen Ortsausschüsse beigegeben sind. Für die Erledigung einzelner Arten von Verwaltungsgeschäften sind angesichts des weiten Staatsgebietes noch Ortsdienststellen gebildet, die als Teile der Ortsämter und damit auch als Teile der Bezirksämter tätig werden.

13. Kapitel   Verwaltungsgeographie

§ 54   Allgemeines

Schrifttum: *H. Heemann,* Der Einfluß der Größe eines Verwaltungsbezirkes auf die Personalkosten der Verwaltung, 1972; *H. Heffter/W. Weber,* Verwaltungsgliederung und Raumordnung, in: Handwörterbuch der Raumforschung und Raumordnung, 2. Aufl. 1970, Bd. III, Sp. 3600 ff.; *H. J. v.d. Heide,* Planung und Verwaltungsgliederung, in: Lkr 1964, 365 ff.; *G. Isbary,* Zentrale Orte und Versorgungsnahbereiche, 1965; *E. Laux,* Planung der räumlichen Verwaltungsgliederung, in: Planung und Verwaltungsgliederung, 1965; *E. Mäding,* Verwaltung und Raum, in: Hdb. Verw. 1.2; *P. Möller/Ch. Fahrenholz,* Verwaltungsgrenzen als Planungsproblem, StT 1961, 139 ff.; *R. Schnur,* Strategie und Taktik bei Verwaltungsreformen, 1966; *G. H. Schultze,* Beziehungen zwischen Geographie

13. Kapitel Verwaltungsgeographie

und Kommunalwissenschaften, in: ArchKomWiss, 1965, 246 ff.; *M. Schwind,* Allgemeine Staatengeographie, 1972; *W. Weber,* Gutachten für den 45. DJT, 1964; *Ch. Wolff,* Zentrale Orte und Standorte unter den Gesichtspunkten der kommunalen Selbstverwaltung, 1975; vgl. ferner die Gutachten zur Gebietsreform, z.B. Die kommunale und staatliche Neugliederung des Landes Nordrhein-Westfalen, Abschnitt A: Die Neugliederung der Gemeinden in den ländlichen Zonen des Landes NW, 1966, Abschnitt B: Die Neugliederung der Städte und Gemeinden in den Ballungszonen und die Reform der Kreise des Landes NW, 1968; Niedersachsen, Verwaltungs- und Gebietsreform, Der Niedersächsische Minister des Innern (Hrsg.), Bd. 1 und 2, 1969; Dokumentation über die Verwaltungsreform in Baden-Württemberg, hrsg. v. Staatsministerium Baden-Württemberg, Bd. I, 1972, Bd II, 1976; Die kommunale Neugliederung im Saarland, hrsg. v. Minister des Innern, Saarbrücken, 1972; Wegen Literatur zur Gebietsreform vgl. auch § 46.

497 **A. I.** Die Probleme der *Verwaltungsgeographie* sind die durch die Tatsache bedingt, daß das gesamte Staatsgebiet nicht von einer Stelle aus verwaltet wird, sondern daß die Verwaltung dezentralisiert geführt wird (Rdnr. 211). Daher stehen mehrere *Verwaltungsbezirke* nebeneinander. Ihre richtige Größe und ihre Abgrenzung sowie die Wahl des Behördensitzes stellen die Probleme. Es handelt sich hierbei um Organisationsprobleme, d.h. um die Zuordnung von örtlich bedingten Verwaltungsaufgaben zu bestimmten Verwaltungsträgern und Verwaltungsbehörden.

498 II. Allerdings erschöpfen sich die Probleme nicht im Organisatorischen. Die Verwaltung mit ihrer regionalen Einteilung lebt im Bewußtsein der Bevölkerung. Man weiß nicht nur, zu welcher Gemeinde und zu welchem staatlichen Verwaltungsbezirk man gehört. Man empfindet sich auch als *Angehöriger dieser Verwaltungseinheit.* Das gilt nicht nur für die kommunale Zugehörigkeit, sondern auch für die Zugehörigkeit zum staatlichen Verwaltungsbezirk. Auch die Tatsache spielt dabei eine Rolle, daß der Bürger sich an eine bestimmte Verwaltung und bestimmte Behörden gewöhnt hat. Daher ist die Veränderung von Verwaltungsgrenzen eine Frage, die nicht nur als technisches Problem optimaler Gestaltung von Verwaltungseinheiten aufgefaßt werden kann, sondern hat auch emotionale, ja irrationale Faktoren zu berücksichtigen. Die kommunale Gebietsreform hat gezeigt, daß um Verwaltungsgrenzen oft genauso wie um Staatsgrenzen gekämpft wird.

499 III. Dieses Problem wird noch verschärft durch die Tatsache, daß aus der Verwaltung selbst mannigfache *Widerstände* gegenüber einer Verschiebung von Verwaltungsgrenzen kommen, weil der Bedeutungsverlust des eigenen Verwaltungsbezirkes befürchtet wird (Entwertungswiderstand). U. U. steht auch der eigene Posten des einzelnen Verwaltungsbeamten oder der Mandatsträger eines Selbstverwaltungsgremiums in Frage.

500 **B. I.** Jede *Veränderung von Verwaltungsgrenzen* – wie überhaupt jede Verände-

rung von Organisationen – bringt *Reibungen,* die z.T. aus der anfänglich geringeren Rollenkenntnis in der neuen Organisation entstehen, z.T. auch aus psychologischen Widerständen. Der Veränderung von Verwaltungsbezirken sind daher enge Grenzen gesetzt.

II. Gleichwohl ist der Verwaltung ständig die Aufgabe gestellt, ihren räumlichen Aufbau an den wechselnden Aufgabenbestand und den sich ständig ändernden demographischen, sozialen, wirtschaftlichen und politischen Faktoren anzupassen. Diese Aufgabe wird besonders brennend, wenn – wie zur Zeit – die sozialen Verhältnisse sich schnell ändern und die Abgrenzung wie noch vor kurzem im wesentlichen aus einer Zeit stammt, in der Bürger und Verwaltung gänzlich andere Bedürfnisse hatten.

C. Im Bereich der Verwaltungsgeographie gibt es – ebenso wie im Bereich der sonstigen Organisationsprobleme – *keine absoluten Maßstäbe.* Selten wird man bei einer Entscheidung sagen können, daß nur eine einzige Lösung überzeugend ist. Jeweils spielt eine ganze Reihe von Faktoren zusammen, die sich möglicherweise widersprechen. Im folgenden soll daher auch nicht versucht werden, irgendwelche absoluten Zahlen für die Größe von Verwaltungsbezirken einer bestimmten Organisationsstufe anzugeben. Es soll nur versucht werden, die maßgeblichen Faktoren und ihre Bedeutung aufzusuchen. Aus ihnen muß im konkreten Fall die Entscheidung gewonnen werden, wobei gerade hier eine erhebliche Gestaltungsfreiheit besteht.

Jede Verwaltungsorganisation und gerade die räumliche Organisation spielt sich in einem *politischen Rahmen* ab und wird durch ihn bedingt.

E. Die kommunale Gebietsreform hat der Diskussion um verwaltungsgeographische Fragen einen starken Auftrieb gegeben.

I. Hauptforderung war, die Gemeindegebiete und Verwaltungsbezirke zu vergrößern, d.h. eine prinzipielle *Maßstabsvergrößerung* vorzunehmen, um die Aufgaben wirksamer und rationeller erfüllen zu können.

II. Die Gebietsreform wird oft in Zusammenhang mit Problemen der *Raumordnung und Landesplanung* gebracht. Das ist nur bedingt richtig, weil die Entscheidungen der Raumordnung und Landesplanung den gemeindlichen Entscheidungen vorgeordnet sind. Gemeinden und Gemeindeverbände sind weder Entscheidungsträger noch Objekte der Landesplanung.

III. Ferner werden *Finanzfragen* im Zusammenhang mit der Gebietsreform in den Vordergrund gestellt. Dazu gilt, daß das Finanzsystem nicht die Gebietsordnung bedingen kann. Ist, bezogen auf die örtlichen Aufgaben, die Finanzierung nicht ausreichend, so ist es nicht richtig, die Grenzen zu verändern, um eine bessere Finanzierung zu ermöglichen. Zu fragen ist nur, wie die Aufgaben am zweckmäßigsten bewältigt werden. Ergibt sich dann, daß die Finanzierung nicht sachgerecht ist, so muß das Finanzierungssystem anders gestaltet werden, nicht aber dürfen die Grenzen verändert werden, um notwendige finanzpolitische Entscheidungen zu vermeiden.

505 IV. Es ist eine Illusion, von der kommunalen Gebietsreform eine *Verbilligung der Verwaltung* zu erhoffen. Die Aufgaben bleiben und müssen auch bei einer Vergrößerung der Gebietseinheiten erledigt werden. Bei personalintensiven Arbeiten, wie es die Verwaltung zu erledigen hat, ist die Chance einer Rationalisierung über technische Einrichtungen gering. Im Gegenteil erlauben die vergrößerten Verwaltungseinheiten es überhaupt erst, bestimmte Aufgaben in Angriff zu nehmen, auf die vorher verzichtet werden mußte. Das führt in den Augen des Bürgers notwendig zu einer Verteuerung der Verwaltung durch die Gebietsreform. Allerdings ist damit zumeist eine höhere Produktivität verbunden.

§ 55 Die Größe von Verwaltungsbezirken

Schrifttum: Vgl. vor § 54.

506 A. I. Die Gebietsreformdebatte hat das Problem optimaler Größen von Verwaltungsräumen in den Vordergrund gestellt. Das war angesichts der oft viel zu kleinen Gemeinden und Kreise in der Tat ein notwendiges Anliegen. Sicher ist jedoch, daß man nicht schematisch von bestimmten optimalen Größen ausgehen kann. Vielmehr wird man innerhalb von bestimmten Ober- und Untergrenzen optimale Bereiche feststellen dürfen. Dabei ist allerdings darauf hinzuweisen, daß jede Verwaltungseinheit ihre besonderen Probleme hat, die bei der Abgrenzung zu berücksichtigen sind; optimale Bereiche gelten also nur vorbehaltlich der Sonderprobleme des Einzelfalles.

507 II. Es ist in der Gebietsreformdebatte weitgehend üblich geworden, bestimmte *Einwohnerzahlen als Maßzahl* für die optimale Größe einer Gemeinde oder eines Verwaltungsbezirks zu nennen. In der Vorstellung der Verwaltungspraxis und der Politik hat sich das Denken in Einwohnerbereichen zur Bestimmung optimaler Größen weitgehend durchgesetzt. Derartige Vorstellungen sind zwar leicht handhabbar, wissenschaftlich jedoch nicht haltbar. Unter den zahlreichen Zielen, die mit der Entscheidung über die richtige Größe des Gebiets verbunden sind, ist der optimale Einwohnerbereich eines neben mehreren anderen Zielen, die z.T. wesentlich wichtiger sind.

III. Gebietsabgrenzungsentscheidungen können niemals isoliert für einen Verwaltungsbezirk getroffen werden. Sie wirken notwendig auf einen oder mehrere andere Bezirke zurück. Das Optimum einer Entscheidung ist daher das mittlere Optimum aller durch die Entscheidung betroffenen Bezirke.

B. Wichtiges Ziel ist eine hinreichende *Verwaltungskraft.* 508

I. Die im Bezirk zur Verfügung stehenden Mittel müssen ausreichen, um die gestellten Aufgaben zu erledigen. Dabei geht es um eine möglichst vollständige und um eine qualitativ möglichst gute Aufgabenerledigung. Verwaltungskraft ist weitgehend eine Frage des Vorhandenseins der erforderlichen finanziellen Mittel. Da keine Behörde, auch nicht die Gemeinden, allein aus eigenen Mitteln lebt, sondern entweder aus dem, was im staatlichen Haushaltsplan für sie angesetzt ist, oder was sie über den Finanzausgleich erhält, bedeutet daher angesichts der Knappheit der Finanzmittel Verwaltungskraft die Fähigkeit, die zugewiesenen Finanzquellen oder Finanzmittel mit optimalem Erfolg zu nutzen, d.h. wirtschaftlich Verwaltungsleistungen zu erbringen oder, anders ausgedrückt, input und output in ein optimales Verhältnis zueinander zu bringen.

II. Bei der Forderung nach hoher Verwaltungskraft als Forderung nach Wirtschaftlichkeit geht es um
1. Verwaltungskraft i.e.S., d.h. um die Verwaltungsentscheidungen. Das heißt, es muß die Möglichkeit gegeben sein, Fachkräfte von angemessenem Spezialisierungsgrad anzustellen, moderne Maschinen einzusetzen und auszulasten und einen leistungsfähigen Steuerungsapparat aufzubauen.
2. Es geht ferner, soweit Leistungsaufgaben zu den Aufgaben der in Frage stehenden Verwaltung gehören, um die *Veranstaltungskraft,* d.h. Veranstaltungen (Anstalten und Sachen im Gemeingebrauch) zu finanzieren und wirtschaftlich einzusetzen. 509
3. Soweit gebietsbezogene Planungen zu den Aufgaben der Verwaltung gehören, geht es auch darum, daß der Planungsraum groß genug ist, um alle für die *Planung* relevanten Faktoren in den Plan einbeziehen zu können. 510

C. Weitere Forderung ist die *Übersehbarkeit* des Bezirkes. Eine *Dezentralisation* erfolgt deshalb, weil eine für große Räume zuständige Verwaltung nicht in der Lage ist, die Vorgänge an Ort und Stelle zu beobachten und darauf schnell und den örtlichen Verhältnissen angepaßt zu reagieren. Jede Verwaltung kann nur zweckmäßig geführt werden, wenn die Leitung alle wichtigeren Vorgänge noch überblickt. Allerdings gibt es insoweit keine absoluten Maßstäbe, weil die Frage des Überblicks auch von der Eigenart der Verwaltungsaufgaben abhängt. Moderne Formen der Verwaltungsführung erlauben es, größere Verwaltungsbezirke als früher zu bilden. 511

13. Kapitel   Verwaltungsgeographie

512   D. Wichtiger Gesichtspunkt für die Größe von Verwaltungsbezirken ist die *Erreichbarkeit der Verwaltung*. Es handelt sich dabei um zweierlei:

I. Der Bürger muß seine Behörde erreichen können. Auch im Zeitalter der Fernmeldetechnik hat die mündliche Verhandlung zwischen Bürger und Behörde als Form des Verkehrs eine erhebliche Bedeutung. In Verwaltungszweigen, wo dieser mündliche Verkehr eine große Rolle spielt, dürfen dem Bürger nicht erhebliche Opfer zugemutet werden, wenn er mit der Behörde verhandeln will. Dabei kann als Faustregel gelten, daß derartige Behörden (in erster Linie ist an die untere staatliche Verwaltungsbehörde = Kreisverwaltung zu denken) mit öffentlichen Verkehrsmitteln innerhalb eines halben Tages erreicht werden können, daß dort eine ausgedehnte Verhandlung geführt werden kann und daß der Bürger seinen Heimatort noch am gleichen Tage mit dem öffentlichen Verkehrsmittel erreicht. Ob das möglich ist, hängt natürlich auch von der Lage des Behördensitzes im Verwaltungsgebiet ab (Rdnr. 521 ff.).

II. Auch der Sachbearbeiter der Behörde muß alle Teile des Verwaltungsgebietes innerhalb angemessener Zeit erreichen können. Für viele Zweige der Verwaltung spielt die Ortsbesichtigung oder das Gespräch mit dem Bürger innerhalb seines Lebenskreises eine große Rolle für die richtige Entscheidung, weil dieser unmittelbare Eindruck den Akteninhalt erst lebendig werden läßt. Hier darf im Interesse einer rationellen Verwaltung nicht allzu viel Zeit für die Wege verlorengehen.

III. Zu beiden Gesichtspunkten gilt, daß frühere Vorstellungen von der maximalen Größe von Verwaltungsbezirken angesichts der modernen Verkehrsverbindungen heute nicht mehr zutreffen, daß die *Vergrößerung* von Verwaltungsbezirken im Rahmen der Gebietsreform notwendig war.

513   E. Soweit die Gebietseinheiten zugleich Selbstverwaltungskörperschaften sind, kommt es auch darauf an, daß der *demokratische Willensbildungsprozeß* gesichert ist. Erforderlich ist die Möglichkeit der Integration, der Information im gesellschaftlichen Bereich.

514   F. I. Die Größe von Verwaltungsbezirken hängt entscheidend von den *Aufgaben* der zuständigen Behörde ab. Da jede Behörde in einer Hierarchie steht, läßt sich durch Verschiebung von Aufgaben nach unten oder oben *(Funktionalreform)* die optimale Größe selbst verändern. Gebietsgröße und Aufgabenbestand sind Variablen, die untereinander interdependent sind.

II. Anstelle der Gebietsverkleinerung kann auch ein *System von Außenstellen* gewählt werden, soweit bestimmte Aufgaben besser für ein kleineres Gebiet bearbeitet werden. Sogar mit Sprechtagen an dezentralen Orten und mit einzelnen

Außenbeamten lassen sich für bestimmte Aufgaben Entlastungseffekte erzielen, die es erlauben, einen Verwaltungsbezirk hinreichend groß zu schneiden, ohne die Forderung nach Erreichbarkeit zu vernachlässigen.

III. Im kommunalen Bereich kommt eine Zweistufigkeit der Gemeinden (Samtgemeinden, Verbandsgemeinden) in Betracht (Rdnr. 463) oder wird durch Ortschafts- oder Bezirksverwaltung versucht, die Fragen zu lösen (Rdnr. 452).

§ 56 Die Gestaltung von Verwaltungsbezirken

Schrifttum: Vgl. vor § 54.

Mit der Frage, wie groß ein Verwaltungsbezirk sein soll, ist die Frage noch nicht beantwortet, wie die Verwaltungsbezirke gegeneinander abzugrenzen sind. Hierfür gelten besondere Gesichtspunkte.

A. Zunächst wird man eine möglichst große *Homogenität* der Verwaltungsaufgaben fordern. 515

I. Auf diesem Grundsatz beruhte früher auch die Tendenz zur *Auskreisung kleinerer Städte.* Nachdem die Unterschiede von Stadt und Land geringer und die Verwaltungsprobleme in Stadt und Land ähnlicher geworden sind, ist die *Trennung von Stadt und Land* kaum noch ein relevanter Gesichtspunkt für die Verwaltungsgliederung.

II. Dagegen wird man soziologische Besonderheiten im übrigen noch durchaus beachten müssen, sofern aus ihnen Sonderprobleme für die Verwaltung erwachsen. Die Bildung eines Regierungsbezirkes Ruhr etwa ist aus diesem Grund ein sinnvoller Vorschlag. Man wird etwa auch zu beachten haben, daß sich aus der besonderen *soziologischen Zusammensetzung* Sonderprobleme ergeben, die zu Spezialerfahrungen führen, die sonst nicht in dem Maße gesammelt werden könnten.

B. Verwaltungsbezirke sollen jene Orte zusammenfassen, die nach dem *zentral-* 516 *örtlichen System* zusammengehören. Dieses System geht davon aus, daß es Orte verschiedener Zentralität gibt; ländliche Zentralorte, Unterzentren, Mittelzentren, Oberzentren. Diese verschiedenen Stufen sind dadurch gekennzeichnet, daß auf den höheren Stufen der Zentralität jeweils bestimmte öffentliche und private Bedarfe gedeckt werden, die jeweils einen größeren Einzugskreis erfordern (z.B. Lebensmittelgeschäft, Schule, Arzt, Freibad, Sparkassenzweigstelle, Facharzt, Gymnasien, Warenhaus usw.).

13. Kapitel Verwaltungsgeographie

Sicherlich ist die Abgrenzung nicht immer eindeutig zu treffen. Im wesentlichen aber läßt sich in der Bundesrepublik ein derartiges zentralörtliches System feststellen. Eine Zusammenbindung von einzelnen Orten hat daher in erster Linie so zu erfolgen, daß sie den gesamten Bereich eines Unter-, Mittel- oder Oberzentrums erfaßt.

517 C. Was im einzelnen zu einer Gebietseinheit zusammengebunden werden sollte, wird nicht nur durch das zentralörtliche System bestimmt. Praktisch läßt sich ein zentralörtliches System nur im ländlichen Raum feststellen. In der *Ballung* und im *Ballungsrandgebiet* gelten besondere Bedingungen.

I. Im *Ballungszentrum* können sehr verschiedene Konstellationen bestehen.
1. Die *Solitärstadt* bietet die wenigsten Probleme. Sie und ihr Umland sind darauf zu untersuchen, inwieweit Verflechtungen (Pendler, interkommunaler Leistungsaustausch) bestehen. Starke Verflechtungen indizieren die Zusammenfassung zu einer Verwaltungseinheit.
2. Sofern die Ballung aus zwei oder mehr Zentren besteht, ist die Zusammenfassung fraglich, insb. unter dem Gesichtspunkt der Integration, die durch Konkurrenz zweier oder mehrerer fast gleichstarker Zentren behandelt wird. Hier bietet sich mehr eine *Verbandlösung* an.
3. Auch sonst kommt dem *Verband* zunehmend mehr eine Bedeutung zu. Ballungsräume verbandmäßig zu organisieren hat sich bewährt (z.B. *Verband Großraum Hannover),* so daß diese Möglichkeit an anderen Orten Nachfolger gefunden hat. In einem Ballungsraum wie dem Ruhrgebiet war von der Landesregierung sogar vorgeschlagen worden, den bisherigen Verwaltungsaufbau aufzugeben und anstelle der bisherigen Konstruktion mit kreisangehörigen Gemeinden und Kreisen sowie mit (sehr großen) kreisfreien Städten ein Städteverbandmodell zu setzen, das in den Ballungsgebieten einschließlich ihrer Ränder keine Kreise mehr kennt, sondern die großen Oberzentren mit den umliegenden Gemeinden der verstädterten Zone zu einer Verwaltungseinheit zusammenfaßt.

518 4. Besondere Schwierigkeiten machen die *Ballungsrandzonen,* die mit der Ballung eng verflochten sind, dieser aber nicht zugehören. Es wird allgemein angenommen, daß die Verwaltungseinheiten hier größer sein müßten, um ihre Aufgaben erfüllen zu können. Im übrigen lassen sich gerade hier kaum allgemeine Aussagen machen.

D. Die moderne Verwaltung ist weitgehend planende Verwaltung. Planung ist überwiegend gebietsbezogene Planung. Daher entspricht es einer Forderung, Verwaltungsräume und Planungsräume in Übereinstimmung zu bringen. Die Erfüllung dieser Forderung vermindert den Kommunikationsbedarf ganz erheblich. Sie gibt damit eine Chance für die Verbesserung der Qualität von Planungsentscheidungen. Allerdings darf dieser Gesichtspunkt angesichts der vorhandenen Planungsorganisation nicht überschätzt werden. (Rdnr. 1001 ff.).

E. Auch die *historischen Zusammenhänge* sind legitime Gesichtspunkte des Zusammenspannens. Allerdings gilt gerade das nur begrenzt. Wo sich durch die jüngere Entwicklung keine wesentlichen Veränderungen der Aufgabenstruktur ergeben haben, wird man zweckmäßig historisch Gewachsenes nicht anrühren. Dort allerdings, wo ein Wandel eintritt, insb. im Bereich von Verdichtungsräumen, ist eine Umgliederung geboten. 519

F. Für Sonderbehörden gilt noch ein weiterer Grundsatz, die Forderung nach der *»Einräumigkeit«*. Grundsätzlich sollten die Bezirke der Sonderbehörden (Rdnr. 416) mit denen der allgemeinen Verwaltungsbehörden übereinstimmen. Das ist allerdings nicht immer möglich. Der Aufgabenbestand der unteren Sonderbehörde ist zuweilen nicht so groß, daß es sinnvoll wäre, sie für das Gebiet eines einzigen Kreises zu errichten. Oder es bestehen Spezialbehörden, deren Aufgaben nicht überall im Staatsgebiet in gleicher Weise vorkommen, wie z.B. bei der Berg- und der Wasserstraßenverwaltung. Bei ihnen muß sich die Abgrenzung an die naturräumlich vorgezeichneten Aufgaben anschließen. Für sie gilt aber, daß ihre Bezirke so geschnitten sein sollten, daß ihre Grenzen nicht mitten durch die Bezirke der allgemeinen Verwaltungsbehörden laufen, sondern stets mehrere Verwaltungsbezirke ganz umfassen. Nur durch eine derartige Koordination der Gebietseinteilung wird auch die Koordinierung der Arbeit der Behörden sichergestellt. Dieser Grundsatz ist auch für die Organisation der Bundesverwaltung im Hinblick auf die räumliche Gliederung der Landes- und Kommunalverwaltung wichtig. 520

§ 57 Behördensitze

Schrifttum: Vgl. vor § 54; ferner: *P. Becker* u.a., Behördenstandorte und Raumplanung, in: Informationen zur Raumentwicklung, 1975, 447 ff.; *M. Bünermann,* Zur Frage des Kreissitzes neuer »Großkreise«, in: Inf. a.d.Inst.f. Raumforschung, 1970, 693 ff.; *S. Dupke / K. Ganser,* Behördenstandorte als Instrument der Raumordnung, in: Informationen zur Raumentwicklung, 1975, S. 15 ff.; *E. Laux / H. Naylor / H. Eschbach,* Zum Standortproblem bei öffentlichen Einrichtungen, 1973; *K. Lüder,* Standortwahl, Bd. I Grundlagen, o.J.; *H. Naylor / W.-H. Müller,* Standortprogramme in Nordrhein-Westfalen, in: Städte- und Gemeinderat 1971, 168 ff.; *E. Spiegel,* Standortverhältnisse und Standorttendenzen in einer Großstadt, in: ArchKommWiss 1970, 21 ff.

A. Sofern ein Raum zu einer Verwaltungseinheit zusammengefaßt ist, der einem eindeutig abgegrenzten zentralörtlichen System entspricht, macht die *Festsetzung des Sitzes* keine Schwierigkeiten. Probleme tauchen jedoch dann auf, wenn dieser Sachverhalt nicht gegeben ist. Vor allem im Rahmen der kommunalen Gebietsreform ist die Frage nach dem Behördensitz vielfach aufgetaucht. Denn die Zu- 521 sammenfassung von bisher nebeneinanderstehenden Teilräumen kann dazu führen, daß mehrere zentralörtliche Systeme zusammengefaßt werden, ohne daß über die Behördensitze Einigung erzielt ist.

522 B. Drei *Gesichtspunkte* stehen bei der Festlegung eines Behördensitzes im Vordergrund:

I. *Erreichbarkeit.* Sie wird vor allem durch das Verkehrsnetz bestimmt.

II. *Infrastruktur.* Größere Behörden bedeuten für eine Stadt einen nicht unerheblichen Wirtschaftsfaktor mit einem Arbeitskräftebedarf, der im Rahmen der Stadt fühlbar zu Buche schlagen kann. Außerdem bedeuten die Gehaltssummen, die von den Bediensteten der Behörde ausgegeben werden, sowie der Teil des Behördenbedarfs, der am Ort bezogen wird, eine Stärkung der Wirtschaftskraft. Andererseits nehmen die Behördenbediensteten und deren Familien die kommunalen Einrichtungen in Anspruch, ohne daß dafür Gewerbesteuer gezahlt wird. Daher bedarf der Behördensitz einer Finanzkraft, die eine entsprechende Infrastruktur gewährleistet.

III. *Kommunikation.* Behörden kommunizieren oft mit anderen Behörden sowie mit nichtstaatlichen Dienststellen. Soweit ein solcher Kommunikationsfluß für die Behördenarbeit erhebliche Bedeutung hat, ist ein gemeinsamer Behördensitz zweckmäßig, z.B. das Finanzamt am Sitz der Kreisverwaltung.

523 C. Die *Verlegung von Behörden* in andere Gemeinden führt in der Regel zu einem erheblichen Widerstand, der oft nur durch Ausgleichsmaßnahmen gebrochen werden kann. Dabei ist offen, ob die Verlegung von Behörden tatsächlich zu einer Entwertung einer Gemeinde führt. Es war oben darauf hingewiesen worden, daß die Behörden und deren Bedienstete einerseits zwar in der örtlichen Wirtschaft erhebliche Umsätze machen, daß aber die Behörde für die Gemeinde selbst eher eine Belastung als ein Vorteil ist. Die Vorstellung, daß Behörden in größerem Umfang Menschen anziehen, die neben dem Besuch der Behörde in der betreffenden Stadt ihre Besorgungen machen und dabei die Wirtschaft beleben, dürfte nur in geringem Maße zutreffen. Selten wird mit dem Einkauf ein Behördenbesuch verbunden, es gibt wenige Zweige der Verwaltung, die publikumsintensiv sind (z.B. Sozialverwaltung) und es gibt weite Teile der Bevölkerung, die bei diesen Zweigen überhaupt nicht auftreten. Praktisch sind es, wenn der Entwertungswiderstand in Erscheinung tritt, die Vertreter des örtlichen Handels und des Dienstleistungsgewerbes, die betroffen sind.

524 Um sie vor Nachteilen zu bewahren, sind *Ausgleichsmaßnahmen* angebracht, die vor allem in der Bereitstellung finanzieller Mittel zur Förderung von Industrieansiedlung erfolgen kann, um auf diese Weise den Verlust an Kaufkraft durch die Verlegung der Behörde wieder wettzumachen.

14. Kapitel Sonstige Selbstverwaltung

§ 58 Soziale Selbstverwaltung

Schrifttum: *F. Berndt / K. Draeger*, Arbeitsvermittlung, Berufsberatung und Arbeitslosenversicherung, 1954 ff.; *H. Bogs*, Die Sozialversicherung im Staat der Gegenwart, 1973; *K. Brackmann*, Handbuch der Sozialversicherung, 1.-7. Aufl., 1949 ff.; *H. Eicher / W. Haase*, Die Rentenversicherung der Arbeiter und Angestellten, 4. Aufl., 1970; *Th. Maunz / H. Schraft*, Die Sozialversicherung und ihre Selbstverwaltung, 1951 ff.; *H. Lauterbach / H. Podzun*, Die gesetzliche Unfallversicherung, 6. Aufl., 1968; *H. Peters*, Handbuch der Krankenversicherung, 17. Aufl., 1970; *H. Rohwer-Kahlmann*, Die Arbeiter- und Rentenversicherung und ihre Selbstverwaltung, in: ZSR 1960, 589 ff.; *O. Schewe / K. Nordhorn*, Übersicht über die soziale Sicherung in der Bundesrepublik Deutschland, 5. Aufl. 1964; *Th. Siebeck*, Das Recht der Selbstverwaltung in der Sozialversicherung, 1968 ff.; Soziale Sicherung in der Bundesrepublik Deutschland, Bericht der Sozialenquête-Kommission, 1966; *R. Stössner*, Staatsaufsicht in der Sozialversicherung, 1969; *G. Wannagat*, Lehrbuch des Sozialversicherungsrechts, I. Bd., 1965; *W. Wertenbruch*, Sozialverwaltungsrecht, in: *J. v. Münch* (Hrsg.), Besonderes Verwaltungsrecht, 4. Aufl. 1976, S. 333 ff.

A. I. Die *soziale Sicherung* der in abhängiger Arbeit stehenden Menschen, aber auch anderer – wie Handwerker und Landwirte – die kraft ihrer beruflichen Situation regelmäßig keine volle soziale Sicherheit selbst aufbauen und finanzieren können, ist ein wichtiges Anliegen der staatlichen Politik. Die Aufgabe der *Sozialverwaltung* wird in der Bundesrepublik durch ein gegliedertes System getragen, das auf drei Säulen beruht. 525

II. Diese Systeme sind untereinander selbst mehrfach gegliedert.
1. Die *Sozialversicherung* knüpft an ein Arbeitsverhältnis an und erbringt auf Grund von Beitragsleistungen der Arbeitgeber und Arbeitnehmer, z.T. auch auf Grund staatlicher Zuschüsse soziale Leistungen. Dieses System erfaßt heute fast die gesamte Bevölkerung und gibt Vorsorge für das Alter, die krankheitsbedingte Arbeitsunfähigkeit, Arbeitsunfälle und Berufskrankheiten, Krankheit sowie Arbeitslosigkeit. 526

2. Die *soziale Entschädigung* ist demgegenüber ein System, das ausschließlich auf staatlicher Leistung beruht. Sein Wirksamwerden ist immer dann indiziert, wenn die staatliche Gesetzgebung den Einzelnen in eine Opfersituation bringt. Hauptbeispiel ist die Kriegsopferversorgung. Daneben stehen andere wie z.B. Blutspender, für eine Gemeinde ehrenamtliche Dienste Leistende, Lebensretter sowie neuerdings Schüler und Studenten (im einzelnen vgl. § 539 RVO). Hierher ist auch die Tumultschadensentschädigung zu rechnen. 527

3. Das dritte Teilsystem betrifft Fälle, in denen aus gesellschaftspolitischen 528

14. Kapitel Sonstige Selbstverwaltung

Gründen Hilfe geleistet werden soll, um ein soziales Absinken bestimmter Personen zu vermeiden oder einen sozialen Ausgleich für Menschen in ungünstiger Situation zur Verfügung zu stellen. Hierher gehört die allgemeine *Sozialhilfe*, die *Jugendhilfe*, der *Familienlastenausgleich*, das *Wohnungsgeld* und die *Ausbildungsförderung*.

B. Nur das erste Teilsystem ist ein System der Selbstverwaltung. Zwar enthält auch die Fürsorge Elemente der Selbstverwaltung, weil sie grundsätzlich von der Kommunalverwaltung (insb. den Kreisen) getragen wird. Aber dabei handelt es sich nicht um die spezielle Verwaltung durch die Betroffenen. Eine derartige Selbstverwaltung hat nur die Sozialversicherung.

529 I. 1. Die *Krankenversicherung* wird grundsätzlich durch die Allgemeinen Ortskrankenkassen durchgeführt, deren Mitglieder die Arbeitgeber und Arbeitnehmer sind. Daneben bestehen Betriebskrankenkassen, Innungskrankenkassen und Ersatzkassen.

530 2. Als weitere Selbstverwaltungsorganisation im Bereiche der Krankenversicherung bestehen die *Kassenärztlichen- und Kassenzahnärztlichen Vereinigungen*, die als Zwangsverbände aller an der Versorgung beteiligten Ärzte und Zahnärzte die Versorgung sicherzustellen haben und dafür mit den Kassen die Entgelte vereinbaren.

531 II. Die Versicherung gegen Arbeitsunfälle und Betriebskrankheiten (einschließlich der Wegeunfälle) wird von den *Berufsgenossenschaften* getragen, in denen die Unternehmer gegliedert nach Berufen (z.T. außerdem regional) zusammengefaßt sind.

532 III. Gegen Arbeitsunfähigkeit im Alter oder auf Grund von Krankheiten versichern die *Landesversicherungsanstalten* (für die Arbeiter), die für das Gebiet eines Landes oder eines Teiles davon gebildet werden, die Knappschaft (für die Bergarbeiter) sowie die *Bundesversicherungsanstalt* (für die Angestellten).

533 IV. Als Träger der *Arbeitslosenversicherung* besteht die *Bundesanstalt für Arbeit* mit den *Landesarbeitsämtern* als Mittel- und den Arbeitsämtern als Unterbau. Sie trägt auch die – nicht auf dem Versicherungsprinzip beruhende – Zahlung des Kindergeldes. Ihre Hauptaufgabe liegt allerdings in der Arbeitsvermittlung sowie in anderen arbeitsmarktpolitischen Aufgaben (Berufsberatung, Förderung der beruflichen Bildung, berufliche Rehabilitation, Kurzarbeitergeld, Förderung der ganzjährigen Beschäftigung in der Bauwirtschaft, Maßnahmen zur Arbeitsbeschaffung).

534 V. Die *innere Verfassung* wird durch die Parität zwischen Arbeitgebern und Arbeitnehmern gekennzeichnet, ferner durch zwei Organe, die Vertreterversammlung und den Vorstand. Die Wahl erfolgt auf Grund von Vorschlaglisten der Gewerkschaften und der Arbeitgeberverbände. Dadurch wird die Sozialversicherung weitgehend durch die Sozialpartner beherrscht.

VI. Die Möglichkeit, materiell auf den Umfang und die Art der *sozialen Sicherung* Einfluß zu nehmen, ist beschränkt. Im wesentlichen ist das Leistungssystem durch die staatliche Gesetzgebung festgelegt. Außer den verschiedenen Ressourcenentscheidungen (Stellenplan, Personalauswahl, Anlage der Vermögen, teilweise auch Beitragshöhe) besteht in der Krankenversicherung die Möglichkeit, den Umfang der Leistungen über die Pflichtleistungen durch freiwillige Leistungen zu erhöhen. In der Unfallversicherung kann die Selbstverwaltung durch Arbeitsschutzmaßnahmen eine weite Betätigung finden. Die Arbeitsverwaltung hat dank ihrer umfangreichen Palette von Aufgaben zahlreiche Chancen, die Arbeitnehmer zu fördern. Schließlich bestehen in der Rehabilitation und im Betrieb von Krankenhäusern und Kureinrichtungen breite Entfaltungsmöglichkeiten der Selbstverwaltung. 535

VII. In der sozialen Selbstverwaltung spielen die *Verbände* eine große Rolle. Sie sind nicht nur Träger des politischen Willens der Sozialversicherung, sondern auch Organisationen, die Innovationen initiieren und durchsetzen, Finanzausgleiche betreiben und dem Erfahrungsaustausch dienen. 536

§ 59 Hochschulselbstverwaltung

Schrifttum: *H. Bartsch,* Die Studentenschaften in der Bundesrepublik Deutschland. Organisation, Aufgaben und Rechtsform der studentischen Selbstverwaltung in der Bundesrepublik, 2. Aufl., 1971; *H. Friedrich,* Staatliche Verwaltung und Wissenschaft, 1970; *H. Gerber,* Das Recht der wissenschaftlichen Hochschulen in der jüngsten Rechtsentwicklung, 2 Bde., 1965; *O. Kimminich,* Die deutsche Universität als verwaltungspolitischer Auftrag, in: DÖV 1968, 376 ff.; *ders.,* Wissenschaft, in: *I. v. Münch* (Hrsg.), Besonderes Verwaltungsrecht, 3. Aufl., 1972, S. 593 ff ; *H. Krauch* (Hrsg.), Beiträge zum Verhältnis von Wissenschaft und Politik, 1966; *U. Lohmar* u. a., Wissenschaftspolitik und Demokratisierung, 1973; *A. Morkel,* Politik und Wissenschaft, 1967; *H. Neuner,* Die studentische Selbstverwaltung als Institut des geltenden Hochschulrechts und als Gegenstand von Reformbestrebungen, 1968; *W. Nitsch / U. Gerhardt / C. Offe,* Hochschule in der Demokratie, 1965; *Th. Oppermann,* Kulturverwaltungsrecht, Bildung–Wissenschaft–Kunst, 1969; *W. Thieme,* Deutsches Hochschulrecht, 1956; *ders.,* Integrierte oder administrative Gesamthochschule? 1975; *W. Thieme / Th. Knoke,* Der Universitätspräsident, in: DVBl. 1969, 1 ff.

A. I. Die *Universität* (und sodann alle in deren Rang aufsteigenden Bildungseinrichtungen wie Technische *Hochschulen,* Kunst- und Musikhochschulen, Pä- 537

14. Kapitel Sonstige Selbstverwaltung

dagogische Hochschulen) organisieren sich einerseits im Anschluß an eine mittelalterliche Tradition als Kooporationen mit Kollegialverfassung, andererseits auf Grund der geistigen Erneuerung im Deutschen Idealismus als »universitas litterarum« und damit als Selbstverwaltung der Lehrenden und Forschenden. Die Ausweitung dieser Einrichtungen, insb. ihre Veränderung zu Großbetrieben mit intensiver Differenzierung in zahlreiche wissenschaftliche und nichtwissenschaftliche Funktionen führte dazu, daß die nur von den Fachvertretern (*ordentlichen Professoren*) besetzten Organe nicht mehr in der Lage waren, die Gesamtheit der zu verarbeitenden Probleme zu repräsentieren und damit Defizite im Entscheidungsprozeß zu vermeiden. Schon vor dem ersten Weltkrieg wurde daher die Öffnung der Organe für weitere Mitglieder des Lehrkörpers gefordert, nach dem ersten Weltkrieg wurde sie auf breiter Front durchgesetzt. Studentische Forderungen auf Beteiligung wurden in Sonderorganisationen wie die »Studentenschaft« als Gliedkörperschaft der Universität mit minimalen Kompetenzen abgedrängt.

538 II. In der zweiten Hälfte der sechziger Jahre vollzog sich an den Hochschulen ein noch stärkerer Wandel der Verfassung. Die *Studenten* und die Angehörigen des nichtwissenschaftlichen Personals erkämpften ihre Beteiligung an den Entscheidungsgremien. Die Universitäten bildeten sich von »Gelehrtenrepubliken« in »Gruppenuniversitäten« um. Dabei war die »Parität« das Schlüsselwort, wobei die magische Dreizahl sich besonderer Beliebtheit erfreute. Die *Studentenbewegung* forderte *Drittelparität* von Professoren, Assistenten und Studenten, die Gewerkschaften Drittelparität von Wissenschaftlern, Studenten und nichtwissenschaftlichen Arbeitnehmern. Die Entwicklung verlief landesrechtlich unterschiedlich. Die Forderung paritätischer Gleichheit (»one man, one vote«) tauchte nur selten auf. Grundsätzlich setzten sich die Forderungen nach Drittelparität nicht durch. Vielfach gerieten die Professoren oder die Hochschullehrer überhaupt aus ihrer Rolle als Alleinherrscher in eine Minoritätsrolle. Das Bundesverfassungsgericht hat ihnen dann in Fragen der Lehre, der Forschung und der Berufung von Hochschullehrern die Mehrheit in den Gremien der Universität garantiert.

539 III. Heute hat sich überwiegend die Meinung durchgesetzt, daß eine *schematische »Paritätenlösung« nicht sachgerecht* ist, sondern nur eine funktionsgemäße.
1. Dabei besteht auch hinsichtlich der Funktion ständiger Innovation in doppelter Hinsicht eine Ernüchterung. Studenten, jüngere Wissenschaftler und nicht wissenschaftlich ausgebildete Arbeitnehmer sind nicht – wie von manchen erhofft – die Motoren der Innovation geworden, sondern haben die ihnen zugewachsene Macht oft nur zur Verbesserung ihrer eigenen Position benutzt, insb. zur Beförderung ihrer Karriere und vertreten in einem früher selbst von Professoren im allgemeinen nicht vertretenen Rigorismus eine Ideologie der »Freiheit der Wissenschaft«, d.h. praktisch einer Abschottung von gesellschaftlichen Strö-

mungen und der dort artikulierten Bedürfnisse. Außerdem hat sich gezeigt, daß auch das gesellschaftliche Innovationspotential, sei es finanziell, sei es sozialpsychologisch, sehr beschränkt ist und Innovationen weitgehend nur ohne Zustimmung der Betroffenen durchsetzbar sind, d.h. durch oft selbsternannte Eliten, die nicht oder nur sehr bedingt demokratisch legitimiert sind.

2. Die sachgerechte Konstruktion einer Gruppenuniversität muß bei den Zwecken der Universität beginnen, d.h. der Aufgabe, Wissenschaft in Lehre, Forschung, Fortbildung u.a.m. für den gesellschaftlichen Bedarf zu produzieren. Dabei hat kein Mitglied der Universität eine demokratische Legitimität; niemand wird auf Grund allgemeiner und gleicher Wahlen in die Universität entsandt. Praktisch zerfällt die Universität in zwei Gruppen, diejenigen, die im Interesse ihrer künftigen privaten beruflichen Möglichkeiten wertvolle von der Gesellschaft finanzierte Studienplätze unter Ausschluß anderer Bewerber in Anspruch nehmen, und diejenigen, die im öffentlichen Dienst des Staates stehend diese Nutzungsmöglichkeiten realisieren und weitere Dienstleistungen für die Gesellschaft (z.B. Krankenversorgung, Forschung) erbringen. Dabei zerfallen letztere in diejenigen, die die Ergebnisse wissenschaftlicher Arbeit planen, beaufsichtigen, oft selbst erarbeiten, gegenüber den universitätsinternen und -externen Nutzern formulieren und verantworten, und in diejenigen, die hierzu vielfältige, oft hochqualifizierte, niemals jedoch letztlich verantwortliche Hilfe leisten. Diese Analyse fordert, daß den Wissenschaftlern die entscheidende Rolle im wissenschaftlichen Entscheidungsprozeß zukommt, während die anderen einen nach ihren gesellschaftlich legitimierten Interessen, ihrer Verantwortung und ihrer Sachkompetenz abgestuften Anteil erhalten. Ebensowenig wie schematische Paritäten eine sachgerechte Lösung darstellen, läßt sich das von der Alleinbeteiligung der Wissenschaftler sagen.

B. Die *Gliederung* der Verwaltung

I. Die wichtigsten Organisationen sind diejenigen, die fachnah für die Produktion wissenschaftlicher Leistungen verantwortlich sind, die *Fachbereiche (Fakultäten)*, die – insb. wenn sie größer und fachlich heterogen sind – in Betriebseinheiten (Institute, Seminare, Kliniken) zerfallen.

II. Zentrale Organe sind *Akademische Senate* als allgemeine Steuerungsgremien, ferner Organe, die unter verschiedener Bezeichnung (z.B. Konzil) parlamentsartig arbeiten, aber in der Regel nur geringen Einfluß entwickeln.

III. Daß die Spitze der Hochschulverwaltung der Kontinuität und des Sachverstandes bedarf, steht außer Zweifel, Regelungen wie die der jährlich oder zweijährlich wechselnden Rektorate sind allenfalls an sehr kleinen Hochschulen tragbar.
1. In Betracht kommt ein *Präsidialsystem,* d.h. ein auf mehrere Jahre gewählter

14. Kapitel Sonstige Selbstverwaltung

Leiter der Hochschulverwaltung, dem die erforderlichen Beamten und Angestellten in hierarchischer Unterordnung beigegeben sind. Allerdings macht die Größe der heutigen Universitäten es erforderlich, daß der Universitätspräsident durch einen oder mehrere Vizepräsidenten entlastet wird, die z.T. einen eigenen Arbeitsbereich innerhalb der Präsidialverwaltung wahrnehmen.

2. Daneben kommt eine *kollegiale Leitung* in Betracht, die wesentliche Entscheidungen durch Mehrheitsbeschluß trifft, daneben jedem Mitglied des Kollegiums einen eigenen Zuständigkeitsbereich gibt. Ein Mitglied mit speziellen Verwaltungskenntnissen ist für das Funktionieren des Verwaltungsapparats, insb. als Sachbearbeiter des Haushalts (Rdnr. 847) tätig.

544 C. Inwieweit die Universität selbstverwaltend tätig wird, ist umstritten.

1. Zweifellos besteht die *Freiheit von Forschung und Lehre* nicht nur beim einzelnen Forscher und Lehrer, sondern auch bei der Planung und Steuerung der Teilsysteme. Allerdings haben bestimmte Planungs- und Steuerungsentscheidungen eine so starke gesellschaftliche Relevanz, daß sie nicht der Selbstverwaltung überlassen werden. Das gilt z.B. für die Festsetzung der Zulassungszahlen, der Erweiterung der Stellenpläne, der Ernennung der Professoren, den Bauprogrammen. Allerdings wird auch hier die Universität durch Vorschlagsrechte beteiligt. Besonders stark ist der staatliche Einfluß auf der Ressourcenseite. Hier besteht selbst bei der Ausführung der Programme durch Einzelentscheidungen (Haushalt, Personal) ein staatliches Weisungsrecht.

545 II. Ob im großen System des tertiären Bildungswesens die zentralen Organe noch als *Selbstverwaltung* bezeichnet werden können, ist mehr als *zweifelhaft*. Zwar haben sie in der Regel eine Unabhängigkeit gegenüber dem Staat. Aber sie haben weder den erforderlichen Sachverstand noch die Sachnähe zu den – notwendig fachbezogenen – wissenschaftlichen Entscheidungen, so daß sie nicht die Wissenschaft, sondern den »Apparat« repräsentieren. Auch der Inhalt ihrer Entscheidungen macht das deutlich, weil ihnen i.d.R. die Realisierung einer staatlichen Politik aufgegeben wird und sie sich stärker dieser Aufgabe als der Formulierung vielfältiger, oft widersprüchlicher Gegenargumente verpflichtet fühlen. Insb. aber pflegt der Präsident einer Universität in einem Dauerkontakt zur staatlichen Seite zu stehen und wird daher leicht mehr in die Rolle eines staatlichen Vollzugsorgans gedrängt als daß er die Rolle eines Repräsentanten der Selbstverwaltung wahrnimmt.

546 D. Der *studentischen Selbstverwaltung*, die an den meisten Universitäten neben der allgemeinen Hochschulselbstverwaltung besteht, ist es nicht gelungen, ihren Einfluß merklich zu erhöhen. Nachdem die Studentenbewegung Ende der sechziger Jahre ein wirksamer Motor der Veränderung der Hochschulorganisation, z.T. sogar inhaltlicher Strukturen geworden war, sind die organisierten Studenten heute wieder in den Zustand des Schattendaseins zurückgefallen. Mangelnde

Wahlbeteiligung, fehlende Kontinuität, innere Zerstrittenheit, geringe Kompetenz, Fehlen der Verbindung zur Basis kennzeichnen ihre Lage.

E. Auch im Bereich der Hochschulen spielen die *überregionalen Zusammenschlüsse* eine große Rolle. 547

I. Die Selbstverwaltung hat sich auf freiwilliger Grundlage – repräsentiert durch Rektoren und Präsidenten – in der *Westdeutschen Rektorenkonferenz* zusammengeschlossen. Hier ist das zentrale Willensbildungsorgan, das freilich wegen der sehr unterschiedlichen hochschulpolitischen Tendenzen seiner Mitglieder nur sehr schwer in der Lage ist, in wichtigen Fragen zu einer einigermaßen repräsentativen Willensbildung zu kommen.

II. Daneben bestehen Spezialorganisationen wie die *Deutsche Forschungsgemeinschaft* und der *Deutsche Akademische Austauschdienst,* in denen die Hochschulen Mitglieder sind. 548

III. Vertreten sind die Hochschulen auch in den zentralen Planungsinstanzen, in dem *Wissenschaftsrat* und in dem *Planungsrat des Hochschulbauförderungsgesetzes,* allerdings nicht durch ihre institutionellen Vertreter, sondern durch ein Vorschlagsrecht. 549

§ 60 Schulselbstverwaltung

Schrifttum: *R. Bessoth,* Schulverwaltungsreform, 1974; Deutscher Bildungsrat (Hrsg.), Strukturplan für das Bildungswesen, 2. Aufl., 1970; *D. Ehlers,* Die Organisation der inhaltlichen Entscheidungsprozesse auf dem Gebiet des öffentlichen Schulwesens im Spiegel der Rechtsprechung, in: DVBl. 1976, 615 ff.; *H. U. Evers / E.-W. Fuß,* Verwaltung und Schule, VVDStRL 23 (1966), 147 ff.; *H. Heckel/P. Seipp,* Schulrechtskunde, 4. Aufl.; 1969; *A. Holtmann/S. Reinhardt,* Schülermitverwaltung, Geschichte und Ende einer Ideologie,1971; *P. Horn,* Partizipations- und Schulverwaltungsstruktur, 1976; *K. Hüfner/J. Naumann,* Bildungsplanung, Ansätze, Modelle, Probleme, 1971; *F. Lehmann,* Das Elternrecht in der modernen Volksschule, 2. Aufl., 1970; *St. Jensen,* Bildungsplanung als Systemtheorie, 1970; *Th. Oppermann,* Bildung, in: *I. v. Münch* (Hrsg.), Besonderes Verwaltungsrecht, 3. Aufl., 1972, S. 593 ff.; *W. Perschel,* Die Lehrfreiheit des Lehrers, in: DÖV 1970, 34 ff.;*D. Sanburzweig,* Die Schulverwaltung in der Funktionalreform, in: Neuordnung der Verwaltung, 1975, 135 ff.; *W. Scheibe / K. Seidelmann,* Schülermitverwaltung, ihr pädagogischer Sinn und ihre Verwirklichung, 3. Aufl., 1966; *P. Straumann,* Neue Konzepte der Bildungsplanung, 1974; *H. Tschampa,* Demokratisierung im Schulwesen, 1972.

A. Die *Schule* ist staatliche Schule. Die staatliche Unterrichtsverwaltung bestimmt Lehrpläne und Ausbildungsziele. Allerdings besteht praktisch eine weit- 550

14. Kapitel   Sonstige Selbstverwaltung

gehende Pädagogische Freiheit, die einer informellen Selbstverwaltung nahekommt. Die Schule hat jedoch niemals jenes Maß von Unabhängigkeit beansprucht, wie es die Universität seit langem tut. Erst die Partizipationsbewegung hat die bescheidenen Ansätze einer Elternvertretung und einer Schülermitverwaltung verstärkt. Das gestiegene Selbstbewußtsein der *Lehrer* und der größere Einfluß der *Gewerkschaften* haben jedoch neuerdings zur Diskussion und z.T. auch zur Verwirklichung neuartiger Modelle einer echten Schulselbstverwaltung geführt.

551   **B.** Auch in der Schule treffen in der Selbstverwaltung unterschiedliche Kräfte aufeinander: *Lehrer, Eltern, Schüler,* z.T. auch das (zahlenmäßig gegenüber der Universität geringe) sonstige Personal. Dabei sind auch hier die Lehrer die primär zur sachlichen Entscheidung Legitimierten. Die Rolle der Eltern wird durch das Interesse am Fortkommen ihrer Kinder, z.T. auch an der Verschonung mit zu starken Ansprüchen gegenüber ihren Kindern bestimmt. Von einer sachgerechten Mitwirkung der Schüler kann erst in höheren Klassen, insb. der Gymnasien ausgegangen werden. Mit der Herabsetzung des Volljährigkeitsalters gewinnt diese Mitwirkung, die verbunden ist mit einer Ausschaltung der elterlichen Mitwirkung, erhöhte Bedeutung. Allerdings ist nicht recht erkennbar, daß von den Schülern wesentliche Anstöße ausgehen; angesichts der kaum kontrollierbaren Macht, die Lehrer über Schüler ausüben, ist diese Mitwirkung trotz ihrer Mängel jedoch notwendig. Allerdings ist es mißbräuchlich, jede gerechtfertigte Interessenverteilung sogleich als ein Stück Verwirklichung der Demokratie zu bezeichnen. Die Konsequenzen, die die Landesgesetzgebung aus diesem Zustand zieht, sind außerordentlich unterschiedlich. Z.T. handelt es sich um sachgerechte Ansätze einer Zusammenarbeit aller am Schulleben beteiligten Kräfte, z.T. um Institutionen, die nur eine Alibi-Funktion haben, z.T. um Übertreibungen, die auf einem Mißverständnis des Partizipationsgedankens beruhen oder gar Demokratisierungsideologie mit sachgerechter Interessenbeteiligung verwechseln.

552   **C.** Die eigentlichen Sachentscheidungen im Bereich der Schule, d.h. die Gestaltung des Unterrichts und die Bewertung von Leistungen bleiben unangefochten in der Zuständigkeit der *Lehrer*. Sie werden weitgehend in Konferenzen (Schulkonferenz, Klassenkonferenz) realisiert.

553   **D.** Eine besondere Frage wirft die Stellung des *Schulleiters* auf.

   I. Der Abgrenzung bedarf die Zuständigkeit von Schulkonferenz und Schulleiter.

   II. Ferner ist der Einfluß der Schule auf die Auswahl des Schulleiters problematisch geworden. Früher wurde er als Vorgesetzter von der staatlichen Aufsichtsbehörde ausgewählt und ernannt. Heute wird dem Lehrerkollegium z.T. ein Einfluß, bis hin zu einem Vorschlagsrecht eingeräumt. Wird das mit einer Bestellung auf Zeit verbunden, so wird die Stellung des Schulleiters geschwächt. Das kann im Rahmen einer »Demokratisierungs«-Strategie erwünscht sein, führt aber notwendig zu einer Schwächung der Stellung des Schulleiters, vermindert damit auch seine Fähigkeit, wirksam gegenüber seinen Kollegen Aufsicht zu üben. Das wirkt sich regelmäßig zum Schaden der Schüler aus.

E. I. Das Verhältnis zur *Schulaufsicht* ist das der *Fachaufsicht,* d.h. der Möglichkeit intensiven Ermessenseingriffs in das Schulgeschehen. Die Praxis sieht freilich anders aus; selbst im Skandalfall kann die Aufsicht nur über Personalentscheidungen wirksam werden, was bei den auf Lebenszeit angestellten Lehrern nur im Ausnahmefall (Disziplinarverfahren) möglich ist. 554

II. Die grundsätzlichen Gestaltungsmaßnahmen der *Ministerien* über den *Schulbetrieb,* insb. die Richtlinien und Lehrpläne, binden die Schule im juristischen Sinne. Oft bestehen jedoch zwischen den schulischen Möglichkeiten und den ministeriellen Anordnungen erhebliche Divergenzen, die praktisch zu einem Abweichen oder einer offenen Mißachtung der Ministerialakte durch die Schule führen. In einer Zeit der Umgestaltung sozialer Verhältnisse, der Erhebung des Experiments zum Ideal (Innovation!) tritt auch auf Seiten der Ministerien eine Verunsicherung ein. Das alles führt im Bereich der Lehrplangestaltung weitgehend zu einer informellen Selbstverwaltung der Schule. 555

§ 61 Berufsständische Selbstverwaltung

Schrifttum: *H. Bremer,* Kammerrecht der Wirtschaft, 1960; *G. Erler,* Freiheit und Grenze berufsständischer Selbstverwaltung, 1952; *W. Fischer,* Unternehmerschaft, Selbstverwaltung und Staat, 1964; *G. Frentzel,* Die Industrie- und Handelskammern und ihre Spitzenorganisation in Staat und Wirtschaft, in: Die Verantwortung des Unternehmers in der Selbstverwaltung, 1961, S. 27 ff.; *G. Frentzel / E. Jäkel / W. Junge,* Industrie- und Handelskammergesetz, Kommentar, 3. Aufl. 1972; *L. Fröhler,* Das Recht der Handwerksinnung, 1959; *H. Herrfahrdt,* Das Problem der berufsständischen Vertretung von der Französischen Revolution bis zur Gegenwart, 1921; *E.R. Huber,* Selbstverwaltung der Wirtschaft, 1958; *H. Jordan,* Die Stellung der Industrie- und Handelskammern im Rahmen des Wirtschaftsrechts und des Wirtschaftsverwaltungsrechts, 1971; *G. Leibholz,* Die Stellung der Industrie- und Handelskammern in Gesellschaft und Staat, 1966; *G. Wülker,* Der Wandel der Aufgaben der Industrie- und Handelskammern in der Bundesrepublik, 1972.

A. Die *berufsständische Selbstverwaltung* nimmt eine besondere Stellung im Verwaltungsgefüge ein. Bei ihr ist die Selbständigkeit gegenüber dem Staat sowohl institutionell als auch materiell am stärksten ausgeprägt. Sie steht fast stärker 556

14. Kapitel Sonstige Selbstverwaltung

im gesellschaftlichen als im hoheitlichen Bereich und zeigt daher auch Züge verbandsmäßiger Tätigkeit (Rdnr. 338 ff.). Sie ist daher auch als Disziplinierung von Sozialbereichen bezeichnet worden *(Forsthoff)*.

557 B. Die berufsständische Selbstverwaltung ist körperschaftlich organisiert, Mitglieder sind die einzelnen Standesgenossen, wobei Pflichtmitgliedschaft besteht. Für die Träger dieser Art von Selbstverwaltung ist die Bezeichnung *Kammer* üblich. Die einzelnen Kammern werden in der Regel regional gebildet und unterstehen der Landesaufsicht. Sie haben jedoch verbandsmäßige Zusammenschlüsse auf Bundesebene. Die Kammern kommen in folgenden Bereichen vor:

I. In der Wirtschaft für die Gewerbetreibenden im allgemeinen als Industrie- und Handelskammern, als Handwerkskammern und als Landwirtschaftskammern.

II. Im Bereich der rechts- und wirtschaftsberatenden Berufe als Rechtsanwalts-, Patentanwalts-, Notar-, Steuerberater- und Wirtschaftsprüferkammern.

IV. In Bremen und im Saarland gibt es außerdem Arbeiter- bzw. Arbeitnehmerkammern.

558 C. Die *Aufgaben* sind vielgestaltig und von Berufsstand zu Berufsstand unterschiedlich. Zu nennen sind:
1. die Vertretung der Gesamtinteressen des Berufsstandes,
2. die Teilnahme an der Berufszulassung und die Aufsicht über die Standesgenossen,
3. das Ausbildungs- und Fortbildungswesen,
4. die Beratung staatlicher Behörden,
5. die Erstattung von Gutachten,
6. die Schaffung von Einrichtungen zur Förderung des Berufszweiges (z.B. Fachschulen, Börsen),
7. vom Staat übertragene Aufgaben. Sie kommen insbesondere bei den Handelskammern vor (z.B. Ausstellung von Ursprungszeugnissen, Ernennung von Handelsmaklern).

559 D. Es ist zweifelhaft, ob die *Kammer* (Körperschaft des öffentlichen Rechts) die *geeignete Form* für die Vertretung berufsständischer Interessen ist.

I. Die mitgliedschaftliche Zusammensetzung und dementsprechend die Willensbildung berücksichtigt nur die Unternehmer, die in dem betreffenden Berufsstand tätig sind. Das kann eine nützliche Konstruktion sein, gibt allerdings nur Teilinteressen ein Sprachrohr, insb. schaltet sie die Arbeitnehmer aus. Daher gehört als Ergänzung zum Kammerwesen auch die gewerkschaftliche Vertretung.

Sachverstand und Verantwortung für die Unternehmen lassen es jedoch zweckmäßig erscheinen, die Kammerkonstruktion aufrechtzuerhalten.

II. Die Form der Körperschaft des öffentlichen Rechts führt zu einer Bindung des Berufsstandes, insb. einer staatlichen Aufsicht. Es ist fraglich, ob das zweckmäßig ist. So bilden sich regelmäßig nebeneinander Kammern und freiwillige Zusammenschlüsse (z.B. Anwaltskammer – Anwaltsverein), die oft in einer Rollenverteilung je nach Zweckmäßigkeit standespolitische Interessen wahrnehmen.

§ 62 Wirtschaftliche Selbstverwaltung

Schrifttum: *A. Bochalli / C. v. Arenstorff*, Das Wasser- und Bodenverbandsrecht, 4. Aufl., 1972; *K. Fries*, Die nichtrechtsfähigen öffentlichen Bausparkassen, in: VerwArch 54, 1963, 105 ff.; *H.-B. Führ*, Das Selbstverwaltungsrecht der Wasser- und Bodenverbände unter dem Einfluß staatlicher Finanzhilfen, Diss.iur., Berlin, 1967; *E.R. Huber*, Wirtschaftsverwaltungsrecht, 2. Aufl., 1 Bd. 1953, S. 104 ff.; *F. Ossenbühl*, Erweiterte Mitbestimmung in kommunalen Eigengesellschaften, 1972; *G. Püttner*, Die Mitbestimmung in kommunalen Unternehmen unter dem Grundgesetz, 1972; *ders.*, Die öffentlichen Unternehmen, 1969; *K. Stern / J. Burmeister*, Die kommunalen Sparkassen, 1972; *R. Steuer*, Flurbereinigung, HDSW 3, 1961, 789 ff.; *U. Twiehaus*, Die öffentlich-rechtlichen Kreditinstitute, 1965.

A. Vielfach wird unter *wirtschaftlicher Selbstverwaltung* die berufsständische Selbstverwaltung der Industrie- und Handelskammern, Handwerkskammern und Landwirtschaftskammern verstanden. Im folgenden wird die Bezeichnung dagegen nur für die wirtschaftliche Betätigung in der Form der Selbstverwaltung gebraucht. 560

I. Staat, Gemeinden und Gemeindeverbände führen zahllose Wirtschaftsunternehmen. Nicht nur die großen Verkehrsverwaltungen des Bundes (Bundespost, Bundesbahn, Bundeswasserstraßenverwaltung), die Landesunternehmen (insb. die Forstverwaltung) und die gemeindlichen Betriebe (Versorgungs- und Nahverkehrsbetriebe in der Form von Eigenbetrieben und handelsrechtlichen Gesellschaften), sondern auch industrielle Produktions- und Handelsunternehmen (z.B. VEBA, Preußag) beeinflussen die Wirtschaft. Hierher gehören auch gemischt wirtschaftliche Unternehmen (z.B. Volkswagenwerk). Der Anteil der Staatswirtschaft an der gesamten Volkswirtschaft ist erheblich (vgl. Rdnr. 255 ff.).

II. Bei derartigen Unternehmen ist die *Rechtsform* zwischen Staatsverwaltung und handelsrechtlicher Gesellschaft bzw. Sonderform öffentlicher Unternehmen oft beliebig austauschbar (vgl. z.B. die Bundespost, die – heute noch Staatsbe- 561

14. Kapitel Sonstige Selbstverwaltung

trieb – in die Form eines nach kaufmännischen Prinzipien arbeitenden selbständigen Unternehmens übergeleitet werden soll). Für sie gelten daher weitgehend die Grundsätze der öffentlichen Verwaltung, insb. hinsichtlich des Zielsystems. Unternehmen, die die öffentliche Hand führt, müssen zwar weitgehend nach kaufmännischen Grundsätzen geführt werden. Sie müssen in ihrer Unternehmenspolitik jedoch stets auch öffentliche Zwecke berücksichtigen, sie sind – auch in privatrechtlicher Form – gemeinwirtschaftliche Unternehmen.

562   III. Bei derartigen Unternehmen stellt sich auch die Frage der *Mitbestimmung*. Allerdings stellt sie sich hier ganz anders als in privaten Unternehmen. In privaten Unternehmen treffen Arbeitnehmer und Arbeitgeber aufeinander. Die Mitbestimmung dient hier der Verminderung der Macht des privaten Eigentümers. Im öffentlichen Unternehmen (einschließlich des privatrechtlich konstruierten Unternehmens mit öffentlichem Kapital) trifft der Arbeitnehmer auf die öffentliche Hand als Eigentümer. Hier handelt es sich daher um eine Auseinandersetzung zwischen den Vertretern des staatlichen oder gemeindlichen Kapitals, d.h. der Gemeinwirtschaft und der Arbeitnehmer, d.h. partikulärer Interessen. Gegenüber dem demokratischen Staat und seinen Unternehmen können schon begrifflich Demokratisierungsforderungen der Arbeitnehmer nicht angemeldet werden. Auch hier gibt es eine legitime und notwendige Interessenvertretung, aber gerade hier muß sie stärker als sonst Rücksicht auf den gemeinwirtschaftlichen Charakter des »Kapitals« nehmen.

563   **B.** Wirtschaftsverwaltung ganz anderer Art und von viel geringerer politischer Brisanz kommt als *genossenschaftliche Wirtschaftsverwaltung* vor, z.B. in den Jagdgenossenschaften, den Wasser- und Bodenverbänden und den Teilnehmergemeinschaften der Flurbereinigung. Es handelt sich um Zusammenschlüsse von Grundeigentümern (zumeist mit Pflichtmitgliedschaft), die die Wirtschaft der Mitglieder durch gemeinschaftliche Tätigkeit fördern. Allerdings ist der Spielraum der Selbstverwaltung in der Regel sehr gering, fast überwiegt bei dem Zusammenschluß der Gedanke der intensiveren staatlichen Lenkung über die öffentlich-rechtliche Verbandsform als die Selbstbestimmung der Mitglieder über ihre wirtschaftlichen Angelegenheiten. Ähnliches gilt für Rationalisierungsverbände, die in der Form der Körperschaft des öffentlichen Rechts gegründet werden, z.B. für den Bergbau. Stärker ausgeprägt ist der Gedanke der Selbstverwaltung bei den historischen Genossenschaften auf agrarischer Grundlage, z.B. den Realgemeinden und den Haubergsgenossenschaften.

15. Kapitel Behördenaufbau

§ 63 Bildung und Zuordnung von Organisationseinheiten

Schrifttum: Vgl. vor §§ 16, 17; ferner: *P.J. Blumenthal*, Das Problem der optimalen Kontrollspanne in der privaten Unternehmung und der öffentlichen Verwaltung, Diss.iur. Hamburg, 1975; *H. v. Heppe – U. Becker*, Zweckvorstellungen und Organisationsformen, in: Verwaltung 1965, S. 87 ff.; *G. Kubsch*, Handbuch der Bürokunde, 1970, S. 55 ff.; *H. Kübler*, Organisation und Führung in Behörden, 1974; *K. Kübler – H. Kübler*, Moderne öffentliche Verwaltung, 1971; *P. Meyer*, Die Verwaltungsorganisation, 1962, S. 71 ff.; Organisationsfragen der öffentlichen Verwaltung, AWV – Fachbericht I, 1968; *P. Schneider*, Kriterien der Subordinationsspanne. Das Problem der Abteilungsgröße unter organisatorischen Aspekten, 1972.

A. Grundlagen des *Behördenaufbaues*

I. Unter *Behörden* verstehen wir Teile eines Verwaltungsträgers, die einen bestimmten festumrissenen Aufgabenkreis haben und sich nach außen in einer Geschlossenheit zeigen, während sie zugleich gegenüber anderen Teilen organisatorisch abgegrenzt sind.

II. Behörden kommen vor allem in der Staatsverwaltung vor, können aber auch in größeren Selbstverwaltungen gebildet werden (z.B. Arbeitsämter, »akademische Behörden«). In den Kommunalverwaltungen findet regelmäßig keine Aufgliederung in Behörden statt. Die Unterteilung in Verwaltungen und Ämter (Rdnr. 449) ist zumeist keine derartig starke Abgrenzung gegenüber anderen Teilen der Verwaltung. Praktisch allerdings stehen in Großstädten die Verwaltungen und Ämter zuweilen Behörden gleich.

III. Die *Selbständigkeit* der Behörde gegenüber den anderen Teilen des Verwaltungsträgers zeigt sich
1. in ihrer Bezeichnung, die sie nach außen als selbständigen Teil kenntlich macht;
2. in der Zuweisung eines bestimmten Aufgabenkreises;
3. in der besonders starken Ausprägung der Leitungsfunktion (im Gegensatz etwa zu dem Referat der vorgesetzten Behörde, das im Einzelfall weisungsbefugt ist, selbst aber keine Leitungsfunktion besitzt).

IV. Jede Behörde hat drei *Hauptfunktionen:*
1. die Sacherledigung (hierüber sogleich),
2. die Leitungsfunktion (Rdnr. 572 ff.) und

3. Hilfsfunktionen, die auch als Intendanturaufgaben oder »Verwaltung der Verwaltung« bezeichnet werden (Rdnr. 583 ff.).

567 B. Zentrale Bedeutung für alle Überlegungen zum Behördenaufbau hat die *Sacherledigung* durch die Behörde, d.h. die wiederholte oder ständige Erfüllung der ihr zugewiesenen, zumeist verwandten Einzelaufgaben. Es kann sich dabei um Einzelfallentscheidungen (z.B. Steuerfestsetzung) oder um größere Projekte (z.B. Flurbereinigungen, Bauleitpläne) handeln. Zum Zwecke der Sacherledigung wird die Gesamtheit der Aufgaben auf die einzelnen Behördenmitglieder verteilt. Diese Geschäftsverteilung erfolgt allerdings oft derart, daß mehrere Behördenangehörige zusammengefaßt werden, um bestimmte Aufgaben gemeinsam zu erledigen. Die Notwendigkeit der Bildung derartiger Gruppen (deren Größe sehr unterschiedlich sein kann) ergibt sich aus der Tatsache, daß die zu erledigenden Aufgaben oft eine Reihe von Teilfunktionen enthalten, die unterschiedliche Qualifikationen erfordern. So sind regelmäßig neben den Funktionen des Denkens, Planens und Entscheidens auch die Funktionen des Sammelns, Ordnens und Rechnens sowie schließlich rein technische Durchführungsfunktionen erforderlich. In vielen Fällen ist es daher zweckmäßig, neben die verantwortlich entscheidenden Beamten Sachbearbeiter (die die Vorgänge unterschriftsreif bearbeiten) und Zuarbeiter (die einfachere Teilarbeiten erledigen) zu setzen. So entstehen Organisationseinheiten der Sacherledigung, die unter verschiedenen Bezeichnungen auftreten (Referat, Dezernat, Geschäftsteil, Amt). Eine Bildung von derartigen Organisationseinheiten, die aus mehreren Menschen bestehen, ergibt sich auch dort, wo es sich um massenhaft auftretende, schematisch zu erledigende Arbeiten handelt, die in Teile zerlegt werden können (Fließarbeit). Weiter bietet die Bildung von Organisationseinheiten aus mehreren Personen den Vorteil, daß eine Team-Arbeit (vgl. Rdnr. 205 ff.) zustande kommt. Gerade bei der Vorbereitung komplizierterer Entscheidungen ist eine derartige Zusammenarbeit wichtig. Schließlich bietet die Bildung von Organisationseinheiten aus mehreren Personen den Vorteil der Aufgabenverteilung je nach Arbeitsanfall, d.h. des Abfangens von Arbeitsspitzen und der leichteren Vertretung bei Verhinderungen. Grundsätzlich ist daher die Bildung großer Organisationseinheiten anzustreben.

568 C. Weitere Probleme stellen die *Zusammenfassung* der untersten Organisationseinheiten unter der Behördenleitung dar.

I. Regelmäßig ist auch schon bei einer mittleren Behörde die Zahl der Organisationseinheiten so groß, daß sie von der Behördenleitung nicht mehr vollständig geführt und koordiniert werden können. Es bedarf daher der Verlagerung von Leitungsfunktionen auf Zwischeninstanzen (Abteilungen, Dezernate). Anzustreben ist die Bildung einer möglichst geringen Zahl von Zwischenstufen. Je länger der vertikale Aufbau ist, desto ungünstiger ist die Möglichkeit der Koordination. Auch das führt zu der Forderung, möglichst große Organisationseinheiten zu bilden.

II. Wie viele Organisationseinheiten von einer Stelle geführt werden können (*span of control*), läßt sich nicht einheitlich beantworten. Das hängt von einer Reihe von Faktoren, insb. auch ab von
1. dem Umfang des Koordinierungsbedürfnisses zwischen den unterstellten Einheiten,
2. der Intensität der jeweils erforderlichen Kontrolle,
3. der Frage, ob die betreffenden Entscheidungen nur in einer Feststellung oder Normanwendung bestehen oder ob ein weiterer Ermessensspielraum vorhanden ist (in diesem Falle muß der Vorgesetzte regelmäßig öfter eingreifen).
III. Je kleiner die Kontrollspanne ist, desto tiefer wird die vertikale Organisation einer Behörde, desto länger der Informationsweg und desto stärker der Informationsverlust und die Störanfälligkeit auf dem Dienstweg. Daher ist aus diesem Grunde eine möglichst große Kontrollspanne anzustreben.

D. Wichtig für einen guten Behördenaufbau ist die richtige *Zuweisung* der Gesamtheit *der Aufgaben* auf die einzelnen Organisationseinheiten. Das gilt für alle Stufen der Organisation.

I. Nach welchen Merkmalen eine Zusammenordnung erfolgen soll, läßt sich nicht einheitlich beantworten. Als Gesichtspunkte kommen in Betracht:
1. einheitliche Lebens- und Sachgebiete,
2. einheitliche gesetzliche Regelungen (insbesondere bei kodifizierten Rechtsgebieten),
3. Spezialkenntnisse von Beamten (z.B. technische Kenntnisse),
4. Identität von Datenmassen (z.B. Zusammenfassung des Statistischen Amtes und des Wahlamtes in der gemeindlichen Verwaltung),
5. geographische Gesichtspunkte (Aufsicht über nachgeordnete Stellen),
6. soziologische Gesichtspunkte (z.B. Vertretung bestimmter Bevölkerungsgruppen durch einen Verband, der ständiger Verhandlungspartner der Verwaltung ist),
7. Intensität der Kommunikation innerhalb der Behörde bei Erledigung von Vorgängen (Arbeitsabläufe sollten aus Gründen der Koordination grundsätzlich nicht mehrere Abteilungen betreffen),
8. Einsatz von Fahrzeugen und Maschinen (z.B. Zusammenfassung von Müllabfuhr und sonstigen Kfz. im Städtischen Fuhramt),
9. Kommunikation in der Behörde.

II. Wichtig ist eine klare und scharfe *Abgrenzung der Zuständigkeiten,* die zu keinen Zuständigkeitsstreitigkeiten Anlaß gibt.

III. Vermieden werden sollten Überschneidungen, die zur Beteiligung mehrerer Organisationseinheiten führen und Koordinationsprobleme aufwerfen; sie kosten stets Arbeitskraft und Zeit.

§ 64 Die Behördenleitung

Schrifttum: *K. Altfelder,* Stabsstellen und Zentralabteilungen als Formen der Organisation der Führung, 1965; *K. Bleicher,* Perspektiven für Organisation und Führung von Unternehmungen, 1971; *R. R. Grauhan,* Der Oberbürgermeister als Verwaltungschef, in: PVJ 1965, 302 ff.; *E. Guilleaume,* Reorganisation von Regierungs- und Verwaltungsführung, 1966; *R. Höhn,* Moderne Führungsprinzipien in der Kommunalverwaltung, 1972; *F. Hoffmann,* Organisation der Führungsgruppe, 1969; *G. Kühn,* Führungsorganisation und Führungsstil in der öffentlichen Verwaltung, in: Der Städtebund, 1971, 241 ff.; *E. Laux,* Führungsorganisation und Führungsstil in der Kommunalverwaltung, in: ArchKom.-Wiss. 1968, 233 ff., ders. Überlegungen zur Verwaltungsführung, in: Städtetag 1969, S. 60 ff.; *N. Luhmann,* Der neue Chef, in: VerwArch 53, 1962, S. 109 ff.; *E. Potthoff,* Führungs- und Informationssysteme, Organisationsstrukturen im Verwaltungsbereich, in: Produktiv führen und verwalten, 1971, S. 115 ff.; Schweizerische Studiengesellschaft für rationelle Verwaltung (Hrsg.), Arbeitsentlastung des Chefs. Wie und mit welchen Mitteln? 1971; *F. Sidler,* Grundlagen zu einem Management-Modell für Regierung und Verwaltung, 1974.

572 A. I. Die Leitungsfunktion ist eine selbständige, von der Sacherledigung unterschiedliche Funktion. Der *Leiter der Behörde* hat nicht nur Weisungen hinsichtlich der Erledigung einzelner Sachen zu geben oder ihre Erledigung zu beaufsichtigen. Ihm fallen in erster Linie andere, spezifische Leitungsaufgaben zu.

II. Die Leitungsaufgaben zerfallen in zwei Gruppen:
1. *Einzelfallbezogene Aufgaben,* wie Entscheidung schwieriger Einzelfragen, Entscheidung über Widersprüche gegen Verwaltungsakte, Aufsicht über die Sacherledigung im einzelnen, Kontrolle der Arbeitsergebnisse.

573 2. Zu den *Leitungsaufgaben im engeren Sinne* gehören:
a) Die *Planung der Arbeit,* d.h. das Aufspüren neuer Fragen, die Zielfindung und Zielentwicklung, die Fortentwicklung der bisher schon laufenden Arbeiten, die Einstellung unnötig gewordener Aufgaben. Die Planung erfaßt sowohl die Frage, welche Aufgaben zu erledigen sind, als auch die Frage, wie sie zu erledigen sind. Freilich sind dem Behördenleiter durch das Gesetz oft enge Grenzen in der Auswahl der zu erledigenden Aufgaben gesetzt. Immerhin dürfte es wohl keine Behörde geben, in der nicht auch ein Stück der Arbeitsplanung zu leisten wäre.
b) Die *Sicherung der Arbeit,* insb. Konfliktvermeidung und Konfliktlösung, Störungen der Arbeit können von innen und von außen kommen. Sie können im Bereich des Psychologischen liegen und zu einer Minderung der Arbeitsleistung

§ 64 *Die Behördenleitung*

führen. Es kann sich aber auch um das Fehlen der notwendigen Menschen und Mittel für den Verwaltungsablauf handeln. Störungen können auch Eingriffe von Außenstehenden sein. Schließlich gehört zu den Störungen, deren Verhinderung Leitungsaufgabe ist, die Abwehr von Schäden (etwa an Maschinen, Akten oder Gebäuden). Zur vorsorgenden Verhinderung von Störungen gehört die fürsorgende Tätigkeit für die anvertrauten Menschen und Mittel.

c) *Koordination* der Arbeit der einzelnen Organisationseinheiten. Es ist nicht so sehr Aufgabe des Behördenleiters, bei Meinungsverschiedenheiten innerhalb der Behörde, autoritativ zu entscheiden, als vielmehr zu versuchen, eine einheitliche Auffassung aller Beteiligten herbeizuführen. Nur wenn das gar nicht möglich ist, wird er die Meinungsverschiedenheit durch ein Machtwort aus der Welt schaffen. Die Struktur der heutigen Verwaltung ist in besonderem Maße durch ihr Koordinationsbedürfnis gekennzeichnet, das vor allem im Hinblick auf die Inanspruchnahme knapper Ressourcen und die evtl. Störung der Zielerreichung große Bedeutung hat.

d) Die *Verbindung* zur Außenwelt. Es handelt sich dabei um die Repräsentation der Behörde nach außen, die Fühlungnahme mit anderen Stellen und die Information über allgemeine, die Behörde betreffende Vorgänge innerhalb der Außenwelt.

e) Die *Verteilung* der Aufgaben auf die Behördenangehörigen und Arbeitsmittel, d.h. das Organisationswesen.

f) *Motivation,* Anleitung von Behördenangehörigen.

g) *Interpretation* der Aufgaben, insb. auch solcher, die von übergeordneten Instanzen aufgetragen sind.

h) *Kontrolle* der richtigen Aufgabenerledigung, d.h. die Erfolgs- und Ordnungskontrolle.

B. I. Die Leitung einer Behörde besteht niemals nur aus einer Person, dem Behördenchef. Die Zahl der Leitungsfunktionen ist regelmäßig so groß, daß dem Behördenleiter ein *Stab von Helfern* zur Verfügung stehen muß. Das Bedürfnis nach Einsatz eines solchen Stabes ist unterschiedlich ausgebildet, je nach der Aufgabenstellung der Behörde. Davon hängt auch ab, welchen Rang die Angehörigen dieses Stabes haben und welche Arten von Zuordnungsverhältnissen auftreten. 574

II. Das zentrale Problem der Leitungsorganisation ist die Organisation der *Information des Chefs.* Jede Chefentscheidung ist höchstens so gut, wie die Information des Chefs ist. Das Problem ist ein doppeltes: 575
1. Einerseits muß der Chef über alle wesentlichen Vorgänge informiert sein. Es dürfen keine Informationslücken auftreten.
2. Andererseits darf der Chef nicht mit Informationen überfüttert werden. Nur ein begrenzter Teil seiner Arbeitskraft (allerdings ein nicht geringer) darf für die Aufnahme von Informationen verwandt werden. Daher kommt dem Problem der Auswahl von Informationen eine besondere Bedeutung zu.

3. Die Information des Chefs bedarf der Organisation, der Planung. Zweckmäßig wird sich der Chef nicht auf eine Informationsquelle in seiner Behörde stützen, sondern eine möglichst breitgestreute Information anstreben. Denn das Recht zur Information des Chefs ist ein Stück Macht, weil jeder Information die Auswahl des Informierenden vorangeht. Die Monopolisierung der Information des Chefs durch einen oder wenige Beamte kann praktisch zur Entmachtung des Chefs führen.

III. Für die richtige Wahrnehmung der Führungsaufgabe ist auch die *Auswahl der Fragen* entscheidend, derer sich der Chef annimmt. Der Chef darf nur so viele Vorgänge an sich ziehen, als er bearbeiten kann, ohne daß es zu Stauungen des Arbeitsablaufes kommt. Ist die Zahl der Fragen, die unbedingt auf Chefebene entschieden werden müssen und nicht nach unten abgegeben werden können, größer als es seiner Arbeitskraft entspricht, so bedarf es einer Verteilung der Chef-Rolle auf mehrere Beamte (vgl. unten bei IV) oder einer besseren Vorbereitung der Entscheidungen des Chefs durch seine Mitarbeiter.

576 IV. Für die Organisation der Behördenleitung stehen mehrere *Formen* zur Verfügung:
1. Der Regelfall ist die *monokephale Leitung*, d.h. die Bildung eines Stabes, der für einen Behördenleiter Hilfsdienste leistet. Die einzelnen Beamten des Stabes unterstehen unmittelbar dem Behördenleiter (z.B. Persönlicher Referent, Pressereferent, Organisationsreferent, Personalreferent, Bürodirektor, Beauftragter für den Haushalt). Nur der Behördenleiter ist bei dieser Organisationsform gegenüber den Behördenangehörigen weisungsberechtigt.

577 2. Bei größeren Behörden wird regelmäßig eine *besondere Stabsabteilung* (Zentralabteilung, Verwaltungsabteilung) gebildet. Sie gliedert sich u.U. in Referate und Unterabteilungen und wird durch einen Abteilungsleiter dirigiert. Für die Planung sind zuweilen *Planungsstäbe* vorhanden, die die Tätigkeit der Verwaltung vorausschauend planen und zugleich koordinieren.

578 3. Eine besondere Form der Leitungsorganisation liegt in der Heraushebung des *ständigen Vertreters* des Chefs. Beispiele hierfür sind die Staatssekretäre in den Ministerien und die Vizepräsidenten der Bezirksregierungen. Sie haben keine oder nur eine sehr eingeschränkte spezielle Sacherledigungsfunktion. Sie nehmen in erster Linie an den Leitungsaufgaben teil. Regelmäßig fallen ihnen diejenigen Funktionen zu, die weniger »politisch« sind. Möglich ist es aber auch, ihnen die Stabsabteilung oder eine Sachabteilung zu geben, wobei ihr Aufgabenkreis bei der Sacherledigung regelmäßig kleiner als der der anderen Abteilungsleiter ist.

579 4. Öfter als bekannt kommt auch eine kollegiale Erledigung der Leitungsgeschäfte vor. Ein *Kollegium* als formelles Leitungsorgan kommt vor allem in der Kommunalverwaltung (Magistrat) und in der Kulturverwaltung (Universitätssenat, Lehrerkollegium) vor. Verbreiteter ist die informelle kollegiale Organisation der Leitungsspitze, die sich in regelmäßigen Abteilungsleiterkonferenzen oder Besprechungen zwischen dem Chef und Angehörigen seines Stabes zeigt.

§ 64 *Die Behördenleitung*

V. Die Organe der Behördenleitung, d.h. die Stabseinheiten werfen das Problem der Zuordnung zu den Sachabteilungen auf, insb. die Frage der hierarchischen Überordnung. In jedem Fall muß eine Stabsabteilung das Recht haben, Informationen von den Sachabteilungen zu fordern. Bei größeren Stabsabteilungen pflegt schon aus praktischen Gründen eine gewisse Anordnungsgewalt unumgänglich zu sein, da der Chef und sein Stellvertreter allein mengenmäßig nicht in der Lage sind, die Anordnungen, die an die Sachabteilungen gegeben werden, zu zeichnen oder sonst zu verantworten.

580

VI. Die Frage der Leitungsorganisation hat auch eine zeitliche Komponente, nämlich die Frage der *Dauer des Amtes.* Nebenamtliche Träger der Leitungsfunktion pflegen nicht auf die Dauer in ihr Amt berufen zu werden, sondern nach längerer oder kürzerer Zeit auszuscheiden, wobei oft eine beschränkte Wiederwahl möglich ist (z.B. Rektor der Universität).
1. Diese Organisationsform ermöglicht eine Korrektur von Fehlern bei der Auswahl des Leiters. Sie gibt ferner die Möglichkeit, junge unverbrauchte Kräfte mit neuen Ideen an die Spitze zu stellen.
2. Andererseits gefährdet sie aber auch die notwendige Kontinuität der Verwaltung. Dieser Gesichtspunkt dürfte im allgemeinen stärkere Bedeutung haben und längere Wahlperioden richtig erscheinen lassen, zumal heute Verwaltungsaufgaben oft einer längeren Zeit von der Planung bis zum Vollzug bedürfen und die Kompliziertheit der Vorgänge eine längere Einarbeitungszeit erfordert.
3. Die zeitliche Komponente spielt auch im Krisenfall eine Rolle. Hier ist ein besonderes Krisenmangement (Krisenstab) notwendig, der die Führungskapazität insb. die Informationsverarbeitungskapazität schlagartig erhöht, um mit der kurzfristig notwendig werdenden wesentlich erhöhten Zahl von Führungsentscheidungen fertig zu werden.

C. Leitungsaufgaben werden nicht nur von einer besonderen Leitungsorganisation der Behörde wahrgenommen. Notwendig ist eine weitgehende *Delegation der Leitungsfunktion.* Auf jeder Stufe der Organisation bedarf es der Koordinierung der Maßnahmen zur Sicherung der Arbeit, der Organisation und der Planung. Freilich werden derartige Fragen auf unteren Stufen nicht in starkem Maße hervortreten. Immerhin ist es wichtig, daß Leitungsaufgaben, soweit sachlich angängig, nach unten verschoben werden. Nur dadurch kann sichergestellt werden, daß die Leitungsfunktionen mit der Sacherledigung hinreichend abgestimmt werden. Vielfach wird es daher so gestaltet sein, daß der Abteilungsleiter zugleich die auf die Abteilungsebene herabgezogenen Leitungsaufgaben wahrnimmt und erster Fachreferent seiner Abteilung ist. Eine Delegation von Leitungsfunktion erfolgt u.U. auch durch Verschiebung des Zeichnungsrechts. Die Unterzeichnung von bestimmten Schriftstücken hat oft nicht so sehr die Funktion der Willensäußerung durch den Unterzeichnenden als die Kontrolle des Untergebenen durch den zeichnenden Vorgesetzten, der die Schriftstücke oft gar nicht vollstän-

15. Kapitel Behördenaufbau

dig liest und lesen kann, sondern Stichproben macht und bald erkennt, welche seiner Untergebenen einer besonderen Kontrolle bedürfen. Delegation des Zeichnungsrechts heißt daher praktisch Delegation von Führungsfunktion.

582 D. *Führungsstile.* In der jüngeren Diskussion hat die Frage nach dem Führungsstil ein besonderes Gewicht erhalten. Es wird der autoritative Führungsstil, der bisher weitgehend herrschte, dem kooperativen Führungsstil gegenübergestellt. Grundsätzlich wird man sagen dürfen, daß der kooperative Führungsstil die Leistungsfähigkeit einer Behörde erhöht. Er setzt allerdings voraus, daß die Behördenmitglieder ein relativ hohes Bildungs- und Informationsniveau, ferner Verantwortungsbewußtsein und Selbstkontrolle besitzen. Der kooperative Führungsstil bringt ferner dann Gefahren für das Funktionieren einer Behörde mit sich, wenn die geführte Gruppe Schwierigkeiten hat, sich hinsichtlich der Ziele, insb. Prioritäten, der einzusetzenden Mittel u.a. zu einigen. Der autoritative Führungsstil ist überlegen, wenn schnell Entscheidungen gefällt werden müssen, d.h. die Führungsentscheidung nicht erst durch Gedankenaustausch erarbeitet werden kann (Rdnr. 757 ff.).

§ 65 Die Verwaltung der Verwaltung

Schrifttum: Vgl. vor § 21; ferner: *A. Boje,* Wie senkt man Schreibkosten?, 1960; *K. Dammann,* Stäbe, Intendantur- und Dacheinheiten, 1969; *H. Hermes,* Erfahrungen mit einer Sterndiktatanlage bei der Bundesbahn, in: Rat.Büro, 1966, 11 ff.; KGSt (Hrsg.), Gutachten: Schreibdienst, 1970; *H. Kübler,* Organisation und Führung in Behörden, insb. S. 106-125; *R. Kunze,* Sachgerechtigkeit, in: *F. Morstein Marx* (Hrsg.), Verwaltung 1975, 229 ff.; *E. Laux/H.P. Dreuseck,* Rationalisierung der Schreibarbeiten in Kommunalverwaltungen, 1968; *G. Reimann,* Zentralisierung der Schreibarbeit und zentrale Vordrucksverwaltung, Rat.Büro 1963, 690; *E.E. Senger,* Einführung des Phonodiktats, in: Rationalisierung 1976, 52 ff.

583 A. Die richtige Zuordnung der sog. *Hilfs- oder Intendanturfunktionen* zu den *Linien-Funktionen* spielt für den glatten Verwaltungsvollzug eine wichtige Rolle. Zu diesen Aufgaben, die die »Verwaltung der Verwaltung« oder Verwaltung der Ressourcen zum Gegenstand haben, gehören insbesondere das *Organisationswesen,* das *Personalwesen,* das *Haushalts- und Kassenwesen,* die *Schriftgut- und Archivverwaltung,* der *Schreib- und Vervielfältigungsdienst,* das *Kraftfahrzeugwesen,* das *Fernmeldewesen,* die *Gebäudeverwaltung,* das *Beschaffungswesen* und die *Materialverwaltung,* der *Boten- und Pförtnerdienst,* die *Posteingangs-* und

-*ausgangsstelle* und das *Kantinenwesen*. Es handelt sich stets um die Frage, inwieweit diese Aufgaben zweckmäßig zentral oder dezentral erledigt werden sollen. Aus ihrer Beantwortung ergibt sich weiter, inwieweit neben den Leitungsorganen und den Organisationseinheiten zur Sacherledigung noch weitere Organisationseinheiten innerhalb einer Behörde zu bilden sind.

B. Die Frage ist differenziert zu lösen. Es handelt sich um drei Bereiche: 584

I. Es gibt Fragen, die ihrer Natur nach, d.h. aus technischen Gründen, nur zentral erledigt werden können; hierzu gehört z.B. die Gebäudeverwaltung, das Fernsprechwesen, der Boten- und Pförtnerdienst. Für derartige Fragen ist eine besondere Organisationseinheit zu bilden. Zumeist handelt es sich um Fragen mehr technischer Art. Die Leitung obliegt daher in der Regel Beamten des gehobenen Dienstes (Bürodirektor).

II. Zu dem hier zu behandelnden Aufgabenbereich gehören z.T. auch Leitungsfunktionen, insbesondere das Organisations- und Personalwesen, ferner weitgehend Haushaltsfragen. Daß die Erledigung dieser Fragen regelmäßig zentral erfolgen muß, ergibt sich aus dem Wesen der Leitungsfunktion. Allerdings stellt sich hier die Frage, inwieweit derartige Fragen zweckmäßig delegiert werden sollten. Organisations-, Personal- und Haushaltsentscheidungen enthalten auch Komponenten, die durch die zu erledigenden Sachfragen beeinflußt werden. Der Einblick des mit der Sacherledigung betrauten Beamten ist für die Entscheidung oft von wesentlicher Bedeutung. Daher sollte bei derartigen Fragen auch den »Linien-Einheiten« ein Einfluß, möglichst sogar eine Entscheidungskompetenz eingeräumt werden, sofern nicht übergeordnete Gesichtspunkte, wie z.B. der der Einheitlichkeit, der Rationalität u.a.m. eine zentrale Erledigung verlangen.

III. Der dritte Bereich innerhalb der sog. Stabsaufgaben betrifft nicht die übergeordneten Fragen, sondern Aufgaben, die entweder Teile der Sacherledigung selbst oder doch mit dieser eng verbunden sind, wie z.B. *der Schreibdienst*, das Aktenwesen und die Beschaffung. Hier geht es in erster Linie um Fragen der Rationalisierung beim Einsatz von Menschen, Sachmitteln und Geld. Die Frage, welche Organisationsform zweckmäßig ist, hängt weitgehend von der Wirtschaftlichkeit ab, sofern der übergeordnete Gesichtspunkt der sachrichtigen Erledigung nicht leidet. In der Regel sprechen die überwiegenden Gründe für die Zentralisierung. Allerdings muß auch im Falle der Zentralisierung den sacherledigenden Stellen ein gewisser Einfluß eingeräumt werden. Das gilt etwa für die Beschaffung von Gerät und Material. 585

C. In diesem Zusammenhang steht die Frage nach der *Organisation des Schreibdienstes*. 586

15. Kapitel Behördenaufbau

I. 1. Teuer ist das *Diktat* in das Stenogramm. Es bindet zwei Arbeitskräfte während der Diktatzeit; es ist oft für die Schreibkraft, z.B. durch Unterbrechung durch Telefonanrufe, mit Warten verbunden.
2. Vorzuziehen ist daher die Benutzung von *Diktiergeräten*. Sie macht den Diktierenden unabhängig von den Bürozeiten der Schreibkraft.
Allerdings erfordert die Benutzung des Diktiergerätes vom Diktierenden, daß er die Technik des Arbeitens mit diesem Gerät beherrscht. Die Widerstände gegen das Diktiergerät auf seiten der Diktierenden beruhen weithin auf mangelnder Vertrautheit mit dem Gerät, die durch Ausbildung leicht zu überwinden ist.
3. Nicht notwendig ist, daß bei jedem Diktatberechtigten ein Diktiergerät steht. Möglich ist auch eine Organisation, bei der der Diktierende durch Telefon oder eine besondere Leitung das im Schreibzimmer aufgestellte Gerät anruft und auf Freimeldung dorthin spricht (Sternanlagen).

587 II. Umstritten ist die *Zentralisierung* des Schreibdienstes.
1. Eine Zentralisierung in einer Schreibstube (Kanzlei) kommt nur insoweit in Frage, als sich die Schreibarbeiten von anderen Arbeiten trennen lassen. Das ist nicht der Fall beim Vorzimmerdienst, ferner nicht, wenn die Schreibkraft gleichzeitig andere Verwaltungsarbeiten (insb. Ausfüllung von Karteikarten oder Formularen) verrichtet oder wenn die Zusammenarbeit zwischen der Verwaltungskraft und der Schreibkraft einen stets engen Kontakt fordert.
2. Angesichts der Tatsache, daß der Umfang des anfallenden Schreibwerks bei dem einzelnen Sachbearbeiter nicht ständig gleichzubleiben pflegt, ist im übrigen eine gleichmäßige und vollständige Auslastung der Schreibkräfte nur bei einer Zentralisierung gewährleistet. Es handelt sich dabei nicht nur um eine Frage des rationellen Einsatzes, sondern auch um die gerechte Belastung aller Schreibkräfte und die Möglichkeit einer Vertretung bei Urlaub oder Krankheit.

588 3. Gegen die Zentralisierung des Schreibdienstes bestehen *Widerstände*. Die Widerstände der Diktatberechtigten beruhen in erster Linie auf einem Prestigebedürfnis. Dieses ist prinzipiell nicht berechtigt. Außerdem wird geltend gemacht, die notwendige Zusammenarbeit sei nicht gewährleistet. Um diesem z.T. berechtigten Anliegen gerecht zu werden, empfiehlt es sich, den Sachbearbeitern immer wieder dieselbe Schreibkraft zuzuweisen.
4. Die Widerstände der Schreibkräfte sind psychologisch begründet. Sie können durch eine zweckmäßige Gestaltung der Arbeitsplätze überwunden oder doch verringert werden. Die organisatorische Zusammenfassung bedingt nicht das Zusammensitzen in einem Raum, obgleich der Großraum sich gerade bei Schreibarbeiten bewährt hat, weil die Geräuschkulisse gleichmäßiger als im kleinen Raum mit wenigen Kräften ist und durch entsprechende technische Vorrichtung insgesamt niedrig gehalten werden kann. Weiter kann durch die richtige Ausgestaltung der Arbeitsplätze der Schreibkräfte auch in einer Kanzlei ein Klima geschaffen werden, das Leistungsfähigkeit und Arbeitskraft erhöht.

5. Für einen zentralen Schreibdienst ist ein besonderes Entlohnungssystem, insb. eine Form des Leistungslohns zweckmäßig.

§ 66 Ausschüsse

Schrifttum: Vgl. vor § 21; ferner: *B.A. Baars,* Strukturmodelle für die öffentliche Verwaltung, insb. S. 35-69; *B.A. Baarš, K. Baum, J. Fiedler,* Politik und Koordinierung, 1976, S. 75 ff.;*J.D. Barber,* Power in Committees, An Experiment in the Governmental Process, 1966; *H.-W. Canenbley,* Die Zweckmäßigkeit der Verwendung von Ausschüssen in der Verwaltung, 1968; *R. Chapman* (Hrsg.), The role of commissions in policy-making, 1973; *P. Dagtoglou,* Kollegialorgane und Kollegialakte in der Verwaltung, 1960; *M. Irle / K. Kiessler-Hauschild,* Bedingungen für die Einführung von Gruppenarbeit in die Ministerialverwaltung, 1972;*G. Kafka,* Beiräte in der österreichischen Verwaltung, in: Festschr. f. *Peters,* 1967, S. 168 ff.; *H. Meinhold,* Fachliche Ergänzungen des behördlichen Sachverstandes (insb. durch Beiräte, Fachausschüsse und Fachgutachten), in: Sachverstand und Verantwortung in der öffentlichen Verwaltung, Schriften HSch Speyer, Bd. 30, 1960, S. 122 ff.; *H. Prior,* Die Interministeriellen Ausschüsse der Bundesministerien, 1968; *D. Schröder,* Die Laienbeteiligung in den Gremien der Staatsverwaltung, 1963;*C. Teichmann,* Das Ortsamt in der Hamburger Bezirksverwaltung, 1969; *K. Zimmermann,* Die Projektgruppe als Organisationsform zur Lösung komplexer Aufgaben, in: ZfO 1970, S. 45 ff.

A. Der *Ausschuß* ist eine Organisationsform, die in der modernen Verwaltung erhebliche praktische Bedeutung besitzt. Er wird »in« oder »bei« einer Behörde gebildet, ist damit organisatorisch Teil der Behörde (auch wenn er rechtlich zuweilen als besondere Behörde angesehen wird).

I. Unter Ausschüssen sollen *Kollegien* verstanden werden, die Verwaltungsfragen in gemeinsamer Beratung erledigen. Es gehören hierher nicht nur Kollegien, die Entscheidungsbefugnisse haben, sondern ebenso beratende Ausschüsse, da auch ihre Entschlüsse und Meinungen die Verwaltungstätigkeit beeinflussen. Die nachstehenden Erwägungen gelten grundsätzlich nicht nur für formelle, sondern auch für informelle Ausschüsse. Nicht zu den Ausschüssen sollen kollegiale Leitungsorgane gerechnet werden (Rdnr. 579).

II. Zu unterscheiden sind verschiedene Arten von Ausschüssen:
1. *Ausschüsse von Berufsbeamten* verschiedener Referate oder Behörden. Sie werden gebildet, wenn wiederholt Probleme auftreten, an denen immer wieder dieselben Organisationseinheiten beteiligt sind. Sie dienen der Koordinierung der Arbeit dieser Organisationseinheiten.
2. *Ausschüsse mit ehrenamtlichen Mitgliedern.* Sie sollen gesellschaftlichen Einfluß in der Verwaltung geltend machen (»Politische Selbstverwaltung« i.S. v.

Gneists). Sie werden entweder durch einen Beamten geleitet oder durch ihn als Geschäftsführer betreut. Diese Form ist gesetzlich oft vorgeschrieben (z.B. Beschlußausschüsse, Widerspruchsausschüsse, ferner in der Kriegsfolgen- und Steuerverwaltung). Auch die Delegation von Aufgaben des Gemeinderats an Ausschüsse gehört hierher.

3. *Informationsausschüsse* dienen nicht der Erledigung von Verwaltungsaufgaben, sondern der einseitigen oder gegenseitigen Information der Mitglieder.

a) Als *Konferenzen* kommen Behördenmitglieder (z.B. Sachbearbeiter bestimmter Fragen) regelmäßig zusammen und tauschen ihre Erfahrungen aus oder nehmen Informationen durch die Behördenleitung oder Dritte (z.B. Vorträge von Sachverständigen) entgegen und diskutieren diese.

b) Als *Beiräte* kommen Sachverständige (die in der Regel der Verwaltung nicht angehören) zusammen und erörtern in gemeinsamer Beratung Fragen, die ihnen von der Behörde vorgelegt sind. Sie beraten die Behörden. Beispiele sind die »Wissenschaftlichen Beiräte«.

591 B. Die *Arbeitsweise* der Ausschüsse ist durch folgende Merkmale gekennzeichnet:

I. *Periodisches Zusammentreten,* keine kontinuierliche Arbeit. Es muß jeweils eine genügende Zahl von Tagesordnungspunkten gesammelt worden sein, um eine Einberufung zu rechtfertigen.

II. Das Verfahren ist *kompliziert.* Die Kompliziertheit betrifft Ladungen, Fristen, Beteiligungen, Abstimmungen u.a.m. Die Gefahr einer zumeist unbewußten Verletzung von Verfahrensvorschriften liegt auf der Hand. Viele Ausschüsse arbeiten nach einer besonderen Geschäftsordnung.

III. Die Stellung der *Ausschußmitglieder* ist regelmäßig formal gleich. Sehr oft haben sie jedoch eine unterschiedliche Aktenkenntnis und damit einen unterschiedlichen Einfluß. Insb. der Vorsitzende und der Geschäftsführer haben regelmäßig ein größeres Gewicht, als es der formalen Organisation entspricht. Das kann soweit gehen, daß der Vorschlag des nicht stimmberechtigten Geschäftsführers des Ausschusses regelmäßig maßgeblich wird.

592 C. Die *Zweckmäßigkeit* der Verwendung von Ausschüssen ist nicht einheitlich zu beantworten:

I. *Vorteile* sind

1. regelmäßig in der Beteiligung mehrerer Personen zu sehen, d.h. in der Erörterung von Argument und Gegenargument, ebenso in der mündlichen Verhandlung, die manche Frage schneller klärt als der Schriftverkehr, zumeist auch gründlicher ist, weil mehr Gesichtspunkte zum Tragen kommen.

2. Die Betroffenen oder deren Vertreter können bei der Erörterung, oft bei der Entscheidung mitwirken. Ihre Gesichtspunkte kommen zur Geltung.
3. Die Interessenten werden an der Verantwortung beteiligt. Ihr Einfluß wird versachlicht; sofern Vertreter gegensätzlicher Interessen beteiligt sind, neutralisieren sie sich gegenseitig.

II. Dagegen stehen auch *Nachteile:* 593
1. Das Verfahren ist langsam, weil der Ausschuß nur periodisch zusammentritt. Oft läßt sich nur schwer ein Termin finden, der einer hinreichenden Zahl von Mitgliedern paßt.
2. Das Verfahren ist teuer, weil mehrere beteiligt sind und die Verfahrensregeln umständlich sind.
3. Sofern Interessenten beteiligt sind, ist es nicht ausgeschlossen, daß die Bezogenheit der Arbeit auf das von der Behörde definierte Ziel leidet, daß der Kompromiß die Lösung des Problems ist.
4. Das Verantwortungsbewußtsein der an der Entscheidung Beteiligten ist geringer, da sie die Entscheidung persönlich nicht verantworten müssen, oft ihr Einfluß nicht einmal aktenkundig ist. Macht und Verantwortung fallen auseinander. Die Möglichkeit unkontrollierter Einflüsse (insb. durch suggestive Persönlichkeiten) ist nicht von der Hand zu weisen.
5. Die Tatsache, daß die Ausschüsse nur in größeren zeitlichen Abständen zusammenzutreten pflegen, verführt zu dem Wunsch, die Tagesordnung durchzupeitschen. Vorsitzende verschätzen sich bei der Planung nicht selten im Zeitbedarf. Darunter leidet die Sorgfalt der Beratung.

III. Der *Anwendungsbereich* von Ausschüssen ist daher nur beschränkt. 594
1. Ausschüsse von Beamten verschiedener Ressorts (Referate usw.) sind zweckmäßig, wenn sie immer wieder bestimmte Fragen koordinieren müssen. Allerdings muß dabei für folgendes Vorsorge getroffen werden:
a) Die Ausschußarbeit muß gut geplant sein.
b) In die zahlreichen Ausschüsse dürfen nicht immer wieder dieselben Beamten berufen werden. Die Ausschußarbeit muß auf eine breite personelle Basis gestellt werden.
c) Beamte, die in zahlreichen Ausschüssen mitarbeiten, bedürfen der Entlastung in der Tagesarbeit.
d) Die Notwendigkeit einmal eingesetzter Ausschüsse ist ständig zu überprüfen.
2. Bei Ausschüssen mit Laien-(Interessenten-) beteiligung ist folgendes zu bedenken:
a) Die Zahl der Mitglieder sollte klein gehalten werden, um sie stärker in die Verantwortung zu ziehen.
b) Die Mitglieder sollten unabhängig von den entsendenden Organisationen sein.

c) Die Einsetzung von Ausschüssen ist u.U. nützlich, um gegebenenfalls einen nicht durch die Sache bestimmten Einfluß von Interessenten unter die Kontrolle der Gegenmeinung zu bringen.

d) Dagegen ist regelmäßig nicht zu erwarten, daß durch Laienbeteiligung der Rechtsschutz des Bürgers verbessert wird. Oft ist der Laie in Vorstellungen befangen, die dem Bürgerinteresse abträglich sind. Er besitzt zumeist auch nicht die notwendigen Rechtskenntnisse zu eigener Beurteilung von Beschwerden. Außerdem wird die höhere Behörde in ihrer Aufsichtsfunktion weitgehend ausgeschaltet. Der Schutz des Bürgers wird in erster Linie durch das Gericht gewährleistet; eine Ausnahme mag allerdings gelten, wo die Verwaltung einen Ermessensspielraum hat (Rdnr. 1177).

3. Verwaltungsentscheidungen, die eilbedürftig sind, sind ungeeignet für Ausschüsse.

4. Dagegen kommen Fragen zur Behandlung durch Ausschüsse in Betracht, die einen Ermessens- oder Bewertungsspielraum lassen oder bei denen zu erhoffen ist, daß die Mitglieder Aufschlüsse über tatsächliche Zusammenhänge geben, die der Verwaltung sonst verborgen bleiben.

595 D. Es ist heute weitgehend üblich geworden, einen Teil der Ausschüsse als *Projektgruppen* zu bezeichnen. In der Regel ist das Verfahren bei ihm weniger formalisiert. Auch ist der Wechsel zwischen Einzelbearbeitung und kollektiver Beratung üblich. Ferner sind sie auf ein bestimmtes, oft eng begrenztes Ziel, das sie zu erreichen haben, fixiert. Niemals sind sie auf Dauer angelegt. Projektgruppen können, da sie nicht hierarchisch strukturiert sind, oft die Mängel des hierarchischen Verwaltungsaufbaus überwinden (vgl. Rdnr. 194). Ihre Mitglieder werden ohne Rücksicht auf ihren allgemeinen Status in der Hierarchie der Behörde ausgewählt. Es empfiehlt sich in der Regel, einen Teil der Gruppenmitglieder hauptamtlich in der Projektgruppe arbeiten zu lassen, damit diese Motoren des Projekts werden, auf das sie sich voll konzentrieren, während die anderen in ihren Organisationseinheiten bleiben und bei ihrer nebenamtlichen Mitwirkung im Projekt den vollen Informationsfluß zwischen ihrer Organisationseinheit und dem Projekt vermitteln. Die Projektgruppe muß einen Koordinator (Moderator) haben, dessen Einflußchancen aus seinen Expertenfähigkeiten stammen. Das Informationsnetz muß dezentral gehalten sein; jedes Gruppenmitglied sollte einen gleichen Informationsstand haben. Das fordert die Verwirklichung des Prinzips der kleinstmöglichen Gruppe.

V. Abschnitt   Personalwesen
16. Kapitel   Grundfragen

§ 67   Die Größe des Personalkörpers

Schrifttum: *U. Becker,* Zur Veränderung der Struktur der Verwaltung, in: Verwaltung 1970, S. 389 ff.; Ber. Kom. Ref. ö.D. S. 52-85; *W. Bierfelder* (Hrsg.), Handwörterbuch des öffentlichen Dienstes, 1976; *Th. Ellwein / R. Zoll,* Berufsbeamtentum – Anspruch und Wirklichkeit, 1973; *K. Gscheidle,* Personalwirtschaft im öffentlichen Dienst, 1961; KGSt. (Hrsg.), Arbeitsuntersuchungen in der Kommunalverwaltung, 4. Aufl., 1967; *N. Parkinson,* Parkinsons Gesetz und andere Untersuchungen über die Verwaltung, 1959; Personalbemessung, KGSt-Bericht Nr. 3/1976; Struktur des Bundespersonals, in: Wirtschaft und Statistik, 197Q, S. 139-142; *C.H. Ule,* Parkinsons Gesetz und die deutsche Verwaltung, 1960; *F. Wagener,* Personalbedarfsmessung in der öffentlichen Verwaltung, 1968; *ders.,* Verwaltungsreformpläne und Veränderung des Verwaltungspersonals, in: Studien über Recht und Verwaltung, 1967, S. 137 ff.; *A. Wenzel,* Konfliktfelder im öffentlichen Dienst, 1976.

A. Statistisches   596

I. Der *öffentliche Dienst* ist in der Berufsstatistik eine der größten Berufsgruppen. In der Bundesrepublik stehen nach der letzten Statistik (2.10.72) insgesamt 3 296 355 Perfonen im öffentlichen Dienst. Das sind ca. 12 % der Erwerbstätigen oder 14,7 % der abhängig Beschäftigten.

II. Die Gesamtzahl setzt sich zusammen aus
1 469 846 Beamten
982 903 Angestellte
830 460 Arbeiter
14 146 Richter

III. Nach Dienstherren ergibt sich folgende Verteilung:
Bund	295 567
Bundesbahn, Bundespost	848 945
Länder	1 026 006
Gemeinden, Gemeindeverbände einschl. Stadtstaaten	964 263
Wirtschaftliche Unternehmen	149 186

IV. Die Beamten, Richter, Angestellten und Arbeiter gehörten (1969) folgenden Laufbahnen an:

16. Kapitel Grundfragen

höherer Dienst	10,1 %
gehobener Dienst	25,6 %
mittlerer Dienst	38,9 %
einfacher Dienst	3,7 %
Arbeiter	19,8 %

Hinsichtlich der Aufteilung auf die Laufbahnen bestehen allerdings erhebliche Unterschiede (Zahlen für 1969 bei Bund, Ländern und Gemeinden)

Laufbahn	Beamte	%	Angestellte	%
höherer Dienst	189 187	21,8	42 798	5,7
gehobener Dienst	401 306	46,3	119 127	15,8
mittlerer Dienst	261 867	30,2	528 140	70,2
einfacher Dienst	13 785	1,7	61 957	8,3
	866 145	100,0	752 022	100,0

Daraus ergibt sich, daß der mittlere und der gehobene Dienst den Kern des öffentlichen Dienstes darstellt, wobei deutlich wird, daß Beamte stärker als Angestellte für qualifiziertere Aufgaben verwendet werden.

597 V. Die Verteilung der öffentlichen Dienstnehmer auf die verschiedenen Aufgabenbereiche zeigt – verursacht durch die unterschiedlichen Aufgabenschwerpunkte der einzelnen Dienstherren – unterschiedliche Zahlen (1969):

	Anzahl	%
Oberste Staatsorgane und auswärtiger Dienst	49 890	2,5
Verteidigung	168 005	8,3
Sicherheit und Ordnung	188 717	9,3
Rechtsschutz	103 693	5,1
Innere Verwaltung und allg. Staatsaufgaben	126 011	6,1
Finanzverwaltung	181 395	8,9
Unterricht	379 612	18,7
Wissenschaft	160 481	7,9
Soziale Sicherung	111 985	5,5
Gesundheit, Sport	197 507	9,7
Wirtschaft, Verkehr, Bau- und Wohnungswesen	252 868	12,4
	2 033 100	100,0

B. Parkinsons Gesetz.

I. Die Ausweitung der Stellenpläne ist eine Erscheinung, die sich überall in den modernen Kulturstaaten zeigt.
  1. Parkinson hat behauptet, daß diese Vermehrung der Planstellen nicht durch eine Aufgabenvermehrung bedingt sei, sondern durch die Tendenz der Beamten, sich stets neue Untergebene zu schaffen, und zwar stets zwei, weil ein einzelner Untergebener zum Konkurrenten werden könne. Diese Beamten beschäftigen sich gegenseitig und führen abermals eine Vermehrung der Beamten herbei.
  2. Diese von Parkinson selbst mehr humoristisch-satirisch als wissenschaftlich-ernst gemeinte Lehre ist zwar heute allgemein als ein Scherz erkannt. Sie hat jedoch ernsthafte Diskussionen ausgelöst. »Parkinsons Gesetz« wird gern zitiert, wenn über die »Beamteninflation« gesprochen wird. Eine Untersuchung konkreter Bereiche der öffentlichen Verwaltung hat gezeigt, daß die Vermehrung der Beamten aufgabenabhängig ist, daß im Gegenteil durch zweckmäßigere Arbeitsweisen trotz Steigens des Arbeitsvolumens oft Personalvermehrungen vermieden oder gering gehalten worden sind.

II. Immerhin gibt doch das ständige Wachsen des Personalkörpers zum Nachdenken Anlaß.
  1. Grundsätzlich wird man das Wachsen der Personalstände positiv zu bewerten haben, weil es *Ausdruck vermehrter Leistungen* für die Gemeinschaft ist. Denn der Zuwachs an neuen Planstellen erfolgt heute überwiegend auf dem Dienstleistungssektor. Am stärksten war der Zuwachs seit 1960 im Krankenhauswesen, an den Schulen und Hochschulen. Es zeigt sich hier eine Erscheinung, die in allen höher entwickelten Gesellschaften gilt, daß der Anteil des tertiären Sektors einer Volkswirtschaft nicht nur absolut, sondern auch proportional steigt.
  2. Allerdings führen nicht nur vermehrte und verbesserte Leistungen zur Vermehrung der Beamtenzahl. Es kommen auch andere Gründe hinzu, wie *zunehmende Komplizierung* aller Sachbereiche, Ausbau des Rechtsschutzes, komplizierte Verwaltungsorganisation und umständliche Verfahren, Arbeitszeitverkürzung, Fehler in der Personalpolitik, insbesondere die Verletzung des Leistungsgrundsatzes. Sie sowie echte Fehlleistungen einzelner Beamter oder von Teilen der Beamtenschaft führen in nicht unerheblichem Maße zur Personalvermehrung. Der Drang, sich Untergebene zu schaffen, wie Parkinson behauptet, dürfte dagegen kaum maßgeblich für die Vermehrung sein, soweit nicht das Vergütungsrecht des BAT den Vorschub leistet.

C. Damit stellt sich die Frage, ob die offenbar unausweichliche ständige Vermehrung von öffentlichen Dienstnehmern mittels rationaler Erkenntnisse auf dem aufgabenbedingten Mindestmaß gehalten werden kann. Die Frage ist deshalb dringlich, weil die Personalkosten die öffentlichen Haushalte besonders stark belasten. Dabei sind nicht nur die eigentlichen Personalkosten zu bedenken und die Tatsache, daß sie Haushaltsmittel dauernd binden, sondern auch Folgekosten wie die Beschaffung und Bewirtschaftung von Diensträumen, die Versorgungslasten und andere Personalnebenkosten.

I. Jede *Bedarfsmessung* muß ihren Ausgang von den Aufgaben nehmen, die zu erledigen sind. Um überhaupt zu einer exakten Messung zu kommen, bedarf es zunächst nur quantitativer Feststellung der zu erledigenden Arbeitsmenge (Vorfälle). Diese Ausgangszahl kann bedingt sein entweder durch die von der Verwaltung bestimmten Aufgaben (z.B. Zahl der Fahrten von Nahverkehrsmitteln, Zahl der Schulklassen, Zahl der Streifengänge der Polizei) oder durch die Häufigkeit des Herantretens des Bürgers an die Verwaltung (Paßanträge, Zahl der Kranken im Krankenhaus). Im letzteren Fall ist die Verwaltung auf Vorausschätzungen angewiesen, die zumeist auf Ergebnissen früherer Jahre beruhen.

II. Wieviele Kräfte zur Erledigung bestimmter Aufgaben benötigt werden, ergibt sich weiter aus dem Zeitbedarf für einen Vorgang. Auch bei gleichartigen Vorgängen ergeben sich allerdings immer wieder Besonderheiten, die zu unterschiedlichem Zeitbedarf führen. Auch die individuelle Leistungsfähigkeit differiert. Daher müssen zunächst Normalleistung und Normalzeiten festgelegt werden. Es ist weiter zu berücksichtigen, daß die gesamte Arbeitszeit nicht für die Erledigung der einzelnen Vorgänge zur Verfügung steht, daß auch Rüstzeiten, Wegezeiten und Pausen einzukalkulieren sind. Ferner ist die Leistung auch abhängig von der Organisation. Eine Großorganisation hat oft die Chance, rationeller zu arbeiten, weil sie stärker zu arbeitsteiligen Verfahren übergehen kann. Zu berücksichtigen ist auch die Tatsache, daß der Anfall an Arbeiten nicht stets kontinuierlich erfolgt. Schließlich muß die Berechnung des Personalbedarfs auch eine gewisse Reserve einbeziehen.

602 III. Zur *Technik der Messung* sind verschiedene Methoden entwickelt worden. Keine Methode kann als allgemeingültig angesprochen werden. Für jede Arbeit, deren Personalbedarf gemessen werden soll, bedarf es jeweils der Feststellung, welche Methode die günstigsten Ergebnisse verspricht. Zuweilen wird man, um den Genauigkeitsgrad zu verbessern, zwei Methoden nebeneinander einsetzen. Eine wichtige Vorüberlegung besteht auch darin, den Aufwand für die Messung in Beziehung zum erwarteten Rationalisierungserfolg zu setzen. Denn Arbeitsuntersuchungen sind regelmäßig aufwendig, sie erfordern beim Organisator und auch bei der untersuchten Dienststelle ein hohes Maß an Kraft, wobei der Grad der Genauigkeit der Aussagen oft sehr beschränkt bleibt. Überhaupt kommt keine Bewertung ohne eine gewisse Zahl von Faktoren aus, die nur geschätzt werden können. Je größer ihre Zahl ist und je größer der Spielraum ist, innerhalb derer die Schätzung erfolgt, desto geringer ist die Genauigkeit, desto zweifelhafter ist der Wert derartiger Messungen.

IV. Neben jenen Bereichen, in denen sich der Personalbedarf durch Messung oder Schätzung ermitteln läßt, stehen andere Bereiche für die in der Arbeitswissenschaft entwickelten Methoden nicht zur Verfügung. Das sind die Dienstposten, bei denen die anfallenden Vorgänge ungleichartig sind oder die eine zu große Zahl von Schätzungen erfordern. Insbesondere bei Vorgängen, die in hohem Maße geistige Leistungen verlangen, läßt sich keine Berechnung durchführen. Hier kann nur mit groben Vergleichen gearbeitet werden. Oft steht auch diese Möglichkeit nicht zur Verfügung. Dann ist einziger Anhalt die Leistung in einem vergangenen Zeitraum, d.h. die Frage, ob es möglich war, das angefallene Pensum innerhalb der Arbeitszeit zu erledigen. Hierbei kommt es weitgehend darauf an, daß der Vorgesetzte, der für die Feststellung des Stellenbedarfs zuständig ist, die Beamten persönlich kennt und sich aufgrund ihres Fleißes und ihres Könnens ein Urteil bildet, ob eine Überbelastung im Einzelfall nur in der Person begründet ist oder an einem zu hohen Arbeitsquantum liegt.

§ 68 Formen des öffentlichen Dienstes

Schrifttum: Ber.Kom.·Ref. ö.D., S. 141-176; *W. Crinius/W. Schaft*, Teilzeitbeschäftigung im öffentlichen Dienst, 1976; *P. Dagtoglou*, Der Private in der Verwaltung als Fachmann und Interessenvertreter, 1964; *Th. Ellwein / R. Zoll*, (vgl. vor § 67); *G. Hartfiel / L. Sedatis / D. Claessens*, Beamte und Angestellte in der Verwaltungspyramide, 1964; *J. Jung*, Die Zweispurigkeit des öffentlichen Dienstes, 1971; *F. Matthey*, Zur Rechtsangleichung bei Beamten und Angestellten im öffentlichen Dienst, 1971; *N. Luhmann*, Reform des öffentlichen Dienstes, in: *ders.*, Politische Planung, 1971, S. 203 ff.; *D. Schröder*, Die Laienbeteiligung in den Gremien der Staatsverwaltung, 1963; Senatsamt für Inneres, Berlin, Reform des öffentlichen Dienstrechts, Dokumentation aus Berliner Modell, o.J. (1974); *W. Thieme / F. Schäfer / H. Quaritsch*, Empfiehlt es sich, das Beamtenrecht unter Berücksichtigung der Wandlungen von Staat und Gesellschaft neu zu ordnen? Verhandlungen des 48. DJT/1970, Bd. I Teil D, Bd. II Teil O, 1970; *C.H. Ule*, Entwicklungstendenzen im öffentlichen Dienst, in: DVBl. 1970, S. 637 ff.; *W. Wiese*, Der Staatsdienst in der Bundesrepublik Deutschland, 1972; *ders.*, Struktur und System des öffentlichen Dienstes, in: Hdb.Verw., Heft 5.2.

A. Für die *Regelung des öffentlichen Dienstrechts* stehen drei grundsätzlich verschiedene Formen zur Verfügung:
 1. Die Aufgaben der Verwaltung werden *ehrenamtlich und nebenberuflich* durch Bürger wahrgenommen. Diese Regelungsmöglichkeit ist früher oft als die der Demokratie gemäße Form angesehen worden. Der Bürger im Amt trete dem verwalteten Bürger nicht als ein Vertreter einer anderen Sphäre, des Staates, gegenüber, sondern als seinesgleichen. Die bürokratische Arbeitsweise (Rdnr. 311 ff). werde dadurch weitgehend vermieden, die Interessen des Bürgers besser berücksichtigt.

605 II. Der öffentliche Dienstnehmer kann in demselben Rechtsverhältnis stehen wie der *Angestellte in der Wirtschaft.* Er ist dann Arbeitnehmer, der seine Funktion für den Staat und andere Verwaltungsträger ebenso verrichtet wie der kaufmännische Angestellte seinen »Job«. Bei ihm wird vorausgesetzt, daß er seinen Arbeitgeber zuweilen wechselt und dadurch einmal in der öffentlichen Verwaltung, einmal in einem Betrieb der Privatwirtschaft tätig ist, daß er dadurch den frischen Wind der kaufmännisch rechnenden Unternehmung in die öffentliche Verwaltung bringt, ihm aber andererseits das Ethos des Dienstes für die Öffentlichkeit nicht wesentlich ist.

606 III. Die dritte Form ist ein besonderer Status *berufsmäßigen Dienstes in der Verwaltung,* d.h. für ihre öffentliche Aufgabe. Er setzt eine Ausbildung für diese besondere Aufgabe voraus, die spezialisierte Fähigkeiten verlangt und eine Bindung an diese Aufgabe, die nicht privatnützig, sondern nur gemeinnützig erledigt werden kann, die Dienstnehmer in eine persönliche Verantwortung gegenüber der Öffentlichkeit stellt.

607 IV. Die demokratische Verwaltung eines hochindustrialisierten Wohlfahrtsstaates kann auf keine der drei Formen verzichten. Jede hat ihren Platz im Gesamtsystem der Verwaltung. Allerdings ist die Möglichkeit des Einsatzes von ehrenamtlichen Kräften heute nur beschränkt, da der spezialisierte Sachverstand für eine zweckmäßige Amtsausübung fast überall unabdingbar ist. Die hauptberufliche Tätigkeit ist daher grundsätzlich erforderlich für den öffentlichen Dienst. Im einzelnen gibt es Dienstposten, die in ihrem Aufgabenkreis eine starke Ähnlichkeit mit solchen der Privatwirtschaft haben, während bei anderen das Element des Dienens für die Öffentlichkeit stärker im Vordergrund steht. Dabei wird man als Tendenz feststellen dürfen, daß bei der ständig wachsenden Komplizierung der Verwaltungstätigkeit die Arbeitsteiligkeit größer wird und damit eine Auflösung früher einheitlicher Arbeitsvorgänge in eine große Zahl von Sachbearbeitungs- und Hilfstätigkeiten erfolgt, die in einer der Privatwirtschaft entlehnten Form wahrgenommen werden können. Ferner zeigt sich eine Vergrößerung der leistenden Verwaltung. Sie gibt ebenfalls Raum für die aus dem privaten Bereich entlehnte Form des öffentlichen Dienstes. Das führt zu einer verhältnismäßig stärkeren Vermehrung der Angestellten. Allerdings geht damit die berechtigte Tendenz einher, die Unterschiede zwischen beiden Formen – Beamten und Angestellten – weitgehend einzuebnen.

608 B. I. In der Bundesrepublik ist die Lage weitgehend durch das Grundgesetz (Art. 33 Abs. 4 und 5) bestimmt. Danach ist die besondere Form des berufsmäßigen öffentlichen Dienstes das *Berufsbeamtentum,* nicht nur überhaupt, sondern auch in seiner Funktion gewährleistet. Das schließt allerdings nicht aus, daß die Angestellten auch heute ihren legitimen Platz haben, ja daß die Zahl der Angestellten prozentual erheblich wächst.

II. Allerdings ist die Verteilung zwischen *Beamten* und *Angestellten* sehr ungleichmäßig. Sie ist in stärkerem Maße durch die Tradition einzelner Dienstzweige bestimmt als durch theoretische Vorstellungen, wie sie dem GG und dem Beamtenrecht zugrunde liegen.

1. a) So haben die Bundesbahn und die Bundespost einen besonders hohen Anteil von Beamten, obwohl diese Erscheinung gerade bei Dienstleistungsbetrieben überraschen muß; die Benutzung des Beamtenverhältnisses wird vor allem mit dem Sicherheitsbedürfnis begründet, obwohl es hier zumeist um die technische Sicherheit geht, nach der überall dasselbe Bedürfnis besteht, wo Einrichtungen der Technik eingesetzt werden.

b) Relativ hoch ist der Anteil der Angestellten auch in den kommunalen Verwaltungen. Hier ist die Verwendung von Beamten- und Angestelltenstellen in besonders starkem Maße unsystematisch und mehr zufällig erfolgt. Dagegen wird man den hohen Prozentsatz von Angestellten in den öffentlichen Wirtschaftsunternehmen wiederum als folgerichtig ansehen können.

c) Der Anteil an Beamten ist besonders hoch in den Länderverwaltungen. Das beruht auf der Tatsache, daß hierzu die drei großen Gruppen der Lehrer, Polizeibeamten und Finanzbeamten gehören, die fast ausschließlich aus Beamten bestehen.

d) Die Verwendung von Angestellten erfolgt in einer Reihe von Dienstzweigen auch anstelle eines Probe- oder Vorbereitungsdienstes, d.h. an sich regelwidrig, aber wegen der arbeits- und vergütungsrechtlichen Probleme, die im Angestelltenverhältnis günstiger sind, doch personalwirtschaftlich mit gutem Erfolg.

2. Sehr unterschiedlich ist auch die Verteilung auf die *Laufbahnen:* 609

a) Prozentual am geringsten ist der Anteil der Angestellten im *höheren Dienst.* Fast ebenso gering ist er beim *gehobenen Dienst.* Das findet seinen Grund darin, daß die Angehörigen dieser Laufbahnen in sehr vielen Fällen verantwortlich entscheiden.

b) Dagegen ist der *mittlere Dienst* von den Angestellten beherrscht. Sie verrichten weitgehend Hilfstätigkeit, d.h. Teilfunktionen mit einer geringeren Eigenverantwortung.

c) Im *einfachen Dienst* sind die Zahlen nur dann aussagefähig, wenn man auch die Arbeiter im öffentlichen Dienst einbezieht; tut man das, so ist der Prozentsatz der Beamten noch kleiner als im mittleren Dienst.

d) Diese Zahlenverhältnisse verschieben sich, wenn man die Bundesbahn und die Bundespost mit einbezieht, da hier Inhaber rein technischer Funktionen, die sonst von Angestellten und Arbeitern wahrgenommen werden, in hohem Maße Beamten übertragen sind. Hier herrscht daher gerade bei den Beamten der mittlere und einfache Dienst vor.

C. I. Die *Stellung* des *Beamten* und des *Angestellten* unterscheiden sich grundsätzlich. Die wichtigsten Unterschiede sind: 610

1. Der Beamte wird nach einer – seiner Laufbahn entsprechenden – Vorbildung, die er im öffentlichen Dienst durchläuft, eingestellt und nach einer Probezeit endgültig angestellt. Die Angestellte muß die Fachkenntnisse, die er für seine Tätigkeit benötigt, in allgemeinen Ausbildungseinrichtungen oder durch die Routine des Dienstes erwerben.

2. Der *Beamte* wird für eine bestimmte *Laufbahn,* die zahlreiche unterschiedliche Dienstposten umfaßt, sowie – nach einer Probezeit – auf Lebenszeit angestellt. Er kann grundsätzlich nur im Wege des Disziplinarverfahrens aus dem Dienst entfernt werden. Der Angestellte wird für einen bestimmten Dienstposten wegen seiner gerade hierfür bestehenden Qualifikation grundsätzlich ohne die Chance der Beförderung eingestellt. Ihm kann wie jedem anderen Arbeitnehmer gekündigt werden. Erst nach fünfzehnjähriger Dienstzeit wird das Dienstverhältnis unkündbar.

3. Der Beamte erhält eine *Besoldung,* die in ihrer Höhe der Bedeutung des *abstrakten »Amtes«* entspricht, während die Vergütung des Angestellten sich nach den konkreten Tätigkeitsmerkmalen bemißt (Rdnr. 708). Eine Steigerung erfolgt beim Beamten entsprechend der Dauer der Dienstzeit (Besoldungsdienstalter), beim Angestellten entsprechend dem Lebensalter.

4. Die *Versorgung* des Beamten berechnet sich nur aufgrund seiner Tätigkeit im öffentlichen Dienst (nach Höhe der Besoldung und Dienstzeit). Der Angestellte wird durch die Sozialversicherung versorgt. Scheidet der Beamte auf eigenen Antrag aus dem öffentlichen Dienst aus, so verliert er sämtliche Versorgungsansprüche, dem Angestellten bleiben sie in der Sozialversicherung erhalten.

5. Die Regelungen, die für Beamte gelten, werden einseitig durch den Staat (oder den sonstigen Dienstherrn) festgelegt. Die Regelungen für die Angestellten werden grundsätzlich durch Tarifvertrag vereinbart.

611 II. Diese grundsätzlichen Unterschiede sind in der Praxis sehr erheblich gemildert.

1. Praktisch gibt es heute kaum Stellungen für Angestellte, zu denen nicht eine fachliche Vorbildung erforderlich ist. Die spezifischen Anforderungen, die die Verwaltung stellt, müssen auch von Angestellten in der Verwaltung selbst erworben werden. Andererseits werden auch wesentliche Teile der Beamtenausbildung, insbesondere für den höheren Dienst, außerhalb des Dienstes, an der Hochschule, erworben.

2. Der Unterschied in der Frage der *Anstellung auf Lebenszeit* ist angesichts der Vollbeschäftigung und des sozialen Kündigungsschutzrechtes praktisch bedeutungslos geworden.

3. Die *Ämter* werden auch bei Beamten weitgehend nach den Anforderungen, die an die Amtsinhaber zu stellen sind, bewertet. Durch Anrechnung zahlreicher Vorzeiten auf das Besoldungsdienstalter nähert sich dieses dem Lebensalterprinzip.

4. Der Angestellte im öffentlichen Dienst erhält zu seiner Sozialversicherung

eine Zusatzversorgung, z.T. sogar ein Ruhegehalt, die seine Versorgung der der Beamten annähern.

5. Auch bei den beamtenrechtlichen Regelungen werden die Beamtenverbände angehört, d.h. praktisch wird die Möglichkeit von Verhandlungen gegeben, in denen eine Übereinstimmung angestrebt wird.

6. Weiter sind in das Beamtenrecht zahlreiche Regelungen eingeführt, die sozialrechtliche Errungenschaften aus dem Arbeitsrecht übernommen haben.

7. Darüber hinaus hat der *Bundesangestelltentarifvertrag* von 1961 (BAT) eine Reihe von beamtenrechtlichen Regelungen in das Angestelltenrecht übernommen bzw. kodifiziert, insbesondere die Vorschriften über die Verschwiegenheitspflicht, die Annahme von Belohnungen und Geschenken, Nebentätigkeit und Haftung. Vor allem aber enthält der BAT eine Generalklausel, die den Angestellten verpflichtet, »sich so zu verhalten, wie es von Angehörigen des öffentlichen Dienstes erwartet wird« (§ 8). Hier wird der Dienst für die Öffentlichkeit als Einheit gesehen.   **612**

III. Es stellt sich die Frage, ob die *Unterscheidung zwischen Beamten und Angestellten* heute noch sinnvoll ist. An Stelle der Zweiteilung wird ein *Einheitsdienstrecht* gefordert.   **613**

1. Zweifellos erfordern die zahlreichen Aufgaben im öffentlichen Dienst eine unterschiedliche Ausbildung, unterschiedliche Pflichten und Rechte und unterschiedliche berufliche Chancen. Jedes Einheitsdienstrecht kann daher nur ein differenziertes Einheitsdienstrecht sein.

2. Es ist aus den Aufgaben des öffentlichen Dienstes nicht erkennbar, daß gerade eine Zweiteilung angemessen ist. Die notwendige Differenzierung ist wesentlich vielgestaltiger.

3. Jenseits der notwendigen Differenzierung besteht für alle Träger öffentlicher Aufgaben ein Bereich einer gemeinsamen Rechts- und Pflichtenordnung.

4. Das politisch entscheidende Problem ist, wem die Regelungskompetenz für das Dienstrecht zusteht, d.h. ob es einseitig vom Dienstherrn oder – wie im Arbeitsrecht – durch Tarifverträge gesetzt wird. Dieses Problem wird vor allem dort brisant, wo es um die Vergütungen für die geleistete Arbeit geht. Hängt die Festsetzung von den Gewerkschaften ab, d.h. ihrer Zustimmung zu den Tarifverträgen, so stellt sich zugleich die Frage, ob der *Streik* das Instrument ist, mit dem ein evtl. Konflikt ausgetragen wird. Stünde dieses Problem nicht im Raum, so wäre wahrscheinlich ein differenziertes Einheitsdienstrecht längst verwirklicht (Rdnr. 619).   **614**

D. Die *ehrenamtliche Teilnahme* an den Geschäften der Verwaltung ist heute stark zurückgedrängt.   **615**

I. 1. Sie hat ihren Ort vor allem in der Selbstverwaltung, hier vor allem in der Gemeindeverwaltung. Soweit es sich um die Beteiligung an Gemeinderäten und ähnlichen kollegialen Leitungsorganen der Selbstverwaltungsträger sowie deren Ausschüsse handelt, ist die Laienbeteiligung ein wesentliches Element der demokratischen Verfassung (Rdnr. 590).

2. Soweit ehrenamtliche Kräfte die laufende Verwaltung führen, bestehen jedoch erhebliche Bedenken. Vielfach fehlt es an der nötigen Zeit, oft auch an dem nötigen Sachverstand, um die Geschäfte angemessen zu führen. Oder der Amtsträger erhält seinen Unterhalt als Arbeitnehmer oder Amtsträger einer anderen Stelle, ohne dieser die volle Gegenleistung für die dort gezahlte Vergütung zu erbringen. In diesem Falle besteht die Gefahr, daß Abhängigkeiten gegenüber dieser Stelle entstehen, die ihm die notwendige Unbefangenheit für die Ausübung seines Amtes rauben.

3. Ähnlich wichtig wie in der Selbstverwaltung ist die ehrenamtliche Tätigkeit in Ausschüssen der Verwaltung (Rdnr. 590).

4. Ferner ist die ehrenamtliche Mitwirkung bei unregelmäßig einsetzenden Bedürfnissen (z.B. bei Wahlen, ebenso in Katastrophenfällen) unverzichtbar.

616 II. Der ehrenamtliche Amtsträger ist dem Berufsbeamten regelmäßig unterlegen.

1. Die moderne hochspezialisierte Verwaltung benötigt den Berufsbeamten wegen seiner fachlichen Fähigkeiten. Sie braucht ihn auch wegen seiner Unabhängigkeit von den Interessenten, über deren Wünsche die Verwaltung als neutrale Instanz oft entscheiden muß.

2. Die Gefahr, daß eine volksfremde Bürokratie den Bürger gängelt, besteht heute umso weniger, als sich das Beamtentum nicht ständisch rekrutiert, jeder Beamte sich selbst immer wieder in der Rolle des Bürgers befindet, wenn er seinen Dienst beendet hat, und schließlich die Gesellschaft durch ihre Verbände einen merklichen Druck gegenüber einer allzu starken Isolierung der Beamtenschaft ausübt.

3. Im Gegenteil besteht die Gefahr, daß der weniger erfahrene Laie eher dazu neigt, an technischen Vorschriften, deren Bedeutung er nicht voll durchschaut, festzuhalten, und damit bürokratisch im schlechten Sinne handelt, während der Berufsbeamte im Interesse einer sinnvollen Lösung eher einmal bereit ist, sich über allzu starre Vorschriften hinwegzusetzen.

§ 69 Laufbahnen

Schrifttum: *M. v. Behr / R. Schultz-Wild,* Arbeitsplatzstruktur und Laufbahnreform im öffentlichen Dienst, Anl.Bd. 9; Ber. Kom.Ref. ö.D., 1973, S. 179 ff.; *H. Bosetzky,* »Dunkelfaktoren« bei Beförderungen im öffentlichen Dienst, in: Verwaltung 1974, 427 ff.; *R. Elleringmann – G. Giere,* Laufbahnen, Ausbildung und Fortbildung der gemeindlichen

Dienstkräfte, 1957; *G. Gräfin v. Hardenberg / W. Pippke,* Die Integration des Aufstiegsbeamten im höheren Dienst, in: Verwaltung 1976, 209 ff.; *Lemhöfer / Weinert,* Bundeslaufbahnverordnung und Verordnung über die Beamten in Laufbahnen besonderer Fachrichtungen, 1970; *F.-J. Löhr,* Der Aufstieg von Beamten des gehobenen Dienstes in Laufbahnen des höheren Dienstes, in: Verw. u. Fortb., 1974, S. 147 ff.; *N. Luhmann/R. Mayntz,* Personal im öffentlichen Dienst, Anl.Bd. 7, S. 133 ff.; *R. Mayntz-Trier,* Die Funktion des Beförderungssystems im öffentlichen Dienst, in: DÖV 1973, S. 149 ff.; *W. Pippke,* Karrieredeterminanten in der öffentlichen Verwaltung, 1975; *H. Schüssler,* Auswahlverfahren für den Aufstieg in den höheren Dienst, in: Verw. u. Fortb. 1973, S. 124 ff.; *H. Tofaute,* Probleme des Personaleinsatzes im öffentlichen Dienst, 1975.

A. I. Das Beamtentum in der deutschen Verwaltung ist durch das *Laufbahnprinzip* beherrscht. Das kann mehreres bedeuten:

617

1. Der Laufbahnbegriff kann zunächst darauf hinweisen, daß ein höheres Amt erst erreicht wird, wenn niedrigere Ämter durchlaufen sind. Das stufenweise Aufrücken wird daher regelmäßig mit dem Laufbahnbegriff verbunden. In diesem Sinne hat jeder Beamte »seine« Laufbahn. Das ist ein Element jeder bürokratischen Ordnung (Rdnr. 311 ff.). Das Laufbahnprinzip in diesem Sinne gilt auch in der deutschen Verwaltung. Es beruht auf der Vorstellung, daß man die Eignung zu höheren Ämtern erst erreicht, wenn man sich auf weniger schwierigen und verantwortungsvollen Posten bewährt hat. Im Dienst und durch den Dienst erwirbt man nach dieser Vorstellung die Eignung zur Erledigung schwieriger Aufgaben.

2. Der Laufbahnbegriff kann dann auch bedeuten, daß nebeneinander mehrere Laufbahnen bestehen, die spezielle Kenntnisse und Fähigkeiten voraussetzen, z.B. die Laufbahn des technischen Beamten, des Polizeibeamten, die Laufbahn des auswärtigen Dienstes oder des Schuldienstes.

3. Die Laufbahnen können nun aber nicht nur nebeneinander, sondern auch übereinander stehen und sich nach dem Rang der Ausbildung und Vorbildung und der Schwierigkeit und Verantwortung der dienstlichen Aufgaben richten. In diesem Sinne soll im folgenden vom Laufbahnprinzip gesprochen werden.

II. In der deutschen Verwaltung gilt danach das Laufbahnprinzip derart, daß jeder Beamte einer bestimmten Laufbahn zugehört.

618

1. Es wird dabei unterschieden zwischen der Laufbahn des *einfachen* Dienstes, des *mittleren* Dienstes, des *gehobenen* Dienstes und des *höheren* Dienstes (zur zahlenmäßigen Verteilung Rdnr. 596).

2. Die Eigenart des Laufbahnprinzips besteht nun darin, daß jeder Beamte von vornherein einer bestimmten Laufbahn zugehört und in einer dieser Laufbahnen beginnt. Es ist also nicht so wie beim Militär, wo auch der General einmal als Rekrut begonnen hat. Der Beamte des höheren Dienstes hat in der Regel nie eine Tätigkeit der drei unteren Laufbahngruppen wahrgenommen, es sei denn, sie ist ihm zu Ausbildungszwecken kurzfristig übertragen worden oder er ist aus einer anderen Laufbahn aufgestiegen. Eine Verzahnung der Laufbahnen besteht insofern,

als seit jüngerer Zeit in den drei unteren Laufbahngruppen Spitzenämter bestehen, die in der Besoldung den Eingangsämtern der nächsthöheren Laufbahngruppe entsprechen; die Erreichung eines solchen Spitzenamtes bedeutet aber nicht Aufstieg in die nächsthöhere Laufbahngruppe.

3. Die Möglichkeit eines Aufstiegs von einer Laufbahn in die andere ist nur schwer möglich. Die vier Laufbahngruppen stehen abgekapselt übereinander. Zwar sind Ausnahmemöglichkeiten vorgesehen; doch wird von ihnen nur beschränkt Gebrauch gemacht. In welchem Umfang das geschieht, kann nicht allgemein gesagt werden. Voraussetzung ist, daß die Eignung für die höhere Laufbahn erworben ist. Zumeist bestehen hierfür Fortbildungseinrichtungen; grundsätzlich wird auch eine Eignungsprüfung verlangt.

619 III. In bestimmten Bereichen gibt es ein Laufbahnprinzip in dem soeben beschriebenen Sinne nicht. Hier spricht man von einer sog. *Einheitslaufbahn.* Eine solche Einheitslaufbahn bestand vor allem für die Polizei und für die Kommunalverwaltungen. In ihnen durchläuft der Beamte alle Dienstposten, angefangen vom untersten Posten. Allerdings werden auch in diesen Einheitslaufbahnen höhere Ränge, die sonst einer höheren Laufbahn entsprechen, nur nach einer besonderen Ausbildung und Prüfung erreicht. Mit dem Ausbau des beruflichen Bildungssystems, insb. der Fachhochschulen, gewinnen diese für den Aufstieg in höhere Laufbahnen eine große Bedeutung.

620 B. Die einzelnen Laufbahnen sind in den Beamtengesetzen und in den aufgrund dieser ergangenen Laufbahnverordnungen festgelegt. Das Laufbahnrecht stimmt bei den einzelnen Dienstherren überein.

I. Die Laufbahn des *einfachen Dienstes* setzt den erfolgreichen Besuch der Hauptschule, für den technischen Dienst auch eine Gesellenprüfung, eine entsprechende Abschlußprüfung nach dem Berufsausbildungsgesetz, oder eine entsprechende praktische Tätigkeit voraus. Die Bewerber legen nach ihrer Einstellung einen Vorbereitungsdienst zurück, der in der Regel sechs Monate dauert und zugleich dazu dient, ihre Eignung zu prüfen. Eine besondere Laufbahnprüfung besteht nur teilweise. Die Beamten des einfachen Dienstes werden vor allem auf solchen Posten eingesetzt, in denen einfache, mehr mechanisch zu erledigende Arbeiten zu leisten sind. Ihre Domäne ist der Botendienst, vielfach sind sie Hausmeister und Heizer. In der Besoldungsordnung erscheinen sie in den vier Stufen der Amtsgehilfen, Oberamtsgehilfen, Hauptamtsgehilfen und Amtsmeister.

621 II. Die Voraussetzungen für die Aufnahme in den *mittleren Dienst* gleichen denen des einfachen Dienstes. Der Beamte des mittleren Dienstes hat mindestens einen einjährigen Vorbereitungsdienst abzuleisten, d.h. er erhält eine Ausbildung innerhalb der Verwaltung. An den Vorbereitungsdienst schließt sich eine Prüfung

an. Danach muß eine zweijährige Probezeit bis zur endgültigen Anstellung zurückgelegt werden. Die Beamten des mittleren Dienstes werden vor allem im Registraturdienst beschäftigt, aber auch mit kleineren Verwaltungsvorgängen, die keine erhebliche Selbständigkeit verlangen. Es sind das vor allem solche Vorgänge, die stets wiederkehren und mehr oder weniger nach einem Muster erledigt werden können. Sie stellen nicht an die geistige Beweglichkeit, aber an die Sorgfalt höhere Anforderungen. Die Zuverlässigkeit ist daher eine persönliche Eigenschaft, die gerade die Beamten des mittleren Dienstes besitzen müssen. In der Besoldungsordnung tauchen die Ämter des mittleren Dienstes vor allem als Assistent, Sekretär, Obersekretär und Hauptsekretär auf.

III. Die Laufbahn des *gehobenen Dienstes* setzt den erfolgreichen Besuch der Fachhochschule oder einer gleichwertigen Einrichtung voraus. Die Beamten des gehobenen Dienstes haben ein dreijähriges Studium zurückzulegen und sich sodann einer Laufbahnprüfung zu unterziehen. Darauf folgt sodann eine Probezeit von mindestens zwei Jahren und sechs Monaten, nach der sie endgültig angestellt werden. An die Leistungen des gehobenen Dienstes werden erhebliche Anforderungen gestellt. Sie müssen ein großes Fachwissen besitzen und sie zu selbständiger Tätigkeit befähigt sein. Die Beamten des gehobenen Dienstes sind regelmäßig Sachbearbeiter in Unter-, Mittel- und Oberbehörden. In ihrer Hand liegt der innere Dienst der Verwaltungsbehörden. Ferner liegt in der Hand des gehobenen Dienstes die Bearbeitung von Haushaltsangelegenheiten. Sie haben die Ämter des Inspektors, Oberinspektors, Amtmannes und Amtsrats inne. **622**

IV. Die Laufbahn des *höheren Dienstes* setzt nicht nur die Reifeprüfung, sondern auch ein erfolgreich abgelegtes Hochschulstudium voraus. Die Art des Studiums richtet sich nach dem Dienstzweig des Bewerbers. Ferner muß der Beamte des höheren Dienstes einen Vorbereitungsdienst von mindestens zwei Jahren zurücklegen und sodann eine Prüfung, die große Staatsprüfung, ablegen. Nach der Prüfung haben sie eine zweijährige Probezeit abzuleisten, nach der sie endgültig angestellt werden können. Die Beamten des höheren Dienstes sind Leiter und Abteilungsleiter an Unterbehörden, sie sind ferner in dieser Stellung oder als Referenten in Mittel- und Oberbehörden tätig. Von ihnen wird eine absolute Selbständigkeit gefordert. Sie müssen ihre Aufgaben weitgehend ohne Weisungen erledigen und auch bei neuen Situationen in der Lage sein, selbständig zu entscheiden. In der Besoldungsordnung tauchen sie in den vier Stufen der Regierungsräte, Oberregierungsräte, Regierungsdirektoren und Ministerialräte auf, über die hinaus für wenige die Laufbahn zum Ministerialdirigent, Ministerialdirektor oder gar zum Staatssekretär führt. **623**

C. Das deutsche Laufbahnsystem ist nicht ohne *Kritik* geblieben.
1. Grundsätzlich hat es sich bewährt. Die menschlichen Begabungen sind unterschiedlich, sie sind schon früh erkennbar. Die Befähigung zu höheren Ämtern **624**

16. Kapitel Grundfragen

setzt eine Ausbildung voraus. Diese muß möglichst früh durchgeführt werden, wenn sie erfolgreich sein soll. Diese Tatsachen berücksichtigt das Laufbahnsystem.

II. Allerdings kann fraglich sein, ob die Laufbahnen richtig geschnitten sind, ob der Dienst in der Verwaltung vier Stufen kennt, die sich typischerweise voneinander trennen lassen. Angesichts der Vielgestaltigkeit der Aufgaben, die in der Verwaltung erledigt werden, muß das bezweifelt werden. Die Übergänge von den Aufgaben der einen Laufbahn zu den Aufgaben der anderen Laufbahn sind fließend. Allerdings ist eine sichere Beurteilung dieser Frage nur möglich, wenn eine exakte Dienstpostenbeschreibung vorhanden ist, die heute noch weitgehend fehlt.

III. Ferner wird man ernsthaft prüfen müssen, ob nicht der Aufstieg in die nächsthöhere Laufbahn bei entsprechender Bewährung stärker als bisher ermöglicht werden, d.h. die Bewährung im Dienst höher als bisher bewertet werden sollte. Dieser Gedanke ist grundsätzlich richtig, weil die Ausbildung und – noch mehr – die Vorbildung nur bedingt berufsbezogen sind. Doch ist andererseits nicht zu verkennen, daß schon in relativ frühem Alter der Charakter geprägt wird. Die Fähigkeit, schwierigere Probleme zu analysieren und in neuen Situationen selbständig zu entscheiden, wird kaum noch in höherem Alter gewonnen. In nicht wenigen Fällen scheitern Aufstiegsbeamte, die Spitzenkönner in ihrer Laufbahn waren, wenn sie in eine höhere Laufbahn übernommen werden. Daher ist bei der Gewährung des Aufstiegs hohe Sorgfalt geboten.

§ 70 Das Berufsbild des Verwaltungsbeamten

Schrifttum: Vgl. vor § 24; ferner: *W. Damkowski,* Zum Berufsbild des künftigen Verwaltungsbeamten, in: ZfO 1973, S. 278 ff.; *Th. Ellwein / R. Zoll* (vgl. vor § 67); *E. Forsthoff,* Der moderne Staat und die Jugend, in: Rechtsstaat im Wandel, 1964, S. 13 ff.; *R.T. Golumbiewski / M. Cohen* (Hrsg.), People in Public Service: A Reader in Public Personel Administration, 1970; *R. R. Grauhan,* Wandlungen im Typ des Verwaltungsgeneralisten, in: Konstanzer Blätter für Hochschulfragen, Heft 3, 1969, S. 57 ff.; *P.R. Hofstätter – W.H. Tack,* Das Bild des Beamten in der Öffentlichkeit, 1963; *V. Hopf,* Künftige Anforderungen an den öffentlichen Dienst, in: DöH 1970, 1 ff.; *P.-J. Klein,* Das Berufsbild des Planers in der öffentlichen Verwaltung, 1971; *F. Morstein Marx,* Beamtenethos und Verwaltungsethik, in: VerwArch 54, 1963, S. 323 ff.; *F. Ronneberger / U. Rödel,* Beamte im gesellschaftlichen Wandlungsprozeß, 1972; *F. Ronneberger,* Zum künftigen Bild des Beamten, in: Verwaltung 1973, S. 129 ff.; *E. Schütz*, Berufsbeamtentum und parlamentarische Demokratie, in: DÖD 1971, S. 21 ff.; *W. Zapf*, Die Verwalter der Macht – Materialien zum Sozialprofil der höheren Beamtenschaft, in: *ders.* (Hrsg.), Beiträge zur Analyse der deutschen Oberschicht, 1961.

A. Ob es überhaupt ein *Berufsbild* »des« Verwaltungsbeamten gibt, muß zweifelhaft erscheinen. 625

I. Der Verwaltungsbeamte steht neben anderen Gruppen von Trägern eines öffentlichen Amtes, insbesondere den Richtern, den politischen Amtsträgern, den Lehrern u.a.m. Sie alle gehören zum öffentlichen Dienst, sie sind durch den Dienst an der Öffentlichkeit miteinander verbunden. Gleichwohl ist das Verwalten eine Tätigkeitsform und eine Aufgabe, die den Verwaltungsbeamten von den anderen Gruppen abhebt.

II. Fraglich kann auch sein, ob die Vielfalt der Aufgaben, die der modernen Verwaltung gestellt sind, überhaupt ein *einheitliches Berufsbild* fordert oder prägt. Sicherlich kann man bei so heterogenen Aufgaben, wie sie die moderne Verwaltung umschließt, nicht eine völlige Identität der Berufsbilder erwarten. Gleichwohl müssen die Verwaltungsbeamten aller Sparten neben den durch ihre Spezialaufgabe geprägten Zügen gemeinsame Eigenschaften besitzen. Insofern kann von einem gemeinsamen Berufsbild gesprochen werden. Als Züge, die dieses Berufsbild bestimmen, sind folgende zu nennen:
  1. Repräsentanz des Staates (und der ihm eingeordneten Selbstverwaltungsträger),
  2. Verantwortung gegenüber der Öffentlichkeit,
  3. berufsmäßige Tätigkeit,
  4. Verwalten als Aufgabe (Rdnr.   ).
  5. eine – in bestimmtem Sinne – unpolitische Haltung (Rdnr. 641 f.).

B. Dem Staat kommt auch heute ein besonderer Wert zu. Seine Eigenschaft als 626 Organisation, die mit ursprünglicher Zwangsgewalt ausgestattet ist, ist nicht nur eine Folge zweckrationaler Überlegungen, sondern ist auch Ausdruck vorrationaler Überzeugungen. Zwar ist der Gedanke eines Staates als »absoluter unbewegter Selbstzweck« *(Hegel)* für den heutigen Menschen kaum noch vollziehbar. Immerhin läßt sich nicht verkennen, daß ein Staat, der seine sozialen Funktionen zur Zufriedenheit seiner Bürger erledigt, an Ansehen bei diesen gewinnt und für sie zugleich einen Eigenwert erhält. Hieran nimmt der Beamte teil, der täglich die staatlichen Funktionen sichtbar für den Bürger vollzieht. Daher wird von den Beamten eine bestimmte ethische Haltung gefordert, bei deren Nichtvorhandensein die Eignung für den Beruf als Beamter zweifelhaft wird. Das gilt nicht nur für den Beamten im technischen Sinne, sondern ebenso für den Angestellten, der Verwaltungsaufgaben wahrnimmt.

627　C. Die *Verantwortung* für die öffentliche Aufgabe zeigt sich in mehrerem:

I. Der Verwaltungsbeamte arbeitet *fremdnützig,* nicht privatnützig, d.h. er arbeitet nicht nur nicht für sich selbst, er arbeitet auch nicht für die jeweiligen Vorgesetzten. Die ihm gestellte Aufgabe ist objektiver Natur. Sie ergibt sich aus dem Gesetz, aus den Bedürfnissen der Gesellschaft und auch aus ethischen Prinzipien. Für die Einhaltung dieser Prinzipien ist er verantwortlich. Daher kann er nicht nur nach Vorschriften oder Befehlen arbeiten, sondern muß sein Verhalten auch an den höheren Prinzipien ausrichten. Divergiert die erteilte Weisung damit, so muß er seine Bedenken auf dem Dienstweg geltend machen, in schweren Fällen gegen einen Befehl der Entscheidung seines Gewissens folgen. Allerdings darf ein Meinungsunterschied zum Vorgesetzten, auch wenn er grundlegende politische Fragen betrifft, nicht sogleich in einen Gewissenskonflikt umgedeutet werden.

628　II. Der Beamte muß weitgehend auch *ohne Weisungen* arbeiten können. Er muß darauf bedacht sein, die Ziele seines Dienstherrn zu verwirklichen. Er muß das u.U. auch selbständig tun.

629　III. Der Beamte muß *gerecht* gegenüber jedermann sein. Der Beamte muß sich selbst prüfen, ob er ohne Befangenheit entscheidet und den genügenden Abstand von den Dingen hat. Die Zugehörigkeit zu einer bestimmten soziologischen Gruppe soll seine Arbeit nicht beeinflussen.

630　IV. Der Beamte muß im Interesse der öffentlichen Aufgabe, der er dient, seine eigenen Wünsche zuweilen zurückstellen. Dieses Problem wird vor allem dann relevant, wenn Probleme des Arbeitskampfes auftauchen. Unabhängig von der Frage des Streikrechts (Rdnr. 719) hat der Beamte zweifellos eine stärkere Pflicht zur Orientierung seines eigenen Vorgehens an den von ihm zu erfüllenden Aufgaben als ein Arbeitnehmer in der Privatwirtschaft.

631　D. Verwalten kann man nicht schon, wenn man politisches Verständnis, einen gesunden Menschenverstand und einen lauteren Charakter besitzt.

I. Die nicht selten gehörte Ansicht, der sog. *Außenseiter* könne ohne spezielle Ausbildung genauso gut wie der gelernte Beamte verwalten, zeugt von einer mangelnden Einsicht in das Funktionieren der Verwaltung. Die erforderliche Sachkunde betrifft nicht nur das engere Arbeitsgebiet (etwa die einschlägigen Gesetze), sondern insbesondere das Verwalten selbst, die Bedingungen und die Technik des Verwaltens. Auch ein Verständnis für das Ethos der Aufgabe des Verwaltungsbeamten wird oft erst in längerem Umgang mit dieser Aufgabe erworben.

632　II. Die Tatsache, daß Verwalten als Beruf erlernt werden muß, schafft eine berufsmäßige Bindung des Beamten *an die öffentliche Verwaltung.* Das verlangt auch, daß der Dienstherr dem Beamten eine Gewähr für eine Beschäftigung auf Dauer gibt.

III. Verwalten als Beruf birgt jedoch auch die Gefahr einer *standesmäßigen* 633 *Abkapselung.* Zwar ist sie heute nicht mehr so groß, weil die Beamten sich aus allen Teilen des Volkes rekrutieren. Eine Berufsgruppe, deren Mitglieder lebenslang eine bestimmte Aufgabe wahrnehmen, entwickelt jedoch spezifische Eigenschaften (Rdnr. 311 ff.). Es bedarf ständiger Überlegungen, wie im Einzelfall die daraus entspringenden Nachteile ausgeglichen werden können.

E. Die bisher genannten Eigenschaften sind nicht nur für den Verwaltungsbeam- 634 ten, sondern für alle Angehörigen des öffentlichen Dienstes weitgehend bestimmend.

I. Das Besondere gerade des Verwaltungsbeamten liegt darin, daß er verwaltet. Sieht man von den Massenverwaltungsarbeiten ab, die besonders stark reiner Gesetzesvollzug sind und daher schematisch erfolgen, so läßt sich das Wesen der Verwaltungstätigkeit als *Gestaltung* kennzeichnen. Je höher ein Beamter in der Hierarchie steigt, desto mehr kommt das Element der Gestaltung zum Tragen. Insoweit steht der Verwaltungsbeamte deutlich im Gegensatz zum Richter, dessen Spielraum zu freier Entscheidung meist sehr begrenzt ist und von den Anträgen der Parteien abhängt. Der Richter hat über Einzelfälle zu befinden, die jeder für sich isoliert eine gerechte Entscheidung erfordern. Die Gerechtigkeit ist der Höchstwert, den der Richter zu verwirklichen hat. Im Gegensatz hierzu arbeitet der Verwaltungsbeamte an einer größeren Gesamtaufgabe mit, er bewältigt einen räumlich oder sachlich abgeschlossenen Aufgabenbereich, den er planvoll gestalten muß. Er erfüllt durch seine Tätigkeit einen bestimmten umfassenderen sozialen Zweck. Die Einzelfragen, die er erledigt, haben auf diesen größeren Zweck Bezug und müssen sich ihm sinnvoll eingliedern. Das heißt nun nicht etwa, daß die Gerechtigkeit kein vom Verwaltungsbeamten zu verwirklichender Wert sei. Überlegungen über die Gerechtigkeit stehen aber weniger im Mittelpunkt seiner Arbeit und prägen ihn daher nicht in dem Maße.

II. Die Aufgaben des Verwaltungsbeamten erfordern von ihm in hohem Maße 635 schöpferische Phantasie, Intuition, Initiative, Kontaktfähigkeit und auch Durchsetzungsvermögen gegenüber allen Widerständen, die sich neuen Plänen entgegenzustellen pflegen. *Aktiven Naturen* kann der Beruf des Verwaltungsbeamten daher eine besondere Befriedigung geben.

III. Da bei der *Gestaltung* in aller Regel nicht nur eine Lösung richtig ist, son- 636 dern mehrere Lösungen möglich sind, hat der Verwaltungsbeamte eine freiere Stellung als der Richter. Das gilt auch gegenüber dem Vorgesetzten. Die höhere Gerichtsinstanz, die (angesichts ihrer Kontrollfunktion) beim Richter die Rolle

16. Kapitel Grundfragen

des Vorgesetzten einnimmt, hebt die Entscheidung des Richters öfter auf als der Vorgesetzte des Verwaltungsbeamten dessen Entscheidungen. Während der Richter bestrebt sein muß, die Entscheidung »revisionssicher« gegenüber Erwägungen zu machen, die er nicht überschauen kann, hat der Verwaltungsbeamte die Chance, seine Gedanken im Vortrag bei dem Vorgesetzten zu verteidigen und sich dank der zumeist größeren Detailkenntnis durchzusetzen. Allerdings besteht andererseits auch die Gefahr, daß der Entscheidungsvorschlag des Verwaltungsbeamten aus nicht sachbezogenen politischen Gründen nicht realisiert oder eine bereits getroffene Entscheidung aufgehoben wird.

637   F. Das hier entwickelte Berufsbild des Verwaltungsbeamten ist in jüngerer Zeit zunehmend *problematisch* geworden, es wird vom Wandel in Staat und Gesellschaft tangiert. Das einheitliche Selbstverständnis ist im Schwinden begriffen, der Beamte versteht sich zunehmend mehr als Arbeitnehmer. Dabei spielt vor allem die Veränderung der Aufgaben und die steigende Arbeitsteiligkeit eine entscheidende Rolle, die den einzelnen Beamten den von ihnen geleisteten Teil der Arbeit nicht mehr in dem Maße wie früher erlaubt, auf die öffentlichen Aufgaben zu beziehen. Hinzu kommt die allgemeine Krise des Staatsverständnisses, die den Beamten besonders trifft; sie führt zu einer Verhaltensunsicherheit des Beamten, die durch einen wenig reflektierten Gehorsam gegenüber dem positiven Recht beliebigen Inhalts aufgefangen wird. Soweit der einzelne Beamte bei der Erfüllung seiner Aufgaben auf Emanationen der politischen Führungsspitze stößt, die bedingt sind durch den Tageskampf rivalisierender politischer Parteien und damit zugleich von anderen Wertungen leben als sie der Beamte mitbringt, wächst die Resignation und Entfremdung gegenüber der ewigen Arbeit, so daß Einkommen und Arbeitszeit u.ä. zunehmend mehr die Berufszufriedenheit bestimmen.

Es wäre falsch, aus diesen manifest in der Beamtenschaft vorhandenen Problemen sogleich auf eine Veränderung des Berufsbildes zu schließen. Es ist aber unleugbar, daß bei aller Unterschiedlichkeit der Einstellung der einzelnen Beamten tendenziell ein Abbau des besonderen Berufsbildes und eine Annäherung an den Arbeitnehmer in der Wirtschaft erfolgt.

§ 71   Beamter und Politik

Schrifttum: Vgl. vor § 24; ferner: *W. Berg,* Politik, Beamtentum und politische Beamte, in: MDR 1973, S. 185 ff.; *H.U. Evers,* Beamter und Politik, Festg. *Herrfahrdt,* 1961, 19 ff.; *W. Juncker,* Der politische Beamte – ein Widerspruch in sich, in: ZBR 1974, S. 205 ff.; *A. Köttgen,* Struktur und politische Funktion öffentlicher Verwaltung, in: Festschr. *Leibholz,* 1966, S. 771 ff.; *E. Menzel,* Parteienstaat und Beamtentum, in: DÖV 1970, S. 433 ff.; *I.v.Münch,* Die Einflußnahme der politischen Parteien auf Beamtenernennungen und Beförderungen, in: ZBR 1960, S. 245 ff.; Öffentlicher Dienst und politischer Bereich, Schriften HSch Speyer, Bd. 37, 1968; W. *Runge,* Politik und Beamtentum im Parteienstaat, 1965; R. *Schunke,* Die politischen Beamten, Diss.iur. Saarbrücken, 1973; W. *Thieme,* Politische Beamte und Ministerialorganisation, in: DÖV 1968, S. 11 ff.; *C.H. Ule,* Zur Entstehungsgeschichte der Institution des politischen Beamten, DÖV 1964, 293 ff.; *G. Wacke,* Versetzung der Beamten in den einstweiligen Ruhestand, in: AöR 91, 1966, S. 441 ff.

A. Der Beamte ist in einem bestimmten Sinne »politisch«. 638

I. Das Handeln des Verwaltungsbeamten ist immer die *Durchführung einer bestimmten Politik.* Der Verwaltungsbeamte muß daher mindestens die Zusammenhänge zwischen seiner Aufgabe und den politischen Vorstellungen, die dieser Aufgabe zugrunde liegen, kennen und verstehen. Er muß eine zutreffende Vorstellung sowohl von den verfassungsrechtlichen Grundlagen als auch vom tatsächlichen Machtprozeß in Staat und Gesellschaft besitzen. Das gehört zur »Rollenkenntnis«, ohne die er seinen »Part« nicht leisten kann.

II. Jeder Staat setzt voraus, daß die in ihm wirkenden Kräfte eine *gemeinsame* 639 *politische Vorstellungswelt* und gemeinsame politische Grundwerte haben. Jedes Staatswesen fällt notwendig auseinander oder endet im Bürgerkrieg, wenn es politisch nicht integriert wird. An diesem Integrationsvorgang sind die Verwaltungsbeamten in besonderem Maße beteiligt. Daher muß der Staat Wert darauf legen, daß die Beamten die politischen Grundwerte, auf die der Staat verpflichtet ist, bejahen. Dem trägt das deutsche Beamtenrecht Rechnung, indem es fordert, daß die Beamten sich zur freiheitlichen demokratischen Grundordnung im Sinne des GG bekennen und für deren Erhaltung eintreten. Folgerichtig gilt diese Verpflichtung nicht nur für die Staatsbeamten, sondern auch für die Beamten der anderen Verwaltungsträger. Im Sinne der politischen Grundvorstellungen, die in einem Staatswesen gelten, gehören alle Verwaltungsträger, auch diejenigen, die verwaltungsrechtlich eine Selbständigkeit gegenüber dem Staat haben, zu einer Einheit.

III. In diesen Zusammenhang gehört auch die *Eidespflicht* der Beamten, die einen Verfassungseid, nicht dagegen einen persönlichen Eid auf das Staatsoberhaupt zum Gegenstand hat. Nach Abschaffung der Monarchie ist zuweilen beanstandet worden, daß ein Verfassungseid keine echte Treubeziehung zum Gegenstand haben könne, da er nicht einer bestimmten Person geleistet werde. Umgekehrt sollte man vielmehr argumentieren, daß der Eid auf den Monarchen im Grunde nicht nur der Person des Monarchen gegolten hat, sondern der politischen Grundvorstellung, die die Monarchie verkörpert. Der auf Hitler geschworene Eid macht das deutlich; an ihm ist mit Recht kritisiert worden, daß er einer Person geleistet worden ist. Im Grunde ist es ja auch so, daß die Menschen sich mehr einer bestimmten Idee (oder Ideologie), nicht dagegen einer Person verpflichtet fühlen. Die Person ist Symbol der Idee. 640

16. Kapitel Grundfragen

641 **B.** Andererseits gilt der Beamte auch als »*unpolitisch*«.

I. Er ist das in dem Sinne, daß er nicht einer bestimmten politischen Richtung verpflichtet sein darf. Die Ausgestaltung der Grundideen, die die Verfassung beherrschen, kann in den Einzelheiten sehr unterschiedlich erfolgen. Die Parteien und Gruppen im Staat, denen durch Wahlen oder sonstwie die Macht im Staate übertragen worden ist, können sehr verschiedene Wege gehen. Unpolitisch muß der Beamte in dem Sinne sein, daß er allen Wegen, die verfassungsmäßig sind, zur Verfügung steht. Das gilt vor allem im demokratischen Staat. Dieser ist von der Vorstellung beherrscht, daß ein Wechsel in der Regierung zwischen den verfassungsmäßigen Parteien möglich ist. Welche Partei auch immer die Regierung führt und ihre politischen Vorstellungen durchsetzen will, sie muß sich jeweils der Verwaltung und ihrer Beamten bedienen. Diese Tatsache allein fordert, daß die Verwaltungsbeamten nicht Exponenten einer bestimmten Richtung oder Partei sind. Je mehr sie sich selbst innerlich für eine bestimmte Richtung festgelegt haben, desto weniger werden sie das Ideal des »unpolitischen« Beamten verkörpern können, desto weniger werden sie in der Lage sein, bei einem Regierungswechsel ihre Aufgabe voll wahrzunehmen. Die zuweilen empfohlene parteipolitische Enthaltsamkeit des Beamtentums ist daher in der Tat nicht negativ zu beurteilen. Allerdings darf man nie in den Fehler verfallen, eine solche parteipolitisch »unpolitische« Haltung mit einer politischen Sterilität zu verwechseln.

642 II. Die »unpolitische« Haltung der Verwaltungsbeamten ist noch in einer weiteren Hinsicht wichtig. Der Bürger verliert u. U. das Vertrauen zur Objektivität eines Beamten, der sich *prononciert zu einer bestimmten Partei bekennt*. Auf dieses Vertrauen aber ist die Verwaltung angewiesen. Auch aus diesem Grunde verdient eine Haltung der Beamten, sich vom politischen Tagesgeschehen fernzuhalten, eine positive Bewertung. Allerdings gibt es zweifellos Beamte, die trotz Parteizugehörigkeit innerlich frei sind, gegenüber jedermann Gerechtigkeit zu üben. Leider aber gibt es auch Beispiele, in denen die parteipolitische Protektion am Anfang einer Beamtenlaufbahn stand und während der gesamten Laufbahn nicht verleugnet werden kann. Jedenfalls aber ist jene Ansicht abzulehnen, die meint, eine demokratische Haltung zeige sich in erster Linie und vor allem bei den Beamten, die einer demokratischen Partei angehören. Die Tatsachen sprechen dagegen. Es kann gar nicht geleugnet werden, daß heute die ganz überwiegende Zahl aller Beamten ehrlich die freiheitlich-demokratische Grundordnung im Sinne des Grundgesetzes bejaht, obwohl sie nicht parteigebunden ist, während manche derjenigen Beamten, die einer Partei beigetreten sind, diesen Schritt vor allem aus Opportunismus in der Hoffnung auf bessere Beförderungschancen getan haben, weniger dagegen in der Absicht, sich dadurch intensiver mit dem demokratischen Staat zu verbinden.

643 **C.** Das Vorhandensein der sog. »*politischen*« *Beamten*, d. h. derjenigen Beamten, vor allem in führenden Stellungen, die jederzeit in den einstweiligen Ruhestand versetzt werden können, steht nicht im Gegensatz zu dem soeben Aufgeführten. Einmal handelt es sich nur um eine kleine Gruppe, die schon numerisch das Berufsbild des Verwaltungsbeamten nicht prägen kann. Zum anderen sind auch sie in den meisten Fällen unpolitisch in dem oben beschriebenen Sinne, reine Fachbeamte, die wegen ihrer hervorragenden fachlichen Qualitäten Spitzenstellungen erreicht haben, die sie immer wieder vor politisch einflußreiche Entscheidungen stellen. Die Einrichtung des »politischen« Beamten findet ihren Grund in der Macht des Beamtentums gerade auch im Hinblick auf politisch relevante Entscheidungen (Rdnr. 224).

17. Kapitel   Auswahl

§ 72   Der Leistungsgrundsatz

Schrifttum: *H. K. Behrend*, Zur Personalpolitik des Preußischen Ministeriums des Innern, in: Jahrb. f. d. Geschichte Mittel- und Ostdeutschlands, Bd. VI, 1957, S. 173 ff.; Ber. Kom. Ref. ö.D. S. 212 ff.; *T. Eschenburg*, Ämterpatronage, 1961; *H. Krüger*, Das Leistungsprinzip als Verfassungsgrundsatz, 1957; *N. Luhmann/R. Mayntz*, Personal im öffentlichen Dienst, Anl. Bd. 7, 1973, insb. S. 262 ff.; *E. Moths – M. Wulf-Mathies*, Des Bürgers teure Diener – Bürokratie ohne Leistungszwang, 1973; *R. Reinhart*, Ein Modell der Auslese für hervorgehobene Dienstposten, in: DÖV 1973, S. 153 ff.; *H. Siepmann*, Bedarfsdeckung, in: Hdb. Verw. H. 5.5; *A.B. Weinert*, Arbeitsanreize als Motivationsfaktoren, in: ZfO 1973, S. 437 ff.

A. Oberstes Prinzip für die Auswahl der Beamten ist der *Leistungsgrundsatz*. Er hat seinen Niederschlag auch im GG gefunden (Abs. 33 Abs. 2). 644

I. Er verlangt, daß bei der Besetzung der öffentlichen Ämter die Frage der *Eignung* nach den von den Bewerbern zu erwartenden Leistungen beurteilt wird. (Insofern ist Art. 33 Abs. 2 unklar.) Die Leistung hängt ab von der Leistungsfähigkeit und vom Leistungswillen. Die Leistungsfähigkeit hängt vom fachlichen Können und von den Charaktereigenschaften ab. Nur wenn fachliches Können und die notwendigen persönlichen Eigenschaften zusammenkommen, ist dem Leistungsgrundsatz Rechnung getragen. Daher verletzt einerseits die Auswahl allein aufgrund von Fachprüfungen, bei denen die charakterlichen Eigenschaften

17. Kapitel Auswahl

nicht bewertet werden, andererseits aber auch die Auswahl nur aufgrund des Persönlichkeitsbildes den Leistungsgrundsatz.

645   II. Die zu fordernden fachlichen Kenntnisse und die *menschlichen Eigenschaften* sind von Amt zu Amt unterschiedlich.

1. Die Eignung kann daher nicht abstrakt, sondern nur *im Hinblick auf bestimmte Ämter* festgestellt werden. Insbesondere fordern die leitenden Stellungen in einer bestimmten Laufbahn andere Eigenschaften und Fähigkeiten als die untergeordneten Stellen. Daher kann aufgrund einer hervorragend bestandenen Eingangsprüfung noch keine Prognose für die Eignung für einen leitenden Posten gestellt werden.

2. Für Beamte, die gegenüber dem Publikum auftreten müssen, die ihm gegenüber den Staat repräsentieren, wird man in besonders hohem Maße *menschliche Eigenschaften* verlangen müssen. Ebenso sind für leitende Posten die menschlichen Qualitäten besonders wichtig, während für nachgeordnete Stellungen zumeist das solide Fachwissen im Vordergrund steht.

646   **B.** Die notwendige Leistungsfähigkeit der Beamten wird nicht durch moralische Appelle erreicht. Es bedarf hierzu institutioneller Sicherungen:

I. Wichtig ist die Fortbildung in einer sich dauernd verändernden Umwelt, die ständig neue Anforderungen an die Verwaltung und den einzelnen Verwaltungsbeamten schafft.

II. Ebenso wichtig ist die Gestaltung der Umwelt, des Arbeitsplatzes und des Betriebsklimas.

647   III. Zunehmend mehr wird erkannt, daß entscheidendes Gewicht für die *Leistungsbereitschaft* der *Motivation* des Beamten zukommt. Die Motivation selbst wird durch die Identifizierung mit der Arbeit gesteigert. Das wiederum setzt die Kenntnis der Ziele, u.U. die Diskussion mit dem Vorgesetzten über die Ziele und eine der Persönlichkeit des Beamten entsprechende Freiheit bei der Auswahl der zu ergreifenden Maßnahmen voraus. Während viele Beamte dann besonders motiviert werden, wenn sie sich durch Ausnutzung eines Entscheidungsspielraumes selbst verwirklichen können, brauchen andere mehr klare und ins einzelne gehende Weisungen, um ihre Unsicherheit zu verlieren.

648   IV. 1. Auch ein *Kontroll-* und *Sanktionssystem* gehört zu den Instrumenten der Leistungssteigerung, wobei heute vor allem den positiven Sanktionen eine hohe Bedeutung zukommt.

649   2. In diesem Zusammenhang ist die Funktion des *Beförderungssystems* zu prüfen. Insb. ist zu fragen, ob das Beförderungssystem über die Auswahlfunktion hinaus eine Anreizfunktion besitzt. Die Regelbeförderung ist leistungsfeindlich.

§ 72 *Der Leistungsgrundsatz*

Das Beförderungssystem verlangt auch ein objektives Verfahren zur Feststellung der Leistung, d.h. eine Beurteilung nach wissenschaftlich gesicherten Kriterien sowie die Information der Beurteiler über die Probleme des Beurteilens. Daran fehlt es weitgehend.

V. Problematisch bleibt, ob und inwieweit das *Leistungsprinzip* in der Verwaltung verwirklicht ist. Daß es große Bereiche ohne Leistungszwang gibt, daß sich ein solcher angesichts des Fehlens von Maßstäben und Indikatoren weitgehend nicht realisieren läßt, ist unzweifelhaft. Umgekehrt ist auch unrichtig, davon zu sprechen, daß die Verwaltung allgemein ohne Leistungszwang arbeite. Praktisch steht die Verwaltung vor genau denselben Problemen wie die Privatwirtschaft. 650

C. Verletzt wird das Leistungsprinzip vor allem durch die *Ämterpatronage*, d.h. den Einfluß artfremder, nur dem partikulären Interesse von Gruppen dienender Maßstäbe bei der Auswahl von Amtsbewerbern. 651

I. Die Ämterpatronage tritt in zwei Formen auf:
1. *Herrschaftspatronage* will Gruppenmacht in der Verwaltung realisieren. Das Amt soll im Dienst der Gruppe stehen. Ihr Gegenstand ist der leitende Posten. Sie ist die gefährlichste Form. Sie kommt praktisch nicht selten vor. Sie tritt zuweilen als konkurrierende Patronage oder als Proporz- bzw. Paritätspatronage auf.
2. Der *Versorgungspatronage* geht es um die Pfründe, nicht um die Macht. Sie kommt meistens als Subalternpatronage vor, zuweilen auch in der Form der Versorgung abgeschobener hoher Parteifunktionäre.

II. Träger der Patronage sind 652
1. die *Parteien,* deren Einfluß praktisch am größten ist. Sie fordern z.T. sogar ein Recht auf Patronierung, das mit der Behauptung begründet wird, der parteipolitisch gebundene Beamte sei der bessere Beamte, weil er sich in der Partei zu den Werten des Staates bekenne (Rdnr. 642); in der jüngsten Zeit hat diese Art Patronage besonders zugenommen und wird von den Patronierenden mit einer Offenheit betrieben, als ob es sich dabei um ein legitimes System der Auswahl für öffentliche Ämter handele;
2. die *Verbände,* die versuchen, ihre wirtschaftlichen und sozialen Interessen durch Einschleusung ihrer Exponenten durchzusetzen.
3. Demgegenüber haben die anderen patronierenden Gruppen, insb. die Kirche erheblich an Bedeutung verloren.

III. Die Ämterpatronage ist in der Verwaltungswirklichkeit der Bundesrepublik eine ernste *Gefahr.* 653
1. Sie führt regelmäßig dazu, daß der Kreis der Bewerber sich verengt, daß nicht mehr mit Sicherheit der Geeignetste in das Amt berufen werden kann. Besonders gefährlich ist die Kopplungspatronage, d.h. die Forderung, daß der Be-

werber mehreren Gruppen zugleich angehört (z.B. einer bestimmten Konfession, Partei und Landsmannschaft).

2. Vielfach sind die durch die Parteien Patronierten nur solange tragbar, als ihre eigene Partei regiert. Daher fordert *Eschenburg,* daß für patronierte Beamte eine Entlassungsmöglichkeit besteht, ein Vorschlag, der allerdings kaum realisierbar ist, weil es ein im Verwaltungsvollzug handhabbares Kriterium der Feststellung von Patronage nicht gibt.

3. Eine Gefahr liegt auch darin, daß der Patronierte nur bedingt in der Lage ist, die für die sachgerechte Amtsführung erforderliche Neutralität aufzubringen. Diese Gefahr ist wohl überhaupt die gravierendste bei der Patronage. Sie tritt am stärksten bei der Verbandspatronage auf.

4. Hingenommen werden kann die Partei-Patronage bis zu einem gewissen Grad bei Spitzenstellungen, in denen ein erheblicher politischer Einfluß besteht. Allerdings gilt das auch nur, soweit gleichzeitig die erforderliche Sachqualifikation vorliegt. Vorzuziehen ist aber auch hier die Ausschaltung der Patronage.

§ 73 Frühauslese

Schrifttum: *H. G. Holfter,* Entwicklung und Eichung eines Verfahrens zur Feststellung verbaler Intelligenz bei 16/17jährigen – insb. zur Bewerberauslese für den gehobenen Verwaltungsdienst, 1966; *P. Hubler,* Probleme der Rekrutisierung und der Selektion von Bewerbern für den öffentlichen Dienst, in: Anl. Bd. 10, S. 117 ff.

654 A. Ob es grundsätzlich besser ist, junge Menschen in den öffentlichen Dienst aufzunehmen oder solche, die bereits außerhalb der Verwaltung Lebenserfahrung erworben und Berufsbewährung gezeigt haben, kann zweifelhaft sein.

I. Für die Übernahme der bereits außerhalb der Verwaltung Bewährten spricht nach einer Meinung, daß die *Verwaltung* von der *Wirtschaft* nicht kastenmäßig abgeschlossen ist, daß die Erfahrungen um Gewinn bemühter und daher rationell arbeitender Unternehmen der Verwaltung zugute kommen.

II. Diese Argumentation verkennt, daß die Berufserfahrungen der Wirtschaft nur bedingt für die öffentliche Verwaltung brauchbar sind. Sicherlich soll auch die Verwaltung rationell arbeiten. Aber bei ihr geht es in erster Linie um Sachrichtigkeit im Hinblick auf die Erfüllung öffentlicher Belange und um Gerechtigkeit, um alle jene ganz andersartigen Werte, die gerade der Verwaltung anvertraut sind. Es ist auch fraglich, ob es der Verwaltung gelingt, gerade die besten Kräfte aus der Wirtschaft zu gewinnen; die materiellen Chancen, die die Verwaltung bietet, lassen das nicht als sicher erscheinen. Auch zur Überbrückung der teilweise vorhandenen Kluft zwischen Verwaltung und Wirtschaft bedarf es nicht unbedingt der Einschleusung von Kräften, die sich außerhalb der Verwaltung bewährt haben. Wichtiger ist die Ergänzung der bisherigen Beamtenausbildung durch Erziehung zum kostenbewußten Denken neben den Werten, zu denen die Beamten von jeher hingeleitet worden sind.

III. Die Aufnahme von in der Wirtschaft bewährten Kräften ist für die Verwaltung nicht ohne *Gefahr*. Nicht selten ist gerade hier der Hebel, mit dem Ämterpatronage betrieben wird. Außerdem sind es oft diejenigen, die in der Wirtschaft nicht vorankommen, die sich später der Verwaltung zuwenden, in der Hoffnung hier eine gesicherte Stelle zu finden, ohne hartem Leistungszwang ausgesetzt zu sein.

655

IV. Außerdem ist für die Verwaltung und ihren guten Gang wichtig, daß die Beamten innerlich mit ihrer Aufgabe verbunden sind, daß sie sich von früh auf an die Werte binden, die die Verwaltung zu realisieren hat. Auch die spezielle Verwaltungsausbildung, ohne die noch so bewährte Männer aus der Wirtschaft nicht auskommen, wird besser im jüngeren als im späteren Alter erworben. Alle Gründe sprechen daher dafür, daß Frühauslese als Grundsatz beizubehalten.

B. Dieses Prinzip schließt es jedoch nicht aus, daß in Einzelfällen *Außenseiter* in die Verwaltung übernommen werden. Die Verwaltung kann u.U. sogar gewinnen, wenn es ihr gelingt, für die Verwaltung besonders begabte Menschen aus der Wirtschaft zu gewinnen. Allerdings bedarf es hierzu bestimmter Sicherungen:

656

I. Die Außenseiter müssen dieselbe Qualifikation haben wie die anderen Beamten (die sog. Laufbahnbewerber). Diese Qualifikation braucht allerdings nicht im öffentlichen Dienst erworben zu sein.

II. Die Qualifikation muß zwecks Ausschaltung von Patronage durch eine unabhängige Stelle festgestellt sein.

III. Die Außenseiter müssen eine angemessene Probezeit durchmachen, ehe sie endgültig angestellt werden.

17. Kapitel Auswahl

§ 74 Ausschreibung

Schrifttum: Ber. Kom. Ref. ö.D. 1973, S. 206 f.; *F. Ermacora,* Öffentliche Ausschreibung, in: W. *Leisner* (Hrsg.), Das Berufsbeamtentum im demokratischen Staat, 1975, S. 9 ff.; *M. v. Hippel,* Gleicher Zugang zu öffentlichen Ämtern durch Stellenausschreibung, 1972; *P. Hubler* (s. vor § 73), S. 141 f.

657 A. Die Verwaltung steht immer wieder vor dem Problem, Kenntnis von dem Vorhandensein geeigneter Bewerber um Dienstposten zu erhalten. Sie hat ein Interesse, die Zahl der Bewerbungen zu vermehren, um die Chance optimaler Besetzung ihrer Dienstposten zu vergrößern. Daher wird vom Gesetz grundsätzlich die *Ausschreibung* der freien Dienstposten gefordert.

658 B. Allerdings dürfen die *Vorteile* der Ausschreibung nicht überschätzt werden. Es gibt Bereiche, in denen die Ausschreibung kaum Vorteile hat, dagegen sogar Nachteile erkennbar sind.

I. In der *staatlichen Verwaltung* stehen eine Fülle von Anwärtern zur Verfügung, die der Personalverwaltung bekannt sind. Es sind das für die Eingangsstellen diejenigen, die den Vorbereitungsdienst innerhalb der Verwaltung durchlaufen und die Abschlußprüfung abgelegt haben, für die Beförderungsstellen diejenigen, die bereits im Dienste stehen. Diese sind hinreichend bekannt, sie sind sämtlich potentielle Bewerber. Durch Ausschreibung können praktisch nur Bewerber aus anderen staatlichen oder kommunalen Verwaltungen hinzukommen. Ein Interesse an der Erweiterung des Bewerberkreises besteht praktisch nur,
1. wenn die Zahl der eigenen Bewerber für Eingangsstellen nicht groß genug ist. Dann allerdings wird auch bei den anderen Verwaltungen in der Regel Mangel herrschen. Es ist zweifelhaft, ob in dieser Situation ein Abwerben angebracht ist.
2. für Beförderungsstellen. Hier ist die Konkurrenz mit Bewerbern aus fremden Verwaltungen durchaus nützlich. Allerdings darf darunter die Fürsorglichkeit, d.h. die Chance des Aufrückens, innerhalb der eigenen Verwaltung nicht zu sehr verringert werden.

659 II. Eine Besonderheit besteht für den *Bundesdienst,* der in vielen Zweigen keinen Unterbau hat, sondern sich aus Landesbeamten rekrutieren muß. Hier ist eine Ausschreibung sinnvoll. Freilich besteht zwischen den Bundesministerien und den Landesministerien zumeist ein so intensiver Kontakt, daß die geeigneten Landesbeamten in den Bundesministerien bekannt zu sein pflegen.

660 III. Anders steht es in *Kommunalverwaltungen* oder anderen Selbstverwaltungen, die wegen ihres kleinen Personalkörpers oft keine eigene Ausbildung durchführen, außerdem auch nicht selten für Beförderungsstellen nicht die geeigneten Kräfte haben. Allerdings wird gerade hier zuweilen gegen den Sinn der Aus-

schreibung verstoßen. Die Ausschreibung wird zwar vorgenommen, praktisch steht jedoch schon vorher fest, daß ein Beamter der eigenen Verwaltung aufsteigen soll. Das kann Mißbrauch sein, ebenso oft aber auch eine personalpolitisch richtige Entscheidung.

IV. Völlig unpassend ist in der Regel die Ausschreibung für *Spitzenstellungen* im Staatsdienst. Hier muß sich die politische Leitung auf die Suche nach geeigneten Kandidaten begeben. Ihre Zahl ist ohnehin zumeist so begrenzt, daß die in Frage kommenden Personen bekannt sind. 661

V. Dagegen kann es u.U. sinnvoll sein, die Möglichkeit des Eintrittes in den *Vorbereitungsdienst* öffentlich bekanntzumachen. Es handelt sich dann nicht um eine Ausschreibung im eigentlichen Sinne; eine derartige Bekanntmachung hat jedoch praktisch dieselbe Funktion. 662

§ 75 Methoden der Personalauswahl

Schrifttum: *K. Althoff / H. Brandstätter*, Voraussetzungen und Konsequenzen der Einführung eines einheitlichen psychologischen Auswahl- und Zuordnungsverfahrens für den öffentlichen Dienst, in: Anl. Bd. 10, S. 211 ff.; Ber. Kom. Ref. ö.D., S. 206 ff.; *H. Brandstätter*, Leistungs- und Erfolgskontrolle, eine Methodenstudie, 1970; *A. Drescher*, Auswahlverfahren für den Aufstieg in den höheren Dienst, in: ZBR 1975, 277 ff.; *A. Gangler*, Graphologie und öffentlicher Dienst mit besonderer Berücksichtigung der Verhältnisse in der Schweiz, in: Bay BZ, 1961, S. 82 ff.; *P. Hubler* (siehe vor § 73), S. 105 ff.; *H. Schüssler*, Auswahlverfahren für den Aufstieg in den höheren Dienst, in: Verw. u. Fortb. 1973, S. 124 ff.; *W. Thiele*, Die Bedeutung psychologischer Eignungsprüfungen im öffentlichen Dienst, in: DVBl. 1963, 538 ff.; *J.K. Triebe / H. Fischer / E. Ulich*, Auswahl von Bewerbern für den öffentlichen Dienst – Problemstudie zur Informations- und Entscheidungsfindung, in: Anl. Bd. 10, S. 15 ff.

A. Die zentrale Frage für die *Auswahl* von Beamten ist, wie die Eignung für das Amt am sichersten erkannt wird. 663

I. Jede *Auswahlentscheidung* setzt voraus, daß bekannt sind:
1. die Anforderungen des Arbeitsplatzes oder der Laufbahn für die ausgewählt wird,
2. die Persönlichkeit des Kandidaten nach
a) fachlichem Können,
b) charakterlichen Eigenschaften, die die Leistungsfähigkeit bedingen, und
c) die Leistungsbereitschaft.

17. Kapitel Auswahl

664 II. Als *Mittel der Erkenntnis* kommen in Frage:
1. der persönliche Eindruck, der insbesondere in einem Gespräch mit dem Bewerber gewonnen werden kann,
2. Selbstauskünfte (Lebenslauf, Mitteilungen über Interessen, Wünsche, Vorstellungen, Beantwortung von Fragebogen),
3. mündliche und schriftliche Auskünfte,
4. Fachprüfungen, sowie die darauf erteilten Zeugnisse,
5. die bisher geleistete Arbeit des Bewerbers,
6. Leistungs- und Charaktertests.

665 III. Am zuverlässigsten wird die Beurteilung, wenn alle diese Mittel zur Verfügung stehen. Das ist jedoch regelmäßig nicht der Fall. Insbesondere verursacht ihre Beschaffung zuweilen einen Aufwand, der nicht immer im rechten Verhältnis zum Ergebnis steht. Es ist daher notwendig, den Wert der einzelnen Mittel zu klären.
1. Wichtig ist regelmäßig der *persönliche Eindruck,* ohne den niemals eine Entscheidung getroffen werden sollte.
2. Aufschlußreich sind oft *Selbstauskünfte,* mögen bei ihnen auch stets subjektive Färbungen vorhanden sein.
3. Inwieweit *Fremdauskünfte,* insbesondere Empfehlungen wertvoll sind, hängt von ihrer Ausführlichkeit und der Auskunftsperson ab; oft ist für den Personalsachbearbeiter am wichtigsten, zu welcher Frage geschwiegen wird. Problematisch bleibt stets, ob der Auskunfterteilende angesichts zumeist früher bestehender persönlicher Beziehungen die Auskunft gefärbt hat. Überhaupt fehlen allzu oft Informationen über den Informanden und damit wesentliche Elemente der Bewertung einer Auskunft.
4. Unerläßlich sind *Fachprüfungen,* die regelmäßig allerdings nicht von der einstellenden Behörde abgenommen werden, sondern von besonderen Prüfungskommissionen. Für sie gilt, daß Zufallsergebnisse nicht ausgeschlossen sind, daß Kandidaten nach einer intensiven Prüfungsvorbereitung in eine Prüfungspsychose geraten, in der eine objektive Ermittlung ihres Leistungsstandes nicht möglich ist, während andererseits »Prüfungstypen« befähigter erscheinen als sie es tatsächlich sind. Auch kann die beschränkte Zahl von Aufgaben, die in der Prüfung gestellt werden, ein Zufallsbild ergeben. Daher ist das Prüfungsergebnis keineswegs wichtigstes Erkenntnismittel, sondern nur ein Anhalt.
5. Dagegen ist den Arbeiten, die der Bewerber vor der Einstellung erbracht hat, besondere Bedeutung beizumessen. Die Einrichtung des *Vorbereitungsdienstes* ist daher entscheidend für eine sachgerechte Beurteilung; dasselbe gilt für die Arbeit während der *Probezeit.* Allerdings sind hier subjektive Einflüsse nicht ausgeschlossen, da der Beurteilende und der Beurteilte in einer größeren menschlichen Nähe zu stehen pflegen und nicht selten Gefälligkeitsbeurteilungen erteilt werden. Daher ist eine Ergänzung durch objektive Maßstäbe notwendig.

B. Im Mittelpunkt der Diskussion um Probleme einer objektiven Personalauslese **666**
steht die Frage nach *psychologischen Eignungsprüfungen.*

I. Derartigen Prüfungen kommt eine Ergänzungsfunktion zu. Das System der Personalauslese hat ohne die Eignungsprüfungen nur Mittel, bei denen subjektive Einflüsse kaum auszuschalten sind oder die sich ausschließlich auf die fachliche Befähigung beziehen, nicht aber auf die menschlichen Eigenschaften. Dabei kommt diesen Eigenschaften besonders große Bedeutung für die Eignung zu. Lücken im Fachwissen kann man ergänzen, charakterliche Mängel sind regelmäßig unheilbar. Unter den Charaktereigenschaften spielt Intelligenz eine wichtige Rolle, daneben müssen andere, ebenso wichtige Eigenschaften wie z.B. Kontaktfähigkeit, Gerechtigkeit, Energie, Ausdauer, Belastbarkeit, Fleiß, Gewissenhaftigkeit und Zivilcourage stehen.

II. Derartige Eigenschaften können weitgehend durch psychologische Eignungsprüfungen erkannt werden.
1. Die Psychologie hat eine Reihe von Methoden und Mitteln hierzu entwickelt. Allerdings bedarf es ihres sachgerechten Einsatzes. Sie gehören in die Hand des Fachpsychologen, der sie nur dann wirksam handhaben kann, wenn er über die Anforderungen des Amtes, für das ein Kandidat vorgesehen ist, hinreichend informiert ist.
2. Die psychologischen Eignungsprüfungen stehen in Deutschland aus mehreren Gründen in einem schlechten Ruf: Die Amerikaner bedienen sich derartiger Methoden in einem Übermaß; dabei werden z.T. auch *Tests* verwandt, die ungeeignet sind. Für den Nichtfachmann ist nicht einsichtig, mit welchem Recht der Psychologe aus dem Verhalten des Kandidaten allgemeine Schlüsse auf den Charakter zieht. Da ihm die Verantwortung für die Einstellung des Kandidaten zufällt, muß er aufgrund von Gutachten, die er nicht versteht, entscheiden. Bei den Kandidaten besteht eine Abneigung gegen die »Durchleuchtung« des Charakters mit Hilfe von Tests, denen sie nicht trauen.

III. Es ist nicht zu leugnen, daß die psychologischen Eignungsprüfungen Gefahren in sich bergen, daß sie niemals allein angewandt werden können, sondern nur als Ergänzung zu anderen Mitteln, daß ihre sachgerechte Anwendung nicht einfach ist. Mit diesen Beschränkungen allerdings sind sie ein Mittel, das verstärkte Anwendung in der deutschen Verwaltung verdient. Mit ihnen können zwar hochbegabte Mitarbeiter kaum herausgefunden, wohl aber ungeeignete von vornherein ausgeschieden werden, ehe sie in teure Ausbildungsgänge übernommen oder in eine Stellung gebracht werden, aus denen sie aus rechtlichen oder sozialen Gründen nur schwer wieder zu entfernen sind.

17. Kapitel Auswahl

§ 76 Wahl

Schrifttum: *M. Fellner,* Vorurteile im Kreis und Umkreis der Verwaltung, in: DVBl. 1960, 657 ff.; *R.R. Grauhan,* Politische Verwaltung – Auswahl und Stellung der Oberbürgermeister als Verwaltungschefs deutscher Großstädte, 1970; *ders.,* Die Wahl auswärtiger Bewerber zu Oberbürgermeistern, in: ArchKomWiss 1962, 93 ff.; *H. Görg,* Die kommunalen Wahlbeamten, in: HKWP Bd. II, S. 83 ff.; *H. Lambert,* Das hauptamtliche kommunale Wahlamt und seine Vereinbarkeit mit dem Mandat in einer Volksvertretung, Diss.iur. Köln, 1969; *E. Pappermann,* Kommunale Wahlbeamte, in: ZBR, 1968, S. 297 ff.; *W. Unger,* Abwahl und Beamtenrecht, in: DÖV 1971, S. 699 ff.; *K. Zeitler,* Wahl und Abberufung der kommunalen Wahlbeamten, in: RiA 1962, S. 148 ff.

667 A. Die *Personalauslese* geschieht im wesentlichen im Wege der *Kooptation* durch den Beamtenstand selbst. Die Auswahl der jungen Anwärter ist ausschließlich eine Frage, die durch Beamte im administrativen Wege geschieht – anders als teilweise bei den Richtern, die im Bund und in einigen Ländern durch Richterwahlausschüsse unter parlamentarischer Beteiligung gewählt werden. Da die Inhaber höherer Posten regelmäßig aus den Inhabern der nächstniederen Posten genommen werden, setzt sich dieser Einfluß der Kooptation bis in die Spitzenstellungen fort, selbst wenn die Inhaber der Spitzenstellen unter Einfluß politischer Gremien ausgewählt werden.

Dieses Verfahren der Kooptation ist weder an sich gut, noch an sich schlecht, sondern jeweils so gut und so schlecht wie die Beamtenschaft selbst. Sein Einfluß darf aber keinesfalls überschätzt werden, da die prägende Kraft einer jahrzehntelangen Tätigkeit nicht spurlos an den auswählenden Spitzenbeamten vorübergeht und auch deren Auswahlentscheidungen beeinflußt.

668 B. Spitzenbeamte der kommunalen und sonstigen Selbstverwaltungsträger werden durch *Wahl* bestimmt. Zuständig sind regelmäßig die *Vertretungskörperschaften.* Auch die Gremien können nur wählen, wenn sie die erforderlichen Ermittlungen angestellt haben. Das oben (Rdnr. 660 ff.) Gesagte gilt auch für die Auswahl der Spitzenkräfte. Insbesondere gehört die persönliche Vorstellung, in der Regel auch ein Vortrag über das künftige Arbeitsgebiet zum Auswahlverfahren. Ein Kollegium, wie z.B. der Rat einer Stadt, bedarf zur Vorbereitung der Wahl eines Ausschusses, der die Bewerbungsunterlagen für den Rat aufbereitet.

669 C. Im Gegensatz zur Wahl durch eine Vertretungskörperschaft wirft die *Wahl durch das Volk,* wie sie in Bayern und in Baden-Württemberg für die Bürgermeister und Landräte vorgeschrieben ist, grundsätzliche Fragen auf. Dieses Verfahren scheint auf den ersten Blick glücklich zu sein, weil es besonders demokratisch ist. Die Nachteile dürften jedoch überwiegen. Es geht bei kommunalen Spitzenbeamten um Beamte, bei denen es in erster Linie auf die fachliche und charakterliche Eignung, nicht dagegen auf die politische Richtung ankommt. Die Eignung

kann aber der Bürger nicht in dem Maße erkennen, wie die Vertretungskörperschaft und der ihre Entscheidung vorbereitende Ausschuß. Öffentliche Vorstellungen von Kandidaten sind kaum geeignete Veranstaltungen, um fachliche Eignung zu präsentieren.

Die Volkswahl von Spitzenbeamten führt nur deshalb nicht zu unbrauchbaren Ergebnissen, weil sie durch die Parteien – die durch die unmittelbare Wahl gerade ausgeschaltet werden sollten – vorbereitet werden. Aber auch die Parteien werden hier eher dazu verleitet, den Typ des Volkstribunen dem des Fachmannes vorzuziehen. Jedenfalls aber bedarf die Wahl von Spitzenbeamten durch das Volk längerer Wahlperioden, damit der Beamte eher wagen kann, auch unpopuläre Maßnahmen, die immer wieder erforderlich sind, zu treffen. Allerdings ist die Stellung des gewählten Spitzenbeamten gegenüber der Vertretungskörperschaft stärker; das ist solange von Vorteil, als man unterstellt, daß von dieser Körperschaft in stärkerem Maße unsachliche Einflüsse ausgehen als von dem Wahlvolk.

18. Kapitel   Vorbildung, Ausbildung, Fortbildung

§ 77   Vorbereitungsdienst

Schrifttum: Vgl. vor §§ 5, 69; ferner: *D. Berndt*, Wirtschaftswissenschaftler in der Laufbahn des höheren allgemeinen Verwaltungsdienstes, in: DÖV 1964, 550 ff.; *P. Breitenstein*, Die theoretische Ausbildung zum gehobenen allgemeinen nichttechnischen Verwaltungsdienst auf der Schwelle zwischen Verwaltungsschule und Fachhochschule, in: StKomVerw 1973, S. 227 ff.; *E. Breuckmann*, Die Vorbereitung auf den höheren Verwaltungsdienst, 1965; *G. Brinkmann*, Die Diskriminierung der Nichtjuristen im allgemeinen höheren Verwaltungsdienst der BRD, in: ZfStW 129 (1973) 150 ff.; *P. Doll – R. Jenner*, Die Einbeziehung der Ausbildung zum gehobenen allgemeinen Verwaltungsdienst in den Fachhochschulbereich, in: StKomVerw 1969, S. 3 ff.; *M. Drexelius*, Probleme der Referendarausbildung in der Verwaltung, in: Recht und Politik, 1974, S. 88 ff.; *H. G. Friedrich*, Regierungsreferendariat in Berlin, in: DÖV 1971, S. 553 f.; *W. Kettler*, Fachhochschule für Verwaltung. Ressortgebundene oder ressortübergreifende Lösung? in: ZBR 1975, 7 ff.; *D. Kummer*, Zur Verwaltungsausbildung im juristischen Vorbereitungsdienst, in: DÖV 1976, 145 ff.; *H. Müller*, Die Ausbildung des gehobenen nichttechnischen Verwaltungsdienstes der inneren Verwaltung, in: ZBR 1976, 42 ff.; *ders.*, Probleme der Neuordnung der Ausbildung im gehobenen nichttechnischen Dienst, in: StKomVerw. 1973, S. 20 ff.; *E. Quambusch*, Zur pädagogischen Situation und Reform der Verwaltungsschulausbildung für den allgemeinen gehobenen Beamtendienst, in: ZBR 1975, 9 ff.; *W. Thieme*, Die Verwaltungsstationen in der Referendarausbildung, in: DÖV 1963, S. 494 ff.

18. Kapitel   Vorbildung, Ausbildung, Fortbildung

670   **A.** Unter den Methoden der *Personalausbildung* steht in der deutschen Verwaltung der *Vorbereitungsdienst* im Vordergrund. Er wird für alle Laufbahnen in unterschiedlicher Länge und Ausgestaltung gefordert. Ihm voraus geht eine bestimmte Schulbildung, beim höheren Dienst außerdem eine *Hochschulausbildung* sowie beim gehobenen Dienst für bestimmte Speziallaufbahnen eine *Fachausbildung*, z.T. an *Fachhochschulen*. Der Vorbereitungsdienst trägt gleichzeitig Merkmale der Ausbildung und der Einführung in die spätere Tätigkeit durch Teilnahme an den Dienstgeschäften. Die Ausbildung hat im gehobenen Dienst einen stärker theoretischen Charakter; für gewisse Zeitabschnitte werden die Bewerber auf *Schulen* lehrgangsmäßig ausgebildet. Die *praktische Tätigkeit* von der nur beobachtenden Teilnahme an den Amtsgeschäften bis hin zur teilweise selbstverantwortlichen Tätigkeit in den letzten Stationen. Regelmäßig führt der Vorbereitungsdienst durch mehrere unterschiedliche Arbeitsgebiete und Behörden, um dem Bewerber einen möglichst vielseitigen Einblick und eine größere Verwendbarkeit zu geben. Den Abschluß bildet eine Laufbahnprüfung.

671   **B.** I. Dieses System hat – richtig angewandt – unbestreitbare *Vorteile*. Es ermöglicht eine systematische, praktische und theoretische Schulung, es ermöglicht ein stetes Fortschreiten in der Ausbildung, es ermöglicht eine vielseitige Ausbildung, es ermöglicht ein Erkennen der ungeeigneten Bewerber und eine frühzeitige Entlassung, wenn der Ausbildungserfolg nicht erwartet werden kann. Die Zeugnisse, die in den einzelnen Stationen erteilt werden, werden kontrolliert und objektiviert durch die Abschlußprüfung von einer Kommission, deren Mitglieder mit den ausbildenden Beamten nicht identisch sind.

672   II. Ein Funktionieren dieses Systems setzt allerdings voraus, daß die Chancen, die es bietet, hinreichend genutzt werden. Insbesondere bedarf es einer intensiven und gut organisierten Ausbildung. Hieran fehlt es oft noch. Nicht selten werden die Beamten im Vorbereitungsdienst entweder weitgehend sich selbst überlassen oder als Hilfsarbeiter für Routinesachen genutzt. Sie erhalten dann nicht die nötige Vielseitigkeit. Das Übel liegt daran, daß die *Ausbilder* für ihre Ausbildungstätigkeit nicht immer hinreichend von anderen Arbeiten befreit werden und nicht in die Methodik des Ausbildens eingewiesen werden. Dadurch sind die Zeiten des Vorbereitungsdienstes z.T. länger als nötig. Die Verwaltung benötigt Inspekteure für die Ausbildung, deren Aufgabe vor allem darin bestehen müßte, mit den Ausbildern den Plan der Ausbildung zu besprechen und die Ausbilder ständig zu beraten.

673   **C.** Besonderer Erwägungen bedarf der Vorbereitungsdienst für die Beamten des *allgemeinen höheren Verwaltungsdienstes*.

I. Zwei Wege stehen zur Verfügung:
1. Regelmäßig wird nach einem juristischen Studium das *gemeinsame Referen-*

dariat für Richter, Staatsanwälte, Rechtsanwälte, Notare, Wirtschaftsjuristen und Verwaltungsbeamte durchlaufen. Die auf das Referendariat folgende Große Staatsprüfung eröffnet den Weg zu allen diesen Berufen.

2. Daneben gibt es im Bund und in einigen Bundesländern den Weg vom wirtschafts- oder sozialwissenschaftlichen Studium zu einem sog. *Wirtschaftsreferendariat*. Es gibt eine Ausbildung nur in der Verwaltung und in der Wirtschaft. Die anschließende Große Staatsprüfung öffnet ebenfalls den Weg zum allgemeinen höheren Verwaltungsdienst.

II. Diese Wege sind für die Praxis nicht ausreichend. 674

1. Das Referendariat für die Juristen führt zu zahlreichen sehr unterschiedlichen Berufen, die verschiedene Aufgaben haben und daher auch unterschiedliche Anforderungen an den Ausbildungsgang stellen. Auch nach der Reform der Ausbildung von 1972/73 ist die Verwaltungsstation noch so kurz, so daß der Referendar nicht gründlich genug für Verwaltungsaufgaben ausgebildet wird. Die Ausbildung berücksichtigt die *Bedürfnisse der Justiz* wesentlich mehr als die *der Verwaltung*.

2. Der Verwaltungsbeamte hat eine Aufgabe, die sich von der des Richters unterscheidet. Die optimale Lösung liegt daher in einem besonderen Vorbereitungsdienst für die Verwaltungsbeamten. Je mehr die moderne Verwaltung Aufgaben der Daseinsvorsorge und der Planung übernimmt, desto drängender wird diese Forderung. Der Hinweis auf die Rechtsstaatlichkeit und ihre Bedürfnisse, mit denen das bisherige System verteidigt wird, ist deutlich die Reaktion auf die besonderen Erfahrungen des Unrechtsstaats von 1933 bis 1945, die weder repräsentativ noch in die Zukunft weisend sind. Die Aufhebung des Regierungsreferendariats und die Ausbildung der Verwaltungsbeamten bei den Gerichten in der Weimarer Zeit hat im übrigen die darauffolgende Rechtskatastrophe nicht zu hindern vermocht, eher sogar begünstigt, weil den justizmäßig ausgebildeten Verwaltungsbeamten der Blick für die Möglichkeiten und Techniken verfassungswidriger Machtausübung fehlte. 675

3. Kein legitimes Argmument ist der Wunsch der jungen Juristen, die *Berufsentscheidung* möglichst lange hinauszuschieben und möglichst viele berufliche Möglichkeiten zu haben. Die Bindung an den Staat, die für den höheren Verwaltungsbeamten ohne Befähigung zum Richteramt behauptet wird, besteht nicht wegen der speziellen Ausbildung des Regierungsassessors, sondern wegen des Versorgungssystems, das diese Bindung gerade erzeugen will und soll (Rdnr. 732). Tüchtige Verwaltungsbeamte, die nicht nur Rechtskenntnisse haben, sondern gelernt haben, eine Organisation zu leiten und zugleich wirtschaftlich zu denken, so wie es eine moderne Ausbildung erfordert, finden in der Wirtschaft eher eine angemessene Stellung, wenn sie sich vom Staat trennen wollen, als Nur-Juristen, die die Wirklichkeit vor allem aus den Akten kennenlernen. 676

4. Das bisherige Verfahren, die Verwaltungsbeamten auch zu Richtern auszubilden, also eine Ausbildung für zwei verschiedene Berufe zu geben, verlängert 677

18. Kapitel   Vorbildung, Ausbildung, Fortbildung

den Ausbildungsweg unnötig. Es ist ein unvertretbarer Luxus, den sich die Verwaltung leistet, und führt dazu, daß die Verwaltungsbeamten zu alt werden, ehe sie in verantwortliche Stellungen kommen.

678   5. Es ist schwer verständlich, warum der neue Ausbildungsweg für Wirtschafts- und Sozialwissenschaftler zum allgemeinen Verwaltungsdienst den Juristen verschlossen ist. Das, was den Juristen an Wirtschaftskenntnissen fehlt, braucht nicht gravierender zu sein als das, was den Wirtschaftswissenschaftlern an Rechtskenntnissen mangelt. Eine Öffnung dieser Laufbahn auch für Juristen könnte eine sinnvolle Regelung sein, die es nicht ausschließt, daß außerdem – wie bisher – auch geeignete Gerichtsassessoren in die Verwaltung übernommen werden, soweit die Zahl der Bewerber für den speziellen Verwaltungsvorbereitungsdienst nicht reicht.

679   D. I. Im Wandel befindet sich heute *die Ausbildung für den gehobenen Dienst*. Der Anwärter wurde bisher in drei Jahren abwechselnd an der Verwaltungsschule und in der Praxis auf seinen Beruf vorbereitet. Nachdem die Beamten des gehobenen technischen Dienstes heute ausnahmslos an Fachhochschulen ausgebildet werden, und nachdem die Aufgaben des gehobenen Dienstes auf vielen Dienstposten schwieriger und komplizierter geworden sind, wird vom Gesetz auch für den allgemeinen nichttechnischen gehobenen Dienst eine Fachhochschulausbildung gefordert.

680   II. Dabei ist strittig, ob es besser ist, eine *verwaltungsinterne* oder eine *verwaltungsexterne Fachhochschule* zu schaffen. Für beide Lösungen sprechen Gründe. Die verwaltungsinterne Fachhochschule sichert besser die Berufsbezogenheit der Ausbildung. Sie dürfte auch effizienter ausbilden, weil Dozent und Student hier enger in die Verwaltungshierarchie eingebunden sind. Die verwaltungsexterne Fachhochschule verspricht einen breiteren Horizont zu geben, mehr Kontakte mit anderen Wissenschaften und die Schaffung innovationsfreudigerer Beamter. Sie ist auch mit dem Problem der Gesamthochschule verknüpft, d.h. mit dessen großen Ungewißheiten. Irgendwelche Erfahrungen darüber, welches System besser ist, liegen noch nicht vor.

681   E. Der Erwähnung bedarf auch die Einrichtung des *Verwaltungslehrlings*. Es handelt sich um Schulabgänger (Haupt- oder Realschule), die eine dreijährige Lehrzeit in der Verwaltung durchmachen und danach grundsätzlich in das Angestelltenverhältnis im öffentlichen Dienst, bei besonderer Bewährung in das Beamtenverhältnis im mittleren Dienst übernommen werden können. Verwaltungslehrlinge werden insbesondere in der Kommunalverwaltung eingestellt, wo die Besten von ihnen die Möglichkeit haben, in den gehobenen Dienst oder durch Wahl in Spitzenstellungen kleinerer und mittlerer Gemeinden und Kommunalverbände einzurücken.

§ 78 Universitätsausbildung

Schrifttum: Vgl. vor §§ 5, 77; ferner: *W. Bleek,* Von der Kameralausbildung zum Juristenprivileg, 1972; *E. Breuckmann,* Die Vorbereitung auf den höheren Verwaltungsdienst, Schriften HSch Speyer 28, 1965; *G. Brinkmann/W. Pippke/W. Rippe,* Die Tätigkeitsfelder des höheren Verwaltungsdienstes, 1973; *W. Brohm,* Gegenwärtige Tendenzen in der Reform der Juristenausbildung, in: DRiZ 1974, S. 273 ff.; *G. Brunner,* Die Anforderungen der Kommunalverwaltung an ein Verwaltungsstudium, in: StT 1975, S. 74 ff.; *C. v. Delbrück,* Eine Ausbildung für den höheren Verwaltungsdienst in Preußen, 1971; Gutachten über die juristische Ausbildung unter besonderer Berücksichtigung der Verwaltung, 1965; *H. W. Laubinger,* Doktor der Verwaltungswissenschaft, in: DÖV 1971', S. 552 f.; *K. Lenk,* Juristen in der öffentlichen Verwaltung, in: Verwaltung 1975, 277 ff.; *W. Linder/H. Treiber,* Verwaltungsreform als Ausbildungsreform, 1976; *H. F. Lorenz,* Anforderungen an eine verwaltungswissenschaftliche Ausbildung als Vorbereitung auf eine öffentliche Verwaltungstätigkeit, in: ZBR 1970, S. 37 ff.; *F. Mayer,* Die Verwaltungslehre als Studien- und Prüfungsfach für die Juristenausbildung an den deutschen Universitäten, in: Festschr. f. *Forsthoff,* 1972, S. 241 ff.; *W. Pippke,* Karrieredeterminanten in der öffentlichen Verwaltung, 1975; Probleme der juristischen Ausbildung in der Verwaltung; Schriften, HSch Speyer, Bd. 17, 1963; *H. W. Scheerbarth,* Zum Curriculum für die Ausbildung im öffentlichen Dienst, in: ZBR, 1970, S. 376 ff.; *H. Schröder,* Die Stellung des Fachs »Verwaltungslehre« in den neuen Ausbildungs- und Prüfungsordnungen, in: DÖV 1973, S. 193 ff.; *W. Thieme,* Rechtsstudium oder Verwaltungsstudium, in: DÖV 1962, S. 521 ff.; ders., Verwaltungsausbildung in der Gesamthochschule, in: DÖV 1972, S. 632 ff.; *C. H. Ule,* Rechtsstaatliche Forderungen an die Ausbildung der Verwaltungsbeamten, in: Schriften HSch Speyer, Bd. 13, 1962, 173 ff.

A. Soweit ein *akademisches Studium* für die Verwaltungsbeamten erforderlich oder wünschenswert ist, stellt sich die Frage, welcher Studienweg zu wählen ist. Für die Beamten der Sonderverwaltungen, z.B. der Bau- und Medizinalverwaltung, ist das problemlos. Die Frage taucht bei den Beamten des allgemeinen Verwaltungsdienstes, den Generalisten, auf. Hier geht es um die Frage, ob das bisherige *»Juristenmonopol«* zu bejahen ist. Zwar hat nie ein Juristenmonopol in dem Sinne bestanden, daß nur Juristen in den höheren Verwaltungsdienst treten können. Praktisch aber sieht es so aus, daß die leitenden Stellen, in denen es auf spezifische Fachkenntnisse nicht ankommt, sondern auf die ausschließliche Wahrnehmung der Leitungsfunktion (Rdnr. 572 ff.), von Juristen eingenommen werden.

682

B. Da die Inhaber der Leitungsfunktion, um deren Erfüllung es in erster Linie geht, nur zum geringen Teil juristische Entscheidungen zu treffen haben, von ihnen vielmehr in erster Linie eine spezifisch administrative Tätigkeit verlangt wird, stellt sich die Frage, ob nicht für sie ein *verwaltungswissenschaftlicher Studiengang* an den Universitäten vorgeschrieben werden sollte.

683

I. Daß die Verwaltungswissenschaft lehrbar ist, daß sie dem künftigen Verwaltungsbeamten notwendiges Wissen und Können vermittelt, war bereits gezeigt worden (Rdnr. 27 ff.). Auch die ausländischen, insbesondere die amerikanischen Erfahrungen beweisen das.

684 II. Gleichwohl werden auch *Bedenken* gegen die Einführung eines eigenständigen verwaltungswissenschaftlichen Studienganges formuliert.

1. Die Verwaltungswissenschaften seien in Deutschland noch jung. Sie seien gerade erst dabei, ein System zu entwickeln. Ihre Methoden seien noch keineswegs voll ausgebildet. Gegenstand des akademischen Studiums sollte aber nur ein Zweig sein, der nach System und Methode voll gefestigt ist. Es komme mehr darauf an, daß der Student an irgendeiner Materie wissenschaftlich arbeiten lernt, als daß er sich auf der Universität bereits mit dem Gegenstand seiner späteren Tätigkeit beschäftigt.

2. Die heutige Verwaltungstätigkeit enthalte sehr viele Entscheidungen, die Rechtskenntnisse verlangen. Ohne eine solide Kenntnis des bürgerlichen und des öffentlichen Rechts käme der Verwaltungsbeamte auch dann nicht aus, wenn die Verwaltungswissenschaften voll ausgebildet wären. Es sei fraglich, ob neben dem Erwerb der verwaltungswissenschaftlichen Kenntnisse noch Zeit genug bleibe, um die nötigen Rechtskenntnisse zu erwerben. Es sei zu fragen, ob das Ergebnis nicht zwei Halbheiten wären.

3. Der Verwaltungsbeamte müsse zum Entscheiden erzogen werden. Er müsse die Technik des Zustandekommens von Entscheidungen lernen. Es sei nicht sicher, daß in der Verwaltungslehre hinreichend geeignete Fälle gebildet werden könnten, an denen während des Studiums das Entscheiden geübt werden kann. Nicht auszuschließen sei die Gefahr, daß die Ausbildung in der Verwaltungslehre entweder vordergründig-technische Banalitäten bringt, oder sich in einem nutzlosen Theoretisieren verliert.

685 C. Es ist daher zu prüfen, ob es nicht zweckmäßig ist, das *juristische Studium wie bisher als Grundlage der Verwaltungsausbildung* bestehen zu lassen.

I. Außer der Tatsache, daß der Verwaltungsbeamte in großem Umfange auch juristische Erwägungen anstellen muß, daß bei fast jeder Entscheidung – neben vielen anderen Erwägungen – auch juristische Argumente eine Rolle spielen, hat gerade die Beschäftigung mit dem Recht einen spezifischen Nutzen für den Verwaltungsbeamten. Die juristische Auslegungsmethode mit dem historischen, systematischen und teleologischen Argument schafft die Fähigkeit zu einer vielseitigen Betrachtung aller Probleme. Die Notwendigkeit einer Erwägung des pro und contra taucht auch in der täglichen Arbeit des Verwaltungsbeamten auf. Wichtig ist auch das Erlernen des fairen Verfahrens, das zur Entscheidung hinführt. Schließlich gibt das Rechtsstudium wie kaum ein anderes die Möglichkeit der Bildung konkreter Fälle, an denen unter Verwendung des theoretisch Gelernten die praktische Anwendung geübt werden kann.

§ 78 *Universitätsausbildung*

II. Der unbestreitbare *Nutzen der Rechtsausbildung* für den Verwaltungsbeamten kann nicht darüber hinwegtäuschen, daß in diesem Studium wesentliche Elemente fehlen, die für den Verwaltungsbeamten wichtig sind. Daher kann ein Rechtsstudium für Verwaltungsbeamte nur gutgeheißen werden, wenn die spezifischen Bedürfnisse der Verwaltung ergänzend zum Tragen kommen, insbesondere wenn auch Verwaltungslehre und andere Zweige der Sozialwissenschaften in den Studienplan einbezogen werden, wenn weiter im Vorbereitungsdienst die Bedürfnisse der Verwaltung befriedigt werden. 686

D. Die *Wirtschaftswissenschaften* als mögliche Grundlage des Studiums für den allgemeinen Verwaltungsbeamten werden zuweilen überschätzt. Die zahlreichen Beziehungen zwischen Wirtschaft und Verwaltung (Rdnr. 255 ff.) sollen dabei nicht gering geschätzt werden. Ebenso wenig soll die Notwendigkeit des wirtschaftlichen Denkens von Verwaltungsbeamten verkannt werden. Gleichwohl ist aber zu betonen, daß Verwalten etwas anderes ist als Wirtschaften. Es besteht die Gefahr, daß der nur wirtschaftlich vorgebildete Verwaltungsbeamte primär die ökonomischen Gesichtspunkte sieht und nicht erkennt, daß es beim Verwalten in erster Linie um die Gestaltung der gesellschaftlichen Verhältnisse insgesamt innerhalb einer vorgegebenen politischen Ordnung geht. Es wäre genauso gut denkbar, daß der künftige Verwaltungsbeamte Politik, Geschichte oder Sprachen studiert, so wie es bei den Anwärtern für den auswärtigen Dienst möglich ist. 687

E. Aus dieser Erkenntnis gibt es heute einige Ansätze zu einem mehr *verwaltungsbezogenen Universitätsstudium*. 688

I. Nachdem allgemein im juristischen Studium Wahlpflichtfächer eingeführt worden sind, ist auch eine Wahlfachgruppe gebildet, die Verwaltungslehre als Schwerpunkt hat. Praktisch kann daher heute an fast allen Universitäten Verwaltungslehre als Examensfach studiert werden.

II. Auch die Politologen und Wirtschaftswissenschaftler haben heute an vielen Universitäten die Möglichkeit, in ihren Fakultäten (Fachbereichen) an verwaltungswissenschaftlichen Lehrveranstaltungen teilzunehmen. Sie können sich daher dadurch für den Zugang zum höheren allgemeinen Verwaltungsdienst (über das sog. Wirtschaftsreferendariat, Rdnr. 673) qualifizieren.

III. Versuche mit einem vollständigen verwaltungswissenschaftlichen Studiengang sind an der Universität Konstanz gemacht worden. Die Zeit dürfte noch zu kurz sein um zu sagen, ob die dortigen Versuche insgesamt erfolgreich verlaufen sind.

IV. Im Rahmen der Hochschulausbildung für Berufsoffiziere an besonderen Hochschulen der Bundeswehr Hamburg und München besteht im Rahmen eines

18. Kapitel   Vorbildung, Ausbildung, Fortbildung

wirtschafts- und organisationswissenschaftlichen Studienganges die Möglichkeit, als Schwerpunkt Verwaltungswissenschaft zu wählen.

V. Ein verwaltungswissenschaftliches Hochschulstudium als Ergänzungsstudium, insb. für Referendare ist an der Hochschule für Verwaltungswissenschaften in Speyer eingerichtet. Hier besteht sogar die Möglichkeit, zum Doktor der Verwaltungswissenschaft zu promovieren.

689 F. Ein *verwaltungswissenschaftlicher Studiengang* müßte nach den heutigen Erkenntnissen, die einerseits auf einer Analyse der Berufsfelder beruhen und andererseits die didaktischen Notwendigen berücksichtigen, eine sozialwissenschaftliche Ausbildung vermitteln, die neben allgemeinen Problemen der Sozialwissenschaft spezielle Verwaltungsprobleme bringt. Dabei ist insb. die politische, die gesellschaftliche, die wirtschaftliche und – mit einem Schwerpunkt – die rechtliche Dimension zu berücksichtigen. Wesentliches Anliegen mußte es sein, neben dem erforderlichen Wissen die Fähigkeit zum rationalen Entscheiden zu vermitteln.

§ 79   Ausbildung von Führungskräften

Schrifttum: Vgl. vor §§ 77, 78; ferner: *K. Bleicher/D. Wiek,* Die Bestimmung von Lehrinhalten bei der Fortbildung von Führungskräften in Wirtschaft und Verwaltung, in: Verw. u. Fortb. 1974, S. 95 ff.; *D. J. Blum,* Gedanken zur Errichtung und Ausgestaltung einer deutschen Verwaltungsakademie, in: ZBR 1966, S. 261 ff.; *O. Hongler,* Erfahrungen mit der Ausbildung von Führungskräften, Mitt. KGSt. Sonderdruck, Juni 1966; *W. Kelm,* Zur Fortbildung kommunaler Führungskräfte aus perspektiver Sicht, in: StT 1967, S. 301 ff.; *E. Kern,* Fortbildungslehrgänge für Verwaltungsführung und zur Vorbereitung auf die Verwendung im internationalen Dienst, in: DÖV 1967, S. 552 f.; *ders.,* Führungsfortbildung, in: KomWirtsch. 1967, S. 290 ff.; *R. Kohlrust,* Zur Ausbildung der Führungskräfte in der Verwaltung, in: DVBl. 1966, S. 521 ff.; *G. Langensiepen,* Zur Qualifikation des leitenden Verwaltungsbeamten, in: DVBl. 1966, 918 ff.; *Lehmann-Grube,* Oberbürgermeister und Oberstadtdirektoren auf der Schulbank, in: StT., 1967, 121 ff.; *H.F. Lorenz,* Fortbildung von Beamten in Führungspositionen, in: Konstanzer Blätter für Hochschulfragen, Nr. 25, Dez. 1969, S. 37 ff.; *M. Neuffer,* Fortbildung für kommunale Führungskräfte, in: StT. 1965, 161 ff.

690 A. Die Aufgaben der Inhaber hoher Posten in der Verwaltung, etwa der Leiter von Mittel- und Oberbehörden oder Abteilungen in Ministerien, unterscheiden sich von denen der anderen Beamten des höheren Dienstes. Bei ihnen spielt der

Kontakt mit politischen Stellen eine größere Rolle, sie haben in hohem Maße eine Verantwortung für die Organisation der Behörde und die Planung der Arbeit, sie sind oft Dienstvorgesetzte und müssen Entscheidungen in Personalfragen treffen.

B. I. Die für derartige Ämter zu fordernden Eigenschaften sind in erster Linie menschliche Eigenschaften, eine *Persönlichkeitsfrage;* sie können nicht gelehrt und gelernt werden.

II. Die notwendigen Fähigkeiten lassen sich jedoch insoweit durch Lernen erwerben, als es sich um Verständnis von Zusammenhängen, um positive Kenntnisse und um Techniken handelt, deren die Führungskräfte in der Verwaltung oft bedürfen.
1. Weitgehend werden derartige Fähigkeiten in der Routine gelernt. Der aufmerksame Beamte sieht, wie es der Vorgesetzte macht oder auch was er falsch macht, und zieht daraus Folgerungen, wenn er selbst ein solches Amt erhält.
2. Gerade von denjenigen Beamten, die Führungsstellen erreichen, darf man erwarten, daß sie an sich selbst arbeiten, um die für diese Stellen erforderlichen, erlernbaren Fähigkeiten zu gewinnen. Wenn sie es nicht tun, so ist das ein Indiz dafür, daß sie für jene Stellen weniger geeignet sind.

III. Trotz dieser Zusammenhänge erscheint es notwendig, *Führungskräfte auszubilden.* **691**
1. Gewisse Fragenkomplexe bekommen Beamte, die nach ihren Leistungen für Führungsstellen geeignet erscheinen, erst zu Gesicht, wenn sie die volle Verantwortung in der Führungsstelle tragen. Dann haben sie in der Regel keine Zeit, sich damit intensiv zu befassen.
2. Die Belastung des täglichen Dienstes ist oft gerade bei besonders qualifizierten jüngeren Beamten so groß, daß sie keine Muße finden, grundsätzlichen und neuen Problemen nachzugehen und sich auf eine spätere leitende Stellung vorzubereiten.
3. Die Entwicklung schreitet so schnell voran, daß die besonderen Kenntnisse für Führungsaufgaben nicht vollständig in der Routine des Dienstes oder im Selbststudium erworben werden können.
Die Verwaltung muß ein dringendes Interesse daran haben, daß die Führungskräfte in jedem Falle das erforderliche Rüstzeug an Wissen und Können haben. Sie kann angesichts der Wichtigkeit dieser Posten kein Risiko eingehen, daß bei den Führungskräften Mängel auftreten.

B. I. Für die Organisation der Ausbildung von Führungskräften muß zunächst **692** die Vorfrage geklärt werden, nach welchem System Führungskräfte ausgewählt werden.
1. Oft wird der leitende Posten erst in einem späteren Alter erreicht. Das Durchlaufen aller Stufen der Besoldungsordnung, die »*Ochsentour«,* hat aber er-

18. Kapitel   Vorbildung, Ausbildung, Fortbildung

hebliche Nachteile. Die Führungsstellen werden dabei erst in einem Lebensalter erreicht, in dem der Schwung und die Fähigkeit, sich auf Neues einzustellen, schon weitgehend erloschen sind. Der ältere Beamte lebt aus der Vorstellungswelt seiner Jugend und projiziert sie nur allzu leicht in die Zukunft, die er gestalten muß.

2. Vorzuziehen ist daher, fähige junge Beamte schon frühzeitig für Führungsposten auszubilden und sie schon im fünften Lebensjahrzehnt, evtl. noch früher, mit derartigen Ämtern zu betrauen. In der Vergangenheit war Erfahrung ein Wert, der besonders hoch einzuschätzen war. Ohne die Bedeutung der Erfahrung für die heutigen Aufgaben zu gering zu schätzen, besteht doch in wesentlich höherem Maße die Notwendigkeit, neue Wege zu beschreiten, bei denen eine noch so große Erfahrung nicht weiterhilft.

693   II. Handelt es sich darum, junge Beamte für Führungsaufgaben auszubilden, so sprechen überwiegende Gründe dafür, das in *geschlossenen Kursen* an besonderen Einrichtungen zu tun.

1. Hierfür können an sich die Universitäten im Rahmen des sog. »*Kontaktstudiums*« in Frage kommen. Allerdings läßt die Überfüllung der Hochschulen keine Hoffnung, daß dieser Weg in absehbarer Zeit realisierbar ist.

2. Einen brauchbaren Weg hat die Bundesakademie für die öffentliche Verwaltung beschritten, die besondere Lehrgänge für Führungskräfte anbietet. Wichtig ist für das Gelingen einer derartigen Ausbildung, daß die hierfür ausgewählten Beamten hinreichend von anderen Pflichten befreit werden und daß der Inhalt der Ausbildung aufgabenbezogen ist.

694   III. Ob eine besondere *generalstabsähnliche Laufbahn* zweckmäßig ist, erscheint fraglich. Richtig ist es jedenfalls, die für Führungsaufgaben vorgesehenen Beamten schon frühzeitig als Gehilfen der Inhaber von Leitungsposten einzusetzen, ihnen durch Versetzung in unterschiedliche Behörden eine möglichst große Anschauung zu geben. Im Bundesstaat ist es wichtig, daß von der Möglichkeit der Versetzung zwischen Bund und Ländern Gebrauch gemacht wird. Der Bund sollte keinen Beamten in den Ministerien zum Referatsleiter oder höher aufsteigen lassen, der nicht längere Zeit in der Mittel- oder Unterinstanz die Ergebnisse der Ministerialarbeit am eigenen Schreibtisch verspürt hat. Entsprechendes gilt für die Länder.

§ 80   Fortbildung

Schrifttum: *O. V.*, betrifft: Bundesakademie für öffentliche Verwaltung, 1974; *C. Böhret*, Fortbildung als Mittel zur Verbesserung der Wandlungsfähigkeit der öffentlichen Verwaltung, in: Verw. u. Fortb. 1975, S. 119 ff.; *W. Correll*, Lernpsychologische Erkenntnisse für

§ 80 Fortbildung

die Fortbildung in der öffentlichen Verwaltung, in: Verw. u. Fortb. 1973, S. 81 ff.; *S. Engel*, Aus- und Fortbildung von Organisatoren in der Berliner *Verwaltung,* in: ZfO 1974, 462 ff.; Fortbildung des höheren Verwaltungsdienstes, Schriften HSch Speyer, Bd. 54, 1974; *G. Hartkopf,* Organisatorische und wirtschaftliche Voraussetzungen einer integrierten Fortbildung, in: Verw. u. Fortb. 1973, S. 19 ff.; KGSt. (Hrsg.), Fortbildung in der Kommunalverwaltung, 1974; *K.-H. Mattern,* Grundlinien zu einem System der dienstlichen Fortbildung, in: Verw. u. Fortb. 1974, S. 3 ff.; *W. Loschelder,* Die Fortbildung der Beamten des höheren Dienstes in der allgemeinen Verwaltung, in: Gedenkschr. *Peters,* 1967, S. 204 ff.; *K. Rüter,* Fortbildung der Verwaltungsbeamten des höheren Dienstes an der Hochschule für Verwaltungswissenschaften, Speyer, in: DVBl. 1972, S. 172 ff.; *W. Schwebbach,* Zur Frage der Wirtschaftlichkeit von Fortbildungsmaßnahmen im öffentlichen Dienst, in: Verw. u. Fortb. 1974, S. 123 ff.; Ber. Kom. Ref. ö.D., S. 247-254; *H. Wandersleb,* Entwicklung und Arbeit der deutschen Verwaltungs- und Wirtschaftsakademien, in: Gedenkschr. *Peters,* 1967, S. 267 ff.; *W. Wiese,* Der Rahmenplan zur Fortbildung der Probebeamten des höheren Dienstes der allgemeinen und inneren Verwaltung, in: DVBl. 1969, S. 692 f.

A. Die *Fortbildung* gehört mit zu den wichtigsten Aufgaben auf dem Gebiete des Personalwesens. Die Entwicklung der Aufgaben, der Umwelt und der Mittel der Verwaltung schreitet so schnell fort wie niemals in der Verwaltungsgeschichte zuvor. Eine noch so gute Ausbildung ist nach spätestens zehn Jahren wertlos, wenn sie nicht durch ständige Weiterbildung den Bedürfnissen der Zeit angepaßt wird. 695

B. Der Beamte ist verpflichtet, sich selbst fortzubilden. Das tut er durch Aufnahme ihm *dienstlich* zugehender *Informationen* (Vorschriften, Zeitschriften, Rundschreiben). Ebenso aber geschieht die Fortbildung durch *private Information* über Fragen, die für den Dienst wichtig sind, insbesondere durch Lesen von Zeitschriften und Büchern sowie den Besuch von Vorträgen. 696

C. Darüber hinaus ist es allerdings notwendig, daß die Verwaltung selbst Vorsorge trifft, um ihre Beamten fortzubilden. Dieses Problem tritt vor allem beim gehobenen und beim höheren Dienst auf. 697

I. 1. Für den gehobenen Dienst stehen im gesamten Bundesgebiet *Verwaltungs- und Wirtschaftsakademien* zur Verfügung. In ihnen lehren zum großen Teil Universitätsprofessoren, außerdem ausgesuchte Praktiker. Die Verwaltungsakademien haben Kurse von sechs Semestern und ein Abschlußexamen. Die erfolgreichen Teilnehmer dürfen nach ihren Kenntnissen regelmäßig für die Spitzenstellungen des gehobenen Dienstes, z.T. sogar für den Aufstieg in den höheren Dienst in Frage kommen. Der Nachteil dieser Einrichtungen liegt allein darin, daß sie nur eine kleine Zahl von Beamten erfassen, weil ihr Besuch freiwillig ist und Opfer an Zeit, Kraft und Geld verlangt.
2. Es wäre notwendig, daß alle Beamten des gehobenen Dienstes auch nach Ab-

18. Kapitel Vorbildung, Ausbildung, Fortbildung

legung ihrer Prüfungen von Zeit zu Zeit durch *verwaltungseigene Einrichtungen* erfaßt und fortgebildet werden. An einem solchen Zwang fehlt es weitgehend.

698 II. Die Wichtigkeit des Fortbildungsproblems ist heute fast überall erkannt. Die Länder haben daher Fortbildungseinrichtungen unterschiedlicher Art geschaffen, die gerade auch für den höheren Dienst bestimmt sind. Inzwischen liegen zudem umfangreiche Erfahrungen vor über die Probleme der Didaktik der Beamtenfortbildung. Kurse müssen so eingerichtet sein, daß den Teilnehmern berufsrelevante Probleme vorgeführt werden, ihnen vor allem ein hinreichendes Maß an eigener Aktivität abverlangt wird, damit die Motivation stark genug bleibt und der Lernerfolg eintritt.

699 III. Im System der Fortbildung der Beamten hat die *Hochschule für Verwaltungswissenschaft in Speyer* durch eine große Zahl von Tagungen, die sich mit aktuellen Problemen befassen, zunehmend Bedeutung erlangt. Sie deckt heute ein breites Feld an Fortbildungsbedürfnissen verschiedener Art ab.

700 IV. Die größten Anstrengungen auf dem Gebiet der Fortbildung hat allerdings der *Bund* gemacht.
1. Er hat mit der »*Bundesakademie für öffentliche Verwaltung*« eine Einrichtung geschaffen, die das ganze Feld der Fortbildung durch ein umfassendes System von Kursen abdeckt und angesichts ihrer großen Kapazität in der Lage ist, eine große Zahl der Beamten zu erfassen.
2. Daneben gibt es für einige große Ressorts der Bundesverwaltung mit speziellen Bedürfnissen eigene Akademien als Fortbildungseinrichtungen (Auswärtiger Dienst, Verteidigung, Post, Bahn).

701 D. Die *Probleme* der Fortbildung haben mehrere Dimensionen:

I. *Inhaltlich* geht es darum, aufgaben- und berufsbezogen fortzubilden. Dabei kann – insb. für Inhaber leitender Positionen – Allgemeinbildung eine wichtige Funktion haben. Primär geht es jedoch um Spezialwissen und vor allem um neue Entwicklungen. Infrage kommen dabei in erster Linie komplexe Probleme, die oft nur in einer Unterrichtsveranstaltung und nicht durch Literaturstudium verstanden werden. Auch dem Erfahrungsaustausch kommt im Rahmen der Fortbildungsveranstaltungen eine erhebliche Bedeutung zu.

702 II. Die *didaktischen* Probleme beginnen mit der Motivation, die oft nicht vorhanden ist. Erfolg bringt nur eigene Mitarbeit, die zweckmäßig schon mit einer Vorbereitung vor Beginn des Lehrgangs anhand übersandten Materials beginnt. Wichtig ist ferner das Lösen von Aufgaben, die Diskussion der Probleme und die Kontrolle des Lernerfolgs.

III. Auf Seiten des *Trägers* der Fortbildung bedarf es einer Planung auch in quantitativer Hinsicht.
1. Die Fortbildungseinrichtungen müssen so viel Kapazität haben, daß alle Bediensteten in abgemessenen Abständen an den Veranstaltungen teilnehmen können.
2. Da durch die Fortbildungsveranstaltungen eine größere Zahl von Bediensteten ständig nicht an ihrem Arbeitsplatz ist, muß eine gewisse Zahl von Planstellen bereitgestellt werden, um auftreibende Lücken zu schließen.
3. Zur Fortbildungsplanung gehört auch die *Karriereplanung*, d.h. die Verwaltung muß nicht nur den Bedarf für den Erhalt der Befähigung der derzeit innegehabten Ämter, sondern auch den Bedarf bereitstellen, der sich aus dem notwendigen Ersatz höherer Posten ergibt. Diese Karriereplanung ist nicht nur ein Problem der Bereitstellung der erforderlichen Kapazitäten, sondern betrifft weitgehend konkrete Auswahlentscheidungen.

19. Kapitel   Besoldung und Versorgung

§ 81   Das Besoldungssystem

Schrifttum: *C. A. Andreae*, Determinanten der Personalausgaben und adäquate Besoldungspolitik, in: Beiträge zur Theorie der öffentlichen Ausgaben, 1967, S. 299 ff.; *V. H. Heer*, Zur Methodik von Gehaltsvergleichen öffentlich Bediensteter mit den Angestellten der freien Wirtschaft, in ZBR 1976, 5 ff.; *K. Gillner*, Persönliche Leistungszulagen im öffentlichen Dienst, in: DÖV 1961, S. 295 ff.; *R. Nöll v.d. Nahmer*, Finanzwissenschaft Bd. 1, 1964, S. 178 ff.; *G. Schmölders*, Finanzpolitik, 3. Aufl., 1970 S. 205 ff.; *L. J. Serrais*, Die Besoldung in der öffentlichen Finanzwirtschaft, Hdb. FinWiss., 2. Aufl. 1956, S. 42 ff.; *A. Spitaler*, Besoldungswesen und Besoldungspolitik in der Bundesrepublik Deutschland und in einigen anderen Ländern, Hdb. FinWiss., 2. Aufl. 1956, S. 83 ff.; Ber.Kom.Ref. ö.D. S. 257 ff.; *Tapfer*, Leistung und Lebenseinkommen als Grundlage des Besoldungsaufbaus, NDBZ 1965, 137 ff.; *F. Tennstedt*, Aufbau und Problematik des öffentlichen Besoldungswesens, in: ZBR 1973, 289 ff.; *H. D. Weiß*, Das Alimentationsprinzip in den Grenzen seiner beschränkenden Wirkungen, in: ZBR 1972, 289 ff.; *W. Wiese*, Der Streit um die Alimentationstheorie, VerwArch 57, 1966, 240 ff.; *E. Zander*, Gehaltsfestsetzung in Wirtschaft und Verwaltung, 1965.

A. Die Grundfrage des deutschen *Besoldungswesens* liegt darin, ob die Bezahlung

19. Kapitel Besoldung und Versorgung

des Beamten für die geleistete Arbeit nach dem Alimentationsprinzip oder nach einem System des Leistungslohnes erfolgen soll.

I. Herkömmlich wird der Standpunkt des *Alimentationsprinzips* vertreten.
1. Das bedeutet, daß der Beamte seine ganze Arbeitskraft für den Dienstherrn einzusetzen hat, daß dafür der Dienstherr den Beamten und dessen Familie lebenslang standesgemäß unterhält.
2. Das Alimentationsprinzip zeigt sich vor allem im Krankheitsfalle, in dem das Gehalt weitergezahlt wird, im Versorgungssystem (Rdnr. 730 ff.), in dem Beihilfensystem, in der Besoldung nach abstrakten Ämtern, nicht nach Tätigkeitsmerkmalen.

706 II. 1. Demgegenüber bedeutet *Leistungslohn,* daß die psychisch-physische Beanspruchung des Menschen der Bezahlung zugrundegelegt wird; die Berücksichtigung der *normalen Anforderungen* des Dienstpostens an seinen Inhaber führt zur leistungsgerechten *Dienstpostenbewertung* (Rdnr. 720 ff.). Die Bewertung des darüber hinausgehenden (ggf. auch des darunterliegenden) Einsatzes des konkreten Dienstposteninhabers bezeichnet man als *Leistungsbewertung* (Rdnr. 728). Eine Entlohnung allein nach der Leistung hat zur Folge, daß der Dienstherr nur solange zahlt, als wirklich gearbeitet wird, daß er nicht für die Versorgung aufkommt und bei Notlagen nicht hilft.
2. Dieses Prinzip liegt dem Vergütungsrecht der Angestellten zugrunde.

707 III. Die Prinzipien werden weder im Beamtenrecht noch im Angestelltenrecht vollständig durchgehalten. Praktisch gilt heute in beiden Bereichen ein *Mischsystem.*

III. 1. a) Ob eine Besoldung standesgemäß ist, hängt unter anderem auch davon ab, welche Bewertung der Dienstherr den von seinen Untergebenen erwarteten Leistungen zuteil werden läßt. Insoweit geht auch das Alimentationsprinzip vom Leistungslohn aus.
b) Bleibt der Beamte ohne Genehmigung schuldhaft dem Dienst fern, so erhält er keine Dienstbezüge.
c) Die Versorgung bemißt sich nach der ruhegehaltsfähigen Dienstzeit. Sie reicht dabei bei Beamten mit kürzerer Dienstzeit nicht zum standesgemäßen Unterhalt.
2. a) Der Angestellte wird nicht nur nach der Leistung bezahlt. Die tariflichen Eingruppierungsmerkmale beschränken sich nicht auf Leistungsanforderungen, sondern beziehen auch die berufliche Ausbildung und Vorbildung mit ein; zudem sind sie derart unbestimmt, daß eine sichere Zuordnung nicht möglich ist. Die Vergütung des Angestellten hängt außerdem auch vom Lebensalter ab, vom Wohnort und von der Kinderzahl, d.h. auch von sozialen, die Höhe des Bedarfs bestimmenden Faktoren.

b) Im Falle der Krankheit wird die Vergütung zunächst weitergezahlt.
c) Der Dienstherr leistet Beiträge zur Angestelltenversicherung und zur zusätzlichen Altersversorgung der Angestellten im öffentlichen Dienst.
d) Der Angestellte erhält auch Beihilfen.

B. Das Beamtengehalt setzt sich aus dem Grundgehalt, dem Ortszuschlag, den Kinderzuschlägen und Zulagen zusammen. Für das Grundgehalt gilt: 708

I. 1. Es bestimmt sich nach *Ämtern,* d.h. nach der Amtsbezeichnung, die der Beamte unabhängig von seiner konkreten Beschäftigung erhalten hat. Damit verbunden ist die Planstelle, d.h. eine im Haushaltsplan (Rdnr. 833 ff.) aufgeführte Stelle, aus der das Gehalt gezahlt wird.
2. Die einzelnen Ämter sind in den *Besoldungsordnungen* aufgeführt. Die meisten Ämter sind in die Besoldungsordnung A aufgenommen. Bei ihnen steigt das Grundgehalt in (zwischen neun und fünfzehn) Stufen von zwei zu zwei Jahren. Für Spitzenstellungen sind die Grundgehälter in der Besoldungsordnung B aufgeführt. Sie nennen einen festen Betrag.

II. 1. Die Besoldungsordnungen gehen von den vier Laufbahnen (Rdnr. 709 617 ff.) aus.
Zu der *Laufbahn* des einfachen, mittleren und gehobenen Dienstes gehören je fünf Besoldungsgruppen der Besoldungsordnung A, zu der Laufbahn des höheren Dienstes vier sowie zusätzlich die Gruppen der Besoldungsordnung B. Dabei gleicht die niedrigste Besoldungsgruppe einer Laufbahn der höchsten Gruppe der darunterliegenden Laufbahn *(Laufbahnverzahnung).* Die Zahl der Besoldungsgruppen der Besoldungsordnung A ist praktisch mehr als doppelt so groß infolge der ruhegehaltsfähigen *Zulagen* (Amtszulagen und ruhegehaltsfähige Stellenzulagen), die damit als Teil des Grundgehalts anzusehen sind. Eine Verzahnung besteht auch zwischen dem Spitzenamt der Besoldungsordnung A (A 16) und dem ersten Amt der Besoldungsordnung B (B 1).
2. Die Bemessung der Grundgehälter geht von einem »Stichmann« aus, d.h. sie vergleicht ein bestimmtes Amt, dessen Tätigkeitsmerkmale auch in der Wirtschaft vorkommen, mit der Tätigkeit in der Wirtschaft und setzt das Grundgehalt entsprechend fest. Sodann setzt sie dieses Amt zu den anderen Ämtern in Beziehung, sie setzt die Spannung zu den anderen Ämtern der Laufbahn und in den Laufbahnen fest.
3. Die Frage, was der Beamte im Laufe seiner Berufszeit wirklich verdient, hängt weiter davon ab, wieviel Ämter der Eingangsgruppe und der Beförderungsgruppen einer Laufbahn vorhanden sind, d.h. vom *Stellenkegel,* denn daraus ergibt sich die Chance des Aufsteigens in höhere Ämter und die wahrscheinliche Zeit des Bezuges der höheren Gehälter.

19. Kapitel Besoldung und Versorgung

710 III. Dieses System ist vor allem aus zwei Gründen *fragwürdig*.
1. Es fehlt jeglicher objektiver Anhalt (z.B. in Form eines Dienstpostenbewertungssystems) für eine gerechte Beziehung zwischen den verschiedenen Besoldungsgruppen. Es mag noch hingehen, wenn das System selbst stabil ist. Das ist jedoch nicht der Fall. In einer Wirtschaft mit ständig inflationärer Tendenz und wachsender Produktivität bedarf das System stets der Korrektur. Hierbei besteht angesichts der Kompliziertheit des Systems und der pluralistischen Struktur der Gesellschaft die Tendenz zu dauernden Verschiebungen, die das System stören. Es hat in dieser Situation von seiner Einsetzung im Jahre 1957 nicht einmal eines Zeitraumes von 10 Jahren bedurft, um seine Funktionsfähigkeit zu erschüttern.
2. Die Forderung, jeder Beamte müsse die gleiche Aufstiegschance durch das Vorhandensein einheitlicher Stellenschlüssel haben, ist unvertretbar. Dabei werden die aus der Verschiedenartigkeit der Aufgaben herrührenden organisatorischen Unterschiede und der sich daraus ergebende strukturell und niveaumäßig zu differenzierende Personalbedarf bei der Planstellenzuweisung außer Acht gelassen. Darüber kann auch nicht der Einwand hinwegtäuschen, daß die Beförderungen sich auch bei Vorhandensein eines Stellenschlüssels am beamtenrechtlichen Leistungsgrundsatz orientieren können. Erfahrungsgemäß werden vorhandene Stellenschlüssel stets »ausgeschöpft«; dabei läßt sich ein Rückgriff auf das Ancienitätsprinzip nicht vermeiden.

711 C. Der *Ortszuschlag* ist seinerzeit aus dem Wohnungsgeldzuschuß hervorgegangen. Mit ihm werden mehrere Gesichtspunkte verwirklicht.

I. Er ist so gestaltet, daß die Orte, in denen die Lebenshaltungskosten geringer sind, in eine niedrigere Stufe eingereiht sind. Es ist sehr fragwürdig, ob heute noch ein Kostengefälle, von dem die Regelung des Ortszuschlages ausgeht, besteht. Selbst wenn das Leben auf dem Lande zuweilen billiger ist, so gilt das dann nicht mehr, wenn es um gehobenen Lebensbedarf geht. Ihn kann die Landbevölkerung regelmäßig nur in den Städten erhalten, d.h. unter Aufwendung zusätzlicher Wegekosten.

II. Der Ortszuschlag besteht aus vier Gruppen, die in gewisser Weise auch Laufbahnvorstellungen widerspiegeln. Einfacher und mittlerer Dienst, gehobener Dienst, höherer Dienst einschließlich B 1 und B 2 sowie die übrigen Gruppen der Besoldungsordnung B werden zu je einer Tarifklasse zusammengefaßt.

III. Die Höhe des Ortszuschlages wird auch durch die Zahl der kinderzuschlagsberechtigten Kinder bestimmt. Für jedes Kind ist ein Betrag angesetzt, der für alle Besoldungsgruppen und Ortsklassen gleich hoch ist.

712 D. Nicht mehr eingebaut in das Besoldungssystem sind Elemente des *Familienlastenausgleichs*. Insb. ist die Sonderregelung für den öffentlichen Dienst fortgefallen, dieser ist in das für alle geltende System einbezogen. Die Auszahlung durch den Dienstherrn ist lediglich eine technische Regelung.

E. Die ziffernmäßige Festlegung der Höhe des Beamtengehaltes muß von dem Ideal der *Besoldungsgerechtigkeit* ausgehen. Arbeitsleistung und Lohn müssen in einer richtigen Beziehung zueinander stehen. Die Beamtenbesoldung steht gegenüber diesem Postulat vor immanenten Schwierigkeiten. Eine Arbeit, deren sozialer Wert sich am Markt, d.h. daran zeigt, was der Empfänger der Leistung zu zahlen bereit ist, kann grundsätzlich auch gerecht eingestuft werden. Das gilt auch dort, wo die Entlohnung kollektiv ausgehandelt wird. Die Leistung des Beamten, seine Arbeit, wird regelmäßig nicht am Markt verkauft. Es ist ja gerade so, daß die Verwaltung grundsätzlich alle jene Aufgaben erfüllt, die die Wirtschaft nicht übernehmen kann oder will, weil sie für sie nicht lohnend sind. Ferner kann der Beamte sich nicht der Mittel des Arbeitskampfes bedienen; seine Besoldung wird einseitig vom Staat festgesetzt. Eine Besoldungsgerechtigkeit kann in derartigen Fällen dadurch erreicht werden, daß die Tätigkeiten zunächst anhand eines leistungsorientierten Klassifikationssystems in eine in Relationen ausgedrückte Wertordnung gebracht werden. Bei der Festlegung von absoluten Werten für die Besoldung (in DM) kann ein Vergleich mit der Höhe des Lohnes in der Wirtschaft für eine Reihe von Tätigkeiten (Schlüsseltätigkeiten) durch (Indexzahlen) erreicht werden. Die Bezugnahme auf die Entlohnung in der Wirtschaft ist dadurch begrenzt, daß auch dort die Entlohnung keinesfalls einheitlich, systematisch und leistungsgerecht abgestuft ist. Die Gesetzgebung hat ein System der Indexzahlen, wenn auch ohne volle Automatik, bereits für die Renten eingeführt. Ökonomisch befindet sich der Beamte in einer vergleichbaren Situation wie der Rentner, weil er auch nicht Partner am Arbeitsmarkt ist. Die Übernahme dieses Systems – mit den sich aus der Sache ergebenden Modalitäten – wäre daher in der derzeitigen Situation ständig steigender Löhne und Produktivität eine sinnvolle Lösung des Besoldungsproblems.

F. Das derzeitige Besoldungssystem kennt eine Reihe von *Zulagen*.

I. *Amtszulagen* und *ruhegehaltsfähige Stellenzulagen* gelten als Bestandteile des Grundgehalts. Sie verfeinern die Abstufung der Besoldungsordnungen. Bislang wurden Zulagen seitens der Länder vorwiegend eingeführt, um auf diesem Wege für notwendig erachtete Besoldungserhöhungen vorzunehmen.

II. Daneben gibt es *nichtruhegehaltsfähige Zulagen*. Sie können dem Beamten gewährt werden während der Wahrnehmung herausgehobener Dienstposten sowie zur Abgeltung besonderer Erschwernisse.

III. 1. Die Einführung von *Leistungszulagen,* wie sie die Wirtschaft z.T. kennt, könnte allgemein ein Ansporn zur Leistungserhöhung und damit zur Rationalisierung der Verwaltung sein. Gerade von den Beamten ist behauptet worden, der fehlende Leistungsanreiz verringere den Leistungswillen, führe zu einer Verkümmerung der Fähigkeit zu wirtschaftlichem Denken und zu einem geringeren Verantwortungsbewußtsein.

2. Die Möglichkeit der Einführung von Leistungszulagen setzt voraus, daß die Leistungen meßbar sind. In jedem anderen Falle erfolgen derartige Zulagen notwendig aufgrund subjektiver Entscheidungen und führen unausweichlich zu Spannungen, die die Arbeitsleistung insgesamt erheblich mindern.

715   3. Die Arbeitsbereiche innerhalb derer die *Leistungen meßbar* sind, beschränken sich in der Verwaltung bislang praktisch auf die Tätigkeiten in Schreibstuben und bei der Müllabfuhr. Hier sind exakte Messungen von Mengen möglich; außerdem können die Bediensteten in diesen Bereichen diese Mengen selbst bestimmen. Ist dies nicht möglich, ist also die Güte oder Schwierigkeit der Arbeit für die Einschätzung der Leistung maßgebend oder hat der Bedienstete keinen Einfluß auf seinen Arbeitsanfall, so ist die Verwaltung auf die traditionellen Mittel zur Erhaltung der Leistungsbereitschaft beschränkt. Diese bestehen darin, die Leistungswilligkeit durch gewissenhafte Erfüllung der Treupflicht gegenüber den Beamten, durch eine straffe, zugleich aber auch einfühlsame Dienstaufsicht sowie durch Beförderung zu erhalten und zu vergrößern. Dabei darf nicht übersehen werden, daß hierbei ständig, wenn auch meist nicht ausdrücklich, Leistungsbeurteilungen vorgenommen werden, die schließlich auch erhebliche gehaltsmäßige Konsequenzen für den Beamten haben können.

IV. Das Besoldungssystem kennt Leistungszulagen nur in einem sehr begrenzten Umfang, nämlich als Mehrarbeitsentschädigung; diese darf nur gewährt werden, wenn die Mehrarbeit meßbar ist. Ihre Höhe hängt auch davon ab, inwieweit ein Ausgleich durch Dienstbefreiung vorgenommen werden kann. Diese Regelung entspricht in Ansätzen der Regelung der Überstundenvergütung für die Angestellten und Arbeiter im öffentlichen Dienst.

§ 82   Regelungsverfahren

Schrifttum: Siehe auch vor § 68; ferner: *M. Altheim,* Das Streikrecht der Beamten zur Durchsetzung wirtschaftlicher und sozialer Forderungen, Diss. iur. Frankfurt a.M., 1973; Ber.Komm. Ref. ö.D., S. 342 ff.; *D. Czybulka,* Multifunktionales Dienstrecht der Verwaltung als Alternative zum Einheitsdienstrecht im öffentlichen Dienst, in: DÖV 1976, 117 ff.; *W. Däubler,* Der Streik im öffentlichen Dienst, 2. Aufl. 1971; *E. Feindt,* Streikrecht für einen künftigen öffentlichen Dienst? in: ZBR 1974, S. 309 ff.; *J. Isensee,* Beamtenstreik, Zur rechtlichen Zulässigkeit des Dienstkampfes, 1971; *G. Kriegbaum,* Die Rentenanpassung als

Modell für beamtenrechtliche lineare Besoldungsangleichungen, in: ZBR 1970, 201 ff.;
W. Thieme, Dienstrechtsreform und Streikrecht, in: RiA 1974, S. 208 ff.

A. I. Umstritten ist die Frage, in welchem Verfahren die jeweils geltenden Besoldungssätze festgesetzt werden sollen. Dieses Problem taucht nicht nur bei Besoldungsfragen auf, sondern ist eine allgemeine dienst- und arbeitsrechtliche Frage; sie ist jedoch bei Besoldungsfragen am brennendsten, weil sie mit der Frage des Dienststreiks identisch ist.

II. Für *Regelungsverfahren* stehen mehrere *Modelle* zur Verfügung:
1. das *Gesetz-Modell*, d.h. alle Entscheidungen werden einseitig vom Gesetzgeber getroffen, die Beamtenverbände haben nur ein Anhörungsrecht;
2. das *Tarif-Modell*, d.h. alle Regelungen werden ausgehandelt und in Tarifverträgen festgelegt;
3. das *Kommissions-Modell*, d.h. die Entscheidung insb. über die angemessene Erhöhung der Besoldung wird von einer Kommission getroffen, die aus politischen Gründen zwar nicht mit dem Recht der verbindlichen Entscheidung ausgestattet ist, deren Vorschläge tatsächlich jedoch endgültig sind, sei es daß die Kommission eine besonders hohe sachliche Autorität hat, sei es daß niemand wagt, den hier erzielten Kompromiß zu zerstören,
4. gemischte Modelle, insb.
a) Gesetz-Tarif-Modell, bei dem bestimmte Grundsatzfragen durch Gesetz, die Höhe der Bezüge durch Tarifvertrag festgelegt werden.
b) Gesetz-Kommissions-Modell, bei dem die Kommission nur ein Gutachten erstattet, das dem Gesetzgeber eine unverbindliche Orientierung gibt.

III. Heute stehen in der Praxis der deutschen Verwaltung nebeneinander:
1. für Beamte: das Gesetz-Modell,
2. für Angestellte und Arbeiter: das Tarifmodell.

B. Eine *Abwägung* zwischen diesen Modellen ergibt:

I. Betroffen sind im Falle eines Streites um die Höhe der Besoldung die Interessen des Dienstherrn bzw. der Öffentlichkeit und die Interessen der Bediensteten. Daher sprechen Gründe für ein System, das beide Teile an der Entscheidung beteiligt. Es erscheint fraglich, ob die Interessen der Bediensteten in der Hand des Gesetzgebers hinreichend gewahrt sind. Jedenfalls erlauben die derzeitigen Beamtengehälter, die grundsätzlich im Verhältnis zu den Gehältern in der Wirtschaft als angemessen angesehen werden können, keine Aussage darüber, weil sie auf einer Anpassung an die durch Tarifverträge ausgehandelten Angestelltengehälter beruhen.

II. Entscheidend für die Bewertung des Tarif-Modells ist die Frage, was geschieht, wenn eine Einigung nicht zustande kommt, ob die Bediensteten dann berechtigt sind, eine höhere Besoldung durch einen *Streik* zu erzwingen.

1. Es erscheint fraglich, ob der Streik im öffentlichen Dienst überhaupt sinnvoll ist, da der Streik sich gegen die Öffentlichkeit richtet und es nicht um die Frage geht, durch die Lohnhöhe den Gewinn des Unternehmens klein zu halten, d.h. möglichst viel von dem Unternehmensertrag den Arbeitnehmern zugute kommen zu lassen. Hinzu kommt die Möglichkeit, durch Teilstreiks ganze Systeme lahmzulegen, ohne für die Folgen aufkommen zu müssen.

2. Die öffentlichen Aufgaben sind so wichtig, daß auf erhebliche Teile von ihnen nicht ohne erheblichen Schaden verzichtet werden kann.

3. Andererseits haben die Gewerkschaften bei den bisher durchgeführten Streiks soviel Verantwortungsbewußtsein besessen, daß echte Schäden nicht eingetreten sind. Auch verhindern interne gewerkschaftliche Streikreglements die Ausuferung des Streiks. Gefährlicher ist der nichtgewerkschaftliche Streik, der bei Zulassung des gewerkschaftlichen Streiks leichter unter Kontrolle gehalten werden kann.

4. Mögen letztlich in der derzeitigen Situation keine entscheidenden Gründe gegen die Zulassung des Streikrechts sprechen, so bleibt doch jeder Streik eine soziale Krankheit, die vermieden werden sollte. Daher sollte Streik auf jeden Fall nur dann zulässig sein, wenn vorher ein Schlichtungsverfahren versucht worden ist.

§ 83 Dienstpostenbewertung

Schrifttum: Arbeitskreis zur Bewertung von Eignung und Leistung (Hrsg.), Bericht zur Einführung von Systemen zur Leistungsbewertung und zur Verwendungsbeurteilung im öffentlichen Dienst, in: Anl.Bd. 10, S. 241 ff.; »Arbeitskreis Dienstpostenbewertung«, Bericht zur Einführung einer einheitlichen und praktikablen Bewertung der Dienstposten im öffentlichen Dienst, in: Anl.Bd. 10, S. 383 ff.; *U. Becker,* Analytische Dienstpostenbewertung in der öffentlichen Verwaltung in Hamburg, KGSt-Sonderdruck, Februar 1972; *M. v. Behr/R. Schultz-Wild,* Arbeitsplatzstruktur und Laufbahnreform im öffentlichen Dienst, 1973, Anl.Bd. 9; *G. Duehs,* Die analytische Dienstpostenbewertung – ein Patentrezept für die Reform des öffentlichen Dienstes, in: ZBR 1976, 212 ff.; KGSt (Hrsg.), Stellenplan und Stellenbewertung, 5. Aufl., 1970; *R. K. Hartmann,* Dienstpostenbewertung oder Stellenschlüsselung, in: DÖV 1964, 251 ff.; *A. Hennecke,* Die Verfahren der Arbeitsbewertung, 1965; *O. Kaiser/Chr. Janosch,* Analytische Bewertung von Beamtentätigkeiten bei der Deutschen Bundespost, in: Archiv für das Post- und Fernmeldewesen 1970, S. 219 ff.; *H. Rieger,* Probleme der Dienstpostenbewertung, in: ZBR 1962, 132 ff.; *O. Seewald,* Bisherige Erfahrungen mit der »analytischen Dienstpostenbewertung« in der Bundesrepublik Deutschland, 1973; *ders.,* Dienstpostenbewertung, in: Hdb. Verw., H. 5.4; Senatsamt für den Verwaltungsdienst Hamburg (Hrsg.), Arbeitsbewertung im System des öffentlichen

Dienstes, 1974; *H. Thomsen*, Versuch einer Drei-Stufen-Dienstpostenbewertung, in: ZBR 1964, 198 ff.; *J. Wibbe*, Arbeitsbewertung – Entwicklung, Verfahren und Probleme, 3. Aufl. 1966; *E. Zander*, Arbeits- und Leistungsbewertung, 1970.

A. I. Unter *Dienstpostenbewertung* versteht man die Bewertung der normalerweise erforderlichen Tätigkeit in einem abgegrenzten Arbeitsgebiet (Arbeitsplatz, Dienstposten, Amt im funktionellen Sinn), die der Inhaber zur Erfüllung der auf dem Dienstposten zu erledigenden Aufgaben verrichten muß.

II. 1. Damit soll in erster Linie eine aufgabengerechte Bezahlung ermöglicht werden.
2. Ob eine Dienstpostenbewertung darüber hinaus dem *Leistungsprinzip* Rechnung trägt im Sinne einer Berücksichtigung der psychischen und physischen Anforderungen (Arbeitsschwierigkeit), die an den Dienstposteninhaber gestellt werden (Rdnr. 644 ff.), hängt davon ab, in welcher Weise die Aufgaben klassifiziert werden, bzw. welche Gesichtspunkte die Bewertung der Tätigkeit leiten.

B. I. 1. Wesentliches Ziel der Dienstpostenbewertung ist außerdem die Erstellung eines Maßstabes, der einen Vergleich zwischen strukturell und niveaumäßig unterschiedlichen Arbeitsplätzen gestattet, die Besoldungsfestsetzung durchsichtig und nachvollziehbar macht und somit eine im Objektiven begründbare Lohnstruktur herstellt.
2. Dies ist nicht möglich, soweit der Dienstposten im Wege der Gesamtschätzung als Einheit bewertet wird *(summarische Dienstpostenbewertung)*. Vorzuziehen ist deshalb die *analytische (differenzierte) Bewertung;* damit bezeichnet man die getrennte Beurteilung der Tätigkeit (bzw. der Arbeitsschwierigkeit) nach einzelnen Merkmalen, an die sich eine Zusammensetzung der Teilurteile zu einem Gesamturteil anschließt.
3. Auch dies ermöglicht keine absolut objektiven Werte, die nur noch in DM-Beträge umgesetzt zu werden brauchen. Die analytische Bewertungsmethode definiert jedoch mit ihren Merkmalen die Dienstposten und setzt sie in eine weitgehend objektiv gerechtfertigte Beziehung zueinander; die somit nachgewiesenen Gleichheiten und Unterschiede sind bei der Zuordnung der Dienstposten zu DM-Beträgen (z.B. Besoldungsgruppen) bindend. Damit wird die Möglichkeit der beliebigen Festsetzung wesentlich verringert, der Grad der Objektivität erhöht.
4. Der Unterschied zwischen Stufenwertzahl- oder Punktbewertungsverfahren und Rangreihenverfahren liegt in der Praxis hauptsächlich in der weniger strikten Festschreibung der Bewertungsergebnisse durch die letzere Methode.

III. 1. Jede Dienstpostenbewertung setzt eine *Dienstpostenbeschreibung* voraus, d.h. eine Erfassung der Tätigkeiten, die der Inhaber zu verrichten hat. Diese Beschreibung muß sich auf alle diejenigen Merkmale beziehen, die für die Bewertung wesentlich werden können. Sie muß auch Auskunft geben, welche Teile der Arbeitszeit für die einzelnen Aufgaben benötigt werden.

2. Die Tatsachen, die die Beschreibung enthält, können durch die folgenden Methoden vermittelt werden:

a) die Laufbahnvorschriften, soweit sie Ausbildungs- und Vorbildungsvoraussetzungen enthalten,

b) die Geschäftsverteilungspläne,

c) Fragebogen, die an alle Dienstposteninhaber oder bei einer größeren Zahl gleichartiger Dienstposten an einen repräsentativen Ausschnitt von ihnen ausgegeben werden,

d) Aufzeichnungen der Dienstposteninhaber über die im Laufe eines längeren Zeitraumes erledigten Arbeiten,

e) Fragebogen an die Vorgesetzten,

f) eigene Beobachtungen des Organisators,

g) psychologische Erfassung der Dienstposteninhaber (oder eines repräsentativen Ausschnitts) zur Ermittlung der Eigenschaften, die sie mitzubringen pflegen.

Da alle diese Mittel Fehlerquellen enthalten und keines von ihnen ein volles Bild ermöglicht, empfiehlt sich eine Kombination mehrerer Methoden.

3. Praktisch ist die Arbeit wesentlich erleichtert durch die Arbeiten der KGSt, die Stellenbeschreibungen für fast alle kommunalen Dienststellen erarbeitet hat. Diese sind nicht nur für die Kommunalverwaltung, sondern weitgehend auch für die Staatsverwaltung verwendbar.

4. Das durch die Dienstpostenbeschreibungen gewonnene Material läßt sich außer für die Bewertung zu weiteren Zwecken nutzen. Es hilft Fragen der zweckmäßigsten Organisation und des optimalen Personaleinsatzes klären. Weiterhin kann es der Erarbeitung von Berufsbildern und -feldern dienen sowie den damit zusammenhängenden Fragen angemessener Ausbildungswege und Laufbahnen (vgl. Rdnr. 617 ff.). Zudem kann es Einblick in die Leistungsfähigkeit des jeweiligen Dienstposteninhabers geben (vgl. Rdnr. 646 f.).

723 III. 1. Die analytische Bewertung der so beschriebenen Dienstposten vollzieht sich zweckmäßigerweise in drei *Abschnitten.*

a) Zunächst sind die Aufgaben bzw. Teiltätigkeiten eines Dienstpostens den Bewertungsmerkmalen qualitativ zuzuordnen (charakteristische Angaben zu den Bewertungsmerkmalen).

b) Sodann sind diese Intensitäten für jedes Merkmal getrennt einander quantitativ, im Wege des paarweisen Vergleichs, zuzuordnen (Rangreihenbildung); hierbei dürften zumeist nur ordinale Angaben vertretbar sein.

c) Schließlich wird jeder Position in dem so entstandenen Gefüge ein Geldbetrag zugeteilt, auf dessen Bemessung eine Vielzahl von Vorstellungen über die angemessene Bezahlung Einfluß haben kann. Durch diesen Vorgang werden zugleich auch die wertmäßigen Beziehungen der Merkmalsintensitäten sowie der Merkmale zueinander festgelegt (innere und äußere Gewichtung). Der Wert eines

Dienstpostens in DM ergibt sich aus der Summe der den zugehörigen charakteristischen Bestandteilen zugeteilten Beträge.

2. In allen Abschnitten werden Wertungen vorgenommen, subjektive Entscheidungen also, denen allerdings die Elemente der Willkür genommen werden können, wenn man durch Beteiligung eines möglichst großen Kreises, insbesondere auch der Vertreter der Betroffenen (Personalrat, Gewerkschaften), eine Übereinstimmung erzielt.

3. Eine Frage der Übereinkunft ist ebenfalls Art und Anzahl der Bewertungsmerkmale. Wichtig erscheint die Erfassung insbesondere von
  a) Vorbildung und Ausbildungsvoraussetzungen,
  b) intellektuelle Voraussetzungen (z.B. Gedächtnis, Ausdrucksfähigkeit, schöpferische Phantasie),
  c) erworbene fachtechnische Kenntnisse,
  d) körperliche Anforderungen (an Tauglichkeit und Anstrengung),
  e) Verantwortung (für Material, Geld, Arbeitsergebnisse anderer Menschen),
  f) kontrollierende Funktionen,
  g) leitende Funktionen,
  h) Gefahren und lästige Umwelteinflüsse,
  i) Arbeitszeit und Arbeitsrhythmus.

4. Die bisherige *Bewertungspraxis* für den öffentlichen Dienst hat sich überwiegend für Lösungen entschieden, die mit Erfolg darauf abzielten, die vorhandene Besoldungsstruktur zu stabilisieren. Die dabei verwendeten Merkmale können als typisch für die traditionelle Verwaltungstätigkeit angesehen werden; sie erlauben aber keine durchgehende Bewertung aller in der Verwaltung vorkommenden Tätigkeiten.

5. Insbesondere mußten und konnten die vielfältigen beamtenrechtlichen Bindungen (vor allem das Laufbahnrecht) berücksichtigt werden. Das gilt jedoch nicht für die bundeseinheitlich vorgeschriebenen Stellenobergrenzen (Stellenkegel, s. Rdnr. 709); sie sind mit einer Dienstpostenbewertung nicht vereinbar, wenn man davon ausgeht, daß die Planstellenzuweisung in der Regel dem Ergebnis der Dienstpostenbewertung folgen soll.

6. Überdies widerspricht die Verteilung von *Planstellen* auf die Dienstposten nach festen Schlüsseln letztlich auch dem ebenfalls rechtsverbindlichen Prinzip, demzufolge der Amtsinhalt den Maßstab für die Besoldung abgeben soll; dies kann nur mit Hilfe einer analytischen Dienstpostenbewertung verwirklicht werden.

C. Ob die analytische Dienstpostenbewertung auch im öffentlichen Dienst anzuwenden ist, ist nach wie vor bestritten.

I. 1. Die Tatsache, daß für die Angestellten Tätigkeitsmerkmale entwickelt worden sind, ist nicht beweiskräftig, weil diese nicht wissenschaftlich entwickelt sind, zu wenig konkret sind und daher subjektivem Belieben bei der Einstufung eines Postens Tür und Tor offen lassen.

2. Die Tatsache, daß das System selbst subjektive Bewertungen enthält, spricht nicht gegen das System, weil jede Addition inkommensurabler Größen bei der Umsetzung von Qualitäten in Quantitäten notwendig subjektive Bewertungen erfordert.

3. Die Tatsache, daß in der Verwaltung überwiegend Bürotätigkeiten zu leisten sind, die geistige Qualitäten erfordern, spricht nicht gegen die Anwendung, weil sich auch derartige Eigenschaften erfassen und bewerten lassen.

4. Ähnliche Verfahren zur Lohnfestsetzung werden in der Industrie seit langem durchgeführt. Sie sind auch in Bürotätigkeiten möglich, wenngleich sie hier schwerer anzuwenden sind und größere Unsicherheitsfaktoren enthalten.

726 II. Die Einführung einer Dienstpostenbewertung im öffentlichen Dienst bringt jedoch einige *Probleme* mit sich.

1. Das Besoldungssystem beruht noch immer auf dem *Alimentationsprinzip*, d.h. auf der Bewertung der Bedeutung des Dienstpostens; ferner enthält es auch soziale Komponenten (Rdnr. 705 ff.).

Es ist allerdings fraglich, ob dies auch in Zukunft so bleiben wird angesichts des Leistungsgrundsatzes, der auch für das Besoldungsrecht vermehrt gefordert wird.

2. Die Verwaltung hat nur dann die nötige Freiheit, ihre Organisation stets sinnvoll zu gestalten, wenn die Versetzung der Beamten möglich bleibt, d.h. auf einen anders bewerteten Dienstposten.

3. Auch bei einer Dienstpostenbewertung wird der Kampf um die Höherstufung nicht ausgeschaltet sein, sondern sich ständig vollziehen, wie bei dem derzeitigen System.

727 III. Diese Gründe schließen die Dienstpostenbewertung nicht aus, fordern aber eine *Modifizierung*.

1. Die Dienstpostenbewertung braucht ihren Niederschlag nur im Grundgehalt zu finden. Es bleibt unbenommen, dem Gesamtgehalt daneben noch soziale Bestandteile zu geben.

2. Die Ergebnisse der Einzeldienstpostenbewertung müssen in ein vorgegebenes Besoldungsschema eingepaßt werden. Die Besoldungsordnung braucht sich im Prinzip nicht zu ändern. Es geht nur darum, die in den Stellenplänen vorhandenen Stellen gerecht in die einzelnen Besoldungsgruppen einzuordnen.

Die Stellenpläne müssen nach den personalwirtschaftlichen Bedürfnissen der Verwaltung ermittelt werden und nicht auf Grund wirklichkeitsfremder Stellenschlüssel.

3. Ein allein aus dem Leistungsprinzip entwickeltes Verfahren dürfte vorerst nicht zu verwirklichen sein. Wahrscheinlich ist die Einführung einer Dienstpostenbewertung nur möglich, wenn in das Bewertungssystem ein Faktor aufge-

nommen wird, der die Bedeutung des Amtes in der Amtshierarchie sowie die Repräsentationsfunktion des Amtes berücksichtigt.
4. Wie jedes System unterliegt auch das System der Dienstpostenbewertung der Kritik seitens der Betroffenen. Allerdings zwingt eine Dienstpostenbewertung dazu, diese Kritik mit Sachargumenten zu führen.
5. Bisher wurde die analytische Dienstpostenbewertung im öffentlichen Dienst lediglich in Teilbereichen der öffentlichen Verwaltung durchgeführt. Die dabei gemachten Erfahrungen lassen eine bundeseinheitliche Besoldungsfestsetzung nach dieser Methode fordern.
6. Insgesamt läßt sich feststellen, daß mit der analytischen Dienstpostenbewertung die Möglichkeiten zur Erhöhung der Objektivität der Besoldungsfestsetzung weitestgehend ausgeschöpft werden können; dadurch läßt sich eine größere Besoldungsgerechtigkeit erreichen.

D. Fraglich ist, ob auch eine *Leistungsbewertung im öffentlichen Dienst* angebracht ist. 728

I. Das bedeutet, daß über den Gegenstand der Dienstpostenbewertung hinaus die konkrete Tätigkeit des Dienstposteninhabers betrachtet wird und ihren Niederschlag in einem Gehaltsbestandteil (Leistungszulage), findet.

II. 1. Das Problem der Leistungsbewertung liegt einmal in der tatsächlichen Schwierigkeit, Menge und Güte des Arbeitserfolges zu objektivieren, und zwar in verhältnismäßig dicht aufeinanderfolgenden Abständen. Wesensmäßig ergeben sich hier die gleichen Schwierigkeiten und Lösungsmöglichkeiten wie bei der Dienstpostenbewertung. Es ist allerdings zu bedenken, daß die Leistungsbewertung eine Dienstpostenbewertung voraussetzt, so daß damit für jeden Dienstposten ein verläßlicher und recht handlicher Maßstab vorhanden ist. Dies ermöglicht einen relativ sicheren Vergleich zwischen der konkreten Leistung des Dienstposteninhabers und der normalerweise geforderten.
2. Somit kann die Frage des Bewertungsorgans nicht mehr als das Kernproblem einer Leistungsbewertung angesehen werden. In den meisten Fällen wird der *Vorgesetzte* ein verläßliches Urteil abgeben können, zumal die Gesichtspunkte der Bewertung begrenzt sind und für jeden Dienstposten definiert vorliegen. Daß an diese Funktion des Vorgesetzten unmittelbar Gehaltsvor- oder -nachteile verbunden sein können, spricht nicht gegen ein solches Verfahren.
3. Man muß bedenken, daß der Vorgesetzte bislang auch schon die Leistung seiner Untergebenen bewerten muß. Das Beurteilungswesen gibt ihm aber einen weit größeren Entscheidungsspielraum; denn die dabei zu berücksichtigenden Gesichtspunkte beziehen sich nicht nur auf die Bewertung der Leistung am bisherigen Arbeitsplatz, sondern enthalten darüber hinaus Elemente der höchst umstrittenen Persönlichkeitsbewertung (Verhaltensbewertung), mit deren Hilfe unter anderem auch über die Verwendbarkeit auf höheren Posten entschieden wird.

Dies bedeutet auch eine sicherlich bedeutsamere besoldungsmäßige Besserstellung als eine ausdrückliche Leistungsbewertung in Form von Zulagen.

729   4. Daraus ergibt sich folgendes: Eine Leistungsbewertung setzt eine Dienstpostenbewertung anhand genauer *Arbeitsplatzanalysen* voraus. Ob ihre allgemeine Einführung zu befürworten ist, kann aus heutiger Sicht nicht abschließend beurteilt werden. Diese Frage hängt im wesentlichen davon ab, in welcher Anzahl Personal vorhanden ist, das auf seinem Dienstposten ständig Überdurchschnittliches leistet, für eine Verwendung in höherqualifizierte Positionen aber nicht in Frage kommt. In diesem Zusammenhang wäre beim Vorhandensein einer leistungsorientierten Dienstpostenbewertung anstelle einer Leistungsbewertung die Schaffung von Dienstposten ins Auge zu fassen, die besondere Leistungsstrukturen berücksichtigen.

§ 84   Versorgung

Schrifttum: Siehe auch vor § 81; ferner: Ber.Kom. Ref. ö.D., S. 314 ff.; *G. Heubeck,* Entwicklung der Beamtenpensionen im Vergleich zu anderen Arten der Alters- und Hinterbliebenenversorgung, 1970; *ders.,* Die Versorgung im öffentlichen Dienst, Gestern – heute – morgen, 1974; *F. Mayer,* Die gesellschaftsadäquate Beamtenversorgung im sozialen Rechtsstaat, in: ZBR 1968, S. 361 ff.; *W. Rüfner,* Beamtenversorgung und Sozialversicherung, in: *W. Leisner* (Hrsg.), Das Berufsbeamtentum im demokratischen Staat 1975, S. 147 ff.; *H.H. Rupp / F. v. Zezschwitz / H. v. Olshausen,* Zur Ungleichheit in der Einkommensbesteuerung der Versorgungsbezüge und Sozialrenten, 1970; *W. Thieme,* Grundstrukturen der Sozialversicherung und Beamtenversorgung, in: DÖV 1970, S. 537 ff.; *C. H. Ule,* Die Bedeutung des Beamtenversorgungsrechts für die Erhaltung des Berufsbeamtentums, in: ZBR 1974, S. 33 ff.

730 A. I. Zu den Errungenschaften des modernen Sozialstaats gehört der materielle Schutz des Arbeitnehmers im Alter und bei Dienstunfähigkeit. Der Staat und die anderen öffentlichen Dienstherrn haben hier seit langem vorbildliche Fürsorge für ihre Dienstnehmer getrieben. Sie haben insb. für die Beamten mit der *Beamtenversorgung* ein Versorgungssystem geschaffen, das neben der Sozialversicherung stand und nach gänzlich anderen Prinzipien arbeitet. Es werden keine Beiträge gezahlt, die Anwartschaft geht bei vorzeitigem Ausscheiden aus dem öffentlichen Dienst verloren, die Leistungen sind relativ hoch (bis 75 %), die Leistungen unterliegen der Besteuerung.

731   II. Neben diesem Beamtenversorgungssystem besteht für die Angestellten ein *Versorgungssystem,* das sich aus zwei Teilsystemen zusammensetzt. Einerseits

sind die Angestellten in das allgemeine Sozialversicherungssystem (nach dem Angestelltenversicherungsgesetz) eingegliedert. Andererseits besteht eine Zusatzversorgung bei einer besonderen durch Tarifvertrag begründeten Zusatzversorgungsanstalt und ähnlichen Einrichtungen. Materiell stehen sie daher heute im Durchschnitt nicht schlechter als die Beamten. Allerdings sind die Systemverschiedenheiten erheblich.

III. 1. Im Zuge der Erwägungen zur Vereinheitlichung des öffentlichen Dienstrechts stellt sich gerade beim Versorgungsrecht die Frage, ob es nicht angebracht ist, hier die Unterschiede aufzuheben. Denn es handelt sich zumeist um Unterschiede, die nicht sachnotwendig, sondern nur durch die jeweilige Finanzierungs- und Regelungstechnik bedingt sind. 732

2. Eine Frage ist hierbei besonders zu prüfen, der *Wegfall der Versorgungsanwartschaft* bei freiwilligem Ausscheiden aus dem Beamtenverhältnis. Diese Regelung hatte ursprünglich den Sinn, ein vorzeitiges Ausscheiden zu verhindern, d.h. es kam der Idee des Berufsbeamtentums zugute. Es erscheint aber fraglich, ob der Staat wirklich ein Interesse hat, die Beamten derartig zu binden. Einerseits muß er den ausscheidenden Beamten nachversichern und dabei sowohl die Arbeitgeber- als auch die Arbeitnehmerbeträge zahlen. Andererseits erscheint es fraglich, ob es angemessen ist, den Beamten derart zu binden, nachdem sogar für die Betriebsrenten die Unverfallbarkeit gesetzlich bestimmt ist. Schließlich ist es völlig offen, ob die Zahl der Beamten die vorzeitig aus dem öffentlichen Dienst ausscheiden würde, wirklich sehr groß ist, ob dadurch das Beamtentum als Institution irgendwie gefährdet werden würde.

B. Bei Versorgungssystemen treten folgende *Probleme* auf: 733

I. Der Versorgungsfall ist abhängig zu machen von der *Dienstunfähigkeit* oder dem Erreichen der *Altersgrenze*. Heute gilt das 65. Lebensjahr als Altersgrenze, wobei auf Antrag schon mit dem 63. Lebensjahr in den Ruhestand versetzt wird.

II. Angemessen erscheint eine Mindestbeschäftigungszeit (Wartezeit); die Studienkommission schlägt für sie 5 Jahre vor, wobei bestimmte Verdienstzeiten angerechnet werden können. Eine Ausnahme muß für den Fall vorzeitiger Dienstunfähigkeit gelten. 734

III. Die Versorgungsleistungen sind in einem Prozentsatz der Dienstbezüge anzusetzen. Dabei ist offen, ob dieser auf das letzte Gehalt oder auf das Gehalt bezogen werden soll, das im Laufe der Dienstzeit verdient worden ist. Für den öffentlichen Dienst erscheint es angemessen, die erstere Lösung zu wählen; sie ist Ausdruck des Alimentationsprinzips. Damit verbunden ist die Frage nach dem Steigerungsbetrag, d.h. ob er bis zu einem Höchstsatz (heute 75 %) in bestimmten Zeitabständen gleichmäßig steigt oder ob er degressiv gestaltet werden soll. 735

IV. Probleme wirft die Frage nach den anrechnungsfähigen Zeiten auf, d.h. ab wann Zeiten angerechnet werden (17. Lebensjahr?) und welche Tätigkeiten außerhalb des öffentlichen Dienstes berücksichtigt werden.

V. Problematisch ist auch, ob eine Mindestversorgung zu gewähren ist (nach Erreichen der Mindestbeschäftigungszeit).

736 VI. Besondere Fragen werfen diejenigen Versorgungsfälle auf, die durch *Dienstunfälle* entstehen. Hier ist – entsprechend der heute im Beamten- und im Sozialversicherungsrecht geltenden Regelung- eine Vorzugsregelung nötig, bei der eine höhere Versorgung gegeben wird, eine Wartezeit nicht besteht und insb. auch die Mindestversorgung höher ist.

VII. Zum Versorgungssystem gehört stets auch die Versorgung der Witwen und Waisen.

737 C. Die *Organisation und Finanzierung* ist heute bei Beamten und Angestellten sehr unterschiedlich geregelt. Dadurch erscheinen die Systeme juristisch sehr unterschiedlich. Allerdings lassen sich diese Unterschiede, ohne daß das für den Beamten fühlbar wird, ausgleichen. Damit im Zusammenhang steht auch die Frage der Besteuerung der Versorgungsleistungen. Es ist nach den heute vorhandenen Unterlagen offenbar noch nicht möglich, dieses Problem befriedigend zu lösen. Es steht jedoch zu erwarten, daß der Trend immer stärker zu einer Vereinheitlichung der unterschiedlichen Versorgungssysteme geht.

20. Kapitel Personalverwaltung

§ 85 Organisation

Schrifttum: *F. Baer*, Der Landespersonalausschuß, seine Stellung und Aufgaben, in: BayVBl. 1960, S. 269 ff.; *K. Bleicher*, Zur Organisation von Leitung und Führung in der Verwaltung, in: *W. Michalski* (Hrsg.), Leistungsfähigkeit und Wirtschaftlichkeit in der öffentlichen Verwaltung, 1970, S. 53 ff.; *H. Dornscheidt,* Personalverwaltung im Umbruch, in: StT 1970, S. 170 ff.; *Th. Ellwein/A. Zehnder/J. Minde/L. Betzmeier,* Mitbestimmung im öffentlichen Dienst, 1969; *E. Feindt,* Personalaktenführung – Neuregelung in Hamburg, in: ZBR, 1972, 168 ff.; *K.H. Friauf,* Zentralisierungen im Personalwesen des Bundes, Gutachten, 1972; *K. Gscheidle,* Personalwirtschaft im öffentlichen Dienst, 1961; *E. Guilleaume,* Demokratisierung der Personalpolitik in der öffentlichen Verwaltung, in: Verwaltung,

1971, S. 177 ff.; KGSt. (Hrsg.), Automation im Personalwesen, 2. Aufl. 1973; dies., Das Personalamt (Gutachten), 1958; dies., Personalwirtschaft, 1969; *E. Lindgen,* Lassen sich Mißstände in der Personalpolitik durch einen Beamtenbeauftragten beseitigen? in: DÖD 1967, 201 ff.; *E. Nümann,* Die Organisation des Personalwesens in der Ministerialverwaltung von Bund und Ländern, 1975; *W. Rippe,* Organisation und Personalwesen, 1971; *E.R. Ritter,* Mitbestimmung im öffentlichen Dienst oder Privatisierung des Staatswesens, in: JZ 1972, S. 107 ff.; *O.-E. Starke,* Aufgaben und Funktion des Personalrats, in: DÖV 1975, 849 ff.

A. Die Personalangelegenheiten sind Stabsaufgaben (Rdnr. 583).   **738**

I. Eine *Konzentration* der Personalverwaltung ist daher grundsätzlich erforderlich. Nur dadurch werden
1. die Gleichmäßigkeit, d.h. die Gerechtigkeit der Personalentscheidungen gewährleistet,
2. der notwendige Abstand zwischen der entscheidenden Stelle und dem Beamten gesichert, der Voraussetzung objektiver Entscheidungen ist,
3. Beamte mit der nötigen Sachkunde in den zumeist komplizierten Personalangelegenheiten ausgebildet,
4. der Personalaustausch zwischen einer größeren Zahl von Organisationseinheiten und damit eine zweckmäßige Besetzung aller Dienstposten ermöglicht.

II. In jeder Behörde ist daher eine Stelle für die Bearbeitung von Personalangelegenheiten vorgesehen, die organisatorisch der Leitung i.e.S. zuzurechnen und dem Leiter unmittelbar unterstellt ist.   **739**

III. Außerdem braucht jeder Dienstherr auch eine Stelle, die für gewisse übergeordnete Fragen des Personalwesens *zuständig* ist.   **740**
1. Hierzu gehört die Vorbereitung personalrechtlicher Regelungen und die Erarbeitung allgemeiner Prinzipien der Personalpolitik. Beim Staat pflegt diese Zuständigkeit in den *Innenministerien* zu liegen. Für die besoldungsrechtlichen Fragen ist eine Mitzuständigkeit der *Finanzministerien* gegeben. Allerdings wäre es sachlich unrichtig, allein wegen der hohen Personalkosten der Verwaltung die Federführung den Finanzministerien zu geben; hier liegt die Gefahr zu nahe, daß die Entscheidungen in erster Linie unter fiskalischen Gesichtspunkten getroffen und die Sachgesichtspunkte überdeckt werden.
2. Bei den Selbstverwaltungsträgern wird regelmäßig ein besonderes *Personalamt* gebildet, bei kleineren ist die Personalverwaltung Teil des Hauptamtes, das sowohl für die grundsätzlichen Regelungen im Bereich des Personalwesens als auch für die einzelnen Personalentscheidungen zuständig ist.   **741**
3. Die Zusammenfassung aller Personalentscheidungen eines Landes in einem besonderen staatlichen Personalamt würde die Konzentration übertreiben.
a) Personalfragen verlangen nicht nur eine gleichmäßige, sondern auch eine individuelle Behandlung. Diese Komponente kommt nicht hinreichend zum Tra-

gen, wenn die Entscheidungen zu weit entfernt vom Arbeitsplatz getroffen werden.

b) Die Ausdehnung der Verwaltungstätigkeit führt dazu, daß immer mehr höchst unterschiedliche Arten von Verwaltungsbediensteten tätig sind. Ihre Verhältnisse können nicht einheitlich gestaltet sein. Ein zentrales Personalamt hat erfahrungsgemäß leicht die Neigung, die unterschiedlichen Verhältnisse nicht deutlich genug zu sehen und daher zu schematisch zu entscheiden.

742   4. Daher bedarf es auch bei zentralen Personalämtern stets der *Dekonzentration* bestimmter Zuständigkeiten an nachgeordnete Stellen. Das gilt vor allem für Bereiche, die in erheblichem Umfang eigene dienstrechtliche Fragen haben (z.B. Lehrer, technisches und medizinisches Personal, Polizeibeamte). Gerade für das Personalwesen gilt, daß die Gefahr einer übermäßigen Konzentration als psychologisches Problem besteht; denn durch Personalentscheidungen wird viel Macht ausgeübt. Keine Lösung wäre es, derartige Personalentscheidungen nur auf einer unteren Instanz vorbereiten zu lassen und die Zuständigkeit der zentralen Stelle zu wahren. Das würde im Regelfall zu einer Doppelarbeit führen.

743   B. I. Die Personalverwaltung bedarf zur wirksamen Arbeit nicht nur der juristisch und verwaltungswissenschaftlich geschulten Sachbearbeiter, sondern auch der *Psychologen*. Die Personalentscheidung sowie allgemeine Regelungen im Personalwesen betreffen den Menschen; die Auswirkungen in diesem Bereich kann nur der Psychologe voll übersehen. Er muß ebenso wie der Justitiar als Berater des Verwaltungsbeamten ständig zur Verfügung stehen. Da die Leistung der Beamten weitgehend von ihrer Leistungsbereitschaft abhängt, kann der richtige Einsatz von Psychologen einen erheblichen Rationalisierungseffekt herbeiführen.

744   II. Ebenfalls gehört zur Personalverwaltung der *Arzt*, der für Fragen möglicher Gesundheitsschädigungen durch unzweckmäßige dienstrechtliche Regelungen oder bei Gestaltung von Arbeitsplätzen und Arbeitsmitteln eingesetzt werden sollte. Gerade arbeitsphysiologische Probleme sind mögliche Gegenstände der Verwaltungsrationalisierung. Darüber hinaus hat der Personalarzt auch im Fall konkreter Erkrankungen von Bediensteten Aufgaben.

745   C. Unabhängig von dieser in die Hierarchie der Verwaltung eingegliederten Personalverwaltung besteht das Bedürfnis nach unabhängigen Stellen *(Personalausschüssen)*.

I. Sie sollen den Einfluß der patronierenden Gruppen und Institutionen ausschalten. Ihnen sind daher Entscheidungen zugewiesen, bei denen die Gefahr der Patronage besonders groß ist. Daneben können sie zweckmäßig bei Beschwerden zur Mitwirkung bei grundsätzlichen Regelungen und bei der Auslese des Beamtennachwuchses eingesetzt werden.

II. Die Organisation derartiger Stellen erfolgt zweckmäßig kollegial. Regelmäßig sind bei den Entscheidungen einer solchen Stelle zahlreiche unterschiedliche Gesichtspunkte zu berücksichtigen, die im Kollegium am besten zum Tragen kommen.

Ob es daneben zweckmäßig ist, einer solchen Stelle auch Funktionen zu übertragen, wie sie für die Streitkräfte der Wehrbeauftragte besitzt, evtl. damit eine einzelne Persönlichkeit zu betrauen und dadurch einen besonderen Schutz für die Beamten zu schaffen, erscheint fraglich. Die Abhängigkeit der Beamten ist nicht nur aufgrund ihrer allgemeinen Stellung, sondern auch wegen ihres freiwilligen Eintritts in das Beamtenverhältnis geringer als die des Soldaten.

D. Im weiteren Sinne ist auch die Mitwirkung der *Personalvertretungen* Personalverwaltung. Wenngleich sie nur ein beschränktes Entscheidungsrecht haben, bedeutet ihr Mitwirkungsrecht doch einen Einfluß auf Personalentscheidungen. Ihre Existenz und Kompetenz ist primär eine politische Frage. Ihre verstärkte Mitwirkung und Mitbestimmung führt u.U. zur Dysfunktionalität der Personalverwaltung, weil die Ziele der Personalräte nicht an den Aufgaben der Verwaltung orientiert sind und sie für Fehlentscheidungen Verantwortung nicht tragen. Der tatsächliche Einfluß ist schwer abzuschätzen, weil empirisches Material nicht vorliegt.

§ 86 Personalplanung

Schrifttum: *O.K. Binder*, Personalverwaltung und elektronische Datenverarbeitung, 1970; *K. Braun*, Personalpolitik in Unternehmen und Verwaltungen, 1975; *M. Domsch / Th. Gabelin*, Der Aufbau eines Systems zur Personaleinsatzplanung, in: ZfB 1971, 59 ff.; *H. Friedrichs*, Praxis und Probleme einer langfristigen Personalplanung, in: Mensch und Arbeit, 1964, H.1; *H. Gneiße*, Notwendigkeit langfristiger Personalplanung, in: DEMO 1974, S. 16 ff.; *E. Laux*, Personalplanung im öffentlichen Dienst, in: Verwaltung 1976, 137 ff.; *J. Mattulat*, Personalplanung in Verwaltung, in: StT 1968, 355 ff.; *H. Schmidt / H. Hagenbruck / W. Sämann* (Hrsg.), Handbuch der Personalplanung, 1975; *W. Thomsen*, Methoden der Personalplanung, in: *A. Marx* (Hrsg.), Personalführung Bd. I, 1969; *H. Ulrich / R. Stearkle*, Personalplanung, 1965; *W. Weber*, Personalplanung, 1975.

A. I. Das Personal war von jeher das wichtigste Mittel zur Erledigung der Verwaltungsaufgaben. Heute ist es außerdem das kostenaufwendigste. Der Planung in Personalfragen kommt daher ganz besondere Bedeutung zu. Hinzu kommt das Problem der Langfristigkeit: Einmal eingestelltes Personal ist praktisch nicht entlaßbar; das Personal, das in späteren Jahren gebraucht wird, muß heute ausgebildet und ausgewählt werden.

748 II. 1. *Personalplanung* ist nicht isoliert möglich. Personalplanung – nach Qualität und Quantität des Personals – hängt von den Aufgaben, die zu erledigen sind ab. Da die Aufgaben nach Art und Umfang wechseln, muß zugleich die Flexibilität mit eingeplant werden (z.B. Fortbildung, Umschulung).
  2. Angesichts der Kosten des Personals und der langfristigen Festlegung muß Personalplanung mit der Finanzplanung abgestimmt werden.
  3. Personalplanung ist zum größten Teil Planung des Ersatzes für ausscheidendes Personal; daher ist Personalplanung auch Terminplanung.
  4. Personalplanung verarbeitet nicht nur die Daten, die von den anderen Planungen vorgegeben werden (Aufgaben, Finanzen, Termine). Personal ist ein Faktor, der nicht beliebig manipulierbar ist; von ihm gehen z.T. Sachzwänge aus, die auf die Aufgabenplanung zurückwirken.

749 **B. Quantitative Planung**

  I. Im Vordergrund steht der *Personalbedarfsplan*, der sich im Stellenplan niederschlägt. Dabei ist eine differenzierte Planung nach der Art der Stellen (Vorbildung, Ausbildung, besondere Eignungsmerkmale) und nach der Zahl der Personen erforderlich. Hinsichtlich der Zahl ist eine Bedarfsmessung zugrundezulegen, die sich an der Arbeitsmenge orientiert (Rdnr. 601).

  II. Zu planen ist dabei auch der sich verändernde Bedarf.
  1. Innerhalb der Verwaltung wechselt die Arbeitsmenge, an vielen Stellen nimmt sie ständig zu, an anderen Stellen nimmt sie ab. Hier muß ein Personalausgleich stattfinden. Es handelt sich um eine Aufgabe, deren Realisierung nur schwer durchzusetzen ist. Umso mehr Aufmerksamkeit ist ihr zu widmen. Voraussetzung ist, daß die Verwendbarkeit der Dienstnehmer hinreichend breit ist.
750 2. Die Veränderung ist auch in der *Zeitdimension* zu planen, d.h. Mehr- und Mindestbedarf sowie die Zahl der voraussichtlich Ausscheidenden. Dabei ist möglichst weit vorauszuschauen. Die Planung muß auch die Strukturveränderungen einbeziehen und für jede Art von Stelleninhaber, die nicht miteinander austauschbar sind, gesondert erfolgen. Das gilt auch für die Führungskräfte.

751 III. Auf Grund der Ergebnisse dieser Planungen ist ein *Einstellungsplan* festzulegen. Er ist weitgehend Beschaffungsplan.
  1. Hierbei konkurriert die Verwaltung mit anderen Bedarfsträgern, insb. der Privatwirtschaft grundsätzlich auf dem freien Markt. Sie unterliegt daher weitgehend den Gesetzen des Arbeitsmarktes, d.h. von Angebot und Nachfrage. Bei Vollbeschäftigung ist sie auf Werbung angewiesen. Sie muß sich ferner in ihrer Bezahlung nach den Marktpreisen richten, wenn sie nicht minderqualifizierte Personen einstellen will, was in der Regel sehr teuer wird. Allerdings bietet sie nicht nur das monatliche Gehalt, sondern auch Sicherheit des Arbeitsplatzes und manche Nebenleistung, die oft nicht in Geld auszudrücken ist.

2. Der Einstellungsplan ist z.T. ein *Ausbildungsplan,* weil die Verwaltung in 752 weiten Bereichen ihren Nachwuchs selbst ausbildet (Rdnr. 670 ff.). Mit der Übernahme in die Ausbildung ist in der Regel noch kein Anspruch auf endgültige Übernahme verbunden. Aber die Verwaltung übernimmt eine erhebliche Verantwortung für die Ausgebildeten, die ihre besondere Qualifikation oft nur in der Verwaltung nutzen können.

C. Qualitätsplanung 753

I. Angesichts des nach unterschiedlichen Anforderungen stark differenzierten Personalbedarfs der Verwaltung muß die Personalplanung Sorge dafür tragen, daß die Dienstnehmer die erforderliche Eignung besitzen. Das setzt voraus, daß die Personalplaner Informationen über die besonderen Anforderungen der Aufgabenerledigung erhalten. Dabei ist ebenfalls eine möglichst weit in die Zukunft sehende Planung erwünscht, d.h. auch die Verarbeitung von Informationen über künftige Anforderungsprofile.

II. Zur Qualitätsplanung gehört die *Planung der Fortbildung und Umschu-* 754 *lung,* um eine Anpassung an die wechselnden Anforderungen zu ermöglichen. Das verlangt u.U. die Schaffung eigener Einrichtungen, auf jeden Fall aber eine Planung derart, daß jeder, der neuen Anforderungen unterworfen wird, regelmäßig zunächst fortgebildet wird.

III. Die besonders großen Schwierigkeiten der qualitativen Personalplanung lassen die Forderung wichtig erscheinen, dem künftigen Beamten eine möglichst *breite Ausbildung* zu geben, um ihn zu befähigen, ohne Schwierigkeiten neue Aufgaben sachgerecht zu erledigen. Auf jeden Fall ist es grundsätzlich abzulehnen, daß ein Dienstnehmer eingestellt wird nur für einen konkret beschriebenen Posten.

§ 87 Personalführung

Schrifttum: Arbeitskreis zur Bewertung von Eignung und Leistung, Bericht zur Einführung von Systemen zur Leistungsbewertung und zur Verwendungsbeurteilung im öffentlichen Dienst, in: Anl. Bd. 10, S. 241 ff.; *G. Banner,* Ziel- und ergebnisorientierte Führung in der Kommunalverwaltung, in: ArchKomWiss 1975, 22 ff.; *F. Bierding/K. Scholz,* Personalführungssysteme, Methoden und Auswirkungen, 1971; *R. R. Blake/J. S. Mouton,* Verhaltenspsychologie im Betrieb, 1968; *C. Böhret/M. T. Junkers,* Führungskonzepte für die öffentliche Verwaltung, 1976; *H. Brandstetter,* Die Beurteilung von Mitarbeitern, in:

Handbuch der Psychologie, 2. Aufl., Bd. 9, 1970, S. 668 ff.; *W. Correll,* Führung als kommunikationspsychologisches Problem, in: ZfO 1976, S. 33 ff.; *H. Friedrichs,* Moderne Personalführung, 1973; *D. Grunow,* Personalbeurteilung, 1976; *R. Höhn,* Die Dienstaufsicht und ihre Technik, 1967; *ders.,* Moderne Führungsprinzipien in der Kommunalverwaltung, 1972; *R. Höhn - G. Böhme,* Verwirklichung der Führung im Mitarbeiterverhältnis in der Verwaltung, 1971; *E. Kube,* Führungsmodelle, moderne Führungsgrundsätze und Managementtechniken in der Verwaltungspraxis, in: DVBl. 1973, 869 ff.; *E. Laux,* Führung und Führungsverhalten in der öffentlichen Verwaltung, 1975; *ders.,* Führungsverhalten und Führungsstil, in: Hdb. Verw., H. 5.7; *ders.,* Managementmodelle für die öffentliche Verwaltung, in: DVBl. 1972, 167 ff.; *ders.,* Verwaltungswissenschaft und Verwaltungsführung, in: *H. R. Haeseler* (Hrsg.), Gemeinwirtschaftliche Betriebe und öffentliche Verwaltungen, 1976, S. 117 ff.; *H. Lecheler,* Personalpolitik und Personalführung in der öffentlichen Verwaltung, 1972; *E. Olbrich,* Die Bewertung der Eignung im Rahmen eines Kommunikationssystems der Personalführung, in: Anl. Bd. 10, S. 177 ff.; *R. Reinhart,* Das Beurteilungsgespräch, in: ZBR 1972, S. 161 ff.; *L. Rosner,* Moderne Führungspsychologie, 3. Aufl., 1973; Senatsamt für den Verwaltungsdienst Hamburg (Hrsg.), Management Systeme, 1973; *F. Sidlen,* Grundlagen zu einem Management-Modell für Regierung und Verwaltung, 1974; *A. Stadler,* Personalführung im öffentlichen Dienst, 1970; *A. Weinert,* Arbeitsanreize als Motivationsfaktoren, in: ZfO 1973, 437 ff.; *H. D. Werner,* Motivation und Führungsorganisation, 1972; *J. Wild,* MbO als Führungsmodell für die öffentliche Verwaltung, in: Verwaltung 1973, 283 ff.; *F. Wilkenloh,* Verwaltungsführung im Wandel, o.J. (1971); *G. Zapf,* Kooperativer Führungsstil und Organisation, 1972.

755 A. Krise des Führungsstils

I. Die moderne Verwaltung ist im absoluten Staat entstanden. Der herrschende Führungsstil, der auf Befehl und Gehorsam beruht, hat diesen Staat überlebt. Mit Einführung der parlamentarischen Verantwortlichkeit hat dieser Führungsstil sogar eine zusätzliche Legitimierung erhalten: Der Minister kann seiner Verantwortlichkeit gegenüber dem Parlament nur gerecht werden, wenn er die Möglichkeit hat, durch eine von oben bis unten durchgebildete Hierarchie seinen politischen Willen durchzusetzen, wenn er volles Kontroll-, Sanktions- und Informationsrecht hat.

756 II. Dieses *Führungsmodell* ist aus mehreren Gründen in eine Krise geraten. Denn jedes normative System setzt eine bestimmte Realität voraus. Die heutige Realität stimmt aber mit der vorausgesetzten Realität nicht mehr überein:
  1. Die Arbeitswelt hat sich verändert, sie ist so kompliziert geworden, daß nicht jede Frage geregelt werden kann, sondern notwendig Ermessensspielräume bleiben.
  2. Der Beamte wird ständig vor die Aufgabe gestellt, Zielkonflikte zu lösen, d.h. seinen Arbeitsbereich weiterzuentwickeln und dabei auch über Zielprobleme zu entscheiden. Sie werden von den Vorgesetzten nur z.T. gelöst.
  3. Die Gesellschaft ist anders geworden. Sie lebt nach den Werten der freiheitlichen Demokratie und der Persönlichkeitsentfaltung, der Selbstverwirklichung.

Die Werte der Gesellschaft machen vor der Verwaltung nicht halt; der Beamte ist Teil dieser Gesellschaft. Daher wird die Forderung nach »Demokratisierung« der Verwaltung auch hier wirksam (Rdnr. 326).

4. Die Menschen sind anders geworden. Ihr Ich-Wert ist größer, sie sind stärker sensibilisiert. Die Möglichkeit Kritik anzubringen, ist schwächer geworden. Die Menschen entwickeln kollektive Abwehrmechanismen gegen jedes »Oben-Unten-Schema«.

5. Das Verwaltungssystem selbst ist nicht mehr dasselbe. Die Größe des Systems, die Zahl und damit die Differenzierung der Aufgaben führt zu einem anderen Informationsstand. Der Spezialist auf unterer Stufe hat weitgehend einen nicht kontrollierbaren, aber zur Sacherledigung notwendigen Informationsstand, den der Vorgesetzte oft nicht erwerben kann. Planung und Führung findet in dem Großsystem auf jeder Stufe statt. Die Beherrschbarkeit von oben wird dadurch geringer. Der Vorgesetzte ist nicht mehr in der Lage, die volle Verantwortung für alle Entscheidungen zu übernehmen, die in seinem Dienstbereich geschehen. Daher muß er den ihm nachgeordneten Bediensteten ein größeres Maß an Selbständigkeit lassen. Das bedingt einen anderen Führungsstil.

B. Führungsstile 757

I. Die möglichen Führungsstile lassen sich zwischen zwei Extremen einreihen. Diese sind das autoritäre und das partizipativ-kooperative Modell. Die Skala wird wie folgt gebildet:
1. ausbeuterisch-autoritativ
2. wohlwollend-autoritativ
3. konsultativ
4. gruppenpartizipativ

Praktisch am wichtigsten sind die Stufen 2 und 3, die sich noch weiter aufgliedern lassen:
a) Der Vorgesetzte entscheidet und teilt seine Entscheidung mit.
b) Der Vorgesetzte »verkauft« seine Entscheidung.
c) Der Vorgesetzte präsentiert seine Entscheidung und bittet um Fragen.
d) Der Vorgesetzte präsentiert eine vorläufige Entscheidung, die modifiziert werden kann.
e) Der Vorgesetzte präsentiert das Problem, erhält Lösungsvorschläge und trifft dann die Entscheidung.
f) Der Vorgesetzte definiert den Entscheidungsspielraum, seine Mitarbeiter entscheiden.

II. Ausgehend von der Betriebswirtschaftslehre sind in jüngerer Zeit bestimmte 758 Modelle entwickelt worden, die als *Management-Modelle* bezeichnet werden. Sie sind zugleich Organisationsmodelle.
1. Die wichtigsten Modelle sind

a) management by objectives
— Die Ziele werden vorgegeben. Die Wege zur Zielverwirklichung bleiben im wesentlichen den Mitarbeitern überlassen.
b) management by exception
— Dem Mitarbeiter wird eine Selbständigkeit eingeräumt; der Vorgesetzte behält sich ausnahmsweise vor, eine Sache selbst zu entscheiden.
c) management by delegation
— Die Entscheidungsbefugnis wird grundsätzlich auf den Mitarbeiter delegiert.

Diese — und andere — Modelle sind in der Literatur stark formalisiert und in Rezepte gekleidet, die insb. mittleren Firmen in der Wirtschaft Hilfen geben. Für die öffentliche Verwaltung können derartige »management by«-Systeme unverändert nicht in Betracht kommen.

759 2. Das *Harzburger Modell (R. Höhn)* nimmt für sich in Anspruch, in der öffentlichen Verwaltung verwendbar zu sein. Es handelt sich um ein System, das Entscheidungsverantwortung nach unten delegiert und durch bestimmte formalisierte Einrichtungen (z.B. »Mitarbeitergespräch«) Information und Kontrolle schafft. In der Praxis der öffentlichen Verwaltung hat es keinen Anklang gefunden.

760 C. I. Der Versuch, ein *modernes Führungskonzept* aufzubauen, muß zwei Ziele berücksichtigen:
1. Möglichst hohe Effizienz der Mitarbeiter,
2. möglichst humane Arbeitsbedingungen.

II. Diese beiden Ziele scheinen sich gegenseitig auszuschließen. Eine Lösung scheint daher in einem »entweder — oder« oder allenfalls in einem »halb und halb« zu liegen. Das ist jedoch nicht notwendig. Eine Führung, der es gelingt, die Mitarbeiter für die Arbeit zu interessieren, sie zu motivieren, wird einerseits eine hohe Effektivität erzeugen, andererseits aber auch dem Mitarbeiter Bedingungen geben, die er akzeptiert und nicht als Stress-Situation empfindet. Dazu ist es in jedem Fall erforderlich, eine möglichst umfassende Information zu geben, regelmäßig auch einen Raum zur Selbstverwirklichung, d.h. einen Raum eigener Entscheidung.

761 III. Jedes Führungskonzept steht vor der Notwendigkeit, die folgenden *Probleme* zu lösen:
1. *Verantwortung*. Sie sollte möglichst mit nach unten gezogen werden. Oben bleibt die Verantwortung für Information, Organisation und Aufsicht, nicht dagegen für Einzelentscheidungen.
2. *Delegation*. Wieweit kann die Zuständigkeit nach unten gezogen werden? Wer bearbeitet? Wer unterschreibt? (Zeichnungsrecht). Wann darf im Einzelfall von oben eingegriffen werden?

3. *Kontrolle.* Da von oben möglichst wenig angeordnet wird, hat die Kontrolle eine umso größere Bedeutung. Sie sollte möglichst nicht als Sanktion, sondern als korrigierendes Einwirken ausgestaltet werden, sie soll positive Wirkungen entfalten, wie es »noch« besser gemacht werden kann.

D. Personalbeurteilung.

I. Die Beurteilung ist ein zentrales Mittel zur Personalführung. Das gilt insb. heute, wo negative Sanktionen kaum eine Rolle spielen, aber die Karriere entscheidend von der Beurteilung abhängt. Die Beurteilung dient der Versachlichung der Beziehungen zwischen Vorgesetztem und Mitarbeiter. Sie zwingt zu intensiver Beschäftigung mit der Befähigung, den Leistungen und den Entwicklungsmöglichkeiten. Sie kann die Leistungseinstellung und Bereitschaft des Mitarbeiters verbessern. Sie schafft darüber hinaus Informationen für personalwirtschaftliche und organisatorische Maßnahmen.

II. Für *Verfahren und Technik der Beurteilung* gilt:
1. Zweckmäßig ist die »gebundene« Beurteilung, d.h. nach bestimmten Kriterien, die in einem Beurteilungsbogen definiert sind.
2. Der Inhalt der Beurteilung sollte für bestimmte Gruppen (Laufbahnen) standardisiert sein. Die Beurteilung gibt Auskunft über Fähigkeiten, Fertigkeiten, Kenntnisse und Leistungen. Die Beurteilung der Leistung setzt eine Festlegung der Arbeitsziele voraus.
3. Notwendig ist eine Skalierung, nicht nur eine Bejahung oder Verneinung der Beurteilungskriterien. Die Skalierung kann verbal (z.B. durchschnittlich, hervorragend) oder numerisch erfolgen. Sofern verbal bewertet wird, empfiehlt es sich, dem Beurteiler eine Liste von Kriterien an die Hand zu geben.
4. Ein zusammenfassendes Urteil sollte vermieden werden, es pauschalisiert die unterschiedlichen Teilurteile oft zu stark. Zweckmäßig ist dagegen eine Information über Verwendungsmöglichkeiten.
5. Die Beurteilung soll in regelmäßigen Abständen erfolgen. Der Entwurf der Beurteilung ist mit dem Mitarbeiter durchzusprechen.

III. Beurteilen muß gelernt sein. *Vorgesetzte,* die Mitarbeiter zu beurteilen haben, müssen daher in den Problemen der Beurteilung ausgebildet sein. Ferner setzt Beurteilen beim Beurteiler Informationen über die Anforderungen, intensiven Kontakt mit dem Mitarbeiter, die Fähigkeit, sich in die Situation des Mitarbeiters zu versetzen, und Selbstkritik voraus.

VI. Abschnitt Mittel der Verwaltung
21. Kapitel Sachen

§ 88 Verwaltungsgebäude

Schrifttum: *A. Boje*, Das Großraumbüro, Merkmale, Einrichtung, Wirtschaftlichkeit, 1968; *A. Brinkmann to Broxten*, Großraumbüro und Büroorganisation, 1973; *G. Füchsle*, Planung von Verwaltungsgebäuden, 1970; *J. W. Gottschalk*, Kreisverwaltungsgebäude und Großraum – eine zeitgemäße Lösung? in: LKr 1973, 214 ff.; *O. Gottschalk*, Flexible Verwaltungsbauten, 1968; KGSt. (Hrsg.), Verwaltungsbauten, 7. Aufl., 1974; *O. Ladner*, Zweckmäßige Arbeitsplätze im Büro, 1963; *W. Oberbillig*, Leasing im kommunalen Bereich, KomWirtsch. 1966, 146 ff.; *F. Petzold u.a.*, Das Büro. Bauliche und betriebswirtschaftliche Planungsgrundlagen, 1965; *R. Rosenkranz*, Die Vorplanung von Verwaltungsgebäuden, RatBüro 1962, 231 ff.; *F. Schnelle/A. Wankum*, Architekt und Organisator, Probleme und Methoden der Büroplanung, 2. Aufl. 1965; *K. Schuster*, Organisatorische Grundlagen der Verwaltungsbauplanung, ZfO 1973, 402 ff.; *F. Weltz*, Arbeit im Bürogroßraum, 1966.

765 A. Unter den Sachmitteln der Verwaltung nehmen die *Bauten* einen hervorragenden Platz ein. Von ihrer sachgemäßen Errichtung und Einrichtung hängt das wirtschaftliche Funktionieren der Verwaltung weitgehend ab. Sie stellen zudem einen Kostenfaktor von erheblicher Größe dar. Für das Bauen gilt – ebenso wie für die Einstellung von Beamten –, daß sich einmal gemachte Fehler, im wesentlichen unkorrigierbar, jahrzehntelang auswirken.

I. Ein *Verwaltungsgebäude* der öffentlichen Verwaltung hat grundsätzlich eine andere Beziehung zum Bürger als ein Verwaltungsgebäude einer Firma zum Kunden oder Lieferanten. Es soll eine integrierende Wirkung haben. Es *repräsentiert* den Staat oder die Gemeinde in der Öffentlichkeit. Es sind keine vertanen Kosten, wenn die Verwaltung sich diese Funktion auch etwas kosten läßt.

766 II. Der Bürger muß die Verwaltung aufsuchen. Das Verwaltungsgebäude muß daher *erreichbar* sein. Je stärker der Besucherverkehr ist, desto zentraler muß es liegen. Die Behörden arbeiten miteinander. Nicht immer genügt der schriftliche oder fernmündliche Verkehr. Die Beamten, die eine andere Behörde aufsuchen müssen, sollten daher möglichst keine zu großen Entfernungen zurücklegen müssen; Wegezeiten sind verlorene Arbeitszeiten. Für Rathäuser gelten besondere Erwägungen: Sie sind Kommunikationsmittelpunkt mit Symbol- und Repräsentationswert, ihre Lage ist in unmittelbarer Nähe des gesellschaftlichen Schwerpunktes der Gemeinde.

§ 88 Verwaltungsgebäude

III. Bauen in der Verwaltung betrifft nicht nur technische Fragen. Die Bauten dienen Zwecken der Verwaltung, sie müssen sich diesen Zwecken unterordnen. Nicht der Techniker, sondern der Verwaltungsmann ist daher Herr des Baugeschehens. Allerdings muß er sich oft den technischen und ästhetischen Gegebenheiten beugen. Bauen ist Zusammenarbeit zwischen einer Vielzahl von Fachrichtungen und Institutionen. Die angemessene Organisationsform ist daher die *Projektgruppe,* die schon im Fühstadium erster Planungsüberlegungen eingesetzt und interdisziplinär zusammengesetzt werden sollte. 767

B. Die Errichtung von Bauten stellt vor zahlreiche Probleme: 768

I. Die *Grundstücksbeschaffung* ist heute in der Regel schwierig. Durch eine weitschauende Grundstückserwerbspolitik (insbesondere der Gemeinden) und durch eine sinnvolle Bauleitplanung sollten frühzeitig die Weichen gestellt werden. Dabei sollte stets nicht nur an die augenblicklichen Bedürfnisse, sondern auch an Erweiterungsnotwendigkeiten für die nächsten Jahrzehnte gedacht werden.

II. Zu prüfen ist, ob die Verwaltung nicht zweckmäßiger *mietet* statt selbst zu bauen. Es handelt sich hierbei um eine *Wirtschaftlichkeitsfrage,* die auf Grund betriebswirtschaftlicher Kostenrechnungen entschieden werden kann. Allerdings spielen dabei auch finanzwirtschaftliche und konjunkturelle Gesichtspunkte eine wesentliche Rolle. In Frage kommt auch *Leasing* als Finanzierungsform, da es den Liquiditätsspielraum der Verwaltung vergrößert. 769

1. Bei der Planung eines Verwaltungsgebäudes ist zunächst eine Aufgabenanalyse vorzunehmen, d.h. zu fragen, welche Aufgaben durch das Verwaltungsgebäude und die in ihm arbeitenden Menschen erledigt werden sollen. Dabei ist insb. auch die Ablauforganisation mit in die Erwägungen einzubeziehen. 770
2. Sodann ist das *Raumprogramm* aufzustellen, dessen Umfang sich aus den derzeitigen Bedürfnissen zuzüglich der Erweiterungsnotwendigkeiten in absehbarer Zeit ergibt. Da von der Aufstellung des Raumprogrammes bis zur Fertigstellung des Gebäudes mehrere Jahre vergehen, sind die Gebäude oft beim Beziehen schon zu klein. Sofern die Mittel für einen Erweiterungsbedarf noch nicht zur Verfügung stehen, ist auf jeden Fall so zu planen, daß die Erweiterungen später ohne Schwierigkeiten und ohne erhebliche Veränderungen des ursprünglichen Baues vorgenommen werden können.
3. Zu planen ist auch die funktionale Zuordnung der Räume; der Architekt braucht Angaben über die Arbeitsabläufe, um zweckmäßige Entwürfe vorlegen zu können.
4. Ein sehr wichtiger Punkt sind die Überlegungen über die auftretenden Bewirtschaftungskosten.
5. Die Planung sollte berücksichtigen, daß spätere Umorganisationen nicht

ausgeschlossen sind. Eine Veränderung der Funktion der Räume sollte auf jeden Fall möglich sein.

6. Anzustreben ist eine fertigungsgerechte Planung, damit Zweck und Qualität der Produkte mit möglichst geringem Aufwand an Kosten und Zeit erfüllt werden. In diesem Zusammenhang spielen Überlegungen zur Standardisierung von Bauten eine große Rolle.

771 IV. Das *Planungsverfahren:*
1. Bei schwierigen Bauten sowie bei Bauten, die in besonders starkem Maße repräsentativ wirken sollen, sollte auf einen Wettbewerb, an dem freie Architekten beteiligt werden, nicht verzichtet werden.
2. Unabhängig davon ist die Frage, inwieweit das Bauamt die endgültigen Pläne herstellt. Denkbar ist, daß der vorangegangene Wettbewerb nur den Charakter des Ideenwettbewerbs erhält.
3. Während der Planung ist die Behörde, die das Gebäude später benutzen soll, ständig zu beteiligen.

V. Die Bauleistungen sind auszuschreiben (Rdnr. 816).

772 VI. Die *Bauleitung* liegt regelmäßig bei dem Bauamt. Sie kann auch dem planenden Architekten übertragen werden, erfolgt dann in Zusammenarbeit mit dem Bauamt. Stets ist die nutzende Behörde laufend zu beteiligen.

773 C. Die Gestaltung des Bauwerks folgt dem Zweck, dem es zu dienen hat.

I. Die Räume sollten genormt sein. Dabei ist zweckmäßig ein Achsmaß zu verwenden, das später eine andere Aufteilung ermöglicht. Die Größe der Räume hängt von ihren Zwecken ab. Dabei ist auch die Repräsentation ein zu berücksichtigender Zweck.

II. In hinreichendem Umfang sind Sonderräume (Sitzungsräume, Maschinenräume, Wirtschaftsräume, Waschräume) einzuplanen.

III. Die *Zuordnung* der Räume muß den Arbeitsablauf berücksichtigen. Es ist darauf Bedacht zu nehmen, daß Räume, die von zahlreichen Besuchern aufgesucht werden (z.B. Kassenräume), in der Nähe des Eingangs liegen.

IV. Besonderer Berücksichtigung bedarf der *Nachrichtenverkehr.* Es sind Schächte für eine genügend große Zahl von Nachrichtenleitungen einzubauen. Auch hier ist ein Erweiterungsbedarf und ein technischer Fortschritt zu berücksichtigen. Ebenfalls bedarf die Frage des Transports von Akten und Material der Aufmerksamkeit.

V. Die Frage der *Zweckmäßigkeit des Großraumbüros* ist heute noch offen. 774
Insb. ist es nicht möglich zu sagen, ob das Großraumbüro die Leistungen erhöht, senkt oder unbeeinflußt läßt. Wahrscheinlich kommt es dabei auch auf die spezifische Arbeitssituation an, die durch eine Reihe von Faktoren, insb. die Aufgabenstellung, die formale Organisation und die Arbeitsmittel bedingt sind. Fest steht jedoch, daß es zwischen der Büroraumgestaltung, der humanen Arbeitssituation und der büroorganisatorischen Struktur Interdependenzen gibt. Als allgemeine Ergebnisse lassen sich festhalten der Anstieg des verbalen Informationstransports und der Kooperationsintensität, die Vermehrung der informalen Kontakte einschließlich ihrer positiven und negativen Einflüsse, Abflachung der Organisationspyramide, höhere Elastizität des Organisationsnetzes. Problematisch ist die Veränderung der Leitungsrolle, verbunden mit einem höheren Rollen-Stress. Arbeitsphysiologisch scheinen die Umweltbedingungen des Großraums trotz zahlreicher Installationen dem Einpersonenbüroraum nicht gleichwertig zu sein.

Der erhebliche Publikumsverkehr in Behörden dürfte das Großraumbüro für viele Bereiche praktisch ausschließen; einzelne Sprechzimmer genügen regelmäßig den Anforderungen nicht. Ferner sind die Bau- und Betriebskosten in Großraumbüros in der Regel größer als in konventionellen Büros. Zu prüfen ist, ob eine Kombination unterschiedlicher Raumsysteme (Einzelzimmer und Großraum) angebracht ist. Für jede Aufgabe ist das richtige Raumsystem auszuwählen.

D. I. Die einzelnen Räume sollten ansprechend *ausgestaltet* und *ausgestattet* werden. 775
Der Stil sollte dabei nüchtern sachlich sein, der Charakter als Arbeitsraum gewahrt werden.

II. Die Störungen von außen müssen ausgeschaltet werden können. Dabei kommt dem Schallschutz besondere Bedeutung zu, weil Fehler auf diesem Gebiet die Konzentration besonders stören. Ebenso müssen die Heizung, Beleuchtung, Lüftung und Klimatisierung durchdacht sein.

III. Die Möbel sollen ohne Aufwendigkeit zweckmäßig, insb. arbeitsphysiologisch richtig gestaltet sein.

IV. Insgesamt sind für die *Einrichtung und Ausstattung der Räume* die Erfahrungen der Arbeitspsychologie und -physiologie zu berücksichtigen. Es gelten für die Behörden im allgemeinen dieselben Regeln wie für Büros privater Verwaltungen.

V. Die Einrichtung sollte so gestaltet sein, daß die Bediensteten in der Lage sind, ohne Schwierigkeiten Ordnung zu halten. Das ist Voraussetzung für einen reibungslosen Arbeitsablauf. Die Wege zu den oft benötigten Arbeitsmitteln sollen kurz sein. Am Arbeitsplatz sollen sich nur die gerade benötigten Unterlagen und Arbeitsmittel befinden.

776 E. Wegen der damit verbundenen Kosten ist der *Bewirtschaftung* große Aufmerksamkeit zu schenken.

I. Die *Reinigung der Gebäude* wird zumeist durch eigene Kräfte der Verwaltung ausgeführt. Sofern verwaltungseigene Kräfte eingesetzt werden, handelt es sich um einen Bereich, in dem Richtzahlen verwandt werden können, der also in besonderem Maße einer Rationalisierung zugänglich ist. Der Einsatz von Reinigungsmaschinen und modernen Reinigungsmitteln ist kostensparend.

II. Bei der Planung ist das Reinigungsproblem von vornherein zu bedenken. Wesentlich kostenerhöhend wirkt sich die heute übliche Verwendung großer Glasflächen aus. Das gilt nicht nur für die Reinigungs-, sondern auch für die Heizungskosten.

III. Die Reinigungsarbeiten werden heute in manchen Fällen nicht mehr durch verwaltungseigene Reinigungskräfte erledigt, sondern an Unternehmer vergeben. Dieses Verfahren hat sich oft als kostengünstiger erwiesen. Dabei sollte die Vergebung stets im Wege der Ausschreibung durchgeführt werden.

IV. Für die *Wartung* der *technischen Anlagen* und den kleinen Reparaturdienst sollten grundsätzlich verwaltungseigene Kräfte zur Verfügung stehen. Allerdings hängt die Entscheidung auch hier weitgehend von den Umständen des Einzelfalles ab.

V. Bewährt hat sich allgemein, die *Bewachung* einem Bewachungsinstitut zu übergeben.

VI. Die Wirtschaftlichkeit von Gebäuden wird durch *Mehrfachnutzung* erhöht. Als Nutzer kommen nicht nur Organisationseinheiten der Verwaltung (z.B. die Kreis-Volkshochschule im Schulgebäude), sondern auch Dritte (z.B. Sportverein in der Schulturnhalle) in Frage. Die Mehrfachnutzung muß bei Errichtung der Gebäude geplant werden, um den vollen Effekt zu erreichen.

§ 89 Technische Arbeitsmittel

Schrifttum: *H.E. Littmann*, Maschineneinsatz im Büro, 1964; *H. Fuchs / J. Hofer*, Vorschläge für Rationalisierung und Betriebshygiene in der öffentlichen Verwaltung, in: DVBl. 1971, 597 ff.; *Th. Pirker*, Büro und Maschine, 1962; *C. Kreuser / K. Friedrich*, Organisations- und Bürokunde für die Verwaltung, 2. Aufl. 1970; *E. Grochla* (Hrsg.), Das Büro als Zentrum der Informationsverarbeitung, 1971; *H. Bruder*, Organisation und Technik der Verwaltungsarbeit, 1970; *H.-L. Müller-Lutz*, Das automatisierte Büro, 1965; *G. Kubsch*, Handbuch der Bürokunde, 2. Aufl., 1970; *R. Rosenkranz*, Des Wesen und die Organisation der Datenfernverarbeitung, in: RatBüro, H.7 / 1972, S. 12 ff.; *H. Haupt*, Moderne Nachrichtenmittel im Büro und Betrieb, 1961; *J. Johannknecht*, Nachrichtentechnik in kommunalen Gebäuden, in: KomWirtsch. 1965, S. 197 ff.; *R. Sporys*. Mikrofilm – im Wandel durch die Praxis, in: RatBüro 1972, H.4, S. 76 ff.; *U. Bischoff*, Addressiermaschinen, 1964; KGSt., Vervielfältigung und Mikroverfilmung (Gutachten), 2. Aufl., 1971; *P. Ahrens /H. Hähner/R. Stein*, Kopieren im Büro, 1963; KGSt. (Hrsg.), Schreibdienst (Gutachten), 1970; *E. Laux/H.P. Dreuseck*, Rationalisierung der Schreibarbeiten, 1968; *F. Arning*, Die Wirtschaftlichkeit des Kraftwagens bei Dienstreisen, 1963; *H. Blau/F. Schmitz*, Diktiergeräte im Büro, 1957.

A. I. Die Möglichkeiten des Einsatzes *technischer Arbeitsmittel* im Büro sind wesentlich größer als noch vor wenigen Jahrzehnten vorauszusehen. Es stellt sich heraus, daß immer mehr Bürovorgänge mechanisierbar sind. Das gibt die Chance einer erheblichen Rationalisierung der öffentlichen Verwaltung. Zugleich aber wirft es eine Reihe von allgemeinen verwaltungswissenschaftlichen Fragen auf.

II. Die Frage des Einsatzes technischer Arbeitsmittel taucht auf, wenn
1. entweder die manuelle Arbeitsweise nicht befriedigend ist (zu langsam, zu unsicher, zu teuer, Personalmangel) oder
2. die Mechanisierbarkeit sich in anderen Bereichen (Privatwirtschaft, vergleichbare Behörden) gezeigt hat.

III. In beiden Fällen bedarf es einer genauen Untersuchung der Wirkungen des Einsatzes technischer Arbeitsmittel.
1. Zu prüfen ist in erster Linie die rechtliche *Zulässigkeit* und die *Qualität* der maschinellen Arbeit (Schnelligkeit, Fehlerfreiheit, Zumutbarkeit des Verwaltungsfabrikats für den Bürger). Nur wenn insoweit keine Bedenken auftreten, kommt eine Mechanisierung in Frage.
2. Ebenso wichtig ist die *Wirtschaftlichkeitsberechnung:*
a) Im Vordergrund steht der Kostenvergleich des bisherigen mit dem zu prüfenden maschinellen Verfahren.
b) Einzubeziehen ist auch die Frage, ob die Mechanisierung bessere und evtl. sogar zusätzliche Arbeitsergebnisse erbringt. In diesem Fall kann u.U. eine gewisse Kostenerhöhung in Kauf genommen werden, wenn die Qualitätsverbesserung und Quantitätsvermehrung der Verwaltung wichtig ist.

21. Kapitel Sachen

c) Zu berücksichtigen sind auf Gebieten, die in naher Zukunft noch eine weitere Entwicklung haben, auch die zunächst gesammelten Erfahrungen, die in späterer Zeit einen Rationalisierungsvorsprung wahrscheinlich machen.

780 IV. Der Einsatz von technischen Arbeitsmitteln verändert zumeist nicht nur einen einzelnen beschränkten Bereich. Die Umstellung muß in einem möglichst großen Rahmen gesehen werden. Zu fragen ist, welcher Teil eines Arbeitsvorganges auf die Maschine übernommen werden kann. Es ist anzustreben, daß dieser möglichst groß ist. Erst dann pflegen in der Regel wesentliche Kostenvorteile aufzutreten. Zugleich ergibt sich regelmäßig, daß die *Organisation*, in die die nunmehr mechanisierte Arbeit gestellt ist, umgestellt werden muß; sie muß maschinengerecht gestaltet werden. Dasselbe gilt für die Vorschriften.

781 V. Der Einsatz technischer Arbeitsmittel bringt *menschliche und soziale Probleme* mit sich. Er kann, wie es durch die Schreibmaschine geschehen ist, zu einer völlig veränderten Zusammensetzung des Büropersonals führen; die Feminisierung unseres Büros ist weitgehend die Folge der Schreibmaschine. Aber auch in anderen Bereichen (z.B. Locherinnen) sind gerade Frauen besonders geeignet für die Maschinenbedienung. Die Mechanisierung der Büroarbeit führt vielfach zu einer Zerlegung von Arbeiten, die bisher von einer Person erledigt wurden, in mehrere Schritte, die von verschiedenen Personen durchgeführt werden. Das mechanisierte Büro braucht daher Menschen, die zur Kooperation bereit und in der Lage sind. Die Mechanisierung führt nicht, wie zuweilen behauptet, zu einer Erledigung von Arbeiten durch minder qualifizierte Kräfte. Gerade die Maschinenbedienung verlangt in der Regel höhere Qualitäten. Sie führt oft auch zu einer starken Nervenbelastung.

782 VI. Die Technisierung der Verwaltung wirft daher auch *arbeitsmedizinische Probleme* auf. Die falsche Ausstattung des Arbeitsplatzes und falsche Arbeitsmittel führen u.U. zu hohen Krankenständen und kosten daher angesichts der heutigen Lohnkosten sehr viel Geld.

783 VII. Der Einsatz technischer Arbeitsmittel kann u.U. zu einer wesentlichen *Vermehrung der Informationen*, des beschriebenen und bedruckten Papiers führen. Er führt auch zur Weitschweifigkeit *(Diktiergerät!)* und zur Großzügigkeit bei der Vervielfältigung. Daher entstehen neue Rationalisierungsprobleme bei der Ablage der angefallenen Unterlagen. Es handelt sich sowohl um ein Arbeitsproblem als auch um ein Raumproblem. Die hier auftretenden Kosten neutralisieren die Rationalisierungserfolge des Maschineneinsatzes teilweise; auch dieser Folge ist Aufmerksamkeit zu schenken.

784 VIII. Ein rationeller Einsatz technischer Arbeitsmittel verlangt, daß die Zahl der benutzten *Typen* klein ist. Möglichst sollte für jede Art von Maschinen nur ein

Typ benutzt werden. Dadurch ist sichergestellt, daß das Bedienungspersonal auch bei einer Versetzung an einen anderen Arbeitsplatz mit den Maschinen umgehen kann, eine neue Ausbildung oder Eingewöhnung nicht erforderlich ist und kleinere Störungen selbst beseitigt werden.

IX. Maschinen brauchen nicht notwendig von der Verwaltung gekauft und bei ihr aufgestellt zu werden. Möglich ist auch die Anmietung von Maschinen sowie die Vergabe von mechanisierbaren Arbeiten im Werkvertrag an Unternehmer. Welches Verfahren zweckmäßig ist, hängt in erster Linie von der Wirtschaftlichkeit ab. Daneben ist auch zu prüfen, ob bei der Vergabe außer Haus die Vertraulichkeit gewahrt ist, ob gewisse zusätzliche Nebenarbeiten, die die Verwaltung bei eigenen Anlagen erledigen kann, durchgeführt werden sollen. 785

X. Im folgenden wird auf einige Arten von technischen Arbeitsmitteln eingegangen, die für die Verwaltung besondere Bedeutung haben. Die Entwicklung im Bereich der Büromaschinen verläuft stürmisch. Einen vollständigen Überblick hat kaum noch der Spezialist. 786

B. Der wichtigste, mechanisierte Vorgang ist das Schreiben: 787

I. Die *Schreibmaschine* im Büro ist zur Selbstverständlichkeit geworden. Aber auch sie wirft immer neue Fragen auf. Neben die konventionelle Schreibmaschine ist die elektrische Schreibmaschine getreten. Die Leistung, die mit ihr erzielt werden kann, liegt wesentlich höher als mit den einfachen Maschinen. Allerdings ist sie wegen der hohen Anschaffungskosten nur dann wirtschaftlich, wenn sie angemessen lange am Tage benutzt werden kann. Bei Kräften, die neben der Schreibarbeit in erheblichem Umfang noch Verwaltungsarbeiten zu erledigen haben, ist der Einsatz nicht lohnend. Ähnliches gilt für Spezialschreibmaschinen (z.B. Paßschreibmaschinen).

II. Die Schreibmaschine ist in vielen Bereichen wirtschaftlich nur in Verbindung mit *Diktiergeräten* (Rdnr. 588). Eine weitere Ersparnis an Kosten kann die programmierte Textverarbeitung bringen.

III. Wichtig für die Verwaltung ist die *Adressiermaschine*. Sie erspart das Schreiben von Anschriften, die immer wieder vorkommen. Außerdem kann sie in der Kommunalverwaltung gleichzeitig als Kartei für andere Zwecke (Wahlen, Zählungen, Erfassung) benutzt werden. Soweit derartige Adressiermaschinen nicht eingesetzt werden, sollte das doppelte Schreiben von Adressen auf Brief und Umschlag durch Fensterbriefumschläge vermieden werden. Regelmäßig sind heute auch Kuvertiermaschinen und Frankiermaschinen zweckmäßig. 788

IV. Wichtig sind für die tägliche Arbeit *Vervielfältigungs- und Kopiermaschi-* 789 *nen.* Die Zahl der Verfahren ist groß, ihre technischen Möglichkeiten und ihre Kosten sind sehr unterschiedlich. Ihre Zweckmäßigkeit ist daher nur im konkreten Fall zu beurteilen. Wichtig ist jedoch, daß der Verwaltungsbeamte sich auf ihre Existenz einstellt. Er muß vorausschauend planen, wie oft eine Information benötigt wird. Dabei muß er auch an die weitere Bearbeitung bei anderen Stellen als seinem unmittelbaren Adressaten denken (z.B. bei Weitergabe von Anordnungen durch mehrere Instanzen und an Außenstehende). Er muß die Organisation und das Verfahren kennen und in diesen organisatorischen Zusammenhängen denken. Er muß stets schon die notwendige Zahl von Exemplaren bis hinab zum letzten Empfänger der Information herstellen lassen. Nur dann tritt der volle Rationalisierungserfolg ein, der mit den modernen Verfahren verbunden ist.

790 C. *Maschinen zum Rechnen,* oft verbunden mit Schreibaggregaten (Buchungsmaschinen), werden fast überall im modernen Rechnungs- und Kassenwesen, auch der öffentlichen Verwaltung, eingesetzt. Gerade auf diesem Gebiet gibt es eine Fülle von verschiedenartigen Maschinen, die einen sehr unterschiedlichen Grad der Mechanisierung und Konzentrierung von Arbeitsgängen zeigen. Sie reichen vom einfachen Taschenrechner bis zur automatischen Datenverarbeitungsanlage (Rdnr. 1050 ff.). Jede Organisation braucht die auf sie zugeschnittene Maschine. Allerdings zeigt gerade dieser Bereich, daß sich durch eine Zentralisation der Arbeiten erhebliche Rationalisierungserfolge erreichen lassen. Da das Kassen- und Rechnungswesen in aller Regel keine wertende Entscheidung zuläßt, sondern nur auf eine einmal gefällte Entscheidung reagiert, stehen einer organisatorischen Konzentration grundsätzlich keine Bedenken entgegen.

791 D. Die modernen *Nachrichtenmittel* spielen in der Verwaltungstechnik eine große Rolle.
  I. Am wichtigsten ist der *Fernsprecher.*
  1. Er erspart Arbeit und Zeit, er vermittelt schnell eine Fülle von Informationen und erhöht die Sachrichtigkeit der Arbeit, d.h. die Qualität.
  2. Der Fernsprecher verändert die gegenseitigen Beziehungen derjenigen, die durch ihn kommunizieren. Über den Fernsprecher wird der Anrufer vielfach sofort vorgelassen, er hat damit eine demokratisierende Wirkung. Die Information kann über den Fernsprecher sofort überallhin durchgegeben werden, er überwindet den Raum. Die Information wird formloser und zugleich leichter erreichbar.
  3. Der Fernsprecher kann auch zu einem Störfaktor in der Verwaltung werden. Die Möglichkeit schneller Anfrage führt u.U. zur Denkfaulheit. Er unterbricht die Arbeit des Angerufenen und führt zu einer erhöhten Nervenbeanspruchung.

  II. Für die Verwaltung haben auch die anderen modernen Nachrichtenmittel eine zunehmende Bedeutung. Gegenüber dem Fernsprecher hat der *Fernschreiber* den Vorteil, daß sich die Störungen durch das Telefon weitgehend ausschalten lassen.

III. Zu prüfen ist, wo überall *Rohrpostanlagen* zweckmäßig sind. Sie werden sich dort empfehlen, wo ein Arbeitsvorgang in mehrere Schritte zerlegt ist und die einzelnen Teilsachbearbeiter nicht so nahe untergebracht sind, daß sie den Vorgang unmittelbar an den nächsten Teilsachbearbeiter weitergeben können (z.B. Kfz-Zulassungsstellen).

IV. Neuerdings sind Datenfernleitungen auch für die Verwaltung wichtig. Das Leitungsnetz wird von der Bundespost betrieben. Die Verwaltung muß jeweils prüfen, wo sie Terminals einrichtet (Rdnr. 1072 ff.).

E. Ein wichtiges Verwaltungsmittel sind die *Kraftfahrzeuge*. Sie werden als Personenkraftwagen, als Lastkraftwagen und als Spezialkraftwagen (z.B. Krankenwagen, Polizeiwagen, Kommunalfahrzeuge) gebraucht.

792

I. Bei ihnen empfiehlt sich grundsätzlich die Konzentration in Fahrbereitschaften und Fuhrparken. Nur dadurch wird ein rationeller Einsatz gewährleistet. Nur für Leitungskräfte, die stets jeden Ort erreichen können müssen, sind Sonderfahrzeuge notwendig.

II. Bei der Beschaffung ist zu prüfen, ob es wirtschaftlicher ist, die Beamten zur Anschaffung beamteneigener Wagen zu veranlassen und hierfür Zuschüsse sowie Kilometergelder zu geben. Die Wirtschaftlichkeit des Kraftfahrwesens bedarf angesichts der hohen Kosten besonderer Aufmerksamkeit.

III. Die Benutzung von Kraftwagen sollte nur dann zulässig sein, wenn das Ziel nur wesentlich langsamer mit öffentlichen Verkehrsmitteln erreicht werden kann. Um eine mißbräuchliche Benutzung von Dienstwagen zu verhindern, bedarf es einer besonderen Genehmigung zur Benutzung, ferner besonderer Nachweise (Fahrtenbücher).

IV. Einen wesentlichen Teil der Fahrten nehmen Kurierfahrten, insbesondere Aktentransporte ein. Zur besseren Ausnutzung ihrer Möglichkeiten sollte ein bestimmter Fahrplan festliegen, der allen beteiligten Stellen (z.B. städtischen Dienststellen) bekanntgegeben wird.

§ 90 Vordrucke

Schrifttum: AWV (Hrsg.), Der Vordruck, 3. Aufl., 1971; KGSt. (Hrsg.), Der Vordruck in der Kommunalverwaltung, 3. Aufl., 1968; *G. Kubsch,* Handbuch der Bürokunde, 1970, S. 110 ff.

21. Kapitel Sachen

793 **A.** *Vordrucke* sind sachliche Arbeitsmittel für Vorgänge, die sich oft wiederholen. Bei ihnen ist ein Teil des Schreibwerkes, das in jedem Vorgang erforderlich ist, schon vor der Bearbeitung des einzelnen Falles erledigt worden. Für eine rationelle Verwaltung sind Vordrucke ein unentbehrliches Mittel.

794 **B.** Vordrucke kommen in drei Gestaltungen vor:

I. *Fragebogen,* die der Bürger auszufüllen hat. Sie dienen der Ermittlung von Sachverhalten, die für die Entscheidung der Behörde wichtig sind. Sie gewährleisten, daß alle relevanten Fragen gestellt werden. Sie gliedern die Antworten in einer für die Entscheidung nützlichen Weise; eine Darstellung des Sachverhaltes in freier Form durch den Antragsteller erschwert oft das Zusammensuchen der Sachverhaltselemente, auf denen die später zu treffende Entscheidung beruht.

II. *Verfahrensleitende Vordrucke.* Auf ihnen werden die Bearbeitungsanordnungen (Verfügungen, Rdnr. 1034) bereits vorweg gedruckt. Die bearbeitenden Stellen erkennen, auf welche Gesichtspunkte es ankommt und wie das Verfahren weitergeht.

III. *Entscheidungen.* In ihnen ist der wesentliche Inhalt der Entscheidung bereits enthalten. Nur die veränderlichen Elemente für den Einzelfall werden von bearbeitenden Beamten ausgefüllt. Sie ersparen viel Schreibwerk, dienen im übrigen auch dem Bürger, für den die Übersichtlichkeit des Entscheidungsinhaltes erhöht wird (z.B. bei Steuerbescheiden).

IV. Schließlich kommen diese Elemente auch kombiniert vor. Zweckmäßig ist es zuweilen, Fragebogen, verfahrensleitende Verfügungen und Entscheidung auf einem Stück Papier zu vereinigen, von dem der Antragsteller ein Exemplar erhält, die entscheidende Behörde ein zweites (eventuell andere interessierte Behörden weitere Durchschriften). In diesem Falle ist es vorteilhaft, Formularblöcke zu bilden.

795 **C.** Die Einführung von Vordrucken erfordert Überlegungen über die *Notwendigkeit* und *Ausgestaltung.*

I. Die Entscheidung über die *Notwendigkeit* sollte den sachbearbeitenden Stellen nicht allein überlassen werden. Zwar liegt bei ihnen regelmäßig die Anregung zur Schaffung neuer Vordrucke. Die Sachbearbeiter und ihre Abteilungsleiter müssen ihre Arbeit ständig beobachten, ob Arbeitsgänge sich so oft wiederholen, daß die Einführung eines Vordruckes zweckmäßig erscheint. Die Entscheidung über die Einführung sollte jedoch einen gewissen Grad an Zentralität besitzen. Wichtig ist dabei weiter, daß Organisationssachbearbeiter (Rdnr. 1133) maßgeblich beteiligt werden.

§ 90 *Vordrucke*

II. Bei der Einführung neuer Vordrucke ist zunächst zu prüfen, ob im Handel erhältliche Vordrucke geeignet sind und ob ihre Beschaffung wirtschaftlich ist. Wird diese Frage verneint, so ist ein eigener Vordruck zu entwickeln. Hierbei ist sowohl die benutzende Stelle als auch der Organisationssachbearbeiter (der regelmäßig auch Sachbearbeiter für das Vordruckwesen ist) zu beteiligen, damit sowohl die allgemeinen Gesichtspunkte, die oft in Merkblättern über Vordruckgestaltung zusammengefaßt sind (vgl. z.B. Nds. MinBl. 1965, S. 50), als auch die speziellen Gesichtspunkte berücksichtigt werden.

D. An der Vordruckverwaltung sind mehrere Stellen beteiligt. · **796**

I. Vordrucke, die von allen oder mehreren Teilen einer Behörde benutzt werden, sind zentral zu lagern. Die übrigen Vordrucke lagern bei den zuständigen Ämtern (bzw. Abteilungen).

II. Es muß ein Vordruckverzeichnis geführt werden, aus dem sich ergibt, welche Vordrucke eingeführt worden sind, sowie wo und unter welcher Bestellnummer sie angefordert werden können.

III. Die Beschaffung erfolgt nach den allgemeinen Grundsätzen des Beschaffungswesens (Rdnr. 811 ff.).

IV. Regelmäßig ist zu prüfen, ob einmal eingeführte Vordrucke noch erforderlich sind und ob sie geändert werden müssen. Eine Änderung der einschlägigen Gesetze führt regelmäßig zur Änderung der Vordrucke. Laufende Gesetzgebungsarbeiten geben daher Anlaß, sich schon frühzeitig Gedanken über die Änderung der Vordrucke zu machen.

V. Gerade das Vordruckwesen ist ein Gebiet, auf dem das betriebliche Vorschlagwesen (Rdnr. 1136) eine wichtige Funktion hat. Die Sachbearbeiter sollten angehalten werden, von sich aus ständig Verbesserungsvorschläge zu machen.

E. Dieselbe Funktion wie Vordrucke haben *Stempel*. Es ist zu prüfen, ob statt des **797**
Vordruckes ein Stempel eingeführt wird.

F. Vordrucke sind beim Bürger unbeliebt. Das liegt nicht nur an der nach dem **798**
Zweiten Weltkrieg aus verständlichen Gründen entstandenen Fragebogen-Psychose.

I. Der Fragebogen zwingt den Bürger oft eine Fülle von Fakten aus seinem privaten Bereich offenzulegen. Angesichts der berechtigten Neigung, dem Staat keinen zu starken Einblick in den privaten Bereich zu geben, sollte die Verwaltung bei der Gestaltung der Fragebogen prüfen, ob die gestellten Fragen wirklich erforderlich sind.

II. Die Vordrucke, die Entscheidungen enthalten, müssen lesbar sein. Dem Bürger darf nicht zuviel an Kombinationsgeschick zugemutet werden. Das gilt vor allem für die Entscheidungen, die mit Hilfe von ADV-Anlagen hergestellt werden. Im Grenzfall kann der Vordruck einen terroristischen Charakter haben (Rdnr. 308).

§ 91 Schriftgut

Schrifttum: AWV (Hrsg.), Der Mikrofilm. Organisation, Technik und Wirtschaftlichkeit der Verfilmung von Schriftgut, 1973; *ders.* (Hrsg.), Die Schriftgutablage, 1966; *B. Brachmann*, Die Schriftgutverwaltung in Staat und Wirtschaft, Berlin (Ost), 1965; *A. Brecht*, Die Geschäftsordnung der Reichsministerien. Zugleich ein Lehrbuch der Büroreform, 1927; KGSt. (Hrsg.), Aktenordnung für Städte, 2. Aufl., 1959; *dies.*, Kommunales Aktenwesen, Teil 1 und 2, 3. Aufl. 1973; *W. Krumholz*, Untersuchung über den Stand der politischen Dokumentation in der Bundesrepublik Deutschland, 3 Bde., 1965; *G. Kubsch*, Handbuch der Bürokunde, 1970, S. 281 ff.; *A. Post*, Vom »Faulen Knecht« zur zeitgemäßen »Verwaltungsdokumentation«, in: DÖV 1965, S. 519 ff.; *R. Schatz*, Behördenschriftgut, 1961; *F. Verdenhalven/H. Gröpper*, Die Behörde und ihre Dienstbibliothek, in: DVBl. 1967, S. 317 ff.

799 A. Das *Schriftgut* (die Akten) ist eines der wesentlichen Verwaltungsmittel. Es gibt Auskunft, was in bestimmten Fragen innerhalb der Verwaltung bereits geschehen ist. Es ist Informationsquelle für den weiteren Gang der Bearbeitung. Es ist das Gedächtnis der Verwaltung, das seine Funktion unabhängig von einem Wechsel der Sachbearbeiter zuverlässig erfüllen kann, wenn es richtig geführt und organisiert ist.

800 B. Oberstes Prinzip der Aktenführung ist die *Vollständigkeit*.

I. Alle Vorfälle zu einem bestimmten Vorgang sind in der Akte festzuhalten. Das gilt insbesondere für Besprechungen und Telefongespräche. Ihr wesentliches Ergebnis ist in einem Vermerk niederzulegen, der zu den Akten zu bringen ist.

II. Ferner ist die Vollständigkeit nur dann gewährleistet, wenn alle Schriftstücke zu den einschlägigen Vorgängen genommen werden. Daher ist auf die richtige Bildung der Vorgänge Wert zu legen. Das erfordert eine vorausschauende

Überlegung, wie sich ein Problem wahrscheinlich innerhalb der weiteren Bearbeitung entwickeln wird. Da eine solche Vorausschau zuweilen nur schwer möglich ist, empfiehlt es sich von vornherein, die Vorgänge nicht zu stark werden zu lassen, sondern mehr Einzelvorgänge anzulegen, die im Bedarfsfall bei der Bearbeitung gemeinsam herangezogen werden.

C. Der gesamte Aktenkörper bedarf der sinnvollen *Ordnung*. 801

I. Hierfür empfiehlt sich bei den heute anfallenden Massen von Schriftgut allein eine systematische Ordnung. Früher wurden vielfach die jeweils neu auftretenden Probleme in neuen Akten zusammengefaßt. Dabei wurde dann ein Aktenverzeichnis nach Stichworten geführt. Dieses Verfahren führt leicht zu einer Ablage zusammengehöriger Schriftstücke an zwei Stellen (z.B. könnte ein Teil unter S = Straßenrecht, ein anderer Teil unter W = Wegerecht abgelegt sein).

II. Für die Systematik bietet sich die Dezimalklassifikation an.
1. Sie ermöglicht eine beliebige Erweiterung des Systems, wenn neue Probleme auftauchen.
2. Der Aufbau wird sich weitgehend an den Organisationsplan (Rdnr. 386) anlehnen, ihm aber nicht vollständig folgen. Der Organisationsplan unterliegt nicht selten der Änderung. Der Aufbau des Aktenkörpers ändert sich bei derartigen organisatorischen Änderungen nicht.
3. Anzustreben ist ein einheitlicher Aktenplan für vergleichbare Verwaltungseinheiten (Ministerien, Bezirksregierungen, Kreise, Gemeinden, Universitäten). Hierzu empfiehlt sich die Ausarbeitung von Musteraktenplänen. Die Anwendung derartiger einheitlicher Aktenpläne ermöglicht im Verkehr zwischen den entsprechenden Verwaltungseinheiten ein schnelles Einordnen und Finden von Vorgängen, da die einschlägigen Vorgänge aller Behörden für bestimmte Fragen dasselbe Aktenzeichen haben.

III. Innerhalb der durch den systematischen Aktenplan geschaffenen Ordnung ist z.T. eine weitere Trennung erforderlich:
1. Es sind in vielen Fällen *A- und B-Akten* anzulegen. Die A-Akten dienen der 802 Aufnahme von Vorgängen, die allgemeine und grundsätzliche Fragen betreffen. Die B-Akten sind Schriftstücken vorbehalten, die voraussichtlich nicht auf die Dauer wichtig sind. Eine derartige Unterteilung ermöglicht die schnellere Aussonderung nicht mehr benötigter Schriftstücke und damit eine wesentliche Entlastung der Ablage, ohne daß eine Durchsicht nach Schriftstücken von bleibender Bedeutung nötig ist.
2. Zu unterscheiden ist zwischen Haupt- und Nebenakten. Die Hauptakte ist von Schriftstücken zu entlasten, die ihren Charakter stören. Einzelvorgänge, die besonders umfangreich sind, Sonderfragen, Materialsammlungen, die ausgewertet sind, sperrige Sachen u.ä. sollten in Nebenakten untergebracht werden.

21. Kapitel Sachen

3. *Generalakten und Verfahrensakten.* Diese Unterscheidung beruht auf der Unterscheidung der Arbeit der Verwaltung in Planung und Vollzug (Rdnr. 963). Der Vollzug zerfällt in der Regel in eine große Zahl von Einzelfällen. Es gibt Behörden, in denen der Vollzug überwiegt. Bei ihnen stehen die Verfahrensakten im Vordergrund, die außer dem systematischen Symbol, das dann auch eine Buchstabenkombination sein kann (und oft sein wird), eine laufende Nummer erhalten. Sie können derartig das Übergewicht erhalten, daß ihre Einordnung in den systematischen Aktenplan sinnlos wird. Die Generalakten haben dann nur eine Funktion für die Leitungsorgane.

803 D. Für die *Ablage* der Akten gibt es kaum allgemeine Regeln.

I. Wo Akten abzulegen sind, ergibt sich daraus, wo sie gebraucht werden.
1. Werden sie regelmäßig nur von einem bestimmten Sachbearbeiter benötigt, so empfiehlt sich die Sachbearbeiter-Ablage.
2. Werden sie von mehreren Kräften in einer Abteilung ständig benötigt, so empfiehlt sich die Abteilungsablage.
3. Werden sie von mehreren Abteilungen benötigt, so ist die zentrale Ablage vorzuziehen.
4. Praktisch wird es so angesehen, daß zumeist alle drei Möglichkeiten innerhalb derselben Behörde nebeneinander vorkommen.

II. Wichtig ist, daß die Wege zwischen Sachbearbeiter und Akte kurz sind.

III. Für Behörden mit einer großen Zahl von Einzelfallentscheidungen kann sich eine Aufstellung der Verfahrensakten in der Nähe der Posteingangsstelle als zweckmäßig erweisen. Jeweils eingehende Schriftsätze können dann von dem Aktenverwalter schnell der Akte beigefügt und mit der Akte an den Sachbearbeiter geleitet werden. Der Sachbearbeiter ist von dem Heraussuchen der Akte befreit.

804 IV. Sofern nicht die zentrale Ablage gewählt wird, ist sicherzustellen, daß bei allen Beteiligten ein hinreichender Überblick über die vorhandenen Akten besteht. Der *Aktenplan* ist daher stets auf dem laufenden zu halten und in hinreichender Anzahl innerhalb der gesamten Behörde zu verteilen und aufzustellen.

V. Für die Aufstellung von Verschlußsachen gelten besondere Gesichtspunkte. Die Notwendigkeit der Geheimhaltung erfordert stets einen höheren Grad der Zentralisierung.

805 E. Das *Registrieren* der Akten dient dem jederzeitigen Nachweis ihres Verbleibs.

I. Grunderfahrung ist, daß in der Verwaltung zu viel registriert wird. Nur insoweit, als unbedingt notwendig, sollte registriert werden und nur solche Registrierverfahren sollten angewandt werden, bei denen mit vertretbarem Arbeitsaufwand ein hinreichend sicherer Nachweis über den Verbleib der Akten oder Einzelschriftstücke geführt werden kann.

II. Früher führten die Behörden regelmäßig Brieftagebücher, d.h. sie trugen jeden Eingang und Ausgang ein. Der Wert der Brieftagebücher ist jedoch sehr zweifelhaft. Sie geben nur den Nachweis, daß ein bestimmtes Schreiben ein- oder ausgegangen ist, wo sich das Schreiben (bzw. der Durchschlag des ausgegangenen Schreibens) befindet. Auf der Suche nach einem Schreiben (etwa im Falle einer Nachfrage oder Mahnung) leistet in der Regel ein guter systematischer Aufbau des Aktenkörpers gleich gute Dienste wie das Brieftagebuch. Daher kann bei einer gut organisierten Schriftgutverwaltung auf das Brieftagebuch verzichtet werden.

III. Dagegen kann es zweckmäßig sein, Einsender- und Sachkarteien zu führen, in die nur kurze Notizen über eingegangene Schreiben eingetragen werden.

IV. Registriert werden muß die Versendung von Akten an andere Behörden, ferner auch die Herausgabe von Akten an Organisationseinheiten, bei denen die betreffenden Akten nicht regelmäßig abgelegt werden. Allerdings genügt im allgemeinen die Einheftung einer Leitkarte an der betreffenden Stelle des Ordners mit dem Vermerk, wo die Akte sich befindet.

V. Das Registraturwesen ist regelmäßig Kräften des mittleren Dienstes übertragen. Für die Masse der hier anfallenden Arbeiten genügt auch die Ausbildung des mittleren Dienstes. Allerdings erfordert das Registrieren doch bis zu einem gewissen Grad das sachliche Mitdenken. Daher ist stets auch zu prüfen, inwieweit Beamte des gehobenen Dienstes zu beteiligen sind. Das sollte mindestens in der Weise geschehen, daß in jeder Behörde ein Beamter des gehobenen Dienstes (oft neben anderen Aufgaben, die ihm verbleiben) als Sachbearbeiter für Schriftgutverwaltung bestellt wird.

F. Die Masse des anfallenden Schriftgutes zwingt dazu, die Frage der *Aussonderung* sachgerecht zu planen.

I. Für die Aussonderung können schwer allgemeine Fristen gesetzt werden. Die Frage, ob ein Vorgang noch benötigt wird, hängt entscheidend von dem einzelnen Sachgebiet ab. Zumeist allerdings besteht die Gefahr, daß Aufbewahrungsfristen eher zu lang als zu kurz angesetzt werden.

II. Sofern ein Vorgang doppelt oder mehrfach vorhanden ist (etwa bei der fe-

21. Kapitel Sachen

derführenden und bei beteiligten Stellen), können die Doppel-Schriftstücke frühzeitig ausgesondert werden.

807   III. Aussonderung bedeutet nicht stets Vernichtung. Zu prüfen ist auch, ob eine *Archivierung* tunlich ist. Diese Frage kann nur in Zusammenarbeit zwischen der aktenführenden Stelle und dem Archiv entschieden werden. Daher benötigt das Archiv eine Kenntnis der Aktenpläne und ein Recht auf Einsicht in die Akten, deren Aussonderung erwogen wird.

808   IV. Angesichts der großen Mengen von Akten, deren Aufbewahrung viel Raum und damit auch Geld kostet, ist die Frage der *Mikrokopierung* Aufmerksamkeit zuzuwenden. Das gilt vor allem für das Archivgut. Die *Mikroverfilmung* dient daneben der Sicherung (Doppel für Katastrophen) und der Arbeitserleichterung (Vervielfältigung).

809   G. Eine ähnliche Funktion wie die Akten haben die *Karteien*. Sie enthalten übersichtlich geordnet, oft in Stichworten, einen bestimmten geschlossenen Tatsachenstoff, auf den im Bedarfsfalle schnell zurückgegriffen werden kann. Karteien haben nur dann einen Wert, wenn sie den Sachbereich, dem sie gewidmet sind, vollständig enthalten. Die Anlegung und Führung von Karteien ist daher mit einem zuweilen nicht geringen Arbeitsaufwand verbunden. Die Anlegung von Karteien bedarf stets sorgfältiger Planung. Vorweg ist zu prüfen, ob die Kartei überhaupt notwendig ist, ob sie wirklich oft genug benutzt wird oder ob die benötigten Informationen nicht wirtschaftlicher unmittelbar aus den Akten gezogen werden können.

810   H. Schließlich gehört in diesen Bereich auch die *Verwaltungsdokumentation*. Bei ihr handelt es sich um eine Sammlung von Unterlagen über Tatsachen, die allgemeine Bedeutung haben, insbesondere für die betreffende Stelle und ihre Arbeit wichtig sind. Die Anlegung derartiger Dokumentationen setzt sich erst allmählich in der Verwaltung durch. Sie ist in gewisser Weise schon von jeher in den *Behördenbibliotheken* vorhanden gewesen. Es gibt allerdings zahlreiche Informationen, die nicht im gedruckten Material vorhanden sind, sondern in hektographierten oder gar nur maschinengeschriebenen Dokumenten. Ihre Sammlung ist vor allem Gegenstand der Dokumentation. Auch für die Verwaltungsdokumentation gilt, daß ihre Notwendigkeit jeweils zu prüfen ist, daß auch hier die Frage der Wirtschaftlichkeit auftaucht und daß eine Dokumentation nur dann etwas nützt, wenn sie richtig angelegt und durch eine gute Ordnung hinreichend erschließbar ist.

§ 92 Beschaffung und Verwaltung der Sachmittel

Schrifttum: *C. H. Altmann,* Das öffentliche Auftragswesen, 1960; *W. Daub – R. Meierrose,* Kommentar zur VOL, 2. Aufl. 1976; *H. Diederich,* Der Kostenpreis bei öffentlichen Aufträgen, 1961; *H. Ebisch/J. Gottschalk,* Preise und Preisprüfungen bei öffentlichen Aufträgen, 2. Aufl., 1969; *E. Forsthoff,* Der Staat als Auftraggeber, 1963; *W. Fricke,* Zentralisierung und Dezentralisierung des öffentlichen Einkaufs, 1961; *O. Gandenberger,* Die Ausschreibung. Organisierte Konkurrenz um öffentliche Aufträge, 1961; *A. Gutowski,* Konstruktions- und Entwicklungsaufträge, 1960; *H. Ingenstau/H. Korbion,* VOB. Kommentar, 7. Aufl., 1974; KGSt. (Hrsg.), Zur Auftragsvergabe an auswärtige Bewerber (Gutachten), 2. Aufl., 1969; *dies.,* Kommunale Lagerwirtschaft, 1962; *dies.,* Kommunales Vergabewesen, Teil I, Organisation, 1970; *F. Mengert,* Staat und Gemeinden als Auftraggeber der Wirtschaft, 1966; *E. Welter,* Der Staat als Kunde, 1960; *W. Winkler,* VOB – Gesamtkommentar, 1966.

A. Bei der *Beschaffung der Sachmittel* tritt die Verwaltung als Nachfrager (Kunde) am Markt auf. Das wirft zunächst *volkswirtschaftliche Fragen* auf:

I. Das Auftragsvolumen der Verwaltung ist so groß, daß es die Volkswirtschaft merklich beeinflußt. Die Verwaltung, voran der Staat, muß daher einerseits darauf bedacht sein, negative volkswirtschaftliche Auswirkungen des Beschaffungswesens zu vermeiden, andererseits aber positive Wirkungen zu erzeugen. Die Verwaltung kann sich nicht so wie ein Kaufmann verhalten, sondern steht auch bei der Beschaffung unter einer öffentlichen Verantwortung.

II. In erster Linie wird daraus die Forderung nach einem *antizyklischen Verhalten* der Verwaltung abgeleitet, d.h. zur Förderung der Wirtschaft beim Rückgang der Konjunktur und zur Zurückhaltung in der Hochkonjunktur. Das Stabilitätsgesetz versucht die Verwirklichung dieser Forderung zu erreichen. Das setzt vor allem eine erhebliche Flexibilität der Haushaltswirtschaft voraus, die bei einer Bedarfsplanung mit Haushaltsanmeldungen von 1 ½ bis 2 ½ Jahren vor der Beschaffung nicht gegeben ist (Rdnr. 822 ff.). Im übrigen setzt sie voraus, daß die verantwortlichen Politiker das Instrumentarium des Stabilitätsgesetzes wirklich einsetzen, obwohl es u.U. auch unpopuläre Nebenfolgen (Arbeitslosigkeit) bringen kann.

III. Unabhängig hiervon wird allerdings die Verwaltung ihre Auftragsvergabe benutzen, um bestimmte Bereiche, die der *konjunkturellen Förderung* bedürfen, besonders mit Aufträgen zu versehen (z.B. Auftragsvergabe in die Zonenrandgebiete oder nach Berlin).

IV. In gewissen Bereichen hat die Verwaltung praktisch ein *Nachfragemonopol* (z.B. Tiefbau, Krankenhauseinrichtungen, Schulmöbel). Freilich bedeutet dieses

21. Kapitel Sachen

Monopol regelmäßig nicht, daß nur ein Nachfrager vorhanden ist, weil »die« Verwaltung in eine große Zahl selbständiger Verwaltungsträger zerfällt. Soweit aber ein echtes Nachfragemonopol vorhanden ist (z.B. Eisenbahn-Waggonbau, Rüstungsbedarf), muß die Verwaltung dank ihrer öffentlichen Verantwortung stets auskömmliche Preise gewähren (Rdnr. 815).

813 V. Andererseits ist der Bedarf der Verwaltung *Zwangsbedarf.* Selten kann die Verwaltung die Beschaffung zurückstellen, weil die Preise derzeit ungünstig sind. Die öffentlichen Aufgaben müssen kontinuierlich erfüllt werden. Die mangelnde Nachfrageelastizität wird durch das Jährlichkeitsprinzip und das Spezialitätsprinzip des öffentlichen Haushalts (Rdnr. 839) noch weiter verstärkt, die ein Ausweichen auf einen anderen Zeitraum oder andere Gegenstände verhindern.

IV. Eine *mangelnde Elastizität* ergibt sich auch aus der Struktur der Verwaltung; die Beschaffungsverwaltung kann nur dann wirtschaftlich arbeiten, wenn der Auftragsfluß einigermaßen kontinuierlich ist. Das gilt vor allem für die Bauämter.

814 VII. Die Verwaltung muß sich bei ihrer Beschaffung nach den allgemeinen wirtschaftspolitischen Grundsätzen richten, die Regierung und Parlament befolgen. In einer marktwirtschaftlichen Ordnung muß die Verwaltung daher bemüht sein, in erster Linie einen Marktpreis zu bilden (Rdnr. 815).

VIII. Fraglich ist die Beschänkung auf Lieferanten, die innerhalb des Bereichs des Verwaltungsträgers (Gemeinde, Land) ihren Wohnsitz (Sitz) haben. Das führt nicht nur zur Beschränkung des Wettbewerbs, sondern zugleich zu einer sachlich nicht zu rechtfertigenden Bevorzugung. Im Rahmen der Europäischen Gemeinschaften sind auch Anbieter aus den anderen Mitgliedsländern gleichberechtigt zu berücksichtigen. Das gilt insb. bei einer öffentlichen Ausschreibung der Lieferungen.

815 B. Bei der Vereinbarung von *Preisen* für Lieferungen und Leistungen ist die Verwaltung nicht frei. Sie ist nicht nur an die allgemeinen wirtschaftlichen und finanzpolitischen Erwägungen, sondern auch an Preisvorschriften gebunden.

I. Für alle Aufträge (mit Ausnahme von Bauleistungen) gilt die Verordnung über Preise bei öffentlichen Aufträgen (VPÖA).
1. In erster Linie ist der *Marktpreis* zu vereinbaren. Er kann allerdings nur dort zugrunde gelegt werden, wo eine Ware oder Leistung marktgängig ist, d.h. wo sie unter Bedingungen des Wettbewerbs laufend am Markt umgesetzt wird.
2. Besteht dieser Zustand nicht, so ist möglichst ein abgeleiteter Marktpreis zu bilden, d.h. durch Ab- oder Zuschläge vom Marktpreis einer im wesentlichen vergleichbaren Leistung.

§ 92 Beschaffung und Verwaltung der Sachmittel

3. Soweit auch ein abgeleiteter Marktpreis nicht gebildet werden kann, ist der *Selbstkostenpreis* des Auftragnehmers zugrunde zu legen.
a) Möglichst ist er als Selbstkostenfestpreis aufgrund einer Vorkalkulation zu vereinbaren.
b) Sofern eine Vorkalkulation nicht möglich ist, weil Art und Umfang der Leistung nicht voll zu übersehen sind, ist ein vorläufiger Preis (Selbstkostenrichtpreis) zu bilden. Er ist sobald als möglich durch einen Selbstkostenfestpreis zu ersetzen.
c) Nur als äußerste Möglichkeit darf der Selbstkostenerstattungspreis, d.h. ein Preis aufgrund einer Nachkalkulation gebildet werden.

II. Für Bauleistungen gilt die Baupreisverordnung (BPV).
1. Hier wird statt des Marktpreises ein *Wettbewerbspreis* gebildet, da fast jede Bauleistung einen individuellen Charakter hat.
2. Als *Selbstkostenpreis* kommt nur der Selbstkostenfestpreis und der Selbstkostenerstattungspreis in Frage.
3. Möglich ist jedoch auch der Stundenlohnabrechnungspreis, bei dem die Höhe des Einheitspreises vereinbart wird, während der Umfang der Leistungen noch nicht feststeht.

C. *Verdingung und Vergabe.* Die Verwaltung darf sich als Kunde nicht an einen beliebigen Lieferanten wenden und mit ihm abschließen. 816

I. Aufträge sind zur Herstellung eines Wettbewerbs grundsätzlich auszuschreiben.
1. Grundsätzlich ist die öffentliche *Ausschreibung* erforderlich, d.h. die Einrückung der wesentlichen Daten in eine Zeitung, verbunden mit der Aufforderung, Angebote aufgrund der näheren, bei der Behörde erhältlichen Unterlagen abzugeben.
2. Ausnahmsweise erfolgt die beschränkte Ausschreibung, d.h. die Aufforderung an einen beschränkten Kreis von Wettbewerbern zur Abgabe von Angeboten.
3. Die freihändige Auftragsvergabe ist nur zulässig, wenn die Ausschreibung unzweckmäßig ist, insbesondere bei Kleinaufträgen.

II. Die Leistungen müssen in einem Leistungsverzeichnis eindeutig beschrieben werden.

III. Das *Vergabeverfahren* ist durch die Verdingungsordnungen (für Bauleistungen – VOB – und für sonstige Leistungen – VOL) förmlich geordnet. Die Verdingungsordnungen werden regelmäßig zum Vertragsbestandteil erhoben. 817
1. Die Angebote sind verschlossen innerhalb der Ausschreibungsfrist einzureichen und werden in einer öffentlichen Verhandlung eröffnet (Eröffnungstermin).

2. Sie werden zunächst darauf geprüft, ob sie den Ausschreibungsbedingungen entsprechen, und sodann gewertet. Dabei ist zu prüfen, ob Preisabsprachen vorliegen, ob die Bieter zur Ausführung des Auftrags geeignet sind und ob der Preis angemessen ist. Grundsätzlich (Ausnahme: Schleuderpreise) ist das billigste Angebot zu wählen.

IV. Das Verfahren endet mit
1. dem Zuschlag, auf den das Auftragsschreiben ergeht, oder
2. der Aufhebung ohne Zuschlag, wenn kein geeignetes Angebot eingegangen ist oder andere schwerwiegende Gründe gegen einen Zuschlag sprechen. Nach der Aufhebung ist entweder erneut auszuschreiben oder mit den Bietern frei zu verhandeln.

818 D. Die *Organisation des Beschaffungswesens*.

I. Das Beschaffungswesen bedarf einer zentralen Lenkung und Planung. Die Zentralstelle braucht zur Ausführung ihrer Aufgaben Informations- und Weisungsrechte, sie erläßt die grundsätzlichen Regelungen, insbesondere hinsichtlich der Organisation und des Verfahrens. Regelmäßig dürfte die zentrale Beschaffungsverwaltung zur Finanzverwaltung gehören.

II. Unabhängig davon sind die *Beschaffungsstellen* festzusetzen.
1. Regelmäßig wird die zentrale Stelle diejenigen Waren beschaffen, die überall in der Verwaltung gebraucht werden. Ist das die Finanzverwaltung, so muß sie engstens mit der für allgemeine Organisationsfragen zuständigen Stelle zusammenarbeiten, um die organisatorische Zweckmäßigkeit von Material und Gerät sicherzustellen.
2. Spezialitäten (z.B. Polizeiausrüstung, Krankenhausbedarf) werden von den sachlich zuständigen Stellen beschafft.
3. Für jede Warenart ist nur eine Beschaffungsstelle zu bestimmen, die Waren- und Marktkenntnisse gewinnt und diese beim Einkauf ausnutzt.
4. Die Beschaffungsstelle ist für die Auswahl der Lieferanten, den Vertragsabschluß und die Prüfung der Lieferungen verantwortlich. Sie wirkt darauf hin, daß im Interesse einer rationellen Verwaltung auf Gleichwertigkeit der Stoffe und Waren sowie Normung und Typisierung gesehen wird.

III. *Bedarfsstellen* sind diejenigen Stellen, die die Waren gebrauchen oder verbrauchen. Sie fordern den Bedarf bei den zuständigen Beschaffungsstellen an. Regelmäßig ist der Jahresbedarf zu beschaffen, um durch Mengenbezug größere Rabatte zu erhalten.

IV. Der Grundsatz der Zentralisierung im Beschaffungswesen legt die Frage nahe, ob es nicht tunlich ist, daß kleinere Verwaltungsträger (z.B. Gemeinden)

§ 92 *Beschaffung und Verwaltung der Sachmittel*

gemeinsame Beschaffungsstellen errichten. Ebenso kommt eine gemeinsame Beschaffungsstelle für Behörden verschiedener Verwaltungsträger an einem Ort in Betracht.

E. Die Verwaltung hat auch die Möglichkeit, sich Leistungen im *Zwangswege* zu beschaffen. **819**

I. Dieses Mittel wird für Grundstücke als *Enteignung* eingesetzt. Ohne die Enteignung könnte der große Grundstücksbedarf für öffentliche Zwecke nicht befriedigt werden. Allerdings sollte die Enteignung ein Mittel sein, zu dem nur gegriffen wird, wenn alle anderen Wege sich als ungangbar erwiesen haben oder wenn ein unbedingt benötigtes Grundstück zu einem angemessenen Preis nicht abgegeben wird. Eine Grundstücksvorratswirtschaft macht die Enteignung im Regelfall vermeidbar, da sie es der Verwaltung ermöglicht Tauschgrundstücke anzubieten.

II. Der Beschaffung von Waren und Dienstleistungen im Zwangswege sind engere Grenzen gesetzt. Sie ist im Rahmen des Bundesleistungsgesetzes möglich.

F. Die Verwaltung der Sachmittel ist vielfältig. **820**

I. Besondere Bedeutung kommt der *Lagerverwaltung* zu, da in den Lagern Roh-, Hilfs- und Betriebsstoffe, Werkzeuge, Geräte und Material von großem Wert für den Bedarf der Verwaltung bereitgehalten wird.

II. Die Probleme ähneln stark denen der Betriebswirtschaftslehre. Es geht um:
1. die optimale Größe,
2. die ordnungsmäßige Verwaltung und
3. die sichere Aufbewahrung der Lagerbestände sowie
4. die Kapitalbindung und
5. die Kosten der Lagerhaltung.

III. Zu organisieren ist die Materialausgabe. Auch hier ist eine Konzentration (zeitlich und personell) tunlich.

IV. Zu einer ordnungsmäßigen Verwaltung gehört eine regelmäßige Fahrniskontrolle.

V. Für die *Wartung* von Anlagen und Geräten ist jeweils der wirtschaftlichste Weg zu wählen. Ob hierfür eigene oder fremde Kräfte in Frage kommen, ist von Fall zu Fall zu entscheiden. Wesentlich ist dabei auch die Sicherung der Betriebsbereitschaft.

22. Kapitel Finanzen

§ 93 Finanzplanung

Schrifttum: *J. W. Davis* (Hrsg.), Programs and Budgets – A Reader in Government Budgeting, 1969; *H. Fischer-Menshausen,* Mittelfristige Finanzplanung im Bundesstaat, in: *J. Kaiser* (Hrsg.), Planung III, 1968, S. 73 ff.; *H. Gollnick,* Finanzplanung, in: Hdb. Verw. H. 6.2; *K. Gresser,* Probleme der mehrjährigen öffentlichen Finanzplanung, 1974; *W. Grund,* Die mehrjährige Finanzplanung des Bundes – Grundkonzeption, Methoden und ihre Problematik – in: *J. Kaiser* (Hrsg.), Planung III, 1968 S. 47 ff.; *H. Haller* (Hrsg.), Probleme der Finanz- und Haushaltsplanung, 1969; *K.-H. Hansmeyer/B. Rörup,* Staatswirtschaftliche Planungselemente, 1973; *E. Huebener,* Bedeutung der Finanzplanung für die kommunale Wirtschaft, 1974; Kommission für die Finanzreform, Gutachten über die Finanzreform in der Bundesrepublik Deutschland, 1966; *F. J. Lyden/E. G. Miller* (Hrsg.), Planning, Programming, Budgeting: a Systems Approach to Management, 1968; *F. Morstein Marx,* Regierungsprogramm und Haushaltsplanung in vergleichende Sicht, in: PVS 1965, 442 ff.; *W.-D. Narr,* Rationalität und Regierung – Bemerkungen zum Programming – Planning – Budgeting System (PPBS), in: KJ 1971, S. 1 ff.; *F. Naschold,* Probleme der mehrjährigen Finanzplanung des Bundes, in: *V. Ronge/G. Schmieg* (Hrsg.), Politische Planung in Theorie und Praxis, 1971, S. 170 ff.; *H. Reinermann,* Programmbudget für Regierung und Verwaltung, 1975; *H. Rose,* Grundzüge kooperativer Finanzplanung in der öffentlichen Verwaltung, in: PVS 1975, 201 ff.; *A. Schick,* A death in the bureaucrazy: The Demise of Federal PPB, in: PAR 1973, S. 146 ff.; *A. Wildavsky,* The Politics of the Budgetary Process, 1964; *G. W. Wittkämper,* Grundprobleme und Technik der Programmbudgetierung, in: *ders.* (Hrsg.), Methoden der Analyse und Planung in der Verwaltung und Wirtschaft, 1975; *H. G. Zavelsberg,* Die mehrjährige Finanzplanung – ein notwendiges Instrument moderner Politik, in: Verwaltung 1970, 190 ff.; *A. Zunker,* Finanzplanung und Bundeshaushalt, 1972.

821 A. Begriff

Die *Finanzmittel,* das *Geld,* sind neben dem Personal das wichtigste Mittel der Verwaltungsarbeit. Sie ermöglichen es nicht nur, den Bedarf für den Verwaltungsapparat selbst zu decken, sondern auch öffentliche Einrichtungen für den gesellschaftlichen Bedarf zu schaffen und einen Teil des Sozialprodukts umzuverteilen. Darüber hinaus kann auch die Finanzwirtschaft die Gesamtwirtschaft – jedenfalls teilweise – gesteuert werden.

Der *Planung* in der *Finanzwirtschaft* kommt daher eine erhebliche Bedeutung zu. Schon seit langem werden die Finanzen geplant. Das geschah jedoch früher grundsätzlich nur unter dem Gesichtspunkt einer Balance von Einnahmen und Ausgaben. Demgemäß war die Planungsperiode kurz, grundsätzlich ein Jahr. Das Instrument war der Haushaltsplan. Zu dieser Planung ist neuerdings eine auf längere Frist berechnete Planung hinzugekommen, die fünf Jahre laufende mittelfristige Finanzplanung, die – ohne verbindlich zu sein – Grundlage der weiterhin notwendigen, dem Vollzug der öffentlichen Geldwirtschaft dienenden Haushaltsplanung ist. Eine langfristige (d.h. fünf Jahre überschreitende) Finanzplanung ist bisher als nicht realisierbar praktisch nicht in Angriff genommen. Finanzplanung ermittelt die erwarteten Einnahmen des Planungszeitraumes und verteilt sie auf die verschiedenen Zwecke, die in diesem Zeitraum erfüllt werden.

B. Politischer Hintergrund 822

I. Daß die einjährige *Haushaltsplanung* den Bedürfnissen der Verwaltung nicht entspricht, war schon seit längerem deutlich. Die Verwaltung war zunehmend mehr dazu genötigt, größere, kostenintensive Projekte, insb. Investitionen und Förderungsprogramme zu realisieren, die sich über mehrere Jahre erstreckten. Daneben standen die laufenden Ausgaben, die zwangsweise jedes Jahr wiederkehrten, sich u.U. noch vermehrten. In dieser Situation war es ohne einen längerfristigen Orientierungsrahmen nicht mehr möglich festzustellen, welche neuen, über mehrere Jahre laufenden Projekte neu in Angriff genommen werden konnten.

II. Diese Probleme wurden in der *Krise von 1966/67* manifest, als die Einnahmen der öffentlichen Hand nicht mehr stiegen. Damals trat außerdem der Zusammenhang zwischen Finanzen und Wirtschaft stärker ins Bewußtsein. In der Neufassung des Art. 109 GG und im *Stabilitätsgesetz* wurde der Versuch gemacht, beide Fragen gleichzeitig zu lösen, die Planung der Finanzen und die Steuerung der Konjunktur über die Finanzen. 823

III. Als drittes kommt noch das auch in der Krise von 1966/67 evident gewordene Bedürfnis hinzu, mit den Mitteln des Staates stärker steuernd in die Gesellschaft einzugreifen. Das wurde zugleich als eine Möglichkeit der Verstärkung und Präzisierung des sozialökonomischen Verteilungsprozesses verstanden. Dabei wurde auch der Zusammenhang zwischen dem output der Verwaltungsleistung (Aufgabe, Ziele) und dem input (Ressourcen) in die Erwägungen einbezogen. Die öffentliche Finanzwirtschaft wurde erkannt als ein Instrument gesamtgesellschaftlicher *Aufgabensteuerung*. War es bisher so, daß einerseits die kurzfristige Finanz- (Haushalts-) planung angesichts der geringen jährlich vorhandenen Verfügungsmasse sich als nicht geeignet erwiesen hatte, der Aufgabensteuerung zu dienen, und andererseits die längerfristige *Aufgabenplanung* ohne Aussagen über die zur Verfügung stehenden Ressourcen ins Leere griff, so gab die mittelfristige Finanzplanung die Möglichkeit, beides miteinander zu verbinden. Die mehrjährige Finanzplanung ist daher auch als »Regierungsprogramm in Zahlen« bezeichnet worden – wobei offen bleibt, ob sie diesem Anspruch wirklich gerecht wird. 824

22. Kapitel Finanzen

825   C. Verfahren

I. Angesichts seines Charakters als ein Instrument, das die Ressourcen- und Aufgabensteuerung verbindet, muß es organisatorisch an zentraler Stelle angesiedelt sein. Es erscheint daher fraglich, ob das Finanzressort die richtige Stelle ist, ob nicht die Zentrale des betreffenden Verwaltungsträgers (Bundeskanzleramt, Staatskanzlei, Dezernat des Oberstadtdirektors) der richtige Ort ist, wo über die Aufgabe von Projekten in die mittelfristige Finanzplanung entschieden werden sollte.

826   II. Auf der *Einnahmeseite* bedarf es einer Schätzung vor allem der Steuereinnahmen. Da diese vom Verlauf der Konjunktur abhängig sind, ist diese Schätzung mit den Wirtschaftsministerien und mit Forschungsinstituten zu erarbeiten. Dabei ist auch zu fragen, in welchem Umfang die Steuern angespannt werden können oder aus konjunkturellem Grunde Steuersenkungen erforderlich sind.

827   III. Auf der *Ausgabenseite* sind die Vorbelastungen, die sich aus der Verwaltung des Verwaltungsapparats, aus dem Schuldendienst und dem schon laufenden Investitionsvorhaben ergeben, festzustellen und der danach zur Verfügung stehende Raum für neue Projekte zu ermitteln.

828   IV. Die konkurrierenden Projekte müssen in einer *Prioritätsliste* geordnet werden und werden dementsprechend in den Plan eingesetzt. Dabei sind zugleich die Interdependenzen zwischen einzelnen Projekten zu berücksichtigen.

829   V. Die mittelfristige Finanzplanung wird von der Regierung beschlossen. Sie wird dem Parlament zur Kenntnis gebracht. Dieses faßt darüber nicht notwendig einen Beschluß; es ist vielmehr bei der Bewilligung des jährlichen Haushalts frei, sich an die Projektion der MIFRIFI zu halten oder von ihr abzuweichen. Für das Parlament ist die MIFRIFI nur ein Orientierungsrahmen, der eine bessere verbindliche Planung in Form des Haushaltsplanes möglich macht.

VI. Der Mittelfristige Finanzplan wird jährlich entsprechend der voraussehbaren Entwicklung fortgeschrieben.

830   D. Der Finanzplan zerfällt in einen Finanzierungsplan und einen Ausgabenplan.

I. Der *Finanzierungsplan* stellt nach Jahren getrennt in tabellarischer Form die Steuern, Verwaltungseinnahmen, Entnahmen aus Rücklagen sowie die sonstigen Einnahmen dar.

II. Der *Ausgabenplan* enthält zwei Dimensionen:
1. Er differenziert nach Aufgabenbereichen (z.B. Soziales, Verteidigung, Wirtschaftsförderung, Verkehr, Bildung und Wissenschaft usw.). Er gibt für die ein-

zelnen Jahre die geplanten Beträge sowie den Anteil an der Gesamtausgabensumme und die Zuwachsraten an. Er gibt daher Informationen über die Schwerpunkte der staatlichen Tätigkeit und die Entwicklung der einzelnen Sektoren im Gesamtprogramm der Regierung.
2. Dargestellt werden auch die Ausgabenarten (z.B. Personal, laufender Sachaufwand, Investitionen, Zuschüsse und Zuwendungen usw.). Auch hier werden die absoluten Zahlen, die prozentualen Anteile am Gesamtplan und die Zuwächse dargestellt.

E. I. Die *mittelfristige Finanzplanung* hat nicht die in sie gesetzten Erwartungen erfüllt. Auf der Einnahmenseite erwies sich die Planung nur bedingt als realisierbar, weil der Konjunkturverlauf nicht den angenommenen Projektionen entsprach. Auf der Ausgabenseite hatte das Konsequenzen. Vor allem benutzten die Politiker die ihnen zur Verfügung gestellten Informationen nicht in dem erwarteten Maße. Sie treffen ihre Entscheidungen nach wie vor weitgehend unter kurzfristigen Gesichtspunkten (partei-) politischer Opportunität. Gleichwohl ist die mittelfristige Finanzplanung nicht wertlos. Gerade angesichts der Neigung zu einer »inkrementalen« Finanzpolitik dürfte die MIFRIFI graduell und partiell Fortschritte gebracht haben. Insb. gilt sie jedenfalls mittelfristig an, wo die Grenzen der Finanzierbarkeit politisch erwünschter Projekte liegen.

831

II. Daher ist auch der Ausbau der Finanzplanung durchaus angebracht. Sie könnte wirksamer werden, wenn die noch fehlende Einheit von Bund, Ländern und Kommunen hergestellt würde, jedenfalls durch ein zusammengefaßtes Zahlenwerk, möglichst durch eine inhaltliche Abstimmung. Auch wäre es ein Fortschritt, wenn es gelänge – wie in Frankreich – eine Einheit von Plan und Budget herzustellen.

F. PPBS

832

In den USA hat man versucht, durch ein *Planning-Programming-Budgeting-System (PPBS)* Haushalts- und Aufgabenplanung zusammenzubinden. Das Verfahren besteht darin, die Haushaltsplanung projektorientiert durchzuführen und die einzelnen angemeldeten Projekte zu bewerten, um daraus Prioritätsentscheidungen ableiten zu können. Dabei sollten systemanalytische Techniken angewandt werden.
Dieses ehrgeizige Vorhaben der Integration von Aufgaben- und Ressourcenplanung, das zugleich die Planung erheblich rationalisieren sollte, ist jedoch gescheitert, weil die Ansprüche an das System von den Beamten nicht bewältigt wurden. Das Verfahren war zu kompliziert, die Analysekapazität nicht groß genug; aber auch psychologische Widerstände haben eine Rolle gespielt. Das PPBS ist daher wieder aufgegeben worden.

22. Kapitel Finanzen

§ 94 Haushaltsplanung

Schrifttum: *S. Depiereux,* Grundriß des Gemeindehaushaltsrechts, 1973; *K. H. Friauf/H. Wagner,* Öffentlicher Haushalt und Wirtschaft, VVDStRL 27, 1968, 104 ff.; *K.-H. Hansmeyer* (Hrsg.), Das rationale Budget, 1971; *G. Hedemann,* Prinzipien des Haushaltsrechts und der Haushaltswirtschaft, in: Hdb. Verw., H. 6.3; *J. Hirsch,* Haushaltsplanung und Haushaltskontrolle in der Bundesrepublik Deutschland, 1968; *H. Klementa,* Verbesserung der budgetären Entscheidungsfindung, 1973; *W. Krüger-Spitta/H. Bronk,* Einführung in das Haushaltsrecht und die Haushaltspolitik, 1973; *A. Leicht,* Die Haushaltsreform, 1970; *E. A. Piduch,* Bundeshaushaltsrecht, 1973; *H. Rehm,* Analyse und Kritik der Bundeshaushaltsreform, 1975; *B. Rürup,* Die Programmfunktion des Bundeshaushaltsplans, 1971; *H. Schleicher,* Staatshaushalt und Strategie, 1971; *O. Sickel,* Kostenrechnende Einrichtungen im kommunalen Haushaltsrecht, 1975; *E. Thiel,* Der staatliche Haushalt im volkswirtschaftlichen Zusammenhang, in: Hdb. Verw., H. 6.1; *W. Weber/R. Windisch,* Ökonomische und institutionelle Gesichtspunkte rationaler Haushaltsplanung, 1970; *H. Weichmann,* Die Neugliederung des Haushaltsplans in Hamburg, in: FinArch N.F. 1966, 41 ff.; *W. Wittmann,* Einführung in die Finanzwissenschaft, 1. Teil. 1970; 2. Teil 1971.

833 A. Im Gegensatz zum mehrjährigen Finanzplan ist der *Haushaltsplan* das Vollzugsinstrument, auf Grund dessen Einnahmen erhoben und Ausgaben getätigt werden.

I. Der Haushaltsplan stellt sich äußerlich als eine Liste von erwarteten Einnahmen und vorgesehenen Ausgaben dar, bzw. Zwecken, für die Ausgaben erfolgen sollen.

II. Er wird vom höchsten Organ des Verwaltungsträgers (Parlament, Gemeinderat) beschlossen und hat die Wirkung einer Rechtsnorm (Gesetz, Satzung). Er hat daher auch eine politische Bedeutung, die in der Ermächtigung zur Ziehung von Einnahmen und der Erbringung von Ausgaben liegt.

III. Da er die *mittelfristige Finanzplanung* für eine einjährige Planungsperiode vollzieht, hat er in beschränktem Umfang auch die Funktionen dieser Planung, insb. die wirtschafts- und gesellschaftspolitischen Funktionen. Er dient insb. der jährlichen Überprüfung der Handlungsprogramme; die Haushaltsdebatte im Parlament zeigt das.

834 B. Die *Grundsätze,* die für den staatlichen Haushaltsplan gelten, sind im Haushaltsgrundsätzegesetz (HGrG von 1969), der Bundeshaushaltsordnung (BHO – ebenfalls von 1969) und den im wesentlichen damit übereinstimmenden Landeshaushaltsordnungen (LHO) niedergelegt.

835 I. Der Haushaltsplan muß *vollständig* sein, d.h. alle Einnahmen und Ausgaben müssen in ihm enthalten sein.

§ 94 *Haushaltsplanung*

1. Alle erwarteten Ausgaben und Einnahmen, die voraussichtlich eintreten werden, müssen aufgenommen werden. Die Aufstellung von Nachtragshaushaltsplänen soll damit vermieden werden. Diese Forderung nach Vollständigkeit ist bei den Leertiteln durchbrochen, d.h. bei Posten, die regelmäßig durch Leistungen Dritter ohne Bestehen einer rechtlichen Verpflichtung gespeist werden. Hier können ohne Einsetzung eines Betrages bis zur Höhe der tatsächlich eingegangenen Mittel Ausgaben getätigt werden. Dasselbe gilt für Verwahrungen und für Vorschüsse.

2. Es gilt das *Brutto-Prinzip*, d.h. Einnahmen und Ausgaben, die miteinander in Zusammenhang stehen, dürfen nicht nur mit dem Unterschiedsbetrag ausgewiesen werden, sondern müssen im einzelnen aufgeführt werden. Dieses Prinzip ist nur für die kaufmännisch geführten Wirtschaftsbetriebe durchbrochen. Es macht der Verwaltung ein echtes Wirtschaften unmöglich und führt zu einer Starrheit des Haushaltsvollzuges. Es ist zu erwägen, ob nicht auch für Gebühren- und Beitragshaushalte das Netto-Prinzip stärker eingeführt werden kann, um eine größere Flexibilität zu erreichen, d.h. eine erhöhte Wirtschaftlichkeit. Andererseits ist zu betonen, daß das Bruttoprinzip für die Transparenz des Haushaltsgeschehens eine entscheidende Bedeutung hat und in weiten Bereichen erst die notwendige Kontrolle ermöglicht.

II. Die *Einheit des Haushaltsplanes* verlangt, daß jeder rechtlich selbständige Verwaltungsträger nur einen Haushaltsplan hat. Dieses Prinzip ist für Sondervermögen durchbrochen (z.B. Bundesbahn, Bundespost, Lastenausgleichsvermögen, Eigenbetriebe). Allerdings ist regelmäßig die Durchbrechung der Einheit nur relativ, insofern als die Zuschüsse oder Ablieferungen der Sondervermögen im allgemeinen Haushaltsplan zu erscheinen pflegen. Praktisch bedeuten daher die Sonderhaushalte eine Erweiterung des Nettoprinzips. Das zeigt sich auch darin, daß die Sondervermögen regelmäßig nicht nach Haushalts-, sondern nach Wirtschaftsplänen verwaltet werden.

836

III. Der Grundsatz des *Haushaltsausgleiches* fordert, daß Ausgaben nur in einer Höhe geplant werden, in der Einnahmen zur Verfügung stehen. Nach allgemeiner Meinung genügt nicht der sog. »zyklische Ausgleich«, d.h. ein nach längerer Wirtschaftsperiode hergestellter Ausgleich. Der Ausgleich ist in jedem Haushaltsjahr herzustellen. Andererseits wird kein materieller, sondern nur ein formaler Ausgleich gefordert.

837

IV. Die *Vorherigkeit* des Haushaltsplanes verlangt eine Beschlußfassung vor Beginn des Haushaltsjahres. Sofern die politischen Instanzen – aus welchen Gründen auch immer – nicht rechtzeitig Beschluß gefaßt haben, darf der Betrieb der Verwaltung nicht stocken. Die Verwaltung ist in diesem Fall ermächtigt, für dringliche Aufgaben, auf deren Weiterführung aus rechtlichen oder tatsächlichen Gründen nicht verzichtet werden kann, monatlich ein Zwölftel des Vorjahresbe-

838

311

trages zu verwenden. Durch dieses Nothaushaltsrecht (Art. 112 GG) ist die Handlungsfähigkeit der Verwaltung stets gesichert.

839 V. Der Grundsatz der *Spezialität* oder der sachlichen Bindung verlangt, daß die Haushaltmittel nicht pauschal, sondern für einzelne Zwecke gesondert bewilligt werden.
  1. Dieses Prinzip, das für eine geordnete Haushaltswirtschaft an sich unabdingbar ist, führt jedoch zu einer erheblichen Starrheit der Haushaltswirtschaft. Die Verwaltung kann auf besondere Bedürfnisse und Chancen, die sich im Haushaltsjahr ergeben, nicht reagieren (Rdnr. 824).
  2. Daher ist eine allzu starre Zweckverbindung zu vermeiden. Insbesondere kann die Starrheit durch die Anordnung der Deckungsfähigkeit von Ausgabentiteln und durch Verstärkungsmittel (Reservefonds) verringert werden.

840 VI. Das Prinzip der *Jährlichkeit* betrifft die Vollzugsperiode.
  1. Jeder Haushaltsplan gilt für ein Jahr. Die dort vorgesehenen Ausgaben können nur in dem entsprechenden Jahr getätigt werden. Ausdrücklich zugelassen ist jedoch, gleichzeitig Haushaltspläne für zwei Jahre aufzustellen. Diese aus Rationalisierungsgründen gegebene Möglichkeit scheitert in der Praxis an der mangelnden Möglichkeit einer zweijährigen Vorausschau.
  2. Jährlichkeit heißt auch zeitliche Bindung. Nicht verbrauchte Mittel verfallen am Jahresende. Eine Ausnahme davon machen Investitionsmittel. Für weitere Mittel kann eine Übertragbarkeit im Haushaltsplan bestimmt werden.
  3. Neu im heutigen Haushaltsrecht auf Grund der Haushaltsreform von 1969 ist das Fälligkeitsprinzip. Es sollen nur diejenigen Ausgaben in den Plan aufgenommen werden, die im Laufe des Haushaltsjahres fällig, d.h. kassenwirksam werden. Dadurch wird vermieden, daß Einnahmen für Ausgaben verplant werden, die nicht realisiert werden. Um für Projekte, die in mehreren aufeinanderfolgenden Jahren Ausgaben erfordern, den nötigen Spielraum zum Abschluß von Verträgen zu haben, ist die Möglichkeit Verpflichtungsermächtigungen zu erteilen eingeführt.

841 VII. Der Grundsatz der *Wirtschaftlichkeit und Sparsamkeit* verlangt, daß bei der Veranschlagung nicht mehr Mittel eingesetzt werden, als zur wirtschaftlichen Erzielung des Zweckes notwendig sind (Rdnr. 1150 ff.). Auch bei der Ausführung ist dieser Grundsatz zu beachten; d.h. Ausgaben, die im Haushaltsplan bewilligt sind, dürfen nur dann getätigt werden, wenn sie im Einzelfall unter Beachtung des Grundsatzes von Sparsamkeit und Wirtschaftlichkeit gerechtfertigt erscheinen.

842 VIII. 1. Der Grundsatz der *Öffentlichkeit* verlangt, daß jedermann Einsicht in den Haushaltsplan nehmen kann, der als Drucksache des Parlaments oder der sonstigen politischen Beschlußkörperschaft offen liegt. Die dadurch geschaffene

Möglichkeit, die öffentliche Finanzwirtschaft zu kritisieren, ist ein wichtiger Motor zur Einhaltung des Grundsatzes der Sparsamkeit. Zugleich aber informiert der Haushaltsplan, besser als jedes andere Instrument, über die Absichten und Tätigkeiten der Verwaltung.
  2. Öffentlichkeit setzt Klarheit und Verständlichkeit des Planes voraus.
  3. Gefordert ist darüber eine »aktive Öffentlichkeit«, eine Informationspolitik, die über die Haushaltspolitik und die damit verbundenen Probleme aufklärt.

C. Die *Haushaltsreform* hat auch die Gliederung des Haushaltsplanes entschieden. **843**

  I. Sie richtet sich nach dem Zweck des Haushaltsplanes, d.h.
  1. nach den haushaltsmäßigen Erfordernissen (insb. Bewirtschaftung),
  2. nach den Funktionen (öffentlichen Aufgaben),
  3. nach der wirtschaftspolitischen Bedeutung.

  II. Daraus ergibt sich:
  1. Die frühere Aufteilung in ordentlichen und außerordentlichen Haushalt ist aufgegeben.
  2. Das Problem »Institutionen- oder Funktionenhaushalt« läßt sich nicht mit einem »entweder – oder«, sondern nur mit einem »sowohl – als auch« entscheiden.
  3. Die Fülle der Informationen, die der Haushaltsplan enthält, und die Verschiedenartigkeit der Zwecke, denen er dient, läßt die Forderung nach einem durchsichtigen, leicht verständlichen Haushaltsplan als illusorisch erscheinen.

  III. 1. Da der Haushaltsplan ein Vollzugsinstrument ist, muß er nach Institutionen (Einzelpläne = Ministerien, Kapitel = bewirtschaftende Stellen) *gegliedert* werden. **844**
  2. Daneben ist eine funktionale Gliederung notwendig (z.B. Bildungswesen, Wissenschaft, Forschung, kulturelle Angelegenheiten), ohne Rücksicht darauf, durch welches Ressort die betreffende Aufgabe wahrgenommen wird.
  3. Außerdem ist eine ökonomische Gliederung erforderlich, die sich an der Systematik des Staatskontos der volkswirtschaftlichen Gesamtrechnung orientiert. Sie gliedert sich wiederum in eine laufende Rechnung und in eine Kapitalrechnung.
  4. Aus diesen verschiedenen Bedürfnissen wird dann nach einem Gruppierungsplan ein Kontenrahmen gebildet, der alle die genannten Faktoren berücksichtigt.

22. Kapitel Finanzen

§ 95 Organisation

Schrifttum: Vgl. vor § 94, ferner: *J. Erich,* Kommunales Kassen- und Rechnungswesen, HKWP III, S. 481 ff.; *O. Helmert,* Haushalts-, Kassen- und Rechnungswesen, 1961; *E. Schweigert,* Die Finanzverwaltung Westdeutschlands in der Zeit vom Ende des 2. Weltkrieges bis zu ihrer Neuordnung durch das Grundgesetz, Diss.iur., Köln, 1969; *J. Froschauer,* Das Kassenwesen der Finanzverwaltung, 3. Aufl. 1962.

845 **A.** Die Erledigung von Verwaltungsvorgängen, aus denen sich geldwirtschaftliche Folgerungen ergeben, obliegt allen Behörden im Rahmen ihrer allgemeinen Zuständigkeit.

I. Für die Einnahme von Geldern bestehen beim Staat besondere Finanz- und Hauptzollämter, bei den kommunalen Verwaltungen Steuerämter, bei den Sozialversicherungsträgern Beitragsabteilungen. Daneben kommt die Einnahme von Geld praktisch bei jeder Behörde vor, z.B. durch Festsetzung von Gebühren oder Abschluß von Verträgen.

II. Tatbestände, an die sich die Ausgabe von Geld knüpft, können ebenfalls bei jeder Behörde entstehen, wie z.B. die Festsetzung von Leistungen der Verwaltung (Renten, Gehälter, Subventionen), Verträge im Rahmen des Beschaffungswesens, Bauaufträge.

III. Wer zur Abgabe verbindlicher Erklärungen (insbesondere *Verpflichtungserklärungen)* zuständig ist, richtet sich nach der Zuständigkeitsverteilung innerhalb der Behörden. Wegen der Bedeutung der Geldwirtschaft ist die Unterschriftsbefugnis in der Regel von besonderen Qualifikationen oder der Stellung in der Verwaltungshierarchie abhängig.

846 **B.** Unabhängig von der Zuständigkeitsordnung, die für die Verpflichtungserklärungen sowie die Verwaltungsakte getroffen werden, aufgrund derer Zahlungen zu leisten sind, steht die *Organisation der Geldbewegungen* selbst. Hier ist zu unterscheiden:

I. Die *oberste Leitung* des Geldwesens innerhalb der einzelnen Verwaltungsträger hat das für die Finanzen zuständige Leitungsorgan (z.B. Finanzminister, Stadtkämmerer). Es hat ein umfassendes Anordnungsrecht, das sich allerdings nicht auf die vorgängigen Sachentscheidungen (Rdnr. 854 f.) bezieht. Insbesondere ist es für die Zuweisung von Betriebsmitteln an die bewirtschaftenden Stellen zuständig. Da der Haushaltsplan nur eine Ermächtigung enthält, die eingesetzten Beträge auszugeben, und diese Ermächtigung unter dem Vorbehalt steht, daß Mittel vorhanden sind und der Haushaltsausgleich gewährleistet ist, kann es u.U. auch Haushaltsposten sperren. Andererseits kann es bei unabweisbarem Mehrbedarf oder unvorhergesehenem Bedarf zu einer Haushaltsüberschreitung oder außerplanmäßigen Ausgabe ermächtigen.

II. Innerhalb jeder Behörde wird ein *Beauftragter für den Haushalt* bestellt. Er gehört zur Behördenleitung, hat insbesondere ein unmittelbares Vortragsrecht beim Behördenleiter. Er ist für die Beachtung der haushaltsrechtlichen Vorschriften innerhalb der Verwaltung verantwortlich. Er hat ein beschränktes Anordnungsrecht in Haushaltsfragen der Behörde.

847

III. *Anordnungsbefugte Personen* sind der Behördenleiter und sein ständiger Vertreter, daneben je nach Größe der Behörde weitere ausdrücklich bestimmte Beamte. Anordnungen in diesem Sinne sind die Anordnungen an die Kasse, einen Geldvorgang (Einnahme, Ausgabe) zu tätigen, als Voraussetzung für das Handeln der Kasse. Derartige Anordnungen sind in der Regel Konsequenzen der Sachvorgänge.

848

IV. 1. Die *Kassen* sind entweder Teile von Behörden (z.B. Finanzkassen der Finanzämter) oder selbständige Behörden (z.B. Regierungskassen), die für mehrere andere Behörden (z.B. Katasterämter, Forstämter) zuständig sind. Es gilt das Prinzip der Konzentration der Kassen. Ein rationeller Einsatz von Maschinen innerhalb der Kassen ist nur bei einer größeren Kasse möglich. Außerdem kommt die große Kasse den Forderungen nach Kassensicherheit besser entgegen.
2. Daneben bestehen nach Bedarf dezentralisiert *Annahme- und Zahlstellen*, die ohne vollen kassenmäßigen Ausbau (insbesondere hinsichtlich der Buchführung) der Bevölkerung das Ein- und Auszahlungsgeschäft erleichtern.
3. Allerdings geht die Tendenz heute dahin, den bargeldlosen Geldverkehr zu fördern und damit die Möglichkeit der unbaren Einzahlungen einzuschränken. So haben die Städte z.T. keine Möglichkeit mehr, in der Stadtkasse bargeldlos einzuzahlen. Das kann allerdings nur geschehen, wenn andere Möglichkeiten bestehen, kostenfrei die Zahlungen vorzunehmen (z.B. Stadtsparkasse oder andere Kreditinstitute).
4. Die Kassen sind neben der geldmäßigen Ausführung der Verwaltungsvorgänge auch zuständig für
a) die Buchführung und Vorbereitung der Rechnungslegung,
b) die zwangsweise Einziehung von Geldforderungen.

849

V. Zuweilen wird auch der *Haushaltsausschuß* des Landtages (Stadtrates) als außerordentliches Organ der Finanzwirtschaft tätig. Im Haushaltsplan werden bei bestimmten Posten Sperrvermerke mit der Maßgabe angebracht, daß sie nur mit Zustimmung des Haushaltsausschusses freigegeben werden dürfen. Dadurch wird die politische Einflußmöglichkeit im Laufe des Haushaltsjahres verstärkt.

850

C. Die derzeitige Organisation der am Geldwesen beteiligten Stellen wirft die

851

Frage auf, ob eine hinreichende Kontrolle vorhanden ist. Die nachträgliche *Kontrolle* (Rechnungsprüfung, Rdnr. 1198 f.) ist nicht zeitnah genug, um voll wirksam zu werden. Zu erwägen ist daher die Verstärkung der Stellung des Beauftragten für den Haushalt oder der Einbau besonderer Kontrollinstanzen (Visa-Kontrolle, Finanzanwalt). Diese Gedanken sind im Rahmen der Haushaltsreform nicht realisiert worden.

§ 96   Aufstellung und Ausführung des Haushalts

Schrifttum: Vgl. vor §§ 94, 95; ferner: *P. Eichhorn*, Liquiditätsplanung und Gelddisposition in öffentlichen Haushalten, 1973; *H. Goltz*, Mitwirkung parlamentarischer Ausschüsse beim Haushaltsvollzug, in: DÖV 1965, S. 605 ff.; *K. Lüder – D. Budäus*, Effizienzorientierte Haushaltsplanung und Mittelbewirtschaftung, 1976; *H. Matiebel*, Verfahren bei der Aufstellung und Ausführung des Haushaltsplans, in: Hdb. Verw., H. 6.4; *E.A. Piduch*, Kommentar zum Bundeshaushaltsrecht, 1969 ff. (Loseblatt).

852   **A. Die Aufstellung des Haushaltsplanes.**

I. Grundlage des Haushaltsplanentwurfes sind die Anmeldungen der Stellen, bei denen der Bedarf oder die Einnahmen entstehen. Bei der Veranschlagung sind die Grundsätze der Sparsamkeit und Wirtschaftlichkeit zu beachten. Bei Ausgaben, die regelmäßig wiederkehren, liegt es nahe, den künftigen Bedarf an dem bisherigen Verbrauch zu messen. Dieses Verfahren wird oft gehandhabt, ist aber nicht unbedenklich, da der bisherige Verbrauch nichts über die wirklichen Notwendigkeiten besagt, sondern auch Ausdruck einer bisher gehandhabten Unwirtschaftlichkeit sein kann. Daher sollten vorher möglichst exakte Wirtschaftlichkeitsberechnungen erfolgen.

II. Der Finanzminister (Stadtkämmerer) hat das Recht, die Anmeldungen der einzelnen Ressorts unter eigener Verantwortung zu prüfen und, soweit erforderlich, Abstriche zu machen. Allerdings bedeutet diese Entscheidung nicht nur eine finanzpolitische Maßnahme, sondern enthält stets auch eine Sachentscheidung, weil der Finanzminister unter den zahlreichen Anmeldungen auswählt, welche gestrichen, d.h. welche Aufgaben nicht in Angriff genommen werden sollen. Daher ist zu fordern, daß die – an sich notwendige – Entscheidung des Finanzministers dem Parlament zur Kenntnis gelangt, damit dieses die Entscheidung des Finanzministers selbständig überprüfen kann.

III. Die *Feststellung des Haushaltsplanes* ist eine politische Entscheidung und steht daher dem politischen Leistungsorgan (Parlament, Stadtrat) des Verwaltungsträgers zu.

§ 96 *Aufstellung und Ausführung des Haushalts*

B. I. Die *Bewirtschaftung* erfolgt aufgrund von beglaubigten Auszügen aus dem Haushaltsplan, die der Finanzminister den für die Bewirtschaftung der einzelnen Kapitel und Titel zuständigen Stellen übersendet. Er weist diesen Stellen ferner Betriebsmittel zu, in deren Rahmen sie verfügen können. 853

II. Innerhalb der einzelnen Dienststellen (Behörden) sind in der Regel mehrere Beamte zu Entscheidungen befugt, die *finanzielle Verpflichtungen* zur Folge haben. Ihnen werden im Rahmen der vom Finanzminister der Behörde zugewiesenen Mittel von der Behördenleitung bestimmte Betriebsmittel zugeteilt. Verpflichtungen dürfen sie in der Höhe dieser Mittel eingehen; hierzu führen sie Haushaltsüberwachungslisten.

III. Soweit Zahlungsverpflichtungen bestehen, bestätigt der die Sache bearbeitende Bedienstete (z.B. derjenige, der die Lieferung oder Leistung entgegengenommen und geprüft hat) die sachliche Richtigkeit, während ein anderer von ihm unabhängiger (i.d.R. in der Haushaltsabteilung der Behörde) den Rechnungsbeleg feststellt. Auf Grund dieser Feststellung wird die Anforderung für die Kasse ausgestellt.

IV. Auf Grund der Anordnung zahlt die Kasse durch Bar- oder Girozahlung.

V. Entsprechendes gilt für die *Annahme von Geldern*. Auch für sie muß eine Kassenanordnung vorliegen, damit die Kasse berechtigt ist, den Betrag anzunehmen. Ausnahmen gelten nur für gesetzlich geschuldete Beträge. Beträge, deren Annahme angeordnet ist, werden in der Kasse zum Soll gestellt. Gehen sie nicht fristgerecht ein, so wird ein Beitreibungsverfahren eingeleitet.

VI. Die Geldbewegungen werden in der Kasse verbucht, die Buchführung ist ein Teil der Kasse (Rdnr. 849).

C. Für die *Bewirtschaftung* gelten die folgenden Grundsätze: 854

I. Wie bei der Aufstellung (Rdnr. 834 ff.) sind die allgemeinen Grundsätze zu beachten:
1. Sparsamkeit und Wirtschaftlichkeit, d.h. über die zugewiesenen Betriebsmittel darf nur verfügt werden, wenn das der Sparsamkeit und Wirtschaftlichkeit entspricht,
2. Konjunkturgerechte Bewirtschaftung, d.h. Berücksichtigung der gesamtwirtschaftlichen Erfordernisse,
3. Berücksichtigung der Kassenlage,
4. Verantwortlichkeit der bewirtschaftenden Behörde.

II. Daneben gibt die *BHO* eine Reihe von Einzelnormen für bestimmte immer wieder auftretende Fragen: 855

1. Der Finanzminister ist bei grundsätzlichen Fragen mit finanzieller Auswirkung (Einnahmenminderungen, zusätzliche Ausgaben) zu beteiligen, insb. an Rechtsverordnungen, Verwaltungsvorschriften, Tarifverträgen.

856 2. Eine *haushaltswirtschaftliche Sperre*
a) kann im Haushaltsplan enthalten sein; diese kann nur mit Zustimmung des Finanzministers aufgehoben werden.
b) Sofern die Haushaltslage das erfordert, kann der Finanzminister im Benehmen mit dem zuständigen Fachminister bestimmte Ausgabentitel sperren.

857 3. Für Kreditzusagen und Gewährleistungen
a) bedarf es der Zustimmung des Finanzministers, soweit diese sich auf den laufenden Haushalt auswirken,
b) bedarf es eines Gesetzes, soweit sie sich auf künftige Haushaltsjahre auswirken,
c) ist bei der Zusage stets ein Prüfungsrecht vorzubehalten, ob die Voraussetzungen vorliegen.

858 4. *Zuwendungen* (d.h. Ausgaben an Stellen außerhalb der Verwaltung zu bestimmten Zwecken) sind nur zulässig, wenn ein erhebliches Interesse besteht und der Zweck nicht von der Verwaltung erfüllt werden kann. Der Zuwendungsempfänger ist nachweispflichtig, die zuwendende Behörde und der Rechnungshof haben ein Prüfungsrecht.

859 5. Bei *Verträgen* über Leistungen an den Staat
a) bedarf es grundsätzlich einer Ausschreibung (Rdnr. 816),
b) sind Vorleistungen des Staates grundsätzlich unzulässig,
c) darf eine Stundung nur bei erheblichen Härten vereinbart werden,
d) ist eine Niederschlagung unzulässig, wenn eine Vollstreckung keinen Erfolg verspricht und die Kosten zu hoch sind,
e) ist ein Erlaß nur bei besonderen Härten für den Verpflichteten zulässig.

23. Kapitel Vorschriften

§ 97 Der Erlaß von Vorschriften

Schrifttum: *M. G. Ammermüller,* Verbände im Rechtssetzungsverfahren, 1971,; *J. A. Bergh,* Die Theorie der Gesetzgebung, 1969; *F. Ebel,* Über Legaldefinition, Rechtshistorische Studie zur Entwicklung der Gesetzgebungstechnik in Deutschland, 1974; *J. Hedemann,* Wesen und Wandel der Gesetzgebungstechnik, Festschr. *Schmidt-Rimpler,* 1957, S.

23 ff.; *F. W. Janssen*, Die Geschäftsordnung der Kreisverwaltung als Rationalisierungsfaktor, in: LKr. 1964, 395 ff.; *U. Krüger*, Der Adressat des Rechtsgesetzes, 1969; *H. Müller*, Der Anlaß zur Gesetzgebung, in: DÖV, 1964, 226 ff.; *ders.*, Handbuch der Gesetzgebungstechnik, 2. Aufl., 1968; *P. Noll*, Gesetzgebungslehre, 1973; *U. Scheuner*, Die Aufgabe der Gesetzgebung in unserer Zeit, in: *R. Badenhoop* (Hrsg.), Wirtschaftliche öffentliche Verwaltung, 1961, S. 11 ff.; *F. Schlegelberger*, Zur Rationalisierung der Gesetzgebung, 2. Ausg. 1959; *L. A. Versteyl*, Der Einfluß der Verbände auf die Gesetzgebung, Diss.iur. Bochum, 1972.

A. Unter *Vorschriften* werden im folgenden alle *Normierungen* verstanden, ohne   860
Rücksicht darauf, ob sie *Rechtsnormen* im Sinne der Rechtswissenschaft sind.
Für den Verwaltungsbeamten macht es grundsätzlich keinen Unterschied, ob er
ein Gesetz, eine Verordnung oder eine Verwaltungsvorschrift (z.B. einen Ministerialerlaß) zu befolgen hat. Er ist – ihre Rechtmäßigkeit vorausgesetzt – an alle
drei Arten in gleicher Weise gebunden.

B. Die Vorschriften sind eines der wichtigsten Verwaltungsmittel.   861

I. Der moderne Staat ist in hohem Maße *Gesetzgebungsstaat* geworden, mehr
noch als der klassische Gesetzgebungsstaat. Der Gesetzgeber hat an vielen Stellen
Bereiche durchnormiert, die früher der Verwaltung zur freien Regelung überlassen waren, er versucht, »die Klinke der Administration durch das Medium der
Rechtsnorm selbst in die Hand zu nehmen« *(Groß)*.

II. Die Vorschriften haben z.T. ihren Charakter verändert. Neben den Dauer-   862
gesetzen haben die *Maßnahmegesetze* (die es auch im 19. Jh. gab) an Bedeutung
gewonnen. Sie enthalten praktisch Anordnungen zur Plandurchführung (Rdnr.
928), haben zuweilen auch den Charakter eines Experiments.

III. Die Bedeutung der Vorschriften als Verwaltungsmittel verlangt eine *ratio-*   863
nelle Gestaltung des Vorschriftenwesens. Schlechte Vorschriften sind Quelle der
Unwirtschaftlichkeit.
1. Unklare Vorschriften erfordern einen hohen Arbeitsaufwand an Auslegung.
Sie führen zu Anfragen, Berichten, Durchführungserlassen und größeren Bearbeitungszeiten für Einzelfälle.
2. Sie führen leicht zu Rechtsstreitigkeiten, d.h.
a) ebenfalls zu zusätzlicher Arbeit innerhalb der Behörden, die wegen der intensiven und wiederholten Bearbeitung einer Sache im Rechtsmittelverfahren besonders groß ist,
b) außerdem auch zur Verärgerung der Bürger und zur Störung des Verhältnisses zwischen Bürger und Verwaltung.
3. Vorschriften müssen auf ein zweckmäßiges Verfahren abgestimmt sein
(Rdnr. 948).

23. Kapitel Vorschriften

4. Die Gesamtheit des Vorschriftenbestandes muß übersichtlich sein.
5. Unnötige Vorschriften sollten vermieden oder aufgehoben werden.
6. Obsolete Vorschriften sollten im Interesse der Rechtsklarheit ausdrücklich aufgehoben werden.

864   C. Die *Notwendigkeit zum Erlaß* von Vorschriften ist sorgfältig zu prüfen.

I. Zu prüfen ist, ob der bisherige Bestand an Vorschriften für eine sachgerechte Aufgabenlösung ausreicht, bzw. welche Vorteile die zusätzliche Normierung eines Bereiches hat.

II. Beliebt ist die Neuordnung eines Gegenstandes in der Meinung, man schaffe dadurch eine »Reform«. Die Anreger sind sich oft nicht darüber im klaren, daß das Gesetz durchaus nicht die Wirkung hat, wie sie sich der noch weit verbreitete juristische Positivismus erhofft. Das Gesetz allein bewegt selten die sozialen Verhältnisse voran, abgesehen von den oft eintretenden negativen Nebenfolgen.

III. Nicht selten greift eine politische *Partei* auch zur Gesetzesinitiative, nur um eine politisch sichtbare Aktivität zu entfalten.

IV. Auch *Verbände* treten gern als Anreger von überflüssigen Gesetzen auf und bedrängen die Verwaltung, eine Initiative zu entfalten.

V. Zu prüfen ist nicht nur die Notwendigkeit, sondern auch die Dringlichkeit einer Vorschrift. Es handelt sich dabei um das Problem, welches Projekt den Vorrang hat, insbesondere welches Projekt dem Parlament zunächst vorzulegen ist.

865   D. Die *Vorbereitung* ist in erster Linie sachgebunden. Vom Gegenstand hängt ab, was zur Vorbereitung eines Entwurfes geschehen muß. Darüber hinaus sind als allgemeine Gesichtspunkte zu berücksichtigen:

I. Jede Vorschrift greift in die organisatorischen Verhältnisse ein, der Organisationsreferent sollte stets beteiligt werden.

II. Die Ausführung von Vorschriften verursacht oft Kosten. Diese liegen u.U. allein schon in einem Personalmehrbedarf. Diese Frage ist stets vordringlich zu klären.

III. Die Behörden, die die Vorschriften anwenden, sollten regelmäßig zur Stellungnahme aufgefordert werden. Das gilt auch von den Gemeinden, Gemeindeverbänden und kommunalen Spitzenverbänden, wenn die Ausführung in kommunale Zuständigkeiten fällt.

§ 97 *Erlaß von Vorschriften*

IV. Unumgänglich ist die Anhörung der zuständigen Kammern (z.B. Industrie- und Handelskammern bei wirtschaftspolitischen Gesetzen), ferner zweckmäßig die Anhörung der Verbände der betroffenen Bevölkerungskreise.

V. Anzustreben ist die *Kodifizierung* bestimmter Gegenstände. Die Zusammenfassung bedeutet nicht nur Zwang zur Harmonisierung der alten und neuen Vorschriften, sondern verbessert die Übersichtlichkeit des Normenbestandes und vereinfacht ihre Anwendung. Insgesamt bedeutet die Kodifizierung ein Stück Verwaltungsvereinfachung.   866

VI. Beim Erlaß neuer Vorschriften sollte stets ausdrücklich klargestellt werden, welche Vorschriften aufgehoben werden. Nur so erhalten die rechtsanwendenden Stellen Sicherheit, welche Normen noch gelten.

E. Oft ändert das Parlament die von der Verwaltung erarbeiteten *Gesetzesentwürfe* ab. Derartige Änderungen pflegen den Vollzug des Gesetzes zu beeinflussen. Daher muß der Verwaltung Gelegenheit gegeben werden, die verwaltungsmäßigen Folgen (einschließlich der Kosten) zu prüfen, die durch die Änderung hervorgerufen werden, damit das Parlament diese gegen die erstrebten politischen Vorteile der Änderung abwägen kann.   867

F. I. Schon frühzeitig sollte überlegt werden, welche *Durchführungsvorschriften* notwendig sind und welchen Inhalt sie haben sollen. Der Idealfall ist es, wenn die Durchführungsbestimmungen schon mit dem Gesetz verkündet werden.   868

II. Die Durchführungsbestimmungen für ein Gesetz sollten zusammengefaßt werden. Handelt es sich um ein Gesetz, dessen einzelne Teile von verschiedenen Stellen vollzogen werden, so sind entsprechende Teile bei den Durchführungsbestimmungen zu bilden.

G. Die gute Ordnung des *Verkündungswesens* ist wichtig für ein rationelles Arbeiten mit den Vorschriften.   869

I. Jede Verwaltung muß Sorge tragen, daß die Form ihrer Verkündungen in einer den rechtsstaatlichen Bedürfnissen entsprechenden Weise festgelegt ist. Das gilt vor allem für die Selbstverwaltungsträger. Es muß einerseits Sorge getragen werden, daß die Vorschriften die Bürger bei Erlaß erreichen, andererseits, daß sie später gut nachweisbar sind. Da beide Forderungen oft nicht vereinbar sind, empfiehlt sich, die authentische Verkündung so durchzuführen, daß ein jederzeitiger Nachweis möglich ist (z.B. in einem besonderen Dienstblatt des Selbstverwaltungsträgers), zugleich aber nachrichtlich in einem Organ zu veröffentlichen, das jedermann erreicht (z.B. in einer Tageszeitung).

II. Vorschriften, die von der Verwaltung vollzogen werden, sollten auch in einer Ausgabe des Gesetz(Amts- pp.)blattes erscheinen, die nur einseitig bedruckt ist, so daß sie ausgeschnitten auch in die Sachakten übernommen werden können. Das sichert die bessere Beachtung der Vorschriften.

III. Bei der Einführung neuer Gesetze oder Verordnungen werden diese oft mit Einführungserlassen an die ausführenden Instanzen weitergegeben. Wichtig ist, daß nicht jede Instanz einen eigenen Einführungserlaß beifügt und dadurch die zu beachtenden Vorschriften unübersichtlich macht.

870 H. Ist das neue Gesetz erlassen, so ist es wichtig, die *Bevölkerung und die Betroffenen* über den Sinn der Bestimmung, den wesentlichen Inhalt, die Antragsfristen, die zuständigen Behörden, noch zu erlassende Durchführungsbestimmungen u.ä. zu unterrichten. Bei schwierigeren neuen Gesetzen sollte die Verwaltung stets Merkblätter herausgeben, um sich selbst Arbeit zu ersparen, die dann entsteht, wenn unzulässige und unzweckmäßige Anträge gestellt oder Auskünfte im Einzelfalle verlangt werden.

871 J. *Änderungen* stellen weitere Probleme:

I. Stets sollten sie als Novellierung zum ursprünglichen Gesetz ergehen, nicht als selbständiges Gesetz.

II. Sie sollten eindeutig klarstellen, welche Bestimmungen sie ändern.

III. Änderungsgesetze bzw. -verordnungen sollten numeriert werden. Es sollte stets mindestens auf das letzte Änderungsgesetz (-verordnung) hingewiesen werden.

IV. Nach mehreren oder größeren Änderungen sollte eine Neuverkündung vorgenommen werden.

§ 98 Inhalt und Form von Vorschriften

Schrifttum: Vgl. vor § 97; ferner: Gesellschaft für deutsche Sprache (Hrsg.), Fingerzeig für die Gesetzes- und Amtssprache, 9. Aufl. 1967; *U. Klausa,* Modellversuch zur Erprobung der Vollzugstauglichkeit von Gesetzen und Verordnungen, in: StT 1967, 297 ff.; *H. Krüger,* Rechtsstaatliche Gesetzgebungstechnik, in: DÖV 1956, 550 ff.; *H. Linhart,* Form,

Aufbau und Inhalt von Schreiben, Bescheiden und Rechtsnormen, 1975; *P. Noll,* Prinzipien der Gesetzgebungstechnik, in: *P. Noll/G. Stratenwerth* (Hrsg.), Rechtsfindung, 1969, 159 ff.; Senatsamt für den Verwaltungsdienst, Hamburg (Hrsg.), Ziele, Auswirkungen und Durchführbarkeit von Vorschriften, 1975; *H. Thiemer,* Die Sprache des Gesetzgebers, in: Der Sprachdienst, 1973, S. 65 ff.

A. Für die *Vorschriften* als Verwaltungsmittel gilt ebenso wie für Sachmittel, daß sie rationell gestaltet sein müssen. Darum hat sich insb. die *Bundesstelle für Büroorganisation und Bürotechnik (BBB)* mit ihren Vorschlägen für anwendungsgerechte Verwaltungsvorschriften bemüht (BBB – Mitteilungen 1972 Heft 2). 872

Daneben gilt allerdings – anders als bei den meisten anderen Mitteln –, daß sie die Forderungen des sozialen Rechtsstaates erfüllen müssen. Sie sind nicht nur instrumental zu sehen als Gegenstand der Rationalisierungstechnik, sie müssen auch Instrument zur Verwirklichung des Rechts sein. Allerdings gilt das von Verwaltungsgesetzen und sonstigen Verwaltungsvorschriften in geringerem Maße als von den sog. Justizgesetzen.

B. Für den *Aufbau* einer Vorschrift gilt: 873

I. Die *Überschrift* hat zwei Funktionen.
1. Einerseits informiert sie über den Inhalt. Daher muß sie möglichst genau den geregelten Gegenstand wiedergeben, selbst auf die Gefahr hin, daß sie lang und schwer lesbar wird.
2. Andererseits gibt sie ein Stichwort, durch das man schnell auf das Gesetz verweisen kann. Daher empfiehlt es sich, zuweilen noch eine Kurzbezeichnung, eventuell auch eine Abkürzung in die Überschrift aufzunehmen.

II. Nützlich sind Paragraphenüberschriften. Sie gehören zum Gesetzestext und müssen den Inhalt daher genau angeben.

III. Jede Vorschrift sollte stark genug untergliedert und mit Abschnittsüberschriften versehen sein. Das erleichtert das Finden und zwingt den Gesetzesgeber zur logischen Gliederung.

C. Die Vorschriften müssen *sprachlich einwandfrei* sein: 874

I. Erstes Gebot der sprachlichen Form ist die Eindeutigkeit. Die Begriffe dürfen nicht doppelt auftauchen. Weder darf ein Wort an verschiedener Stelle zwei verschiedene Inhalte haben, noch darf ein Inhalt mit zwei verschiedenen Worten ausgedrückt werden. Bei der Terminologie von Gesetzen ist es zweckmäßig, sich an die Terminologie zu halten, die in den großen Leitgesetzen (z.B. RVO, AbgO, VwGO, BGB) eingeführt ist und mit der sowohl die Beamten als auch das Publikum vertraut sind.

II. Wichtig ist ein gutes Deutsch. Kanzleiworte sollten auf jeden Fall vermieden werden. Auf richtige logische und grammatikalische Bezüge ist besonderer Wert zu legen. Das gilt insbesondere im Hinblick auf die Automatisierung der Gesetzesanwendung. Zuweilen hat sich bei der Programmierung von Gesetzen in Datenverarbeitungsanlagen herausgestellt, daß die Formulierungen logisch nicht eindeutig oder widersprüchlich waren.

875 III. Ein weiteres Gebot ist die *Verständlichkeit* des Gesetzes.

1. Zu berücksichtigen ist, daß die Gesetze in erster Linie von Nichtjuristen gelesen und gebraucht werden, von Beamten des gehobenen und mittleren Dienstes, von ehrenamtlichen Kräften und schließlich vom Bürger. Zu bedenken ist, daß dem Nichtjuristen viele Zweifel bei der Anwendung des Gesetzes kommen, die dem Juristen nicht kommen. Allerdings darf unter der Volkstümlichkeit die juristische Eindeutigkeit und sachliche Richtigkeit nicht leiden. Zu berücksichtigen ist aber, daß das Verwaltungsgesetz nicht für den Richter da ist, der es im Streitfall anwendet, sondern für den nichtjuristischen Verwaltungsbeamten und den Bürger, der es zu beachten hat, ehe ein Streitfall entsteht.

2. Daher kommt für Verwaltungsgesetze nur in sehr geringem Umfange die Abstraktion in Frage. Soweit eine Abstraktion der Begriffe notwendig ist, um juristisch eindeutige Regelungen zu schaffen, sollte durch Beispielsfälle (»insbesondere«) dargelegt werden, welche wichtigsten Anwendungsfälle gemeint sind. Wichtig können auch Leitvorschriften am Anfang des Gesetzes oder am Anfang von Abschnitten sein, die klarlegen, welcher Zweck mit den Gesetzen verfolgt wird. In Zweifelsfällen kann sich dann der Beamte und das Publikum an diesen Leitbestimmungen im Wege der Auslegung orientieren.

876 VI. *Verweisungen* sollten in Gesetzen möglichst vermieden werden. Sie sind zwar ein bequemes Mittel für den Gesetzgeber, unbequem sind sie dagegen für die anwendende Stelle. Das Nachschlagen erschwert den Arbeitsgang und führt zu Unsicherheiten (z.B. § 817 Abs. 2 BBG: wird mit der Verweisung auf die Vorschriften des BGB über die ungerechtfertigte Bereicherung nur auf deren Folgen oder auch auf deren Voraussetzungen verwiesen?). Eine Verweisung läßt sich nun allerdings zuweilen nicht vermeiden, da das Gesetz sonst zu lang wird. Sie hat u.U. sogar Vorteile, z.B. wenn auf Verfahrensregelungen verwiesen wird, die in einem zentralen Verwaltungsgesetz vorkommen (z.B. Bundesbaugesetz). In diesen Fällen sollten in der Verweisung nicht nur die Paragraphen, sondern auch der Sachgegenstand genannt werden, damit die Bedeutung der Verweisung schneller erkannt wird. Doppelverweisungen sollten möglichst vermieden werden. Das doppelte Nachschlagen bedeutet einen Arbeitsaufwand, der in der Regel unrationell ist.

877 D. Die Verwaltungsvorschriften sollten möglichst *einfach* sein; sie sollten so zugeschnitten werden, daß sie *Verwaltungsarbeit sparen*.

I. Es sollte möglichst vermieden werden, in jedem Fall, der von einem geregelten Bereich betroffen wird, einen Verwaltungsakt zu setzen. Eine erhebliche Verwaltungsarbeit entsteht durch die Gesetze, die ein grundsätzliches Verbot aussprechen und dieses mit der Möglichkeit einer ausnahmsweisen Aufhebung versehen. Das Gewerberecht in Handwerk, Gaststätte, Einzelhandel und ähnlichen Zweigen sowie das Baurecht sieht das z.B. grundsätzlich vor. Es erscheint zweckmäßiger, gewisse genaue abgegrenzte, beschränkte Tätigkeitsbereiche oder Tätigkeiten zu verbieten, aber nicht generell einen größeren Bereich. Dort, wo im Einzelfalle das öffentliche Interesse verletzt werden kann, kann durch Melde-, Anzeige- oder ähnliche Pflichten die erforderliche Kontrolle durchgeführt werden. Diese Anzeige- und Meldepflichten könnten durch eine individuelle Verbotsmöglichkeit für bestimmte, wiederum möglichst konkret zu bezeichnende Fälle ergänzt werden. Insbesondere im Bereich des Gewerberechts ist man fast allgemein von der Anzeigepflicht, die die Gewerbeordnung ursprünglich vorsah, zu einer Genehmigungspflicht übergegangen. Im heutigen Baurecht allerdings ist eine rückläufige Tendenz feststellbar, da die Zahl der Bauten, bei denen nur eine Anzeigepflicht besteht, größer geworden ist. Gerade das Baurecht scheint ein gutes Beispiel für das hier Gemeinte zu sein. Durch eine Fülle von technischen Vorschriften kann man sichern, daß trotz der Gefahren, die mit dem Bauen verbunden sind, Schäden vermieden werden. Wichtig ist allerdings, daß in diesen Fällen hinreichende Sanktionen vorhanden sind (Straftatbestände, Ordnungswidrigkeitstatbestände, eventuell auch noch andere Arten von Sanktionen wie Verwirkungen, Säumnisgebühren).

II. Verwaltungsarbeit läßt sich dadurch vermeiden, daß man bei wiederkehrenden Leistungen die Zeitabschnitte, für die geleistet wird, möglichst groß wählt. Es wäre zu überprüfen, ob es wirklich notwendig ist – so wie es heute meistens geschieht – Leistungen, die die Verwaltung erbringt, grundsätzlich monatlich auszuzahlen, ob nicht in vielen Fällen ein zweimonatiges oder vierteljährliches Zahlungsverfahren eingeführt werden könnte. Die Vorteile wirken sich auch bei der Verbuchung aus; die Zahl der Buchungsvorgänge verkleinert sich. Auch für die Erlaubnisse, die auf Zeit erteilt werden (z.B. Jagd-, Fischerei-, Reisegewerbescheine), sollte der Zeitraum groß genug gewählt werden, um Verwaltungsarbeit einzusparen.

III. Ferner sollten *Bagatellfälle* nicht behandelt werden. Das gilt insbesondere für Abgaben. Es gilt aber auch für Leistungen der Verwaltung. Hierzu bedarf es allerdings der besonderen Festlegung einer Bagatellgrenze.

IV. Das Mittel der *Pauschalierung* sollte in allen geeigneten Fällen angewandt werden, um Verwaltungsarbeit, insbesondere Ermittlungen zu sparen.

E. Ein besonderes Problem stellt die Frage, welches *Ermessen* der Verwaltungsbeamte haben soll.

23. Kapitel Vorschriften

I. Einerseits ist vor Perfektionismus zu warnen und der Regelung im Einzelfalle der Vorzug zu geben. Eine gesetzliche Regelung, die sich bemüht, jeden Einzelfall vorauszusehen, ist leicht zu starr und kann individuelle Besonderheiten nicht berücksichtigen. Dazu kommt, daß ein Gesetz, das sich um eine Berücksichtigung jedes einzelnen Falles bemüht, lang, unübersichtlich und schwer zu handhaben ist.

II. 1. Gegen die Forderung, dem Verwaltungsbeamten ein möglichst großes Ermessen einzuräumen und ihm die Möglichkeit zu geben, in dem geeigneten Falle die ihm richtig erscheinende Maßnahme zu treffen, fordert die Rechtsstaatlichkeit klare Gesetze mit möglichst konkreten Tatbeständen, also gerade eine Vermeidung eines großen Ermessensspielraumes.

2. Abgesehen davon sind die Verwaltungsbeamten oft überfordert, wenn ihnen die Beurteilung der Zweckmäßigkeit eine Entscheidung im einzelnen Falle überlassen werden soll. Es wird dann in vielen Fällen doch so sein, daß die Einzeltatbestände konkret in Durchführungsbestimmungen angesprochen sind. Da die Durchführungsbestimmungen, selbst wenn sie nicht den Charakter von Rechtsnormen haben, bindend für den Verwaltungsbeamten sind, ist der Zustand praktisch nicht anders als bei einer perfekten gesetzlichen Regelung. Dabei ist allerdings der Bürger schlechter gestellt, weil die Erlasse die zur Durchführung des Gesetzes ergangen sind, nicht veröffentlicht oder nur in Nebenverkündungsblättern niedergelegt sind, also nicht so gut bekannt zu sein pflegen. Außerdem hat der Bürger angesichts der fehlenden Normqualität der Erlasse nur beschränkt die Möglichkeit, sich auf sie zu berufen.

3. Schließlich ist bei weitem Ermessensspielraum und bei fehlenden Verwaltungsvorschriften die Gefahr gegeben, daß die Anwendung der Vorschriften ungleich erfolgt und Ergebnisse erzielt werden, die sachlich nicht gerechtfertigt sind, oder daß nach oben berichtet und um Weisungen für die Entscheidung des Einzelfalles gebeten wird, also der Gang der Verwaltung verlangsamt und verteuert wird.

III. Die Frage, ob ein großer oder kleiner Ermessensspielraum eingeräumt werden soll, kann nicht generell entschieden werden. Möglich ist sowohl eine normative Unterorganisation als auch eine normative Überorganisation. Ob der eine oder andere Fall vorliegt, kann nur anhand des konkreten Sachverhalts entschieden werden. Dabei hängt die Frage weitgehend von der anwendenden Stelle, von der betroffenen Bevölkerung und von dem Gegenstand selbst ab. Zu berücksichtigen ist auch das Interesse, gegenüber dem Rechnungshof und den Gerichten sichere Vorschriften zu haben, an denen sich das Handeln der Verwaltung messen läßt. Die Frage, welcher Ermessensspielraum eingeräumt werden sollte, ist letztlich auch an der bisherigen Gesetzesanwendung und an Parallelgesetzen zu prüfen.

F. Die Vorbereitung von Normen ist heute eine Tätigkeit, mit der viele Verwaltungsbeamte befaßt sind. Daher gehören die Fragen der Normierungstechnik auch zu den Gegenständen, die beherrscht werden müssen. Die Ausarbeitung von verbindlichen *Richtlinien* für die inhaltliche und insbesondere für die förmliche Fassung von Vorschriften ist daher eine nicht unwichtige Aufgabe. Das sichert zugleich die einheitliche Gestaltung der Normen und erleichtert ihre Anwendung. **882**

G. Die vermehrte Anwendung der ADV bei der Durchführung von Gesetzen führt zur Forderung einer *automationsgerechten Vorschriftengestaltung* (Rdnr. 1099 ff.). **883**

§ 99 Vorschriftenbereinigung

Schrifttum: *M. Fellner,* Die Bereinigung der Rechts- und Verwaltungsvorschriften, DVBl. 1955, 244 ff.; *J. Maxrath,* Rationalisierung und Rechtsbereinigung, BB 1955, 1097 ff.; *F. Meiser,* Die Rechtsbereinigung in Bund und Ländern, NJW 1956, 1863 ff.; *G. Niemeyer,* Das Gesetz über die Sammlung des Bundesrechts, NJW, 1961, 1004 ff.; *G. Reissig,* Aktuelle Probleme der Gesetzestechnik und Rechtsbereinigung, in: Österr. JZ 1968, 177 ff.; *F. Rietdorf,* Abschluß der Erlaßbereinigung in Nordrhein-Westfalen, DÖV 1964, 328 ff.; *F. Schlegelberger* (vgl. vor § 97); *M. J. Schmid,* Die Beseitigung von Unstimmigkeiten des Wortlauts bei der Neubekanntmachung von Gesetzen, in: Bay.VBl. 1974, S. 39 ff.; *W. Strauß,* Stand und Fortgang der Bereinigung und Sammlung des Bundesrechts, in: DÖV 1957, 545 ff.

A. I. Das geltende Recht ist in einer größeren Zahl von Publikationsblättern verstreut. Bei den Ländern liegt das Problem besonders kompliziert. Es sind nicht nur die *Gesetz- und Ministerialblätter* zu beachten. Für lokales Landesrecht bestehen *Regierungsblätter* und die verschiedensten Formen bis hinab zur Verkündung in Tageszeitungen oder gar einer Bekanntmachung aufgrund von Anschlägen, z.B. bei kommunalen Satzungen. Die Ländergrenzen haben sich im Laufe des letzten Jahrhunderts, aus dem die Masse des geltenden Rechts stammt, erheblich verändert. Zumeist muß ein Land zugleich mehrere Vorgängerländer berücksichtigen. Schließlich ist ein Teil des ehemaligen Reichsrechts Landesrecht geworden, so daß für das Landesrecht auch die reichsrechtlichen Verkündungsblätter einschlägig sind. **884**

II. Hinzu kommt die Tatsache, daß die ursprünglich verkündeten Normen später Änderungen erfahren haben. Zum Teil hat sich das Recht ohne ausdrückliche Publikation geändert, etwa durch die Änderung der staatsrechtlichen Ver- **885** hältnisse oder die Änderung des Behördenaufbaues, durch Obsoletwerden, durch den Wegfall des geregelten Gegenstandes oder durch die Erledigung von Zeitgesetzen.

886   III. Die *Feststellung des geltenden Rechtes* ist daher regelmäßig schwierig geworden.
1. Die Beamten sind oft nicht nur überfordert festzustellen, was gilt. Es kommt hinzu, daß ältere Publikationsblätter in vielen Fällen in den Behörden nicht vorhanden sind, sondern mühsam im Leihverkehr beschafft werden müssen. Das verzögert die Bearbeitung eines Vorganges. In manchen Fällen unterbleibt die Heranziehung der Gesetzblätter; die noch geltenden Normen werden nicht angewandt.
2. Jedenfalls aber, selbst wenn die richtige Vorschrift gefunden wird, ist die Feststellung so zeitraubend, daß die Verwaltungsarbeit dadurch erheblich belastet wird. Der Zeitbedarf für die Feststellung dessen, was im Einzelfall gilt, ist ein erheblicher Faktor bei der täglichen Verwaltungsarbeit. Daher ist die Zusammenfassung des noch geltenden Rechts und seine Darstellung in einem geschlossenen, handlichen Werk unter Ausscheidung aller derjenigen Vorschriften, die heute nicht mehr gelten, ein wichtiges Anliegen der Verwaltungsvereinfachung.

887   B. I. Jede Rechtsbereinigung muß eine *Vollständigkeit* anstreben. Diese Vollständigkeit ist allerdings praktisch ausgeschlossen. Das gilt nicht nur wegen der nichtgeschriebenen Normen, etwa des Gewohnheitsrechts, sondern auch, weil die Zahl der Verkündungsblätter so groß ist, daß ihre vollständige Durchforschung in keinem rechten Verhältnis zum Rationalisierungserfolg steht. Jede Rechtsbereinigung wird daher in der Praxis auf bestimmte Verkündungsblätter beschränkt bleiben.

888   II. In der Bundesrepublik kommt dazu noch das Problem der Zweispurigkeit unserer Rechtsordnung in Bund und Ländern. Es wird nur sehr beschränkt möglich sein, ehemaliges Reichsrecht, das Landesrecht geworden ist, zu erfassen, und ebenso ehemaliges Landesrecht, das Bundesrecht geworden ist.

889   III. Auch soweit die Verkündungsblätter erfaßt werden, wird es notwendig, bestimmte Ausnahmen von der Rechtsbereinigung zu machen. Solche Ausnahmen kommen insbesondere in Betracht für Gewohnheitsrecht und sonstiges ungeschriebenes Recht, Staatsverträge und die dazugehörigen Ratifizierungsgesetze, Anstaltsordnungen und Satzungen von Körperschaften, Anstalten und Stiftungen des öffentlichen Rechts, die jährlich erlassenen und nur für ein Jahr geltenden Haushaltsgesetze, Verordnungen mit beschränktem Geltungsbereich, insbesondere wenn sie von einer nachgeordneten Behörde erlassen worden sind (z.B. Polizeiverordnungen), Vorschriften über die Grenzänderung von Verwaltungsbezirken, Allgemeinverbindlichkeitserklärungen von Tarifverträgen.

C. Die Rechtsbereinigung kann verschiedene *Wirkungen* haben: 890

I. Stets hat die Rechtsbereinigung *Informationswirkungen.* Sie ist der zentrale Zweck der Rechtsbereinigung. Dieser Zweck läßt sich allerdings auch mit privaten Sammlungen erreichen. Diese privaten Sammlungen schaffen nun allerdings keine Sicherheit darüber, was noch gilt.

II. Die Wirkung einer Bereinigung kann auch eine *Vermutung* zum Inhalt haben. Diese kann positiv und negativ sein: 891
  1. Die positive Vermutung bedeutet, daß vermutet wird, alle in die Bereinigung aufgenommenen Vorschriften seien geltendes Recht.
  2. Die negative Vermutung bedeutet, daß vermutet wird, alle nicht in die Bereinigung aufgenommenen Vorschriften seien aufgehoben. Die Vermutung läßt die Möglichkeit zu, daß die Sammlung unrichtig ist. Wer sich auf die Nichtgeltung einer aufgenommenen Vorschrift oder die Geltung einer nicht aufgenommenen Vorschrift berufen will, muß deren Geltung bzw. Nichtgeltung nachweisen.

III. Die stärkste Wirkung ist die *Rechtskraftwirkung.* Auch sie kann positiv und negativ bestehen: 892
  1. Positive Rechtskraft heißt, daß alle in die Sammlung aufgenommenen Normen wirklich gelten.
  2. Negative Rechtskraftwirkung heißt, daß alle nicht in die Sammlung aufgenommenen Vorschriften nicht gelten, d.h. spätestens durch die Sammlung aufgehoben werden. Wird einer Rechtsbereinigung positive und negative Rechtskraft zugleich beigelegt, so entsteht damit eine *Kodifikationswirkung.*
  3. In den Rechtsbereinigungsgesetzen in Bund und Ländern wird diese Kodifikationswirkung nicht hergestellt. Die Wirkungen beschränken sich auf die negative Rechtskraft, d.h die Ausschlußwirkung. Diese Lösung läßt die Möglichkeit zu, daß die aufgenommenen Normen früher schon aufgehoben sind oder daß sie gegenüber höherrangigem, speziellem oder jüngerem Recht zurücktreten müssen.

D. I. Die Rechtsbereinigung schließt ab mit einer *Darstellung* des noch geltenden Rechts. Der Gesetzgeber kann sich entweder auf die Festlegung der noch weiter geltenden Bestimmungen in Überschrift unter Mitteilung der aufgehobenen oder geänderten Teile beschränken. Er kann aber auch selbst die Sammlung im Wortlaut in sein Gesetz aufnehmen. Wählt er den ersten Weg, so muß durch die Verwaltung die zweite Stufe noch nachgeholt werden. In Ausführung des Überschriftenkatalogs muß die Verwaltung eine vollständige Textausgabe der ganzen Gesetze herstellen. 893

II. Ausgangspunkt der Bereinigungsarbeit sind die Gesetzblätter, die der Bereinigung unterfallen.

23. Kapitel Vorschriften

1. Die einzelnen Gesetze und Verordnungen werden auf Karteikarten festgehalten.

2. In einem zweiten Arbeitsgang wird das gesamte Recht darauf durchgesehen, inwieweit Aufhebungen und Veränderungen vorgekommen sind. Das Verfahren, alle Aufhebungsgründe zu berücksichtigen, einschließlich derjenigen Gründe, die sich nicht aus einer Norm erschließen lassen, ist dann möglich, wenn die Verwaltung das gesamte Bereinigungswerk vorbereitet hat und sodann mit den einzelnen Änderungen dem Parlament zur Beurteilung und gesetzgeberischen Ratifizierung vorlegt. Macht man es dagegen so wie der Bund, daß die Verwaltung ermächtigt wird, die Texte der Rechtsvorschriften bekanntzugeben, ehe der Gesetzgeber zu dem Ergebnis der Sammlung Stellung nehmen konnte, so muß sich die Bereinigung auf die geschlossene Zahl vorher gesetzlich bestimmter Aufhebungs- und Änderungsgründe beschränken.

III. Eine derartige Methode der Rechtsbereinigung kann zwei Probleme niemals lösen: Sie kann nicht die Frage lösen, ob eine Bestimmung als Bundes- oder Landesrecht weitergilt. Sie kann weiter nicht entscheiden, ob eine Bestimmung Rechtsvorschrift oder Verwaltungsvorschrift ist.

894 IV. Wichtig ist die Festlegung des *Abschlußtermins,* der zugleich den Zeitpunkt der Aufhebung der nicht aufgenommenen Vorschriften bestimmt. Eine einheitliche Festlegung des Aufhebungszeitpunktes sollte angestrebt werden. Bei dem Verfahren, das der Bund angewendet hat, ergibt sich allerdings für einzelne Materien ein unterschiedlicher Abschlußtermin.

895 E. Für die Verwaltungspraxis ist es wichtig, daß die einmal hergestellte Übersicht nicht wieder verlorengeht. Daher muß die *Fortführung* der Rechtsbereinigung sehr bald nach der Durchführung der erstmaligen Bereinigung geklärt werden. Es ergeben sich hierfür drei grundsätzliche Möglichkeiten:

I. Die Sammlung wird in Form einer Loseblattsammlung hergestellt. Jede neue Vorschrift wird durch Einfügung – gegebenenfalls durch Auswechseln loser Blätter – berücksichtigt. Die Loseblattsammlung ist das ideale System für die Information. Der Nachteil liegt darin, daß sie keine Sicherheit für die Vollständigkeit der aufgenommenen Normen bietet. Diese Sicherheit der Vollständigkeit wird nur erreicht, wenn man fortlaufend numerierte und paginierte Stücke eines Verkündungsblattes herausgibt, dazu jährlich Register erscheinen läßt und diese Verkündungsblätter bindet.

II. Eine weitere Möglichkeit besteht darin, daß man die ganze Sammlung von Zeit zu Zeit neu herausgibt. Dieses Verfahren ist sehr teuer. Es kommt daher nur in größeren Zeitabständen in Frage. Das genügt den Bedürfnissen der Praxis nicht.

III. Daher wird es nötig sein, einen Kompromiß zu wählen. Am Ende eines jeden Jahres werden listenförmig Fortführungsnachweise herausgegeben, die die Änderungen gegenüber der erstmaligen Sammlung vollständig verzeichnen. Der Fortführungsnachweis wird dabei im Interesse einer schnellen Handhabung nach demselben System geordnet, das für die Sammlung selbst gilt. Jeder Fortführungsnachweis nimmt nicht nur die Änderungen des letzten Jahres, sondern alle Änderungen seit dem erstmaligen Erscheinen der Sammlung auf. Der Benutzer orientiert sich in der ursprünglichen Sammlung und vergewissert sich sodann in dem letzten Fortführungsnachweis, ob Änderungen gegenüber der ursprünglichen Sammlung vorgenommen sind. Auch bei diesem Verfahren wird man im Interesse einer zweckmäßigen Handhabung von Zeit zu Zeit (etwa nach 10 bis 20 Jahren) die Sammlung neu herausgeben.

F. Die *Erlaßbereinigung* ist von erheblicher praktischer Wichtigkeit, weil die Erlasse eines der wichtigsten Arbeitsmittel der Verwaltung sind. Im einzelnen wird man bei der Erlaßbereinigung das Folgende zu berücksichtigen haben: **896**

I. Es sollte angestrebt werden, möglichst alle Erlasse in die Bereinigung einzubeziehen. Allerdings ist die Abgrenzung schwieriger, weil die Zahl der Verkündungsblätter größer ist und weil es auch Erlasse gibt, die nicht in amtlichen Blättern verkündet worden sind. Andererseits kann die Erlaßbereinigung rücksichtsloser vorgehen. Wird versehentlich ein Erlaß aufgehoben, der für die Verwaltung notwendig ist, so schadet das weniger. Ein Erlaß kann leichter wieder in Kraft gesetzt werden, mit einem kurzen Rundschreiben, u.U. sogar mit einem Telefongespräch.

II. Auf jeden Fall wird auch bei der Erlaßbereinigung eine negative Ausschlußwirkung eintreten. Es ist aber möglich, bei den Erlassen auch eine positive Rechtskraft zu schaffen. Erlasse werden nicht auf ihre Gültigkeit nach den Regeln der Rechtsnormentheorie geprüft. Die Verwaltung hat es vielmehr in der Hand, aus Zweckmäßigkeitsgründen die weitere Beachtung bestimmter Erlasse zu fordern oder sie außer Kraft zu setzen.

III. Die Bekanntmachung der Erlasse in einer Sammlung sollte systematisch erfolgen, und zwar im Anschluß an das System, das für die Gesetzesbereinigung eingeführt worden ist.

IV. Die Fortführung der Erlaßsammlung ist ebenso wichtig wie die der Gesetzessammlung. Voraussetzung einer Fortführung ist allerdings, daß alle wichtigeren und allgemeinen Erlasse in amtlichen Verkündungsblättern zusammengefaßt und nicht nur hektographiert oder in Mitteilungen der Verwaltung, die unnumeriert erscheinen, niedergelegt werden.

VIII. Abschnitt Die Arbeitsweise der Verwaltung
24. Kapitel Entscheidungen

§ 100 Der Entscheidungsprozeß

Schrifttum: *S. Biasio,* Entscheidung als Prozeß, 1969; *G. Gäfgen,* Theorie der wirtschaftlichen Entscheidung, 3. Aufl., 1974; *W.J. Gore / J.W. Dyson,* The Making of Decisions, 1964; *W. Kirsch,* Entscheidungsprozesse, 3 Bde., 1970-1971; *A. Klose / R. Weiler,* Menschen im Entscheidungsprozeß, 1971; *K. König,* Programmsteuerungen in komplexen politischen Systemen, in: Verwaltung 1974, S. 137 ff.; *W. Krelle,* Präferenz- und Entscheidungstheorie, 1968; *W. Langenheder,* Theorie menschlicher Entscheidungshandlungen, 1975; *D.V. Lindley,* Einführung in die Entscheidungstheorie, 1974; *N. Luhmann,* Funktionale Methode und juristische Entscheidung, in: AöR, 1969, S. 1 ff.; *ders.* Grundbegriffliche Probleme einer interdisziplinären Entscheidungstheorie, in: Verwaltung 1971, S. 472 ff.; *B. Schiemenz,* Regelungstheorie und Entscheidungsprozesse, 1972.

897 A. In diesem Abschnitt wird die handelnde Verwaltung in den Mittelpunkt der Betrachtung gestellt. Wenn »Verwaltung« im Sinne der »Verwaltungslehre« sich mit den *Entscheidungen* in dem sozialen System der »öffentlichen Verwaltung« beschäftigt, so geht es dabei in der hier vorzunehmenden »dynamischen« Betrachtung um Entscheidungsprozesse, d.h. um Sequenzen von Informationen, die der Entscheider erhält, um Kommunikationsakte des Entscheiders mit anderen Teilen des Entscheidungssystems und seiner Umwelt, und um Verarbeitung der Informationen durch den Entscheider. Entscheidung wird hier als Prozeß, d.h. in einer zeitlichen Dimension gesehen.

B. Der *Entscheidungsprozeß* kann die Verwaltungslehre als tatsächliches Phänomen interessieren, daneben aber auch einer theoretischen Betrachtung unterzogen werden.

898 I. In der Verwaltungswirklichkeit verlaufen Entscheidungsprozesse weitgehend *irrational.* Rationalität mag vom Entscheider angestrebt sein; immer wieder mißlingt ihm rationales Entscheidungsverhalten. Entweder fehlen ihm Informationen. Oder er hat keine hinreichend definierbaren Ziele zur Verfügung. Oder er stößt auf Widerstände, die ihn zu Kompromissen zwingen. Oder er vermischt die Ziele des sozialen Systems, für das er entscheidet, mit seinen individuellen Zielen oder mit den Zielen einer Gruppe, die nicht zum sozialen System des Entscheiders gehört. Das tatsächliche Entscheidungsverhalten ist daher von Fall zu Fall höchst unterschiedlich, kaum zu systematisieren, jedenfalls aber nicht vollständig rational zu erfassen.

§ *100 Der Entscheidungsprozeß*

II. Gleichwohl soll versucht werden – im Anschluß an die vor allem in der Wirtschaftswissenschaft (*Kosiol, Gaetgen, Kirsch* u.a.) entwickelte Entscheidungstheorie auch hier wesentliche *Elemente* einer für die Verwaltungswissenschaft brauchbaren *Entscheidungstheorie* darzustellen. Das wird auf mehreren Wegen geschehen, da die Entscheidungsproblematik mehrere *Dimensionen* hat. 899

1. Die *politische Dimension* 900
Die Verwaltung erfüllt politische Zwecke. Sie ist in ein politisches System eingebettet. Sie handelt selbst – oft bewußt – politisch und beeinflußt die politischen Entscheidungen; mit dem Wort Büro»kratie« ist auch ausgedrückt, daß sie das politisch-gesellschaftliche System – jedenfalls teilweise – beherrscht. Auf jeden Fall aber ist sie das Instrument, mit dem die Politiker arbeiten, um ihre Politik – notfalls mit Zwang – durchzusetzen. Diese Dimension ist oben, Rdnr. 214 ff., dargestellt.

2. Die *menschlich-soziologische Dimension* 901
Der Entscheidungsprozeß verläuft in zahllosen Kommunikationsakten zwischen einzelnen Menschen. Diese Menschen sind nicht abstrakte Teile eines Entscheidungssystems, sondern Menschen von Fleisch und Blut, die ihre eigenen persönlich-psychischen Probleme und ihre soziologisch-mitmenschlichen Probleme haben. Die Leitungsorgane des Entscheidungssystems, die für die Erfüllung der Systemziele verantwortlich sind, müssen diese persönlich-psychischen und soziologisch-mitmenschlichen Fragen in ihre eigene Verhaltensweise einbeziehen. Es handelt sich hier weitgehend um Fragen des Personalwesens, durch die diese Fragen antizipiert werden, um die möglichen Störfaktoren, die in dieser Dimension auftreten können, auszuschalten, und positive Faktoren für eine Verbesserung der Entscheidungen zu nutzen. (Z.B. bei der Auswahl, Ausbildung u.a.m.) Vor allem aber betrifft diese Dimension das Verhältnis zwischen Behörde und Bürger (vgl. hierzu § 103, Rdnr. 939 ff).

3. Die *theoretische Dimension* 902
Möglich ist es auch, die Probleme der Entscheidung stark zu abstrahieren und eine Entscheidungstheorie zu entwickeln. Hierzu gilt – wie bei jeder Theorie (Rdnr. 22 ff.) – daß die Theorie niemals mehr sein darf als ein Instrument, durch das die vielfältige ungegliederte Realität, die im Entscheidungsprozeß auftritt, auf wesentliche Fragen, Begriffe und Zusammenhänge reduziert wird. (In den §§ 100-102 soll das geschehen.)

4. Die *technische Dimension* 903
Jeder Problemkreis, der praxisrelevant ist, hat auch eine technische oder technologische Seite. Die Tatsache, daß Entscheidungsprozesse in großer Vielzahl ablaufen und daß sich ihre Probleme oft stark ähneln, erlaubt eine Standardisierung des Entscheidungsverhaltens, d.h. der Anwendung von Entscheidungstechniken. Diese können von unterschiedlicher Art und Qualität sein.

a) Sie betreffen einerseits die geistigen Vorgänge. Insb. Leitungs- und Planungskräfte in der Verwaltung, die angesichts der Vielzahl, Schwierigkeit und Heterogenität ihrer Aufgaben vor dem Problem der Rationalisierung ihrer Tätigkeit stehen, müssen eine Technik der geistigen Arbeit, insb. des Entscheidungsprozesses zur Verfügung haben (hierzu Rdnr. 572 ff).

b) Verwaltung besteht nicht nur aus Leitung und Planung, sondern weitgehend aus Vollzug. Auch hierfür ist eine Technik notwendig, die sich weitgehend in der rationalen Einrichtung und Nutzung der Büros und der Arbeitstechnik niederschlägt, die für die außerordentlich hohe Zahl von einzelnen Ausführungsentscheidungen entwickelt worden sind (hierzu Rdnr. 765 ff.).

c) Schließlich ist bei der technischen Dimension das Augenmerk darauf zu richten, daß der Entscheidungsprozeß in der Regel aus einer Reihe von Kommunikationsakten besteht. Auch diese bedürfen der Rationalisierung, d.h. der Technisierung (hierzu Rdnr. 1040 ff.).

904 **C.** Die Betrachtung des Entscheidungsprozesses kann noch aus einer anderen, übergreifenden Sicht erfolgen. Geht man davon aus, daß es bei der Entscheidung letztlich darum geht, im Einzelfall die soziale Wirklichkeit zu gestalten, so ist die Einzelentscheidung zeitlich eingelagert in eine vorausgehende Phase, die Planung, und die nachfolgende Phase, die Kontrolle, wobei die Kontrollentscheidung grundsätzlich die Funktion hat, Informationen für eine Weiterentwicklung des Programms zu liefern. So kann man auch von einem Kreislauf des Entscheidens sprechen, der aus Planung – Einzelfallentscheidung – Kontrolle besteht und sich in einem *kybernetischen System* ständig wiederholt. Im folgenden liegt der Schwerpunkt bei der Einzelentscheidung (programmierten Entscheidung), obwohl vieles, was hier dargestellt wird, auch auf Planungsentscheidungen zutrifft, die vor allem im 25. Kapitel (Rdnr. 963 ff.) abgehandelt werden. Die Probleme der Kontrolle enthält der IX. Abschnitt (Rdnr. 1108 ff.).

§ 101 Das Entscheidungsmodell

Schrifttum: *S.L. Dickerson / J. E. Robertshaw*, Planing and Design, 1975; *W. Gore*, Administrative Decision-Making, A Heuristic Model, 1964; *H. Hax*, Entscheidungsmodelle in der Untersuchung, 1974; *M. Irle*, Voraussetzungen und Strukturen der Entscheidung, in: R. Kurzrock (Hrsg.), Systemtheorie 1970, S. 170 ff.; *H.K. Klein*, Heuristische Entscheidungsmodell, 1971; *C.E. Lindblom* The Science of »Muddling Trough«, in *B.E. Brown/ J.C. Wahlke* (Hrsg.), The American Political System, 1967, S. 420 ff.; *G. Menges*, Grundmodelle wirtschaftlicher Entscheidungen, 1969; *K. Stefanic-Allmayer*, Die Technik der Entscheidungsbildung, 1964; *W. Thieme/D. Huß/St. Herms*, Entscheidungsfälle mit Lösungen, Verwaltungswissenschaftliche Fälle Bd. 2, 1976; *G. Tamm*, Die neuen Methoden der Entscheidungsfindung, 1972; *D. Weiss*, Strukturierung iterativer Entscheidungsprozesse bei öffentlichen Planungsvorhaben, in: VerwArch 1972, S. 241 ff.

905 **A.** Das *idealtypische Modell der Entscheidung* (Rdnr. 906 ff.) besteht aus einer Reihe von Elementen, die sich logisch aneinanderreihen lassen, weil das eine Ele-

ment jeweils die weiteren voraussetzt. Diese logische Sequenz ist im folgenden (Rdnr. 906 ff.) dargestellt. Sie darf aber nicht mißverstanden werden. Nicht nur sieht in der Wirklichkeit der Entscheidungsprozeß zumeist anders aus, in der Wirklichkeit ist auch nicht selten wegen der besonderen Umstände des Einzelfalles ein Abweichen von dem Ideal geboten. Außerdem ist in der Praxis regelmäßig niemand in der Lage, die einzelnen Phasen, aus denen das Modell besteht, in einem Zuge vollständig zu durchlaufen; er gewinnt erst später wichtige Informationen, die ihn zur Korrektur in einer früheren Phase gewonnener Einsichten nötigt. Mitzudenken ist daher in dem Entscheidungsmodell eine ständige Rückkoppelung, eine Rückkehr zu vorangehenden Phasen und ihre Änderung zum Zwecke der Optimierung.

B. Die rationale Entscheidung kennt notwendig folgende *Phasen:*
I. *Problemphase* 906
Keine Entscheidung kann rational getroffen werden, wenn der Entscheider sich nicht über das zu lösende Probelem im klaren ist. Das Problem kann dargestellt werden in Form einer Frage oder einer Hypothese (die zu verifizieren oder zu falsifizieren ist). Die Entscheidung am Ende des Entscheidungsprozesses ist die Antwort auf die Problemfrage oder -hypothese.

1. Zu klären sind zunächst das Problemfeld bzw. die Problemfelder, um aus ihnen die in Betracht kommenden Sachgegenstände zu ermitteln.

2. Zu ermitteln sind die durch die Entscheidung betroffenen oder an der Entscheidung interessierten Personen, Gruppen und Organisationen. Festzustellen sind vor allem die berührten Interessen. Das ist notwendig, weil Entscheidungen der Verwaltung Entscheidungen über gesellschaftliche Interessen sind, Auswahl von Interessen, die Vorrang verdienen gegenüber Interessen, die zurücktreten müssen. 907

3. Jedes Entscheidungsproblem, das durch die Faktoren *Problemfelder* und *Interessen* bestimmt wird, bedarf schließlich einer möglichst präzisen Definition; u.U. ist die Frage (oder Hypothese) in Einzelfragen (-hypothesen) zu zerlegen.

II. *Zielphase* 908
Eine Entscheidung kann optimal nur getroffen werden, wenn feststeht, was als Optimum gelten soll. Irgendwelche Optima, die »an sich« vorgegeben sind, gibt es nicht. Sie sind vielmehr im Entscheidungsprozeß zu entwickeln. Dabei kann es so sein, daß die Ziele dem Entscheider vorgegeben oder bekannt sind. Dann vereinfacht sich die Zielsuche. Niemals jedoch kommt der Entscheider ohne eine Reflexion über die seiner Entscheidung zugrundeliegenden Ziele aus.

1. Ein zweckmäßiger Weg ist es, die *Interessen* der Beteiligten zu werten und aus ihnen Ziele zu entwickeln. Die Bewertung und Auswahl ist ein subjektiver Vorgang; er kann gemessen werden an höheren Werten, die im Entscheidungssystem gelten. Die Erhebung der Interessen zu Zielen kann und wird weitgehend intersubjektiv erfolgen, d.h. sie wird sich auf Wertungen stützen, die in der Gesell- 909

schaft oder in der Organisation, der der Entscheider angehört, allgemein gelten. Der Entscheider in der Verwaltung verwirklicht Ziele der Organisation (Staat, Gebietskörperschaft, Behörde), der er angehört. Er hat daher unter den Wertungen (Zielen) dieser Organisation zu werten, welchen Interessen er den Charakter von Zielen zusprechen will. Dabei gehört auch die Allgemeinheit mit ihren Interessen zu denen, die er zu berücksichtigen hat. Dagegen dürfen individuelle Interessen des Entscheiders (z.B. Wiederwahl, Mehrung des Ansehens) nicht zu Zielen erhoben werden – obwohl dagegen in der Wirklichkeit immer wieder verstoßen wird. Aus den Interessen, die in der Problemphase ermittelt worden sind, wird so eine Zielliste.

910   2. Diese Zielliste ist zu einem *Zielsystem* weiter zu entwickeln. Es ist davon auszugehen, daß es praktisch niemals gelingt, in einer Entscheidung alle Ziele vollständig zu erreichen, sondern daß es notwendig wird, insb. unter Berücksichtigung der Knappheit der Ressourcen bestimmte Ziele mehr und andere weniger zu berücksichtigen. Es ist daher notwendig die Ziele zu bewerten, d.h. zu klären, welche Ziele in erster Linie zu berücksichtigen sind und welche zurückstehen dürfen. Hat der Entscheider eine sehr große Zahl von Zielen zu berücksichtigen, so empfiehlt es sich, die Werte der Ziele in Zahlen auszudrücken, um sie vergleichbar zu machen. Das geschieht zweckmäßig in einem Skalierungsverfahren (Rdnr. 63).

911   3. In der Regel steht bei Entscheidungsprozessen, die mehrere Ziele berücksichtigen sollen, aber nicht alle Ziele voll erfüllen können, nicht die Frage an, ob bestimmte Ziele ganz erreicht werden und andere Ziele völlig vernachlässigt. Es geht vielmehr darum zu entscheiden, inwieweit die einzelnen Ziele mindestens erreicht werden sollen *(Mindestzielerreichungsgrad)*, welches Ziel mehr und welches weniger, welches eher und welches später erreicht werden soll.

912   4. Wichtig kann auch sein zu klären, wo *Zielkonflikte* liegen, d.h. unter welchen Umständen die Erreichung eines Zieles die Erreichung eines anderen Zieles verhindert. Das frühzeitige Erkennen von Zielkonflikten gibt die Möglichkeit, bei der Erarbeitung von Maßnahmen bzw. Maßnahmenbündeln von vornherein sehr viel Arbeit zu sparen.

913   **III.** *Maßnahmenphase*
Die Entscheidung besteht darin, daß eine oder mehrere Maßnahmen zur Durchführung bestimmt werden. Wesentlich für den Entscheidungsprozeß ist daher *Alternativen* zu gewinnen, unter denen eine ausgewählt werden kann.
   1. Zuweilen geht es nur darum, unter mehreren Alternativen eine zu wählen. Das ist eine relativ schlichte Fallgestaltung. In der Regel fordert die Entscheidung jedoch, daß ein Maßnahmenbündel ausgewählt wird, d.h. eine sinnvoll aufeinander abgestimmte Kombination von Maßnahmen. Ein solches Maßnahmenbündel kann auch eine Sequenz von Maßnahmen sein, die ihrerseits in mehrere Phasen zerfällt (z.B. Konsolidierungsphase, Ermittlungs- oder Verhandlungsphase, Handlungsphase).

2. Die Handlungs- (Maßnahmen-) Alternativen sind unter den Zielen zu bewerten. Ausgewählt werden können nur solche Alternativen, die den vorgeschriebenen Mindestzielerreichungsgrad haben. Unter ihnen ist die wertvollste Alternative zu wählen, d.h. diejenige, die die Ziele am besten erreicht. Sind die Zielwerte quantifiziert, so kann aus der Gesamtsumme der Zielwerte, die durch eine Alternative erreicht werden, d.h. um die sich der Zustand durch die Maßnahme verbessert, eine optimale Maßnahme errechnet werden. Sofern keine Quantifizierung erfolgt, was insb. bei einer kleineren Zahl von Zielen möglich ist, ist frei zu bewerten. Soweit quantitative Methoden angewandt werden, ist zu berücksichtigen, daß die Zahlenwerte – sowohl für die Ziele als auch für die Maßnahmen – zumeist nur in einem groben Schätzverfahren gewonnen werden können. Das heißt aber, daß bei Zahlenwerten für alternative Maßnahmen, die eng beieinander liegen, der höhere Wert noch nicht notwendig derjenige ist, der ausgewählt wird. Quantifizierungen haben stets nur den Charakter von Entscheidungshilfen und können dem Menschen die letzte wertende Entscheidung nicht abnehmen. Als Entscheidungshilfen indizieren sie allerdings manches, machen vor allem Entscheidungssysteme transparenter und oft auch konsensfähiger.

IV. *Ressourcenproblematik*
1. Die optimale, d.h. die die Ziele am besten verwirklichende Maßnahme kann nur dann ausgewählt werden, wenn die Ressourcen zu ihrer Verwirklichung vorhanden sind. Ressourcen sind vor allem Geld und Menschen, aber auch Sachmittel (Raum und Räume, Maschinen und Techniken, auch Zeit und Organisation; evtl. können auch die erforderlichen Rechtsvorschriften und das Vorhandensein von Macht als Ressource bezeichnet werden).
2. Fehlen die Ressourcen, so ist zu prüfen, ob sie beschafft werden können. Ist das nicht möglich, so scheidet eine Maßnahme ohne Rücksicht auf ihren Wert aus.
3. Beim Vorhandensein der erforderlichen Ressourcen ist die Frage des *Ressourcenverbrauchs* zu klären. In der Verwaltung ist es nicht so, daß es stets auf ein optimales Verhältnis von Ertrag und Aufwendungen ankommt. Bei sehr vielen Fallgestaltungen geht es in erster Linie oder ausschließlich um die Erreichung bestimmter politischer Ziele. Die Verwaltung will keinen Gewinn im kaufmännischen Sinne erzielen.
Allerdings kommt es vor, daß der Ressourcenverbrauch für eine Entscheidung eine Rolle spielt. Das gilt, wenn es sich um alternative Maßnahmen handelt, die dasselbe erreichen, aber in unterschiedlichem Maße Ressourcen verbrauchen; dann ist der Ressourcenverbrauch Auswahlkriterium. Oder es werden – bezogen auf bestimmte Ressourcen (Arbeitsstunden, Geld) – Ziele in unterschiedlichem Maße erreicht; auch dann ist das Verhältnis zwischen Ressourceneinsatz und Zielerreichung für die Entscheidung maßgeblich. U.U. kann für solche Fälle auch das Ziel formuliert werden, daß möglichst wenig Ressourcen verbraucht werden, dessen Erreichung dann unmittelbar in die Maßnahmenbewertung eingeht.

24. Kapitel Entscheidungen

916 V. *Restriktionen*
Jedes Entscheidungssystem steht unter Restriktionen. Bestimmte Ziele dürfen nicht formuliert, bestimmte Maßnahmen nicht getroffen werden, etwa weil sie rechtswidrig oder sonstwie verboten oder mit der ethischen Werteordnung nicht vereinbar sind. Das Restriktionsproblem taucht in jeder Phase des Entscheidungsprozesses auf. Es kann aber auch als besonderes Problem eliminiert werden, wenn man es negativ, insb. als negatives Ziel formuliert (z.B. Vermeidung von Rechtswidrigkeit).

917 VI. Die Entscheidung ist eine *Handlungsanweisung* des Entscheiders an Dritte oder für sich selbst. Sie kann aus mehreren Teilen (Teilhandlungen) bestehen.

918 C. Neben dem hier entwickelten rationalen Entscheidungsmodell lassen sich auch alternative Modelle entwickeln. Dabei kann keines dieser Modelle für sich in Anspruch nehmen, das allein richtige Modell zu sein. Modelle sind Zweckschöpfungen, die nur im Hinblick auf die mit ihnen verbundenen Erkenntnisinteressen nützlich sind. Das oben (unter B) entwickelte rationale Modell dient primär Ausbildungsinteressen. Alternative Beispiele sind:

919 I. *Inkrementales Entscheidungsmodell*
Dieses Modell versucht die Wirklichkeit abzubilden, die weitgehend irrational ist. Es geht davon aus, daß jede Teilentscheidung in einem längeren Entscheidungsprozeß situationsbedingt ist, daß jede Teilentscheidung Ergebnisse der Interessen und Informationen des einzelnen Entscheiders ist, daß die Teilentscheidungen daher nicht unter generellen Zielsetzungen (Zielsystemen) getroffen werden. Entscheidung wird als Kunst des Möglichen verstanden, als ein Durchwursteln („muddle through").

920 II. Das *heuristische Entscheidungsmodell* geht von der Person des Entscheiders aus, insb. von einer subjektiven Situation, seinen Wünschen, Ängsten und Bedürfnissen. Sehr oft ist das der „Mann an der Spitze", dem die letzte Entscheidung zusteht. Wenn Entscheiden Verarbeitung von Informationen ist, ist sein Problem die Verschaffung der Informationen, die er aus seiner subjektiven Situation für erforderlich hält. Er stößt auf Mitglieder des Entscheidungssystems, die sich ebenso subjektiv wie er verhalten, d.h. Informationen unter dem Gesichtspunkt ihrer eigenen Interessen weitergeben oder vorenthalten. Sein Interesse muß daher – damit er aus seiner Sicht optimal entscheidet – darauf gerichtet sein, möglichst viele Informationen zu erlangen. Sein Verhalten ist regelmäßig dann optimal, wenn er unorthodox handelt, weil dann die Chance der Gewinnung zusätzlicher Informationen steigt.

§ 102 Information und Entscheidung

W. H. *Bierfelder,* Optimales Informationsverhalten im Entscheidungsprozeß der Unternehmung, 1968; K. G. *Holtgrewe,* Automation und Entscheidung, 1968; W. *Kirsch,* Entscheidungsprozesse, Bd. 2, Informationsverarbeitungstheorie des Entscheidungsverhaltens, 1971; F. *Lauxmann,* Behördengröße und Kommunikationsaufwand, in: ZfO 1973, 272 ff.; K. *Lenk,* Automation und Verwaltungsentscheidung, in: DVBl. 1974, S. 1832 ff.; J. R. *Pierce,* Phänomen der Kommunikation, 1965; H. *Reimann,* Kommunikations-Systeme, 1968; G. *Sadler,* Neuordnung des Zeichnungsrechts in Hamburg, in: StKomVerw. 1972, S. 29 ff., 63 ff.; W. *Schramm,* Grundfragen der Kommunikationsforschung, 1964; D. *Senghaas,* Informations- und Rückkopplungsprozesse bei Entscheidungen in Regierung und Verwaltung, in: R. Kurzrock (Hrsg.), Systemtheorie, 1972, S. 91 ff.; H. A. *Simon,* Perspektiven der Automation für den Entscheider, 1966; H. *Seiffert,* Information über die Information, 1970.

A. *Entscheidungen* waren als *Informationsverarbeitung* definiert worden (Rdnr. 175 ff.). Dabei war davon ausgegangen, daß der Entscheider Informationen erhält, die er im Entscheidungssystem verarbeitet und bei seiner Entscheidung berücksichtigt. Die Qualität der Entscheidung hängt weitgehend von der Qualität der Information, d.h. von ihrer Richtigkeit, Vollständigkeit und Schnelligkeit ab. Die Funktionen der Informationsverarbeitung ist vielfältig. Es geht um Wahrnehmung von Information, Aufzeichnung, Speicherung, Transformierung, Kombinierung, Wiedergewinnung, Übermittlung, Darstellung und Bewertung von Informationen als mögliche Teilvorgänge der Informationsverarbeitung.

921

B. Ehe diese Verarbeitungsvorgänge einsetzen können, muß die Information den Entscheider erreichen. Er ist der Adressat der Information.

922

I. Jeder Informationsvorgang unterliegt der Gefahr der *Störung.* Die Information erreicht den Adressaten u.U. gar nicht oder zu spät oder in entstellter Form. Um die dadurch drohende Qualitätsverschlechterung der Information und damit auch der Entscheidung auszuschalten, gilt es, die Quellen der Störung zu erkennen und zu beseitigen (Rdnr. 177).

II. Zu diesem Zweck ist es nötig, den Vorgang der *Informationsübermittlung* zu analysieren. Die Informationsübermittlung besteht aus
1. einer Informationsquelle (z.B. Akte, Zeugenaussage, Karteikarteninhalt).
2. Die Information, die zunächst in die Quelle gespeichert ist, wird auf einen »Sender« übertragen (z.B. Brief, Telefongespräch, mündliche Mitteilung, Fernschreiben).
3. Die zunächst im »Sender« vorhandene Information muß zum Empfänger weitergeleitet werden. Das geschieht in dem »Kanal« (z.B. Postbeförderungssystem, Telefondraht, Schallwellen).

923

4. Nachdem die Information den »Kanal« durchlaufen hat, geht sie beim Empfänger ein (z.B. der eingehende Brief, die im Telefon empfangenen Wellen, das Fernschreiben).
5. Vom Empfänger (i.d.R. einer technischen Einrichtung) wird sie an den Adressaten weitergeleitet, der sie im Entscheidungsprozeß verarbeitet.

924 III. *Störfaktoren,* die bei jedem Schritt auftreten können, können unterschiedliche Ursachen haben (Rdnr. 177). Sie können technisch, psychologisch, soziologisch, sprachlich und organisatorisch sein. Es kommt ggf. darauf an, die einzelnen Störfaktoren zu erkennen und auszuschalten. Erst durch die Analyse des Informationsvorgangs in einzelne Elemente und die Klassifizierung der Störfaktoren besteht die Chance, ihrer Herr zu werden.

925 C. Die systematische Gewinnung von Informationen in der Verwaltung stellt sich verwaltungsterminologisch als »Ermittlungen« dar. Hierfür bestehen eine Reihe von Regeln:

I. Der Grundsatz der *Unmittelbarkeit* der »Beweisaufnahme« gilt innerhalb der Verwaltung nicht. Zwar ist es oft zweckmäßig, daß der entscheidende Beamte einen unmittelbaren Eindruck von den tatsächlichen Gegebenheiten, über die er entscheidet, besitzt. Es ist jedoch weder vorgeschrieben noch von der Sache her geboten.
1. Für die Mittel- und Oberbehörden würde es einen nicht vertretbaren Aufwand bedeuten, wenn sie die Ermittlungen stets an Ort und Stelle selbst führen würden. Sie beauftragen daher nachgeordnete Instanzen mit den Ermittlungen.
a) Die allgemeine untere Verwaltungsbehörde ist vielfach zuständig, die Tatsachenerhebungen durchzuführen.
b) Für die Vernehmung von Personen bedient sich die Verwaltung oft der Exekutivpolizei. Das gilt vor allem im Bereich der ordnungsbehördlichen Aufgaben.
2. Davon unabhängig gibt das Institut der *Amtshilfe* die Möglichkeit, andere Behörden mit der Ermittlung zu betrauen.

926 II. Von der *Sorgfalt der Ermittlungen* hängt es weitgehend ab, ob die Entscheidung richtig wird.
1. Daher sollte es sich die Verwaltung angelegen sein lassen, auf die Tatsachenermittlung genügend Kraft und Zeit zu verwenden.
2. Allerdings muß die Verwaltung sich zuweilen mit der *Wahrscheinlichkeit* begnügen und kann keine vollständige Sicherheit erreichen.
a) Das ist z.T. bedingt durch die Eilbedürftigkeit von Entscheidungen, insbesondere im Bereich der Gefahrenabwehr.
b) In vielen Fällen steht der Arbeitsaufwand umfangreicher Ermittlungen in keinem Verhältnis zu dem dadurch erzielten Nutzen. Das gilt besonders für den Bereich der Massenverwaltung.

c) In vielen Fällen ist die Verwaltung auf die Angaben der Antragsteller oder Adressaten der Entscheidung angewiesen. Hier kann angesichts des Interesses der Beteiligten die Gefahr einer Färbung der tatsächlichen Angaben oder gar der bewußten Unwahrheit nicht ausgeschlossen werden. So wenig derartige Angaben als Grundlage von Entscheidungen erwünscht sind, so kann die Verwaltung doch zuweilen eher als ein Gericht derartige Fehler hinnehmen, weil sie selbst Partei ist und durch Zugrundelegung der unrichtigen Angaben nicht einen anderen benachteiligt.

3. Die Tatsache, daß die Verwaltung sich oft mit der Wahrscheinlichkeit begnügt, verlangt allerdings, daß *Korrekturmöglichkeiten* vorgesehen werden.

a) Soweit durch Angaben der Beteiligten unrichtige Entscheidungen zustande kommen, muß eine Aufhebung der Entscheidungen möglich sein.

b) Um von vornherein unrichtige Angaben zu unterbinden, bedarf die Verwaltung eines Strafschutzes. Die Vorschriften des Steuerstrafrechts sind hierfür beispielhaft.

c) Bei belastenden Entscheidungen ist die Überprüfung durch Rechtsmittel regelmäßig in die Hand der entscheidenden Behörde zu legen. Mag auch grundsätzlich eine Trennung von Entscheidungs- und Rechtsmittelinstanz zweckmäßig sein, um eine unbefangene Rechtsmittelinstanz zu haben, so wird man doch bei Verfahren, in denen die Verwaltung nur summarisch vorgeht, voraussetzen dürfen, daß sie sich der möglichen Fehlerquellen bewußt ist und eine spätere Aufhebung der eigenen Entscheidung leichter vorzunehmen bereit ist.

III. Die Ermittlungen werden weitgehend ähnlich erhoben, wie es für das gerichtliche Beweisverfahren vorgesehen ist.

1. Zeugen sind auch für die Verwaltung ein wichtiges Beweismittel. Allerdings hat die Verwaltung regelmäßig nicht die Möglichkeit, Zeugen zwangsweise vorzuladen. Sofern die Zeugen nicht freiwillig zu erscheinen bereit sind, muß die Verwaltung sie aufsuchen; sofern die zuständigen Beamten nicht vorgelassen werden, müssen sie unverrichteterdinge zurückkehren. Allerdings kann eine geschickte Verwaltung im Regelfall damit rechnen, daß ihr die erbetenen Auskünfte nicht verweigert werden.

2. Besonderes Gewicht kommt im Verwaltungsverfahren der *Anhörung der Betroffenen* zu.

a) Es handelt sich dabei zwar in erster Linie darum, daß den Betroffenen die Möglichkeit gegeben wird, zu den Gegenständen des Verfahrens Stellung zu nehmen, d.h. ihre Gesichtspunkte der Recht- und Zweckmäßigkeit vorzubringen. Ferner muß den Beteiligten Gelegenheit gegeben werden, zu den Ermittlungsergebnissen Stellung zu nehmen.

b) Daneben allerdings wird die Verwaltung sich weitgehend auch der Beteiligten bedienen, um Tatsachen zu ermitteln. Im Verwaltungsverfahren ist der »Parteibeweis« nicht nur subsidiäres Beweismittel.

3. Die *Augenscheinseinnahme* erfordert regelmäßig einen hohen Arbeitsauf-

24. Kapitel Entscheidungen

wand. Daher wird sie nur in wichtigeren Fällen in Betracht kommen. Ferner wird es tunlich sein, sie bei der Massenverwaltung besonders zu organisieren. Hier kommen vor allem Außenbeamte in Frage, die innerhalb bestimmter Bezirke Ermittlungen anstellen (z.B. Fürsorger, Steuerprüfer).

931 4. In sehr vielen Fällen wird die Verwaltung zum *Urkundenbeweis* und zum *Sachverständigenbeweis* greifen.

932 IV. Die Verwaltung bedient sich zur Tatsachenermittlung auch Einrichtungen, die außerhalb der Verwaltung stehen.
1. Wichtigstes Beispiel sind die Technischen Überwachungsvereine, die für zahlreiche Feststellungen in der Wirtschafts- und Verkehrsverwaltung zuständig sind.
2. Weiter gibt es *Sachverständige,* die besonders vereidigt sind und regelmäßig Tatsachen feststellen, die für Verwaltungsentscheidungen wichtig sind (z.B. vereidigte Landmesser).
3. Schließlich zieht die Verwaltung Sachverständige heran, die sie frei auswählt. Hier spielen die ärztlichen Gutachter eine besonders große Rolle, da zahlreiche Sozialleistungen der heutigen Verwaltung von dem Vorhandensein eines Krankheitszustandes, dem Grad der Erwerbsminderung und den Krankheitsursachen (Unfall!) abhängen.

933 V. An vielen Verwaltungsentscheidungen ist ein weiterer Kreis von Menschen interessiert. Das gilt allerdings mehr von Planungen als von Einzelentscheidungen. Aber auch hier besteht zuweilen ein derartiges Interesse; das gilt z.B. für die Genehmigung gewerblicher Anlagen oder die Verleihung von Wasserrechten.
1. Die Feststellung derartiger *Interessen,* die die Verwaltung bei ihrer Entscheidung zu berücksichtigen hat, erfolgt grundsätzlich auch von Amts wegen, d.h. durch Befragung der mutmaßlich Betroffenen.
2. Die amtlichen Ermittlungen reichen allerdings oft nicht aus. Daher ist weiteres Mittel die öffentliche Bekanntmachung derartiger Vorhaben sowie die *Auslegung von Plänen.* Die auf sie eingehenden Stellungnahmen (oft als »Einsprüche« bezeichnet) bilden dann Material für die behördliche Entscheidung.

934 VI. Eine rationelle Ermittlungstätigkeit kann im Bereich der Massenverwaltung nur dann erfolgen, wenn *periodische Überprüfungen* nach einem bestimmten Plan erfolgen. Das ist besonders wichtig für Dauerverhältnisse (z.B. genehmigungspflichtige oder anzeigepflichtige Anlagen) oder für sich regelmäßig wiederholende Verwaltungsentscheidungen gegenüber demselben Bürger (z.B. Besteuerung). Hier erfolgt die Überprüfung nur in Abständen und faßt dann einen längeren Zeitraum zusammen (insbesondere bei der Betriebsführung).

D. Für die Verwaltung spielt die *Informationsspeicherung* eine erhebliche Rolle. **935**

I. Die der Verwaltung zufließenden Informationen werden nicht stets sogleich für Entscheidungen verwandt. Die Verwaltung hält vielmehr Daten bestimmter Typen für beliebige Verwaltungszwecke bereit.
1. Im Vordergrund stehen die Standesämter und die Einwohnermeldeämter, die Angaben über die Personen, ihre Wohnungen und über die Verwandtschafts- und Familienverhältnisse speichern, um sie für polizeiliche Zwecke, für die Wehrerfassung, für die Steuerpflicht, für die Schulpflicht, den Impfzwang u.a.m. zur Verfügung zu stellen. Zahlreiche Verwaltungsbehörden (und Gerichte) bedienen sich der dort vorrätig gehaltenen Angaben.
2. Eine ähnliche Funktion haben die Katasterämter sowie die Registerbehörden, die z.T. in der Verwaltung (z.B. Baulastenbücher, Wasserbücher), z.T. innerhalb der Gerichtsbarkeit (z.B. Grundbuch, Vereinsregister, Handelsregister) bestehen.

II. Daneben bestehen Behörden, die *Gutachten* über tatsächliche Verhältnisse **936**
für die Verwaltung erstatten. Beispiele hierfür sind Chemische Untersuchungsämter, Materialprüfungsämter, die Physikalisch-Technische Bundesanstalt sowie die berufsständischen Kammern (Rdnr. 556 ff.).

III. Die wesentlichen Speicher von Informationen in der Verwaltung sind allerdings die *Akten und die Karteien* (Rdnr. 799 ff.). **937**

IV. Durch die *ADV* ist die Möglichkeit der Speicherung von Informationen **938**
und des Zugriffs auf sie erheblich verbessert, ja potenziert. In Datenbänken sind komplette Sätze bestimmter Klassen von Daten vorhanden, die beliebig abgerufen werden können (Rdnr. 1076). Hier stellt sich insb. das Problem des *Datenschutzes* (Rdnr. 1102 ff.).

§ 103 Probleme der Entscheidungssituation

Schrifttum: *H. Basler,* Grundbegriffe der Wahrscheinlichkeitsrechnung und statistischen Methodenlehre, 1970; *E. E. Broadbent,* Decision and Stress, 1971; *R. Bronner,* Entscheidung unter Zeitdruck, 1973; *H. Bühlmann – H. Löffel – E. Nievergelt,* Einführung in die Theorie und Praxis der Entscheidung bei Unsicherheit, 1967; *T. N. Clark* (Hrsg.), Community Structure and Decision-Making, 1968; *D. Fürst,* Kommunale Entscheidungsprozesse, 1975; *H. Griem,* Der Prozeß der Unternehmensentscheidung bei unvollkommener Information, 1968; *H. Hax,* Die Koordination von Entscheidungen, 1965; *W. Kirsch,* Entscheidungsprozesse, Bd. 3, Entscheidungen in Organisationen, 1971; *E. Kosiol* (Hrsg.), Organisation des Entscheidungsprozesses, 1959.

24. Kapitel Entscheidungen

939 Das idealtypische Entscheidungsmodell (§ 100, Rdnr. 905 ff.) geht davon aus, daß alle notwendigen Informationen zur Verfügung stehen, daß der Entscheider für die Gewinnung der Entscheidung beliebig viel Zeit hat und daß er die Freiheit hat, seine Entscheidung nach rationaler Einsicht frei zu treffen. Diese Bedingungen liegen in der Realität grundsätzlich jedoch nicht vor. Im Gegenteil, es gibt, wie das Problem der Informationsstörungen zeigt (Rdnr. 922 ff.), typische Situationen des Entscheiders, die die Entscheidungsprozesse suboptimal verlaufen lassen. Dieser ist im folgenden nachzugehen.

940 A. Unvollkommene Information

I. Die Informationen, die der Entscheider benötigt, liegen selten vollständig vor.
1. Der Wert der Ziele steht nicht fest: Welche weiteren Folgen treten ein bei Zielerreichung? Ist die Bewertung der Ziele richtig?
2. Der Wert der Maßnahmen ist nicht genau angebbar: Inwieweit wirken die Maßnahmen in Richtung auf das Ziel? Welche Nebenwirkungen treten ein?
3. Das Vorhandensein und die Wirkung von Ressourcen ist zweifelhaft: Welchen Ausbildungsstand hat das Personal? Ist es einsatzbereit? Funktionieren die Maschinen? Zu welchen Kosten sind Kredite beschaffbar?

941 II. Die Tatsache, daß Informationen fehlen, entbindet nicht von der Notwendigkeit der Entscheidung. Es stellen sich zwei Probleme:
1. Wie überwindet der Entscheider die Ungewißheit?
2. Wie ist trotz unvollkommener Information zu entscheiden?
Zu 1)
Soweit möglich, sind Daten zu erheben. Hierfür gelten die oben (Rdnr. 44 ff.) geschilderten Verfahren der Beobachtung, der Befragung und der Dokumentenanalyse sowie die Prinzipien der *Ermittlungen* (Rdnr. 928 ff.). Allerdings ist mit diesem Verfahren nur bedingt etwas zu gewinnen. Für Entscheidungen, die in die Zukunft wirken und im Hinblick auf künftige Ereignisse optimal wirken wollen, kommt es nicht darauf an, was in der Vergangenheit gewesen ist. Es sind vielmehr Erwägungen über zukünftige Entwicklungen anzustellen, d.h. es muß prognostiziert werden. Die Notwendigkeit zur Prognose besteht vor allem bei der Planung. Die Prognoseproblematik ist daher dort beschrieben (Rdnr. 997).

942 Allerdings wird der Entscheider, insb. bei einem Einzelfall, oft nicht in der Lage sein, die aufwendigen Prognoseinstrumente einzusetzen. Er braucht einfachere Überlegungen, die ihm weiterhelfen. Die vorhandenen Beobachtungen und sonstigen Informationen können gesammelt werden. Wenn möglich sind weitere Beobachtungen zu machen, um eine Gesetzmäßigkeit zu erschließen. Es kommt praktisch darauf an, soviele Informationen zu gewinnen, daß ein Induktionsschluß verantwortet werden kann, der seinerseits zur Deduktion auf den zu entscheidenden Fall berechtigt, d.h. Material für den *Analogieschluß* zu erhalten. Dabei geht es selbstverständlich immer nur um Wahrscheinlichkeiten und das

Problem bleibt, ob die Wahrscheinlichkeit groß genug ist, daß eine Entscheidung verantwortet werden kann.

Zu 2)

Liegt eine *Wahrscheinlichkeit* für den Eintritt positiv bewerteter Ereignisse vor, d.h. aber zugleich eine Wahrscheinlichkeit dafür, daß das gewünschte Ereignis eintritt, so ist auch zu prüfen, was denn im Falle des Mißerfolges geschieht. Das dürfte z.B. anders zu bewerten sein, wenn nur die eingesetzten Ressourcen verloren sind, als wenn negative Wirkungen im Hinblick auf die Zielerreichung (Aufgabenerfüllung) eintreten. Allerdings ist auch bei dem Risiko der »nur« vertanen Ressourcen zu fragen, wo die Ressourcen sonst noch gebraucht werden und was sie an anderer Stelle wahrscheinlich bewirken. 943

Zu bedenken ist auch der Fall, daß nicht nur die Wahrscheinlichkeit der vollständigen Zielerreichung oder Zielverfehlung zu berücksichtigen ist, sondern auch die Möglichkeit *teilweiser (gradueller) Zielerreichung*. Wenn ein bestimmter Grad der Zielerreichung vom Entscheider als tolerabel angesehen wird, kann er eine Erwägung darüber anstellen, wie groß die Wahrscheinlichkeit ist, daß dieser Grad erreicht wird. Reicht ihm diese Wahrscheinlichkeit aus, so wird er das Risiko akzeptieren und sich entsprechend entscheiden. Schließlich ist noch ein Weg der Risikoverringerung zu erwägen. Wenn dem Entscheider das Risiko zu groß ist, kann er zunächst *Teilentscheidungen* treffen. Er kann entweder ein Experiment wagen (z.B. Einführung neuer Verfahren nur in einer von mehreren Behörden) und aus diesen Erfahrungen neue, besser gesicherte Wahrscheinlichkeitserwägungen ableiten. Oder er kann ein Verfahren einleiten, um mehr Informationen zu erhalten (z.B. Verhandlungen mit Gruppen, auf deren Reaktionen es ankommt) und dann mit einem größeren Maß an Wahrscheinlichkeit zu entscheiden. 944

B. Entscheidung unter Zeitdruck 945

Regelmäßig hat der Entscheider nicht die Zeit, die er benötigt, um eine ideale Entscheidung zu fällen, d.h. alle erforderlichen Informationen zu erlangen und zu verarbeiten. Zeitdruck kann dazu führen, daß Entscheidungen unterbleiben. Allerdings ist es regelmäßig so, daß die Knappheit der Zeit keine Rechtfertigung für die Nichtentscheidung ist; es gilt vielmehr der Satz, daß die zweitbeste Entscheidung in der Regel besser als keine Entscheidung ist. Um aber jedenfalls zu dieser relativ guten Entscheidung zu kommen, ist es nötig die Bedingungen, zu denen der Zeitdruck führt, zu kennen. Zunächst führt Knappheit der Zeit zur Einschränkung der Informationsnachfrage. Sodann wird die Interaktion innerhalb des Entscheidungssystems eingeschränkt, insb. kann ein kooperativer Arbeitsstil nicht gepflegt werden. Verwaltungszweige, die regelmäßig unter Zeitknappheit arbeiten (Polizei, Feuerwehr), sind daher auch strenger hierarchisch aufgebaut als andere Verwaltungseinheiten.

Entscheidungen unter Zeitdruck haben daher deutliche Nachteile. Die Qualität der Leistung sinkt, insb. wird die Leistung oft unökonomisch erbracht und die Leistungsfähigkeit des einzelnen Mitgliedes des entscheidenden Systems wird nicht voll ausgenutzt. Allerdings dürfen derartige Aussagen nicht absolut gesetzt werden. Es scheint zwischen dem Zustand stärksten Zeitdrucks und beliebig vorhandener Zeit einen Zustand gemäßigten Zeitdrucks zu geben, der sehr wohl zur Vermehrung der Quantität der Leistung ohne Verminderung der Qualität führt.

946 **C. Entscheidung im sozialen System**

In der Regel entscheidet der Entscheider nicht allein, sondern befindet sich in einem System sozialer Kommunikation, wobei andere den Entscheidungsvorgang beeinflussen. Das kann auf Grund formeller Zuständigkeit zur Mitwirkung an der Entscheidung geschehen. Es kann aber auch informell geschehen, wenn der Entscheider andere um Rat bittet oder über sein Entscheidungsproblem spricht und dabei Meinungsäußerungen erfährt. Hierbei gibt es drei *typische Situationen.*

947 I. Der *Entscheider trifft auf einen anderen Entscheider;* beide Entscheidungen sind voneinander abhängig, keiner kann seinen Plan voll durchsetzen, wenn der andere den seinen durchsetzt. Sind derartige Situationen für die beiden (oder gar mehreren) Entscheider bekannt, so kommt es darauf an, ob sie sich im Verhältnis des Wettbewerbs befinden. In diesem Fall werden sie versuchen, die eigenen Werte auf Kosten des anderen durchzusetzen. Dieser Fall tritt z.B. oft im Wettbewerb um knappe Ressourcen ein.

Liegt kein Wettbewerbsverhältnis vor, so werden die Entscheider im Zweifel zu kooperieren, d.h. gemeinsam ihre eigenen Werte zu erreichen versuchen, ohne die Werte des anderen zu beeinträchtigen.

948 II. *Entscheidungen* werden oft *im Kollektiv* von mehreren Personen gemeinsam getroffen. Hiermit ist eine nicht organisierte Personenmehrheit gemeint. Das Kollektiv trifft in der Regel eine Entscheidung, d.h. es wählt eine Alternative aus und vertritt diese dann als »seine« Entscheidung. Um diese Leistung zustandezubringen muß sich das Kollektiv auf eine Werteordnung einigen. Das geschieht in einem Verfahren, das von den Mitgliedern des Kollektivs anerkannt sein muß. Möglich ist sowohl ein unstrukturiertes informelles Team als auch eine einseitige (diktatorische) Bestimmung. Allerdings pflegt im allgemeinen ein – wenn auch nicht formuliertes – so doch nach bestimmten, von allen Mitgliedern akzeptierten Regeln entwickeltes Verfahren zur Gewinnung einer Entscheidung zu bestehen. Dabei führt dann die Einhaltung der Regeln bei der Entscheidung über das Wertsystem fast immer zur Anerkennung der Entscheidung als einer gültigen Entscheidung, die von allen mitgetragen wird.

941 III. Besteht eine formale Organisation, so hat diese im allgemeinen vorgegebene Wertungen. Hier tritt nicht das Problem der Harmonisierung des Wertsystems auf wie in den beiden zuerst behandelten Fällen. Das Problem pflegt darin zu bestehen, daß der einzelne *Entscheider Teil der arbeitsteiligen Organisation* ist. Dabei pflegt das einzelne Organisationsmitglied über die Handlungsmöglichkeiten der anderen Organisationsmitglieder und damit auch über die Realisierungsmöglichkeiten im Hinblick auf die einzelnen Werte nicht voll informiert zu sein. Er kann nicht einwandfrei nach dem kollektiven Wertsystem handeln. Er entwickelt daher ein auf seine Teilfunktion bezogenes Wertsystem. Nach ihm beurteilt er, inwieweit seine Handlungen zum »allgemeinen Wohl« beitragen, d.h. er entwickelt das, was man als Ressortdenken bezeichnet.

Ein Entscheidungssystem muß bestimmte Informationsregeln beachten, um nicht derartige Defizite zu produzieren. Der Entscheider, der Teil der Organisation ist, muß reflektieren, welcher Teilausschnitt aus der gesamten Umwelt ihn an Informationen zur Verfügung steht, welche Zusammenhänge zwischen seinen Informationen und der Umwelt bestehen und wie die gewonnenen Informationen verarbeitet werden. Die Einsicht in diese Zusammenhänge erst ermöglicht dem Entscheider, seine Teilaufgabe einwandfrei zu erfüllen.

§ 104 Bürger und Entscheidung

Schrifttum: *P. Badura,* Das Verwaltungsverfahren, in: *H.-U. Erichsen / W. Martens* (Hrsg.), Allg. Verwaltungsrecht, 1975, S. 233 ff.; *K. v. d. Groeben – W. Weber,* Empfiehlt es sich, den Allgemeinen Teil des Verwaltungsrechts zu kodifizieren? Verhdlg. 43. DJT, 1962; *K. Lange,* Zur Anhörung in verwaltungsrechtlichen Genehmigungsverfahren, in: DVBl. 1975, S. 130 ff.; *F. Mayer,* Geschäftsgang, in: *F. Morstein Marx* (Hrsg.), Verwaltung, 1965, S. 298 ff.; Musterentwurf eines Verwaltungsverfahrensgesetzes (EVwVerfG), 1963; *E. Rasch/W. Patzig,* Verwaltungsorganisation und Verwaltungsverfahren, 1962; *K. Redeker,* Zum Entwurf eines Verwaltungsverfahrensgesetzes, in: DVBl. 1973, 744 ff.; *U. Steiner,* Öffentliche Verwaltung durch Private, 1975; *F. Werner* und *H. Spanner* vgl. *v. d. Groeben),* Gutachten f.d. 43. DJT, 1960.

Objekt der Entscheidung der Verwaltung ist oft der *Bürger.* Seine Interessen sind daher nicht nur im Inhalt der Entscheidung, sondern auch im Verfahren der Behörde zu berücksichtigen.

A. Zu prüfen ist zunächst, ob es überhaupt einer Entscheidung bedarf.

I. Es gibt Fälle, in denen die *Vermeidung von Entscheidungen* der Entscheidung vorzuziehen ist. Das gilt vor allem für belastende Entscheidungen. Die Verwaltung sollte darauf hinwirken, daß der Bürger sich freiwillig den Notwendigkeiten beugt, ehe er durch Zwang hierzu angehalten wird. Freilich ist das dort

24. Kapitel Entscheidungen

nicht möglich, wo das Recht eine verbindliche Feststellung vorschreibt (z.B. im Steuerrecht). Ferner sollte sich die Verwaltung der Gefahr bewußt bleiben, die besteht, wenn sie den Bürger veranlaßt, sich freiwillig zu beugen; in der Regel geht das nicht ohne einen gewissen Druck ab. Dabei kann es vorkommen, daß die Verwaltung versucht, durch das freiwillige Tun des Bürgers mehr zu erreichen, als ihr gesetzlich zusteht.

II. Das heißt nicht, daß der weniger entscheidungsfreudige Beamte den Vorzug verdient. Auch wenn man in einem gewissen Maße Entscheidungen vermeidet, kommt die Notwendigkeit, eindeutige Entscheidungen zu treffen, oft genug auf den Verwaltungsbeamten zu. Nur wer den Mut und die Kraft besitzt, ständig Entscheidungen zu treffen, wird den Anforderungen genügen, die der Beruf des Verwaltungsbeamten stellt. Das muß vor allem im Hinblick auf die Tatsache gesagt werden, daß die Entscheidungsfähigkeit zahlreicher Beamter nicht hinreichend ausgebildet ist.

951   B. Die Entscheidung sollte grundsätzlich *schnell* getroffen werden.

I. Der Antragsteller möchte insbesondere bei Erlaubnissen und in der Leistungsverwaltung möglichst bald wissen, ob er mit der positiven Erledigung seines Antrages rechnen kann. Daher sollte die Verpflichtung zur Fürsorglichkeit gegenüber dem Bürger veranlassen, diesen Grundsatz zu beachten. Auch die immer wieder gerühmte Formlosigkeit des Verwaltungsverfahrens – gegenüber dem Gerichtsverfahren – scheint eine Verwirklichung dieses Grundsatzes zu erleichtern.

952   II. Wer allerdings die Bedingungen kennt, die für die Verwaltungsarbeit gelten, wird bald lernen, daß der Grundsatz der Schnelligkeit nur sehr beschränkt realisierbar ist. Die oft gehörte Klage über die Langsamkeit der Verwaltung beruht weitgehend auf immanenten Faktoren, auf der Bürokratieproblematik (Rdnr. 311 ff.). Insbesondere sind an Hinderungsgründen für eine schnelle Erledigung zu nennen:

1. Die Forderung nach richtigen und zweckmäßigen Entscheidungen besitzt gegenüber der Forderung nach schneller Erledigung in aller Regel den Vorrang. Gute Entscheidungen entstehen aber selten, wenn eine Sache übers Knie gebrochen wird.

2. Viele Entscheidungen bedürfen der Erwägungen von mehreren Seiten. Die Beteiligung mehrerer Stellen an der Bearbeitung eines Vorganges führt zu Verzögerungen, ist aber im Interesse der Entscheidungsqualität unausweichlich.

3. Da die Verwaltung wirtschaftlich arbeiten soll, bedarf es zuweilen bestimmter rationalisierender organisatorischer Maßnahmen, insbesondere der Zerlegung eines Gesamtvorganges in mehrere Teilvorgänge. Auch das verlangsamt u.U. die Verwaltung.

4. Eine schnelle Verwaltung kann nur sichergestellt werden bei einer großen Zahl von Beamten, d.h. wenn auch bei Arbeitsspitzen genügend Beamte zur Verfügung stehen. Bei einem geringeren Arbeitsanfall führt das zu Leerlauf. Um diesen zu vermeiden, wird der Personalbedarf so bemessen, daß bei Arbeitsspitzen ein gewisser Stau entsteht.

III. Läßt die Entscheidung auf einen Antrag längere Zeit auf sich warten, so bedarf es eines *Zwischenbescheides,* durch den der Eingang bestätigt und die voraussichtliche Bearbeitungszeit mitgeteilt wird. Ein Zwischenbescheid ist ferner erforderlich, wenn die eingereichten Unterlagen oder Angaben nicht vollständig sind. Hier ist die Ablehnung des Antrages unangebracht, sofern die Mängel behebbar sind. Der Antragsteller ist vielmehr aufzufordern, seine Angaben oder Unterlagen zu vervollständigen. Dabei wird es zweckmäßig sein, eine Frist zu setzen. 953

C. Wichtiger Grundsatz des Verwaltungsverfahrens sollte auch der Grundsatz der *Höflichkeit* sein. Der Stil der demokratischen Verwaltung ist nicht nur kühle Sachlichkeit. Der Bürger soll am Verhalten der Verwaltung erkennen, daß ihm seine Verwaltung entgegentritt, die auch dort im Dienste des Bürgers steht, wo sie in Freiheit und Eigentum eingreifen muß. Dieser Grundsatz gilt auch gegenüber Querulanten, ja sogar gegenüber dem brüsken oder beleidigenden Ton eines Antragstellers. Nicht selten vermag die Höflichkeit den Unhöflichen zu entwaffnen. Im mündlichen Verkehr zeigt sich die Höflichkeit vor allem darin, daß der Beamte den Ausführungen des Bürgers aufmerksam folgt, daß er ihm während der Sprechzeiten zur Verfügung steht. 954

D. Eine zweckmäßige Verfahrensgestaltung setzt voraus, daß entsprechende *Verfahrensvorschriften* zur Verfügung stehen. 955

I. Tunlich ist die möglichst weitgehende *Vereinheitlichung des Verfahrensrechts.*
1. Da die Landesbehörden (und Gemeindebehörden) ständig auch Bundesgesetze auszuführen haben, ist ein einheitliches Verwaltungsverfahrensgesetz von Bund und Ländern anzustreben.
2. Auch innerhalb der Bundes- bzw. Landesverwaltung sollte für die verschiedenen Gegenstände ein einheitliches Verfahrensgesetz zur Verfügung stehen. Allerdings ist das nur beschränkt durchzuführen. Daher sollte jedenfalls für bestimmte größere Sachgebiete ein einheitliches Verfahrensrecht bestehen (z.B. für das Sozialrecht oder für das Planfeststellungsrecht). Die zweckmäßige Methode dürfte darin bestehen, daß neben einem allgemeinen Verwaltungsverfahrensgesetz bestimmte Leitgesetze für die größeren Sachgebiete bestehen, auf die durch Verweisungen Bezug genommen werden kann.

24. Kapitel Entscheidungen

956 II. Die unterschiedlichen Bedürfnisse verlangen ferner eine Unterscheidung zwischen dem nicht förmlichen und dem förmlichen Verfahren.
1. Das *nicht förmliche Verfahren* dürfte der Regelfall sein. Bei ihm geht es nur darum, ein Mindestmaß von Bestimmungen aufzustellen, die für eine geordnete rechtsstaatliche Verwaltung unabdingbar sind.

957 2. Das *förmliche Verfahren* wird dagegen nur in den Fällen angewandt, in denen es gesetzlich ausdrücklich vorgeschrieben ist. Es nähert sich dem gerichtlichen Verfahren und legt besonderen Wert auf gründliche Ermittlungen sowie Schutz der Rechte der Beteiligten. Es kann dort angewandt werden, wo eine schnelle Entscheidung nicht dringlich ist, wo es dagegen um erhebliche materielle oder immaterielle Werte geht, deren Verletzung nicht wiedergutzumachen ist.

958 E. Die Entscheidung, die den Bürger erreicht, erfordert bestimmte Forderungen:

I. Der Adressat muß die Entscheidung verstehen können. Entscheidungen, die nicht aus sich heraus verständlich sind (wie z.B: antragsgemäße Bewilligungen), bedürfen der *Begründung*.
1. Bei der Begründung ist der Verwaltungsbeamte nicht an ein Schema gebunden. Was er in der Begründung sagt, hängt davon ab, was der Adressat bereits weiß. Die wesentlichen Erwägungen sowohl tatsächlicher als auch rechtlicher Art müssen wiedergegeben werden. Sofern mehrere Begründungen zur Verfügung stehen, empfiehlt es sich, nur die wirklich stichhaltigen zu benutzen und nicht durch zweifelhafte Nebenargumente Angriffsflächen zu schaffen.
2. In vielen Fällen kann es tunlich sein, dem Adressat schon vor der Entscheidung mündlich oder schriftlich zu eröffnen, wie man zu entscheiden gedenkt, um ihm noch einmal Gelegenheit zur Stellungnahme zu geben und ihn vielleicht zu überzeugen, daß seine möglichen Gegenargumente nicht durchgreifen.

959 II. Bei manchen Entscheidungen ist es notwendig, nicht nur dem Adressaten, sondern auch der *Öffentlichkeit* die Gründe darzulegen. Das gilt bei Entscheidungen, die Musterfälle betreffen oder wegen ihrer politischen Bedeutung Aufsehen in der Öffentlichkeit erregen. Die Verwaltung wird gut tun, schon vorher zu sagen, warum sie so gehandelt hat oder sogar nur so handeln konnte, ehe eine Unruhe entsteht. Dabei kann die Presse ein wichtiger Mittler zur Öffentlichkeit sein (Rdnr. 1220).

960 E. Die *Durchsetzung* der Entscheidung bietet weitere Probleme:

I. Es kommt vor, daß sich der Durchsetzung Widerstände entgegenstellen. Hierbei ist zu unterscheiden:
1. Es stellt sich heraus, daß die Durchsetzung eine ungerechtfertigte Härte mit sich bringt. Hier wird man nach Wegen suchen, diese Härte zu vermeiden. Man wird eine Aussetzung anordnen oder die Entscheidung gar abändern.

2. Allerdings ist ein Gejammer der Betroffenen noch kein Anlaß, eine einmal getroffene Entscheidung sogleich wieder umzustoßen. Zwar darf niemals das Prestigedenken im Vordergrund stehen und eine Korrektur verhindern. Immerhin erfordert doch die Autorität der Verwaltung, daß einmal getroffene rechtmäßige Entscheidungen realisiert werden. Nachgiebigkeit in einem Falle zieht Berufungen nach sich.

3. Festigkeit sollte auch gegenüber Einflüssen von Verbänden oder Politikern gezeigt werden. Sicherlich gibt es Entscheidungen, die politisch unklug sind, die man zuweilen aufheben wird. Politischen Druck gegenüber einmal getroffenen rechtmäßigen Entscheidungen sollte die Verwaltung jedoch als Kompetenzüberschreitung zurückweisen.

II. Die Durchsetzung ist gehindert, wenn *Rechtsmittel* eingelegt werden.   961

1. Erscheint das eingelegte Rechtsmittel nicht völlig aussichtslos, so wird man die Vollziehung aussetzen, wenn nicht dadurch Schaden für das öffentliche Wohl zu befürchten ist.

2. Rechtsmittel, die nicht von vornherein offensichtlich querulatorisch sind, sollten stets mit Unbefangenheit geprüft werden. Das gilt auch für die Frage der Zweckmäßigkeit. Die Verwaltung erleidet mehr Schaden, wenn sie auf einer unzweckmäßigen oder gar rechtswidrigen Entscheidung beharrt, als wenn sie eine bessere Überzeugung gewinnt und das auch zugibt. Das Vertrauen in die Verwaltung wird durch eine solche Haltung gestärkt. Das gilt auch im Hinblick auf die Neigung mancher Vorgesetzter, ihre nachgeordneten Beamten um jeden Preis zu decken.

F. Viele Entscheidungen sind mit *Kostenfolgen* verbunden.   962

I. Die Höhe der Kosten sollte das Äquivalenzprinzip (Entsprechung von Nutzen und Kosten) und das Kostendeckungsprinzip (Kosten in Höhe der Aufwendungen der Verwaltung) berücksichtigen. Allerdings gibt es zahlreiche Gesichtspunkte, gerade vom Kostendeckungsprinzip abzuweichen. Insbesondere wird die Verwaltung oft im Interesse der Förderung bestimmter Anliegen von einer vollen Kostendeckung absehen oder aus sozialen Gründen Kosten im Einzelfall erlassen.

II. Gegen Minimalgebühren wird zuweilen polemisiert. Soweit die Gebühren so niedrig sind, daß sie nicht einmal die Erhebungskosten decken, bestehen allerdings grundsätzlich Bedenken gegen sie. Es liegt nahe, derartige Gebühren abzuschaffen. Jedoch ist dabei stets zu prüfen, inwieweit derartige Gebühren als Schutzgebühr wirken, d.h. die mutwillige Inanspruchnahme der Verwaltungsleistungen verhindern. In diesem Fall sind auch Minimalgebühren sinnvoll.

III: Bei der Erhebungstechnik ist zu bedenken, daß die Kompliziertheit des

Haushaltsrechts in aller Regel die Festsetzung und Einziehung von Kosten verteuert. Von der Festsetzung bis zur Verbuchung sind es nicht selten sechs Arbeitsgänge, die erledigt werden müssen. Das Haushaltsrecht mit seinen Sicherungen ist auf den Umgang mit großen Summen zugeschnitten. Daher sind für kleinere Gebühren möglichst unkomplizierte Erhebungsverfahren einzuführen. Als ein solches Verfahren hat sich z.B. die Gebührenmarke bewährt.

25. Kapitel Planung

§ 105 Begriff und Arten der Planung

Schrifttum: *H. J. Arndt,* Die Figur des Plans als Utopie des Bewahrens, in: Festschr. f. *Forsthoff,* 1967, S. 128 ff.; *P. Bendixen / H.W. Kemmler,* Planung, Organisation und Methodik innorativer Entwicklungsprozesse, 1972; *Ch. Bettelheim,* Studies in the Theory of Planning, 1967; *P. Cowan* (Hrsg.), The future of planning, 1973; *W. Damkowski,* Die Planung unserer Städte, in: DÖV 1972, 82 ff.; *H.U. Evers,* Regionalplanung als gemeinsame Aufgabe von Staat und Gemeinden, 1976; *R. Frey,* Infrastruktur – Grundlagen der Planung öffentlicher Investitionen, 1970; *J. K. Friend / W.N. Jessop,* Entscheidungsstrategie in Stadtplanung und Verwaltung, 1973; *J. Häusler,* Planung als Zukunftsgestaltung, 1969; *K.H. Hansmeyer / B. Rürup,* Staatswirtschaftliche Planungsinstrumente, 2. Aufl., 1975; *H.J. v.d. Heide,* Das Zusammenwirken der Planungs- und Verwaltungsträger nach dem Bundesraumordnungsgesetz, in: DÖV 1966, 117 ff.; *J.J. Hesse,* Stadtentwicklungsplanung: Zielfindungsvorstellungen und Zielprozesse, 1972; *J.H. Kaiser* (Hrsg.), Planung I – VI, 6 Bde., 1965-1972; *A. Meier* (Hrsg.), Planung in Behörden und Verwaltung, 1976; *H.C. Rieger,* Begriff und Logik der Planung, 1967; *B. Schäfers,* Planung und Öffentlichkeit, 1970; *J. Schmidt* (Hrsg.), Planvolle Steuerung gesellschaftlichen Handelns, 1975; *M. Schroeder,* Planung auf staatlicher Ebene, 1974; *G. Seiler,* Investitionsprobleme der kommunalen Investitionsplanung, 1972; *F. H. Tenbruck,* Zu einer Theorie der Planung, in: Wissenschaft und Praxis, Festschr. zum 20jährigen Bestehen des Westdeutschen Verlages, 1967; *R. E. Vente,* Planung wozu? 1969; *F. Wagener,* System einer integrierten Entwicklungsplanung in Bund, Ländern und Gemeinden, in: Schriften HSch Speyer Bd. 55, 1975, S. 129 ff.; *G. Wegener,* Raumplanung – Entwicklungsplanung – Aufgabenplanung, in: Verwaltung 1976, 39 ff.

963 A. Zentralbegriff des Themas *Planung* ist der *Plan.* Pläne sind Entscheidungen; die Ausführungen zur Entscheidung im allgemeinen (Rdnr. 897 ff.) gelten daher für Pläne. Man kann das Handeln von Organisationen, d.h. auch der Verwaltung in drei Bereiche einteilen: Planung – Vollzug – Kontrolle, die logisch einander in

§ 105 Begriff und Arten der Planung

dieser Reihenfolge zuzuordnen sind, wobei die Kontrolle, d.h. die aus der Kontrolle gewonnenen Einsichten zu neuer Planung führen, sich insofern ein Kreislauf ergibt. Da der Plan Entscheidung ist, dient er vor allem der Optimierung im Hinblick auf bestimmte Ziele. Der Plan unterscheidet sich von der Einzelentscheidung dadurch, daß er eine größere Zahl von Einzelentscheidungen steuert, daß er diesen vorgeordnet ist. Der Plan ist aber grundsätzlich nicht Norm, sondern eine Summe von Handlungsanweisungen, unter denen sich Normen befinden können, aber nicht befinden müssen. Dieser Unterschied zeigt sich z.B. beim Haushaltsplan und beim Bebauungsplan, die normative Elemente enthalten, aber grundsätzlich andersartige Handlungsanweisungen (beliebiger Art).

Kennzeichnend für den Plan ist die sinnvoll aufeinander bezogene Gesamtheit von Handlungsanweisungen, d.h. eine Ausrichtung auf bestimmte Ziele durch einzelne, durch die Ziele koordinierte Maßnahmen. Kennzeichnend ist ferner die Komplexität, die große Zahl von Faktoren, das Ineinandergreifen von einzelnen Elementen und die dadurch entstehende Unübersichtlichkeit des Gesamtsachverhalts, die zu geistiger Bewältigung mit Hilfe der Planung über das Instrument des Plans als weitgehend formalisierte Handlungsanweisung führt. **964**

Kennzeichnend für den Plan ist weiter die Abgrenzung bestimmter komplexer Sachverhalte gegenüber anderen Sachverhalten, d.h. die Teilung der einer Entscheidungsinstanz übergebenen Gesamtheit von Problemen in Abschnitte, für die jeweils ein bestimmter Plan, d.h. eine Summe von Handlungsanweisungen zur Problemlösung hergestellt werden.

Statt des Ausdrucks Plan wird oft auch das Wort *Programm* verwandt, sachlich bestehen keine Unterschiede. In bestimmten Bereichen hat dieses Wort sich eingebürgert (Raumordnungsprogramm, Förderungsprogramm). Der Begriff des Plans hängt nicht davon ab, daß die Verwaltung ihn vollzieht. Der Plan kann auch nur steuernde Funktion haben, indem er andere (insb. die Gesellschaft) motiviert, bestimmte Handlungen vorzunehmen (z.B. durch Förderungsmittel) oder zu unterlassen (z.B. durch Verbote und Sanktionen). Beispiele derartiger Pläne sind die Bauleitpläne. **965**

Planung ist nicht identisch mit dem Plan. Unter Planung versteht man vielmehr den Entscheidungsprozeß, der zum Plan führt. Planung ist ein Verfahren. (Rdnr. 983 ff.)

B. I. Als Arten der Planung können verschiedene *Planungsgegenstände* bezeichnet werden: Bauleitpläne, Haushaltspläne, Wirtschaftspläne, Generalverkehrspläne, Investitionspläne, Raumordnungsprogramme, Personalbedarfspläne, Schulentwicklungspläne, Organisationspläne u.a.m. Eine solche Aufzählung ist jedoch ohne Erkenntniswert. Sie zeigt allenfalls, wie weit das Phänomen Plan und Planung reicht und wo in der Praxis ein Planungsbedürfnis aufgetreten ist. **966**

II. Sinnvoll erscheint auch hier eine systemtheoretische Betrachtung, d.h. eine Unterscheidung zwischen der Planung des inputs und des outputs des Entschei- **967** dungssystems, sowie des Entscheidungssystems (bzw. seiner Teile) selbst. In gewisser Weise entspricht diese Unterscheidung der Unterscheidung zwischen *Anpassungs- und Entwicklungsplanung;* während die Anpassungsplanung nur die Mittel bereitstellt, um Schäden zu vermeiden, die durch das Handeln anderer entstehen können, versucht Entwicklungsplanung, selbst aktiv zu gestalten und andere zu beeinflussen. Entwicklungsplanung wird oft als das Ziel betrachtet, der Verzicht auf sie und die Beschränkung auf Anpassungsplanung als bedauerlich bezeichnet. Diese Auffassung ist nur dann richtig, wenn man glaubt hoffen zu dürfen, daß die Verwaltung besser als die gesellschaftlichen Kräfte selbst in der Lage ist, durch ihre Pläne das Wohl der Gesellschaft zu befördern. Diese Auffassung übersieht, daß Planung auch eine Planungsbürokratie erzeugt und staatliche Planung nicht notwendig klüger ist als eine mündige Gesellschaft. Gleichwohl ist nicht zu leugnen, daß in zahlreichen Bereichen Entwicklungsplanung bzw. Aufgabenplanung getrieben werden muß. Nur muß sehr genau geprüft werden, wo das zweckmäßig ist.

968 III. 1. Traditionell wird in weitem Umfang *Ressourcenplanung* (oder *input-Planung*) in der Verwaltung getrieben. Das gilt vor allem für die *Haushaltsplanung,* die heute um die mittelfristige *Finanzplanung* erweitert ist (Rdnr. 821 ff.). In diesen Zusammenhang gehört auch die Liquiditätsplanung.
2. Weniger ausgebaut und noch in der Entwicklung ist die *Personalplanung* (Rdnr. 747 ff.), die sowohl quantitative als auch qualitative Planung sein muß.
3. Eine Planung der Sachmittel (Gebäude, Maschinen, Fahrzeuge) ist dagegen schon lange bekannt und in der Verwaltung ausgebaut.
4. Zur input-Planung eines Entscheidungssystems wie der Verwaltung gehört auch die *Informationsplanung.* Hierfür gibt es keine Gesamtkonzeption; fraglich ist auch, ob es eine solche geben kann. Jedenfalls aber dürfte die Verwaltung der Frage noch nicht überall hinreichendes Interesse zugewandt haben, wie sie sicherstellt, daß sie stets in hinreichendem Umfang Informationen für ihre Entscheidungen bekommt.

969 IV. *Output-Planung* oder *Aufgabenplanung* hat es in gewissem Umfange in der Verwaltung auch stets gegeben. Das gilt vor allem für die Veranstaltungen der Verwaltung – ihre Straßen, Schulen, Verkehrsanstalten, Meliorationen u.a.m. Die Verwaltung steht heute vor der Aufgabe, in stärkerem Umfang ihre Aufgaben zu planen, insb. bisher schon wahrgenommene Aufgaben planvoller anzufassen. Dabei geht es angesichts der knapper und größer werdenden Mittel, die für die Aufgabenerfüllung benötigt werden darum, keine Überkapazitäten, aber auch keine Unterkapazitäten zu schaffen. Die Aufgabenplanung ist daher weitgehend Planung des Bedarfs, setzt also eine zuverlässige Bedarfsermittlung voraus. Wichtig ist bei der Aufgabenplanung weiter, den Zeitfaktor richtig zu berechnen, d.h. die Kapazitäten nicht zu früh und nicht zu spät zur Verfügung zu haben. Das erfordert erhebliche Prognosefähigkeiten (Rdnr. 997). Voraussetzung jeder Aufgabenplanung ist die Zielplanung, d.h. Festlegung der zu erreichenden Ziele.

V. Die Planung des Entscheidungsapparats selbst ist Planung der *Organisation* und Planung des *Verfahrens*. Dabei geht es darum, daß in dem Apparat stets die nötigen personellen, finanziellen und sachlichen Elemente einander richtig zugeordnet sind und daß Regeln bestehen, um die Entscheidung auftretender Konflikte zu sichern, d.h. für jede Situation Entscheidungsregeln zur Verfügung stehen. Dabei müssen diese so gestaltet sein, daß die Optimierung der Entscheidungen wahrscheinlich wird. Zur Planung des Apparats gehört auch die Kontrollplanung, d.h. die Planung des feed-back, die erst eine Optimierung des Handelns der Verwaltung ermöglicht.

970

VI. Der wachsende Umfang der Planungsbedürfnisse führt zu *komplexer Planung*. Insb. der stärkere Übergang von der Ressourcenplanung zur Aufgabenplanung führt zu der Frage, ob die Aufgaben von der Verwaltung erledigt werden können, ob die Ressourcen reichen. Angesichts der Tatsache, daß die Ressourcen stets knapp sind, lassen sich in der Regel nicht alle Aufgaben, für die ein Bedarf ermittelt worden ist, sogleich erledigen. Es bedarf daher einer Festsetzung von *Prioritäten*, d.h. der Bewertung der Aufgaben, um mit den knappen Ressourcen ein Optimum zu erreichen (Rdnr. 828). Das führt einmal dazu, daß entschieden werden muß, welche Aufgaben (oder Teile von Aufgaben) später zu erledigen sind oder ganz ausscheiden. Komplexe Planung bedeutet daher eine Planung, die drei Faktoren einbezieht: Aufgaben bzw. Bedarf, Ressourcen und Priorität bzw. Zeit. In der Lösung der damit verbundenen Probleme liegt die heutige Planungsproblematik.

971

§ 106 Planung und politisches System

Schrifttum: *B. Baars, K. Baum, J. Fiedler*, Politik und Koordinierung, 1976; *H. Bebermeyer*, Regieren ohne Management? Planung als Führungsinstrument moderner Regierungsarbeit, 1974; *E. W. Böckenförde*, Planung zwischen Regierung und Parlament, in: Staat, 1972, S. 429 ff.; *Y. Dror*, Die Effizienz der Regierungstechnik, in: Verwaltung 1972, S. 385 ff.; *W. Ehlert*, Politische Planung – und was davon übrig bleibt, in: Leviathan 1975, S. 84 ff.; *J. Esser/F. Naschold/W. Väth* (Hrsg.), Gesellschaftsplanung in kapitalistischen und sozialistischen Systemen, 1972; *G. Freifrau v. Schrötter*, Pluralistische Planungsvorstellungen – ein Weg zur Demokratisierung der Planung, in: Verwaltung 1971, 127 ff.; *E. Fricke*, Zur Mitwirkung der Parlamente bei der Regierungsplanung, in: DÖV 1973, 406 ff.; *P. Grottian*, Strukturprobleme staatlicher Planung, 1974; *P. Grottian/A. Murswieck* (Hrsg.),

Handlungsspielräume der Staatsadministration, 1974; *R. Herzog/R. Pietzner,* Möglichkeiten und Grenzen einer Beteiligung des Parlaments an der Ziel- und Personalplanung der Bundesregierung, 1971; *P. Jochimsen – P. Treuner,* Staatliche Planung in der Bundesrepublik, in: Aus Politik und Zeitgeschichte B 9/74;*H. Klages,* Planungspolitik, 1971;*K. König,* Planung und Koordination im Regierungssystem, in: VerwArch. 1971, S. 1 ff.; *E. Laux,* Planung als Führungsmittel der Verwaltung, 1967; *F. Naschold – W. Väth* (Hrsg.), Politische Planungssysteme, 1973; *V. Ronge/G. Schmieg* (Hrsg.), Politische Planung in Theorie und Praxis, 1971; *dies.,* Restriktionen politischer Planung, 1973; *F.W. Scharpf,* Planung als politischer Prozeß, 1973; *H. Schatz,* Politische Planung im Regierungssystem der BRD, 1974; *U. Scheuner,* Planning and Reform of the governmental structure in the Federal Republic of Germany, in: *A. F. Leemans* (Hrsg.), The management of change in government, 1976, S. 298 ff.; *K. Seemann,* Politische Planung in der parlamentarischen Opposition, 1974; *R. Waterkamp,* Politische Leitung und Systemveränderung, Zum Problemlösungsprozeß durch Planungs- und Informationssysteme, 1974.

972   A. In der öffentlichen Verwaltung ist stets geplant worden. *Öffentliche Verwaltung* ist weitgehend nur als *planvolles Handeln* verständlich. Allerdings hat die Planung in der Verwaltung im Laufe der Geschichte eine sehr unterschiedliche Bedeutung gehabt. Die begrenzten Ressourcen sind immer geplant worden; *Haushaltsplanung* ist daher eine der ältesten und technisch am besten durchgearbeiteten Arten öffentlicher Planung. Die Knappheit des Raumes und des Bodens hat dazu gezwungen, der *gebietsbezogenen Planung* früh Aufmerksamkeit zuzuwenden; das hat heute zu einer fast totalen Raum- und Bodenplanung geführt. Völlig neue Aspekte hat die Planungsdiskussion durch die vom Sozialismus geforderte *Wirtschaftsplanung (Planwirtschaft)* erhalten, die in den beiden Weltkriegen angesichts der außerordentlichen Knappheit unter völlig anderer Zielsetzung teilweise realisiert wurde.

973   Ein besonderes Verhältnis zur Planung durch den Staat entwickelte sich nach der Währungsreform (1948) durch eine starke Aufwertung der Marktwirtschaft und Unternehmensfreiheit, die im bewußten Gegensatz zur sozialistischen Planwirtschaft stand. Die Wirtschaftskrise der Jahre 1966/67 hat dann gezeigt, daß der Staat auf Planung nicht verzichten kann, daß insb. Ressourcenplanung nicht genügt, sondern der Ergänzung durch Aufgabenplanung bedarf. Ergebnis dieser Einsicht war vor allem das Stabilitätsgesetz, das ein vielseitiges Steuerungsinstrumentarium aufbaute, aber doch noch stark in der Ressourcenplanung blieb.

Der Versuch, an vielen Stellen gesellschaftliche Zustände zu reformieren, der 1969 einsetzte, hat die Planungsdiskussion stark befruchtet. War Planung vor 1966 mehr ein Negativbegriff, so wurde Planung nunmehr zum Symbol des Fortschritts. Das beruhte vor allem auf dem Glauben, daß die Gesellschaft in hohem Maße planbar sei, daß auch in einer demokratischen Gesellschaft die Gesellschaft bereit sei, sich durch Pläne auf die geplanten Ziele hinlenken zu lassen.

974   Heute ist das Pendel weit zurückgeschlagen. Der Glaube an die Planbarkeit, die Machbarkeit der Gesellschaft ist nur noch beschränkt vorhanden. Die zahllosen Versuche mit der Planung haben die Grenzen der Planung deutlich werden

lassen. Auch die Instrumente der Aufgaben- und Ressourcenplanung sind differenzierter geworden. Die Einsicht besteht, daß gerade hier noch Entwicklungen ausstehen, ehe von effizienten Planungsinstrumenten gesprochen werden kann. Gleichwohl wird heute nicht bezweifelt, daß die Planung ihren legitimen Platz in der Verwaltung hat, daß sie sogar erhebliche Bedeutung hat und daß die Bedeutung bei knapper werdenden Ressourcen sicherlich steigen wird.

B. Die Notwendigkeit der Planung ist in weiten Bereichen unbestritten. Planung beherrscht das staatliche Geschehen sowohl im Bereich der Verwaltung als auch im politischen Bereich in viel stärkerem Maße als früher. Der Staat ist zu einem planenden Staat geworden. Planung macht die staatliche Tätigkeit überschaubarer und berechenbarer. Sie gibt der Lobby von Verbänden und anderen Interessenten geringere Chancen, weil sie ein Konzept enthält, das nicht beliebig durchbrochen werden kann. Planung macht das staatliche Tun auch oft effektiver, weil es die Zielerreichung und die zweckmäßige Ressourcenverwendung sichert. Das sich schneller wandelnde soziale System verlangt in höherem Maße als früher Innovationen auch der staatlichen Institutionen und Aktivitäten. 975

Diesen Gründen für eine intensivere Planungstätigkeit stehen nun allerdings auch *Bedenken* gegenüber: Daß Planung Grenzen hat, daß Planung die Freiheit beschränkt; daß der planende Staat ein anderer Staat als der liberale Staat ist, ist zweifellos. Der planende Staat steht gegenüber seinen Bürgern in einer hohen Verantwortung, weil die Möglichkeit einer *Fehlplanung* immer auch einzubeziehen ist und durch Fehlplanungen nicht nur große wirtschaftliche Schäden eintreten können, sondern auch menschliche Schicksale entschieden werden. Die Frage, welche Planungen gewagt werden dürfen, hängt eng mit der Möglichkeit der *Prognose* zusammen. Planungen müssen sich immer an der Frage ausrichten, inwieweit zukünftige Entwicklungen beherrscht werden. 976

Planung zielt auf *Veränderung*. Planung wird nur in Gang gesetzt, wenn die Veränderung als Handlungsziel ins Auge gefaßt wird. Daher gehört zu den Voraussetzungen der Planung, daß auch die Veränderung bejaht wird, d.h. aber daß die Bereitschaft und Fähigkeit zum Lernen vorhanden ist. Erfolgreiche Planung setzt außerdem ein System der *Rückkopplung* voraus. Die eingeleiteten Änderungen müssen kontrolliert werden, weil sie nur dann gegenüber den Planungsbetroffenen verantwortet werden können. 977

C. Planung, auch soweit sie verwaltungsrelevant ist, ist regelmäßig zugleich *politische Planung*. Gerade im Bereich der Planung lassen sich die Beziehungen zwischen Politik und Verwaltung nicht trennen. Dabei verschiebt sich durch die Planung die Stellung sowohl des politischen Bereichs als auch der Verwaltung in einer von der Verfassung nicht vorgesehenen Weise. Die Macht der Verwaltung wächst durch die Datensammlung, Alternativenauswahl und Modellbildung, die ihr obliegt. Wesentliche Teile des Entscheidungsprozesses, die zum Plan führen, werden hier festgeschrieben, so daß die Politiker oft praktisch nur noch die Mög- 978 lichkeit haben, entweder die bisher gegangenen Schritte im Planungsprozeß zu akzeptieren oder das gesamte Projekt aufzugeben oder zeitlich stark hinauszuschieben, was politisch nicht immer möglich ist. Freilich darf man die Macht der Verwaltung hierbei auch nicht überschätzen, da sie im Interesse der politischen Durchsetzung ihrer Planungsvorstellungen grundsätzlich bestrebt ist, frühzeitig mit der politischen Führung rückzukoppeln und Steuerungseffekte, die von dort ausgehen, zu verarbeiten. Immerhin ist der detaillierte Sachverstand der Verwaltung in komplexen Systemen ein Machtfaktor, den die Verwaltung einsetzen kann.

979   Umgekehrt kann die *Politik* durch Beteiligung am Planungsverfahren Einfluß auf administrative Entscheidungen gewinnen, die ihr nach dem theoretischen Gewaltenteilungsschema nicht zukommen. Je schwieriger und komplexer Planung wird, desto mehr wächst die politische Bedeutsamkeit der Details. Die Politik steht vor dem Zwang, sich sachverständig zu machen. Das geschieht in der Tat. Die Abgeordneten, aber auch andere Politiker, insb. in den Parteien unterwerfen sich Lernprozessen und werden Spezialisten. Außerdem dringen immer mehr Beamte in die politischen Positionen ein, werden insb. Abgeordnete in den Parlamenten aller Stufen und nutzen ihren in der Administration gewonnenen Sachverstand in ihrer neuen Rolle als Politiker. Auch die Stellung der Öffentlichkeit und ihrer Organisationen, insb. der Verbände ändert sich im planenden Staat. Ihr Sachverstand, ihre Kenntnis der Lage und der Interessen der von ihnen vertretenen Gruppen wird von der Verwaltung benötigt. Sie verfügen oft über die besten und am schnellsten greifbaren Informationen. Gegen ihren Widerstand lassen sich oft Pläne nicht realisieren. Der planende Staat greift tiefer in die Gesellschaft ein als ein Staat, der auf Planung verzichtet. Wenn er nicht absolutistisch, sondern demokratisch planen will, muß er das in hohem Maße in Übereinstimmung mit den organisierten Interessen und nicht gegen sie tun.

980   D. Planung verlangt *Koordination*. Dieses Koordinationsbedürfnis ist bedingt durch alle Stufen des Planungsverfahrens: Zielfindung, Alternativenbildung und -auswahl, Ressourceneinsatz und Implementation sowie Kontrollprobleme. Planung ist fast immer ressortübergreifend. Das verlangt ein hohes Maß von Informationsaustausch, Zusammenarbeit, Konsensbildung, evtl. auch Entscheidungs- und Durchsetzungsfähigkeit gegenüber Widerstrebenden. Die Koordinationsbedürfnisse zeigen sich vor allem bei den Planungsverfahren (Rdnr. 983 ff.) und bei der Planungsorganisation (Rdnr. 1001 ff.). Koordination hat aber auch eine politische Komponente, die sich aus dem Ressortprinzip, d.h. der Verantwortung des einzelnen Ministers für sein Ressort und aus dem schwach ausgebildeten Richtlinienrecht des Regierungschefs im politischen System von Bund und Ländern ergibt. In zweifacher Weise wandelt sich dieses System durch die Koordinationsnotwendigkeit.

981   *Koordinationsinstanz* ist in erster Linie der Regierungschef bzw. das von ihm geleitete Amt (Bundeskanzleramt, Staatskanzlei, Senatskanzlei, bei Gemeinden

das Hauptamt). Im planenden und koordinierenden Staat fließen der Zentralinstanz wesentlich mehr Informationen zu. Dadurch wird die Leistungsfähigkeit vergrößert. Die Macht des Regierungschefs steigt.
Die Koordination erfolgt in besonders starkem Umfang über die *Ressourcenverteilung*, d.h. die Finanzplanung, z.T. auch über die Verfügung über den Raum (Landesplanung). Daher wächst im planenden Staat die Macht des Finanzressorts und des Raumordnungsressorts. Zugleich liegt es nahe, daß der Regierungschef den Versuch unternimmt, diese Gegenstände in die ihm direkt unterstellte Behörde zu übernehmen oder doch zweispurig, sowohl bei sich als auch beim Fachressort führen zu lassen.

§ 107 Planungsverfahren

Schrifttum: *H. Albert,* Theorie und Prognose in den Sozialwissenschaften, in: *E. Topitsch* (Hrsg.), Logik der Sozialwissenschaften, 2. Aufl., 1965, S. 126 ff.; *C. Boehret,* Grundriß der Planungspraxis, 1975; *J. Bommer,* Computergestützte Delphi-Konferenz Konzeption, Bericht über ein Experiment, in: analysen und prognosen, 1972, S. 15 ff.; *W. Chladek,* Technologische Voraussagen, in: *G. Wittkämper,* Methoden der Analyse und Planung in Verwaltung und Wirtschaft, 1975, S. 6 ff.; *P. Eichhorn/G. Ludwig,* Quantitative Planungstechniken zur Rationalisierung staatlicher Entscheidungen, in: DÖH 1970, 7 ff.; *R. A. Fischer – H. Walter,* Informationssysteme in Wirtschaft und Verwaltung, 1971; *O. K. Flechtheim,* Futurologie, Der Kampf um die Zukunft, 1971; *E. Gehmacher,* Methoden der Prognostik, 1971; *H. Grolms,* Ein Modell zur Integration lang- und kurzfristiger Planung, 1972; *K.-H. Hansmeyer/B. Rürup,* Staatswirtschaftliche Planungsinstrumente, 2. Aufl., 1975; *H. Harnischfeger,* Strukturprobleme planender Verwaltung, in: ArchKomWiss. 1971, 211 ff.; *B. de Jouvenel,* Die Kunst der Vorausschau, 1967; *K. König,* Programmsteuerungen in komplexen politischen Systemen, in: Verwaltung, 1974, S. 137 ff.; *N. Luhmann,* Die Programmierung von Entscheidungen und das Problem der Flexibilität, in: *R. Mayntz* (Hrsg.), Bürokratische Organisation, 1968, S. 324 ff.; *W. Michalski/A. Gerberding,* Prognosetechniken, in: Hdb.Verw., H. 4.3; *M. Müller,* Planung als Prozeß und System, 1974; *K. R. Popper,* Prognose und Prophetie in den Sozialwissenschaften, in: *E. Topitsch* (Hrsg.), Logik der Sozialwissenschaften, 2. Aufl., 1965, S. 113 ff.; *W. Schulz,* Methoden der mittel- und langfristigen Prognose, 1975; *R. E. Vente,* Zielplanung, 1971; *O. Weiss,* Strukturierung iterativer Entscheidungsprozesse bei öffentlichen Planungsvorhaben, in: VerwArch 63, 1972, S. 241 ff.; *G. W. Wittkaemper,* Analyse und Planung in Verwaltung und Wirtschaft, 1972; *ders.* (Hrsg.), Methoden der Analyse und Planung in der Verwaltung und Wirtschaft, 1975.

A. Planung geschieht als *Entscheidungsprozeß,* d.h. in Stufen. Nicht jeder Planungsprozeß verläuft gleich; dennoch lassen sich bestimmte stets notwendige und bestimmte typische Verfahrensphasen herausschälen. Da der Planungsprozeß ein Entscheidungsprozeß ist, handelt es sich um einen Sonderfall des allgemeinen

Entscheidungsverfahrens; das dazu Gesagte (Rdnr. 898 ff.) gilt bei der Planung weitgehend.

984 Planung ist ein *komplexer Prozeß*. Die Phasen des Verfahrens, die sich theoretisch herausarbeiten lassen, finden sich in der Praxis nur bedingt wieder; sie sind zwar zumeist erkennbar, greifen aber ineinander über, so daß oft in einem tatsächlichen Akt Elemente mehrerer Phasen liegen können. Planung ist auch ein *iterativer Prozeß;* einzelne Phasen lassen sich in der Regel nicht in einem Gang abschließen. Es bedarf vielmehr stets einer *Rückkopplung,* so daß in eine frühere Phase wieder eingetreten wird mit der Folge, daß auch weitere Stufen neu aufzurollen sind. Ein derartiger Prozeß kann mehrfach für Teile des Verfahrens notwendig werden, um den Entscheidungsprozeß zu optimieren.

Jeder umfassende oder größere Plan kann regelmäßig nicht sogleich in Einzelakte umgesetzt werden. Es bedarf oft der Zerlegung in Teilpläne und ihrer Ausarbeitung (z.B. vom Bundestag beschlossene Straßenbauprogramme bedürfen der Einzelprogramme in Form der Beschlußfassung über das einzelne Straßenbauprojekt, dessen Ausführung aus einer großen Zahl vielfältiger Einzelmaßnahmen besteht). Auch eine *vielstufige Planung,* die mehr als zwei Planungsstufen umfaßt, kommt vor.

985 Planung ist *gleitende Planung.* Bei der Durchführung der Planung stellt sich in aller Regel heraus, daß der Plan (als Handlungsprogramm) nicht optimal ist, sondern der Verbesserung bedarf. Daher muß während der Planausführung in ein erneutes Planungsverfahren eingetreten werden, durch das der Plan korrigiert wird.

986 B. Planung verlangt die Herstellung mehrerer *Teilpläne.* Das gilt oft in dem Sinne, daß ein Gesamtplan in mehrere Elemente zerlegt wird, die neben- oder nacheinander oder sich überlappend durchgeführt werden (z.B. Teilpläne beim Haushaltsplan; Abschnitte bei Investitionsplänen, räumliche Teilpläne). Unabhängig davon verlangt aber eine vollständige Planung, daß die Herstellung des Planes (i.e.S.) *Phasen* vor- und nachgeschaltet wird, um die Planung insgesamt sinnvoll zu gestalten. Es sind notwendig:

987 1. die *Planung der Planung:* Schaffung der Planungsorganisation, der Planungsmittel, Ermittlung zweckmäßiger Planungsverfahren, Einschätzung von Widerständen und sonstigen Restriktionen sowie Festlegung von Verfahren zu ihrer Überwindung u.a.m.

2. die Planung i.e.S. (hierüber sogleich, Rdnr. 990 ff.).

988 3. *Planung der Einführung:* Der schönste Plan nützt nichts, wenn er nicht realisiert werden kann. Bei der Realisierung, der sog. Implementation, tauchen z.T. Widerstände, z.T. objektive Schwierigkeiten auf. Sie müssen frühzeitig bedacht und in die Planung einbezogen werden. Vor allem muß Sorge dafür getragen werden, daß die Mittel zur Verfügung stehen, mit denen der Plan verwirklicht werden soll, und die Menschen, die den Plan ausführen, gelernt haben, den Plan zu handhaben. Auch das bedarf der Planung.

§ 107 Planungsverfahren

4. *Planung der Kontrolle:* Wenn man davon ausgeht, daß kein Plan ideal ist, sondern während der Ausführung der Änderung bedarf – gleitende Planung – so ist es wichtig, daß schon mit Beginn der Planausführung beobachtet wird, wie der Plan funktioniert, ob er die beabsichtigen Wirkungen zeigt (Plan-Evaluierung). Um das zu ermöglichen, muß das Beobachtungs- und Kontrollinstrument von vornherein mit eingeplant sein. 989

C. Das *Planungsverfahren* hat (idealtypisch) die folgenden *Stufen (Phasen):* 990

I. *Auswahl und Abgrenzung des Planungsfeldes*
Die Planungsprobleme werden z.T. von den Politikern, z.T. aus der Verwaltung, z.T. aus der Bevölkerung an die Planungsinstanzen herangetragen. In der Regel sind die Probleme zunächst noch unstrukturiert und bedürfen der Zuordnung zu schon geregelten Planungsfeldern. Zugleich bedarf es einer Abgrenzung, d.h. einer Eingrenzung des zu planenden Problems. Gerade bei den ersten Schritten des Planungsverfahrens kann nur tastend vorgegangen werden; für sie gilt in besonders starkem Maße, daß eine Rückkopplung erforderlich ist.

II. *Problemklärung* 991
Innerhalb des ausgewählten Planungsfeldes bedarf es einer Feststellung der zu lösenden Probleme. Es muß geklärt werden, welche Probleme auftauchen und wie sie zu beschreiben sind. In aller Regel handelt es sich um eine Reihe von Problemen, die oft auf eine oder einige Grundprobleme zurückgeführt werden können. Dabei gehört zur Problemklärung auch die Problemanalyse, d.h. die Klärung der Begriffe, der Bedingungen, unter denen das Problem entstanden ist, der gegenseitigen Beziehungen zwischen den am Problem beteiligten Personen, Gruppen und der Sachelemente des Problems.

III. *Zielsystem* 992
Wesentlich für die Planung ist die Festlegung der Planziele. Dabei handelt es sich zumeist um eine Reihe von Einzelzielen, die u.U. im Verhältnis der Zielkonkurrenz stehen. Nicht nur im Hinblick darauf, sondern auch wegen der beschränkten Ressourcen und wegen sonstiger Restriktionen können Ziele, deren Verwirklichung erwünscht ist, stets nur beschränkt angestrebt werden. Daher gehört zur Festlegung des Zielsystems auch der Grad der Zielerreichung, der angestrebt wird, ein Mindestzielerreichungsgrad.

Ziele werden nicht sogleich, sondern in der Regel erst nach einer bestimmten Zeit verwirklicht. Daher gehört zur Zielangabe auch die Festlegung des Zeithorizontes, bis zu dem der Plan zu realisieren ist, u.U. werden auch mehrere Zeithorizonte festgelegt, um Teilpläne durchzuführen.

Ziele können auch in einem Eventualverhältnis stehen, d.h. je nach Lage und Entwicklung wird entweder das eine oder das andere Ziel (bzw. Zielbündel) festgelegt.

25. Kapitel Planung

993 IV. *Programmentwicklung*

Das Programm besteht aus einer Summe von Maßnahmen, die aus einer noch größeren Summe ausgewählt worden sind. Programmentwicklung ist daher Alternativauswahl, d.h. sie setzt die Bewertung von Alternativen im Hinblick auf die Planziele voraus. Bei der Frage, ob eine Maßnahme einer anderen vorzuziehen ist, ist bei der Planung angesichts der Komplexität der Bedingungen die Anwendung quantitativer Methoden zumeist notwendig. Daher werden diese Entscheidungshilfen (Operations Research, Netzwerk, Spieltheorie u.ä.) oft auch als Planungsverfahren bezeichnet (Rdnr. 1017 ff.). Für bestimmte Pläne wie die der Finanzplanung werden bestimmte hierfür eigentümliche Verfahren angewandt (Programmbudgets, Kosten-Nutzen-Analysen).

994 Die Eigenart der Programmentwicklung besteht darin, daß es zumeist nicht möglich ist, einzelne Maßnahmen gegeneinander abzuwägen, sondern daß eine Maßnahmenkombination gegen die andere abgewogen wird. Das Problem besteht dann darin, daß es in der Regel eine sehr große Zahl von Maßnahmenkombinationen gibt. Oft ist es erst möglich, ihren Wert mit Hilfe einer *ADV-Anlage* zu berechnen; deshalb gewinnt die ADV-Anlage gerade bei der Planung eine besondere Bedeutung (Rdnr. 1054 ff.). Das Problem kann aber oft auch dadurch gemeistert werden, daß man von bestimmten Grundmodellen von Maßnahmenkombinationen ausgeht und die Alternativen in Form eines *Entscheidungsbaumes* entwickelt. Dadurch kann oft schon viel Komplexität aus dem Entscheidungsproblem herausgenommen und die Bewertung vereinfacht werden. Vor allem ergibt sich immer wieder, daß nicht alle theoretisch vorstellbaren und mathematisch möglichen Maßnahmenkombinationen miteinander kompatibel sind.

995 Zur Programmentwicklung gehört auch die Reihung der Einzelmaßnahmen und ihre Zuordnung zu den Ressourcen (Organisationseinheiten, Finanz- und sonstige Mittel, Kompetenzen der Entscheidung im Konfliktfall). Das Programm enthält daher auch einen *Ressourcen-, Organisations- und Verfahrensplan.*

An der Bildung des Programms selbst sind in der Regel mehrere oder gar zahlreiche Instanzen beteiligt. Die *Koordination* zwischen ihnen ist daher typisch für Planungsverfahren; sie führt oft dazu, daß Planungsverfahren viel Zeit beanspruchen.

996 V. *Datenerhebung*

Der Planer verarbeitet in der Regel eine große Zahl von Daten. Die Möglichkeit der Planung hängt daher oft davon ab, daß Planungsdaten zur Verfügung stehen oder gestellt werden. In erster Linie sind es die in der Verwaltung (Statistische Ämter) erhobenen Daten, darüber hinaus aber auch sonst veröffentliche Statistiken. Nicht selten bedarf es zur Planung der eigenen Erhebung der Planungsbehörden. Für Planungen sind die Datenarten, die massenhaft anfallen typisch. Doch ist es oft auch nötig, einzelne Zusammenhänge zu ermitteln, z.B. durch Befragung sowie die sonstigen Methoden der empirischen Sozialwissenschaft (Rdnr. 34 ff.).

In der Planung besteht zuweilen die Neigung, zunächst einmal Daten zu erheben. Insoweit ist Vorsicht geboten. Datenerhebung ist teuer; das gilt auch schon, wenn man qualifizierte Mitarbeiter für längere Zeit ansetzt, aus vorliegenden statistischen Veröffentlichungen Material heraussuchen zu lassen. Daher ist zunächst die Frage zu klären, welche Daten erforderlich sind. Daten müssen immer wieder erhoben werden, zur Problemklärung, zur Entwicklung des Zielsystems und zur Entwicklung des Programms. Eine »Datenphase« gibt es bei der Planung nicht. Sofern man voraussehen kann, welche Daten erforderlich werden, kann zweckmäßig sein, nur einmal Daten zu erheben. Nach der Verfahrenslogik der Planung gibt es jedoch mehrere Zeitpunkte, an denen Daten herangezogen werden müssen, um Teilprobleme zu lösen.

VI. *Prognose* 997
Zuverlässige Planung hängt in hohem Maße von der Fähigkeit zur Prognose ab. Prognose ist vor allem bei der Problemklärung und bei der Maßnahmenbewertung nötig. Es muß Klarheit bestehen, wohin die künftige Entwicklung läuft, wie sich Probleme in der Zukunft stellen, d.h. dann wenn die Maßnahmen verwirklicht werden, ferner muß Klarheit bestehen, wie geplante Maßnahmen sich auf die künftige Entwicklung auswirken. Mit Hilfe statistischer Methoden, aber auch mit anderen Methoden (Rdnr. 1012 ff.) lassen sich heute in vielen Bereichen relativ valide Aussagen über den Wahrscheinlichkeitsgrad des Eintreffens bestimmter Ereignisse machen.

VII. *Einführung des Programms* 998
Zum Planungsverfahren gehört als wichtiger Schritt auch die Einführung des Plans in der Wirklichkeit. Daß diese Realisierung selbst mitgeplant werden muß, war bereits gesagt (Rdnr. 988). Oft kommt nur eine versuchsweise Einführung in Betracht, während das Planungsverfahren noch läuft, um Einsichten für die noch offenen Planungsentscheidungen zu gewinnen. Auch aus Gründen des langsam laufenden Lernprozesses aller Beteiligten (in der Verwaltung sowie der Planungsbetroffenen) kann sich eine schrittweise Einführung empfehlen. Ist die schrittweise Einführung nicht möglich, so wird die Verantwortung des Planes größer, die Anforderungen an die Sorgfalt des Planungsverfahrens werden höher. Nicht selten beruht das Mißlingen eines Planes darauf, daß der Einführung, einschließlich der Bedingungen der Einführung während des Planungsprozesses kein hinreichendes Augenmerk gewidmet worden ist.

VIII. *Planungsverfahren* ohne *Kontrolle* sind unvollständig. Die Installation 999
der Kontrolle muß grundsätzlich gleichzeitig mit der Einführung des Plans geschehen. Die Zielerreichung der Planziele muß gemeldet werden, um daran ermessen zu können, ob Ziele, Maßnahmen oder Ressourceneinsatz der Änderung bedürfen.

IX. *Plankorrektur*
Kein Plan ist perfekt. Unklar pflegt bei Einführung allerdings zu sein, wo die Mängel liegen. Auf jeden Fall kann eine Planungsverwaltung mit Einführung des Planes nicht ihre Arbeit als getan ansehen, sondern muß die Kontrolldaten des Planlaufs auswerten und verarbeiten, um den Plan zu verbessern.

§ 108 Planungsorganisation

Schrifttum: *U. Battis,* Organisationsprobleme politischer Planung, in: VerwArch. 1976, 156 ff.; *P. Bendixen / H.W. Kemmler,* Planung – Organisation und Methodik innovativer Prozesse, 1972; *M. J. Buse,* Integrierte Systeme staatlicher Planung, 1974; *K.W. Deutsch,* Politische Kybernetik – Modelle und Perspektiven, 1969; *N. Diederich,* Das Berliner Planungssystem, in: Recht und Politik, 1973, S. 10 ff.; *G. Fehl/M. Fester* u.a. (Hrsg.), Planung und Information, 1972; *R. Funke,* Planungskritik als Bürokratiekritik? – Zur internen Struktur planender Verwaltungen, in: *R.-R. Grauhan* (Hrsg.), Lokale Politikforschung 2, 1975, S. 326 ff.; *E. Hüper,* Koordination und integrierte Planung in den Staatskanzleien, in: DVBl. 1976, 331 ff.; *T. Kempf,* Planung und Organisation – mitarbeitintensive Seminare für Verwaltungsführungskräfte, in: ArchKomWiss. 1972, 365 ff.; *R. Mayntz-Trier – F.W. Scharpf* (Hrsg.), Planungsorganisation, 1973; *F. Naschhold,* Systemsteuerung Bd. II, 1969; *E. Wille,* Planung und Information, 1970.

1001 A. *Planung* gehört zu den *Leitungsfunktionen.*

I. Daher hat die Leitungsorganisation stets Planungsaufgaben. Das gilt mehrfachem Verständnis:

1. In einer Behörde obliegt dem *Behördenchef* und seiner Führungsorganisation (Rdnr. 766 ff.) die Planungsentscheidung unabhängig davon, inwieweit er an der Ausarbeitung des Planes beteiligt ist. Mit dem Plan steuert er das Geschehen in der Behörde.

1002 2. In einer Verwaltung haben die Leistungsbehörden Planungsfunktionen. In einem Staat haben diese Funktionen vor allem die *obersten Behörden (Ministerien).* In gewisser Weise läßt sich die gesamte Regierungsorganisation vom Amt des Regierungschefs *(Bundeskanzleramt, Staatskanzlei)* und der Ministerien als Planungsorganisation des Staates auffassen. Daher haben die Bundesministerien Planungsbeauftragte, die regelmäßig zu Konferenzen im Bundeskanzleramt zusammentreten, um die Planungen der Bundesregierung zu koordinieren. Allerdings ist die Planungsfunktion der Ministerien in unterschiedlichem Umfang ausgebildet; die Ministerien haben, auch soweit sie sich nicht (z.T. sachwidrig) im Vollzug von wichtigen oder unwichtigen Einzelaufgaben erschöpfen, Aufsichtsfunktionen sowie die vielfältigen politischen und administrativen Kontakte einschließlich der Koordination, die für die Steuerung der Verwaltung wichtig sind. Daher sind es in der Regel nur bestimmte Ministerialabteilungen, die Planungsfunktionen haben – im Bund mehr als in den Ländern, wo die Aufsicht gegenüber der Verwaltung eine größere Rolle spielt.

Planungsaufgaben haben in der Staatsverwaltung auch andere Behörden, insb. *obere Behörden*. In gewissem Umfang kommen jedoch Planungsaufgaben bis in die unterste Instanz vor. Jede Planung ist eine gestufte Planung, d.h. sie verläuft von generellen Plänen über weitere Planungsstufen zu detaillierten Plänen, die erst operational (vollzugsfähig) sind. Zwar ist die Tendenz bemerkbar, auch sehr ins einzelne gehende Planungen unterer Planungsstufen in höhere Instanzen zu ziehen. Doch bleibt stets ein gewisser Rest an Planungsentscheidungen auch in der letzten Instanz.

3. In gewisser Weise hat das gesamte politisch-administrative System einer Gesellschaft die Rolle eines Leitungsorganes gegenüber dieser Gesellschaft. Daher haben auch Behörden oder Behördenteile unterer Ebene in erheblichem Umfang Planungsfunktion. Das wird an der gebietsbezogenen Planung (Raumordnung, Bauleitplanung) deutlich, die vom Privateigentum am Boden ausgeht und die durch Festlegung der Bodenverwendung gesellschaftliche Prozesse steuert. In solchen Fällen kommt es nicht auf die Stellung der Planungsbehörden (z.B. Stadtplanungsamt) in der Behördenhierarchie an.

1003

II. Auch in personeller Hinsicht ist die Planung Leitungsfunktion. Die Eignung zum Planer verlangt bestimmte fachliche und menschliche Qualitäten, zu denen schöpferische Phantasie, Zusammenarbeit mit anderen Mitarbeitern, Bewältigung großer Datenmassen und komplexer Zusammenhänge sowie Durchsetzungsvermögen gehört. Hier vor allem zeigt sich, daß die juristische Ausbildung für leitende Verwaltungsbeamte unzureichend ist.

1004

B. Es war bereits erwähnt worden, daß Planung auf jeder Ebene der *Verwaltungsorganisation* vorkommt.

1005

I. Das ist vor allem bedingt durch die gestufte Planung, d.h. durch die Zerlegung der Planung in Planungsschritte von einer generellen Planung über eine Planung mittlerer Ebenen bis zur letzten Detailplanung. Diese Stufung hat auch Verfahrenskonsequenzen. Hier ist die Beteiligung der unteren Instanzen an Planungsschritten, die die allgemeine Planung zum Gegenstand haben, erwünscht. Insb. verlangt sachgerechte Planung, daß die Erfahrungen der unteren Instanzen in der Zentrale bekannt sind. Es geht daher bei der Planung nicht nur ein Strom von oben nach unten, sondern auch ein Strom von unten nach oben. Gestufte Planung führt daher, wenn sie sachgerecht betrieben wird, zum Gegenstromverfahren.

25. Kapitel Planung

1006   II. Planung kann in besonderen Planungseinheiten der Verwaltung angesiedelt werden, insb. dadurch, daß diesen Einheiten Projekte zugeordnet werden. Die *Projektorganisation* schafft u.U. arbeitsfähige Einheiten der Projektgruppe, die Planungen entwerfen kann. Doch sind der Projektorganisation aus zwei Gründen enge Grenzen gesetzt.
   1. Die Verwaltung muß gerade bei der Planung in starkem Maße koordinieren. Dieser Zwang nimmt der Projektgruppe ihre freie Stellung und bindet sie stärker in die hierarchische Organisation ein, als es der Idee der Projektgruppe gemäß ist. Allerdings ist das im Interesse der Verwendbarkeit der Projektergebnisse im Zusammenhang der Gesamtverwaltung unumgänglich. Scheitern von Projektgruppen, das nicht selten ist, beruht oft auf der mangelnden Bereitschaft der sich elitär verstehenden Gruppen, sich mit der übrigen Verwaltung zu koordinieren.
   2. Projektgruppen, die eine gewisse organisatorische Selbständigkeit besitzen, übersehen oft nicht die Schwierigkeiten der Implementation ihrer Planungsvorstellungen. Planungen, bei denen nicht der Planungsvollzug mit allen praktischen Schwierigkeiten mit eingeplant ist, bleiben »theoretisch«, d.h. mangelhaft und oft gänzlich unbrauchbar.

1007   III. Der Versuch, Planung in der Leitungsorganisation zu halten, führt angesichts des Umfanges der Planungsaufgaben dazu, daß die Leitungsorganisation sich besondere Planungseinheiten schaffen muß, sog. *Planungsstäbe.* Hinter diesem Wort verbergen sich unterschiedliche Organisationen, die von einem kleinen Team, das praktisch mit der übrigen Leitungsorganisation verzahnt ist, bis zu Organisationen geht, die in sich gegliedert, mehrere Referate umfassen, nach komplizierten Verfahrensordnungen arbeiten und aus der sonstigen Leitungsorganisation völlig ausgegliedert sind.

1008   Diese großen Planungsstäbe schaffen die Probleme. Sie sind einerseits Organe der Leitung, bedürfen andererseits der intensiven Kontakte mit allen anderen Organisationseinheiten der Behörde. Wenn sie ihre Aufgabe erfolgreich wahrnehmen wollen, bedürfen sie auch bestimmter Informationsrechte gegenüber allen Organisationseinheiten. Ihnen steht es zu, auf Grund der ihnen gegebenen Informationen Alternativen (sog. Optionen) auszuarbeiten, unter denen die Behördenleitung auswählt. In der Regel empfehlen sie sogar Prioritäten unter den Alternativen und setzen sich mit ihnen (oft zu recht, manchmal zu unrecht) durch, weil sie über die Informationsbasis verfügen. Planungsstäbe können dabei in einem Gegensatz zu den Organisationseinheiten geraten, die die Sachverantwortung für den verplanten Gegenstand haben. Abgesehen von Prestigeproblemen liegt das daran, daß Planungsstäbe den Vollzugsfragen nicht nahe genug stehen und daß sie die Informationen aus zweiter Hand haben. Andererseits kommt die heutige Verwaltung, wenn sie planen will, ohne Planungsstäbe nicht aus, weil nur sie garantieren, daß in hinreichendem Maße geplant wird. Bei der Entscheidung zwischen einer Organisation nach Sachgebieten und nach Funktionen (Planung, Vollzug) ist in vielen Fällen dem Prinzip funktionaler Organisation der Vorzug zu geben.

IV. Planungsprobleme (funktionale Überlegungen) treten in manchen Behörden in einem derartigen Umfang auf, daß sie durch Planungsstäbe nicht zu bewältigen sind. Der Organisator steht hier vor der Frage, ob er die Planungsfragen den für die Sache zuständigen Organisationseinheiten oder besonderen Einheiten zuweisen soll. Entschließt er sich – aus welchem Grunde auch immer – die sachlich zuständigen Einheiten mit der Planung zu betrauen, so entsteht praktisch eine *Matrix-Organisation* mit allen daran hängenden Fragen (Rdnr. 213). **1009**

C. Planung braucht nicht notwendig durch die entscheidende Instanz zu erfolgen. Die Verwaltung kann sich auch *externer Stellen* bedienen. Das geschieht vor allem aus zwei Gründen: **1010**

I. z.T. haben die planenden Verwaltungsträger keine Planungskapazitäten (insb. Fachplaner). Dann beauftragen sie externe Planer (z.B. bei der Bauleitplanung beauftragen kleinere Gemeinden das Kreisbauamt oder Architektenbüros). Das dient der Rationalisierung.

II. z.T. legen Verwaltungen Wert darauf, daß ihre Pläne von Außenstehenden hergestellt werden, weil sie fürchten, selbst betriebsblind zu sein. Insb. für die Planung von Rationalisierungsmaßnahmen kann es sich anbieten, Organisationsfirmen heranzuziehen und sie mit der Ausarbeitung von Plänen zu beauftragen. Allerdings ist dieser Weg u.U. auch mit Risiken behaftet, da es schwer ist, dem Organisator, der die tägliche Arbeit in der Behörde mit ihren Eigenarten, insb. auch mit ihrer informellen Organisation nicht kennt, alle für seinen Vorschlag notwendigen Informationen zu geben. Der Plan wird dann zwar nicht betriebsblind, aber betriebsfremd.

D. Die Organisation der *Information* spielt bei der Planung für den Erfolg eine große Rolle. Dabei geht es um die rechtzeitige Beschaffung der Daten, aber auch um die Erlangung von Informationen durch diejenigen, die Gegenstand der Planung sind, insb. die Bürger (Partizipation, Rdnr. 325 ff.). Es geht um die Planung des Informationsflusses im Innern der planenden Behörde und schließlich um die Rationalität der Datenerhebung, d.h. um die Vermeidung von Ermittlungen, die für die Planung nicht erforderlich sind. **1011**

26. Kapitel Entscheidungstechniken

§ 109 Management-Techniken

Schrifttum: vgl. Lit. zur Systemanalyse vgl. vor § 17; zu Operations Research und Spieltheorie vgl. vor § 9 ferner: *C. Böhret*, Entscheidungshilfen für die Regierung, 1970; *C. Clark*, Brainstorming, Methoden der Zusammenarbeit und Ideenfindung, 4. Aufl. 1972; *W. Damkowski*, Managementkozepte und Managementtechniken – ihre Anwendung und Eignung in der öffentlichen Verwaltung, in: ZfO 1975, S. 153 ff., S. 211 ff.; *O. Helmer*, Analysis of the Future, The Delphi-Method, in: *J. R. Bright* (Hrsg.), Technological Forecasting for Industry and Government, 1968, 116 ff.; *G. Junne*, Spieltheorie in der internationalen Politik, 1972; *A. Kaufmann / R. Faure*, Methoden des Operations Research, Einführung in Fallstudien, 1974; *W. Kirsch*, Entscheidungsprozesse, Bde. 1-3, 1970/71; *H. König*, Managementkonzeptionen für Regierung und Verwaltung, in: VerwArch 67, 1976, 335 ff.; *H. Koller*, Simulation und Planspieltechnik, 1969; *R. Mayntz*, Formalisierte Modelle in der Soziologie, 1967; *P. Mertens*, Simulation, 1969; *J. Nowack*, Simulation und Stadtentwicklungsplanung, 1974; *O. Reigl*, Techniken des Managements in der öffentlichen Verwaltung, in: BayVBl. 1972, S. 430 ff.; *W. Scheidt*, Netzplantechnik in der Verwaltung, in: *G. Wittkämper* (Hrsg.), Methoden der Analyse und Planung in Verwaltung und Wirtschaft, 1975, S. 79 ff.; *L. Schumann*, Entscheidungstabellentechnik, in: HdbVerw. H. 4.7; *H. A. Simon*, Perspektiven der Automation für Entscheider, 1966.

1012 A. *Managementtechniken* (oder geistige Entscheidungstechniken) sind Systeme von Regeln, die routinemäßig, zumeist auch formalisiert sind, die damit stark abstrahiert und ohne Rücksicht auf die konkreten Einzelheiten des Entscheidungsfalles formuliert sind. Die Formalisierung bedeutet oft *Mathematisierung;* typisch für die Managementtechniken ist die Anwendung mathematischer Instrumente. Das führt einerseits zu einer wesentlich besseren Möglichkeit logisch abgeleiteter, exakt quantifizierter Aussagen. Andererseits bedeutet die Abstraktion eine Entfernung von der Realität, die die Verwendbarkeit derartiger Techniken in der Praxis erheblich einschränkt. Ihre Anwendung im Einzelfall ist daher nur Entscheidungshilfe, d.h. sie durchleuchtet die Elemente, Beziehungen und Wertungen eines Systems, sie schafft mehr Transparenz und gibt dem Entscheider in einem komplizierten System mehr Klarheit, was er mit seiner Entscheidung tut. Die Managementtechniken können aber die persönliche Entscheidung des Entscheiders nicht ersetzen. Diese Entscheidung wird durch die Technik nur erleichtert.

1013 B. Unter dem Gesichtspunkt der Managementtechniken kann man (mit *H. A. Simon*) folgende *Entscheidungsmodelle* bilden:

§ 109 Management-Techniken

I. Programmierte Entscheidungen
1. Traditionell (Gewohnheit, Büroroutine, insb. standardisierte Arbeitsverfahren, allgemeine Erwartungen auf Grund der Organisationsstruktur),
2. moderne Techniken
a) Operations research (Unternehmensforschung, Rdnr. 1027),
b) Automatische Datenverarbeitung (Rdnr. 1050 ff.).

II. Nicht programmierte Entscheidungen
1. Traditionelle,
a) Intuition, Kreativität,
b) Faustregeln,
c) Auswahl und Ausbildung von Führungskräften.
2. Moderne Techniken. Sie werden unter der Bezeichnung der »heuristischen Problemlösungstechniken in der Praxis z.T. schon angewandt. Zu ihnen gehören
a) Ausbildung von Menschen im Treffen von Entscheidungen,
b) heuristische Entscheidungstechniken, d.h. eine Rationalisierung von Entscheidungen dort, wo bisher mit »Tricks« und »Kniffen« gearbeitet wurde (insb. Simulation i.w.S., Rdnr. 1017 ff.).

C. I. Alle Managementtechniken haben gemeinsam, daß sie nach *Optimierung der Entscheidung* streben, d.h. nach Messung verschiedener Entscheidungsalternativen an einem Optimum und Auswahl der Alternative, die dem Optimum am nächsten kommt. Das setzt voraus, daß **1014**
1. das Optimum erkannt werden kann,
2. eine Annäherung an das Optimum erkannt werden kann, und
3. alle Alternativen bekannt sind.

II. In der Praxis gibt es allerdings stets erhebliche *Informationsdefizite*. Das **1015** praktische Entscheidungsverhalten ist daher geprägt von der *Auswahl annehmbarer Alternativen*. Es geht weitgehend darum, Mindestanforderungen an Entscheidungen zu definieren, die akzeptiert werden können. Es können z.B. (mit *Morris*) folgende Akzeptierungsbereiche vorgesehen werden:
1. Wenn die Suche nach der optimalen Alternative zu schwierig ist oder zu hohe Kosten verursachen würde, so soll nur so lange gesucht werden, bis eine Alternative gefunden wird, welche mit einer gewissen Wahrscheinlichkeit ein bestimmtes annehmbares Ergebnis verspricht.
2. Lassen sich die Ergebnisse von Entscheidungen nur schwer abschätzen, so besteht zuweilen doch die Möglichkeit, die denkbaren Ergebnisse nach zwei Gruppen zu sortieren, nach solchen, die akzeptiert werden können, und solchen, bei denen das nicht der Fall ist. Dabei können als Prinzipien verwandt werden
a) die *»Minimax-Regel«*, d.h. von allen Alternativen wird diejenige ausgewählt, die das günstigste Sicherheitsniveau erreicht und dabei den erreichbaren **1016**

Gewinn maximiert, oder anders ausgedrückt: Ein minimaler Erfolgsoll mit Sicherheit erreicht werden;
  b) die »*Maximin-Regel*«, d.h. ein Maximum an Erfolg soll erreicht werden unter Inkaufnahme eines maximalen Risikos.
  c) Stattdessen kann auch eine Kombination beider Regeln angewandt werden, ein »*Optimum-Pessimum-Kriterium*« (*Hurwicz*). Dabei wird ein Sicherheitsniveau in Form einer Zahl (zwischen 0 und 1) fixiert, die mit der Gewinnmöglichkeit multipliziert wird:
Beispiel:

Alternative 1:	Gewinnmöglichkeit bei Eintritt	10
	Risiko	0,2
	Ergebnis	2
Alternative 2:	Gewinnmöglichkeit bei Eintritt	6
	Risiko	0,5
	Ergebnis	3

Alternative 2 wird ausgewählt.

1017 D. Im folgenden sollen einige wichtige Problemlösungsverfahren genannt werden, die in der Praxis angewandt oder doch jedenfalls diskutiert werden. Dabei stehen heuristische Methoden (Rdnr. 920, 1013) im Vordergrund. Notwendig ist auch hier Intuition und Kreativität; die Verfahren wollen aber an die Stelle der Intuition in möglichst großem Umfang die kontrollierte Phantasie setzen.

I. *Simulation*
Ein wichtiges Verfahren ist die Simulation, d.h. die Abbildung der Entscheidung und ihrer Folgen durch Versuch der Vorwegnahme des künftigen Vorgangs mit künstlichen Mitteln. Zur Simulation i.w.S. gehören:

1018 1. *Scenarioschreiben*. Dabei wird zunächst der gegenwärtige Zustand beschrieben und sodann dargestellt, wie sich daraus der künftige Zustand Schritt für Schritt entwickeln könnte. Möglichkeiten und Gefahren können daraus erkennt werden. Das Scenario erlaubt zwar keine Voraussage, zwingt aber zur Einschätzung von Konsequenzen. Eine Situation tritt umso weniger wahrscheinlich ein, als sich kein plausibles Scenario schreiben läßt.

1019 2. Die *Konferenzmethode* versammelt das Wissen mehrerer Personen und ermöglicht eine größere Varianzbreite von Alternativen. Sie hat den Vorteil der unmittelbaren Erwiderung und damit der schnelleren Förderung von Ergebnissen.

1020 3. Das *Brain-Storming* ist praktisch eine Variante der Konferenzmethode. Bei ihm geht es um zunächst unkontrollierte Sammlung von Ideen zu einem definierten Problem. Durch das Recht, Ideen zu äußern, ohne sie zunächst zu bewerten, wird Kreativität freigesetzt. Erst in einem zweiten Arbeitsgang werden die Ideen gewertet und für den Entscheidungsprozeß nutzbar gemacht.

4. Die *Delphi-Technik* wird nicht nur für die Frage, ob ein Ereignis eintreten wird verwandt, sondern auch für die Voraussage des zeitlichen Eintreffens eines Ereignisses und zur Ermittlung »wünschenswerter« Ereignisse, d.h. für die Zielbewertung. 1021

5. Die *Systemanalyse* erforscht Systeme, untersucht insb. die in ihnen und zwischen ihnen und der Umwelt bestehenden Beziehungen. Für sie sind bestimmte logische Schritte wie Eingrenzung des Problemfeldes, Durchdringung des Problemfeldes, d.h. seiner Faktoren und Einflüsse und Ermittlung der relevanten Daten wichtig. Es handelt sich um ein leistungsfähiges Verfahren, das vor allem die Möglichkeit gibt, Ideologien und Interessen aufzuspüren. Hierbei ist die Zielanalyse von besonderer Bedeutung. 1022

6. Bei der *Modellbildung* werden einige mögliche Alternativen mit genau definierten Bedingungen ausgewählt, die für das Problemfeld typisch sind. Sie werden alternativ durchdacht. Die Leistungsfähigkeit dieses Verfahrens ist beschränkt, da der Abstraktionsgrad der Modelle groß ist (es müssen zahlreiche Eigenschaften der Wirklichkeit vernachlässigt werden). Insb. bleibt auch immer die Übertragbarkeit zweifelhaft. 1023

Trotzdem ist gerade die Modellbildung eine brauchbare Entscheidungshilfe, weil die Modelle Gerüste für eine spätere Auffüllung mit weiteren Daten sind. Modelle geben eine systematische Darstellung von Beziehungen und die Möglichkeit, neu einwirkende Faktoren zusätzlich zu berücksichtigen. In der Praxis hat die Modellbildung eine wichtige Hilfsfunktion.

7. Die *Simulation i.e.S.* ist eine Weiterentwicklung der Modellbildung. Es wird bei ihr ein Entscheidungsmodell konstruiert, die alternativen Einzelfälle werden getestet und im Hinblick auf den Untersuchungszweck ausgewertet. Schließlich werden auf Grund der Testergebnisse die Annahmen und das Modell verändert. Das Prinzip der Simulation besteht darin, daß von den Erfahrungen, die man mit dem Modell gemacht hat, auf die tatsächlichen Eigenschaften der Gesellschaft geschlossen wird. 1024

Man unterscheidet drei Arten von Simulationen:

a) *Computer-Simulation:*
Das Modell wird in seinen Beziehungen in mathematische Formulierungen gebracht, ebenso alle möglichen Reaktionen auf die Entscheidung. Eine ADV-Anlage wird damit gespeichert und alle Alternativen künftiger Entwicklungen, insb. auch alle Kombinationen werden von der ADV-Anlage durchgespielt. Daraus läßt sich dann entnehmen, unter welchen Bedingungen positive oder negative Ergebnisse zu erwarten sind. Die Computer-Simulation ist insb. bei Systemen mit zahlreichen Variablen wichtig. 1025

b) *Mensch-Mensch-Simulation (Planspiel):*
Das Modell wird den Spielern als Information vorgegeben. Die Spieler versu-

chen die Ziele zu verwirklichen und erleben sodann die Gegenreaktion anderer Spieler. Dadurch läßt sich der Erfolg einer Entscheidung abschätzen.
c) *Mensch-Maschinen-Simulation:*
Die Spieler können frei agieren. Die ADV-Anlage rechnet die Folge der Entscheidung aus. Der Erfolg einer Aktion wird schnell sichtbar, so daß neue Entscheidungen möglich werden. Dieses Verfahren kann bei großen Datenmengen sinnvoll eingesetzt werden. Allerdings sind die Modelle meist noch mangelhaft und praktisch fast nur für Ausbildungszwecke brauchbar.

1026 II. *Spieltheorie*
Diese Entscheidungstechnik geht davon aus, daß eine Entscheidung von dem Verhalten anderer Mitspieler (Gegenspieler) abhängt, die die Strategie des Spielers zu durchkreuzen suchen. Die optimale eigene Entscheidung hängt dabei von der unbekannten Strategie des Gegners ab. Die vor allem von *Neumann* und *Morgenstern* entwickelte Spieltheorie versucht die Alternativen des Spielers mit den Alternativen des Gegenspielers zu kombinieren, um daraus die günstigste Alternative des Spielers abzuleiten. Für die Verwaltung kann die Spieltheorie insofern eine Bedeutung haben, als sie die optimale Strategie vor Verhandlungen festlegt, das Verhalten von Bürgern auf Verwaltungsmaßnahmen prognostiziert oder die Folgen der Ausübung gesellschaftlicher Macht durchspielt.

1027 III. Die *Unternehmensforschung*
(Operations Research) bezeichnet eine Summe von Verfahren, durch die Entscheidungen optimiert werden sollen. Ob es sich um eine eigenständige Wissenschaft oder nur um eine Summe eigenständiger Verfahren handelt, kann dahingestellt bleiben (Rdnr. 72 ff.). Bei allen übereinstimmend ist die Anwendung mathematischer Methoden zur Optimierung, d.h. die Bildung von Modellen, die Realprobleme in mathematischer Sprache abbilden und rechenbar machen. Damit lassen sich Probleme der Unternehmensforschung durch ADV-Anlagen verarbeiten.

Unter die *Verfahren* der Unternehmensforschung fallen insb. die lineare Planungsrechnung, Matrizen- und Vektorenrechnung, Graphentheorie, Entscheidungsbaumverfahren und – wenn auch nicht immer dazu gerechnet – die Netzplantechnik. Anwendungsbeispiele für die Methoden der Unternehmensforschung bieten sich in Organisation, Personal, Finanzierung, aber auch bei anderen Fragen wie Transport- und Bauproblemen. Da die Verfahren abstrakt, d.h. universell sind, besteht die Anwendungsmöglichkeit prinzipiell auf allen Gebieten. Allerdings sind die Verfahren sehr aufwendig. Die Anwendung kommt daher nur bei wenigen Großprojekten in Frage. Hinzu kommt oft die Unsicherheit der Daten, die oft nur grob gegriffen sind und daher so feine Verfahren, wie sie die Unternehmensforschung entwickelt hat, nicht rechtfertigen. Verfahren der Operations Research versagen häufig, wenn man sie in praktikable Handlungsalternativen umsetzen will, weil die ihnen zugrundegelegten Annahmen über das Entscheidungssystem und seine Umwelt in der realen Situation oft keine Entsprechung finden.

§ 110 Bürotechniken

Schrifttum: *B. Bank,* Unsere Verwaltungssprache, in: DVBl. 1971, 602 ff.; *H. Brinkmann,* Juristische Fachsprache und Umgangssprache, in: ÖVD 1972, S. 60 ff.; *O. Ernst,* Gutes Deutsch in der Sprache der Verwaltung, 6. Aufl., 1963, *W. M. Esser,* Gutes Amtsdeutsch, 4. Aufl., 1961; *K. Korn,* Sprache in der verwalteten Welt, 1958; *G. Kubsch,* Handbuch der Bürokratie, 1970, S. 170 ff.; *E. Laux,* Praktische Organisationskunde, 1964; *N. Luhmann,* Lob der Routine, in: VerwArch. Bd. 55, 1964, 1 ff.; *E. Nagel,* Der Geschäftsgang bei der deutschen Bundespost, 2. Aufl., 1967; *W. Netemeyer,* Organisations- und Bürokunde für die kommunale Verwaltung, 3. Aufl., 1964; *M. Raeder,* Der Verwaltungsschriftverkehr, 1963; *A. Rehkopp,* Bürokunde und Behördenschriftverkehr, 4. Aufl., 1963; *J. Schmidt,* Einige Bemerkungen zur Präzision der Rechtssprache, in: *H. Albert u.a.* (Hrsg.), Rechtstheorie als Grundlagenwissenschaft der Rechtswissenschaft, 1972, S. 390 ff.; *H. Schulze,* Geschäftsgang bei Behörden, 1966; *A. Theobald,* Allgemeine Dienstordnung für die Staatsbehörden, 3. Aufl., 1960.

A. Wenn die Arbeitsmittel, die für die Verwaltung entwickelt worden sind, sinnvoll und rationell eingesetzt werden sollen, bedarf es auch einer Technik des Umgangs mit ihnen, d.h. das Verfahren der Verwaltung, der Entscheidungsprozeß hat eine technische Seite, die sich auf die Arbeitsmittel bezieht. Diese betreffen vor allem die *Akten,* ihre Entstehung, ihre Wachsen, ihr Weg durch die einzelnen Teile der Behörde(n), die Dokumentation der Schritte des Entscheidungsprozesses in ihnen, bis zur Entscheidung selbst, die in den Akten niedergelegt wird. Diese Technik mag demjenigen, dem es um geistige Zusammenhänge, um politisch-gesellschaftliche Gestaltungen geht, zweitrangig, ja subaltern erscheinen. Sie ist jedoch ebenso notwendig wie andere Elemente der Verwaltung. Dabei kann man vieles sehr unterschiedlich gestalten, vieles hat aber im Hinblick auf die Zweckerreichung ein bestimmtes Optimum, das oft in mühsamer wissenschaftlicher Arbeit der Bürotechnologie entwickelt werden muß. Vor allem aber ist es für das Funktionieren der Verwaltung wichtig, daß die eingeführten Bürotechniken von allen Beteiligten konsequent angewandt werden, d.h daß sie auch bekannt sind. 1028

B. Da am Anfang jedes Vorganges, der in der Verwaltung entsteht, regelmäßig ein »Eingang« (Antrag, Anzeige, Anfrage, Beschwerde usw.) steht, wird im folgenden der Eingang mit seinem Lauf durch die Behörde bis zur Entscheidung verfolgt. 1029

I. Die Eingänge gehen in den zentralen *Posteingangsstellen* der Behörden ein (die regelmäßig mit den Postabsendestellen verbunden sind). Das gilt insb. für die durch die Bundespost angelieferte sowie die im Behördenbriefkasten eingelieferte oder die durch Boten zu übergebende Post. Die Zentralisierung dient der Sicherheit (gegen Verlust, unrechtmäßigen Eingriff, Zustellung an unzuständige Bearbeiter) und der Wirtschaftlichkeit.

1030 II. Die *Eingangsstelle* hat zu unterscheiden:
1. Irrläufer (sie werden zurück- oder an die zuständige Stelle weitergeleitet),
2. Verschlußsachen (sie werden ungeöffnet an den zuständigen Bearbeiter geleitet),
3. an bestimmte Behördenmitglieder adressierte Schreiben (sie werden wie zu 2. behandelt),
4. sonstige Sendungen (sie werden geöffnet; dasselbe gilt grundsätzlich auch für Post, die an die Behörden gerichtet ist mit dem Zusatz »zu Händen von Herrn. . .«).

1031 III. Nach der *Öffnung* werden
1. das Eingangsdatum auf dem Schreiben vermerkt,
2. das Vorhandensein von Anlagen überprüft und vermerkt,
3. beiliegende Wertsachen (insbesondere Geld) entnommen und der Kasse zugeleitet (die Entnahme wird vermerkt),
4. die Eingänge für den Empfänger ausgezeichnet, d.h.
a) wichtigere Sachen (nach besonderer Dienstanweisung insbesondere Geheimsachen, Erlasse und Verfügungen vorgesetzter Behörden, Schreiben von Parlamentsabgeordneten, Parteien, größeren Verbänden, Rechtsmittel und Dienstaufsichtsbeschwerden, Sachen von grundsätzlicher Bedeutung) für den Behördenleiter oder seinen ständigen Vertreter,
b) alle sonstigen Eingänge dem Vorgesetzten des sachbearbeitenden Beamten (Referate, Dezernate, Ämter, Abteilungen, je nach Aufbau der Behörde),
5. in besonderen Fällen die Eingänge in Register eingetragen (z.B. wenn der Nachweis des Eingangs wichtig ist, Rdnr. 805).

1032 IV. Im Interesse der *Beschleunigung* sind
1. Teile der Post bereits dem Empfänger zuzuleiten, während andere noch bearbeitet werden,
2. die Zahl der Eingänge, die an den Behördenleiter geleitet werden, klein zu halten,
3. sofern mehrere Stellen der Behörden beteiligt sind, Kopien herzustellen,
4. Eingänge stets als Eilsachen zu behandeln.

1033 V. Der Eingangsempfänger versieht den Eingang
1. mit seinem *Sichtvermerk* (Namens- oder Farbzeichen),

2. verfügt die weitere Behandlung, zuweilen durch Geschäftsvermerke, d.h. durch ein Symbol (z.B. + = Zeichnungsvorbehalt durch Behördenleiter) oder eine Abkürzung (z.B.: R = Bitte um Rücksprache). Vgl. § 18 GGO BMin.

C. I. Die *Bearbeitung* erfolgt regelmäßig im Wege der *Aktenverfügung*, d.h. durch Festlegung der notwendigen Bearbeitungsvorgänge. Die Aktenverfügung enthält in der Regel 1034
   1. das Schreiben, das an den Adressaten des Vorganges zu senden ist, entweder im Wortlaut, in Stichworten oder unter Verweisung auf gleichartige Vorgänge oder Formulare,
   2. weitere Anordnungen für die Bearbeitung (z.B. Mitteilungen an andere Behördenangehörige zur Kenntnisnahme oder zur weiteren Veranlassung),
   3. die Schlußverfügung. Sie darf in keiner Verfügung fehlen (z.B. »zu den Akten«, »weglegen«, »Wiedervorlage am. . .«).

II. Bei längeren Schreiben, insbesondere solchen, die nicht mit der Hand abgesetzt, sondern diktiert werden, wird die verfahrensleitende Verfügung oft selbständig neben dem Schreiben abgesetzt.

III. In der Verfügung werden vielfach Abkürzungen verwandt. Sie beruhen auf allgemeinen Anordnungen (Geschäftsordnungen).

IV. Wer innerhalb der Behörde zur *Unterschrift* berechtigt ist, ergibt sich aus besonderen Vorschriften und Anordnungen. 1035
   1. Grundsätzlich ist nicht jeder sachbearbeitende Beamte zeichnungsberechtigt. Die Zentralisierung der Zeichnung gibt eine Kontrollmöglichkeit, die deshalb wichtig ist, weil der Vorgesetzte für das Tun seiner nachgeordneten Beamten verantwortlich ist. Allerdings sollte die damit verbundene Kontrollmöglichkeit auch im Hinblick auf die Verantwortung gesehen werden, die durch die Unterzeichnung entsteht. Daher ist zu prüfen, ob die Unterschriftsbefugnis delegiert werden kann. Eine Vorlage vor oder nach Abgang beim Vorgesetzten genügt vielfach auch. In Anbetracht dieser Erwägungen ist in Hamburg das *Zeichnungsrecht* grundsätzlich auf die Sachbearbeiter delegiert worden.
   2. Sofern der Vorgang im Wege der Aktenverfügung erledigt wird, zeichnet der zur Unterschrift berechtigte Beamte nur die Verfügung (mit seinem Namenszeichen), während die Kanzlei die Reinschrift beglaubigt. Dieses Verfahren, das eine abermalige Vorlage und eine doch nur technische Kontrolle erspart, führt zu einer nicht unerheblichen Rationalisierung der Verwaltung. Allerdings fordert der mündlich diktierte Brief regelmäßig gerade aus Zweckmäßigkeitsgründen die unmittelbare Unterschrift.
   3. Unabhängig von der Unterzeichnung von Aktenverfügung und Original haben die an der Bearbeitung beteiligten Beamten, insbesondere der Entwurfsver-

fasser das bei der Behörde zurückbleibende Stück (Verfügung oder Durchschrift) abzuzeichnen und damit ihre Mitverantwortung zu dokumentieren.

1036 D. Der *Ausgang* der Post ist ebenfalls zentralisiert; er erfolgt durch die Postabsendestelle.

Die Versendung erfolgt durch Boten (Kurier) oder die Bundespost. In Orten mit einer Mehrzahl von Dienststellen besteht oft eine zentrale Postaustauschstelle. Die beteiligten Behörden werden u.U. auch durch einen Kurierwagen, der nach einem festen Fahrplan verkehrt, angelaufen. Die Frage, welches Verfahren anzuwenden ist, hängt von der Wirtschaftlichkeit und Schnelligkeit ab.

II. Der größte Teil Behördenpost wird regelmäßig mit der Bundespost versandt. Die Postabsendestelle muß daher mit den Bestimmungen der Bundespost vertraut sein. Für die Gebührenentrichtung stehen verschiedene Verfahren zur Verfügung (Postwertzeichen, Postgebührenstundungsverfahren, Absenderfreistempler, Barfreimachung).

1037 III. Zahlreiche Sendungen sind *förmlich zuzustellen*.
1. Das gilt vor allem für solche Sendungen, bei denen der Nachweis des Zugangs beim Empfänger und das Datum des Zuganges für das weitere Verfahren von Bedeutung ist.
2. Die Zustellung erfolgt entweder
a) durch die Post mit Zustellungsurkunde,
b) durch die Post mittels eingeschriebenen Briefes,
c) durch die Behörde gegen Empfangsbekenntnis,
d) durch Vorlegen der Urschrift,
e) durch öffentliche Zustellung,
f) durch Besteuerungsverfahren in vereinfachter Form durch einfachen Brief.

1038 E. Im Verkehr der Behörden untereinander kommt als besonderes Verfahren der »*urschriftliche Verkehr*« vor. Er besteht darin, daß eine Dienststelle (bzw. ein Beamter) nicht ein Schreiben an die andere Dienststelle (bzw. den anderen Beamten) richtet, sondern den ganzen Vorgang »UR« (= urschriftlich unter Rückerbittung) oder einfach »U« an den Empfänger sendet. Wegen der einfachen und kostensparenden Form ist dieses Verfahren in möglichst großem Umfang anzuwenden. Allerdings kommt es nur zwischen Behörden in Frage, ferner nur dann, wenn der Vorgang vorübergehend oder endgültig entbehrlich ist. Sofern der Vorgang zurückerbeten wird, ist eine Fristenkontrolle zu führen.

1039 F. Besondere Beachtung ist der *sprachlichen Form* zu widmen.

I. Es ist heute in das allgemeine Bewußtsein innerhalb der Behörden gedrungen, daß ein verschnörkelter Kanzleistil nicht mehr am Platze ist. Allerdings sind ständige Mahnungen gegen weitschweifige Ausdrucksweisen und für verständliches sowie zugleich prägnantes Deutsch immer noch am Platze. Insbesondere sind Hinweise stets nötig, daß eine Häufung von Hauptworten, ungebräuchliche Fremdworte, lange Sätze, unnötige Abkürzungen zu vermeiden sind.

II. Im Schriftverkehr ist *Höflichkeit* eines der obersten Gebote. Anrede und Grußformel gehören in das Schreiben an den Bürger, auch beim beamteten Bürger, sofern das Schreiben nicht innerhalb des Dienstverkehrs an ihn gerichtet wird. Zwischen Behörden ist dagegen Anrede und Grußformel überflüssig.

III. Im Behördenschriftverkehr haben sich eine Fülle von Ausdrücken, Formen und *Abkürzungen* eingebürgert. Die preußische und später die Reichsverwaltung haben hier prägend gewirkt.

§ 111 Kommunikationstechniken

Schrifttum: *K. Alsleben*, Richtlinien für Zusammenkünfte, RatBüro 1965, H. 2, S. 7; *K. Bleicher*, Konferenzen, 1960; *B. Frank-Böhringer*, Rhetorische Kommunikation, 1963; *K. Glaser*, Verwaltungstechnik, 1950, S. 198 ff.; *F. Goosens*, Erfolgreiche Konferenzen und Verhandlungen, 1964; *H. Jung*, Handbuch der kommunalen Redepraxis, 2. Aufl., 1966; *C. K. Kanellopoulus*, Kommunikation und Kollegialorgane, 1970; KGSt. (Hrsg.), Vorbereitung, Niederschrift und Durchführung der Beschlüsse gemeindlicher Beschlußorgane, 1958; *H. Klüber*, Sitzungs- und Konferenztechnik, in: KomWirtsch. 1970, S. 421 ff.; *M. Weller*, Ich bitte ums Wort, Handbuch des gesamten Sitzungs- und Versammlungswesens, 1960.

A. Die Verwaltung ist, obwohl sie grundsätzlich schriftlich arbeitet, notwendig darauf angewiesen, bestimmte Vorgänge oder Teile von ihnen durch mündliche *Kommunikation* zu erledigen. Sie muß dem – oft nicht schriftgewandten – Bürger zur Verfügung stehen. Zahlreiche komplizierte Vorgänge mit mehreren Beteiligten lassen sich in einer mündlichen Besprechung leichter erledigen.

1040

B. Die Behörde steht für den *Publikumsverkehr* zur Verfügung.

1041

I. Im Interesse der rationellen Verwaltungsführung ist es bei Behörden mit starkem Publikumsverkehr zweckmäßig, *Sprechzeiten* einzuführen, während derer die Behörde für den Publikumsverkehr offen ist. Im Interesse des Publikums, das von auswärts anreist und oft mehrere Behörden besucht, sollten die Behörden am Ort ihre Sprechzeiten aufeinander abstimmen.

II. Das Finden des zuständigen Sachbearbeiters im Behördengebäude sollte durch einen *Aushang* des Organisations- und Geschäftsverteilungsplanes erleichtert werden, bei größeren Behörden auch durch einen Pförtner, der diese Pläne in Händen hat.

III. Es ist auch vorgeschlagen worden, für größere Behörden einen *Beratungsdienst* einzurichten, der dem Bürger sogleich beim ersten Kontakt mit der Behörde sachkundige Ratschläge gibt, an wen er sich wendet, welche Formulare er benutzt, welche Unterlagen er benötigt u.a.m. Doch ist es zweifelhaft, daß diese kostspielige Einrichtung wirklich hinreichenden Nutzen stiftet, weil die Verhältnisse zumeist zu kompliziert sind als daß man sie durch zentrale Beratungsstellen erledigen könnte.

IV. Auch im mündlichen Verkehr ist die *Höflichkeit* wichtigstes Gebot. Sie äußert sich vor allem darin, daß der Beamte dem Besucher aufmerksam zuhört. Allerdings schließt das nicht aus, daß allzu lange Ausführungen, insbesondere Ausschweifungen oder gar Ausfälle unterbrochen und zurückgewiesen werden. Notfalls ist die Verhandlung zu unterbrechen, der Besucher des Hauses zu verweisen und ihm anheimzustellen, sich schriftlich zu äußern oder einen Bevollmächtigten zu bestellen.

1042 V. Über die Besprechung ist eine Aufzeichnung *(Aktenvermerk)* zu fertigen, wenn die Möglichkeit besteht, daß das Gespräch für den weiteren Verlauf eines Verfahrens relevant werden kann.

1043 C. Die praktisch wichtigste Form des mündlichen Verkehrs ist das *Fernsprechen* (Rdnr. 791).

I. Seine Vorteile liegen in der Schnelligkeit, der Vermeidung von Mißverständnissen, der jederzeitigen Erreichbarkeit und der Billigkeit des Verfahrens. Angesichts der Kosten, die heute allein ein Brief verursacht (die vor allem in den Personalkosten liegen), ist auch ein auswärtiges Telefongespräch regelmäßig noch billiger, insbesondere weil es regelmäßig zwei Briefe spart. Eine Reihe von Anrufen, die in kürzester Frist zu erledigen ist, spart oft eine umständliche, zeitraubende und nur schwer zusammenzubringende Sitzung.

II. Allerdings bedarf es auch beim Telefongespräch in vielen Fällen einer Aufzeichnung des Gesprächs in Form eines Aktenvermerks. Das Prinzip der Aktenvollständigkeit (Rdnr. 800) wird gerade in dieser Beziehung oft vernachlässigt.

III. Das Telefon kann nur dann voll nutzbar gemacht werden, wenn die telefonische Erreichbarkeit durch Telefonverzeichnisse und Eintragung der Telefonnummer im Briefkopf hinreichend gesichert ist.

§ 111 *Kommunikationstechniken*

D. *Vortrag* ist die Erörterung einer Sache bei einem Vorgesetzten, die entweder vom Vorgesetzten angeordnet oder vom Sachbearbeiter erbeten wird. Sie ist eine praktisch besonders wichtige Form des mündlichen Verkehrs, sie informiert den Vorgesetzten schnell und arbeitssparend, sie zwingt ihn nicht, die gesamten Akten durchzulesen.

1044

E. Besprechungen

1045

I. Nicht alle Gegenstände lassen sich am Telefon erledigen. Insbesondere dort, wo Unterlagen eingesehen werden müssen, ist die Zusammenkunft erforderlich. Ferner kann es der Sache selbst dienlich sein, wenn die Gesprächspartner sich unmittelbar gegenübersitzen, da das Klima einer solchen Besprechung regelmäßig ein anderes ist als das des Ferngesprächs.

II. Beamte, die oft zusammenarbeiten (z.B. der Amtsleiter mit seinen unmittelbar nachgeordneten Beamten, Leiter zusammenarbeitender Behörden, Referenten verschiedener Behörden mit gleichartigen Aufgaben) halten Besprechungen ab. Besprechungen sind informeller Natur. Für sie gibt es keine festen Verfahrensregeln. Das Ergebnis kann daher nur in einer gegenseitigen Information oder einer Einigung über eine Frage bestehen, nicht dagegen in einer Beschlußfassung.

F. *Sitzungen* sind im Gegensatz hierzu förmliche Besprechungen, von Gremien mit einem festen Teilnehmerkreis, einem geordneten Verfahren, oft durch Rechtsvorschriften eingesetzt und geordnet.

1046

I. Sitzungen sind arbeitsaufwendig. Sie sollten daher nur stattfinden, wenn sie rechtlich vorgeschrieben sind oder soweit von ihnen in Anbetracht des Aufwandes ein Ergebnis zu erhoffen ist, das diesen Aufwand rechtfertigt. Der Teilnehmerkreis sollte nicht weiter gezogen werden als sachlich erforderlich.

II. Zur *Vorbereitung* gehört

1047

1. die Feststellung der Besprechungsgegenstände (wobei vor allem zu prüfen ist, ob die Tagesordnung nicht zu umfangreich ist),
2. die Festlegung der Besprechungsteilnehmer,
3. die Herstellung der Sitzungsunterlagen,
4. die rechtzeitige vorherige Versendung der Sitzungsunterlagen einschließlich der Tagesordnung,
5. bei schwierigeren Fragen die Vorklärung der Probleme einschließlich der möglichen Ergebnisse unter den Hauptbeteiligten,
6. die technische Vorbereitung, insbesondere die Herrichtung der Sitzungsräume,

7. bei öffentlichen Sitzungen die Bekanntmachung, eventuell die Einladung der Presse.

1048 III. Bei der *Durchführung* ist zu beachten
1. die Wahrung der Förmlichkeiten (z.B. Feststellung von Anwesenden und der Beschlußfähigkeit, Rechtzeitigkeit der Ladung, Feststellung des Tagesordnung),
2. Sicherung der Protokollführung,
3. vollständige, jedoch nicht weitschweifige Erörterung der Beratungsgegenstände. Die Kunst der Verhandlungsführung ist erlernbar, wird aber von sehr vielen Verhandlungsführern nicht beherrscht. Die Führung der Verhandlung verlangt Sachkenntnis, Energie und den festen Willen, die Beratungen zu einem Ziel zu führen. Der Verhandlungsführer darf sich nicht scheuen, von der Sache abschweifende Ausführungen zu unterbrechen und durch kurze Zusammenfassungen des erreichten Standes der Beratung die Teilnehmer auf die noch zu lösenden Teilfragen hinzulenken.
4. Am Schluß der Beratung jedes Gegenstandes sollte das Ergebnis vom Vorsitzenden zusammengefaßt werden, um klarzustellen, daß nicht Mißverständnisse obwalten und eine nur scheinbare Einigung vorliegt.

1049 IV. *Zur Abwicklung* der Sitzung gehört
1. die Herstellung, Unterzeichnung und Versendung des Protokolls. Viele Protokolle sind zu lang und kommen zu spät. In aller Regel sind nur die Ergebnisse der Beratung, nicht dagegen der Gang der Beratung festzuhalten;
2. die Durchführung der Beschlüsse. Da das Protokoll oft erst nach einiger Zeit vorliegt, muß der Vorsitzende sicherstellen, daß die sofort zu erledigenden Beschlüsse gesondert aufgezeichnet werden.

VIII. Abschnitt   Automatische Datenverarbeitung
27. Kapitel   Allgemeine Fragen

§ 112   Datenverarbeitung in der Verwaltung

Schrifttum: *M. v. Berg,* Die Rolle der Verwaltungswissenschaft für die Automation in der öffentlichen Verwaltung, in: Münchener Ringvorlesung EDV u. Recht, 1973, 147 ff.; *K. Bresse,* Soll und Haben in der Datenverarbeitung mit Folgerungen für die Zukunft, in: ÖVD 1972, 501 ff.; *H. Brinkmann / K. Grimmer / K. Lenk / D. Rare,* Verwaltungsautomation, 1974; *H. Fiedler,* Theorie und Praxis der Automation in der öffentlichen Verwaltung, in: DÖV 1970, 469 ff.; *H. Geiger – J. Schneider,* Der Umgang mit Computern, 1975; *W. Jähning,* Automatisierte Datenverarbeitung in der öffentlichen Verwaltung, 1971; *G. M. Lamb,* Computers in the public service, 1972; *K. Lenk,* Automation und Verwaltungsentscheidung, in: DVBl. 1974, 832 ff.; *E. Opalka,* Institutionelle und funktionelle Organisation kommunaler Datenverarbeitungszentralen im Gesamtrahmen der kommunalen Verwaltungsorganisation, in: ÖVD 1976, S. 71 ff., S. 122 ff.; *A. Osswald,* Verwaltungsreform und elektronische Datenverarbeitung, 1969; *J. Ostermann,* Automation in der Verwaltung – Realität und Zukunftserwartung, in: Verwaltung 1970, 129 ff.; *W. Steinmüller,* Stellenwert der EDV in der öffentlichen Verwaltung und Prinzipien des Datenschutzrechts, in: ÖVD 1972, 453 ff.; *R. Waterkamp,* Computer und öffentliche Verwaltung, 1973; *K. Zuse,* Computer und Bürokratie, in: DSWR 1972, 257 ff.

A. Verwaltung ist *Verarbeitung von Daten.* Jeder Entscheidungsvorgang besteht in der Aufnahme, der Verarbeitung und der Ausgabe von Daten. Die Verarbeitung kann im Datenlesen, Datenspeichern und in der Datenbearbeitung i.e.S. bestehen. Die Datenbearbeitung kann ihrerseits im Datenrechnen (addieren, subtrahieren usw.), Datenordnen (sortieren, mischen, selektieren, vergleichen), Datenumformen und Datentransportieren bestehen. Die bearbeiteten Daten werden geschrieben und ausgegeben.   1050

Datenverarbeitung hat es in der Verwaltung stets gegeben. Es war freilich bis zur Entstehung der heutigen Datenverarbeitungsprobleme und bis zur Erfindung der modernen Datenverarbeitungsmaschinen noch nicht in das allgemeine Bewußtsein der Verwaltung gelangt, daß die Informationstheorie und ihre technischen Anwendungen auch für die öffentliche Verwaltung nützlich seien.

B. Auf die öffentliche Verwaltung kommen immer *mehr Daten* zu, die sie verarbeiten muß. Herkömmliche Methoden der Datenverarbeitung sind teuer, weil sie hohe Personalkosten verursachen. Daher muß die Verwaltung im Interesse der Wirtschaftlichkeit zunehmend mehr auf eine mechanische Verarbeitung übergehen. Seit langem wurde für die verschiedensten Zwecke, z.B. Statistik, Lohn- und   1051

Gehaltsrechnungen, Buchführung und Rechnungswesen die Lochkarte eingesetzt. So sehr die herkömmlichen Lohnkartenanlagen Fortschritte brachten, weil sie ordnen, sortieren, zählen und auch rechnen können, so sehr ist aber doch die automatische *Datenverarbeitungsanlage (ADV-Anlage)* überlegen, weil sie erheblich mehr Arbeitsschritte in einem Entscheidungsvorgang übernehmen kann, weil ihr Anwendungsgebiet breiter ist und weil sie schneller arbeitet, d.h. in kürzester Zeit ein Vielfaches von Daten verarbeitet.

1052 Wegen ihrer hervorragenden Anwendbarkeit bei Verwaltungsvorgängen hat sich die ADV in der öffentlichen Verwaltung in den letzten 10 Jahren stürmisch *durchgesetzt*. Die Entwicklung ist noch keineswegs abgeschlossen. ADV ist eine Fachaufgabe der Verwaltung geworden mit eigener Ausbildung, besonderen Posten im höheren Dienst, Automatisierungsplänen in Bund und Ländern sowie dem automationsgerechten Abfassen von Vorschriften. Es wird behauptet, ADV sei sogar ein »Prinzip« der modernen Verwaltung. Es ist durchaus möglich, daß die ADV dann, wenn es gelingt, leistungsfähige integrierte Datenverarbeitungssysteme aufzubauen, die Verwaltung in Organisation und Arbeitsweise grundlegend verändern wird. Ansätze davon sind bereits erkennbar.

1053 C. Mit der Automatisierung der Verwaltung werden heute die folgenden *Ziele* verfolgt:

I. Erhöhte *Wirtschaftlichkeit* durch Personaleinsparungen. Dieses Ziel ist nur bei Massenarbeit zu schaffen und auch nur nach einer Anlaufzeit. In der Regel wird auch nicht Personal eingespart durch Verminderung der Personalzahlen, es entfallen nur künftig notwendig werdende Personalverstärkungen. Ferner ist es möglich, durch Automatisierung von Massenarbeiten Personal von Routineaufgaben zu entlasten und bei höherwertigen Aufgaben einzusetzen.

II. Erfüllung *bisher nicht wahrgenommener,* aber notwendiger *Aufgaben* oder schnellere und damit zielgerechtere Erledigung bisher schon wahrgenommener Aufgaben. Insb. können Datenbestände, z.B. Statistiken, die bisher nicht zu bearbeiten waren, für die Planung nutzbar gemacht werden. Auch sind längerfristige und komplexe Planungen möglich.

III. Damit hängt das 3. Ziel zusammen, die *Verbesserung der Entscheidungsprozesse* durch Bereitstellung rationaler Entscheidungshilfen.

§ 113 Datenverarbeitungsanlagen

Schrifttum: *N. Chapin,* Einführung in die elektronische Datenverarbeitung, 2. Aufl., 1963; *S. Dworatschek,* Einführung in die Datenverarbeitung, 3. Aufl., 1970; *M. Euwe,* Einführung in die Grundlagen der Datenverarbeitung, 1971; *H. Frank,* Kybernetische Maschinen, 1964; *R. Giehl,* Aufbau und Arbeitsweise einer EDV-Anlage, in: BayVBl. 1971, S. 84 ff.; *O. Knapp,* Elektronische Datenverarbeitung, 1975; *Löbel / Müller / Schmidt,* Lexikon der Datenverarbeitung, 5. Aufl., 1972; *H.-H. Maier / B. v. Jókuthy,* Der technische Ablauf einer Software-Entwicklung, in: ÖVD 1975, 512 ff.; *W. Trede / A. Herkelmann / E. Schwarzer,* Datenverarbeitung, 2. Aufl., 1969; *H. Wehrig,* Wie arbeiten Datenverarbeitungsanlagen?, 2. Aufl., 1971.

A. I. Die ADV beruht technisch vor allem auf der ungeheuren *Schaltgeschwindigkeit* der elektronischen Elemente. Durch diese Geschwindigkeit ist es möglich, den im Programm in eine außerordentlich große Zahl von Teilvorgängen zerlegten Entscheidungsvorgang in überraschend kurzer Zeit zu bearbeiten. Die zahlreichen Schritte, die bei der Entscheidung eines Verwaltungsvorganges (z.B. der Prüfung, ob eine Steuerpflicht besteht, gegebenenfalls in welcher Höhe) logisch nötig sind, aber von dem erfahrenen Beamten regelmäßig weitgehend intuitiv ausgeschaltet werden, werden in eine entsprechende Zahl von Einzelfragen zerlegt, auf die nur die Antwort »Ja« oder »Nein« möglich ist. Dabei wird »Ja« durch einen Stromstoß symoblisiert, der gerade in dem Augenblick erfolgt, in dem die betreffende Frage gestellt wird, während »Nein« durch eine Pause in der Stromzufuhr symbolisiert wird.

1054

II. Die Datenverarbeitungstechnik setzt ferner die Erforschung der Prinzipien der *Kybernetik* sowie die Anwendung der binären *Mathematik* voraus. Die modernen Hochleistungsgeräte beruhen auf immer kleineren Bauelementen, die kürzere Schaltzeiten ermöglichen, auf wesentlich vergrößerter Speicherkapazität und auf sicheren Maschinensystemen. Das »Multiprogramming«, d.h. die gleichzeitige Verarbeitung mehrerer miteinander zusammenhängender oder voneinander unabhängiger Programme vervielfacht die Anwendungsmöglichkeiten. Eine weitere Ausdehnung der Anwendung gibt die Datenfernübertragung.

1055

III. Ein wesentliches technisches Problem liegt in der *Umformung der Daten* von konventionellen in maschinell lesbare Daten, d.h. der Umformung der Schrift in Information auf *Lochkarte, Lochstreifen, Magnetband* usw. Diese Umformung ist arbeitsaufwendig. Wenn es möglich wird, die Technik der Klarschriftleser in erheblichem Umfang anzuwenden, ist ein weiterer erheblicher Fortschritt zu erwarten.

1056

B. I. Jede ADV-Anlage setzt sich aus der *Eingabeeinheit,* der *Zentraleinheit* (mit Arbeitsspeicher, Rechenwerk und Steuerwerk) und der *Ausgabeeinheit* zusammen. Möglich (und in der Regel vorhanden) sind externe Speicher und sonstige periphere Geräte. Die konkrete Maschinenkonfiguration, die von einem Anwender eingesetzt wird, zeigt zahllose Varianten je nach den spezifischen Bedürfnissen.

1057

II. *Eingabeeinheit* können Schreibmaschine, Fernschreiber, Lochkarten- und Lochstreifenabfüllgeräte, Magnetbandeinheiten, Beleglesegeräte u.a.m. sein. Sie dienen der Eingabe von Daten und Programmen. Die Daten müssen maschinell lesbar sein *(Lochkarten, Lochstreifen, Magnetbänder)*. Das setzt soweit nicht Klarschriftleser eingesetzt werden können, die Verarbeitung der Daten in maschinell lesbare Daten voraus. Die Daten werden mit sehr hoher Geschwindigkeit in den Arbeitsspeicher eingelesen und stehen dort für die Verarbeitung zur Verfügung.

1058 III. *Ausgabeeinheit* können Schreibmaschinen, Fernschreiber, Lochkarten- und Lochstreifengeräte, Magnetbandeinheiten, Schnelldrucker, Zeichengeräte u.a.m. sein. Die Ausgabe ist technisch in beliebiger Form möglich. Sie erfolgt aus dem Arbeitsspeicher.

1059 IV. *Zentraleinheit*
1. Der *Arbeitsspeicher* übernimmt das Programm und die Eingabedaten aus dem Eingabegerät und stellt es zur Verarbeitung zur Verfügung. Er ist das »Gedächtnis« der Anlage. Er besteht aus Speicherplätzen, die »Adressen« haben und für die Verarbeitung (Speicherung, Bearbeitung) angerufen werden. Die gespeicherten Daten können gelöscht und – insb. nach Transport in einen externen Speicher – mit anderen Daten besetzt werden.
2. Im *Rechenwerk* erfolgt die Datenverarbeitung. Es hat die Fähigkeit zu vergleichen, die Grundrechenarten auszuführen sowie andere logische Entscheidungen zu treffen.
3. Das Steuerwerk steuert die gesamte Anlage. An ihm arbeitet der *Operator*, der die Programme, d.h. die einzelnen Programmschritte nacheinander aus dem Arbeitsspeicher abruft und das Rechenwerk veranlaßt, die im Programm enthaltenen einzelnen Befehle auszuführen.

C. Die Lösung einer Aufgabe zur Verarbeitung durch die ADV besteht aus den folgenden Hauptschritten:

1060 I. *Problemanalyse*. Zunächst ist zu klären, welches Problem zu lösen ist, d.h. wie es abzugrenzen ist, welche Teilfragen es betrifft, welche Beziehungen die einzelnen Teile zueinander haben. Für diese Aufgabe hat sich die Systemanalyse als Hilfsmittel hervorragend bewährt.

1061 II. Sodann ist ein *Programmablaufplan* herzustellen. Er enthält die graphische Darstellung der einzelnen gedanklichen Schritte, die zur Problemlösung erforderlich sind mit allen möglichen Alternativen (Verzweigungen) und Rückkopplungen (Schleifen). Die Darstellung erfolgt regelmäßig im sog. Blockdiagramm.

1062 III. Die *Programmierung (Kodierung)* ist die Auflösung des Blockdiagramms in Einzelbefehle, die der Maschine für deren inneren Arbeitsgang und die Verarbeitung der Daten gegeben werden. Das Programm besteht aus langen Listen von Befehlen, die in einer *Programmsprache* (z.B. Fortran, Algol, Cobol u.a.m.) geschrieben werden.

IV. Sodann ist das Programm in die Zeichen, die von der Maschine gelesen werden können, umzuformen, d.h. auf Lochkarte, Lochstreifen, Magnetband u.ä. zu übernehmen, soweit es nicht sogleich vom Klarschriftleser erfaßt und in den Arbeitsspeicher übernommen werden kann.

V. Danach wird das Programm getestet und nach den Testläufen evtl. verbessert.

VI. Hat das Programm seine endgültige Form erreicht, so kann mit der Verarbeitung der Daten begonnen werden.

§ 114 Anwendungsbereiche

Schrifttum: *O. K. Binder,* Personalverwaltung mit elektronischer Datenverarbeitung, 1970; Bundesminister des Innern (Hrsg.), Zweiter Bericht der Bundesregierung über die Anwendung der elektronischen Datenverarbeitung in der Bundesverwaltung v. 17.4.1970 (BT-Drucksache VI/1648); *H. Dirksen,* Behördliches Kassenwesen und kammeralistische Buchführung bei elektronischer Datenverarbeitung, in: DÖH 1974, 71 ff.; *W. Göschel,* Stadtplanung und Stadtforschung mit EDV-Unterstützung, in: DSWR 1974, 139 ff.; *F.K. Gruber,* Möglichkeiten und Grenzen einer automatisierten Normanwendung in der öffentlichen Verwaltung, in: BayVBl. 1972, 434 ff.; *H. Heußner,* Automation in der Sozialversicherung, in: SgbK 1976, 245 ff.; *P. Hoschka,* Funktionen des Computers in der politischen Planung, in: ÖVD 1974, 308 ff.; KGSt. (Hrsg.), Grundstücksdatenbank: Ordnungs- und Verknüpfungsmerkmale, 1974; *H. König / E. Webser,* Öffentliches Rechnungswesen im Fortschritt der Automation, 1967; *U. Lehnert* u.a. (Hrsg.), Elektronische Datenverarbeitung in Schule und Ausbildung, 1970; *K. Lenk,* Die Automation der Informationsfunktion in der öffentlichen Verwaltung, 1974; *H. Marwedel,* Die Rolle der elektronischen Datenverarbeitung in Planungs- und Entscheidungsprozessen, in: ÖVD 1973, 343 ff.; *E. Mundhenke,* Informationssysteme für Hochschulverwaltung und -politik, 1975; OECD (Hrsg.), Automated information management in public administration, 1973; *O. Schmidt,* Gedankliche Konzeption für ein computergestütztes Personalinformationssystem, in: ZBR 1973, 65 ff.; *S. Simitis,* Informationskrise des Rechts und der Datenverarbeitung, 1970; *G. Widdel,* Datenverarbeitung im kommunalen Einwohnerwesen, Diss.rer.pol., Göttingen, 1966.

A. Die ADV ist dort einsetzbar, wo es sich um logische Entscheidungen handelt. Dabei müssen die zu verarbeitenden Daten auf dem Datenträger klassifiziert oder mit Merkmalen ausgestattet sein, kraft derer in einem weiteren automatischen

Vorgang eine Klassifizierung möglich ist. Ferner muß ein Programm vorhanden sein, das auf einem Datenträger verzeichnet ist und vom Programmierer Befehle erhalten hat, wie es auf die eingegebenen Daten reagieren soll. Dabei kann das Programm eine Ja – Nein – Entscheidung betreffen, zählen und rechnen, d.h. logische Operationen durchführen. Die Möglichkeiten enden jedoch immer dort, wo es sich um Wertungen handelt. Alle wertenden Entscheidungen innerhalb von Verwaltungsvorgängen müssen zuvor erledigt sein, ehe der Vorgang in die ADV-Anlage gegeben wird.

Ferner setzt die Anwendung eines ADV-Systems voraus, daß die eingegebenen Daten sowie das Programm richtig sind. In begrenztem Rahmen kann die ADV-Anlage zwar auch Fehler entdecken, sie ist aber insoweit dort im wesentlichen auf die Zuverlässigkeit der Menschen angewiesen, die sie füttern.

1064 Die *Anwendbarkeit der ADV* wird auch durch Fragen der *Wirtschaftlichkeit* bestimmt. Die Einsparung gegenüber herkömmlichen Entscheidungsmitteln tritt immer nur dann ein, wenn die Zahl der gleichartigen Vorgänge, die mit einem bestimmten Programm bearbeitet werden, groß genug ist. Denn die Kosten der Anlage (Miete oder Kauf, Betriebskosten) sowie die Kosten der Programmherstellung und -testung sind nicht gering. Oft ist es so, daß die Einführung der ADV zunächst zu einer Kostenvermehrung führt. Das gilt umso mehr, als regelmäßig das Personal, das für die auf ADV umgestellte Aufgabe bisher eingesetzt war, nicht entlassen werden kann. Freilich gehen die bisherigen Erfahrungen dahin, daß mit dem ständigen Wachsen der Verwaltungsaufgaben nach Einführung der ADV geringere Kosten für das Auffangen der Mehrarbeit eintreten. Ferner wird eine zunächst zu große Anlage oft schon in kurzer Zeit voll ausgelastet, weil nach und nach weitere Aufgaben auf ADV übernommen werden. Im übrigen verliert dieses Problem auch deshalb an Bedeutung, weil die Verwaltung zur Einrichtung optimal dimensionierter Rechenzentren übergeht.

1065 B. Der wichtigste Anwendungsbereich ist die Erledigung von *Massen- und Routineaufgaben,* d.h. von Aufgaben, die in sehr großer Zahl auftreten und gleichartig sind. Dabei ist es günstig, wenn die Arbeiten periodisch anfallen, um jeweils einen Stapel verarbeiten zu können.

Typische Beispiele derartiger Aufgaben sind Berechnung von Renten, Wohngeld und anderen Leistungen, Berechnung von Steuern und sonstigen Abgaben, Lohnsteuerjahresausgleich, Zahlbarmachung von Dienstbezügen, Haushalts-, Kassen- und Rechnungswesen, kommunaler Finanzausgleich, Postscheckdienst.

Diese und andere Aufgaben könnten heute schon gar nicht mehr ohne ADV in der Verwaltung erledigt werden. Hier hat sich die ADV vollständig durchgesetzt. Die theoretische Vorstellung, man wollte diese Aufgaben wieder in der herkömmlichen Weise bearbeiten, macht deutlich, welche Ersparnisse sich durch die ADV ergeben. Hinzu kommt, daß die ADV diese Aufgaben – die richtige Dateneingabe und Programmierung vorausgesetzt – praktisch fehlerfrei bearbeitet; insofern hat sie auch noch einen erheblichen Qualitätsvorsprung.

§ 114 *Anwendungsbereiche*

C. I. ADV ist in der Verwaltung auch wichtig für *Planungs- und Führungsaufga-* 1066
ben. Derartige Entscheidungen wollen optimale Ergebnisse produzieren. Wenn
in einer Entscheidungssituation eine größere Zahl von Handlungsalternativen mit
zahlreichen Unterfällen besteht und wenn die Frage, welche der Alternativen die
beste ist, von einer größeren Zahl von Faktoren, d.h. einem umfangreichen und
komplexen Zielsystem abhängt, so läßt sich die beste Handlungsalternative
– wenn überhaupt – regelmäßig nur mit ganz erheblichem Arbeits- und Zeitaufwand
erreichen. Die Benutzung der ADV bringt in derartigen Entscheidungssituationen
erhebliche Vorteile, sie ermöglicht erst, derartige komplizierte Planungsentscheidungen
rational zu treffen und verbessert daher die Verwaltungsarbeit
nicht nur im Einzelfall, sondern grundsätzlich.

II. Allerdings stellt der Einsatz von ADV bei der Planung vor erhebliche *Pro-* 1067
bleme. Während die Verarbeitung der Daten relativ einfach ist, lassen sich exakte
Daten für die Planungsaufgabe oft nicht beschaffen. Die Daten sind regelmäßig
nicht für die spezielle Planungsaufgabe erhoben und sind daher schon in der Begriffsbildung
nicht auf die Planung abgestimmt; oft ist das auch nicht möglich,
weil sie mit der gewünschten Abgrenzung praktisch nicht erhebbar sind. Die Datenerhebung
zur Planung ist oft sehr teuer. Es fragt sich daher, ob der Aufwand
den durch die bessere Planung erhofften Nutzen lohnt. Die Mitarbeiter, die die
Daten erheben, sind dem Problem nicht immer gewachsen. Daher sind Fehlerquellen
unvermeidbar. Hinzu kommt die Gefahr, daß die Grunddaten für den
Planungsprozeß uneinheitlich aufbereitet werden.

III. Die Anwendung von ADV bei Planung, insb. bei Prognosen, setzt einen
sehr hohen Grad von *Integration* voraus. Dazu bedarf es einer starken Datenaggregation.
Das wiederum fordert einen hohen organisatorischen Aufwand und
eine hohe technologische Leistungsfähigkeit, die ihrerseits hohe Kosten verursachen.
Ferner sind große personelle Ressourcen erforderlich, die nicht ohne weiteres
beschaffbar sind.

Daher wird ADV als Planungsinstrument auch nur beschränkt verwendet.
ADV wird derzeit noch zu 86 % für Massen- und Routinearbeiten, zu 3 % für
die Anwendung mathematischer Modelle und zu 11 % für Planungsarbeiten eingesetzt.

D. Informationssysteme 1068
Neben Anwendungsbereichen, die auf einen bestimmten output angelegt sind,
gibt es solche, die zunächst nur Daten speichern, die im Bedarfsfall abgerufen
werden, wobei bei der Sammlung der Daten noch nicht genau feststeht, in welchen
Fällen das geschehen wird. Beispiele hierfür sind Einwohnerdateien,
Grundstücksdateien, Straßendateien, Kraftfahrzeugdateien, statistische Angaben,
kriminalpolizeiliche Informationen, überhaupt Datenbanken. Bei derartigen
Dateien ist, obwohl die Anwendung im Einzelfall oft nicht feststeht, sehr
darauf zu achten, ob sie wirtschaftlich sind, ob die gespeicherten Daten wirklich

benötigt werden oder ob ihre Speicherung in herkömmlicher Form (Kartei, Listen u.ä.) nicht günstiger ist.

Insb. gehören integrierte Systeme – vor allem von der Wirtschaft geplante Management-Informations-Systeme – noch der Zukunft an. Zunächst ist es nur möglich, Datenbanken für bestimmte Teilbereiche zu organisieren und funktionsfähig zu machen. Erst in ferner Zukunft können diese zu integrierten Systemen zusammengeführt werden.

28. Kapitel   Organisation

§ 115   Zentralisierung

Schrifttum: *J. Demmer*, Verwaltungsvereinfachung durch zentrale Datenverarbeitung, in: KomWirtsch. 1967, 201 ff.; *E. Grochla*, Zur Diskussion über die Zentralisationswirkung automatischer Datenverarbeitungsanlagen, in: ZfO 1969, S. 47; *Jähnig*, Zentrale Datenverarbeitung, in: Städtebund 1966, 221 ff.; KGSt. (Hrsg.), Organisation kommunaler Datenverarbeitungszentralen, 1975; *M. Meschkat*, Rechtsprobleme und Organisationsprobleme öffentlich-rechtlicher Datenzentralen, Diss.iur. Kiel, 1973; *K. Lenk*, Automation und Zentralisation im Bereich der sozialen Sicherung in der BRD, in: ÖVD 1975, 291 ff.; *ders.*, Wie lassen sich (de-)zentralisatorische Wirkungen der Verwaltungsautomation bestimmen? in: ÖVD 1974, 109 ff.

1069 **A.** ADV ist zwar heute eine besondere Funktion der Verwaltung geworden, sie entfaltet daher in gewissem Umfang ein Eigenleben, das sich bis in die Organisation hinein auswirkt. Gleichwohl bleibt ADV Hilfsmittel der Verwaltung und ist deren politischen Zwecken untergeordnet. Die Organisation hat sich daher in erster Linie nach der allgemeinen Organisation zu richten. Freilich entfaltet die ADV ihre Wirkung, vor allem ihre wirtschaftlichen Vorteile erst, wenn sie ein hohes Maß an Zentralisierung erreicht. Erst dann tritt der Ersparniseffekt ein. Erst dann können überhaupt jene Datenmassen erfaßt werden, die bestimmte Aufgaben, vor allem in der Planung, durchführbar machen.

1070 **B.** Das führt zu einem hohen Maß an *Zentralisation*. Allerdings ist die Zentralisation nicht für alle Funktionen zwingend. Dezentral kann auf jeden Fall die Datenerfassung vorgenommen werden. Sie kann auch dezentral in maschinenlesbare Form (Lochstreifen, Magnetband) übertragen und über Terminals an die ADV-

Anlage zur Verarbeitung weitergegeben werden. Allerdings stellt sich hier das Problem der Fehler, das umso größer ist, je mehr autonome Teilnehmer an dem Gesamtsystem beteiligt sind.

Möglich und zweckmäßig ist auch eine *dezentrale Nutzung,* d.h. ein dezentraler Abruf. Das gilt nicht nur für spezielle selbständige Verwaltungseinheiten wie Gemeinden, sondern auch für staatliche Behörden, die Informationen benötigen (z.B. Bundeszentralregister, kriminalpolizeiliches Informationssystem, juristische Datenbanken). Auch kann durch Austausch von Daten und Mitteilung von Verarbeitungsergebnissen ein Effekt erzielt werden, der ohne formelle Zentralisation die Ergebnisse einer zentralisierten ADV erreicht. Trotzdem hat für gewisse Funktionen die Zentralisierung unbestreitbare Vorzüge. Das gilt auf jeden Fall für die einzelne ADV-Anlage. Große Anlagen versprechen eine hohe Wirtschaftlichkeit. Sie verlangen allerdings eine sehr große Zahl von Aufgaben, die nur bei Zentralisierung anfällt. Außerdem ist die Zentralisierung wichtig für die Programmierung. Die Herstellung von Programmen ist sehr teuer, weil sie arbeitsaufwendig ist. Dieselben Programme werden bei vielen Verwaltungen benötigt, weil sie dieselben Probleme haben. Auch bei der Umstellung von Programmen wegen Gesetzesänderungen oder wegen neuer Maschinen mit anderen Merkmalen führt die Zentralisierung zu der notwendigen Beschleunigung. Allerdings können gerade hier Arbeits- und Programmiergemeinschaften ohne organisatorische Zentralisierung gute Dienste leisten, wenn bestimmte Verwaltungsträger (Städte, Kreise) für bestimmte Aufgaben Lösungen entwickeln.

1071

C. I. Die Zentralisierungsnotwendigkeit führt bei kleineren Verwaltungsträgern (insb. Gemeinden und Gemeindeverbänden) zur Bildung von *Datenverarbeitungszentralen* (DV-Zentralen, *Rechenzentren*). Diese können nicht nur regional, sondern auch nach fachlichen Gesichtspunkten gebildet werden (z.B. ressortbezogene Zentralen, Statistische Landesämter, Bundes- und Landes-Kriminalämter). Sofern mehrere oder zahlreiche Mitglieder sich einer DV-Zentrale bedienen, muß die maschinentechnische Ausrüstung *(Hardware)* einen wahlfreien direkten Zugriff erlauben. Das wiederum setzt eine hohe Speicherkapazität voraus, die nur bei Großanlagen gegeben ist. Das allerdings fordert einen großen Einzugsbereich.

1072

Auch bei der *Software* (Organisation, Problemlösung, Programmierung) ist eine starke Zentralisierung erforderlich, da hier wegen des hohen Personalaufwandes die Hauptkosten entstehen. Zugleich verlangt das große Volumen Bearbeitung vielfältiger Aufgaben, d.h. ein spezialisiertes Personal.

II. DV-Zentralen stehen vor einer Reihe von *Regelungsproblemen:*
1. *Mitglieder (Einzugsbereich):* Dabei geht es auch um Anschlußzwang oder Freiwilligkeit. Außer in Nordrhein-Westfalen gilt das Prinzip der Freiwilligkeit. Ein indirekter Zwang kann über Finanzierungsregelungen ausgeübt werden.

1073

2. Mitwirkung bei der Entscheidung, insb. *innere Organisation*. Dabei geht es um die Frage, welche Aufgaben aufgenommen werden, welche Prioritäten dabei gesetzt werden, wie der Einsatz vorbereitet wird und wer die Verfügungsgewalt über die Daten hat.

3. *Finanzierung*. Neben Zuschlägen des Staates oder Aufnahme in den kommunalen Finanzausgleich steht – als Hauptquelle – die Eigenfinanzierung durch Mitglieder und Benutzer. Dabei ist über die Errichtungs-(Investitions-)Kosten, die Entwicklungs- und die Betriebskosten gesondert zu entscheiden. Die ständig steigenden Entwicklungskosten machen bei kommunalen DV-Zentralen staatliche Zuschüsse praktisch unvermeidlich.

1074 D. Die *Folgen* der Zentralisationstendenz sind heute noch nicht voll zu beurteilen. Daß ein Rationalisierungseffekt eintritt und daß dieser angesichts der steigenden Personalkosten für die Entscheidung der Verwaltung eine erhöhte Bedeutung gewinnt, war bereits gesagt worden. Zweifelhaft erscheint jedoch die Annahme, daß die ADV eine Revolution der Verwaltungsorganisation auslösen werde. Erst der Aufbau größerer Informationssysteme in der Zukunft könnte zu derartigen Veränderungen führen.

Immerhin bedeutet jede Zentralisation ein Stück Verzicht auf Kompetenzen; dabei werden allerdings – gerade bei DV-Zentralen – Beteiligungsrechte an den zentralisierten Entscheidungen, d.h. Einwirkung auf Angelegenheiten, die auch andere betreffen, gewonnen.

Auswirkungen hat die Zentralisierung auch auf die Führungsorganisation. Gerade die Grundsatzentscheidungen werden durch die zentrale Instanz, insb. die DV-Zentrale getroffen. Wenn es gelingt, in stärkerem Maße Planungsentscheidungen durch ADV zu treffen, wird sich das noch stärker auswirken.

§ 116 Integrierte Datenverarbeitung

Schrifttum: *F. Ahrens/H. Wolter*, Datenbanksysteme, 1971; *R. Bender*, Aufbau eines Informationssystems in Justiz und Verwaltung, in: ZfR 1973, 134 ff.; *H. Brinckmann*, Verwaltungsgliederung als Schranke von Planungs- und Informationsverbund, in: ÖVD 1975, 239 ff.; *U. Dammann*, Zum Vorschlag eines »Informationsbanksystems«, in: DVR 1972, 209 ff.; *K. Grimmer*, Probleme der Instituierung von Informationssystemen im öffentlichen Bereich, in: Datenschutz 1973, 237 ff.; Interministerielle Arbeitsgruppe beim Bundesminister des Innern, Vorschläge für die Planung und den Aufbau eines allgemeinen arbeitsteiligen Informationsbankensystems für die Bundesrepublik Deutschland, 3. Bde., 1971/72; *K. Lenk*, Die Automation der Informationsfunktion in der Öffentlichen Verwaltung, 1974; *E. Meincke*, Integrierte Datenverarbeitung in der öffentlichen Verwaltung unter besonderer Berücksichtigung der Kommunalverwaltung, 1970; *E. Mundhenke*, Kommunales Finanzwesen bei integrierter Datenverarbeitung, Diss.per.pol. Göttingen, 1966; *A. Langseder*, Integrierte Datenverarbeitung in der öffentlichen Verwaltung, in: Almanach 1973, 3 ff.; *Th. Lutz*, Das computerorientierte Informationssystem, 1973; *J. Schubel*, Die Zusammenarbeit von Staat und Kommunen bei integrierter Datenverarbeitung, in: DSWR 1973, 194 ff.; *H. Schmidt-Schmiedebach (u.a.)*, Datenbanken im Dienste der Gesetzgebung, der Rechtsprechung und der Verwaltung, 1970; *K. Sigl*, Aufbau und Arbeitsweise eines Verwaltungsinformationssystems, 1971; *U. Thomas*, Datenbanken in der öffentlichen Verwaltung, 1974; *D. Zimmermann*, Gemeinsame Datenbanken für die Verwaltung und die Wirtschaft, in: ÖVD 1973, 130 ff.

A. I. Unter *integrierter Datenverarbeitung* wird die Verknüpfung automatisierter Aufgaben und die damit verbundene organisatorische Zusammenfassung einzelner Verwaltungsfunktionen verstanden. Die Daten werden nur einmal erfaßt und für eine unbestimmte Vielzahl von Verwaltungsverfahren bereitgehalten.

II. Es wird unterschieden zwischen
1. interner Integration, d.h. der Zusammenfassung verschiedener Funktionen in einer Verwaltungseinheit (z.B. Gemeinde), und
2. externer Integration, d.h. der Zusammenfassung von Aufgaben mehrerer Verwaltungseinheiten mit Mitteln der Kooperation und Koordination (DV-Zentralen).

III. Es wird auch unterschieden zwischen
1. vertikaler Integration, d.h. der Integration einer Funktionsgruppe und
2. horizontaler Integration, d.h. der Integration verschiedener Funktionsgruppen (z.B. Einwohnerdaten und Steuerverwaltung).

IV. Integration kann auf unterschiedliche Weise erfolgen:
1. Sukzessive Datenverarbeitung, d.h. die gespeicherten Daten werden später verarbeitet,
2. simultane Datenverarbeitung, d.h. die angefallenen Daten werden sogleich danach verarbeitet,
3. Echtzeitverfahren, d.h. die Daten werden gleichzeitig mit ihrem Anfall verarbeitet.

V. Die Integration führt zu *Datenbanken,* d.h. zur Sammlung und Zusammenfassung von Datenbeständen (Dateien). Die Daten für zahlreiche Funktionen und von zahlreichen Aufgaben und Teilsystemen werden hier gespeichert, um dem Zugriff für eine möglichst vielfache Verwendung zur Verfügung zu stehen.

B. Integrierte Datenverarbeitung kommt vor allem für Datenbestände in Betracht, die für zahlreiche Zwecke zur Verfügung stehen müssen *(Grunddaten).* Es sind das z.B.

I. Einwohnerdaten für Lohnsteuerkarten, Impfkontrolle, Wehrerfassung, Kraftfahrzeuge und Führerscheine, Schöffenauswahl, Schulanfänger, Personenstandsfälle.

II. Grundstücksdaten für Kataster, Grundsteuer, Einheitswerte, Bauplanung, Kaufpreissammlung.

III. Finanzdaten für Haushaltsplan, Steuern und sonstige Abgaben, Schulden, Buchführung, Kassenwesen, Mahnwesen und Vollstreckung, Rechnungslegung.

IV. Personaldaten für Vergütung und Besoldung, Personaleinsatz, Personalplanung.

1078 C. Integration führt zu einer *Zusammenarbeit,* die u.U. inhaltliche Fragen berührt. Ist der Datenverband erst einmal begründet, so bedarf die Änderung und Erweiterung des Datensystems der gemeinsamen Entscheidung. D.h. Integration führt zur Einschränkung der Entscheidungsmacht der einzelnen Behörde bzw. des Verwaltungsträgers.

Integration ist nicht beliebig festsetzbar. Sie ist begrenzt durch die Kosten *(Wirtschaftlichkeit)* und die personellen Ressourcen. Integration ist daher derzeit nur als limitierte Integration möglich. Aber auch von der Software her ist Integration nur begrenzt möglich; es ist auch in der Wirtschaft noch nicht gelungen, funktionsfähige Management-Informationssysteme zu schaffen. Der Aufbau von Datenbanken kann daher nur langsam und schrittweise erfolgen.

Hinzu kommen bei integrierten Systemen eine Reihe von organisatorischen Problemen, etwa das der Geheimhaltung und das des Zugriffsrechts, die beide – ebenso wie weitere Probleme – den Aufbau erschweren.

§ 117 Die Organisation in der deutschen Verwaltung

Schrifttum: *o. V.,* Automation in der Hamburgischen Verwaltung, 1969; Deutscher Landkreistag (Hrsg.), Elektronische Datenverarbeitung in den Kreisen, 1970; KGSt. (Hrsg.), Automation im Finanzwesen, 1972; *A. Kroble,* Der organisatorische Zustand der kommunalen Datenverarbeitung, in: Städte- und Gemeinderat 1974, 226 ff.; *A. Langseder,* Gedanken zum Aufbau eines bayerischen Informationssystems, in: BayVBl. 1971, 2 ff.; Organisation der staatlichen EDV in der Bundesrepublik Deutschland, in: ÖVD 1976, 20 ff.; *Roemheld,* Das Rechenzentrum im Niedersächsischen Landesverwaltungsamt, in: DVBl. 1964, 561 ff., 611 ff.; *E. Schaal,* Die KO AG – Kommunale Arbeitsgemeinschaft für EDV in Baden-Württemberg, in: ÖVD 1975, 256 ff.; *H. Welter,* Entwicklung und Stand elektronischer Datenverarbeitung der Kommunalverwaltung in NW, in: Lkr. 1971, 213 f.

A. Beim *Bund* zeigt sich die Zentralisierungstendenz in der Organisation der Datenverarbeitung. 1079

I. Angesichts der Größe der Bundesverwaltung und der Vielfalt von Aufgaben (Innere Verwaltung, Bundesbahn, Bundespost, Bundeswehr, Finanzverwaltung, Auswärtiger Dienst, Bundesgrenzschutz usw.) ist eine völlige Zusammenfassung weder möglich noch anzustreben. Wichtig ist jedoch, daß nicht etwa ministerielle Grenzen die vorhandenen Datenverarbeitungssysteme bezeichnen, sondern Aufgaben wie z.B. das Besoldungswesen. Die Zentralisierung liegt daher hier in einer zentralen Steuerung der zahlreichen Teilsysteme der computerunterstützten Bundesverwaltung. Federführend für Fragen der ADV ist das Bundesministerium des Innern, das eine Koordinierungs- und Beratungsstelle hat. Sie hat insb. die folgenden Aufgaben: Bestandsaufnahme, Empfehlungen, Beteiligung bei Planung und Beschaffung; Zusammenarbeit mit Ländern, Gemeinden und Gemeindeverbänden; Vorschläge, Koordinierung, Förderung, Abstimmung bei Ermittlung und Ausnutzung freier Rechenkapazitäten; Bearbeitung von Kompatibilitätsproblemen; Erarbeitung einer Grundkonzeption für ein möglichst umfassendes Informationssystem; Beurteilung der Notwendigkeit, des Standorts, der organisatorischen Bedingungen, der Auswahl des Systems. Dieser Aufgabenkatalog gibt der Koordinationsstelle einen erheblichen Einfluß, der die geringen Möglichkeiten, die das BMindI angesichts der Selbständigkeit der Ressorts hat, stark vergrößert und damit eine sachgerechte ADV-Politik des Bundes ermöglicht, insb. auch eine koordinierte Entwicklung erlaubt.

II. Neben dem BMindI besteht ein *interministerieller Ausschuß für die Koordi-* 1080 *nierung der ADV in der Bundesverwaltung,* durch den die einzelnen Ministerien selbst einen verstärkten Einfluß auf die Koordinierungsarbeiten bekommen. Er arbeitet nicht nur in Plenarsitzungen, sondern auch in Arbeitsgruppen, die sich mit wichtigen Teilfragen befassen. Der Bund arbeitet ferner mit den Ländern, Gemeinden und Gemeindeverbänden in einem weiteren Koordinationsausschuß zusammen, der aus der Koordinations- und Beratungsstelle des Bundes, den Koordinierungsreferenten der Länder und den kommunalen Spitzenverbänden besteht. Während die Koordinierung innerhalb der Bundesverwaltung sich vor allem mit Fragen der Anlagen und ihrer Ausnutzung, der Verfahren und Methoden, der Wirtschaftlichkeit und des Personals befaßt, betrifft die Zusammenarbeit zwischen Bund, Ländern und Gemeinden die Aufgaben und ihre Gestaltung wie z.B. Personenkennzeichen, Grundbuchwesen, Mahnverfahren, Zentralregister und Kriminalpolizei. Dadurch hat der Bund auch einen Einfluß auf die ADV der Länder.

B. Die *Länder* haben auch einen hohen Grad der Zentralisierung ihrer ADV-Ar- 1081 beit erreicht. Er geht von einer vollkommenen Zentralisierung mit nur einer Anlage, z.B. im Saarland, zu einer Ausfächerung mit einer Landesdatenzentrale, sechs Gebietsrechenzentren sowie einigen Fachrechenzentren oberster Landesbehörden in Nordrhein-Westfalen.

Auch bei den Ländern besteht ein Kabinettsausschuß, der die interne Koordination vornimmt und dessen Aufgaben ähnlich wie beim Bund festgelegt sind.

Wichtig ist, daß die großen Informationsmöglichkeiten, die die ADV gibt, nicht nur der Verwaltung, sondern auch dem Parlament zugute kommen. Andernfalls besteht die Gefahr, daß die Verwaltung ihre schon mit konventionellen Mitteln bestehende Informationsüberlegenheit gegenüber dem Parlament ausbaut, Verfassungswirklichkeit und Verfassungsrecht sich damit noch mehr voneinander entfernen und dem Parlament seine staatsleitende Aufgabe wesentlich erschwert wird.

1082 C. I. Die *Gemeinden* haben zunächst mit der Installierung eigener ADV-Anlagen begonnen. Diese Entwicklung ist vor allem durch die KGSt gefördert worden. Sie hat eine umfangreiche Beratungs- und Ausbildungstätigkeit entfaltet. Sie hat zahlreiche Gutachten erstattet und durch Systemvergleich Wirtschaftlichkeitsrechnungen ermöglicht. Sie hat Arbeits- und Programmiergemeinschaften gebildet, wobei Ausschüsse unter der Federführung einzelner Städte und Kreise die Verfahrenslösungen für bestimmte Aufgaben entwickelten.

II. Bei den größer werdenden Anlagen können derartige Maßnahmen aber nicht genügen. Die Gemeinden müssen sich zu DV-Zentralen zusammenschließen. Das geschieht in den einzelnen Ländern in unterschiedlicher Weise. Als Beispiele seien die Organisation in Schleswig-Holstein, Hessen, Nordrhein-Westfalen und Bayern geschildert.

1083 1. In *Schleswig-Holstein* besteht als rechtsfähige Anstalt des öffentlichen Rechts eine Datenzentrale, die sowohl staatliche als auch kommunale Aufgaben erledigt. Sie wird von einem aus staatlichen und kommunalen Mitgliedern halbparitätisch zusammengesetzten Verwaltungsausschuß als oberstem Organ und von einem dreiköpfigen Vorstand geleitet.

1084 2. In *Hessen* bestehen eine Zentrale für Datenverarbeitung und fünf kommunale Gebietsrechenzentren. Es handelt sich um einen horizontalen und vertikalen Verbund der staatlichen und kommunalen Datenverarbeitung. Der Zentrale gehören das Land und die fünf Gebietsrechenzentren an. Hier besteht neben dem halbparitätisch besetzten Verwaltungsausschuß und dem dreiköpfigen Vorstand ein achtköpfiger Koordinierungsausschuß, der aus dem Vorstand der Zentrale und den Direktoren der fünf Gebietsrechenzentren besteht.

Die Gebietsrechenzentren haben einen örtlichen Zuständigkeitsbereich, der den Planungsregionen entspricht. Ihre Mitglieder sind die kommunalen Körperschaften. Sie üben ihre Aufgaben im Rahmen des Gesetzes selbständig aus, sind jedoch zur Kooperation verpflichtet, d.h. sie werden in ihrer Arbeit weitgehend durch den Koordinationsausschuß gesteuert, an dem sie auch beteiligt sind.

3. In *Nordrhein-Westfalen* bestehen 25 kommunale Gebietsrechenzentren mit Einzugsgebieten zwischen 300.000 und 1,1 Millionen Einwohnern, die sich noch in der Entwicklung befinden. Die Organisationsform ist nicht einheitlich. Sie soll durch Gesetz geregelt werden. Überwiegend wird die Kreisverwaltung mit ihren drei Organen zum Vorbild genommen. Auch hier sind Koordinierungsinstrumente zwischen Land und Gemeinden vorgesehen. Es handelt sich aber bei den Rechenzentren selbst um rein kommunale Einrichtungen. 1085

4. In *Bayern* besteht für die Gemeinden und Gemeindeverbände eine rechtsfähige Anstalt des öffentlichen Rechts, die von den drei Spitzenverbänden getragen wird. Sie kann kommunale DV-Zentralen betreiben, die als freiwillige Zusammenschlüsse von kommunalen Körperschaften gebildet werden. Die Anstalt hat keinerlei Zwangsbefugnisse gegenüber den DV-Zentralen. Dagegen kann die Landesregierung durch Verordnung bestimmen, daß bestimmte organisatorische Verfahren anzuwenden und bestimmte Daten in einheitlicher Form zu liefern sind. 1086

§ 118 Funktionale Organisation

Schrifttum: *H.-J. Bettermann/H. W. Richter,* Lehrbuch der EDV-Organisation, 1973; *E. Fuchs,* Gedanken zur organisatorischen Eingliederung der ADV in der öffentlichen Verwaltung, in: ÖVD 1973, 99 ff.; *K. Fuchs,* Organisation, Technik und Einsatz der automatischen Datenverarbeitung (ADV) in der öffentlichen Verwaltung, 1973; *E. Göttlinger,* EDV-Planung in der öffentlichen Verwaltung, 1972; *E. Grochla,* Die Gestaltung allgemeingültiger Anwendungsmodelle für die automatisierte Informationsverarbeitung in Wirtschaft und Verwaltung, in: Elektronische Datenverarbeitung, 1970, 49 ff.; *H. Herholz,* Mit Datenverarbeitung organisieren, 1970; KGSt (Hrsg.), Planung und Entwicklung automatisierter Verfahren, 1973; *K.-H. Meyer-Uhlenried/U. Krischker,* Die Entwicklung eines Datenerfassungsschemas für komplexe Informationssysteme, 1971; *E. Laux,* Automation und Führung der Kommunalverwaltung, *WIBERA* Sonderdruck Nr. 20, Nov. 1970; *J. Lehmann,* Aufbau- und Ablauforganisation eines Rechenzentrums, 1972; *W. Pfau/H. Knopf,* EDV-Informationssysteme. Planung, Entwicklung, Einführung, 1973.

Die ADV-Organisation hat wie jede Organisation nicht nur eine institutionelle, sondern auch eine funktionale Komponente. Es bedarf hierzu einer Reihe von Maßnahmen.

A. Organisationsstudie 1087

Dieser stets notwendige Schritt wird durch ein Untersuchungsteam ausgeführt, das zweckmäßig aus internen Mitarbeitern und externen Spezialisten besteht, d.h. durch Verbindung theoretischer und praktischer Erfahrungen. Maximal sollten ihm acht Mitarbeiter angehören. Das Team ist von der Leitung direkt verantwortlich und wird von ihr überwacht. Ihm muß eine Zielbeschreibung vorgegeben werden.

II. Zunächst ist der *Ist-Zustand* zu analysieren. Dazu gehören
1. Aufbauorganisation,
2. Aufgaben, Zerlegung in Teilaufgaben,
3. Feststellung ihrer institutionellen Zuordnung,
4. Datenflußplan,
5. Ressourcen,
6. Management-Techniken,
7. Kommunikationssystem (intern und extern).

1088 B. Daraus ist eine *Soll-Konzeption* zu entwickeln, d.h. nach der wirtschaftlichsten und zweckmäßigsten Lösung zu suchen. Sie enthält
1. Beschreibung der grundsätzlichen organisatorischen Lösung,
2. Standort im Rahmen des Gesamtkonzepts,
3. anzustrebende Integration,
4. Soll-Ablauf mit verfahrensmäßigen Verbindungen,
5. benötigte Daten.

1089 C. Zu planen ist weiter die *Installation der Anlage.* Dazu gehören:
1. Festlegung der konkreten Organisation der Anlage,
2. Kostenplanung, insb. Entscheidung über Kauf, Miete oder Miete mit Kaufoption,
3. Standort der Anlage, Räume einschließlich Ausstattung, Klimatisierung, Energieversorgung, Versicherung,
4. Betriebsarten (Stapelverarbeitung, Sofortverarbeitung),
5. Personalplanung.

29. Kapitel   Einzelprobleme

§ 119   Personalprobleme

Schrifttum: O.V., ADV-Aus- und Fortbildung in der öffentlichen Verwaltung, Teil 1: Zielvorstellungen und Maßnahmen im Bereich der Bundesverwaltung, in: ÖVD 1976, S. 18 f.; *H. Gerlich,* Gedanken zum Konzept über die »Grund- und Fachausbildung auf dem Ge-

§ 119 Personalprobleme

biet der Datenverarbeitung für Bedienstete der öffentlichen Verwaltung«, in: ÖVD 1973, 539 ff.; *A. Gruber/W. Bös*, Was sollte der Verwaltungsangehörige über Datenverarbeitung wissen, Teil 1: Technik der Datenverarbeitung, 1973; *P. Heyderhoff/P. Gerken*, Aus- und Fortbildung in der Elektronischen Datenverarbeitung, in: ÖVD 1971, 52 ff.; *E. Laux* vgl. § 118; *H. Lecheler*, EDV und Beamtenverhältnis, in: ZBR 1971, 321 ff.; *Lutz/Dull/Kammerer/Kreuz*, Rationalisierung und Mechanisierung im öffentlichen Dienst, 1970; *J. Spitzer*, Erfahrungen mit der Aus- und Fortbildung in der ADV in Hamburg, in: ÖVD 1973, 568 ff.; *E. Zwicker*, Personelle Organisation in der elektronischen Datenverarbeitung, 1967.

A. Automatisierte Datenverarbeitungssysteme benötigen *verschiedenartiges Spezialpersonal.* 109C

I. *Führungskräfte* der Verwaltung müssen, ohne zu ADV-Spezialisten zu werden, in gewissem Umfang ADV-Fragen beurteilen können, um den Zusammenhang zwischen ADV und sonstigen Verwaltungsproblemen zu erkennen und daraus Entscheidungen abzuleiten.

II. *ADV-Organisatoren* (Systemanalytiker, -planer, -organisatoren) leisten die Grundsatzarbeit bei der Einführung, Weiterentwicklung und Anwendung der ADV. Ihnen obliegt es vor allem, die Verwaltungsaufgaben und -organisation zu analysieren und die Daten so zu organisieren, daß sie für die Verarbeitung durch Maschinen geeignet werden.

III. *Programmierer* entwickeln aus den Arbeitsergebnissen der Organisatoren konkrete Programme, die von den Maschinen verarbeitet werden.

IV. *Operateure* bedienen und warten die Maschinen.

V. *Datentypistinnen* (Locherinnen, Prüferinnen) bringen die in Klarschrift geschriebenen Daten auf maschinell lesbare Datenträger (z.B. Lochkarte, Lochstreifen).

Daneben kommen folgende Tätigkeitsbilder vor:

VI. *Systemprogrammierer,* die Programmierer über Fragen beraten, die mit dem System zusammenhängen.

VII. *Kontaktbeauftragte,* die (zumeist nur als Teilfunktion ihrer beruflichen Tätigkeit) den Einsatz der ADV in ihren und für ihre Behörden mit der ADV-Zentrale koordinieren.

VIII. *Verwaltungskräfte* (z.B. Rechenzentrumleiter, ADV-Sachbearbeiter).

29. Kapitel ADV-Einzelprobleme

1091 B. Von der Zahl und von den Problemen her sind die Organisatoren und die Programmierer die wichtigsten Gruppen. Das heutige Zahlenverhältnis zwischen ihnen beträgt ca. 1 : 6. Es wird sich voraussichtlich auf 1 : 3 verändern, wenn es möglich ist, eine normierte Programmierung einzuführen, insb. Programme in einer problemorientierten, maschinenunabhängigen Programmiersprache zu benutzen. D. h. das Schwergewicht verlagert sich auch in der Personalstruktur von technisch-orientierten zu problem-orientierten Fragen. Daher ist vor allem mit einem steigenden Bedarf an Organisatoren zu rechnen, den die Verwaltung voraussichtlich nicht auf dem Arbeitsmarkt wird decken können. Aber auch bei Programmierern sind auf längere Zeit Engpässe möglich. Die Folge ist, daß in der ADV in nicht geringem Umfang Kräfte eingesetzt werden müssen, die sich noch in der Ausbildung befinden. Ferner steht die Verwaltung vor der Notwendigkeit, Fremdaufträge zu vergeben; dabei muß sie allerdings – insb. bei der Vergabe von Programmierarbeit außer Haus – sich an den Arbeiten beteiligen, nicht nur um die Berücksichtigung spezieller Probleme der Verwaltung zu gewährleisten, sondern auch im Interesse der späteren Pflege und Wartung der Programme. Auf jeden Fall aber muß die Verwaltung die Ausbildungskapazität für ADV-Personal ausbauen. Der Fortschritt in der ADV hängt entscheidend davon ab, daß die Ausbildungslücke geschlossen wird. Insb. zwingt sie zu starker Rationalisierung, d.h. hier zur Zentralisierung der Datenverarbeitung. Bis zur Schließung der Lücke muß die Verwaltung auf tarif- und besoldungspolitische Maßnahmen zurückgreifen, insb. Zulagen gewähren.

1092 C. I. Die *Ausbildung* des ADV-Personals für die Verwaltung erfolgt z.T. an den allgemeinen Ausbildungsstätten (Hochschulen, Schulen). Die Verwaltung muß allerdings im Interesse der Gewinnung von Nachwuchs und der hinreichenden Berücksichtigung der spezifischen Verwaltungsprobleme eine eigene Ausbildung organisieren. Das geschieht – insb. beim Bund – weitgehend durch einen eigenen Schulungsbetrieb. Allerdings kann sich die Verwaltung auch der Hilfe anderer Institutionen bedienen und bei ihnen und in inhaltlicher Abstimmung mit ihnen ihre Ausbildungsprogramme durchführen lassen. Weitgehend ist auch noch die Grundausbildung bei Herstellern von ADV-Anlagen üblich; allerdings ist sie problematisch, da sie zu einer Abhängigkeit von den Herstellern führen kann.

1093 II. Die *Gewinnung des Nachwuchses* über den Arbeitsmarkt ist nur beschränkt möglich. Sie ist auch nur bedingt zu empfehlen, weil jede ADV-Anwendung problembezogen ist, d.h. Problemkenntnisse voraussetzt. Daher ist es weitgehend üblich, daß die Verwaltung an ADV-Problemen interessierte und für die Probleme geeignete Beamte und Angestellte – vor allem des gehobenen Dienstes – mit hinreichender Verwaltungserfahrung ausbildet bzw. ausbilden läßt. Das ist allerdings nur dann möglich, wenn eine hinreichende Zahl von Ersatzstellen vorhanden ist, damit die Arbeit der zur Ausbildung Abgeordneten getan werden kann.

Weiter ist es nötig, Anreize zu geben, die Ausbildung auf sich zu nehmen, insb. durch Zulagen und Beförderung nach erfolgreich abgeschlossener Ausbildung.

III. Die *Ausbildungsprogramme* müssen die unterschiedlichen Qualifikationen nicht nur inhaltlich, sondern auch hinsichtlich der Intensität berücksichtigen: 1094
1. Führungskräfte der Verwaltung müssen alle Aspekte der Verwaltungsautomation kennen, soweit es sich nicht um technische Fragen handelt. Dazu gehören vor allem die Anwendungsmöglichkeiten, insb. auch als Entscheidungshilfe. Ferner müssen sie die methodischen und organisatorischen Probleme kennen.
2. Soweit organisatorische Fragen im Bereich der ADV zu behandeln sind, müssen die zuständigen Beamten in der Lage sein, die Umstellung bisher konventionell bearbeiteter Aufgaben auf ADV zu bewältigen. Dazu müssen sie nicht nur die organisatorischen Fragen, sondern auch die technischen Bedingungen beherrschen.
3. Der eigentliche ADV-Spezialist muß – jedenfalls für seinen Teilbereich – die ADV-Technik voll beherrschen.

D. Die Einführung von ADV und die Übernahme von bisher konventionell bearbeiteten Aufgaben auf ADV führt zum Problem der *Umsetzung von Verwaltungspersonal*. In der Praxis haben sich hier jedoch angesichts der allgemeinen Fluktuation und der Versetzbarkeit erhebliche Probleme nicht ergeben. Überhaupt führt die Einführung von ADV in der Regel jedenfalls anfangs nicht zur Personalersparnis, sondern eher sogar zum Personalmehrbedarf. Erst nach einiger Zeit zeigt sich auf der Personalseite der Gewinn, wenn ein wachsendes Arbeitsvolumen dank der ADV ohne Personalvermehrung aufgefangen werden kann. 1095

§ 120 Wirtschaftlichkeit

Schrifttum: *H. J. Drumm*, Automation und Leistungsstruktur 1969; *F. Göttlinger*, vgl. vor § 118; *E. Groschla* (Hrsg.), Die Wirtschaftlichkeit automatisierter Datenverarbeitungssysteme, 1970; *W. Jähnig*, Welche Möglichkeiten zur Rationalisierung in der Verwaltung bietet die Automation? 1966; KGSt. (Hrsg.), Kriterien der Wirtschaftlichkeitsuntersuchung bei automatisierter Datenverarbeitung, Bericht Nr. 24/1973; *dies.*, Systemvergleich 1972 bei automatischer Datenverarbeitung. 1. Hardware, Bericht Nr. 1/1973; *C. Schneider*, Kleincomputer oder Rechenzentrum?, 1968; *E. Spetzler*, Die Finanzierung automatisierter Datenverarbeitung (ADV) in der Kommunalverwaltung, KGSt-Sonderdruck, Januar 1971.

A. Um die *Wirtschaftlichkeit* des Einsatzes von ADV beurteilen zu können, sind genaue und umfangreiche Untersuchungen notwendig. Die hohen Kosten der ADV-Anlage machen es notwendig, hierzu einen großen Rahmen von Faktoren einzubeziehen und das Rechnungswesen zu erweitern. 1096

I. Zu berücksichtigen sind einerseits die möglichen Einsparungen, andererseits die unmittelbaren und mittelbaren (Folge-)Kosten. Einzubeziehen sind aber auch die Leistungsverbesserungen und evtl. -verschlechterungen an anderer Stelle, die durch ADV eintreten. Es ist fraglich, ob diese Faktoren sich voll erfassen und quantifizieren lassen; daher ist es überhaupt zweifelhaft, ob eine echte Kostenrechnung möglich ist.

II. Bei dieser Rechnung ist auch der Zeithorizont einzubeziehen. Es ist mit einer Änderung der Kostenstruktur zu rechnen. Der Anteil der Software wird gegenüber der Hardware zunehmen. Damit schlagen die teuren Personalkosten in der Kostenstruktur ganz besonders zu Buche.

III. Das kameralistische Rechnungswesen kann die Probleme nicht lösen. Erforderlich ist eine echte *Kostenrechnung*. Insb. müssen zur Beurteilung der Wirtschaftlichkeit *Kosten-Nutzen-Analysen* durchgeführt werden.

IV. Es bedarf einer ständigen Beobachtung der Kosten, da sich bei der Weiterentwicklung von Problemen, Technik und Anwendungsmöglichkeiten die ursprünglichen Annahmen laufend verschieben.

B. Die Wirtschaftlichkeitsuntersuchung verlangt im einzelnen:

1097 I. Analyse von Aufgaben und Organisation, soweit sie von ADV-Maßnahmen betroffen sind, Klärung des Arbeitsablaufes.

II. Entscheidung über Kauf oder Miete der Anlage. Der Kauf verursacht einmal hohe Kosten und dann nur kalkulatorische Kosten (Abschreibung, Zinsen). Die Miete verlangt ständige Aufwendungen. Die Mietpreise pflegen so hoch zu sein, daß fünf Jahresmieten dem Kaufpreis entsprechen. Bei Mietverträgen wird oft ein Umtauschrecht eingeräumt, wenn die technische Entwicklung zu einem neuen System führt.

IV. Bei der Erfassung der Kosten ist ein Verfahrensvergleich mit und ohne ADV erforderlich. Abzustellen ist auf ein günstiges Preis-Leistungs-Verhältnis.

V. Sofern sich keine wirtschaftlichen Vorteile ergeben, ist die Frage nach den qualitativen Verbesserungen zu stellen (Beschleunigung, Vereinfachung, Vermeidung personeller Engpässe, erhöhte Fehlersicherheit, zusätzliche Leistungen, künftige Verbesserungen).

1098 C. Die Möglichkeit derartige Wirtschaftlichkeitsuntersuchungen zu nutzen, wird – so sehr einerseits die Notwendigkeit betont wird – andererseits auch in Zweifel gezogen, weil die ADV ihr Eigenleben führt, das von außen sehr wenig steuerbar ist, insb. was Zeit und Kostenerwägungen betrifft. Das ADV ist in starkem Maße ein Teilsystem, das autonom geworden ist. Die rasche Weiterentwicklung in der Technik, in den Anwendungsmöglichkeiten und bei vielen anderen Problemen unterstützt diese Entwicklung.

§ 121 Automationsgerechte Gestaltung von Vorschriften

Schrifttum: *M. v. Berg,* Automationsgerechte Rechts- und Verwaltungsvorschriften, 1968; *B. Bühnemann,* Automation und Gesetzgebung, in: Festschr. f. *R. Schmit,* 1976, 247 ff.; *H. Fiedler,* Wandlungen der »automationsgerechten Rechtssetzung«, in: DVR 1972, 40 ff.; *F. Haff,* Elektronische Datenverarbeitung im Recht, 1970; *H. Garstka,* Formulierungsprobleme bei der Gesetzesplanung, in: Arbeitsgemeinschaft Rechtsinformatik (Hrsg.), Gesetzesplanung, 1972, 83 ff.; *T.R. Kókai,* Gesichtspunkte für die Abfassung von Grundsätzen zur automationsgerechten Gestaltung von Rechts- und Verwaltungsvorschriften, in: ÖVD 1972, 91 ff., 159 ff.; *H.J. v. Oertzen,* Automationsgerechte Gesetze als Voraussetzung der Automation, in: DVBl., 1969, 61 ff.; *W. Steinmüller,* EDV und Recht - Einführung in die Rechtsinformatik, 1970.

A. Automation in der Verwaltung bedeutet vor allem Anwendung von *Vorschriften* durch ADV. Die Gestaltung der Vorschriften hat daher Einfluß auf die Möglichkeit und Wirtschaftlichkeit des Einsatzes von ADV. Dabei geht es nicht nur um Rechtsnormen (Gesetze, Verordnungen, Satzungen), sondern auch um Verwaltungsvorschriften, da diese das Verfahren und die konkreten Entscheidungen oft erheblich beeinflussen.

1099

Grundsätzlich allerdings sind alle Vorschriften *automatisierungsfähig.* Die Notwendigkeit, die Vorschriften automationsgerecht zu gestalten, darf nicht dazu führen, den ADV-Gesichtspunkten gegenüber den inhaltlichen, durch die Sache und die politischen Ziele bedingten Entscheidung Vorrang zu geben. Allerdings gibt es zahlreiche Möglichkeiten der Vorschriftengestaltung, die Verarbeitung durch ADV zu erleichtern und wirtschaftlicher zu gestalten, ohne dabei die inhaltliche Entscheidung zu beeinflussen. Ja, es besteht sogar die Chance, daß durch eine Überprüfung von Vorschriftenentwürfen unter dem Gesichtspunkt der ADV-Gerechtigkeit auch der Inhalt verbessert wird, insb. logische Zusammenhänge geklärt und Widersprüche beseitigt werden.

Wenn man die Vorschriften in konditional aufgebaute (wenn . . ., dann) und zweckorientierte (Ermessensvorschriften) einteilt, so stellen erstere keine grundsätzlichen Probleme. Die zweckorientierten Vorschriften sind nur dann automatisierbar, wenn es gelingt, auch ihre Anwendung in Teilfragen aufzulösen, die mit ja oder nein beantwortet werden können, und wenn es weiter möglich ist, die Da-

29. Kapitel ADV-Einzelprobleme

ten zu beschaffen und in die ADV-Anlage einzugeben, die diese Ja-Nein-Entscheidung erlauben.

Unabhängig von dem Inhalt kommt die Anwendung von ADV bei bestimmten Vorschriften nur dann in Betracht, wenn es sich um Massenarbeiten handelt, d.h. wenn sie nicht nur gelegentlich anzuwenden sind. Nur dann ist die ADV-Verarbeitung wirtschaftlich vertretbar.

1100 B. I. Für die automationsgerechte Abfassung von Vorschriften sind Anweisungen erlassen, die die bisherigen Erfahrungen und Einsichten zusammenfassen und für die Beamten, die mit dem Entwurf von Vorschriften befaßt sind, verbindlich sind (z.B. Grundsätze des BMdI v. 29.11.1973, GMBl. S. 555). Überwiegend betreffen diese Anweisungen Probleme, die sich auf den eigentlichen Gesetzesinhalt (materielle Vorschriften und Verfahren) beziehen. Allerdings müssen auch organisatorische Fragen, die in den Vorschriften geregelt sind, mitbedacht werden. So empfiehlt es sich bei Vorschriften, die durch ADV bearbeitet werden sollen, die Behörden-Zuständigkeiten stark zu zentralisieren. Ferner muß bei den Inkrafttretungsvorschriften bedacht werden, daß von der Verkündung bis zur Anwendung eine gewisse Zeit erforderlich ist, um die Automatisierung vorzubereiten.

1101 II. Inhaltlich sind die folgenden *Grundsätze* wichtig:
1. logischer Aufbau (insb. Klarheit, was Obersatz und was Rechtsfolge ist),
2. systematischer Aufbau (keine Durchbrechung des Systems),
3. Klarheit und Verständlichkeit (eindeutige Definitionen, Verständlichkeit aus dem Wortlaut – andernfalls besteht die Gefahr, daß es der Programmierer ist, der den Gesetzesinhalt für alle Anwendungsfälle bestimmt),
4. Übereinstimmung der Formulierung mit dem Regelungsgrund,
5. gleiche Bezeichnungen für gleiche Sachverhalte,
6. Verwendung nur der unbedingt erforderlichen Merkmale,
7. Begriffsbildung und Systematik schon bestehender Regelungen benutzen; Widersprüche gegenüber gleichlautenden Rechtsbegriffen anderer Vorschriften vermeiden,
8. für Probleme, die in mehreren Gesetzen vorkommen, möglichst immer auf ein »Basis-Gesetz« Bezug nehmen,
9. statt Tabellen möglichst mathematische Formeln, jedenfalls Tabellen so konstruieren, daß sie aus Formeln abgeleitet werden (das erspart sehr viel Speicherkapazität),
10. möglichst wenig Differenzierungen (grobe Typen bilden). Eine stärkere Typisierung ist unschädlich, wenn die Typen sich nur in wenigen Merkmalen unterscheiden,
11. einheitliche Verfahrensvorschriften,
12. Zahl der Ermessensvorschriften reduzieren. Soweit unvermeidbar, Wertungen im Gesetz aufnehmen. Wertungen vor Nachprogrammlauf vornehmen, nicht den Programmlauf durch Wertungen unterbrechen,

13. bei Leistungsgesetzen keine rückwirkende Geltung; für vergangene Zeit mit Pauschalbeträgen arbeiten,
14. bei Gesetzesänderung keine Überleitung in neue Kategorien,
15. möglichst wenige Ausnahmetatbestände.

§ 122 Datenschutz

Schrifttum: *U. Dammann*, Strukturwandel der Information und Datenschutz, in: DVR 1974, 267 ff.; *U. Dammann / M. Karhausen / P. Müller / W. Steinmüller*, Datenbanken und Datenschutz, 1973; *G. Jacobs*, Die Unwirksamkeit der Anonymisierung von Individualdaten – dargestellt am Beispiel der staatlichen Studentenstatistik, in: ÖVD 1973, 258 ff.; *W. Kilian / K. Lenk / W. Steinmüller* (Hrsg.), Datenschutz, 1973; *H. Leonhard*, Datenschutz in den USA, in: Data report, 1973, S. 20 ff.; *P. Lindemann*, Interdependenzen zwischen Datenschutz-Organisation-Revision, in: DSWR 1974 S. 34 ff.; *P. Lindemann / K. Nagel / G. Hermann*, Die Organisation des Datenschutzes, 1973; *G. Loechner / W. Steinmüller*, Datenschutz und Datensicherung, 1975; *Ch. Mallmann*, Datenschutz in Verwaltungsinformationssystemen, 1976; *K. Nagel*, Datenschutz und Datensicherung, 1974; *A. Podlech*, Aufgaben und Problematik des Datenschutzes, in: DVR, 1976, S. 23 ff.; *ders*. Datenschutz im Bereich der öffentlichen Verwaltung, 1973; *E. A. Pohl*, Die Anforderungen der Revision an die Datensicherung in computergestützten Rechnungswesen, WIBERA-Sonderdruck Nr. 52, Mai 1974; *Ch. Sasse*, Sinn und Unsinn des Datenschutzes, 1976; *J. Schneider*, Datenschutz – Datensicherung, 1971; *G. Simitis*, Datenschutz – Notwendigkeit und Voraussetzungen einer gesetzlichen Regelung, in: DVR 1973, 138 ff.; *N. Stadler*, Organisatorische Vorkehrungen zu Datenschutz und Datensicherung, in: ÖVD 1975, 271 ff.

A. *Datenschutz* hat zahlreiche Aspekte: 1102

I. Zu schützen sind die Daten und die Datenverarbeitungsanlagen als Arbeitsmittel der Verwaltung. Sie unterliegen dem vorsätzlichen oder fahrlässigen Eingriff von außen oder aus der Verwaltung selbst. Die komplizierte Maschine sowie der Vorbereitungsvorgang sind störanfällig.

II. Zu schützen sind auch die Daten gegen unbefugte Verwendung.
1. Es geht dabei einmal um den Schutz der Verwaltung gegen Bekanntwerden geheimzuhaltender Daten.
2. Außerdem geht es um den Ausschluß von Mißbrauch persönlicher Daten von Bürgern, sei es durch die Verwaltung, sei es durch Dritte.

III. Das Problem hat angesichts der großen Zahl von Daten, der oft schwer erkennbaren Manipulationsmöglichkeiten erhebliche Bedeutung. Für den Bürger kommt das nicht ganz unberechtigte subjektive Gefühl des Ausgeliefertseins an eine unmenschliche Macht hinzu, der er wehrlos ausgeliefert ist und gegen die er daher einen erhöhten Schutz verlangt.

1103 B. Datenschutz verlangt ein Bündel heterogener *Maßnahmen:*

I. Technische Mittel sind z.B.:
1. Elektromechanische Abschirmung von ADV-Zentren,
2. mechanische Sicherung von Abfragestationen,
3. Lese- und Schreibsperren,
4. feste Adreß-Zuordnung für jede Abfragestation,
5. Festlegung von Abfrage-Codes,
6. Verschlüsselung für Daten-Fernübertragung,
7. Torkontrolle, Identifikationen, Schlüsselsysteme.

II. Organisatorische Maßnahmen sind insb.:
1. Funktionstrennung zwischen Datenerfassung, Programmierung, Datenarchivierung und Computerbedienung,
2. Dezentrale Speicherung personenbezogener Daten,
3. Teilung der Datenbestände in offene Grunddaten und geschützte Folgedaten einschließlich von Regelungen über Auskunftserteilung,
4. maschinelle Führung von Kontrollprotokollen,
5. Kontrollverfahren zur Verhinderung unbefugter Änderung von Programmen,
6. Einsetzung von Datenschutzbeauftragten oder -ausschüssen, evtl. auch Parlamentsausschüsse.

III. Berufsethische Maßnahmen:
1. Verschwiegenheitspflicht,
2. evtl. eine besondere Berufsordnung.

IV. Rechtliche Maßnahmen:
1. Gesetze zum Schutze der Privatsphäre,
2. strafrechtlicher Schutz,
3. Schadensersatzansprüche.

§ 123 ADV und Bürger

Schrifttum: *H. Brinckmann,* Datenschutz und Recht auf Information, in: Datenschutz 1973, S. 77 ff.; *H.J. Kerkau,* Rechtsfragen der automatischen Datenverarbeitung in der öffentlichen Verwaltung, in: RiA 1970, 201 ff.; *J. Knebel,* Die Vergabe des Personenkennzeichens und damit verbundene Rationalisierungsziele in Nordrhein-Westfalen, in: ÖVD 1972, 146 ff.; *N. Luhmann*, Recht und Automation in der öffentlichen Verwaltung, 1966; *A. Podlech*, Verfassungsrechtliche Probleme öffentlicher Informationssysteme, in: DVR, 1972, 149 ff.; *W. Steinmüller*, Rechtspolitische Fragen der Rechts- und Verwaltungsautomation in der Bundesrepublik Deutschland, in: DVR 1974, S. 57 ff.

A. Die ADV verändert das Verhältnis des *Bürgers* zur Verwaltung in einigen Punkten. Das trifft selbstverständlich zunächst insoweit zu, als die ADV die Leistungsfähigkeit der Verwaltung verbessert. Freilich ist für den Bürger in der Regel nicht erkennbar, daß derartige Verbesserungen mit der ADV zusammenhängen, wenn z.B. Leistungserhöhungen bei Leistungsgesetzen ohne Verzögerung den Empfänger erreichen. Eher erkennbar sind für den Bürger Verschlechterungen der Leistungen, insb. die Tatsache, daß die Maschine auf Massenarbeit angelegt ist und eine individuelle Behandlung oft nicht möglich ist. Auch führt die Notwendigkeit der Massenarbeit für den Bürger in bestimmten Fällen zur Verzögerung der Entscheidung seines Falles, weil bestimmte Angelegenheiten nur periodisch, d.h. mit Zeitabständen, nicht dagegen in jedem Zeitpunkt bearbeitet werden können.

1104

B. Deutlicher ist die Veränderung des Verhältnisses von Bürger und Verwaltung bei den *Bescheiden,* die der Bürger erhält. Das beginnt damit, daß die Bescheide keine Unterschrift tragen, d.h. nach außen keine Einzelperson die Verantwortung für die Entscheidung übernimmt. Es geht weiter mit dem äußeren Bild bis hin zum Namen des Adressaten, der u.U. vorsätzlich falsch geschrieben wird, weil die ADV-Anlage die Umlaute ä, ö und ü nicht ausdrucken kann. Lange Vornamen, insb. Doppelvornamen erscheinen verkürzt. Wesentlich erschwert ist zuweilen die Lesbarkeit des Bescheides. Es wird kein voller Text geliefert, sondern mit Schlüsselzahlen gearbeitet, wobei die Erläuterungen auf der Rückseite stehen und dem geistig weniger gewandten Bürger soviel Schwierigkeiten machen, daß er von vornherein darauf verzichtet, den Zusammenhang zu verstehen und auch die Frage der Rechtsmitteleinlegung gar nicht erst prüft. Es entsteht hier zuweilen ein Verhältnis zur Verwaltung, das mehr dem Obrigkeitsstaat, als der Demokratie entspricht.

1105

Man kann vermuten, daß diejenigen Beamten, die solche Verwaltungsfabrikate planen, keine rechte Vorstellung haben, was der Durchschnittsbürger verarbeiten kann, und das auch angesichts der faszinierenden technischen Möglichkeiten verdrängen.

C. Die Speicherung von Daten auf maschinell verarbeitbaren Datenträgern führt dazu, daß die Daten für *Rückfragen* nicht ohne weiteres zur Verfügung stehen. Im Gegensatz zur klassischen Dokumentation muß oft ein Computer eingesetzt werden, um eine Information wiederzugewinnen. Der Bürger gerät daher u.U. in die Situation, wo ihm Auskünfte nicht mehr zur Verfügung gestellt werden kön-

1106

nen, die er früher ohne weiteres bekam. Andererseits bedeutet allgemein die Speicherung einer so großen Zahl von Informationen jetzt die Möglichkeit, umfassendere Sachverhalte darzustellen und zu veröffentlichen. Die individuelle Bedienung geht aber auch verloren.

1107 D. Auch im Subjektiven treten Änderungen ein: Der Computer wird vom Bürger als eine *Macht* empfunden, die er nicht durchschaut. Der Computer scheint zu herrschen anstelle des Menschen, der ihn programmiert und der ihm Daten eingibt. Die Prinzipien, nach denen er arbeitet, sind so kompliziert, daß sie nicht transparent werden können. Er ist die Verwirklichung des Roboters der Science-Fiction-Literatur, die Kopie und darum die Entartung des Menschen. Er ist zudem der Helfer einer mächtigen Verwaltung, die durch ihn noch mächtiger wird. Er hat in sich die Informationen über die Bürger gespeichert und man weiß nicht genau, wozu er sie verwendet, ob er sie nicht zum Nachteil des Bürgers verwendet oder Unbefugten preisgibt. Daher will der Bürger gegen ihn einen besonderen Schutz, den Datenschutz und eine Hilfsinstitution, den Datenschutzbeauftragten, der für diesen Bereich die Vaterfigur ersetzt.

IX. Abschnitt Die Kontrollen der Verwaltung
30. Kapitel Verwaltungsinterne Kontrollen

§ 124 Grundfragen

Schrifttum: *S. Beer*, Decision and Control, 1966; *E. Bohne/H. König*, Probleme der politischen Erfolgskontrolle, in: Verwaltung, 1976, S. 19 ff.; *O. Brümmerhoff/H. Wolff*, Aufgabe und Möglichkeit einer Erfolgskontrolle der staatlichen Aktivität, in: ZgesStW 130 (1974) S. 477 ff.; *H. U. Derlin*, Erfolgskontrolle staatlicher Planung, 1976; *A. Downs*, Inside Bureaucrazy, 1967, insb. S. 262 ff.; *M. Frenkel*, Institutionen der Verwaltungskontrolle, 1969; *K. A. Friedmann*, Kontrolle der Verwaltung in England, 1970; *G. J. Gröbner*, Ist der Erfolg staatlicher Aktivität meßbar? in: DÖV 1971, 87 ff.; *H. Karehnke*, Subventionen und ihre Kontrolle, Möglichkeiten und Grenzen, in: DÖV 1975, 623 ff.; *K. Loewenstein*, Verfassungslehre, 2. Aufl., 1969; *R. W. Neumann*, Probleme und Möglichkeiten der Messung staatlicher Produktion, Norwegische Gesichtspunkte, in: Verwaltung 1972, 37 ff.; *F. W. Scharpf*, Die politischen Kosten des Rechtsstaats – Eine vergleichende Studie der deutschen und amerikanischen Verwaltungskontrollen, 1970; *J. Schwarze*, Zum Nutzen einer Systembildung für die Kontrolle der Staatsgewalt, in: DVBl. 1974, 893 ff.; *R. Steinberg*, Evaluation als neue Form finalprogrammierten Verwaltungshandelns, in: Staat 1976, 185 ff.; *W. Thieme u.a.*, Mängel im Verhältnis von Bürger und Staat, 1970; *H. Weichmann*, Das Kontrollsystem, in: Hessische Hochschulwochen 48, 1965, S. 91 ff.

A. I. 1. Unter *Kontrolle* werden besondere, von der Erbringung der Verwaltungsprodukte gesonderte Einrichtungen und Verfahren verstanden, durch die die Qualität der Verwaltungsprodukte mit dem Ziel einer Verbesserung geprüft wird. Zur Kontrolle gehört auch die *Aufsicht;* sie läßt sich begrifflich von jener nicht scheiden. Kontrolle will die Richtigkeit der Verwaltungsleistungen sichern durch Feststellung von Fehlern und Verfahren zur Abstellung von Fehlern.

2. Zum Bereich der Kontrollproblematik gehört in gewissem Sinne auch die *Beratung*, da die Kontrollinstanz der kontrollierten Instanz ihre grundsätzliche Auffassung zweckmäßig schon mitteilt, ehe der erste Fehler gemacht ist, der zu einer späteren Beanstandung führt, d.h. daß sie berät. Die kontrollierte Instanz wird sich daher auch oft an die kontrollierende Instanz wenden, um deren Auffassung frühzeitig zu erfahren.

3. Die Kontrolle erfolgt heute z.T. auch als sog. *Evaluation*, insb. als Programmevaluation; insoweit dient sie der Feststellung, inwieweit bestimmte Programme der Verwaltung den beabsichtigten Erfolg hatten (Rdnr. 1164 ff.).

II. Kontrolle ist ein Anwendungsbeispiel des in der *Kybernetik* entwickelten Regelkreises. Versteht man das Entscheidungssystem als input-output-System, so wird am output (der Entscheidung) die Störgröße (Abweichung vom Ziel, von der Vorschrift) gemessen und durch Einwirkung der Kontrollinstanz (Regler) auf die Kontrollierten (Regelgröße) die zielgerechte Entscheidung herbeigeführt (Rdnr. 178).

B. Das Ziel der Kontrolle ist mit dem Ziel der Organisation identisch: Die Kontrolle soll die Zielerreichung optimieren. Kontrolle ist in erster Linie *Qualitätskontrolle*. Dabei geht es um alle die Eigenschaften, die die Qualität der Ergebnisse der Verwaltungsarbeit ausmachen, wie z.B. Sachrichtigkeit (Rechtmäßigkeit, Zweckmäßigkeit), Schnelligkeit, Termingerechtheit, Wirtschaftlichkeit, Schonsamkeit gegenüber den betroffenen Menschen. Die Einheitlichkeit der Leistungen, die von mehreren kontrollierten Instanzen erbracht werden, kann insofern Gegenstand der Kontrolle sein, als entweder nur eine Lösung richtig ist oder die Uneinheitlichkeit zugleich Gesetzesverletzung (nämlich des Gleichheitssatzes) ist.

Mittelbare Ziele können z.B. sein Korrekturmaßnahmen gegenüber getroffenen Maßnahmen, Vermeidung von Fehlern, Vermeidung von Manipulationen, Erhöhung der Verantwortungsbereitschaft u.a.m.

1110 C. Kontrolle ist für die Verwaltung *unentbehrlich*. Jede soziale Organisation enthält Fehlerquellen, bürokratische Organisationen in besonderem Maße (Rdnr. 311 ff.). Die Kontrolle verwirklicht den Grundgedanken, der hinter der Gewaltenteilung steht, die Entartung der Macht zu verhindern. Daher gehört zur Kontrolle auch die Unabhängigkeit der Kontrollinstanz gegenüber der kontrollierten Instanz. In welchem Maße Kontrolle notwendig ist, hängt davon ab, wie der Ausbildungsstand und das Ethos der kontrollierten Beamten beschaffen sind. Eine gute Ausbildung und Dienstgesinnung machen Kontrollen weitgehend entbehrlich. Diese Zusammenhänge sind auch finanzwirtschaftlich von gewissem Interesse; eine gute Ausbildung spart teure Kontrolleinrichtungen. Der Kontrolle bedürfen nicht nur die ausführenden Tätigkeiten der Verwaltung, sondern ebenso das Planungssystem der Verwaltung. Hierzu gehört in erster Linie ein aktuelles Berichtswesen sowohl über die Wirtschaftlichkeit der bereits beschlossenen Projekte als auch über die Wirksamkeit der Verwaltungsmaßnahmen.

1111 D. Der Kontrollvorgang

I. Kontrolle hat, wenn sie wirksam sein soll, bestimmte Voraussetzungen, insb. auf Seiten des Kontrollierenden. Er muß besitzen
 1. Kompetenz, d.h. vor allem die notwendigen Informationen über den kontrollierten Gegenstand,
 2. Gewissenhaftigkeit und Sorgfalt. Das ist oft eine Frage des Verfahrens,
 3. persönliche und sachliche Unbefangenheit, d.h. eine kritische Haltung gegenüber den eigenen Maßstäben.

II. Der eigentliche Kontrollvorgang umfaßt vier *Stufen:* **1112**
1. Ermittlung des Ist-Zustandes,
2. Ermittlung des Soll-Zustandes,
3. Feststellung der Abweichung des Ist vom Soll,
4. Bewertung der Abweichung.

III. Bei einem *Kontrollsystem* ist festzulegen, welche Hilfsmittel zur Messung **1113** der erreichten Ziele eingesetzt werden sollen, in welcher Weise die Kontrolle durchgeführt wird, wie die Kontrollvorgänge organisatorisch gestaltet werden, wann und wie oft eine Kontrolle durchgeführt werden soll, in welchem Umfang die Kontrollobjekte erfaßt und in welchem Ausmaß Ressourcen zur Kontrolle eingesetzt werden sollen.

IV. Problematisch ist, ob die Kontrolle den Verwaltungsvollzug begleiten oder **1114** nachträglich erfolgen soll. Die *nachträgliche Kontrolle* hat den Vorteil, daß sie alle Faktoren sorgfältig ermitteln und sodann einen abgeschlossenen Vorgang in Ruhe beurteilen kann. Dagegen hat die begleitende Kontrolle den Vorzug, daß sie Fehler schon vor ihrer Entstehung erkennen und sogleich eingreifen kann. Dadurch verhindert sie oft den Fehler selbst. Jedenfalls kann sie durch ihr Eingreifen die Wiederholung verhindern. Die nachträgliche Kontrolle hat auch den Nachteil, daß sie der Situation, in der sich die Verwaltung im Zeitpunkt ihres Handelns befand – mit allen politischen und psychologischen Schwierigkeiten und Informationslücken – nur schwer wirklich gerecht werden kann und daher mit ihrer Entscheidung für künftige Situationen oft keine sinnvollen Hinweise gibt. Die Besorgnis der Befangenheit der Kontrollinstanz im Falle der begleitenden Kontrolle, die im Zusammenhang mit dem Problem der Visakontrolle aufgeworfen worden ist (Rdnr. 1128), ist nur insoweit gerechtfertigt, als neben die begleitende Kontrolle noch eine nachträgliche Kontrolle tritt und beide Kontrollen von demselben Organ wahrgenommen werden; das ist jedoch nicht notwendig.

E. Das *Maß* der Kontrolle ist durch den *Kontrollzweck* bedingt. Ideal wäre die Totalkontrolle. Doch stehen ihr Hindernisse im Wege. **1115**

I. Kontrolle verbraucht *Ressourcen.* Nur soweit die Kontrolle Erträge, d.h. eine Leistungsverbesserung erhoffen läßt, und diese mehr erbringt als die Kontrolle kostet, ist die Kontrolle gerechtfertigt. Dabei ist aber nicht nur auf die tatsächlichen Einwirkungen abzustellen (z.B. festgestellte und erstattete Fehlbeträge bei der Finanzkontrolle, oder Erhöhung der Wirtschaftlichkeit durch die Organisationskontrolle); es sind vielmehr auch die Erträge einzubeziehen, die sich durch die Motivation der Organisationsmitglieder ergeben, weil diese sich angesichts der Existenz von Kontrolle systemgerecht verhalten, während sie sonst weniger sachgerecht handeln würden.

II. Daher ist das Maß der Kontrolle auch durch das Vertrauen bedingt, das die Leitung der Organisation zu den Organisationsmitgliedern hat, d.h. in welchem Umfang sie befürchten muß, daß das Fehlen der Kontrolle leistungsmindernd wirkt.

III. Das Maß der Kontrolle wird auch durch das Verhalten der Kontrollierten beeinflußt. Eine allzu rigide Kontrolle führt zu Widerständen bei den Kontrollierten, insb. zur offenen oder verdeckten Informationsverweigerung und schwächt die Möglichkeit künftiger Kontrollen.

IV. Kontrolleur und Kontrollierter treffen innerhalb der Verwaltung zumeist nicht nur einmal, sondern wiederholt zusammen. Die Kontinuität der Kontrollinstanz ist erwünscht, da die beim Kontrolleur gesammelten Erfahrungen die Wirksamkeit der Kontrolle erhöhen. Das führt aber dazu, daß das Dauerverhältnis nur funktioniert, wenn ein Mindestmaß menschlicher Gemeinsamkeit vorhanden ist. Darauf muß auch der Kontrollierende hinwirken. Das wiederum zwingt ihn zu der Abwägung, in welchen Fällen er Beanstandungen aussprechen muß und in welchen Fällen er – jedenfalls kleinere – Mängel durchgehen lassen kann. Zu bedenken ist dabei vor allem, daß bei den verwaltungsinternen Kontrollen der Kontrollierende oft direkter Vorgesetzter ist und nicht nur kontrollieren, sondern laufend gemeinsam mit den Kontrollierten Arbeitsergebnisse produzieren muß.

1116 F. Zu jedem Kontrollsystem gehört auch ein *Sanktionssystem*. Es kann sich dabei um positive (Belohnungen) oder negative (»Bestrafungen«) Sanktionen handeln. Von der Effektivität der Sanktionen hängt auch die Effektivität der Kontrolle ab.

§ 125 Kontrollorganisation

Schrifttum: Vgl. vor § 124; ferner: *S. Eilon,* Management Control, 1971; *E. Frese,* Organisation der Kontrolle, in: *E. Grochla* (Hrsg.), Handwörterbuch der Organisation, 1969, Sp. 873 ff.; *F. Gossens,* Management-Techniken. Planen – Entscheiden – Kontrollieren, 1973; *R. Höhn,* Die Dienstaufsicht und ihre Technik, 1967; *F.E. Katz,* Autonomy and Organisation, The Limits of Social Control, 1968; *H. Reger,* Bemerkungen zur Finanzkontrolle, in: VerwArch. 1975, 195 ff.; *A. S. Tannenbaum,* Control in Organisations, 1968.

1117 A. I. Jede *Kontrolle* bedarf der *Organisation*. Diese muß Festlegungen treffen über die zuständigen Kontrollorgane und ihre Verfassung, den Kontrollgegenstand, das Kontrollverfahren und die Möglichkeit der Korrektur, eventuell auch der Sanktion aufgedeckter Mängel. Allgemeine Grundsätze lassen sich insoweit nicht aufstellen; die Umstände des Einzelfalles bestimmen die Organisation.

II. Zu entscheiden ist zunächst, ob die *verwaltungsinterne* oder die *verwaltungsexterne* Kontrolle einzusetzen ist. Da eine Kontrolle nur so gut sein kann wie die Information, die sie erlangt, stellt sich dabei die Frage, welche Informationen bei unterschiedlichen Organisationsformen zu erwarten sind. Das ist sowohl eine Frage der Mittel, Hergabe von Informationen zu erzwingen, als auch eine Frage des Vertrauens hinsichtlich sachgerechter Verwendung der Informationen. Auf Seiten des Kontrollierenden ist es eine Frage seiner Unabhängigkeit gegenüber den Kontrollierten. Wichtig ist auch die Kontrollspanne (Rdnr. 569). Insofern ist zugleich die Frage zu prüfen, wie stark die Zentralisierung einer Kontrolle sein darf. Bietet Zentralisierung an sich einen Vorteil, weil sie Distanz, Arbeitsteilung, Gleichmäßigkeit der Maßstäbe bedeutet, so bringt sie doch andererseits den Nachteil mit sich, daß die Informationsprobleme sich vergrößern.

III. Jedes soziale System kennt auch eine *nichtorganisierte (informelle)* Kontrolle. Oft wirkt diese »social control« stärker als formale Kontrollinstrumente. Jedes Organisationsmitglied unterliegt einem Lernprozeß und erlernt vor allem ein Verhalten, das sich an den Organisationszielen ausrichtet. Die Organisation selbst fordert immer wieder dieses zielkonforme Verhalten und pflegt informelle Sanktionen zu verhängen, wenn das einzelne Organisationsmitglied diesen Erwartungen nicht entspricht. Allerdings ist auch ein Mechanismus denkbar, bei dem die »social control« gerade dahin wirkt, sich nicht leistungsgerecht zu verhalten (z.B. »Geleitzugsystem«, Rdnr. 318).

B. I. Wichtigstes Element der verwaltungsinternen Kontrolle ist die *hierarchische Überordnung.* Zur *Leitungsfunktion* gehört auch die Aufsicht (Rdnr. 576 ff.). Der durchsichtige, gut gegliederte Aufbau ist daher Voraussetzung für das Funktionieren der Kontrolle durch die Vorgesetzten.

II. Wichtige Instrumente eines derartigen Kontrollverhältnisses sind die Berichtspflicht, die vollständige Vorlage bestimmter Vorgänge, die Korrektur von Arbeitsergebnissen, die Entziehung von Zuständigkeiten.

III. Beschnitten wird die Kontrollmöglichkeit durch die *Dezentralisation,* d.h. durch die Selbstverwaltung (Rdnr. 211). Das ist beabsichtigt und geschieht um das Verantwortungsbewußtsein zu stärken. Dabei beschränkt sich die Kontrolle auf die Rechtmäßigkeit, nicht dagegen auf die Zweckmäßigkeit. Dem liegt der Gedanke zugrunde, daß das Recht ein höherer Wert als die Zweckmäßigkeit ist. Es ist die Vorstellungswelt des gewaltenteilenden Staates, in dem die Norm als Ausdruck des Willens des Parlaments absoluten Vorrang hat. Die Entwicklung geht dahin, das Eingriffsrecht der staatlichen Aufsicht de jure einzuschränken;

das gilt insb. für die Auftrags- oder Weisungsangelegenheiten der Selbstverwaltungsträger. Allerdings werden durch besondere Mechanismen wie die Planung, Finanzierung, und schließlich den Einfluß der politischen Parteien in der Praxis derartige Dezentralisationseffekte weitgehend neutralisiert.

1122 C. Eine besondere Funktion im Kontrollsystem haben Organisationseinheiten, die für bestimmte allgemeine Fragen zuständig sind. Es handelt sich vor allem um die für *Finanz-, Organisations- und Personalsachen*, d.h. für die Ressourcen zuständigen Organisationseinheiten. An sich kommt ihnen kein allgemeines Kontrollrecht zu. Gleichwohl wächst ihnen wegen des Steuerungseffektes, den die Ressourcenentscheidungen enthalten, die Möglichkeit zu, die die Aufgaben unmittelbar erfüllenden Organisationseinheiten zu kontrollieren.

1123 I. Das gilt vor allem für das *Finanzwesen*. Bereits bei der Aufstellung des Haushaltsplanes muß der zuständige Amtsträger kraft seiner Finanzverantwortung die Anmeldungen der verschiedenen Abteilungen oder Referate, die in der Regel nicht sämtlich bewilligt werden können, in ihrer Dringlichkeit bewerten, d.h. eine Entscheidung über die Sache selbst treffen. Auch bei der Durchführung des Haushaltsplanes enthält die Kontrolle der sparsamen und wirtschaftlichen Mittelverausgabung stets ein Element der Sachprüfung (Rdnr. 854).

1124 II. In ähnlicher Weise enthält die *Personalverwaltung* ein Stück Kontrolle der Sacherledigung. Die Vorbereitung der Personalentscheidungen, vor allem der Beförderungen, hängt von der Leistung ab. Die Beurteilung richtet sich auch nach der Frage, ob die Arbeitsergebnisse regelmäßig »richtig« waren, bei Posten mit größerer Verantwortung, ob die Entscheidungen, die auf dem neuen Posten zu treffen sind, im Sinne der Behördenleitung liegen werden.

1125 III. Noch stärker greift der *Organisationsreferent* (oder die Organisationsabteilung) in die Sacherledigung ein, indem er (sie) prüft, mit welcher Organisationsform eine Behörde ihre Aufgabe am besten erledigt. Er prüft vor allem, ob Planstellen notwendig sind und welcher Art diese sein müssen. Freilich ist die Prüfung abstrakt und hat nicht auf den Einzelfall Bezug; insofern ist auch die Kontrollwirkung nur abstrakt.

1126 D. Die *verwaltungsinterne Kontrolle* ist die praktisch wichtigste Kontrolle. Sie ist in aller Regel umfassend, sowohl nach dem Gegenstand als auch nach den Kontrollgesichtspunkten und nach der Durchsetzungsmöglichkeit. Sie fängt eine Unzahl von Fehlern präventiv und repressiv ab, ehe sie nach außen in Erscheinung treten können und Anlaß zum Eingreifen der verwaltungsexternen Kontrolleinrichtungen geben. Aus diesem Grunde ist die verwaltungsinterne Kontrolle an vielen Stellen in der Verwaltungsorganisation durch besondere Einrichtungen eingebaut.

I. Am wichtigsten ist die Regelung von *Unterzeichnung, Abzeichnung und* 1127
Mitzeichnung.
1. Das Recht zur Unterzeichnung ausgehender Schreiben liegt oft nicht in der Hand derer, die die Schreiben verfaßt haben, sondern ist bei den Vorgesetzten konzentriert. Dieser Unterschriftsvorbehalt dient in erster Linie der Kontrolle. Er gewährleistet eine größere Sachrichtigkeit, eine bessere Einheitlichkeit und Abgestimmtheit des Behördenhandelns und hat außerdem Informationscharakter. Diese Kontrollmöglichkeit ist jedoch aus anderen Gründen problematisch (Rdnr. 1035).
2. Eine ähnliche Funktion hat die *Vorlage* ausgegangener Schreiben beim Vorgesetzten vor oder nach Abgang. Sie gibt dem Sachbearbeiter die volle Verantwortung nach außen. Angesichts des Umfangs der zu kontrollierenden Bereiche ist der Vorgesetzte in Zweifelsfällen oft nicht in der Lage, sich intensiv genug mit den Vorgängen zu befassen, um sie in allen Einzelheiten mit seinem Namen zu decken. Die Kenntnisnahme durch Vorlage ermöglicht eine Kontrolle, durch die er jedenfalls evidenten Fehlleistungen auf die Spur kommen kann.
3. Ähnlich wirkt die *Posteingangskontrolle* durch den Vorgesetzten, die im Rücklauf durch Beschwerden u.ä. Schreiben dem Vorgesetzten zeigt, wo möglicherweise Fehler gemacht worden sind.
4. Die *Mitzeichnung* eines Entwurfes durch verschiedene Referate (Abteilungen) hat ebenfalls Kontrollwirkung; die zu entscheidende Frage wird unter zusätzlichen Gesichtspunkten betrachtet und erhält u.U. wegen nicht hinreichender Beachtung ebenfalls einschlagender Gesichtspunkte keine Billigung durch eine mitzeichnungsberechtigte Stelle.

II. An mehreren Stellen ist die innere Kontrolle im Bereich der *Finanzen* insti- 1128
tutionalisiert, und zwar
1. als Kassenkontrolle,
2. durch die Teilung von Kassenanordnung und Ausführung der Anordnung (Rdnr. 848),
3. als Visakontrolle,
4. durch die Vorprüfung der von der Kasse gelegten Rechnung (Rdnr. 1198),
5. im kommunalen Bereich durch die Rechnungsprüfungsämter, die eine Sonderstellung im Rahmen der Gemeindeverwaltung haben.

III. Über die Kontrolle der Wirtschaftlichkeit als Institution vgl. Rdnr. 1150 ff.

IV. In gewisser Weise kommt auch dem *Justitiar* eine Kontrollfunktion zu. 1129
Ihm werden Vorgänge, bei denen schwierigere Rechtsfragen auftauchen, zur Prüfung übergeben. Seine Stellungnahme enthält eine interne Rechtskontrolle der von den sachbearbeitenden Stellen beabsichtigten Maßnahmen.

V. Besondere Beauftragte, z.B. Sicherheitsbeauftragte können ebenfalls die Funktion von Kontrollorganen haben.

30. Kapitel   Verwaltungsinterne Kontrollen

1130   **D.** Die interne Kontrolle bedient sich weitgehend des Bürgers als eines auslösenden Faktors für den Kontrollvorgang.

I. Formlos eingelegt wird die *Dienstaufsichtsbeschwerde*. Sie will auf dienstliche Versäumnisse, d.h. auf eine mangelhafte Erfüllung der Dienstpflichten hinweisen. Ihr Sinn liegt primär darin, eine Maßnahme gegen den verantwortlichen Bediensteten herbeizuführen. Allerdings liegt dem Beschwerdeführer in der Regel nicht so sehr daran, daß der Bedienstete gerügt, eventuell sogar diszipliniert wird, als vielmehr daran, daß der angesprochene Vorgesetzte Anlaß nimmt, den Akt selbst zu überprüfen und gegebenenfalls aufzuheben. Freilich besteht hierzu keine Rechtsverpflichtung. Daher ist die Dienstaufsichtsbeschwerde praktisch auch nur von geringer Bedeutung.

Die fehlende Verpflichtung zur Sachprüfung verführt leicht dazu, das Ansuchen des Beschwerdeführers ohne weiteres zurückzuweisen. Der entscheidende Vorgesetzte sollte vielmehr das Eigeninteresse der Verwaltung an einem recht- und zweckmäßigen Verwaltungsvollzug sowie die grundsätzliche Stellung des Bürgers gegenüber der demokratischen Verwaltung (Rdnr. 301 ff.) in erster Linie in Rechnung stellen. Das Prinzip des Deckens um jeden Preis, insbesondere auch bei rechtswidrigen Maßnahmen, ist abzulehnen. Auch auf querulatorische Beschwerden ist grundsätzlich sachlich einzugehen. Ironie ist in amtlichen Schreiben keinesfalls angebracht. Problematisch ist die Behandlung anonymer Schreiben. In keinem Fall ist es richtig, sie sogleich in den Papierkorb zu werfen. Es gibt durchaus achtbare Gründe, die zur Flucht in die Anonymität führen können. Nicht jeder, dem der Mut fehlt, ein gerechtfertigtes Anliegen mit seinem Namen zu decken, verdient Verachtung. Freilich wird man andererseits als allgemeine Erfahrung ansehen dürfen, daß unter den anonymen Beschwerden die Zahl der abwegigen und verleumderischen Beschwerden relativ groß ist.

1131   II. Das förmliche Rechtsmittel ist der *Widerspruch* (evtl. der Einspruch), der zu einer Überprüfung der Rechtmäßigkeit und Zweckmäßigkeit der Entscheidung führt. Da es sich zugleich um ein Vorverfahren vor Erhebung der Anfechtungsklage handelt, ist die Entscheidung über Widersprüche besonders verantwortungsvoll. Sie wird nicht selten aus der hierarchischen Ordnung herausgenommen und Ausschüssen übertragen. Die Laien, die in solchen Ausschüssen oft mitwirken, sind in aller Regel nicht in der Lage, die einschlagenden Rechtsfragen wirklich sachgerecht zu beurteilen. Sie sind auf den Vortrag des Vorsitzenden angewiesen, der berufsmäßig der Behörde angehört, oft sogar identisch mit dem Beamten ist, der die angefochtene Entscheidung erlassen hat. Der einzige Vorteil einer Beteiligung von Laien könnte darin bestehen, daß sie in der Regel eine größere Unbefangenheit und einen ehrlichen Willen zur Überprüfung mitbringen. Freilich wird dieser Wille nur dann wirksam, wenn die Ausschußmitglieder eine nicht geringe Sachkenntnis haben und vor allem Persönlichkeiten sind, die sich gegen den mit bürokratischer Macht (Rdnr. 591) ausgestatteten Vorsitzenden durchzusetzen vermögen.

§ 126 Organisationskontrolle

Schrifttum: *H. Acker,* Organisationsanalyse, 1963; *U. Becker / B. Becker,* Organisation und Organisatoren, in: Schriften HSch Speyer, Bd. 52, 1973; *K. Bilfinger,* Der Reichssparkommissar, 1928; *H.U. Derlien,* Theoretische und methodische Probleme der Beurteilung organisatorischer Effizienz der öffentlichen Verwaltung, in: Verwaltung 1974, 1 ff.; *S. Engel,* Aus- und Fortbildung von Organisatoren in der Berliner Verwaltung, in: ZfO 1974, 462 ff.; *E. Euler,* Die betriebswirtschaftlichen Grundlagen und die Grundbegriffe des Arbeits- und Zeitstudiums, 1949; *H. Guether,* Das Dilemma der Arbeitsablaufplanung, 1971; *P. Joosten / K.H. v. Kaldenkerken* (Hrsg.), Organisation und Effizienz der öffentlichen Verwaltung II, 1976; KGSt. (Hrsg.), Arbeitsuntersuchungen in der Kommunalverwaltung, 4. Aufl. 1967; *E. Laux,* Möglichkeiten und Grenzen einer Leistungssteigerung in der Organisation der öffentlichen Verwaltung, in: Lkr. 1975, S. 187 ff.; *E. Lohmann,* Organisation und Rationalisierung der Verwaltung, 1971; *E. Mäding / F. Knöpfle* (Hrsg.), Organisation und Effizienz der öffentlichen Verwaltung, 1974; *M. Schuler,* Leitfaden für die Organisations- und Wirtschaftlichkeitsprüfungen, 1965; *ders.,* Organisationsprüfungen mit Hilfe von Arbeitsuntersuchungen, 1970; *J. in t' Veld,* Hebung der Verwaltungsleistung, in: Verwaltung 1965, 354 ff.

A. Die zweckmäßige Einrichtung der *Aufbau- und Ablauforganisation* – in dem oben (Rdnr. 155) beschriebenen weiten Sinne – ist Voraussetzung für eine erfolgreiche Verwaltungsarbeit. Die Kontrolle des Organisationszustandes ist daher eine der wichtigsten internen Kontrollen der Verwaltung. Es bedarf deshalb einer Institutionalisierung der Organisationskontrolle. **1132**

I. Jede Behörde muß einen *Organisationsreferenten* haben. **1133**
1. Er ist verantwortlich für die organisatorische Planung. Er wird bei allen Anordnungen, die sich auf die Organisation, die Geschäftsverteilung und den allgemeinen Geschäftsgang auswirken können, beteiligt. Er wirkt bei der Ermittlung des Personalbedarfs verantwortlich mit (in der Bundesverwaltung z.B. ist das Einvernehmen mit ihm herzustellen, § 7 GGO BMin). Er hat das Recht, jederzeit in allen Abteilungen Feststellungen zu treffen.
2. Der Organisationsreferent der Ministerien ist gleichzeitig zuständig für organisatorische Fragen in den nachgeordneten Dienststellen. Er kann Geschäftsprüfungen durchführen.
3. Der Organisationsreferent untersteht unmittelbar dem Behördenleiter oder dessen Stellvertreter.
4. Die Frage, inwieweit der Organisationsreferent außerdem noch andere Aufgaben erledigt (z.B. den inneren Dienst leitet), hängt vom Umfang der Organisationsaufgaben ab. Wesentlich ist, daß ein besonderer Referent eingesetzt ist, daß er die nötigen Vollmachten und ein erhebliches Maß von Sachkenntnis besitzt. Sachkunde für diese Stellung heißt zunächst, daß die organisatorischen Probleme

30. Kapitel Verwaltungsinterne Kontrollen

nicht durch eine subalterne Brille, sondern von höherer Warte gesehen werden. Nur wer verantwortlich im eigentlichen Aufgabenvollzug gestanden hat, ist dieser Aufgabe gewachsen. Sie dem Leiter des inneren Dienstes nebenbei aufzutragen, führt in der Regel nicht zu brauchbaren Ergebnissen. Außerdem bedarf es einer speziellen Kenntnis organisatorischer Probleme und ihrer Lösungsmöglichkeiten. Hierzu muß eine besondere Aus- und Fortbildung für Organisatoren vorhanden sein. Die für Organisationsfragen zuständigen Beamten haben oft nicht die erforderliche Sachkenntnis.

5. In größeren Verwaltungen reicht ein einzelner Referent nicht aus. Hier bedarf es ganzer Organisationsabteilungen oder -ämter.

6. Die Organisationsreferenten verwandter oder gleichartiger Behörden arbeiten in Ausschüssen zusammen, in denen sie ihre Erfahrungen austauschen (vgl. § 9 GGO BMin.). Daneben stehen oft Spezialausschüsse, die sich mit Einzelfragen der rationellen Verwaltungsarbeit befassen (z.B. Lochkartenausschuß, Ausschuß für Bürohilfsmittel).

1134 II. Für die Bundesverwaltung ist nach dem Vorbild des »*Reichssparkommissars*« der Weimarer Zeit ein besonderer »*Beauftragter für die Wirtschaftlichkeit in der Verwaltung*« eingesetzt (BAnz 1965, Nr. 72). Das Amt wird in Personalunion mit dem des Präsidenten des Bundesrechnungshofs verwaltet, ist aber der Sache nach von diesem zu unterscheiden. Der Bundesbeauftragte ist in seiner Tätigkeit von Weisungen unabhängig. Die Funktion des Bundesbeauftragten liegt in der Beratung der Bundesregierung, einzelner Ministerien und Behörden. Diese Beratung erfolgt z.T. auf Ersuchen von Bundestag, Bundesrat, Bundesregierung oder einzelner Minister, z.T. aus eigener Initiative des Bundesbeauftragten. Sie äußert sich in Form von Gutachten, ferner in der Beteiligung an organisatorischen und finanziellen Maßnahmen von größerer Tragweite.

1135 III. Die Einsetzung besonderer *Verwaltungsreform-Kommissionen* als nicht ständige Maßnahme kann dann nützlich sein, wenn es entweder darum geht, solche Aufgaben anzufassen, bei denen Erfahrungen aus unterschiedlichen Bereichen zusammenwirken müssen, oder alle politischen Kräfte zur Mitwirkung zu bringen. Insbesondere bei Maßnahmen, die voraussichtlich auf den Widerstand mächtiger sozialer Gruppen stoßen, ist die Problemlösung ohne aktive Beteiligung verantwortlicher Exponenten dieser Gruppen kaum zu realisieren. Allerdings dürfen die Möglichkeiten derartiger Kommissionen nicht überschätzt werden, insbesondere deshalb, weil die Parlamentarier, die zunächst nach Verwaltungsvereinfachung rufen, dann zu bremsen beginnen, wenn die Reformen auch ihren Wahlkreis berühren. Der Wirksamkeit derartiger Kommissionen in Fragen der wirtschaftlichen Gestaltung der Verwaltung sind zudem enge Grenzen gesetzt, weil die zahllosen Detailuntersuchungen nicht von einer Kommission geleitet werden können. Jedenfalls haben derartige Ausschüsse trotz z.T. hervorragender Arbeit praktisch nur sehr geringe Auswirkungen gehabt.

IV. Auch jeder einzelne Bedienstete kann an der Verbesserung der Wirtschaftlichkeit mitarbeiten. Neben der allgemeinen Verpflichtung, den Arbeitsplatz ständig daraufhin zu beobachten, wo Rationalisierungsmöglichkeiten vorhanden sind, besteht in vielen Verwaltungen ein besonders organisiertes *Vorschlagswesen*. Gegenstand dieser Einrichtung sind Verwaltungsvorschriften, Arbeitsabläufe, Arbeitsmittel. Beteiligen kann sich jeder Bedienstete mit Ausnahme derjenigen, deren Dienstaufgabe in der Anregung und Durchführung von Rationalisierungsmaßnahmen besteht. Vorschläge sollen zu einer Verbesserung der Leistung oder zu einer wirtschaftlichen Gestaltung der Verwaltung führen. Sie werden von Ausschüssen bewertet, denen Beamte der zuständigen Verwaltungen und Mitglieder des Personalrates angehören. Im Falle der Annahme eines Vorschlages wird eine Geldbelohnung gewährt, deren Höhe von dem Maß der schöpferischen Leistung und dem finanziellen Erfolg abhängt. Diese Einrichtung bewährt sich für kleinere Rationalisierungsmaßnahmen, ihr Funktionieren setzt allerdings voraus, daß ständig für sie geworben wird, damit der Strom von Vorschlägen nicht zum Erliegen kommt. 1136

V. Im kommunalen Bereich hat die *Kommunale Gemeinschaftsstelle für Verwaltungsvereinfachung* in Köln (KGSt) sich um eine zweckmäßige Organisation von Gemeinden und Kreisen sehr verdient gemacht. 1137

VI. In einem nicht bekannten, weil der Öffentlichkeit nur beschränkt zugänglichen Umfang nehmen auch die *Rechnungshöfe* Organisationsprüfungen vor. 1138

VII. Schließlich kommt der Organisationsberatung durch *externe Beratungsfirmen und -organisationen* zunehmend eine größere Bedeutung zu. Sie haben den Vorteil, nicht betriebsblind zu sein und Erfahrungen aus anderen Lebensbereichen einzubringen. Allerdings ist Voraussetzung ihres erfolgreichen Einsatzes, daß sie die spezifischen Probleme der öffentlichen Verwaltung zutreffend erfassen; das ist in der Regel nur dann möglich, wenn in dem Beratungsteam Externe und Behördenangehörige eng zusammenarbeiten. 1139

B. Wichtig für die zweckmäßige Ablauforganisation ist die Überprüfung der Arbeitsweise der Verwaltung. Zu diesem Zwecke werden *Arbeitsuntersuchungen* in der Verwaltung durchgeführt. 1140

I. Diese Untersuchungen beruhen auf den Erfahrungen der allgemeinen Arbeitswissenschaft. Sie dienen einmal dazu, den Personalbedarf für eine bestimmte Arbeit zu ermitteln (Rdnr. 601 f.). Sie sollen außerdem die wirkungsvollste und wirtschaftlichste Arbeitsweise feststellen.

II. Arbeitsuntersuchungen setzen eine Analyse der Arbeitsvorgänge voraus. Hierzu bedarf es der Ermittlung dessen, was in einer Behörde tatsächlich geschieht.

1. Beschrieben werden kann einerseits der Arbeitsplatz. Dabei werden Aufzeichnungen gemacht über alle Verrichtungen, die eine bestimmte Arbeitskraft im Laufe eines längeren Zeitabschnittes leistet. Hierzu führt der Inhaber des Arbeitsplatzes genaue Aufzeichnungen über den Gegenstand seiner Tätigkeit, die Zahl der erledigten Fälle, die Dauer der einzelnen Arbeiten (Tägliche Arbeitsaufzeichnung). Hieraus wird eine Tätigkeitsliste hergestellt, die angibt, welche Tätigkeiten an einem Arbeitsplatz ausgeführt werden und in welchem Umfang die Einzeltätigkeiten den Inhaber des Arbeitsplatzes beschäftigen.

2. Beschrieben werden kann auch der Ablauf eines Vorganges, an dem mehrere Bedienstete beteiligt sind. In einen Begleitbogen zur Akte tragen alle mit dem Vorgang befaßten Bediensteten ein, was sie getan haben, welcher Art ihre Beteiligung war und wie lange sie mit dem Vorgang befaßt waren.

1141 III. Aus diesen Aufzeichnungen werden Schlußfolgerungen gezogen für die Frage der *zweckmäßigen Gestaltung der Arbeitsabläufe*. Insbesondere können daraus Folgen gezogen werden,

1. ob die einzelnen Schritte von denjenigen Bediensteten erledigt werden, die für sie am geeignetsten sind,
2. ob der Arbeitsgang zu kompliziert ist, d.h. wo Schritte eingespart werden können, wo auch überflüssige oder Doppelarbeit geleistet wird,
3. wo Wartezeiten auftreten,
4. ob für gleichartige Arbeitsvorgänge unterschiedliche Wege gewählt werden,
5. wo von den Vorschriften abgewichen wird,
6. ob die Kompetenzabgrenzung klar geregelt ist.

IV. An die kritische Bewertung schließen sich die Erarbeitung von Vorschlägen zur Vereinfachung und Verbesserung des Arbeitsablaufes, die Anordnung der notwendigen Maßnahmen sowie die Kontrolle ihrer Durchführung und Auswertung an.

1142 C. I. Daneben gibt es besondere *Organisationsprüfungen*. Es handelt sich um Untersuchungen, bei denen als Mittel eingesetzt werden z.B. *Fragebogen* über die Umstände und den Gegenstand der Arbeit an einem Arbeitsplatz, *Interviews* mit Inhabern der zu untersuchenden Arbeitsplätze und deren Vorgesetzten, eigene Beobachtungen des Organisators (z.B. Stichproben, insb. Multimomentstudien, Durchsicht von Postein- und -ausgang), Feststellung der Zahl von Kommunikationsvorgängen zwischen den einzelnen Organisationseinheiten. Zumeist wird der Organisator die verschiedenen Methoden (die hier nicht abschließend aufgezählt sind) nebeneinander anwenden, um einen vollständigen Eindruck von der zu überprüfenden Organisation zu erhalten.

§ 126 *Organisationskontrolle*

II. Aufgrund des Beobachtungsmaterials wird die Organisation *bewertet*. Insbesondere wird untersucht,
1. ob die Organisation klar festgelegt ist, ob z.B. die Zuständigkeiten und Zuordnungen eindeutig sind (Rdnr. 152 ff.),
2. ob die Organisation übersichtlich ist,
3. ob zusammengehörige Organisationseinheiten hinreichend verbunden sind,
4. ob alle Aufgaben verteilt (und nur einmal verteilt) sind,
5. ob eine zweckmäßige Verteilung der Aufgaben auf Menschen und Sachmittel stattgefunden hat,
6. wo die tatsächliche Organisation von der formellen Organisation abweicht (Rdnr. 165 ff.).

III. Auch hier folgt auf die kritische Bewertung der Vorschlag zur Verbesserung der Organisation, die Anordnung der notwendigen Maßnahmen sowie die Kontrolle ihrer Durchführung und Auswirkung.

D. Eine Organisation funktioniert nur dann sicher, wenn alle Beteiligten ihre *Rolle* kennen und wenn auch Außenstehende wissen, an wen sie sich zu wenden haben. Daher muß der Organisationszustand durch ein Vorschriftenwerk evident gemacht werden. Die Aufstellung von Organisationsvorschriften hat außerdem noch den Vorteil, daß ein Zwang ausgeübt wird, den tatsächlichen Organisationszustand festzustellen und auf seine Eignung zu überprüfen. Allerdings besteht andererseits auch die Gefahr, durch ein derartiges Vorschriftenwerk zu viele Fragen festzulegen und der freien Initiative den Weg zu verbauen. Daher ist auch eine dringende Warnung vor dem organisatorischen Perfektionismus am Platze. 1143

I. Ein Teil der organisatorischen Fragen ist in *Gesetzen, Verordnungen* oder *Satzungen* geregelt (z.B. GG Art. 86–90; G. über die Finanzverwaltung, BGBl. III 600-1). 1144

II. Auch der *Haushaltsplan* ist in gewissem Sinne eine Organisationsvorschrift. Er gibt nicht nur Auskunft über die vorhandenen Behörden, sondern durch Zuweisung der Mittel auf die Behörden auch Auskunft über deren Zuständigkeiten (Rdnr. 833 ff.). 1145

III. Als Organisationsvorschriften, die von der Verwaltung selbst zu erlassen sind, kommen in Frage:
1. *Organisationsplan*. Bei ihm handelt es sich um eine Darstellung der vorhandenen Organisationseinheiten, ihrer gegenseitigen hierarchischen Zuordnung und um die Aufgabenverteilung auf die Organisationseinheiten. Er wird oft zweckmäßig schaubildlich dargestellt. 1146
2. *Geschäftsverteilungsplan*. Er sagt, welche Personen einer bestimmten Organisationseinheit angehören, evtl. auch, welche Aufgabe sie hier erledigen. Zum 1147

Geschäftsverteilungsplan gehört oft die Regelung der Vertretung, die niemals fehlen sollte, weil sonst im Falle einer Verhinderung eines Beamten zunächst eine Organisationslücke auftritt. Organisationsplan und Geschäftsverteilungsplan können zusammengefaßt und einheitlich dargestellt werden. Der Organisator weiß jedoch, daß es sich im Grunde um zwei sachlich verschiedene Pläne handelt.

1148   3. *Aktenplan*. Die Akten sind das papierene Gedächtnis der Verwaltung. Als eines ihrer wichtigsten Arbeitsmittel müssen sie auch sinnvoll organisiert sein. Man muß wissen, wo man etwas über eine Frage findet. Diesem Zwecke dient der – notwendig systematisch geordnete – Aktenplan. Er schließt sich weitgehend an den Organisationsplan an, ohne bis in die Einzelheiten mit ihm übereinzustimmen.

1149   4. *Geschäftsanweisung*. Im Gegensatz zu den bisher genannten Organisationsvorschriften, die das statische Bild der Organisation wiedergeben, schildert sie die Verwaltung in Aktion. Organisation ist nicht nur ein Zustand; auch die Tätigkeit muß organisiert werden. Ein zweckmäßiges Arbeitsverfahren ist sogar das eigentliche Ziel der Organisation. In der Geschäftsanweisung (evtl. auch Geschäftsordnung o.ä. genannt) werden Vorschriften über den Geschäftsgang, Anweisungs- und Zeichnungsrechte, die Benutzung sächlicher Verwaltungsmittel u.a.m. gegeben. Ein gutes Beispiel einer solchen Geschäftsanweisung ist die »Gemeinsame Geschäftsordnung der Bundesministerien« (abgedruckt bei *Lechner-Hülshoff*, Parlament und Regierung, 3. Aufl. 1971, S. 360 ff.). Oft sind nicht alle Fragen des Geschäftsganges in einer Vorschrift zusammengefaßt, neben der allgemeinen Geschäftsanweisung stehen besondere Anweisungen (z.B. Registraturanweisung, Kanzleianweisung, Dienstkraftfahrzeuganweisung). Zweckmäßig ist es, nicht für jede Behörde eine eigene Geschäftsanweisung zu erlassen. Es fehlen in den Behörden oft die nötigen Erfahrungen, um alle einschlägigen Fragen zu erkennen und richtig zu lösen. Auch die Notwendigkeit der Versetzung von Beamten läßt eine Einheitlichkeit des Geschäftsganges geboten erscheinen; nur sie sichert, daß nicht durch Umlernen Zeit und Kraft verlorengeht. Daher sind Mustergeschäftsanweisungen oder gar für alle Behörden eines Verwaltungsträgers erlassene einheitliche Geschäftsanweisungen zweckmäßig.

§ 127   Wirtschaftlichkeitskontrolle

Schrifttum: *W. Berg*, Die Verwaltung des Mangels, in: Staat 1976, 1 ff.; *U. Bischoff*, Die Verwirklichung eines neuen Rechnungswesens, das Kameralistik und Doppik vereint, ÖVD 1973, S. 476 ff.; *W. Brosck*, Die Notwendigkeit einer öffentlichen Vermögensrechnung, 1973; *G. F. Burret*, Kameralistik und Doppik, 1965; *H. U. Derlin*, Theoretische und methodische Probleme der Beurteilung organisatorischer Effizienz der öffentlichen Verwaltung, in: Verwaltung 1974, S. 1 ff.; *Y. Dror*, Die Effizienz der Regierungstechnik, in:

Verwaltung 1972, 385 ff.; *P. Eichhorn,* Kosten und Ausgaben in der öffentlichen Verwaltung, VerwArch., 1971, 39 ff.; *P. Frerk,* Wirtschaftlichkeit öffentlicher Investitionen, 1967; *P. Friedrich,* Cost-Benefit-Analyse und Koordinierung kommunaler Ausgaben, in: ArchKomWiss. 1970, S. 64 ff.; *M. Fuchs/H. Zentgraf,* Betriebsabrechnung in öffentlichen Betrieben, 2. Aufl., 1970; *J. Gornas,* Grundzüge einer Verwaltungskostenrechnung, 1976; *G. Gröbner,* Effizienzanalysen im Staatssektor, in: Verwaltung 1970, S. 297 ff.; *ders.,* Ist der Erfolg staatlicher Aktivität meßbar? in: DÖV 1971, S. 87 ff.; *U. Heering/W. Güldner,* Effektivkosten einzelner Verwaltungszweige in DM je Einwohner, in: DVBl. 1973, 842 ff.; *W. Hofmann – F. Wenger,* Verwaltungskosten-Verwaltungspreis, Orientierungshilfen zur Ermittlung des Verwaltungsaufwandes, in: DÖV 1973, S. 121 ff.; *H. Karehnke,* Ein Vorschlag für Nutzen-Kosten-Untersuchungen in der Verwaltung, in: DÖV 1974, S. 737 ff.; *ders.,* Zur Wirtschaftlichkeitsmessung im staatlichen Bereich, in: DVBl. 1969, 449 ff.; *B. Knigge,* Kosten und Nutzen – Anwendungsmöglichkeiten von Kosten-Nutzen-Analysen im Bereich der raumplanenden Verwaltung, 1971; *H. H. Koelle/E. Heinecke,* Kosten-Nutzen-Analyse, in: Bundesminister für Bildung und Wissenschaft (Hrsg.), Methoden der Prioritätsbestimmung III, 1971, S. 59 ff.; *E. Laux,* Möglichkeiten und Grenzen einer Leistungssteigerung in der Organisation der öffentlichen Verwaltung, in: Lkr. 1975, 187 ff.; *P. Leimich,* Die Vermögensrechnung der öffentlichen Hand, 1968; *N. Luhmann,* Kann die Verwaltung wirtschaftlich handeln? VerwArch 1970, 97 ff.; *H. Meyer zu Drewer/E. Guth,* Erfahrungen mit Nutzen-Kosten-Untersuchungen in der Verwaltungspraxis, in: DÖV 1976, 404 ff.; *W. Michalski* (Hrsg.), Leistungsfähigkeit und Wirtschaftlichkeit in der öffentlichen Verwaltung, 1970; *L. Mühlhaupt,* Probleme der kommunalen Vermögensrechnung, in: DÖH 1970, S. 117 ff.; *G.H. Peters,* Cost Benefit Analyse und staatl. Aktivität, 1968; *E. Potthoff,* Wirtschaftlichkeit des Arbeitsplatzes in der Verwaltung als Schwerpunktaufgabe der Rationalisierung, in: Rationalisierung 1974, S. 254 ff.; *K. Rambow,* Vorschläge für eine sparsamere und wirtschaftlichere Verwendung öffentlicher Mittel, in: DÖV 1975, 617 ff.; *H.C. Recktenwald* (Hrsg.), Nutzen-Kosten-Analyse und Programmbudget, 1970; *H. Reinermann,* Wirtschaftlichkeitsanalysen, in: Hdb. Verw., H. 4.6; *Th. Sarrazin u.a.,* Theorie und Realität in der Cost-Benefit-Analyse, in: ZgesStW 1974, S. 51 ff.; *J. Schmidt,* Wirtschaftlichkeit in der öffentlichen Verwaltung, 1976; *H. Schönfelder,* Management, Leistungsfähigkeit und Wirtschaftlichkeit in der öffentlichen Verwaltung, in: ZBR 1971, S. 157 ff.; *P. Self,* »Hochtrabender Unsinn«: Die Kosten-Nutzen-Analyse und die Roskill-Kommission, in: *F. Naschold/W. Väth* (Hrsg.), Politische Planungssysteme, 1973, S. 461 ff.; *H. Siedentopf,* Wirtschaftlichkeit in der Verwaltung, 1969; *W. B. Stolber,* Nutzen-Kosten-Analysen in der Staatswirtschaft, 1968; *C. Zangemeister,* Nutzwertanalyse, 1970.

A. Die Arbeit der Verwaltung muß verschiedene Ziele verwirklichen: Sie muß gut, schnell, schonsam und wirtschaftlich arbeiten. Von diesen Zielen stellt die Wirtschaftlichkeit besondere Probleme. Es handelt sich um eine Forderung, die in der Verwaltungsgeschichte nicht stets erhoben worden ist. Im Gegenteil: Die Wirtschaft und die Verwaltung schienen oft unterschiedliche Verfahrensweisen zu haben, gerade weil das Prinzip der *Wirtschaftlichkeit* in der Verwaltung nur eine untergeordnete Rolle spielte. Die Verwirklichung der Verwaltungszwecke, d.h. hauptsächlich der Staatszwecke, wurde als im Gegensatz zur Gewinnerzielung der Wirtschaftsbetriebe stehend gesehen.

1150

Diese Auffassung ist heute nicht mehr uneingeschränkt aufrechtzuerhalten. Die Verwaltung nimmt heute so große Summen in Anspruch (Rdnr. 284 ff.), daß die wirtschaftliche Verausgabung ein wesentlicher Gesichtspunkt der Verwaltungstätigkeit geworden ist. Von der Wirtschaftlichkeit hängt ab, ob die Verwaltung viele oder nur wenige Aufgaben erfüllen kann und inwieweit sie durch öffentliche Abgaben in die Tasche des Bürgers greifen muß. Wirtschaftlichkeit der Verwaltung ist daher eine wesentliche Forderung an die Verwaltung in der Demokratie.

Gleichwohl muß die Verwaltung in erster Linie darauf bedacht sein, ihre Ziele zu erreichen, d.h. Sicherheit, Ordnung, Wohlfahrt, kulturelle Werte zu schaffen und zu erhalten. Hinzu kommt die Tatsache, daß der Verwaltung gerade in dem Sektor, in dem eine Wirtschaftlichkeit am ehesten erreichbar scheint, nämlich in der Leistungsverwaltung, solche Aufgaben zufallen, die die Wirtschaft nicht übernimmt, weil sie unrentabel sind, d.h. ohne Entgelt oder ohne kostendeckendes Entgelt abgegeben werden müssen, damit der an sich notwendige gesellschaftliche Zweck erreicht wird. Es stelle sich daher auch die Frage, inwieweit die Verwaltung wirtschaftlich handeln kann.

1151 B. I. Der *Begriff* der Wirtschaftlichkeit ist nicht eindeutig. Es kann gefragt werden nach
   1. möglichst geringen Aufwendungen *(Sparsamkeit),*
   2. möglichst großem Erfolg, d.h. Zielverwirklichung *(Wirksamkeit),*
   3. einem möglichst günstigen Verhältnis zwischen Aufwendungen und Erfolg. Dieses Verhältnis kann als *Wirtschaftlichkeit* bezeichnet werden.
   4. Ihr verwandt ist die *Produktivität*. Sie geht jedoch umgekehrt von bestimmten Aufwendungen aus und versucht, mit ihnen einen möglichst großen Erfog zu erzielen.
   5. Etwas anderes ist dagegen wieder die *Rentabilität.* Sie setzt voraus, daß eine Leistung gegen Entgelt abgegeben wird und daß die Entgelte mindestens die Aufwendungen decken, möglichst noch einen Gewinn (Rente) abwerfen. Auch ein rentabler Betrieb kann unwirtschaftlich sein.

II. Es ist offenbar, daß weder die Forderung nach Sparsamkeit noch die nach Effektivität hier gemeint sind. Ebenso geht es der Verwaltung nur in wenigen Bereichen der Leistungsverwaltung um Rentabilität. Fraglich ist allein, ob Wirtschaftlichkeit oder Produktivität das Ziel ist. Angesichts der Tatsache, daß es sich um die Erfüllung öffentlichen Aufgaben handelt, d.h. um solche Aufgaben, die durch übergeordnete Gesichtspunkte gefordert werden, die also nicht beliebig aufgegeben werden können, steht allein die Wirtschaftlichkeit in Frage. Das gilt um so mehr, als die Verwaltung sich den im Hinblick auf ein vorgegebenes Ziel erforderlichen Bedarf an Mitteln hoheitlich beschaffen kann. Nur in Ausnahmefällen dürfte es so liegen, daß es bei gegebenen Aufwendungen um einen möglichst hohen Wirkungsgrad geht.

§ 127 *Wirtschaftlichkeitskontrolle*

C. Die *Messung* der Wirtschaftlichkeit erfolgt durch *Kosten-Nutzenrechnungen* (Rdnr. 373 ff.). Auch die BHO sieht vor, daß derartige Wirtschaftlichkeitsprüfungen in geeigneten Fällen anzustellen sind (§ 7 Abs. 2). 1152

I. Kosten-Nutzen-Rechnungen können zwei unterschiedlichen *Zwecken* dienen:
1. Sie ermitteln, welches von zwei oder mehreren Projekten das wirtschaftlichere ist und geben so der Instanz, die über die finanziellen Ressourcen zu entscheiden hat, eine Entscheidungshilfe.
2. Sie prüfen nachträglich, ob ein Projekt einen und ggf. welchen Überschuß des Nutzens über die Kosten abgeworfen hat.

II. Kosten-Nutzen-Rechnungen werfen eine Reihe von schwierigen Fragen auf. 1153
1. Alle Aussagen über Nutzen und Kosten müssen auf den *gleichen Maßstab* (Geldeinheit) gebracht werden, obwohl es sich weitgehend nicht um Geldnutzen und Geldkosten handelt. Es geht zumeist um eine größere Zahl von Faktoren, die inkommensurabel sind, die daher durch besondere Verfahren vergleichbar gemacht werden müssen.
2. Zumeist handelt es sich um Projekte, deren Produkte keinen Marktpreis haben. Es können daher beim Nutzen realistische Werte kaum gebildet werden.
3. Auch bei den Kosten läßt sich nur schwer ein System finden, das die tatsächlichen Aufwendungen erfaßt; es muß in großem Umfang mit Fiktionen gearbeitet werden.
4. Besondere Schwierigkeiten macht der *Zeitfaktor.* Da die Kosten-Nutzen-Rechnung nur bei großen Projekten angewandt wird, die über viele Jahre laufen und der Einsatz von Aufwendungen bzw. der Ertrag bei alternativen Projekten über die Jahre unterschiedlich verläuft, stellt sich sowohl die Frage, wie die laufende Geldentwertung als auch die Diskontierung des eingesetzten Kapitals in der Rechnung zu berücksichtigen ist. Diese Probleme erscheinen bisher praktisch kaum lösbar, sind aber für die Frage der Einsetzbarkeit von Nutzen-Kosten-Rechnungen von wesentlicher Bedeutung.

III. Es ist geplant, die in der BHO vorgesehenen Nutzen-Kosten-Untersuchungen nach folgenden *Verfahren* durchzuführen: 1154
1. Vorverfahren
a) Problembestimmung,
b) Bildung eines Zielsystems,
c) Bestimmung des Entscheidungsfeldes,
d) Vorauswahl der zu untersuchenden Maßnahmen.
2. Hauptverfahren
a) Erfassen der Vor- und Nachteile der einzelnen Maßnahmen,
b) Bestimmung der Maßskala,

c) Bewertung der Vor- und Nachteile,
d) Empfindlichkeitsprüfung, d.h. Feststellung der Unsicherheitsfaktoren,
e) Gegenüberstellung der Kosten und des Nutzens, Feststellung des Gesamtnutzens,
f) Feststellung von nicht quantifizierbaren Nutzen und Kosten,
g) Gesamtbeurteilung.

1155 IV. Auch eine noch so gute technische Durcharbeitung vermag die aufgezeigten *Probleme der Kosten-Nutzen-Rechnung* nicht zu lösen. Die Frage nach der Aussage des Nettonutzens einer Maßnahme bleibt mit zahlreichen Zweifeln behaftet, insb. im Hinblick auf Alternativprojekte. Trotzdem hat die Kosten-Nutzen-Rechnung einen Wert, wenn man nicht zu hohe Anforderungen an sie stellt. Es gibt insb. kein Verfahren das besser ist. Sie zwingt zum Denken in Alternativen. Auch grobe Schätzungen für die einzelnen Faktoren sind besser als bloßes Greifen und Meinen, als Berufung auf Erfahrungen, die unter völlig anderen Bedingungen gesammelt sind. Sie zwingt zur systematischen Durchleuchtung aller Faktoren und führt zur Ausweitung des regionalen und ressortgebundenen Horizontes; das gesamtgesellschaftliche Nutzenproblem wird für den Entscheider sichtbar. Die Wertungen werden offengelegt; das erhöht die Objektivität.

D. Aussagen über die Wirtschaftlichkeit des Verwaltungshandelns setzen voraus, daß ein Instrumentarium vorhanden ist, mit Hilfe dessen Informationen über Nutzen und Kosten erfaßt werden können. Dieses ist grundsätzlich die Buchführung.

1156 I. Herkömmlich wird in der Verwaltung die *kameralistische Buchführung* verwandt.
1. Sie ist entsprechend den Titeln des Haushaltsplanes aufgebaut (Rdnr. 833 ff.). Alle Einnahmen und Ausgaben werden in Konten verbucht, die den Titeln des Haushaltsplanes entsprechen. Die Rechnung, die am Ende des Haushaltsjahres gelegt wird, weist aus, ob die tatsächlichen Einnahmen und Ausgaben dem Haushaltsplan entsprechen.
2. Die kameralistische Buchführung erlaubt keine Aussage darüber, ob wirtschaftlich gehandelt worden ist. Die Frage der Wirtschaftlichkeit hängt davon ab, ob die Veranschlagung im Haushaltsplan wirtschaftlich war. Vor allem aber ist die kameralistische Buchführung eine reine Geldrechnung. Sie sagt, wann bestimmte Gegenstände bezahlt, nicht dagegen wann sie verbraucht worden sind. Insbesondere bei Investitionen sagt sie nur, wann die Investition bezahlt worden ist, weder dagegen wann sie gemacht, noch wie lange sie genutzt worden ist.

1157 II. Es wird daher zuweilen gefordert, die kaufmännische *doppelte Buchführung (Doppik)* auch für die Staatswirtschaft zu verwenden.
1. Die Anwendung der Doppik ist möglich und nötig in den Wirtschaftsbetrie-

ben der öffentlichen Hand. Sie unterschieden sich in ihrer Arbeitsweise grundsätzlich nicht von den privaten Wirtschaftsbetrieben. Diese sind insb. verpflichtet, rentabel zu arbeiten. Die Doppik ist in ihrem Aufbau darauf eingestellt, Aussagen über die Frage zu machen, ob ein Gewinn erwirtschaftet wurde oder ein Verlust eingetragen ist.

2. Diese Fragestellung interessiert die Verwaltung im allgemeinen allerdings nicht. Die Verwaltung will keinen Gewinn erwirtschaften, sondern öffentliche Zwecke erfüllen. Der Gewinnbegriff ist ihr grundsätzlich fremd. Die Verwaltung bilanziert auch nicht. Die Doppik gibt auch keine Antwort darauf, ob wirtschaftlich gearbeitet worden ist. Daher ist die Doppik nicht das geeignete System der Buchführung für die Verwaltung.

III. Es war angedeutet worden, daß ein wesentlicher Mangel für die Feststellung der Wirtschaftlichkeit in der Verwaltung die fehlende Aufzeichnung über die Veränderungen am Bestande der Sachmittel ist. Daher liegt es nahe, hierfür eine besondere Buchführung zu schaffen.

1. Diese Buchführung ist als *Vermögensbuchführung* der Verwaltung fast überall vorhanden (vgl. dazu Buchführungs- und Rechnungslegungsordnung für das Vermögen des Bundes v. 16.3.1953, MinBlFin S. 167). Sie kann jedoch das Ziel, Aussagen über das Gesamtvermögen eines bestimmten Verwaltungsträgers zu machen, nicht sinnvoll erfüllen:

a) Derartige Aussagen sind nicht möglich. Die Bewertung einer Autobahn oder einer Universitätsbibliothek müßte z.B. von irgendwelchen Annahmen ausgehen, die unrealistisch sind, da derartige Einrichtungen weder einen Verkehrs- noch einen berechenbaren Nutzungswert haben. Jede derartige Bewertung wäre weitgehend willkürlich. Eine Umrechnung von Sachwerten in Geldwerte und die anschließende Addition der Geldsummen käme zu einer Zahl, die überhaupt keinen Aussagewert besitzt.

b) Die Bewertung des Gesamtvermögens hat überhaupt keinen Bezug auf die Frage, ob die Verwaltung ihre Aufgaben gut und richtig erledigt. Bei einem privatwirtschaftlich arbeitenden Unternehmen mag der Wert des Vermögens etwas über die wirtschaftliche Stärke des Unternehmens sagen, und der Vergleich des Vermögens zu zwei verschiedenen Zeitpunkten etwas über den erwirtschafteten Gewinn oder den eingetragenen Verlust, bei der Verwaltung bestehen derartige Zusammenhänge nicht.

2. Für einzelne ausgewählte Bereiche dagegen ist eine Vermögensbuchhaltung sinnvoll.

a) Gegenstände, die für bestimmte Verwaltungsleistungen gebraucht oder verbraucht werden, müssen mit einem konkreten Wert in die Wirtschaftlichkeitsrechnung eingesetzt werden. Wertmäßige Aufzeichnungen über sie sind daher nötig.

b) Es mag ferner politisch, insbesondere wirtschaftlich von Interesse sein darzustellen, in welcher Höhe jährlich Haushaltsmittel vermögenswirksam verwandt worden sind, in welcher Höhe daher das Vermögen der öffentlichen Hand gewachsen ist. Freilich ist es sehr fraglich, ob es sinnvoll ist, eine derartige Aufstellung bilanzmäßig durchzuführen. Denn die Abschreibungen, die jeweils abzusetzen wären, beruhen weitgehend auf fiktiven Annahmen. Daher wird sich eine solche Aufstellung nur auf ausgewählte Bereiche beschränken.

3. Entscheidend ist, daß die Vermögensgegenstände gut und pfleglich verwaltet werden. Ihre Darstellung in Geldwerten ist nur von beschränktem Nutzen. Es muß bezweifelt werden, ob die darin heute oft investierte Arbeitskraft sinnvoll eingesetzt ist.

1160 IV. Notwendig ist statt der Doppik und der umfassenden Vermögensrechnung eine *spezifische Wirtschaftlichkeitsrechnung der öffentlichen Hand.*

1. Auszugehen ist dabei von der Erkenntnis, daß eine zusammenfassende Darstellung der Haushaltsergebnisse eines Verwaltungsträgers nur insoweit sinnvoll ist, als sie Auskunft gibt über
a) die Einhaltung des Plans und
b) die Reste, die im nächsten Jahr zu berücksichtigen sind.

2. Wirtschaftlichkeitsrechnungen sind nur sinnvoll für solche Teilbereiche, die überhaupt einer wirtschaftlichen Erledigung zugänglich sind. Da das Rechnungswesen dieser Teilbereiche zugleich Teil der Gesamtdarstellung der Geldrechnung (Kameralrechnung) ist, besteht die zweckmäßige Methode darin, für die betreffenden Teilbereiche alle jene Angaben zusätzlich in die Kameralbuchführung zu übernehmen, die für eine Wirtschaftlichkeitsrechnung erforderlich sind, d.h. die Kameralbuchführung zu erweitern.

3. Die *erweiterte Kameralistik* übernimmt für die Bereiche, in denen sie angewandt wird, weitgehend die in der Betriebswirtschaftslehre entwickelten Verfahren der Kostenrechnung. Die Frage, ob ein bestimmtes Handeln der Verwaltung wirtschaftlich ist, ergibt sich aus dem Vergleich mit einer anderen Verwaltung oder mit einem anderen Verfahren (z.B. Kosten der Erteilung einer Kraftfahrzeugzulassung in zwei verschiedenen Verwaltungen, Kosten der Herstellung von Abschriften durch Schreibmaschine oder Fotokopie), eventuell aus Normalzahlen (Meßzahlen), die sich aus der Erfahrung zahlreicher gleichartiger Verwaltungen ergeben.

1162 4. Die Buchführung muß daher so eingerichtet sein, daß sie alle Kostenfaktoren, die den einzelnen Leistungen zuzurechnen sind, erfaßt.

a) Hierzu werden außer den Kostenarten, die sich in der Geldrechnung (Kameralrechnung) niederschlagen, auch die übrigen *Kostenarten* erfaßt (z.B. Abschreibungen, Nutzung von Räumen, kalkulatorische Zinsen). Soweit eine derartige Wirtschaftlichkeitsrechnung durchgeführt werden soll, bedarf es daher auch einer Vermögensbuchführung.

b) Außer den Kostenarten werden *Kostenstellen* gebildet (d.h. Aufgabenbereiche, in denen die Kosten entstehen).

c) *Kostenträger* sind die einzelnen Leistungen, die von der Verwaltung erbracht werden.

5. a) Die Rechnung selbst kann als Kostenartenrechnung Auskunft geben über die Kostenstruktur und Bedeutung der einzelnen Kostenarten.

b) In der Kostenstellenrechnung werden die Kosten den einzelnen Aufgabenbereichen (Kostenstellen) zugeordnet. Das geschieht mit Hilfe von Betriebsabrechnungsbögen. Z. T. kann direkt zugeordnet werden (z.b. Kosten für verbrauchtes Material), z.T. wird durch ein Schlüsselverfahren zugerechnet (insbesondere Gemeinkostenzuschläge oder Verrechnungssätze für Leistung dritter Stellen zugunsten der abrechnenden Kostenstellen).

c) In der Kostenträgerrechnung (Nachkalkulation) werden die Kosten der einzelnen Leistungseinheit errechnet. Das geschieht regelmäßig dadurch, daß die Kosten für bestimmte gleichartige Leistungen, die bei einer Kostenstelle während eines bestimmten Zeitabschnitts entstanden sind, durch die Zahl der Leistungen dividiert werden. Sofern mehrere Kostenstellen an der Erbringung einer Leistung (Kostenträger) beteiligt sind, sind entsprechende Zuordnungen durchzuführen (Zuschlagskalkulation).

§ 128 Programm-Evaluation

Schrifttum: *E. Bohne – H. König,* Probleme der politischen Erfolgskontrolle, in: Verwaltung 1976, 19 ff.; *D. Brümmerhoff – H. Wolff,* Aufgaben und Möglichkeit einer Erfolgskontrolle der staatlichen Aktivität, in: ZgStW 1974, 477 ff.; *R. Clark,* Programm Evaluation and the Commissioning Entity, in: Policy Sciences 1976, 11 f.; *H.U. Derlien,* Die Erfolgskontrolle staatlicher Planung, 1976; *H. Karehnke,* Subventionen und ihre Kontroll-Möglichkeiten und Grenzen, in: DÖV 1975, 623 ff., *ders.,* Zur Prüfung des Ergebnisses von Forschungsaufwendungen, ebd. 1976, 84 ff.; *A. Schick,* Von der Analyse zur Programmbewertung, in: *F. Naschold – W. Väth* (Hrsg.), Politische Planungssysteme, 1973, 142 ff.; *R. Steinberg,* Evaluation als neue Form der Kontrolle final programmierten Verwaltungshandelns, in: Staat 1976, 185 ff.; *C. H. Weiss,* Evaluierungsforschung – Methoden zur Einschätzung von sozialen Reformprogrammen, 1974.

A. Der zunehmende Bedarf an größeren Programmen, die in Neuland vorstoßen, macht die Kontrolle derartiger Programme sowohl nach Ansatz, als auch nach Ausführung dringlicher. Das gilt vor allem dann, wenn die Ressourcen knapper und die Anforderungen an sie größer werden. Diese Situation ist seit einigen Jahren in der Bundesrepublik gegeben. Daher befaßt sich die Verwaltungspraxis und zunehmend auch die Verwaltungswissenschaft mit dem Problem der *Erfolgskontrolle von Planungen.*

In den USA ist diese Art der Kontrolle, auch *Programm-Evaluation* genannt, schon seit langem eingebürgert. Dort wird kein größeres Programm entwickelt,

1164

1165

ohne daß zugleich die Erfolgskontrolle mitgeplant, anschließend durchgeführt und zur Verbesserung des Programmes benutzt wird. In den USA ist eine umfangreiche Evaluationsliteratur entstanden, zahlreiche Institute und Firmen beschäftigen sich mit der Evaluation von Programmen. Wichtige Bereiche für die Evaluation sind die Bildungs-, die Arbeitsmarkt- und die Sozialpolitik.

1166 In der Bundesrepublik ist die Forderung nach einer Erfolgskontrolle von Reformprojekten zunächst von der Projektgruppe Regierungs- und Verwaltungsreform erhoben worden. Bei den Gemeinschaftsaufgaben (gemäß Art. 91a GG), aber auch sonst in Bundesministerien ist sie teilweise eingeführt. In der Form einer nachträglichen Kosten-Nutzen-Analyse (gemäß § 7 Abs. 2 BHO) wird sie wahrgenommen. In einigen Landtagen sind Entwürfe von Planungskontrollgesetzen eingebracht worden. Allerdings fehlt es in der Wissenschaft noch an einer hinreichenden Klärung vieler sowohl grundlegender als auch technischer Probleme.

1167 B. I. *Merkmale* des Begriffs Programm-Evaluation sind:
1. Nachträgliche Kontrolle.
2. Gegenstand sind Zweckprogramme. Geprüft wird möglichst das ganze Programm, jedenfalls aber größere Teile.
3. Maßstab ist die Wirkung des Programms im Hinblick auf die dem Programm zugrundeliegenden Zielsetzungen. Sie sind das »Soll«, an dem der tatsächliche Erfolg, das »Ist« gemessen wird.
4. Wesentliches Kennzeichen ist ferner das wissenschaftlich-methodische Vorgehen bei der Messung des Erfolgs eines Programmes.
5. Schließlich gehört zu den Begriffsmerkmalen die Zwecksetzung, das Ergebnis der Evaluation zur Weiterentwicklung des Programmes oder im Hinblick auf weitere ähnliche Programme zu nutzen.

II. Die Erfolgskontrolle weicht daher von den anderen Kontrollen, insb. auch von der Wirtschaftlichkeitskontrolle durch den Rechnungshof (Rdnr. 1150 ff.) ab. Die Kontrolle des Rechnungshofs dient in erster Linie der Vorbereitung der politischen Entlastung durch das Parlament, während die Programm-Evaluation primär eine verwaltungsinterne Kontrolle ist, die der Verbesserung des Verwaltungsvollzuges dient. Freilich können sich beide Kontrollarten einander annähern.

1168 C. I. Als *Prüfungsmaßstäbe* kommen die Wirkungen, die Ziele und der Ressourcenverbrauch in Betracht. Dabei ist es fraglich, ob die Wirkungen und die Ziele in ihrer Bedeutung etwas Verschiedenes sind; es handelt sich im Grunde nur um mehr oder weniger operationale Stufen des Zielsystems. Gefragt werden kann nicht nur nach dem Verhältnis von Sein und Sollen beim input (Ressourcen) oder output (Wirkungen, Ziele), sondern auch nach dem beabsichtigten und verwirklichten Verhältnis von output und input.

§ 128 *Programm-Evaluation*

II. Die Maßstäbe werfen erhebliche *praktische und theoretische Probleme* auf:
1. Die Ziele des Programms sind meist schlecht definiert; sie sind daher als Maßstäbe ungeeignet. Der Evaluierende muß oft erst feststellen, welches wohl die wirklichen Ziele des Planers waren. Dadurch wird Evaluation oft identisch mit einer neuen (fortgeschriebenen) Planung.
2. Die Datenbasis reicht oft nicht aus. Die Statistiken werden meist nicht unter dem Gesichtspunkt der späteren Evaluation erhoben. Eine nachträgliche Beschaffung ist schwierig oder unmöglich.
3. Das Programm ist oft so beschaffen, daß die Interpretation der Meßwerte unter dem Gesichtspunkt möglicher Kausalitäten nicht hinreichend valide ist.

III. Allerdings kann ein Teil der Schwierigkeiten dadurch umgangen werden, daß man nicht direkt die Wirkungen der Programme mißt, sondern die Eigenschaften der Programme anhand plausibler Kriterien selbst prüft, z.B. Zielkonkretisierung, Konsistenz des Zielsystems, Begründetheit der empirischen Annahmen, Berücksichtigung von Alternativen, überzeugende Systematik, Beachtung der Komplexität, Berücksichtigung der Ressourcenknappheit u.a.m. Diese sekundäre Erfolgskontrolle ist oft viel wirksamer, weil sie in wesentlich geringerem Maße angezweifelt werden kann und auch zu recht guten Ergebnissen führt.

D. Die Programmevaluation wirft *institutionelle Probleme* auf: 1169

I. Fraglich ist, wer für die Evaluation zuständig sein soll:
1. Da die Weiterentwicklung der Programme eine Führungsaufgabe ist, ist Programm-Evaluation Ministerialaufgabe. Dabei erscheint eine Zentralisierung innerhalb eines Referats in jedem Ministerium zweckmäßig. Eine Zentralisierung für die gesamte Regierung ist angesichts der Geltung des Ressortprinzips unzweckmäßig.
2. Daneben ist Programm-Evaluation auch eine politische Aufgabe. In gewissem Umfang sind Evaluationsentscheidungen politische Entscheidungen und stehen daher unter politischer Verantwortung. Insoweit sind sie politischen Instanzen zuzuordnen.
3. Da Programm-Evaluation eine Form der Kontrolle ist, kann eine objektive, d.h. nicht interessenbehaftete Bewertung von Programmen nur durch Instanzen erfolgen, die unabhängig von den Instanzen sind, die das Programm initiiert oder durchgeführt haben.

II. Aus diesen Überlegungen ergibt sich: Grundsätzlich ist die Verwaltung instand zu setzen und zu motivieren, daß sie die Evaluation der Programme im Sinne einer Rückkopplung als selbstverständlich ansieht. Programme, die in Anlage oder Durchführung kontrovers waren, sollten durch oder jedenfalls unter Mitwirkung einer unabhängen Einrichtung (z.B. wissenschaftliches Institut) evaluiert werden. Programme von erheblicher politischer Bedeutung sind jedenfalls insoweit unter Beteiligung der politischen Instanzen zu evaluieren, als sie bei der Frage der Bewertung der Evaluationsergebnisse wesentlich mitsprechen, d.h. daß bei ihnen die Entscheidung liegt, ob das Programm wie bisher unter Modifikationen oder überhaupt nicht weiter geführt wird.

1170 III. Freilich ist auch eine derartige institutionelle Lösung nicht problemlos.
1. Denn einerseits besteht in Politik und Verwaltung nicht selten ein Widerstand gegen Evaluationen; der allgemeine Widerstand gegen das Kontrolliertwerden macht sich auch hier bemerkbar. Andererseits besteht bei allen Beteiligten – Politikern und Verwaltung – ein Legitimationsdruck, der allzu leicht dahin führt, die empirisch gefundenen Ergebnisse so zu interpretieren, daß – je nach Interesse – die Planung oder die Planrealisierung als richtig dasteht.
2. Wird durch die Evaluation festgestellt, daß in Planung oder Durchführung des Programms Fehler gemacht worden sind, so wird regelmäßig die Evaluation nach methodischer Anlage oder Durchführung von den Getadelten sogleich in ihrer Seriosität bezweifelt. Diese Erfahrungen begründen eine Skepsis gegenüber der praktischen Einsetzbarkeit der Evaluation in der Verwaltung. Bei aller Begründetheit dieser Skeptis wäre es jedoch falsch, die Evaluation an sich für untauglich zu halten. Auch heute schon leistet dieses Kontrollinstrument an vielen Stellen wertvolle Dienste. Es ist zu erwarten, daß sich bei fortdauernder Ressourcenknappheit die Evaluation als notwendiges Instrument zunehmend Anerkennung verschaffen wird, so daß Programme künftig nicht mehr beschlossen werden, ohne daß gleichzeitig die Evaluation sichergestellt ist. Das hängt auch davon ab, ob die Entwicklung der politischen Kultur in diese Richtung geht, d.h. der Politiker es als selbstverständlich ansieht, daß seine Entscheidungen stets evaluiert werden. Allerdings ist davon auszugehen, daß ein so umfassendes und aufwendiges Kontrollsystem nur schrittweise verwirklicht werden kann.

31. Kapitel   Verwaltungsexterne Kontrollen

§ 129   Gerichte

Schrifttum: *G. Baumgärtel*, Gleicher Zugang zum Recht für alle, 1976; *W. Blümel*, Masseneinwendungen im Verwaltungsverfahren, in: Festschr. f. *W. Weber*, 1974, S. 359 ff.; *H. Faber*, Die Verbandsklage im Verwaltungsprozeß, 1972; *A. Görlitz*, Die Verwaltungsgerichtsbarkeit – puissance en quelque façon nulle, in: PVS 1970, 268 ff.; *W. Grunsky/N. Trocker*, Empfehlen sich im Interesse einer effektiven Rechtsverwirklichung für alle Bürger Änderungen des Systems des Kosten- und Gebührenrechts? Gutachten A und B zum 51. DJT, 1976; *E. Klausa*, Ehrenamtliche Richter, Ihre Auswahl und Funktion – empirisch untersucht, 1972; *N. Luhmann*, Gesetzgebung und Rechtsprechung im Spiegel der Gesellschaft, in: Gruppe, Gesellschaft und Individuum im Feld der Psychotherapie, 1970, S. 161 ff.; *R. Naumann*, Verbandsklage und Massenprozeß in der Verwaltungsgerichtsbarkeit, in: VerwArch 1975, 281 ff.; *F.W. Scharpf*, Grenzen richterlicher Verantwortung, 1965; *G. Schiffmann*, Die Bedeutung der ehrenamtlichen Richter bei Gerichten der allgemeinen Verwaltungsgerichtsbarkeit, 1974; *R. Wiesner*, Administrative Tribunals in Großbritannien, 1974.

A. Die Kontrolle der *Rechtmäßigkeit* des Verwaltungshandelns wird in erster Linie durch die *Gerichte* ausgeübt. Es stehen an Gerichten zur Verfügung: 1171

I. Die *Strafgerichte*. Sie üben insofern eine Kontrolle über die Verwaltung aus, als sie bei den Amtsdelikten die Frage des strafbaren Verhaltens im Amt beurteilen. Sie erfassen nur einen ganz kleinen Ausschnitt der Rechtsverletzungen durch die Verwaltung.

II. Eine ähnliche Funktion haben die *Disziplinargerichte*. Zwar können sie angesichts der im Disziplinarrecht geltenden Generalklausel einen wesentlich weiteren Bereich erfassen als die Strafgerichte. Allerdings führt das Opportunitätsprinzip und der Verschuldensgrundsatz dazu, daß auch durch sie nur verhältnismäßig wenige Rechtswidrigkeiten geahndet werden. 1172

III. Größere Bedeutung haben die *Zivilgerichte*. Sie sind für einen großen Teil der vermögensrechtlichen Klagen zuständig, die wegen rechtswidriger Verwaltungshandlungen angestrengt werden können (Amtshaftungsklagen, enteignungsgleiche und aufopferungsgleiche Eingriffe, Ansprüche aus öffentlich-rechtlicher Verwahrung). Daneben sind den ordentlichen Gerichten z.T. echte Anfechtungssachen zugewiesen, z.B. in Patenterteilungsfragen, Landwirtschaftssachen, Wiedergutmachungsansprüchen, Kartellsachen, Rechtsanwalts- und Notarsachen. 1173

IV. In beschränktem Umfang (z.B. Verfassungsbeschwerde) üben auch die *Verfassungsgerichte* Rechtskontrolle gegenüber der Verwaltung aus. 1174

V. Die wichtigsten Gerichte zur Nachprüfung des rechtmäßigen Verwaltungsvollzuges sind jedoch die *Verwaltungsgerichte*, und zwar
1. grundsätzlich die allgemeinen Verwaltungsgerichte, daneben auch
2. die Sozialgerichte und
3. die Finanzgerichte. 1175

1176 **B.** I. Problematisiert worden ist die Frage nach der *Legitimation der Richter.*
1. Rechtsprechung bedeutet Ausübung von Macht. Im Verhältnis Staat-Bürger verwaltet der Richter einen Teil der Macht, die die Verfassung dem Parlament gegeben hat, da er die Rechtsnormen interpretiert, Interpretation aber in erheblichem Umfang nicht logische Subsumtion, sondern wertende Willensentscheidung ist.
2. Die Legitimation beruht auf der Rechtsstaatsidee, die von einer bestimmten Rechtskultur ausgeht, wie sie sich auch im GG niederschlägt. Die Richterschaft wahrt diese Rechtskultur und bildet sie fort. Inwieweit es ihr gelingt, diese Fortbildung so vorzunehmen, daß ihre Urteile in der Gesellschaft Anerkennung finden, d.h. inwieweit sie mit ihren Urteilen in der Gesellschaft verwurzelt ist, ist ihre eigene Schicksalsfrage.
3. Das Legitimationsproblem stellt sich auch von der fachlichen Kompetenz in einem ausufernden Verwaltungsrechtssystem. Das ist zugleich eine Frage der Aus- und Fortbildung der Richter.

1177 II. Die Verwaltungsgerichte als Instrument der Verwaltungskontrolle gewinnen ihre Bedeutung vor allem durch die *Generalklausel,* die die Möglichkeit eröffnet, jeden Streitfall mit der Verwaltung einer gerichtlichen Entscheidung zuzuführen. Freilich hat auch die Generalklausel innere Grenzen. Diese Grenzen werden vor allem in der verwaltungsrechtlichen Dogmatik sichtbar. Wichtige Probleme sind z.B. die Abgrenzung von unbestimmtem Rechtsbegriff und Ermessen, die Frage nach der Möglichkeit eines sog. besonderen Gewaltverhältnisses, die Bindung der Verwaltung in der Leistungsverwaltung, die Rechtsnatur von Plan und Verkehrszeichen. In allen diesen (und anderen) Fällen geht es bei der Entscheidung der rechtsdogmatischen Frage praktisch darum, wie weit der materielle Entscheidungsspielraum der Verwaltungsgerichte sein soll. Die Generalklausel ist ihrem Inhalt nach keineswegs eine feststehende Größe.

1178 III. Die Wirksamkeit der Verwaltungsgerichte ist ferner wesentlich vom *Zeitfaktor* abhängig. In sehr vielen Fällen ist eine Entscheidung, die zu spät kommt, wertlos für den Kläger. Daher kommt dem Institut in der Aussetzung der Vollziehung von Verwaltungsakten und ebenso der einstweiligen Anordnung besondere Bedeutung zu. Auch trotz dieser Möglichkeiten bleibt der Schutz durch die Verwaltungsgerichte zuweilen zweifelhaft, weil die große Zahl der Instanzen dazu führt, daß der Rechtsfrieden und die Rechtssicherheit im konkreten Fall erst nach einer längeren Zeit erreichbar ist, die Beteiligten aber in der Zwischenzeit nicht sicher disponieren können. Dauert ein Prozeß durch alle Instanzen mehrere Jahre, so kann das praktisch einer Justizverweigerung gleichkommen. Angesichts der Dauer der Prozesse dürfte dieser Tatbestand heute nicht selten vorliegen.

1179 III. Die Wirksamkeit des gerichtlichen Rechtsschutzes wird auch durch *psychologische Faktoren* eingeschränkt.

§ 129 Gerichte

1. In vielen Fällen lebt der Bürger mit der Verwaltung in einer *Dauerbeziehung*. Er hat ein Interesse daran, diese Beziehung nicht durch Streitigkeiten wegen eines Einzelfalles zu belasten, mag die Dauerbeziehung sich aus einem Verhältnis der Einordnung in eine Verwaltungseinrichtung (z.B. Schule), aus einem Dienstverhältnis, aus einem Leistungsverhältnis (z.B. Wirtschaftsverwaltung) oder aus einem Verhältnis mit größerem Beurteilungs- oder Ermessensspielraum (z.B. Betriebsprüfung) ergeben. Der Bürger wird daher oft seine Möglichkeiten, mit Hilfe eines Gerichts sein Recht durchzusetzen, nicht voll ausnutzen.
2. Ein ebenso wichtiger Faktor ist die *seelische Belastung*, die die Führung eines Prozesses für die meisten Menschen bedeutet. Zwar gibt es auch Prozeßhansel, die bei dem kleinsten Anlaß zum Gericht laufen. Die Masse der Menschen jedoch scheut das Prozessieren mit seinen Risiken. Während die Verwaltung als Prozeßgegner routinemäßig eine größere Zahl von Prozessen durch innerlich unbeteiligte Beamte führt, beschäftigt den Bürger »sein« Prozeß, der oft eine ihn ganz wesentlich berührende Frage zum Gegenstand hat, in ganz anderer Weise. Die seelische Kraft reicht oft nicht aus, um einen Prozeß, auch wenn er erfolgversprechend erscheint, durch die Instanzen zu führen.
3. Auch die Ungewißheit über den Prozeßausgang verhindert manchen Prozeß. Der Zugang zu den für die Beurteilung erforderlichen Rechtskenntnissen führt in der Regel über den Rechtsanwalt. Mancher scheut sich bereits, einen Rechtsanwalt aufzusuchen. Oft spielt dabei die Ungewißheit über die Kostenfrage eine erhebliche Rolle. Daher sind Institutionen zur rechtlichen Beratung sozial Schwacher für die Verwirklichung des Rechtsstaates von erheblicher Bedeutung. Auch sonst spielt der *Kostenfaktor* eine Rolle. Der Verwaltungsbeamte, der über die Prozeßführung durch eine Behörde entscheidet, macht sich in der Regel keine Gedanken über das Kostenrisiko. Der Bürger erwägt dagegen sehr sorgfältig, was ihn ein verlorener Prozeß kosten würde. Mancher aussichtsreiche Prozeß wird nicht geführt, weil dem Bürger der Mut fehlt, sein Geld zu riskieren.

C. Auf das *behördliche Verhalten* wirkt sich das gerichtliche Rechtsschutzsystem in verschiedener Weise aus. **1180**

I. Unzweifelhaft hat die umfassende Möglichkeit zur Anrufung von Gerichten zu einer wesentlichen Verstärkung der *rechtsstaatlichen Haltung* der Beamten geführt. Mit Sicherheit läßt sich sagen, daß die Generalklausel eine enorme erzieherische Wirkung auf die Verwaltung hat und den Verwaltungsstil erheblich beeinflußt.

II. Die Entscheidungsfreudigkeit der Verwaltung wird durch die Zweifel über **1181**
die Rechtslage verringert. Freilich wäre es falsch, von einer *Lähmung der Verwaltung* durch die Generalklausel zu sprechen. Daß eine solche Lähmung nicht eintritt, zeigt allein die geringe Zahl der angefochtenen Verwaltungsakte. Allerdings

läßt sich schwerlich leugnen, daß der Arbeitsaufwand innerhalb der Behörden durch die intensive Rechtsprüfung, die wegen der umfassenden gerichtlichen Nachprüfung nötig ist, wesentlich steigt.

Die Rechtsstaatlichkeit ist ein Faktor, der der Vereinfachung und Verbilligung der Verwaltung entgegenwirkt. Die Forderung nach einer rechtsstaatlich einwandfrei arbeitenden Verwaltung, die zugleich schnell, unkompliziert und billig ist, ist ein Widerspruch in sich.

1182 III. Eine gewisse Lähmung der Verwaltung bedeuten u.U. *Musterprozesse*. Dieser Fall ist in der Verwaltung nicht selten. Insbesondere neue Gesetze der Massenverwaltung werfen immer wieder Fragen auf, die in einer großen Zahl von Fällen gleichliegen und plötzlich überall auftreten. Sofern eine einzige Entscheidung der Verwaltung angefochten wird, sind praktisch zahllose Fälle in Streit geraten. Wegen der Bedeutung der Sache, insbesondere wegen der finanziellen Auswirkungen kann es u.U. geboten sein, eine rechtskräftige Gerichtsentscheidung abzuwarten, ehe neue – möglicherweise falsche – Entscheidungen in größerer Zahl getroffen werden. Wenn der Musterprozeß mehrere Jahre dauert, führt das in der Tat zu einer gewissen Lähmung der Verwaltungstätigkeit.

1183 IV. Ein besonderes Problem stellt sich, wenn die Verwaltung der Ansicht ist, die gerichtliche Entscheidung sei falsch oder unzweckmäßig. Daß sie im konkreten Fall gebunden ist und dem Gerichtsbefehl gehorchen muß, ist selbstverständlich. Die Frage stellt sich jedoch für die gleichliegenden, nicht mit entschiedenen Fälle. Der Bürger erwartet von der Verwaltung, daß sie sich auch in diesen Fällen von der Gerichtsentscheidung motivieren läßt. In der Tat wird man es nicht allein auf die beschränkte Rechtskraftwirkung abstellen dürfen, sondern wird der dem Urteil zugrunde liegenden Rechtsmeinung Bedeutung für andere Fälle beizumessen haben. Daher muß die Verwaltung *Urteile von allgemeiner Bedeutung* den zuständigen Stellen und Beamten bekanntgeben und sie in ihren Verwaltungsvorschriften verarbeiten. Notfalls allerdings wird die Verwaltung eine Änderung des Gesetzes anregen, wenn das Gerichtsurteil eine Lage schafft, in der die Verwaltung nicht sachgerecht arbeiten kann.

1184 V. Die Haltung der Verwaltung während des Prozesses ist nicht die einer privaten Prozeßpartei.
1. Zunächst hat die Verwaltung zu erwägen, ob sie eine *Rechtsmittelbelehrung* erteilen will, soweit das gesetzlich nicht bereits vorgeschrieben ist (§ 59 VwGO). In der Regel wird sie die Belehrung erteilen, um möglichst bald die formelle Rechtskraft ihrer Entscheidung zu erhalten. Zuweilen allerdings kann es angebracht sein, nicht auf die Klagmöglichkeit hinzuweisen, um nicht zur Klage anzuregen.
2. In vielen Fällen wird die Behörde die Prozeßführung mit dem Gegner verabreden, um eine Zweifelsfrage aus der Welt zu schaffen. Das gilt insbesondere für

Musterprozesse, bei denen oft Verbände hinter dem Kläger stehen und den Prozeß an seiner Stelle führen.

3. Die Verwaltung muß ihrer Verantwortung als einer demokratischen, d.h. für den Bürger sorgenden Verwaltung (Rdnr. 302) eingedenk sein. Sie muß – ähnlich wie der Staatsanwalt – ihre Prozesse mit einer gewissen Zurückhaltung und mit dem *Bemühen um Objektivität* führen. Insbesondere darf der Bürger als Prozeßgegner nicht den Eindruck bekommen, es könnten für ihn daraus Nachteile entstehen, daß er von seinen gesetzlich gewährleisteten Rechtsschutzmöglichkeiten Gebrauch macht.

D. Die Einrichtung der Gerichte wirft Probleme auf. 1185

I. Unzweckmäßig wäre die Errichtung von *Einheitsgerichten*. Das materielle und das Verfahrensrecht ist für die einzelnen Gebiete so unterschiedlich, daß eine beliebige Auswechselung von Richtern von einem Zweig zum anderen zu einer Verschlechterung der Qualität der Rechtspflege führen würde. Der Gedanke einer Einheit des Richterstandes, der aus der theoretischen Vorstellung des Gewaltenteilungsschemas geboren ist, darf im Organisatorischen nicht überdehnt werden. Die Verwaltungsgerichtsbarkeit wird nur dann lebensnah judizieren können, wenn ein gewisser personeller Austausch zwischen Verwaltungsbeamten und Richtern besteht. Die zuweilen behauptete Gefahr, der ehemalige Verwaltungsbeamte sehe als Richter die Probleme allzu leicht durch die Brille der Verwaltung, dürfte sicherlich übertrieben sein.

II. Unabhängig davon ist die Frage der *Ressortzuständigkeit* der Verwaltungs- 1186
gerichte. Es sprechen in der Tat Gründe dafür, die Verwaltungsgerichte (einschließlich der Finanz- und Sozialgerichte) dem Justizressort zu unterstellen, d.h. einem Ressort, das kaum als Prozeßpartei vor Gericht auftritt. Die Unabhängigkeit der Richter, die in ihrer Beförderungschance vom Ermessen der Verwaltung abhängen, dürfte dadurch gestärkt werden.

III. Der Nutzen einer Mitwirkung *ehrenamtlicher Richter* ist umstritten. Eine 1187
neuere empirische Untersuchung hat festgestellt, daß sie einen Beitrag im gerichtlichen Entscheidungsprozeß leisten und daß sie den Anforderungen, die dieses Amt an sie stellt, überwiegend gewachsen sind. Die Bedeutung ihrer Mitwirkung liegt vor allem in einer Kontrolle der Plausibilität des Entscheidungsvorschlages.

IV. Besondere Probleme stellt die Abhängigkeit des Richters von *Sachverstän-* 1188
digen-Gutachten. In Prozessen um medizinische, naturwissenschaftliche oder technische Fragen hängt die Entscheidung oft allein davon ab, wie das Sachverständigengutachten ausfällt. Der Auswahl der Sachverständigen kommt daher entscheidende Bedeutung zu. Dabei geht es nicht nur um den Sachverstand, sondern auch um die innere Unabhängigkeit der Sachverständigen. Amtlich bestellte

Gutachter, die regelmäßig der Verwaltung zuarbeiten, oder gar Gutachter aus staatlichen Untersuchungsämtern vertreten in der Regel die Auffassung der Behörden. Sie sind daher nur unter Vorbehalt geeignet. In unserem Prozeßrecht klafft eine erhebliche Lücke, wenn es für die Auswahl der Richter eine sehr eingehende Regelung trifft, die Auswahl der Sachverständigen aber dem freien Ermessen unterwirft. Angesichts der für den Richter oft bestehenden Unmöglichkeit, die Ergebnisse von Gutachten wirklich zu beurteilen, sind die Sachverständigen dann die wirklichen Richter.

1189   V. Problematisch ist die große *Zahl der Instanzen* im derzeit geltenden Rechtsschutzsystem. Insb. ist zu fragen, ob das Verhältnis von verwaltungsinternem Vorverfahren und Gerichtsverfahren richtig abgestimmt ist. Das Vorverfahren (Widerspruchsverfahren) ist notwendig und wichtig, weil es in der Regel schnell ist und auch die Ermessensfrage mit berücksichtigt. Wird es sorgfältig durchgeführt und besitzen die Mitglieder der entscheidenden Stelle eine gute rechtsstaatliche Gesinnung, so kann das Widerspruchsverfahren das Gericht weitgehend ersetzen. Hinter dieses Verfahren noch drei Gerichtsinstanzen zu schalten, ist zu viel. Das gilt um so mehr, als Fragen der Tatsachenermittlung und Beweiswürdigung selten eine große Rolle spielen. Die Finanzgerichtsbarkeit und das Verfahren in Lastenausgleichssachen, bei denen es in besonders starkem Maße um Tatsachenfragen geht, beweisen, daß ein Verfahren mit zwei Instanzen vollauf genügt.

1190   VI. Einer *Rationalisierung* des Gerichtsverfahrens steht das grundsätzliche Bedenken entgegen, daß der Rechtswert nicht unter Gesichtspunkten der Wirtschaftlichkeit leiden darf. Allerdings gibt es gerade innerhalb der Rechtspflege noch sehr viele Möglichkeiten der Rationalisierung sowohl im Hinblick auf die Organisation der Gerichte als auch das Verfahren und den inneren Geschäftsbetrieb, ohne daß eine Verschlechterung der Rechtsfindung zu besorgen wäre.

§ 130   Rechnungshöfe

Schrifttum: *H. Becker / A. Kluge,* Kulturpolitik und Ausgabenkontrolle, 1961; *W. Bollig,* Rechnungsprüfungswesen, in: HKWP III, S. 525 ff.; Bundesrechnungshof (Hrsg.), 250 Jahre Rechnungsprüfung, 1964; *A. Fuchs,* Wesen und Wirken der Kontrolle, 1966; *F. Heidemann,* Probleme der Rechnungsprüfung bei elektronischer Datenverarbeitung, in: Der Gemeindehaushalt, 1965, 231 ff.; *J. Hirsch,* Haushaltsplanung und Haushaltskontrolle in der BRD, 1968; *H. Karehnke,* Die Kontrolle der staatlichen Betätigung bei Unternehmen, in: DÖV 1971, 190 ff.; *ders.,* Der Rechnungshof als Teil der öffentlichen Kontrolle, in: Festschr. f. *H. Schäfers,* 1975, S. 233 ff.; KGSt. (Hrsg.), Automation und Rechnungsprüfung, Bericht Nr. 5/1971; *G. V. Kroppenfeld,* Finanz- und Wirtschaftlichkeitskontrolle in der Bundesrepublik Deutschland und die Stellung des Bundesrechnungshofs zu Exekutive und Legislative, Diss. iur. Freiburg, 1969; *H. Schäfer*, Der Bundesrechnungshof im Verfassungsgefüge der Bundesrepublik, in: DÖV 1971, 542 ff.; *S. Tiemann*, Die staatsrechtliche Stellung der Finanzkontrolle des Bundes, 1974; *K. Vogel / P. Kirchhof*, Erläuterungen zu Art. 114 im Bonner Kommentar zum GG, Zweitbearbeitung 1973.

A. Sehr wichtige verwaltungsexterne Kontrolleinrichtungen sind die *Rechnungshöfe*. Ihre Stellung ist durch die Finanzreformgesetze, insb. das Haushaltsgrundsätzegesetz und die Bundeshaushaltsordnung von 1969 neu geregelt. Dadurch ist ihre Stellung in wichtigen Punkten gestärkt worden. 1191

I. Es bestehen nebeneinander und unabhängig voneinander für die Bundesverwaltung der *Bundesrechnungshof* und für die Länderverwaltungen die *Landesrechnungshöfe*. Sie sind nach Aufbau, Prüfungsgegenstand und Arbeitsweise ähnlich organisiert. Sie haben eine kollegiale Spitze, die aus dem Präsidenten und den Mitgliedern besteht. Sie sind unabhängig. Das Kollegium (bei Bundesrechnungshof: die Senate) beschließt allerdings nur in bestimmten Fällen, während dem Präsidenten umfangreiche Rechte einschließlich eines Weisungsrechts (das allerdings nicht das Prüfungsverfahren und den sachlichen Inhalt der Entscheidungen beschränken darf) zustehen. Dem Rechnungshof sind Prüfungsbeamte beigegeben, die nach Weisung des Präsidenten und der Mitglieder die Prüfungen vornahmen.

II. Die *Stellung der Rechnungshöfe im Verfassungsaufbau* ist umstritten. Daß sie unabhängiges, verfassungsmittelbares Organ sind, ergibt sich aus den Verfassungen. Allerdings ist fraglich, ob sie nur Hilfsorgan des Parlaments zur Wahrnehmung seiner Kontrollrechte gegenüber der Exekutive oder Organ einer selbständigen Prüfungsgewalt (»vierte Gewalt«) sind. Aus der Sicht der Verwaltung jedenfalls erschöpft sich die Bedeutung der Rechnungshöfe nicht in der Hilfsfunktion für die Parlamente. Sie sprechen die Verwaltung vielfältig unmittelbar an. Auch ohne Einschaltung des Parlaments wirken sie als *selbständige Prüfungsinstanz*. 1192

III. Die *Selbstverwaltung* unterliegt nur teilweise der Prüfung durch die Rechnungshöfe. 1193
1. Z.T. (z.B. bei den Rundfunkanstalten) ist es ausdrücklich bestimmt. Überwiegend allerdings bestehen Sondervorschriften, die dem Grad der Selbständigkeit entsprechen.
2. Die kommunale Selbstverwaltung unterscheidet zwischen einer örtlichen und überörtlichen Rechnungsprüfung.
a) Die örtliche Rechnungsprüfung wird bei kleinen Gemeinden durch den Rat (vorbereitet durch einen Ausschuß), bei größeren Gemeinden durch ein Rechnungsprüfungsamt (mit beschränkter Unabhängigkeit) und den Rat durchgeführt.

31. Kapitel Verwaltungsexterne Kontrollen

b) Die überörtliche Prüfung ist unterschiedlich organisiert. Z.T. sind die Gemeindeprüfungsämter der Kommunalaufsichtsbehörden (Kreise, Bezirksregierungen), z.T. die Landesrechnungshöfe, z.T. besondere Prüfungsverbände oder Prüfungsämter zuständig.

1194 B. Umfang der Prüfung

I. Die Prüfung der Rechnungshöfe umfaßt
1. die Einnahmen, Ausgaben, Verpflichtungen zur Leistung von Ausgaben, das Vermögen und die Schulden,
2. Maßnahmen, die sich finanziell auswirken können,
3. Verwahrungen und Vorschüsse,
4. die Verwendung der Mittel, die zur Selbstbewirtschaftung zugewiesen sind.

1195 II. Die Prüfung erstreckt sich auf die Einhaltung der für die Haushalts- und Wirtschaftsführung geltenden Vorschriften und Grundsätze, insb. darauf, ob
1. das Haushaltsgesetz und der Haushaltsplan eingehalten worden sind,
2. die Einnahmen und Ausgaben begründet und belegt sind und die Haushaltsrechnung und die Vermögensrechnung ordnungsgemäß aufgestellt sind,
3. wirtschaftlich und sparsam verfahren wird,
4. die Aufgabe mit geringerem Personal- und Sachaufwand oder auf andere Weise wirksamer erfüllt werden kann.

1196 III. Der *Bundesrechnungshof* prüft
1. die Bundesverwaltung,
2. Stellen außerhalb der Bundesverwaltung, wenn sie
a) Teile des Bundeshaushaltsplans ausführen oder vom Bund Ersatz von Aufwendungen erhalten,
b) Bundesmittel oder Vermögensgegenstände der Bundesverwaltung,
c) vom Bund Zuwendungen erhalten.
Bei Stellen außerhalb der Bundesverwaltung erstreckt sich die Prüfung grundsätzlich nur auf die bestimmungsmäßige und wirtschaftliche Verwaltung und Verwendung.
3. Der Bundesrechnungshof prüft ferner die Betätigung des Bundes bei Unternehmen in einer Rechtsform des privaten Rechts, an denen der Bund unmittelbar oder mittelbar beteiligt ist, unter Beachtung kaufmännischer Grundsätze.

1197 IV. Für die *Landesrechnungshöfe* gilt auf Grund des Haushaltsgrundsätzegesetzes und der Landeshaushaltsordnungen entsprechendes.

1198 C. I. Dem Prüfungsverfahren geht die *Vorprüfung* durch die Verwaltung voraus. Dem Rechnungshof ist das Ergebnis der Vorprüfung mitzuteilen. Der Rechnungshof kann bei Rechnungen von geringerer Bedeutung auf eine eigene Prüfung im Anschluß an die Vorprüfung verzichten, wenn erhebliche Mängel nicht zu erwarten sind. Auch sonst kann der Rechnungshof nach seinem Ermessen auf die Prüfung von Rechnungen und die Vorlage von Rechnungsbelegen verzichten.

II. Der Rechnungshof kann von den geprüften Verwaltungen *Auskünfte* und Einsendung der Bücher, Schriftstücke und Akten verlangen.

III. Mängel der Haushaltsführung und Verstöße gegen die bestehenden Vorschriften sowie die Grundsätze der Wirtschaftlichkeit und Sparsamkeit sind der Verwaltung mitzuteilen. Sie sind von der Verwaltung zu beantworten. Insbesondere hat die Verwaltung Sorge zu tragen, daß die beanstandeten Mängel künftig nicht auftreten.

IV. Der Bundesrechnungshof macht der zuständigen Stelle unverzüglich Mitteilung, wenn nach seiner Auffassung ein Schadensersatzanspruch geltend zu machen ist.

V. Nach Abschluß des Prüfungsverfahrens faßt der Bundesrechnungshof das Ergebnis seiner Prüfungen in Bemerkungen zusammen, die er dem Bundestag, dem Bundesrat und der Bundesregierung zuleitet. Die Bemerkungen greifen in der Regel wichtige Probleme der Verwaltungsführung auf. Sie enthalten daher für die Verwaltungswissenschaft zumeist zahlreiche interessante Hinweise auf aktuelle Fragen der Verwaltungsrationalisierung.

D. Die Rechnungsprüfung durch die Rechnungshöfe leidet in ihrer *Wirkung*   **1199**

I. darunter, daß sie nicht zeitnah ist. Auch im günstigsten Falle vergehen von dem Abschluß des Haushaltsjahres bis zum Abschluß der Prüfung 1 ½ Jahre. Zahlreiche Beanstandungen betreffen Fragen, die längst erledigt sind; die verantwortlichen Beamten sind oft versetzt; die Einzelheiten sind nicht mehr voll rekonstruierbar. Die Haushaltsreform von 1969 hat dieses Problem teilweise gelöst dadurch, daß
1. Maßnahmen, die sich erst künftig finanziell auswirken, geprüft werden können,
2. der Bundesrechnungshof die Zeit der Prüfung bestimmt,
3. er bei wichtigen Entscheidungen der Verwaltung zu unterrichten ist,
4. er vor Erlaß von Verwaltungsvorschriften anzuhören ist.

II. Der Rechnungshof hat *keine Exekutivbefugnisse* (»Der Rechnungshof   **1200**
kann nur bellen, aber nicht beißen«). Das klärt zwar die Verantwortlichkeit zwischen Rechnungshof und geprüfter Verwaltung, macht aber zahlreiche Beanstandungen wirkungslos. Vorschläge, dem Rechnungshof das Recht zu geben, geeignete Maßnahmen gegen Beamte, bei denen Verstöße festgestellt worden sind,

31. Kapitel   Verwaltungsexterne Kontrollen

einzuleiten (z.B. Disziplinarverfahren), sind bei der Reform von 1969 nicht aufgegriffen worden.

1201 E. Der Schwerpunkt der Tätigkeit der Rechnungshöfe sollte nicht auf der Ordnungsprüfung, sondern auf der *Wirtschaftlichkeitsprüfung* liegen. Dabei ist auch nicht einmal die Prüfung der einzelnen Vorgänge und Rechnungen am wichtigsten, sondern die Prüfung bestimmter Sachbereiche *(Querschnitte),* um aus ihnen allgemeine Erkenntnisse zu gewinnen, die sich vielfältig auf die Wirtschaftlichkeit der Verwaltung auswirken. Der Ersparniseffekt für die öffentlichen Haushalte ist bei derartigen Prüfungen wahrscheinlich am größten.

1202 F. Aus der *Automation* ergeben sich Folgerungen für die Rechnungsprüfung. Die ADV bietet hinsichtlich der rechnerischen Richtigkeit größere Sicherheit als der Mensch. Eigentliche Rechenfehler dürften praktisch ausgeschlossen sein. Dafür stellen sich andere Probleme.

I. Zunächst muß der Prüfer in der ADV ausgebildet sein, und zwar nicht nur in einem beliebigen System, sondern in allen angewandten Programmiersystemen und an allen eingesetzten Maschinen.

II. Eine Feststellung, daß die Rechnungsergebnisse richtig sind, setzt voraus:
1. ein fehlerfreies Programm,
2. eine richtige Übertragung der Daten auf die Datenträger (Lochkarten, Magnetband, Magnetkernspeicher),
3. einwandfreie technische Bedingungen während des Laufs der ADV-Anlage.
4. Weiter muß feststehen, daß in den Gang der Maschine nicht verfälschend eingegriffen worden ist.
5. Schließlich muß gesichert sein, daß das geprüfte Datenmaterial und Programm an dem betreffenden Tage wirklich verwandt worden ist.

1203 III. Das Vorliegen der aufgezählten Voraussetzungen kann nicht vollständig geprüft werden. Das käme darauf hinaus, daß alle Rechenoperationen noch einmal unter Kontrolle der Rechnungsprüfung vollzogen würden, d.h. die ADV-Anlage für die Kontrolle ebenso lange zur Verfügung stünde wie für die eigentliche Rechnung. In Frage kommt nur eine Stichprobenkontrolle, d.h. eine Wiederholung eines Teiles der Maschinenläufe. Man wird dabei davon ausgehen dürfen, daß der psychologische Anreiz, etwas bewußt zu verfälschen, bei der ADV nicht vorhanden ist, ja angesichts der Aufteilung der Arbeit in einzelne Schritte und der engen Zusammenarbeit in den Arbeitsgruppen auch praktisch kaum möglich ist. Es bleiben daher nur die ungewollten Fehler. Der Prüfer muß wissen, wo die Gefahr solcher Fehler besonders groß ist, und hier Stichproben machen. Ferner besteht die Möglichkeit, durch vergleichende und kombinierende Überlegungen Aussagen über die Wahrscheinlichkeit richtiger Ergebnisse zu gewinnen und daraus Folgerungen für die Ausdehnung und den Gang der Prüfung abzuleiten. Man wird zusammenfassend sagen können, daß die Probleme der Rechnungsprüfung bei Anwendung der ADV nicht so groß sind, daß die ADV aus der Sicht der Prüfung als minder geeignet betrachtet werden müßte. Allerdings verändert sich bei der ADV nicht nur die Technik der Prüfung, sondern z.T. auch ihr Wesen.

§ 131 Parlamente

Schrifttum: *S. V. Anderson,* Ombudsman Papers, 1969; *H. J. Brinkers,* Verwaltungskontrolle durch Parlamentsbeauftragte im Ausland, 1970; *E. Busch,* Das Amt des Wehrbeauftragten des Deutschen Bundestages, 1969; *Th. Ellwein/A. Görlitz,* Parlament und Verwaltung, 1967; *N. Gehrig,* Parlament – Regierung – Opposition. Dualismus als Voraussetzung für eine parlamentarische Kontrolle der Regierung, 1969; *W. Gellhorn,* Ombudsman and others. Citizens protectors in nine countries, 1967; *H.-H. Giesing,* Erweiterung der Rechte des Petitionsausschusses des Landtages von Nordrhein-Westfalen, in: DVBl. 1969, 524 ff.; *G. Hahn,* Der Justizbevollmächtigte des Schwedischen Reichstags, in: AöR 87, 1962, S. 589 ff.; *J. P. Harris,* Congressional control of administration, 1972; *S. Hoffmann,* Die Kontrolle der Regierung durch parlamentarische Rechnungsprüfung im Deutschen Bundestag, 1970; *J. D. Jarass,* Kontrolle der Verwaltung durch das Parlament in den USA, in: Verwaltung 1976, S. 94 ff.; *J. Partsch,* Empfiehlt es sich, Funktion und Struktur der parlamentarischen Untersuchungsausschüsse grundlegend zu ändern? Gutachten 45. DJT, 1964; *U. Scheuner,* Verantwortung und Kontrolle in der demokratischen Verfassungsordnung, in: Festschr. f. *G. Müller,* 1970, S. 379 ff.; *F. Stacey,* The british ombudsman, 1971; *W. Thieme u.a.,* Mängel im Verhältnis von Bürger und Staat, 1970; *H. Thierfelder,* Zum Problem eines Ombudsman in Deutschland, 1967; *H. J. Wolff,* Verwaltungsrecht III, 3. Aufl., 1973, § 166.

A. I. Die *Parlamente* sind nicht nur Gesetzgeber, sondern haben auch Aufgaben als Kontrollorgane der Exekutive. Das galt schon für die Volksvertretungen der konstitutionellen Monarchie, es gilt umso mehr für die demokratischen Parlamente. Die Parlamente sind jene Organe, durch die die parlamentarische Verantwortlichkeit der Regierung geltend gemacht wird. Sie sind daher in erster Linie Organe der politischen Kontrolle. Sie stellen die Politik der Regierung zur Debatte und ziehen daraus politische Konsequenzen. Als Kontrollorgane der Exekutive sind sie also nicht notwendig Kontrollorgane der Verwaltung. Gerade an der Kontrollfunktion der Parlamente zeigt sich die Unterscheidung zwischen Regierung und Verwaltung (Rdnr. 214 ff.).

1204

Allerdings ist die Verwaltungsführung, jedenfalls in ihren grundsätzlichen Fragen, insbesondere in der Planung, auch eine politische Frage. Und manche Einzelentscheidung, auch nachgeordneter Instanzen, ist Ausdruck einer bestimmten politischen Haltung und damit legitimer Ansatzpunkt von Kontrollmaßnahmen der Parlamente. Freilich ist zu betonen, daß die Verwaltung in dem hier beschriebenen Sinne damit nur mittelbar Gegenstand der parlamentarischen Kontrolle ist.

1205   II. Anders steht es in der *Kommunalverwaltung.* Das Gemeindeparlament *(Gemeinderat)* gehört selbst zur Verwaltung, in der Gemeinde gibt es keine echte Gewaltenteilung. Daher hat das Gemeindeparlament eine unmittelbare Kontrollfunktion.

1206   III. Eine Mittelstellung haben die Parlamente (Abgeordnetenhaus, Bürgerschaft) in den *Stadtstaaten,* die sowohl Parlament als auch Gemeinderat sind. Das ist insb. in *Hamburg* auf Grund von Art. 23a, 32 der Verfassung (i.d.F. von 1971) der Fall, die der Minderheit von einem Viertel der dem Plenum bzw. einem Ausschuß angehörenden Mitglieder Akten vorlegen müssen.

1207   IV. Im demokratischen Staat gibt es grundsätzlich keine Verwaltungstätigkeit, die nicht der Kontrolle durch die Parlamente unterliegt. Die gesamte Verwaltung untersteht, entweder einem *parlamentarisch verantwortlichen Minister* oder gehört zur Selbstverwaltung. Allerdings gibt es zuweilen Ausnahmen, insbesondere bei der Verwaltung durch nicht weisungsgebundene Ausschüsse oder bei Anstalten mit selbständiger Verwaltungs- und Wirtschaftsführung. Das fehlende Weisungsrecht schließt es in diesen Fällen aus, daß das Parlament mittels der Rüge des Ministers eine Kontrolle ausübt.

1208   B. Die Kontrolle der Parlamente wird durch verschiedene Organe ausgeübt.

I. Zuständig ist stets das *Plenum.* Allerdings kann es sich nur mit einer sehr beschränkten Zahl von Verwaltungsvorgängen befassen. Es ist daher nur sehr beschränkt effektiv Organ der Verwaltungskontrolle.

II. 1. Eine größere Bedeutung haben *Ausschüsse,* in denen in stärkerem Maße Einzelheiten behandelt werden. Auch bei der Beratung von Gesetzesentwürfen kommen im Ausschuß Fragen der bisherigen Verwaltungsführung zur Sprache, die Gelegenheit zur kritischen Erörterung geben. Darüber hinaus besteht die Möglichkeit, aus vielfältigen Anlässen Fragen der Verwaltung in den Ausschüssen zu beraten. Die Anwesenheit der Minister oder ihrer Beauftragten ist dabei wichtig für das Wechselgespräch zwischen Parlament und Verwaltung, bei dem die Ausschußmitglieder ständig Urteile über die Verwaltung abgeben können.

2. Die Kontrollwirkung besteht in besonders starker Weise bei den *Untersuchungsausschüssen.* Sie befassen sich regelmäßig gerade mit Fragen der Verwaltung. Freilich ist es erfahrungsgemäß schwer, sie wirksam einzusetzen und durch sie echte Ergebnisse zu erzielen. Daher bleibt die Zahl der Untersuchungsaus-

schüsse gering und ihre Kontrollwirkung auf die außerordentlichen Ereignisse beschränkt.

3. Soweit der Haushaltsausschuß im Vollzug des Haushalts mitwirkt, bedeutet seine Entscheidungsbefugnis z.T. auch eine Kontrollmöglichkeit.

V. Angesichts der Tatsache, daß die Parlamentsmehrheit die Regierung trägt, ist von dem Parlament als ganzem kaum eine Kontrollwirkung zu erwarten. Die Kontrollfunktion im parlamentarischen Bereich kommt daher primär der *Opposition* zu. 1209

VI. Umstritten ist die Nützlichkeit von *Parlamentsbeauftragten (Ombudsman)*. 1210

1. Nach schwedischem Vorbild ist er in anderen nordischen Staaten, in Großbritannien sowie in einigen weiteren Ländern eingeführt. Er soll dem Bürger einen besonderen Schutz gegenüber der Exekutive geben und zugleich dem Parlament Informationen, damit dieses ggf. als Gesetzgeber oder im Wege der Geltendmachung der politischen Verantwortlichkeit der Regierung eingreifen kann.

2. In der Bundesrepublik besitzt der Bundestag als Kontrollorgan den *Wehrbeauftragten,* der allerdings nicht die Verwaltung, sondern die Führung der Streitkräfte kontrolliert. Er hat mit dem Informations- und Auskunftsrecht und der Berichterstattung an das Parlament eine starke Kontrollwirkung. 1211

3. In *Rheinland-Pfalz* ist mit dem *Bürgerbeauftragten* der Versuch gemacht worden, einen Ombudsman zu schaffen. Es erscheint jedoch fraglich, ob von ihm der erhoffte Effekt ausgeht, da er bei Rechtsverletzungen (einschließlich des Ermessensmißbrauchs) wegen der umfassenden Zuständigkeit der Verwaltungsgerichte nur beschränkt tätig werden kann. Auch ist die deutsche Verwaltung so groß und so stark gegliedert, daß der Ombusman notwendig eine große Behörde oder eine Mehrzahl großer Behörden werden muß mit sehr spezialisierten Mitarbeitern, daß von ihm kaum die erhofften Wirkungen ausgehen dürften. Auch gibt das Parteien- und Verbandswesen vielfältige Möglichkeiten, auf die Verwaltung einzuwirken. In gewisser Weise kann der Ombudsman als »Klagemauer« seine sinnvolle Funktion erfüllen. Zweckmäßiger aber erscheint der Weg, die Stellung des Petitionsausschusses zu starken, so wie es im Bund 1975 und ebenfalls in einigen Ländern geschehen ist. 1212

VII. Der einzelne *Abgeordnete* kann für das Parlament nicht selbständig tätig werden; er hat keine Kontrollbefugnisse. Gleichwohl hat die jüngere Praxis dahin geführt, daß einzelne Abgeordnete ein Stück Verwaltungskontrolle wahrnehmen. Nicht selten wenden sich Bürger an ihren Abgeordneten und fordern von ihm Hilfe bei der Abstellung wirklicher oder vermeintlicher Mißstände. Wenn es sich um eine Frage handelt, zu deren Erledigung die Verwaltung und nicht das Parlament zuständig ist, so wendet sich der Abgeordnete zuweilen an die Verwaltung, bittet um Aufklärung und Tätigwerden. 1213

1214 C. Für die Ausübung der Kontrolle stehen mehrere Wege zur Verfügung.

I. Außer den bereits genannten *Untersuchungsausschüssen* steht an klassischen Mitteln die große und kleine *Anfrage* sowie neuerdings die Fragestunde zur Verfügung. Dabei liegt die Wirkung vor allem in der Möglichkeit der öffentlichen Erörterung, aus der sich nicht nur politische Konsequenzen, sondern auch die Kontrollwirkungen ergeben. In geringerem Maße hat auch die *Vertrauensfrage* diese Funktion; allerdings wird sie selten wegen bestimmter Vorgänge in der Verwaltung gestellt werden.

1215 II. In besonderer Weise ermöglicht die *Feststellung des Haushalts* durch das Parlament die Kritik an der Verwaltungsführung. Sowohl die Ausschußberatungen als auch die Plenardebatten sind für das Parlament Anlaß, sich mit der Verwaltung im einzelnen zu befassen. Da fast jede Verwaltungstätigkeit mit der Ausgabe von Geld verbunden ist, besteht hier vor allem die Chance zu gegenständlich umfassender Kritik an der Verwaltung.

1216 III. Eine gewisse Verwaltungskontrolle ermöglicht ferner das *Petitionswesen*. Die dem Parlament zugeleiteten Petitionen passieren den Petitionsausschuß, der mit dem Vorschlagsrecht praktisch über ihre weitere Behandlung entscheidet. Die Masse der Petitionen dürfte zuständigkeitshalber an die Exekutive weitergeleitet werden. Insofern haben die Petitionen nur eine Informationswirkung. Das gilt auch, soweit die Petitionen der Regierung zur Berücksichtigung überwiesen worden sind, da das Parlament gegenüber der Regierung kein Weisungsrecht hat. Ein großer Teil der Petitionen wird jedoch den Ausschüssen als Material überwiesen; durch sie ist – zumeist im Zusammenhang mit einer anderen Sache – eine Einwirkung auf die Exekutive möglich. Insgesamt wird man gut tun, die Kontrollwirkung der Petitionen nicht zu überschätzen. Ihre Bedeutung liegt in der Information des Parlaments über die Gegenstände, bei denen den Bürger der Schuh drückt. Neuerdings ist jedoch in Bund und Ländern die Stellung der Petitionsausschüsse gestärkt worden; ihnen ist insb. das Recht zu eigenen Ermittlungen gegeben.

§ 132 Kontrolle durch die Öffentlichkeit

Schrifttum: *H. Adamietz*, Der Pressereferent im politischen Spannungsfeld von Rat, Verwaltung, Bürgerschaft und Parteien, in: StT 1975, S. 228 ff.; *E. Bruno (u.a.)*, Kommunale Entwicklungsplanung: Öffentlichkeitsarbeit, 1974; *F. Decker*, Die externe Informationsgewinnung in der deutschen öffentlichen Verwaltung, Diss.iur. Köln 1975; *H. Hämmer-*

lein, Öffentlichkeit und Verwaltung, 1966; *H. Haenisch/K. Schröter*, Zum politischen Potential der Lokalpresse, in: *R. Zoll*, (Hrsg.), Manipulation der Meinungsbildung, 1971, S. 242 ff.; *G. Joerger*, Öffentlichkeitsarbeit, 1975; *N. Kaps/H. Küttner*, Das Presse- und Informationsamt der Bundesregierung, 1969; *O. E. Kempen*, Grundgesetz, amtliche Öffentlichkeitsarbeit und politische Willensbildung, 1975; *P. v. Kodolitsch*, Erfolgskontrolle kommunaler Öffentlichkeitsarbeit, in: AfK 1976, 53 ff.; *A. Oeckl*, Handbuch der Public Relations, 1964; *F. Ronneberger*, Verwaltung und Öffentlichkeit, 1970; *G. Sänger*, Die staatlichen Pressestellen, 1964; *H. Schäfer*, Forderungen des Journalisten an die Öffentlichkeitsarbeit der Verwaltung, in: Städtebund 1975, 216 ff.; *K. A. Schlitt/W. Ebel*, Zur Öffentlichkeitsarbeit der Verwaltung, in: Städte- und Gemeindebund, 1975, 243 f.; *F. Weyreuther*, Verwaltungskontrolle durch Verbände, 1975; *H. J. Wolff* (vgl. vor § 131).

A. Bisher sind nur organisierte Kontrolleinrichtungen betrachtet worden. Da die Verwaltung ständig mit der Gesellschaft in Kontakt steht und deren Angelegenheiten wahrnimmt, versucht diese, auf die Verwaltung Einfluß zu nehmen. Das geschieht weithin durch die »*öffentliche Meinung*«, d.h. durch die Kommunikationsmittel und -wege, die grundsätzlich jedermann offen stehen und an der ein großer Teil der Gesellschaft jedenfalls passiv teilhat. Von dieser öffentlichen Meinung geht insofern eine Kontrollwirkung aus, als sie auch Gegenstände der Verwaltung behandelt und kritisch zu ihnen Stellung nimmt, oft auch Neuordnung bestimmter Fragen fordert. In der Demokratie hat die öffentliche Meinung eine große Bedeutung für das Funktionieren des politischen Systems. Nur wenn die von ihr ausgehende Kontrollwirkung einsetzt, können den etablierten Kräften des Staates einschließlich der Parteien die notwendigen kritischen Antriebe gegeben werden.

1217

B. I. Die öffentliche Meinung bedarf der *Informationen* über die Verwaltung. Vielfältig bekommt sie diese aus der Gesellschaft selbst, von einzelnen Bürgern oder ihren Gruppen. Die Verwaltung hat ein erhebliches Interesse daran, derartige Informationen selbst zu liefern. Die Gefahr einer entstellten Wiedergabe von Vorgängen, die mangelnde Kenntnis gerade der entscheidenden Teile bestimmter Vorfälle, eine Unkenntnis der rechtlichen und finanziellen Grenzen des Verwaltungshandelns u.a.m. führen oft zu einer unberechtigten Kritik an der Verwaltung.

1218

II. Die Informationen, die die Verwaltung der Öffentlichkeit liefert, haben nicht nur den Zweck, eine sachgerechte Kritik zu ermöglichen. Sie sind auch als Mittel der Verwaltungsführung zu verstehen. Die Verwaltung braucht für ihre Planungen und deren Ausführung eine verständnisvolle, möglichst sogar eine innerlich zustimmende Bürgerschaft. Hierzu schafft sich die Verwaltung zweckmäßig bestimmte Kontaktstellen *(Pressestellen,* Pressereferate), die der Behördenleitung unmittelbar zugeordnet sind. Durch sie wird der Verkehr mit den Organen der öffentlichen Meinung, insbesondere der Presse, zentral gelenkt. Diese Stellen dienen auch dazu, die Presse und andere Organe der öffentlichen Meinung

1219

(insbesondere Rundfunk) ständig zu beobachten und diese Beobachtungen an die zuständigen Stellen zur weiteren Veranlassung weiterzugeben.

1220 C. Das wichtigste Organ der öffentlichen Meinung ist die *Presse,* vor allem die politische Presse, z. T. aber auch die Fachpresse (Zeitschriften), soweit sie sich mit Fragen der Verwaltung befaßt. Neben ihnen steht der *Rundfunk* und das *Fernsehen,* mit Abstand auch der Film.

1221 I. Die Verwaltung verkehrt mit der Presse über die Pressestellen oder *Pressereferenten.* Der Informationsanspruch der Presse wird von ihnen befriedigt. Das setzt eine innere Organisation der Behörde voraus, kraft derer der Pressestelle rechtzeitig und umfassend die nötigen Informationen aus den Abteilungen zugetragen werden. Der Informationsanspruch der Presse schließt kein Recht auf Akteneinsicht ein. Journalisten, die die Verwaltung kennt und mit denen sie ständig zusammenarbeitet, kann sie jedoch regelmäßig vertrauensvoll die Akten öffnen (Rdnr. 310).

1221 II. In der Eignung der *Journalisten* liegt ein Zentralproblem der Berichterstattung über Verwaltungsvorgänge. Ohne geeignete Journalisten kann die Presse ihre Kontrollfunktion nicht sinnvoll wahrnehmen. Die Zahl der Journalisten, die für Verwaltungsfragen sachverständig sind, ist verschwindend gering. Die wenigsten Zeitungen, nicht einmal alle Zeitungen von überregionaler Bedeutung, haben Spezialberichterstatter. Verwaltungsfragen gelten oft als langweilig und nicht hinreichend pressewirksam, wenn es sich nicht darum handelt, ein skandalöses Verhalten der geistlosen oder gar böswilligen Bürokratie zu entlarven. Eine Besserung der Berichterstattung über die Verwaltung kann allenfalls dann eintreten, wenn die Verwaltung von sich aus darauf hinwirkt, daß die Journalisten die Probleme der Verwaltung kennenlernen. Angesichts der Vielfalt wichtiger und interessanter Aufgaben, die die Verwaltung zu lösen hat, dürfte es nicht schwerfallen, der Presse in hinreichendem Umfang geeignetes Material zu liefern. Gut vorbereitete *Pressekonferenzen* (möglichst regelmäßig) und Pressereisen können für die Verwaltung sehr hilfreich sein und in der Öffentlichkeit ein Klima schaffen, durch das gerade schwierige Aufgaben sich schneller und leichter lösen lassen oder bei unlösbaren Aufgaben oder unvermeidlichen Eingriffen in Rechte der Bürger ein Verständnis in der Öffentlichkeit entsteht. Auch Pressedienste der Verwaltung, die in regelmäßigen oder unregelmäßigen Abständen erscheinen, empfehlen sich.

1222 III. Freilich kommt die Verwaltung nicht umhin, die Journalisten je nach ihrer *Vertrauenswürdigkeit* unterschiedlich zu behandeln. Vertretern von Zeitungen, die im Interesse der Erzielung hoher Auflagen in erster Linie an Sensationsmeldungen interessiert sind, wird sie nur die gesetzlich notwendigen Auskünfte geben. Anderen Journalisten dagegen, die sich um eine umfassende und zutreffende Information der Leser bemühen, wird die Verwaltung oft auch vertrauliche Hintergrundinformationen geben, die erst später einmal in Berichte einfließen. Bei aktuellen Berichten und Meldungen allerdings muß die Verwaltung peinlich darauf bedacht sein, alle Organe gleichmäßig und gleichzeitig zu versorgen. Das gilt auch für die Presse der Opposition.

IV. Für die Behandlung von *Presseveröffentlichungen* (Meldungen, Kommentaren, Leserbriefen) gilt es bestimmte Regeln: **1223**
1. Grundsätzlich gilt, daß die Verwaltung nicht selbst für die Zeitung schreibt, sondern nur Informationen gibt. Ausnahmen gelten für Meldungen, d.h. für Tatsachenmitteilungen über Verwaltungsvorgänge (z. B. Personalnachrichten, Hinweise auf Antragsfristen, Verlegung von Dienststellen, Zuständigkeitsänderungen). Sie gelten ferner für Richtigstellungen.
2. Berichte und Meldungen über Vorgänge, die die Verwaltung betreffen, sind von der Pressestelle (Pressereferenten) den zuständigen Stellen zuzuleiten. Da die Gefahr schiefer oder gar unrichtiger Darstellungen stets gegeben ist und dadurch die Möglichkeit besteht, daß die betroffenen Bürger beunruhigt werden, sind die Pressenachrichten Eilsachen.
3. Ergibt sich, daß eine Pressenachricht, ein Kommentar oder ein Leserbrief unrichtige Darstellungen enthält, so taucht die Frage auf, wie darauf zu reagieren ist.

a) Handelt es sich um belanglose Angelegenheiten, so ist nichts zu veranlassen.

b) In der Regel allerdings wird Anlaß bestehen, eine Berichtigung zu veranlassen. Die Fakten hierzu hat die zuständige Stelle innerhalb der Verwaltung selbst zu liefern. Sie wird die Berichtigung auch vorformulieren. Es sollte jedoch nicht darauf verzichtet werden, die Formulierung durch die Pressestelle (Pressereferent) begutachten zu lassen, da diese in der Regel besser beurteilen kann, wie eine Berichtigung in der Öffentlichkeit ankommt.

c) Durch die Einschaltung der zentralen Pressestelle wird außerdem sichergestellt, daß nicht zwei Stellen der Verwaltung unabhängig voneinander Berichtigungen – möglicherweise mit unterschiedlichem Inhalt – herausgeben.

d) Unabhängig von der Berichtigung innerhalb der Presse ist es oft zweckmäßig, mit dem Verfasser der unrichtigen Darstellung unmittelbar Kontakt zu suchen. Handelt es sich um einen Bürger, der in einem Leserbrief seine Kritik äußert, so kann es u. U. richtig sein, ihn unmittelbar anzuschreiben, ihn zu beraten und evtl. auch zu belehren. Auch der Journalist, der eine unrichtige Darstellung gebracht hat, wird – wenn er in der richtigen Form angesprochen wird – für die Information dankbar sein.

D. I. Auch *Gruppen (Verbände)* von Bürgern sind Träger der kontrollierenden **1224**
Kritik. Soweit sie für einzelne Bürger Rechtsmittel einlegen oder sich der Presse in Form von Artikeln oder Leserbriefen bedienen, ist auf das oben (Rdnr. 343) Gesagte hinzuweisen. Hier geht es um Äußerungen, die sich nicht der Presse bedienen. Es geht vor allem um das freie Schrifttum, das Vereins- und Versamm-

lungswesen. Z. T. bilden sich Vereinigungen aus einem konkreten Anlaß und treten mit Denkschriften, Aufrufen oder Versammlungen an die Öffentlichkeit. Die *Partizipationsbewegung* (Rdnr. 325 ff.) hat diesem Tatbestand eine größere Bedeutung gegeben, zumal sie sich z. T. – auch wenn sie partikulär-egoistische Gruppeninteressen repräsentiert – gern mit dem Wertbegriff »Demokratisierung« schmückt. Z. T. bestehen derartige Vereinigungen für allgemeine Zwecke (z.B. Bürgervereine, Bund der Steuerzahler) oder zur Wahrnehmung bestimmter Interessen (Verbände, vgl. Rdnr. 338 ff.).

II. Für die Verwaltung ist es wichtig, mit ihnen einen angemessenen Kontakt zu pflegen, ihre Äußerungen sorgfältig zu erwägen und ihre Versammlungen zu beobachten. Fraglich ist es jedoch, ob die Verwaltung zu ihren Äußerungen Stellung nehmen soll. Sofern derartige Vereinigungen die Absichten der Verwaltung – und sei es durch kritische Anregungen – unterstützen, ist es angebracht, diese Unterstützung dankbar anzuerkennen. Soweit ihre Arbeit den Absichten der Verwaltung hinderlich ist, wird zu erwägen sein, ob es zweckmäßig ist, mit ihnen ein Gespräch zu führen, um sie zu Helfern zu gewinnen oder doch jedenfalls ihren Widerstand zu brechen, oder ob es zweckmäßig ist, ihnen öffentlich entgegenzutreten und darzulegen, warum ihre Ansichten nicht richtig sind. Allgemeine Regeln lassen sich dabei nicht geben.

III. Während die Presse ein gesetzliches Informationsrecht hat, steht dieses den hier behandelten Vereinigungen nicht zu. Es ist daher eine Ermessensfrage, inwieweit Auskunft erteilt oder gar Akteneinsicht gewährt wird. Die Verwaltung wird gut tun, insofern nicht kleinlich zu sein. Durch eine umfassende Information wird sie oft eine unberechtigte Kritik oder Verdächtigungen ausräumen können.

Sachverzeichnis

Abgaben (s.a. Steuern) 273
Abgeordnetenhaus 206
Abgeordneter 213
Abkürzung 1033, 1039
Ablage 803
Absolutismus 76
Abzeichnung 1127
Adelige 78
Administration (s.a. Verwaltung) 122
Adressiermaschine 788
advocacy-planning 330
Ämter 462
Ämterpatronage 651, 653
Äquivalenzprinzip 962
Akademischer Senat 542
Akten 799 ff., 937, 1028 ff., 1148
– A- und B- 802
– Ablage 803
– Archivierung 807
– Aussonderung 806
– General- 802
– Ordnung 801
– Registratur 805
– Verfahrens- 802
Aktenführung 800 ff.
Aktenöffentlichkeit 310
Aktenplan 801, 804, 1148
Aktenverfügung 1034
Aktenvermerk 1042
Aktiengesellschaft (AG) 300, 458
Aktivität 635
Algol 1062
Alimentationsprinzip 705, 726
allgemeine Verwaltung 381
Allzuständigkeit 426, 437
Alternativen 913, 1015
Altersgrenze 733

Altersversicherung 355
American Society for Public Administration 129
Amt 450
Amt, öffentliches (s.a. Dienstposten) 610, 611, 618, 708, 720 ff.
Amtmann 622
Amtsgehilfe 620
Amtshilfe 925
Amtsjargon 304
Amtskleidung 190
Amtsmeister 620
Amtsrat 622
Amtsträger 625
Amtszulagen 714
Analogieschluß 942
Analyse 66
analytische Dienstpostenbewertung (s.a. Dienstpostenbewertung 721 ff.
Anciennitätsprinzip 710
Anfrage 1214
Angestellte im öffentlichen Dienst 605
– Anzahl 596, 608
– Laufbahnen 609
– Stellung, dienstrechtliche 610 ff.
– Zusatzversorgung 611
Angestellte in der Wirtschaft 605
Anhörung 344, 929
Annahmestellen 849
Anordnungsbefugnis 848
Anpassungsplanung 967
Anstalt 296
antizyklisches Verhalten 811
Anwaltspartizipation 330
Arbeiterkammern 557
Arbeiterschutzrecht 354
Arbeitgeberverbände 338

449

Sachverzeichnis

Arbeitnehmerkammern 557
Arbeitsablauf 1141
Arbeitsamt 381
Arbeitskampf 614, 630, 713
Arbeitslosenversicherung 533
Arbeitsmedizin 782
Arbeitsmittel, technische 777 ff.
– Probleme 781 ff.
– Wirtschaftlichkeit 779, 785
Arbeitsplanung 573
Arbeitsplatz 1140
Arbeitsplatzanalysen 729
Arbeitsschutz 353
Arbeitssicherung 573
Arbeitsspeicher 1059
Arbeitsuntersuchungen 1140
Arbeitsverwaltung 390
Arbeitswissenschaft 1140
Arbeitszeitschutz 354
Archivierung 807
Archivverwaltung 583
Armenfürsorge 80
Arzt 530, 744
Assistent 621
Aufgaben, öffentliche (s.a. Verwaltungsaufgaben, Gemeindeaufgaben und kommunale Aufgaben) 347 ff.
Aufgabenplanung 371 ff., 824, 969
Aufgabenprogramm 371
Aufgabensteuerung 824
Aufsicht 1108, 1120
Auftragsverwaltung 250
Augenscheinseinnahme 930
Ausbilder 672
Ausbildung (s.a. Bildung) 267
Ausbildungsförderung 528
Ausbildungsplan 752
Ausbildungsprogramm 1094
Aushang 1041
Ausgaben, öffentliche 257 ff., 827
Ausgabenplan 830
Ausgang 1036
Auskreisung 515
Auskunft 665, 1106
Ausschreibung 657 ff., 816
– bei Spitzenstellungen 661
– Vorbereitungsdienst 662

– Vorteile 658
Ausschuß (s.a. Kollegien) 206, 223, 329, 589 ff.
– Anwendungsbereich 594
– Arbeitsweise 591
– Arten 590
– Begriff 589
– formeller, informeller 589
– Haushalts- 1208
– Nachteile 593
– Parlaments- 1208
– Petitions- 1212, 1216
– Untersuchungs- 1208
– Vorteile 592
Ausschuß für die Koordinierung der ADV in der Bundesverwaltung 1080
Ausschuß für wirtschaftliche Verwaltung (AWV) 116
Ausschußmitglieder 591
Außenseiter 631, 656
Außenstellen 514
Auswärtige Verwaltung 370, 386
Auswärtiges Amt 386
Auswahl (s.u. Personalauswahl)
Auswahlentscheidung 663 ff.
automatische Datenverarbeitung (ADV) s.u. Datenverarbeitung, automatische

Baden-Württemberg 480
Bagatellfälle 879
Ballungsraum 481 ff., 517
Ballungsrandzone 518
Ballungszentrum 517
bargaining 126, 185
Bauamt 416
Bauernverbände 338
Bauleitplanung 285, 440
Bauleitung 772
Bauverwaltung 391
Bayern 478, 1086
Beamtengesetze 620
Beamtenpolitik 229
Beamtenrecht 609 ff.
Beamtenstand 633
Beamtentum 229 ff.
– geschichtliche Entwicklung 230
– unpolitisches 226

Sachverzeichnis

Beamter 229 ff.
- Anzahl 596, 608
- Ausbildung 79, 82, 234
- Auswahl 644 ff.
- Austausch 246
- Berufsbild 30 ff., 234, 625 ff.
- Besoldung 610, 705 ff.
- Bindung an öffentliche Verwaltung 632
- Eidespflicht 640
- Ethos 7, 233, 234, 626
- Gemeinde 442, 446
- Hauptverwaltungs- 445
- Höflichkeit 954
- Laufbahnen 609
- Lebenzeitprinzip 219
- Loyalität 218
- Pflichten 627
- politischer 224, 643
- und politischer Bereich 639, 641
- rechtsstaatliche Haltung 1180
- Stellung, dienstrechtliche 610 ff.
- Verantwortung 627
- Versorgung 610, 730 ff.

Beauftragter für den Haushalt 847
Beauftragter für die Wirtschaftlichkeit in der Verwaltung 1134
Bedarfsstellen 818
Bede 77
Befehl – Gehorsam 188 f.
Beförderungssystem 649
Befragung 49 ff.
- Fragebogen 50
- Interview 52
- offene und geschlossene Frage 51
- Panelbefragung 50
  Pretest (Probebefragung) 53
Begründung 958
Beharren auf Überkommenem 317
Behörde 382 ff.
- Aufbau 564 ff.
- Begriff 564
- Erreichbarkeit 512, 522
- Funktion 566 f.
- Geschäftsgang 1028 ff.
- Hierarchie 193
- Information des Chefs 575
- als Infrastruktur 522

- Kommunikation 522
- Landesplanungs- 490
- Leiter 420, 572 ff.
- Mittel- 380, 403 ff.
- Obere 397 ff.
- Oberste 382 ff., 1002
- und Publikum 523
- Selbständigkeit 565
- Sitz 521 ff.
- Sonder- 381, 416, 520
- Unter- 380
- Verlegung 523
- Zusammenfassung 568

Behördenaufbau 564 ff.
- Sacherledigung 567

Behördenbesuch 523
Behördenbibliothek 810
Behördenleitung 572 ff., 848
- Aufgaben 572 f.
- Dauer des Amtes 580
- Delegation von Aufgaben 581
- Organisation 576
- Stab von Helfern 574

Behördenpost 1036
Behördensitz 521 ff., 524
- Verlegung 524
- Festlegung 521

Behr, B.W.J. 86
Beigeordneter (s.a. Wahlbeamter) 446
Bekanntmachung (s.u. Ausschreibung) 657 ff.
Belgien 136
Beobachtung 45 ff.
- teilnehmende 46
- Struktur 48

Bequemlichkeit 318
Beratung 1108
Beratungsorganisationen, externe 1041, 1139
Berg, G.H.v. 81
Berichtspflicht 189
Berlin 494
Berufsbeamtentum (s.a. Beamter, Beamtentum, Verwaltungsbeamter) 78, 119, 232, 606, 608
- Gemeinde 425
- Reform 232

451

Sachverzeichnis

Berufsbild des Verwaltungsbeamten 625 ff.
– Einheitlichkeit 625
– Problematik 637
Berufsgenossenschaften 531
berufsständische Selbstverwaltung 556 ff.
– Aufgaben 558
Berufsstand 556 ff.
Beschaffungsstellen 818
Beschaffungswesen 811 ff.
– Organisation 818
Bescheid 1105
Besoldung 610, 705 ff.
– Alimentationsprinzip 705, 727
– Leistungslohn 706
– Mischsystem 707
– Regelungsverfahren 716 ff.
– Zulagen 714
Besoldungsdienstalter 610, 611
Besoldungsgerechtigkeit 713
Besoldungsordnung 620, 708
Besoldungssystem 705 ff.
– Kritik 710
Besprechungen 1045
Besteuerung (s.u. Steuern)
Betrieb (s.a. Unternehmen) 285
Betriebswirtschaftslehre 105, 120, 126
Beurteilung (s.u. Personalbeurteilung)
Bevölkerung 498
Bevölkerungslehre 80
Bewachung 776
Bezirk (s.u. Verwaltungsbezirk)
Bezirksamt, hamburger 496
Bezirksdienststellen 451
Bezirksregierung 406
Bezirksverwaltung 452
Bezugsschein 286
Bibliographie zur Verwaltungslehre 102
Bibliothek 810
Bildung 363
– Einrichtungen 269
Bildungsplanung 364
Blockdiagramm 1061
Bodenordnung 359
Bote 1036
Botendienst 620
Brainstorming 1020
Brecht, Arnold 93

Bremen 495
Brutto-Prinzip 835
Bruttosozialprodukt (s.u. Sozialprodukt)
Buchführung 1162 f.
– doppelte 1157
– kameralistische 1156
– Vermögens- 1158
Buchhaltung (s.u. Buchführung)
Buchungsmaschine 790
Bürger
– als Angehöriger einer Verwaltungseinheit 498
– und Datenverarbeitung, automatische 1104 ff.
– Entfremdung gegenüber der Verwaltung 308 f.
– und Entscheidung 950
– als Kunde der Verwaltung 233
– Verhältnis zur Verwaltung 301 ff.
Bürgerbeauftragter 12
Bürgerinitiative 328
Bürgermeister 445
Bürgernähe 512.
Bürgerschaft, hamburger 496, 206
bürgerschaftliche Beteiligung (s.a. unter Partizipation) 424
Büro 773 ff.
– Ausgestaltung 775
– Großraum- 774
– Maschinen 786 ff.
Bürokratie 25, 299, 311 ff., 952
– Begriff 311
– Eigenarten 313 ff.
– Vorteile 320 ff.
– *Max Weber* 94, 311
Bürotechnik 1028 ff.
Bund
– Aufgabenbereiche 249 ff.
– Datenverarbeitung, automatische 1079
– Finanzierung 245
– Gesetzgebungsfunktion 254
– Verhältnis zu den Ländern 243 f., 379
– Verwaltungskompetenzen 244
Bundesakademie für öffentliche Verwaltung 111, 693, 700
Bundesangestelltentarif 610, 612
Bundesanstalt für Arbeit 533

Bundesbahn 414, 608 f.
Bundesbank 277, 282
Bundesbaugesetz 359
Bundesbeauftragter für Wirtschaftlichkeit der Verwaltung 114
Bundesdienst 659
Bundeshaushaltsordnung 855, 1152, 1154
Bundeskanzleramt 384, 1002
Bundeskriminalamt 1072
Bundesländer (s.a.u. Landesverwaltung) 379
– Datenverarbeitung, automatische 1081, 1083 ff.
– Einrichtungen gemeinsam mit Bund 249
– Eigenständigkeit 243
– Finanzierung 245
– Gesetzgebungsfunktion 254
– Größe 253, 254
– Koordinierung 247
– Planung 487 ff.
– Staatlichkeit 254
– Verwaltungsfunktionen 243
Bundespost 414, 608 f., 1036
Bundespräsidialamt 382
Bundesrat 254
Bundesraumordnungsgesetz 359, 411, 488
Bundesrechnungshof 1191, 1196
Bundesrecht 888
Bundesregierung 382
Bundesstelle für Büroorganisation und Bürotechnik (BBB) 116, 872
Bundestag 1211
Bundesverfassungsgericht 538
Bundesversicherungsanstalt 532
Bundesverwaltung 243 ff., 379 ff.
– Mittelinstanz 405
– Oberbehörden 399
– Unterinstanz 413
Bundeswehrverwaltung 249

Camera 80
Charaktereigenschaften 666
Charaktertest 664
Chefebene 450, 575, 1001
Cobol 1062
Computer, s.a. unter Datenverarbeitungsanlagen

– Anwendungsbereiche 1063 ff.
– Arbeitsweise 1054 ff.
– als Macht 1107
– Zentralen 1069 ff.
Computer-Simulation 1025

Dänemark 142
Darlehen 275
Daten
– Erfassung 1070
– Fernübertragung 1055
– Grund- 1077
– Menge 1051
– Umformung 1056
Datenauswertung 65 ff.
– Analyse 66
– Aufbereitung 65
– Interpretation 67
Datenbanken 1076
Datenerhebung 44 ff., 996
Datenschutz 938, 1102 ff.
– Begriff 1102 ff.
– Maßnahmen 1103
Datentypistinnen 1090
Datenverarbeitung
– als Methode der Sozialwissenschaften 59 ff.
– automatische (ADV) 938, 1013, 1050 ff.
– Anwendbarkeit 1052
– Anwendungsbereiche 1063 ff.
– und Bürger 1104 ff.
– im Bund 1079 ff.
– in den Bundesländern 1081, 1083 ff.
– in den Gemeinden 1082
– Organisation 1069 ff.
– Organisationsstudie 1087 ff.
– Personal 1090 ff.
– Personalausbildung 1092 ff.
– Phasen 1061 ff.
– Problemanalyse 1060
– Programmablaufplan 1061
– Programmierung 1062
– Wirtschaftlichkeit 1064, 1096 ff.
– Ziele 1053
Datenverarbeitung, elektronische (EDV) s.u.
Datenverarbeitung, automatische (ADV)

Datenverarbeitung, integrierte 1075 ff.
- Begriff 1075
- Wirtschaftlichkeit 1078
Datenverarbeitungsanlage 994, 1051, 1054 ff.
- Ausgabeeinheit 1058
- Eingabeeinheit 1057
- Installation 1089
- Zentraleinheit 1059
Datenverarbeitungstechnik 1054 ff.
Datenverarbeitungszentralen 1072 f., 1082
- Folgen der Zentralisation 1074
- Probleme 1073
decision-making, s. Entscheidung, Entscheidungsvorgang
Dekonzentration 211, 398, 742
Delegation 581, 761
Delphi-Technik 1021
Demokratie 301, 326, 513
- Prinzip 200
demokratische Grundordnung i.S. des GG 639
Demokratisierung 326, 332, 336, 419, 551, 553, 756 1224
Deputation, hamburger 496
Deutsche Demokratische Republik (DDR) 146
Deutsche Forschungsgemeinschaft (DFG) 249, 548
Deutsche Sektion des internationalen Instituts für Verwaltungswissenschaften 113
Deutscher Akademischer Austauschdienst 548
Deutsches Institut für Urbanistik (difu) 112
Deutsches Rotes Kreuz (DRK) 249, 367
Dezentralisation 211, 253, 453, 511, 583, 1071, 1121
Dezernat 450
Dienstalter 610
Dienstaufsichtsbeschwerde 1130
Dienstbefreiung 715
Dienstherr 614
Dienstposten (s. a. unter Amt, öffentliches) 603, 610, 720
Dienstpostenbeschreibung 772

Dienstpostenbewertung 706, 720 ff.
- Arten 721
- Kritik 725
- Modifizierung 727
- Phasen 723
- Praxis 724
- Probleme 726
- Zweck 720
Dienstrecht, öffentliches 604 ff.
Dienstunfall 736
Dienstunfähigkeit 733
Dienstwagen 190
Dienstweg 627
Dienstzeit 610
Diktat 586
Diktiergerät 586, 783, 787
Diskontsatz 282
Disziplinargerichte 1165
Disziplinargewalt 189
Dithmar, J. Ch. 81
Doktor der Verwaltungswissenschaft 688
Doktordissertation 42
Dokumentation 810
Dokumentenanalyse
- Begriff 54
- Technik 55
Domänenverwaltung 77
Doppelstadt 486
doppelte Buchführung 1157
Doppik 1157
dreißigjähriger Krieg 76
Drittelparität 538 f.
Durchführungsvorschriften 868

Ecole Nationale d'Administration (ENA) 131
Effektivität 320
Ehrenamtliche Tätigkeit
- Ausschüsse 590, 610
- Gemeinden 610
- öffentlicher Dienst 604, 615 ff.
Eidespflicht 640
Eigentum 263
Eignung 644
- menschliche Eigenschaften 645
- Leistungsfähigkeit 646
Eindruck, persönlicher 665

Sachverzeichnis

einfacher Dienst 609, 618, 620
Eingang 1029 ff.
Eingangsstelle 1029 f.
Eingemeindungsreife 486
Einheit der Verwaltung 409, 416, 419
Einheitsdienstrecht 613
Einheitsgerichte 1185
Einheitslaufbahn 619
Einkreisung 475
Einnahmen, öffentliche 257 ff., 826
Einräumigkeit der Verwaltung 420, 520
Einspruch 1131
Einstellungsplan 751
Einwohnermeldeamt 935
Einwohnerzahl 507
elektronische Datenverarbeitung (EDV) s.u.
Datenverarbeitung, elektronische
Elite 231
Eltern 551
Emanzipation 200
Empfänger 176, 923
Energiewirtschaft 360
England s.u. Großbritannien
Enteignung 819
Entscheidung 9, 15, 24, 112, 187, 794, 897 ff., 918
– Auswahl 663
– Begründung 958
– und Bürger 950 ff.
– Durchsetzung 960
– und Information 921 ff.
– im Kollektiv 948
– Kostenfolge 962
– menschlich-soziologische Dimension 901
– Nicht-Entscheidung (non-decisions) 220
– in der Organisation 949
– politische Dimension 900
– Schnelligkeit 951
– Selbständigkeit 623
– im sozialen System 946 ff.
– technische Dimension 903
– Teil- 944
– theoretische Dimension 902
– Vermeidung 950

– Verwaltungswissenschaft als Entscheidungshilfe 34
– unter Zeitdruck 945
Entscheidungsbaum 994, 1027
Entscheidungsmodell 905 ff, 1013
– Arten 918 ff., 1013
– heuristisches 920
– inkrementales 919
– Maßnahmephase 913
– Problemphase 906
– rationales 905 ff.
– Ressourcenproblematik 914 f.
– Restriktionen 916
– Zielphase 908 ff.
Entscheidungsoptimierung 1014
Entscheidungsorientiertheit 162
Entscheidungsprozeß 898 ff.
– Irrationalität 898
– als kybernetisches System 904 f.
– Planung als- 983
Verbesserung 1053
Entscheidungssituation 939 ff.
– Typen 947 ff.
Entscheidungstechnik 903, 1012 ff.
Entscheidungstheorie 126, 159, 899 ff., 902
Entscheidungsvorgang 125, 126
Entwertung 375
Entwicklungshilfe 150, 370
Entwicklungsländer 127, 149 ff.
– kommunale Probleme 151
– Verwaltungslehre 149
– Verwaltungshilfe 150
Entwicklungsplanung 441, 967
Erlaßbereinigung 896
Ermessen 241, 288, 326, 756, 881
Ermittlungen 928 ff., 941
– Anhörung 929
– Augenscheinsannahme 930
– periodische Überprüfungen 934
– Sachverständigenbeweis 931
– Sorgfalt 926
– Urkundenbeweis 931
– Zeugen 928
Ermittlungsphase 913
Eschenburg, Th. 653
Escuela National de Administracion Publica (ENAP) 139

Sachverzeichnis

Ethik 139
Europäische Verwaltung 228
Evaluation 1108
– Maßstäbe 1167 f.
– institutionelle Probleme 1169 f.
EWG 228
Experiment
– Begriff 56
– Technik 57

Fachaufsicht 554
Fachbereiche 541
Fachhochschule 622, 670
– Verwaltung interne/externe 680
Fachhochschule für die Verwaltung (s.a. Hochschulen) 108
Fachprüfungen 664 f.
Fahrniskontrolle 820
Fakultät 541
Familienlastenausgliech 362, 528, 712
feed-back (s.u. Kybernetik)
Fehlerquote (s.u. Stichprobe)
Feldexperiment (s.u. Experiment)
Fernschreiber 791, 1058
Fernsehen 1220
Fernsprecher 791, 1043
Feuerwehr 269, 367
Film 1220
Finanzamt 416
Finanzausgleich 464, 482, 1073
Finanzfragen 504, 508
Finanzgerichte 1175

Finanzierungsplan 830
Finanzkassen 849
Finanzministerium 386, 846, 855
Finanzmittel (s.a. unter Geld) 821
Finanzmonopole 297
Finanzplan 830
Finanzplanung 277, 377 821 ff., 833, 968, 982
– Kritik 831
– Politischer Hintergrund 822 ff.
– Verfahren 825 ff.
Finanzverwaltung 252, 273, 504, 821 ff., 1123
Finanzwirtschaft 821 ff.

Finanzwissenschenschaft 105
Föderalismus 243, 248
Forschung 132, 144, 269, 366, 538
– Forschungsproblem 36
– Forschungsprozeß 42
– Grundlagenforschung 35
– Hypothesenbildung 36
– Kosten 43
– Operationalisierung 37
– Validität von Forschungsergebnissen 40
– verwaltungswissenschaftliche 35
– Zulässigkeit der Meßinstrumente 41
Forschung und Lehre 544
Forsthoff, E. 89
Fortbildung 111, 695 ff., 754
– Probleme 701 ff.
– Träger 703
Fortran, 1062
Frage (s.u. Befragung)
Fragebogen (s. a.u. Befragung) 50, 794
Fraktion 371
Frankreich 131
Freiheit 262, 263
Freiheit von Forschung und Lehre 544
freiheitlich demokratische Grundordnung i.S. des GG 639
Freizeitverwaltung 368
Fremdauskunft 665
Fremdnützigkeit 627
Frühauslese 654 ff.
Führung (s.a. unter Personalführung) 572 ff., 755 ff.
– und automatische Datenverarbeitung 1066
Führungskonzept 760 ff., 1001
– Probleme 761
Führungskräfte 690 ff.
– Ausbildung 691 ff.
– Auswahl 692 ff.
– Datenverarbeitung, automatische 1090
Führungsmodell 756, 758 ff.
Führungspositionen 690 ff.
Führungsstil 582, 755, 757 ff.
Funktionalreform 514
Finanzkassen 849

Gebäude (s.a. Verwaltungsgebäude)

Sachverzeichnis

- Bauleitung 772
- Bewirtschaftung 776
- Miete 769
- Planung 770 ff.
- Reinigung 300, 776
- Verwaltung 300, 583, 776
Gebietsabgrenzung 507
Gebietsreform, (s.a. Verwaltungsreform) 117, 428, 434, 451, 453, 471, 497 ff., 506 ff.
- Finanzfragen 504
- Maßstäbe 501 ff.
- Verbilligung der Verwaltung 505
- Widerstände 499
Gebietsverkleinerung 514
Gebühren 962
Gebührenerlaß 275
Gefahrenabwehr 358
Geheimhaltung 315
gehobener Dienst 609, 618, 622, 679f.
Geld 375, 821
Geldwesen 845 ff.
- Organisation 846
Gemeinde (s.a. Kommunal-) 254, 423 ff.
- Anzahl 432
- Aufgaben 357, 426, 438
- Allzuständigkeit 426, 437
- Datenverarbeitung, automatische 1082
- Finanzausgleich mit Staat 464
- Finanzreform 429
- Größe (s.a. Großgemeinde 432, 434, 506
- kleinere (s.a. Kleingemeinde) 433, 454 ff., 506
- Ortsteile 452
- Planung 427, 440, 441
- Raumbezogenheit 427
- als soziologisches Gebilde 430
- Typen 433 ff.
- Verhältnis zum Staat 426 ff.
- Wirtschaft 439
- zweistufige 463, 514
Gemeindedirektor 445
Gemeindefreie Gebiete 431
Gemeindegebiet 502
Gemeindepolitik 423
Gemeinderat 442 ff., 1205
- Ausschuß 444

Gemeindesteuern 459
Gemeindeverfassung 442 ff.
Gemeindeverwaltung (s.a. kommunale Verwaltung) 423 ff., 619, 660, 1198
- Aufgliederung in Ämter 436
- Berufsbeamte 425, 442
- Bezirksverwaltung 452
- Bezirksdienststellen 451
- Gliederung 449 ff.
- Ortschaftsverwaltung 452
- Ortsdienststellen 451
- Wahlbeamte 446
Gemeindevorstand 461
Gemeinschaft, örtliche 436
Gemeinschaftsaufgaben 245, 251
Generalakten 802
Generalklausel 1177
- Lähmung der Verwaltung 81
Generalstabsausbildung 694
Genossenschaften 563
Gerechtigkeit 629
Gerichte 1171 ff.
- Disziplinar- 1172
- Einheits- 1185
- Rationalisierung 1190
- Straf- 1171
- Verfassungs- 1174
- Verwaltungs- 1175
- Zivil- 1173
Geschäftsanweisung 1149
Geschäftsgang 1028 ff., 1149
Geschäftsgangsvermerk 1033
Geschäftsordnung (s.u. Geschäftsanweisung 1149
Geschäftsverteilung 567
Geschäftsverteilungsplan 1041, 1147
Gesellschaft 199
- Verhältnis zur Verwaltung 157, 1003
- Verhältnis zum Staat 3, 1003
Gesellschaft mit beschränkter Haftung (GmbH) 300, 458
Gesetz 235 ff., 860 ff., 1144
- Änderung 240
- Funktion 235
- Maßnahme- 862
- Sprache 874
- Verständlichkeit 875

Sachverzeichnis

– Verweisung 876
– Wohlfahrtsstaat 235, 242
Gesetzblätter 884, 889, 893
Gesetzesentwurf 867
Gesetzgebungsstaat 861
Gesetz-Modell 717
Gesetzespefektionismus 236
Gesetzesvollzug 239 f.
Gesetzgebung
– Komplizierung 235
– Hilfsdienst 237
Gespräch 664
Gestaltung 634 dd.
– von Arbeitsabläufen 1141
– automationsgerechte . . . von Vorschriften 1099 ff.
Gesundheitsamt 416
Gesundheitswesen 80, 267, 269, 361, 529 f.
Gewaltenteilung 349
Gewerbeansiedlung 270, 429
Gewerbeaufsichtsamt 416
Gewerberecht 354
Gewerkschaften 338, 550
Gliederungsprinzip, zentralörtliches (s.a.u. zentrale Orte) 270, 516
Globalsteuerung (s.a.u. Wirtschaft, Stabilitätsgesetz 276, 360
Graphentheorie 1027
Großbritannien 143, 1210
Großgemeinde 434, 466
Großraumbüro 774
Großstadt 436, 481
Grundgehalt 709
Grundgesetz 608, 644, 1144
Grundlagenforschung (s.u. Forschung)
Grundlagenforschung (s.u. Forschung)
Grundsätze zur Verwaltungsreform (s.u. Maßstab)
Grundstücksbeschaffung 768
Gruppenmächte (s.a. Verbände, soziale) 171, 338 ff.
Gruppenuniversität 540
Gumplowicz, L. 88
Gutachten 936
– Sachverständigen 1188

Hamburg 496, 1206
– Organisationsamt 115
– Senatsamt für den Verwaltungsdienst 385, 496
– Verfassung 1206
– Zeichnungsrecht 1035
Handelsgesellschaft 458
Handlungsphase 913
Handwerkskammern 557
Hardware 1072
Haubergenossenschaften 563
Hauptverwaltungsbeamter 445
Haushalt, öffentlicher 583, 833 ff.
– Volumen 73, 256 ff.
Haushaltsausgleich 837
Haushaltsausschuß 850, 1208
Haushaltsbeauftragter 847
Haushaltsordnung 855
Haushaltsplan 256, 377, 833 ff., 1145, 1156
– Aufstellung 852
– Bewirtschaftung 853 ff.
– Einheit 836
– Feststellung 852, 1215
– Gliederung 844
– Grundsätze 834 ff.
– Haushaltsausgleich 837
– Jährlichkeit 840
– Öffentlichkeit 842
– Spezialität 839
– Vollständigkeit 835
– Vorherigkeit 838
– Wirtschaftlichkeit und Sparsamkeit 841
Haushaltsplanung 822, 833 ff., 968, 972
Haushaltsreform 843
Haushaltsüberwachungsliste 179
Haushaltswirtschaft 296
haushaltswirtschaftliche Sperre 856
Heere 76, 348
Heeresverwaltung 77
Hegel, G.F.W. 626
Herrschaftsformen (s.a. Demokratie, Bürokratie) 311
Herrschaftspatronage 651
Hessen 479, 1084
Hierarchie 188 ff.
– Alternativen 203 ff.

- Begriff 188
- Elemente 189
- als Organisationsform 191, 1120
- Prinzip 379
- Sonderformen 192
- Vor- und Nachteile 196 ff.
Hochschule (s.a. Universität) 537 ff.
- Fachhochschule 622
- Gesamthochschule 109
Hochschulen der Bundeswehr (s.a. Hochschulen) 107, 688
Hochschule für Verwaltungswissenschaft in Speyer (s.a. Hochschulen) 106, 111, 688, 699
Hochschullehrer 537
Hochschulstudium 623, 670
Hochschulverwaltung 541 ff.
Höflichkeit 954, 1039, 1041
höherer Dienst 234, 609, 618, 623, 673 ff.
Höhn, R. 759
homo oeconomicus 271
Honoratioren 424, 443
human relations (s.u. Menschen)
Hurwicz, A. 1016
Hypothese (s.u. Forschung)

Idealismus 83
Implementation 988, 998
Inama-Sternegg, K. Th. v. 88
Induktionsschluß 942
Industrialisierung 352
Industrie- und Handelskammern 557
Information 175 ff., 199, 921 ff.
- Begriff 175
- dienstliche 696
- des Chefs 575
- Lenkung durch 278
- der Öffentlichkeit 1218 f.
- und Planung 1011
- Speicherung 935
- Steuerung 178
- Störungen 177, 922 ff.
- Übermittlung 923
- Unvollkommenheit 940 ff.
- Verarbeitung 162
- Vermehrung 783
- Vorgang 176

- Wahrscheinlichkeit 926
Informationsausschuß 590
Informationsdefizit 1015
Informationsplanung 968
Informationssystem 378, 1068
Informationstheorie 159, 175
informelle Organisation (s.a.u. Organisation) 165 ff.
- Bewertung 173 f.
- Entstehung 166
- Hierarchie 188, 194 f.
- Problematik 174
Infrastruktur 266, 270, 360, 522
Innenministerium 387
Innovation 156 f.
input (s.u. System)
Input-Planung 968
Inspektor 622
Instanzenzahl 1189
Institut Technique des Administrations Publique (ITAP) 132
Institut voor Bestuurwetenschappen 134
Integration 186, 1067
integrierte Datenverarbeitung (s.u. Datenverarbeitung, integrierte)
Intelligenz 666
Intendanturfunktionen 583
Interessen, gesellschaftliche 907, 909, 933
- Wertung 909
International Institute for Administration Science (IIAS) 150
International Union of Local Authorities (IULA) 150
Interpretation 67
Interview (s.u. Befragung)
Invalidenversicherung 355
Investitionslenkung 284
Instituto per la Scienza dell' Amministrazione Publica (ISAP) 137
Intalien 137

Jagdgenossenschaften 563
Jahreswirtschaftsbericht 278
Journalisten 1221
- Vertrauenswürdigkeit 1222
Jugendhilfe
Jugoslavien 148

Sachverzeichnis

Juristen 77, 79, 130
Juristenmonopol 682
juristische Methode 85
jus politiae 80
Justi, J.H.G. v. 81
Justitiar 1129

Kämmerei 846
Kameral-Hohe-Schule zu Lautern 79
Kameralistik 75 ff., 80 ff.
– erweiterte 1161
– Hauptvertreter 81
– Universitäten 79
– Verfall 82 ff.
Kammeralistische Buchführung 1156
Kammern 557, 865
– Kritik 559
Kanal 176, 923
Kant, I. 85
Kanzlei 587
Kanzleistil 1039
Kanzlerprinzip 383
Karriereplanung 704
Karteien 809, 937
Kapitalmarkt 283
Karlsschule zu Stuttgart 80
Kassen 416, 849
Kassenärztliche Vereinigungen 530
Kassenkontrolle 1128
Kassenzahnärztliche Vereinigungen 530
Katasteramt 935
Katastrophenschutz 269, 367
Kauf 1097
Kaufkraft 281
Kindergeldverwaltung 381
Kirche 338, 351
Klarschriftleser 1057, 1062
Klassenkonferenz 552
Kleingemeinde 433, 454 ff.
– Stärkung der Verwaltungskraft 455 ff.
Kodierung 1062
Kodifizierung 866
Kollegialprinzip 383
Kollegium 204, 579, 589 ff.
Kolonialverwaltung 149
Kommentar 1223
Kommissionen 117, 1135

Kommissions-Modell 717
Kommunale
– Arbeitsgemeinschaften 455
– Aufgaben 357, 426, 438
– Gebietsreform 428, ´434, 451, 453, 497 ff.
– Körperschaften 468
– Planung 427, 440, 441
– Probleme 91, 429, 430
– Probleme der Entwicklungsländer 151
– Selbstverwaltung 428
– Verwaltung 423 ff., 660
Kommunale Gemeinschaftsstelle für Verwaltungsvereinfachung (KGSt) 112, 254, 449, 722, 1137
Kommunale Verwaltung (s.a. Gemeindeverwaltung) 423 ff.
– Finanzsystem 429, 464
– Gliederung 449 ff.
Kommunalisierung der Kreisverwaltung 419 f., 422, 428
Kommunalpolitik 423
Kommunalverbände 472
– höhere 416, 476 ff.
Kommunalverwaltungslehre 91
Kommunen (s.u. Gemeinden)
Kommunikation 166, 175, 522, 903, 1040 ff.
Kommunikationstechniken 1040 ff.
Konferenzen 590
Konferenzmethode 1019
Konflikt 180 ff.
– Begriff 180
– Bewältigung, Lösung 157, 180, 183 ff.
– Entstehung 181
– Verschleierung 182
Konjunktur 276 ff., 811
– Politik 279
Konjunkturausgleichsrücklage 276
Konsolidierungsphase 913
Konstanz (Universität) 105, 688
Konsumbeschränkungen 286
Kontaktbeauftragte 1090
Kontaktstudium 693
Kontrolle, 21, 156, 227, 573, 761, 851, 999, 1108 ff.
– Bedeutung 1110

460

Sachverzeichnis

- Begriff 1108 ff.
- im Entscheidungsprozeß 904
- durch Gerichte 1171
- informelle 1119
- durch die Öffentlichkeit 259, 1217 ff.
- Organisation der – 1117 ff.
- Organisations- 1132 ff.
- Planung der – 989
- politische, parlamentarische 227, 1204 ff.
- Qualitäts- 1109
- durch Rechnungshöfe 1184
- verwaltungsexterne 1118, 1171 ff.
- verwaltungsinterne 1108 ff., 1118, 1126
- Wirtschaftlichkeits- 1150 ff.

Kontrolleinheiten 1122 ff.
Kontrollspanne 170, 569
Kontrollsystem 648, 1113
Kontrollvorgang 1111 f., 1114
Kontrollzweck 1115
Konzentration 211, 738
Kooperation 196 ff.
Kooptation 667
Koordination 573, 980 ff., 995
Koordinationsinstanz 981
Kopiermaschine 789
Kopplungspatronage 653
Korrekturmöglichkeit 927
Kosten 336, 373
Kostenarten 1162 f.
Kostendeckungsprinzip 962
Kostenfolge 962
Kosten-Kosten-Analyse 373
Kosten-Nutzen-Analyse 373 ff., 993, 1096 ff., 1152 f.

- Datenverarbeitung, automatische 1096 ff.
- Forschung 43
- Geldmaßstab 1153
- Probleme 374 ff., 1155
- Verfahren nach der Bundeshaushaltsordnung 1154
- Zeitfaktor 1153

Kostenstellen 1162 f.
Kostenträger 1162 f.
Kraftfahrzeuge 792
Krankenkassen 529

Krankenversicherung 355, 529
Kredit 268, 277, 284
Kreditpolitik 283
Kreis 431, 467 ff.
- Aufgaben 468 ff.
- Auskreisung kleiner Städte 515
- Bedeutung 471
- Gebietsreform 470
- Größe 467
- Kommunalverband 472
- Planungsregion 491
- Selbstverwaltung 421
- Verhältnis zu kreisangehöriger Stadt 473
- Verwaltung 380, 412, 416

kreisfreie Städte 431, 467
Kreistag 472
Kreisumlage 472
Kriegsopferversorgung 527
Kriminalpolizei 369
Krise von 1966/67 823 f., 973
Krisenmanagement 580
Krisenstab 580
Kündigungsschutzrecht 611
Kultusverwaltung 389
Kurier 1036
Kybernetik (s.a.u. System) 24, 156, 159, 178, 1055, 1109
- feed back 156

Laie 604, 615 f.
Lagerverwaltung 820
Land (s.a.u. Bundesland)
- Trennung von Stadt und Land 515

Landesarbeitsämter 533
Landesrecht 888
Landesplanung 487 ff., 503
Landesplanungsgesetz 488
Landesrechnungshöfe 1191, 1197
Landesversicherungsanstalt 532
Landeswohlfahrtsverband 479
Landkreis (s.u. Kreis)
Landschaftsverbände 477
Landwirtschaft 80
Landwirtschaftskammern 557
Länder (s.u. Bundesländer und Landesverwaltung)
Landesregierung 382

Sachverzeichnis

Landesverwaltung 243 ff., 379 ff.
- Mittelinstanz 406
- Oberbehörden 400 ff.
- Unterinstanz 415 ff.

Landesverwaltungsamt, niedersächsisches 401
Landwirtschaftsverwaltung 389
Laufbahn 609, 610, 617 ff., 709
- Begriff 617
- Einheits- 619
- Kritik 624
- Gruppen 618, 709

Laufbahnprinzip 617 ff.
Laufbahnprüfung 622
Laufbahnrecht 620
Laufbahnsystem 617 ff.
- Kritik 624

Laufbahnverordnungen 620
Leasing 769
Lebensalterprinzip 611
Lebenslauf 664
Lebenszeitanstellung 611
Legitimation 337, 1176
Lehrer 550 ff.
- Verhältnis zum Schüler 551

Leistungsbereitschaft 647, 715
Leistungsbewertung 706, 728
Leistungsfähigkeit 646 f.
Leistungsgrundsatz 644, 650, 720
Leistungslohn 706
Leistungsmessung 715
Leistungsmonopole 297
Leistungsstaat 303
Leistungstest 664
Leistungsverwaltung 438
Leistungszulagen 714 f.
Leitung
- Formen 576 ff.
- monokephale 576

Leitungsaufgaben 572 ff.
- Delegation 581
- Kontrolle 1120

Leitungsfunktion der Planung 1001, 1004
Leitungswissenschaft 145
Lenkungsmonopole 297
Lenkungswirtschaft 356
Leserbrief 1223

Liberalismus 82, 353
Linien-Funktionen 583
Locherinnen 1090
Lochkarte 1051, 1056 f.
Lochstreifen 1056 f.
Lohn (s.u. Besoldung)
Lohnschutz 354
Lombardsatz 282

Macht 324
Magistrat 448
Magnetband 1056 f.
Management-Modelle 758
management science 125
Managementtechniken 1012 ff.
Manufakturwesen 80
Marktpreis 815
Marktwirtschaft 271 ff., 276, 360
Marxismus – Leninismus 147
marxistisch-inspitiertes Modell 227
Maschine (s.a.u. Arbeitsmittel, technische) 353, 777 ff.
Massenaufgaben 1065
Maßnahmealternativen 913
Maßnahmegesetz 302, 862
Maßnahmenkombination 994
Maßnahmephase 913
Maßstab (zur Verwaltungsreform) s.a.u. Gebietsreform, Verwaltungsreform 501 ff.
- Einräumigkeit 520
- Einwohnerzahl 507
- Erreichbarkeit der Verwaltung 512
- Finanzen 504
- Größe 502, 506, 512
- historischer Zusammenhang 519
- Planungskraft 510
- Rationalisierung 505
- Übersehbarkeit des Verwaltungsbezirks 511
- Veranstaltungskraft 509
- Verflechtung 517
- Verwaltungskraft 508

Maßstabsvergrößerung 502, 512
Materialausgabe 820
Mathematik 60, 1012, 1055
Matrix-Organisation 213, 395, 1009

Matrizenrechnung 1027
Maximin-Regel 1016
Max-Planck-Gesellschaft 269
Mayer, O. 89
Meinung, öffentliche 1217 ff.
Meldepflicht 189
Meldung 1223
Menschen 73
– Entscheidung 901
menschliche Eigenschaften 645, 690
menschliche Probleme 781
Mensch-Maschine-Simulation 1025
Mensch-Mensch-Simulation 1025
Miete 769, 1097
MIFRIFI – s.u. Finanzplanung
Mikrokopierung 808
Mikroverfilmung 808
Militärwesen (s.a. Heer) 120
Mindestbeschäftigungszeit 734 f.
Mindestversorgung 735
Mindestzielerreichungsgrad 911, 992
Minimax-Regel 1016
Minister 394, 1207
Ministerialblätter 884
Ministerialdirektor 623
Ministerialdirigent 623
Ministerialrat 623
Ministerium 246, 371, 380, 382 ff., 555, 1002
– Aufgliederung 385 ff.
– Funktion 392
– Organisationsprobleme 392 ff.
Mitbestimmung 562
Mittelbehörden 380, 403 ff.
– Funktion 404
– Zweckmäßigkeit 408
Mittelfristige Finanzplanung 377
Mittelinstanz 403 ff.
Mittelstadt 435, 474
mittlerer Dienst 409, 618, 621
Mitzeichnung 1127
Modell 155
– Entscheidungs- 905 ff.
– Harzburger 759
– Management- 758
– politischer Verwaltungsführung 215
Modellbildung 1023

Mohl, R. v. 87
Monopolunternehmen 297
Morgenstern, O. 1026
Morris 1015
Morstein Marx, F. 96, 312
Motivation 198, 201, 573, 647
muddle through 919
Musterprozeß 1182

Nachfragemonopol 812
Nachrichtenmittel 791
Nachrichtenverkehr 773
Netto-Prinzip 835
Netzplantechnik 993, 1027
Neumann, J. v. 1026
Niederlande 134
non-decisions (s.u. Entscheidung)
Nordrhein-Westfalen 1081, 1085
Norm (s.a.u. Vorschriften) 166, 860 ff.
Norwegen 142
Nutzen 373
Nutzen-Kosten-Analyse (s.u. Kosten-Nutzen-Analyse)
Nutzen-Nutzen-Analyse 373

Oberbürgermeister 474
Obere Behörden 397 ff., 1002
Oberfinanzdirektion 407
Oberste Behörden 382 ff., 1002
Objektivität 43, 321, 642, 1184
Obrigkeit 233, 304
Ochsentour 692
Öffentlich-rechtliche Vereinbarungen 456
Öffentliche Hand
– als Käufer 281
– spezifische Wirtschaftlichkeitsrechnung 1160
Öffentliche Meinung 1217 ff.
Öffentliche Unternehmen (s.u. Unternehmen, öffentliche)
Öffentliche Verwaltung (s.u. Verwaltung, öffentliche)
Öffentlichkeit 842, 959, 1217 ff.
Öffentlicher Dienst (s.a. Personal und Beamter) 596 f.
– Besoldung 705 ff.
– Formen 604 ff.

Sachverzeichnis

- Frühauslese 654 ff.
- Leistungsbewertung 728
- Streik 614, 630, 719
- Versorgung 730 ff.
- Verteilung auf Aufgabenbereiche 597

Öffentliches Dienstrecht 604 ff.
- Angleichung 611 ff.
- Bewertung der Formen 607
- Formen 604 ff.
- Lage in der BRD 608
- Stellung der Dienstnehmer 610 ff.
- Vereinheitlichung 613, 717 ff., 732

Österreich 137
Ombudsmann 1210
Operationalisierung (s.a.u. Forschung) 37
Operations Research 72 ff., 125, 993, 1013, 1027
- Methoden 74
- Verfahren 1027

Operator 1059, 1090
Opposition 1209
Optimierung 68 ff.
- Beispiele 71
- der Entscheidung 1014

Optimum-Pessimum-Kriterium 1016
Ordnungsverwaltung 265 ff.
Organe, gemeinsame 461
Organisation (s.a. Verwaltungsorganisation) 152 ff., 583 ff.
- Änderung 500
- Aufbau- und Ablauf- 155, 1132
- Begriff, Wesen und Ziel 152 ff., 156 f.
- Behördenleitung 576
- Datenverarbeitung, automatische 1069 ff., 1079 ff.
- dezentrale 209 f.
- formelle 152
- informelle 165 ff.
- der Kontrolle 1117 ff.
- Kontrollspanne 569
- Matrix- 213
- persönliche des Chefs 167
- Planung 970
- Stab-Linie-Prinzip 212, 583
- Steuerung 156
- Ziele 163

Organisationsamt 1133

Organisationsamt der Freien und Hansestadt Hamburg 115
Organisationseinheit 564 ff.
- Abgrenzung von Zuständigkeiten 571
- für Kontrollzwecke 1122 ff.
- Zuweisung von Aufgaben 570

Organisationskontrolle 1132 ff.
Organisationslehre (s.u. Organisationswissenschaft)
Organisationsperfektionismus 1143
Organisationsplan 1041, 1146
Organisationsprüfungen 1142
Organisationsreferent 1125, 1133
Organisationsstudie 1087 ff.
Organisationstheorie 121, 124
Organisationsvorschriften 1143
Organisationswissenschaft 153 f., 211
- Entstehung 153
- heute 154

Ortsamt, hamburger 496
Ortsbesichtigung 512
Ortschaftsrat 452
Ortschaftsverwaltung 452
Ortsdienststellen 451
Ortskrankenkassen, allgemeine 529
Ortsobrigkeit 78
Ortsverwaltung 413
Ortszuschlag 711
Ortsteile 452
Osteuropa 145
output, s.u. System
Output-Planung (s.a.u. Aufgabenplanung) 969

Panelbefragung (s.a.u. Befragung) 50
Paragraphenüberschrift 873
Parkinsons Gesetz 598
Parlamente 237, 382, 1204 ff.
- Ausschüsse 1208 f.
- Plenum 1208

parlamentarische Demokratie (s.u. Demokratie)
Parlamentsbeauftragter 1210
Partei 371, 424, 641, 864
- Beamter und 641 f.
- Patronage 652

Partizipation 223, 325 ff., 424, 550, 1224

– Begriff 325
– Formen 327
– Legitimation 337
– Möglichkeiten und Grenzen 332 ff.
– Ursachen 326
Patronage 346, 651
– Ämter- 651
– Bewertung 653
– Herrschafts- 651
– Kopplungs- 653
– politische 225, 642
– Träger 652
– Versorgungs- 651
Pauschalierung 880
Pendler 517
Perfektionismus 1143
persönlicher Eindruck 665
Persönlichkeit 28, 690
Personal 583, 596 ff.
– Auswahl 644 ff., 667 ff.
– Besoldung 705 ff.
– für Datenverarbeitung, automatische 1090 ff.
– Frühauslese 654 ff.
– Umsetzung 1095
Personalamt 741
Personalauslese 667 ff.
Personalausschüsse 745
Personalaustausch 738
Personalauswahl 663 ff.
– Erkenntnismittel 664
– Führungskräfte 692 ff.
Personalbedarf 601
Personalbedarfsmessung 602
Personalbedarfsplan 749
Personalbeurteilung 762
– Verfahren und Technik 763
Personalfortbildung 695 ff.
Personalführung (s.a.u. Führung) 755 ff.
Personalkörper 596 ff.
Personalkosten 601
Personalplanung 747 ff., 968
– Ausbildungsplan 752
– Einstellungsplan 751
– Fortbildung und Umschulung 754
– Qualitätsplanung 753
– Zeitdimension 750

Personalvermehrung 601
Personalvertretung 746
Personalverwaltung 738 ff.
– Dekonzentration 742
– Kontrollfunktion 1124
– Konzentration 738 ff.
– Organisation 738 ff.
Personalwahl 668 f.
Personalwesen 596 ff.
Peters, H. 89, 91
Petitionsausschuß 1212, 1216
Petitionswesen 1216
Phantasie 635
Phase
– Ermittlungs- 913
– Handlungs- 913
– Konsolidierungs- 913
– Maßnahmen- 913
– Problem- 906 f.
– Verhandlungs- 913
– Ziel- 908 ff.
Plan 289, 963 f.
– Ausbildungs- 752
– Auslegung 933
– Begriff 963 f.
– Einstellungs- 751
– Finanz- 830
– Korrektur 1000
– Organisations- 1041, 1146
– Ressourcen- 995
– Verfahrens- 995
– Teil- 986
Planer 1004
– externe 1010
– Fach- 1010
planning – programming budgeting-system (PPBS) 125, 372 ff., 832
Planspiel 57, 73, 1025
Planstelle 724
Planung 963 ff.
– Anpassungs- 967
– Aufgaben- 371 ff., 969
– und automatische Datenverarbeitung, 1066 f.
– der Einführung 988, 998
– Entwicklung, historische 973
– Entwicklungs- 967

Sachverzeichnis

- durch externe Stellen 1010
- Gebäude- 770 ff.
- Gegenstände 966
- gleitende 985
- Finanz- 821 ff., 982
- Haushalts- 833 ff., 972
- Informations- 968, 1011
- iterative 984
- Karriere- 704
- kommunale 427
- komplexe 971, 984
- der Kontrolle 989
- Koordination 980
- Landes- 487 ff.
- als Leistungsfunktion 1001 ff.
- der Organisation 970
- Personal- 747 ff.
- der Planung 987
- politische 978 f.
- Raum- 972
- Ressourcen- 968
- des Verfahrens 970
- Wirtschafts- 972

Planungskraft 510
Planungsorganisation 1001 ff.
Planungsphasen (s.u. Planungsprozeß)
Planungsprozeß 8, 983 ff.
- Auswahl und Abgrenzung des Planungsfeldes 990
- Kontrolle 999
- Problemklärung 991
- Programmentwicklung 993 ff.
- Zielsystem 992

Planungsrat des Hochschulbauförderungsgesetzes 549
Planungsraum 488, 518
Planungsrechnung, lineare 1027
Planungsregion 488 f.
Planungsstab 395, 577, 1007
Planungsverfahren (s.u. Planungsprozeß)
Planwirtschaft 972, 973
Plenum 1208
Pluralismus 235
Polen 148
policy-making-approach 126
Politik 376, 445, 638
- Abgrenzung zur Verwaltung 214 ff.638

- Entscheidung 900
Politiker 216 ff.
- Einfluß 226
Politische Integration 639
politische Ökonomie (s.u. Wirtschaftswissenschaften)
politische Planung 978 f.
politische Verwaltungsführung (Modelle) 215
politischer Beamter 224, 643
Politologie 105
Polizei 80, 269, 348, 358, 619
- Gefahrenabwehr 80, 358
- Verwaltung 369, 413, 416
Polizeimonopole 297
Polizeiwissenschaft 75 ff., 80 ff.
- Hauptvertreter 81
- Verfall 82 ff.
Popitz, J. 93
POSDCORB 153
Post
- Ausgang 1036
- Eingang 1029 ff.
- Öffnung 1031
Posteingangsstelle 1029 f.
Posteingangskontrolle 1127
Post- und Fernmeldewesen 389
Preise 815
Presse 1220
Pressekonferenz 1221
Pressereferat 1219 f.
Pressestellen 1219
Presseveröffentlichung 1223
pretest (Probebefragung) s.u. Befragung
preußischer Provinzialverband 477
Prioritätsliste 828
Privatisierung öffentlicher Aufgaben 300
Probezeit 610, 621, 622, 623, 665
Problem
- Entscheidungs- 906
- Forschungs- 36
- Planungs- 991
- verschiebung 38
Problemlösungsverfahren 1017 ff.
Produktionsfreiheit 286
Produktivität 1151
Professor, ordentlicher 537

Sachverzeichnis

Prognose 378, 941, 976, 997
Programm 156, 965
– Einführung 998
– Entwicklung und Auswahl 216 ff., 371
– Koordination 995
– Vollzug 221
Programmablaufplan 1061
Programmbudget 993
Programmentwicklung 993 f., 995
Programmevaluation (s.a.u. Evaluation) 1108, 1164 ff.
Programmierung 1062
Programmierer 1090
Programmsprache 1062
Projektgruppen 117, 194, 595, 797, 1006
Projektgruppe für Regierungs- und Verwaltungsreform 118
Projektorganisation (s.u. Projektgruppe)
Provinzialverband, preußischer 477
Prozeß
– Muster- 1182
Prüferinnen 1090
Prüfung 665
– psychologische 666
– durch Rechnungshof 1198
– Vor- 1198
Psychologe 666, 743
Psychologie 666
psychologische Eignungsprüfung 666
public administration, s.u. administration
Publikumsverkehr 1041

Qualitätskontrolle 1109
Qualitätsplanung 753
Querschnittsfunktion 396

Randomverfahren (s.u. Stichprobe)
Rang (s.u. Hierarchie)
Rathauspartei 424
Rationalisierung 505, 783, 1190
Raumordnung 285, 411, 427, 487 ff., 503
Raumplanung 972
Raumprogramm 770
Realgemeinden 563
Realsteuerstellen 459
Rechenmaschine 790
Rechenwerk 1059

Rechenzentren (s.a.u. Datenverarbeitungszentralen) 1079 f.
Rechnungshof 192, 382, 1138, 1191 ff.
– Exekutivbefugnisse 1200
– Prüfungsverfahren 1198
– Stellung 1192
Rechnungsprüfung
– Automation 1202
– Umfang 1194 f.
– Verfahren 1198
– Wirkung 1199
Recht
– Darstellung 893
– Feststellung des geltenden -s 886
– Verfahrens- 955
Rechtmäßigkeitskontrolle 1171
Rechtsbereinigung 884 ff.
– Abschlußtermin 894
– Ausnahmen 889
– Darstellung des geltenden Rechts 893
– Fortführung 895
– Informationswirkung 890
– Rechtskraftwirkung 892
– Richtigkeitvermutung 891
– Vollständigkeit 887
Rechtskraftwirkung 892
Rechtsmittel 961
Rechtsmittelbelehrung 1184
Rechtsmittelverfahren 92
Rechtsordnung
– Zweispurigkeit 888
Rechtsprechung 1171 ff.
Rechtsschutz 1171 ff., 1179
Rechtsstaat 233, 235 ff.
– Idee 85, 1176
Rechtswissenschaft 25, 685 f.
Referat 396
– Presse- 1219 f.
Referendarausbildung 110, 673
Referent 623
– Organisations- 1125
Refinanzierungszusagen 275
Regalien 77
Regalienverwaltung 78
Regelbeförderung 649
Regelkreis (s.u. Kybernetik)
Regiebetrieb 295, 300

Sachverzeichnis

Regierung 383
Regierungsbezirk 406, 410
Regierungsblätter 884
Regierungsdirektor 623
Regierungspräsident (s.u. Regierungspräsidium)
Regierungspräsidium 406
– Entbehrlichkeit 409
Regierungsrat 623
Regierungsreferendariat 91
Region 411, 488
Regionalplanung 489 ff.
Regionalstadt 485
Regionalverbände 480
Registratur 805, 1031
Registraturbehörden 935
Regelungsverfahren (für Besoldungssystem) 717 f.
Reichsgewerbeordnung von 1869 356
Reichsrecht 888
Reichssparkommissar 93, 1134
Reichsversicherungsordnung (RVO) 527
Reifeprüfung 623
Rentabilität 1151
Renten 274
Ressortprinzip 383
Ressourcen (s.a.u. Verwaltungsmittel) 377, 914 f., 1115
– Planung 377, 968
– Verbrauch 915
– Verwaltung der – 567
Ressourcenplan 995
Restriktionen 916
Rheinland-Pfalz 478, 1212
Richter
– ehrenamtlicher 1187
– Legitimation 1176
Richtigkeit 322
Richtlinien 882
Rohrpostanlage 791
Routine 610, 1072
Rückfragen 1106
Rückkopplung (s.a.u. Kybernetik) 977, 984
Ruhrgebiet 481
Ruhrsiedlungsverband 484
Rundfunk 1220

Saarland 1081
Sachbearbeiter 512
Sacherledigung 567
Sachkenner 168, 217
Sachmittel 811 ff.
– Beschaffung 811 ff.
Sachverständige 932
Sachverständigenbeweis 931
Sachverständigen-Gutachten 1188
Sample (s.u. Stichprobe)
Sämisch, F. 93
Samtgemeinde 432, 463, 466
Sanktionssystem 648, 1116
Satzung 1144
Scenarioschreiben 1018
Schaltgeschwindigkeit 1054
Schleswig-Holstein 1083
Schlußverfügung 1034
Schnelldrucker 1058
Schreibdienst 583, 585
– Organisation 586
– Zentralisierung 587 ff.
Schreibmaschine 787, 1058
Schreibstube 587
Schriftenreihen zur Verwaltungslehre 101
Schriftgut (s.a.u. Akten) 799 ff.
Schriftgutverwaltung 583
Schüler 551
Schulamt 416
Schulaufsicht 554
Schulbetrieb 555
Schulen 364, 550 ff., 670
Schulkonferenz 552, 553
Schulleiter 553
Schulselbstverwaltung 550 f.
Schulverwaltung 550 ff.
– Ministerium 555
– Schulaufsicht 554
– Schulleiter 553
Schweden 142, 1210
Schweiz 141
Seckendorff, V.L. v. 81
Sekretär 621
Selbstauskunft 665
Selbstisolierung 314
Selbstkostenpreis 815
Selbständigkeit 623

Selbstverwaltung (s. a. kommunale Selbstverwaltung 222, 1121
- berufsständische 556 ff.
- Idee 326
- kommunale 424 ff., 428
- Kreis 421
- Prüfung durch Rechnungshof 1193
- Schule 551 ff.
- soziale 525 ff.
- Studenten 546
- Universität 537 ff., 545
- wirtschaftliche 560 ff.
Selbstverwirklichung 200
Senat, hamburger 496
Senatskanzlei 384
Sender 176, 923
Sichtvermerk 1033
Simon, H. A. 1013
Simulation 57, 1017, 1024 f.
- Computer - 1025
- Mensch-Maschine- 1025
- Mensch-Mensch-(s. a. u. Planspiel) 1025
Sitzungen 1046 ff.
- Abwicklung 1049
- Durchführung 1048
- Vorbereitung 1047
Skalierungsverfahren 63
Skandinavische Länder 142
social control 1119
Software 1072
Solidarität 316
Solitärstadt 517
Sonderverband 457
Sonderverwaltung 381
Sonnenfels, J. v. 81
Sowjetunion 147
Sozialbereich 556
soziale Entschädigung 527
soziale Selbstverwaltung 525 ff.
- innere Verfassung 534 f.
- Verbände 536
Soziale Sicherung 267, 269, 525 ff.
Sozialgerichte 1175
Sozialhilfe 528
Sozialisierung 299
- Sozialistische Staaten 145
Sozialleistungen 274

Sozialprodukt 255 ff., 271
- Anteil der Verwaltung 256 ff.
- Umverteilung 272
Sozialversicherung 355, 526, 731
Sozialverwaltung 354, 362, 390, 525 ff.
- innere Verfassung 534 f.
Sozialwissenschaften 123, 689
- allgemeine und besondere 14
- Datenverarbeitung 59 ff.
- Methoden 34, 44 ff., 58
- Verwaltungslehre 13, 24, 105
- Systemtheorie 158 ff.
Soziogramm 64
Soziometrie 64
Spanien 139
span of control (s. u. Kontrollspanne)
Sparkassen, öffentliche 283
Sparsamkeit 841, 1151
Sperre, haushaltswirtschaftliche 856
Spieltheorie 993, 1026
Spitzenbeamte 668, 690 ff.
Spitzenstellungen 661, 690
Sprache 1039
- Gesetzes- 874
Sprechzeiten 1041
Staat
- Finanzausgleich mit Gemeinde 464
- Gesetzgebungs- 861
- Politische Integration 639
- Verhältnis zur Gemeinde 426 ff.
- Verhältnis zur Gesellschaft 3
- Werte 626, 639
Staatsaufgaben 82, 85, 87
Staatskanzlei 382, 384, 1002
staatsmonopolistischer Kapitalismus 227
Staatsrecht 86
Staatsprüfung, große 623, 673
Staatssekretär 394, 623
Staatstätigkeit 85
Staatsverständnis 637
Stab 576
- Krisen- 580
- Planungs- 577
Stabilitätsgesetz 276 f., 360, 811, 823
Stab - Linie - Organisation 212, 583 ff.
Stabsabteilung 577

Stadt 431
- Groß- 436
- Mittel- 435
- Solitär- 517
- Trennung von Stadt und Land 515
Stadthygiene 91
Stadt-Landkreis 485
Stadtplanung 91
Stadtstaaten 493 ff., 1206
Städtebau 391
Ständestaat 348
Stärkung der Verwaltungskraft von Kleingemeinden 454 ff.
Standardisierung 323
Standesamt 935
Standesdenken 633
Statistik 60
- beschreibende 61
- schließende 62
Statistisches Landesamt 1072
Statussymbole 190
Stein, Frhr. v. 326, 424
Stein, L. v. 88, 90, 137
Stellenkegel 709
Stempel 797
Steuern 255, 273, 275, 279, 429
Steuerungswissenschaft (s.u. Kybernetik)
Steuerverwaltung 273
Steuerwerk 1059
Stichmann 709
Stichprobe 49, 62
- Fehlerquote 62
- Randomverfahren 62
Stichwort 873
Stiftung 296
Strafgerichte 1171
Streik 614, 630, 719
Strukturförderung 360
Studenten 538
- Selbstverwaltung 546
Studentenbewegung 538
Studiengang, verwaltungswissenschaftlicher 683 ff., 689
- Bedenken 684
Studium (s.a. Universität) 623, 670, 682 ff.
- Kontakt- 693
- Rechtswissenschaft 685 f.

- verwaltungsbezogenes 688
- Verwaltungslehre 33, 104 ff., 131, 683 ff.
- Wirtschaftswissenschaft 687
Subvention 272, 275
- Formen 275
- Notwendigkeit 275
- Vergabe 281
Subventionsbericht 278
Summarische Dienstpostenbewertung (s.a.u. Dienstpostenbewertung) 721
Symbol 1033
System 158 ff.
- Beförderungs- 649
- Besoldungs- 705 ff.
- Begriff 155, 160
- dualistisches 449
- Hierarchie 188
- Informations- 378, 1068
- Kontroll- 648, 1113
- Versorgungs- 730 ff.
- Verwaltung als System, 21, 24, 124, 158 ff., 161
Systemanalyse 164, 1022
Systemanalytiker 1090
Systemorganisatoren 1090
Systemplaner 1090
Systemprogrammierer 1090
systems approach (s.a.u. System) 124
Systemtheorie 155, 158 ff., 967

Tarif-Modell 717
Tarifvertrag 640
Teams (s.a. Ausschuß) 187, 205 ff., 567
Technical Assistance Board (TAB) 150
technische Arbeitsmittel (s.u. Arbeitsmittel, techn.)
Technisches Hilfswerk 367
Technischer Überwachungsverein (TÜV) 932
Teilentscheidung 944
teilnehmende Beobachtung (s.u. Beobachtung)
Telefon (s.u. Fernsprecher)
Territorialreform (s.u. Gebietsreform)
Test 666
Theorie 22 ff.

Sachverzeichnis

- Begriff 22
- Gefahren 23
- verwaltungswissenschaftliche 24, 99
Tschechoslowakei 148

Übermaßverbot 304
Überschrift 873
Überstundenvergütung 715
Umschulung 754
Umständlichkeit 319
Umwelt
- der Verwaltung 21
Umweltschutz 367, 487
Unfallversicherung 355
Ungarn 148
Ungeld 77
Universität (s.a. Studium und Hochschule) 537 ff., 682 ff.
- Akademischer Senat 542
- Drittelparität 538 f.
- Fachbereiche 541
- Freiheit von Forschung und Lehre 544
- Gruppen- 540
- Konstanz 105, 688
- Selbstverwaltung 538 ff., 545
- Universitätsidee 83
- Verwaltungslehre an – 79, 104, 128, 131, 683 f.
- Verwaltungsspitze 543
- Universitätskollegium 543
Universitätspräsident 543
Universitätsverwaltung 541 ff.
Unmittelbarkeitsgrundsatz 925
Unpersönlichkeit 313
unpolitischer Beamter 641 f.
Unterbehörden 380, 412 ff.
- Eingliederung der Sonderbehörden 418
- Zusammenarbeit 417 f.
Unternehmen 285
Unternehmen, öffentliche 290 ff., 560 ff.
- Eingriff in die Wirtschaft 297 f.
- Gewinnerzielungsabsicht 291
- Mitbestimmung 562
- Organisation 294
- Privatisierung 300
- Rechtsform 561
- Selbstverwaltung 560 ff.

- Träger 293
Unternehmensforschung s.u. Operations Research
Unterricht 80
Unterrichtsverwaltung 550 ff.
Unterschrift 1035, 1127
Untersuchungsausschuß 1208
Unterzeichnung (s.u. Unterschrift)
Urkundenbeweis 931
urschriftlicher Verkehr 1038
Urteil
- von allgemeiner Bedeutung 1183
USA 33, 119 ff.

Veränderung durch Planung 977
Veranstaltungskraft 509
Verantwortung 627, 761
Verband »Großraum Hannover« 484, 517
Verbandsgemeinde 432, 463, 466
Verbände, soziale 338 ff., 371, 425, 864
- in der Demokratie 340
- Einfluß auf die Verwaltung 343 ff.
- Kontrolle der Verwaltung 1224
- Mitwirkung an der Verwaltung 345
- Patronage 346, 652
- soziale Selbstverwaltung 536
- Verhältnis zur berufsständischen Selbstverwaltung 338
Verbilligung der Verwaltung 505
Verbund 517
Verdichtungsraum 481 ff.
Verdingung 816
Verdingungsordnung 817
Vereinbarungen, öffentlich-rechtliche 456
Verein 458
Vereinigungen, Kassen(zahn)ärztliche 530
Vereinheitlichung 955
Verfahren
- förmliches 957
- nicht förmliches 956
- Planung 970
Verfahrensakten 802
Verfahrensplan 995
Verfahrensrecht 955
Verfahrensvorschriften 955
Verfassungseid 640
Verfassungsgerichte 382, 1174

Sachverzeichnis

Verflechtung 517
Verfügung 1034
Vergabe 816 f.
– Verfahren 817
Verhandlungsphase 913
Verkehr 80
Verkehr, urschriftlicher 1038
Verkehrsanstalten 356
Verkehrspolizei 369
Verkündungsblätter 884, 889
Verkündungswesen 869
Vergesellschaftung von Produktionsmitteln 299
Verkehr 269
vermaschte Gruppen 205
Vermögensbuchführung 1158
Verordnung 1144
Verselbständigung von Verwaltungsträgern 294 ff., 300
Versicherungen, soziale 525 ff.
Versorgung 610, 730 ff.
– Mindest- 735
– Organisation und Finanzierung 737
– Probleme 733 ff.
Versorgungsanwartschaft 732
Versorgungspatronage 651
Verstädterungsprozeß 353, 357
Verstädterungszone 481
Vertrag 859
Vertrauen 1115
Vertrauensfrage 1214
Vertreter, ständiger 578
Vervielfältigungsmaschine 789
Verwaltung, öffentliche
– Abgrenzung zur privaten Verwaltung 1 ff.
– als Beruf 632
– Besoldung 705 ff.
– durch Bürger 604
– Bürokratie 311 ff.
– Demokratie 301 ff., 607
– Erreichbarkeit 512
– Indienstnahme Privater 306
– Laufbahnprinzip 617 ff.
– als Leistungsträger 263 ff.
– Rationalisierung 505
– Rechtsnatur der Verwaltungsträger 2

– als System (s.u. System)
– Teilgebiete 11
– Umfang 259
– Verbilligung 505
– Verhältnis zum Bürger 263, 301 ff.
– Verhältnis zur Gesellschaft 157, 1003
– Verhältnis zur politischen Führung 214 ff., 1003
– Verhältnis zur Wirtschaft 264 ff., 271 f., 654
– Versorgung 730 ff.
– Verwaltung der – 583
– Wirtschaftstätigkeit 290 ff.
Verwaltung, staatliche (s.a. Verwaltung, öffentliche) 75 ff.
– Bundes- (s.a. Bundesverwaltung) 243 ff., 379 ff.
– Länder- (s.a. Landesverwaltung) 243 ff., 379 ff.
Verwaltungsarbeit 877 f., 952
– durch Bürger 306 f.
Verwaltungsaufbau 21, 243 ff., 379 ff.
– allgemeine und Sonderverwaltung 381, 415 f.
– Eingliederung von Oberbehörden 402
– Komplizierung 78
Verwaltungsaufgaben 4, 263 ff., 347 ff., 497, 514
– Bedienung des Bürgers 304
– Leitungsfunktion 572 ff.
– Mittelinstanz 404
– Oberste Behörden 386 ff.
– Privatisierung 300
– Umverteilungsfunktion 271 ff., 279
– Unterinstanz 413 ff., 423
– Verteilung auf den öffentl. Dienst 597
– Zuordnung zu Verwaltungsträgern 497 ff.
Verwaltungsausbildung 611, 670 ff.
– Bedeutung des Rechts 33
– Führungskräfte 691 ff.
– Gegenstände 30 ff.
– USA 33
– Verwaltungslehre 33, 103 ff.
Verwaltungsausschuß 448
Verwaltungsbeamter (s.u. Beamter)
Verwaltungsbegriff

472

Sachverzeichnis

- funktionaler 9 ff.
- materieller 5 ff.
- soziologischer 6
- im Staatsrecht 86

Verwaltungsbehörden (s.u. Behörden)

Verwaltungsbezirk (s.a. Verwaltungseinheit) 489, 492, 497, 512
- Gestaltung 515 ff.
- soziologische Zusammensetzung 515

Verwaltungsdokumentation 810

Verwaltungseinheit (s.a. Verwaltungsbezirk) 498
- Gestaltung 515 ff.
- Vergrößerung 502, 505, 512

Verwaltungsentscheidung (s.a. Entscheidung) 9, 15

Verwaltungsfortbildung (s.a.u. Fortbildung) 695 ff.

Verwaltungsgebäude 300, 765 ff.

Verwaltungsgemeinschaft 432

Verwaltungsgeographie 497 ff.

Verwaltungsgerichte 1175
- Generalklausel 1177
- psychologische Faktoren 1179
- Ressortzuständigkeit 1186
- Zeitfaktor 1178

Verwaltungsgliederung 488

Verwaltungsgrenzen 498
- Änderung 500
- Widerstände gegen Änderung 499

Verwaltungshandeln 634 ff., 638
- Durchführung einer Politik 638
- Gestaltung 636 ff.
- Rechtmäßigkeit 1171 ff.

Verwaltungshilfe für Entwicklungsländer 150

Verwaltungskraft 508

Verwaltungslehre (s.a. Verwaltungswissenschaft) 18 ff., 21
- Aufsätze 97
- Ausbildung 27 ff., 688
- Abgrenzung vom Verwaltungsrecht 16 f., 90, 104 f., 131
- Abgrenzung zur Verwaltungspolitik 11 f.
- allgemeine und besondere 19, 91, 122
- Beziehung zur Praxis 26, 92, 106 ff.

- Darstellungen 96, 129, 133, 135, 138, 140, 144, 148, 151
- als Entscheidungslehre 15
- Entwicklung 75, 80, 82 f., 95 ff.
- Gegenstand 1
- kommunale Probleme 91, 112
- als Kunstlehre 23
- Lage in Deutschland 95 ff.
- Lage in übrigen Ländern 130 ff.
- Lage in den USA 119 ff.
- Rechtswissenschaft 25
- Studium an deutschen Hochschulen 104 ff., 683 f., 688
- Teilfragen 21
- als Teil der Sozialwissenschaft 13
- Übersichten 98
- vergleichende 20, 127

Verwaltungslehrling 681

Verwaltungsmittel 21

Verwaltungsorganisation (s.a. Organisation) 21, 564 ff., 572 ff., 583 ff., 1005

Verwaltungspersonal 596 ff.

Verwaltungspolitik
- Abgrenzung zur Verwaltungslehre 11 f.

Verwaltungsraum (s.a. Verwaltungseinheit, Verwaltungsbezirk 506, 518

Verwaltungsrecht
- Abgrenzung zur Verwaltungslehre 16 f.
- Beherrschung der Verwaltungswissenschaft 89
- juristische Methode 89

Verwaltungsreform
- Bismarck-Gneistsche 92
- Funktionalreform 514
- Gebietsreform 117, 428, 434, 451, 453, 471, 497 ff., 506 ff.
- Kommissionen 117, 1135
- Maßstäbe (s.a. unter Maßstab) 501 ff.
- Stein-Hardenberg 386
- als ständige Aufgabe 93

Verwaltungsstaat 347

Verwaltungsstation 674

Verwaltungsstruktur 243 ff.

Verwaltungstätigkeit 634 ff.
- Gestaltung 634

Verwaltungsträger 497

Verwaltungs- und Wirtschaftsakademien 697

Sachverzeichnis

Verwaltungsverfahren 305, 951 ff.
Verwaltungsverfahrensgesetz 955
Verwaltungsvollzug 7
Verwaltungswissenschaften (s.a. Verwaltungslehre) 22 ff.
- Bedeutung der juristischen Betrachtungsweise 85, 130
- Denkstil 130
- Einflüsse der Soziologie 94
- als Entscheidungshilfe für die Verwaltung 34
- Entwicklung 89
- Studiengang 683 ff., 689
Verwaltungszwang 819
Verweisung 876
Visakontrolle 1128
Volkswirtschaft 80, 811
Volkswirtschaftlehre 80
Vollbeschäftigung 611
Vorbereitungsdienst 620, 621, 622, 623, 662, 665, 670 ff.
- Vorteile 671
Vordrucke 793 ff.
- Arten 794
- Notwendigkeit 795
Vordruckverwaltung 796
Vorgesetzter 192, 194, 197 ff., 288, 603, 627, 636, 690, 728, 757, 764, 848, 1001, 1127
Vorlage 1127
Vorprüfung 1198
Vorschlagswesen 1136
Vorschriften (s.a.u. Norm und Gesetz) 860 ff.
- Änderung 871
- Aufbau 873
- automationsgerechte 883, 1099 ff.
- Bereinigung 884 ff.
- Durchführungs- 868
- Einfachheit 877 ff.
- Gestaltung 863
- Kodifizierung 866
- Notwendigkeit zum Erlaß 864
- Organisations- 1143
- Unterrichtung der Bevölkerung und der Betroffenen 870
- Verfahrens- 955

- Verkündung 869
- Vorbereitung 865
Vortrag 1044
Vorzimmer 169, 190

Wahrscheinlichkeit 926, 943
Wählergemeinschaften, freie 424
Währung 282
Währungspolitik 282 f.
Währungsreform 973
Wahlfach Verwaltungslehre 98
Wartezeit 734
Wartung 820
Wasser- und Bodenverbände 563
Weber, Max 94
Wehrbeauftragter 1211
Weisungsfreiheit 628
Weltwirtschaft 280
Westdeutsche Rektorenkonferenz 547
Wettbewerbsrecht 287
Wettbewerbsunternehmen 298
Widerspruch 1131
Wirksamkeit 1151
Wirtschaft
- Globalsteuerung 276
- Verflechtung mit Weltwirtschaft 280
- Verhältnis zur Verwaltung 255 ff., 654
Wirtschaftlichkeit 284, 779, 785, 841, 1051, 1053, 1064, 1078, 1096 ff., 1150 ff.
- Begriff 1151
- Kosten-Nutzen-Analysen 1152
- Messung 1152 ff.
Wirtschaftlichkeitskontrolle 1150 ff.
- durch Rechnungshof 1201
Wirtschaftlichkeitsrechnung, spezifische 1160
wirtschaftliche Selbstverwaltung 560 ff.
Wirtschaftsberatungs-AG (WIBERA) 112
Wirtschaftslenkung 276 ff., 360
Wirtschaftsplanung 289, 972
Wirtschaftspolitik 279, 360
Wirtschaftsrecht 356
Wirtschaftsreferendariat 673
Wirtschaftsverbände 338
Wirtschaftsverwaltung 389, 560 ff.
- genossenschaftliche 563

Sachverzeichnis

- Rechtsform 561
- Selbstverwaltung 560 ff.
Wirtschaftswachstum 276
Wirtschaftswissenschaft 687
Wissenschaft 269, 365
- Freiheit der 539
Wissenschaftler 538
Wissenschaftsrat 249, 549
Wohlfahrtsstaat 263, 303, 607
Wohnungsfürsorge 267
Wohnungsgeld 528
Wohnungswesen 269, 360

Zahlstellen 849
Zahnarzt 530
Zeichengerät 1058
Zeichnungsrecht 1035, 1127
Zeitdruck 945
Zeitproblem 375, 1178
Zeitschriften zur Verwaltungslehre 101, 124, 129, 151
Zentralabteilung 396
zentrale Orte 270, 516
Zentralisation 211, 516, 1070
Zentralität 516, 583

zentralörtliches Gliederungsprinzip (s.u. zentrale Orte und Gliederungsprinzip)
Zeugen 928
Zeugnis 664
Ziel 69 ff., 183, 908 ff.
- graduelle Erreichung 944
- Konflikt 70, 163, 912
- Mindesterreichungsgrad 911, 992
- System 69, 161, 163, 910, 992
Zielkonflikt s.u. Ziel
Zielsystem s.u. Ziel
ziviler Bevölkerungsschutz 367
Zivilgerichte 1173
Zulagen 714
- Leistungs- 714 f.
- nicht ruhegehaltsfähige 714
- ruhegehaltsfähige 714
Zusammenhang, historischer 519
Zusatzversorgung 611
Zuschüsse 275
Zustellung, förmliche 1037
Zuwendungen 858
Zwangsbedarf 813
Zweck Begriff 159
Zweckverband 457
Zwischenbescheid 953

Handbuch der Verwaltung

Herausgegeben von Ulrich Becker und Werner Thieme
Redaktion Ekkehard Nümann

Inhalt des Gesamtwerks

1. **Die Umwelt der Verwaltung**
1.1 Verwaltung und Gesellschaft
 Von Prof. Dr. Werner Thieme
1.2 Verwaltung und Raum
 Von Dr. Erhard Mäding, ehem. Vorstand der Kommunalen Gemeinschaftsstelle für Verwaltungsvereinfachung

2. **Aufgaben**
2.1 Wandel und Wachsen der Verwaltungsaufgaben
 Von Prof. Dr. Hans Peter Bull
2.2 Allgemeine Aufgabenplanung
 Von Dipl.-Kfm. Hans-Joachim Kruse, Senatsdirektor
2.3 Probleme der politischen Aufgabenplanung
 Von Prof. Dr. Fritz W. Scharpf

3. **Organisation**
3.1 Zweck und Maß der Organisation
 Von Prof. Ulrich Becker, Senatsdirektor
3.2 Aufbauorganisation
 Von Manfred Arp, Oberregierungsrat
3.3 Ablauforganisation
 Von Gerhard Sadler, Oberamtsrat
3.4 Automatisierte Datenverarbeitung und Organisation
 Von Klaus Dieke, Leitender Regierungsdirektor
3.5 Organisation der Organisation
 Von Rudolf Dieckmann, Regierungsdirektor

4. **Methoden und Techniken**
4.1 Erhebungstechniken
 Von Prof. Dr. Bernd Becker
4.2 Grundzüge und Darstellungstechniken der beschreibenden Statistik
 Von Dr. Werner Matti, Leiter des Statistischen Landesamts Bremen
4.3 Prognosetechniken
 Von Dr. Wolfgang Michalski, Leiter des Instituts zur Erforschung technologischer Entwicklungslinien e. V.
4.4 Operations Research in der öffentlichen Verwaltung
 Von Dr. Hans Martin Dathe
4.5 Netzplantechnik
 Von Heinrich Schulz, Amtsrat
4.6 Wirtschaftlichkeitsanalysen
 Von Prof. Dr. Heinrich Reinermann
4.7 Entscheidungstabellentechnik
 Von Dipl.-Math. Lothar Schumann

5. **Personal**
5.1 Soziologie des Personalwesens
 Von Prof. Dr. Günter Hartfiel
5.2 Struktur und System des öffentlichen Dienstes
 Von Dr. Walter Wiese, Regierungsdirektor
5.3 Quantitative Aspekte des Personalbedarfs
 Von Klaus Lindner, Regierungsdirektor
5.4 Dienstpostenbewertung
 Von Dr. Otfried Seewald, Wiss. Ass.
5.5 Bedarfsdeckung
 Von Heinrich Siepmann, Hauptgutachter
5.6 Personalführung, insbes. Bearbeitungswesen und Leistungsbewertung
 Von Eckhart Reinert, Leitender Regierungsdirektor
5.7 Führungsverhalten und Führungsstil
 Von Dr. Eberhard Laux, Vorstandsmitglied der Wirtschaftsberatungs-AG

6. **Haushalt**
6.1 Der staatliche Haushalt im volkswirtschaftlichen Zusammenhang
 Von Dr. Eberhard Thiel, Abteilungsdirektor
6.2 Finanzplanung
 Von Dr. Hartmut Gollnick, Senatsdirektor
6.3 Prinzipien des Haushaltsrechts und der Haushaltswirtschaft
 Von Georg Hedemann, Senatsdirektor a. D.
6.4 Verfahren bei der Aufstellung und Ausführung des Haushaltsplans
 Von Henning Matiebel, Regierungsdirektor
6.5 Rechnungslegung und Kontrolle
 Von Hans Pries, Staatsrat

Das Handbuch der Verwaltung, das in Heften erscheint, steht vor dem Abschluß. Die meisten der hier angezeigten Hefte liegen bereits vor und sind in zwei Sammelordnern geschlossen zu beziehen. Die Preise der Hefte richten sich nach deren Umfang und betragen DM 6.- bzw. DM 12,-.

Carl Heymanns Verlag KG · Köln 1